会计学堂
WWW.ACC5.COM

应试指导 · 名师课程

直播教学 | 书课结合 | 轻松过关

会计搜题 助你解题

★ 扫二维码获取赠品 ★

赠品1
名师精讲视频

赠品2
软件题库APP

赠品3
交流分享群

赠品4
模拟考试系统

COURSE

5 大课程
任 您 选

高效备考
各个阶段逐个击破考点

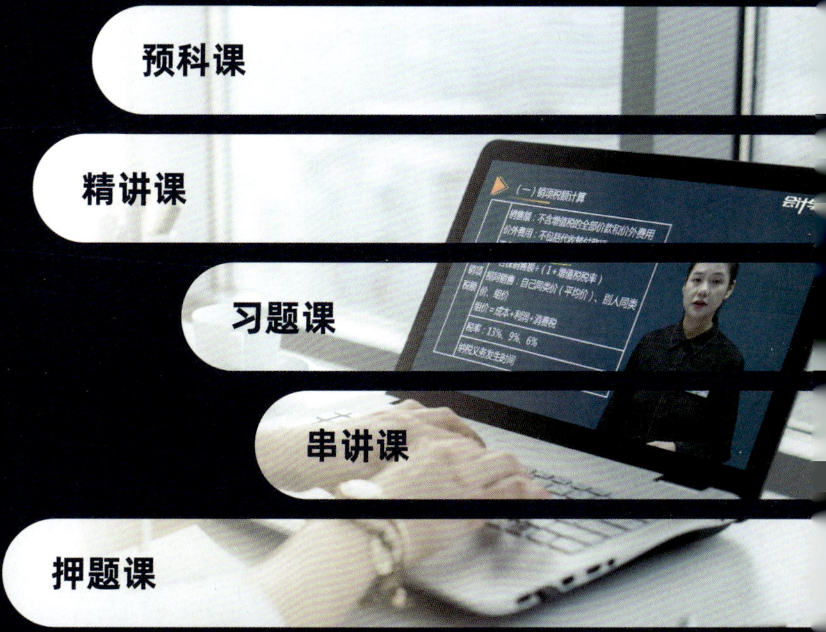

预科课
精讲课
习题课
串讲课
押题课

登录官网了解更多：WWW.ACC5.COM
客服热线：400-6575-535

名师课程 海量题库

按步骤操作，快速获取全套课程！

STEP 1

扫一扫，
下载 **会计学堂APP**

STEP 2

点击“一键登录”
完成 **注册登录** 操作

STEP 3

在“我的”中
点击“**图书激活**”

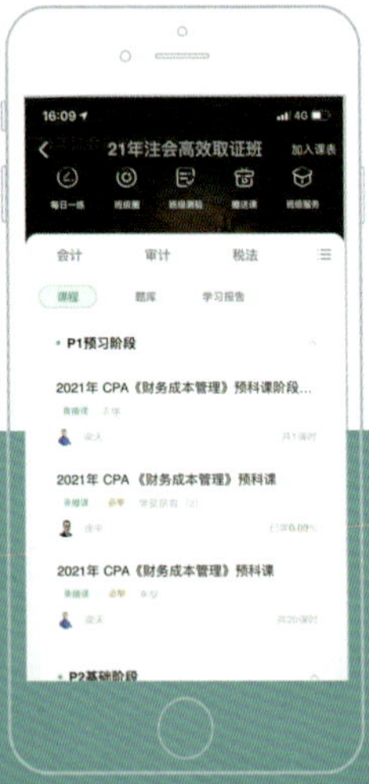

STEP 4

刮学习卡的背面
输入 **激活码** 并激活

STEP 5

从“我的激活列表”
点击“去学习”

STEP 6

直播授课、高清录播
真题模拟、在线答疑

温馨提示：会计学堂APP赠送课程、题库、答疑服务自激活之日起**1年内有效。**

普通人如何考注会，学霸经验汇总

2020年注会考生，**在读研究生**

考试成绩：

审计60、财管77.75、经济法64.5、会计60.50、战略72.75

备战一定要早，2021年考试提前至8月份，相当于学习时间少了2个月。CPA的每一科都有大量的内容，只学习一遍就去考试是不现实的，所以就需要多轮的学习。从预科班到基础班再到精讲班，每一轮学习都是必要的，零基础直接听精讲班的话会非常吃力。例题一定要好好看一下！多做练习题，每一节学完之后都要马上做练习。

一年过5科

陶辛格

2020年注会考生，**70后励志大叔**

考试成绩：

审计60、经济法75、战略68、税法62.5

我是70后，奔50的年纪了。2019年9月我一次性过了中级，而在“双12”学堂做活动时，觉得不能浪费学习状态，加上学习信心，就决心试水考注会，一次性报了全部科目。通过近一年的学习，我过了4科，学习内容就是基础精讲班+课后章节习题+习题班；另外，坚定信心、持之以恒也是重要的通关法宝。

一年过4科

凌强

2020年注会考生，**零基础宝妈+在职备考考生**

考试成绩：

经济法74、会计64、税法81

“会计”这一科目在“初级会计实务”中有基础性的学习，而且一些知识点也简单，所以上手不会太困难，比较容易学习和掌握；“税法”这一科目在“经济法基础”中也有涉及，在我看来也是最简单、最容易上手的；“经济法”这一科目虽然在初级的学习中并没有太多的涉及，但是考虑到主要是理解和记忆的内容，因此也在我的备考行列。

一年过3科

李巧云

一年过3科

张艳艳

2020年注会考生，**82年宝妈+跨业备考税务师、中级和注会**

考试成绩：

审计71、战略65.75、税法67

先听课，看讲义，再做讲义上的习题，切忌盲目刷题。要跟着老师的节奏走，千万不要搞题海战术，因为CPA不会考原题，通过做题你要了解的是你对知识点的掌握程度，并培养自己的思维方式。

当然，还要有适当的计划。不需要规划到每一天每一时要做什么，可以定一下大概目标，比如这个星期要学完哪些内容，周末进行复盘，没赶上的进度在周末赶上来。

注册会计师全国统一考试辅导教材

审计 CPA

Auditing | 应试指导

荆 晶◎编著

SPM 南方出版传媒 广东人民出版社
·广州·

图书在版编目（CIP）数据

审计应试指导/荆晶编著. —广州：广东人民出版社，2019.5（2021.4重印）
ISBN 978-7-218-13522-9

Ⅰ.①审…　Ⅱ.①荆…　Ⅲ.①审计—资格考试—自学参考资料
Ⅳ.①F239

中国版本图书馆CIP数据核字（2019）第072363号

Shenji Yingshi Zhidao
审 计 应 试 指 导

荆晶　编著

出 版 人：肖风华

责任编辑：陈泽洪
封面设计：林国劲
内文设计：奔流文化
责任技编：吴彦斌

出版发行：广东人民出版社
地　　址：广州市海珠区新港西路204号2号楼（邮政编码：510300）
电　　话：（020）85716809（总编室）
传　　真：（020）85716872
网　　址：http://www.gdpph.com
印　　刷：广州市穗彩印务有限公司
开　　本：787毫米×1092毫米　1/16
印　　张：34　　**插　　页**：2　　**字　　数**：480千
版　　次：2019年5月第1版
印　　次：2021年4月第7次印刷
定　　价：78.00元
（随书附赠《审计重点难点随身记》）

前言

时至2021年，注册会计师考试（简称CPA）已进行数载，每年一次的CPA考试对于每一个考生来说都是一次洗礼，CPA在会计界被认为是证书的王冠，是会计专业能力的最强背书，相信有理想的您已经在为顺利通关而努力。据中国注册会计师协会公布，2020年，CPA专业阶段考试的报名人数已达160.7万，比2019年增加21.4万人，2021年仍将有约10%的增长，而单科通过率仅在15%左右，每年通过CPA的人数也仅2万左右。为帮助各位考生顺利通过考试，本书编委会根据《注册会计师全国统一考试大纲——专业阶段考试（概述）》的要求，针对性地推出了本套辅导系列丛书。

本套丛书附赠《重点难点随身记》等配套资料，是业内名师的心血之作，对于考点把握、知识梳理、重难点解答及命题规律总结，都有其独到见解之处。

本套丛书具备如下特点：1. 重点突出，讲解细致。每本书都是对考纲和教材内容的高度提炼，对于重难点的讲解尤为细致。2. 图表总结，简洁明了。对于许多需要记忆与容易混淆的考点，书中均使用图表的方式加以对比总结，让人一目了然。3. 导图引领，脉络清晰。书中每章内容都有思维导图，目的是让考生迅速把握本章脉络以及重要知识点。4. 题目存疑，官网答疑。考生可以将不懂的例题或习题发布至会计学堂官网https://www.acc5.com/的答疑区，或使用“会计考试GO”APP进行提问，将有专业的老师及时为大家解答。

本书编写与出版过程中，尽管编者精益求精，但书中难免出现错漏和不足之处，恳请广大读者批评指正。

辅导资料不在量而在精，做题也必须有个度，我们不提倡题海战术，而是更倾向于帮助考生系统掌握知识。我们希望这套“快速通关”辅导丛书能在您的CPA征程上助您拿到通关之钥。

付出终会得到回报。最后，预祝各位考生顺利通过今年的CPA考试！

本书编委会

复习指导

一、考试基本情况

考试时间	2021年8月28日　8：30—11：00
考试形式	机考
题型及分值	单选题1分/题×25题＝25分
	多选题2分/题×10题＝20分
	简答题6题，共36分
	综合题1题，共19分

二、命题特点分析

（一）考点全面，重点突出

注册会计师全国统一考试（简称CPA）审计的考试几乎每一章都会涉及，考点十分全面。简答题中诸如“独立性”“质量控制制度”等几乎年年都有，综合题一般体现了“风险评估与应对”的命题思路，因此重点还是很突出的，考生应从执业的角度去解答。

（二）体现准则，跨章结合

近两年审计准则有了不小的变化，而我们的考试也是紧跟准则的步伐，因此考生需要多加关注准则变化的地方。除此之外，审计主观题分模块、跨章节的考法也是大家需要注意的，切勿孤立地学习每一章节的知识。

（三）注重实操，综合性强

审计是CPA的核心科目，也是我们注册会计师将来执业的方向，因此考题必定会非常注重实操性。近年，审计考题的综合性越来越强，主观题中往往涉及多个知识点，并且相互之间的关联度很高，这对考生的分析理解能力提出了更高的要求。

三、教材变化情况及章节重要程度

章节	变化内容	重要程度
第一章　审计概述	本章变动较小，除对审计的目的进行修正外，其他内容无实质性变动。	★★
第二章　审计计划	本章变动较小，主要是将“质量控制”统一修改为“质量管理”，其他内容无实质性变动。	★★★

（续上表）

章节	变化内容	重要程度
第三章　审计证据	本章变动较小，仅对函证问题增加一个段落。	★★
第四章　审计抽样方法	本章变动较小，为个别细节调整。	★★★
第五章　信息技术对审计的影响	本章变动较小，为个别细节调整。	★
第六章　审计工作底稿	本章变动较小，为个别细节调整。	★
第七章　风险评估	本章变动较小，对教材中不严谨的表述进行修正，无实质性变动。	★★★
第八章　风险应对	本章变动较小，对教材中不严谨的表述进行修正，无实质性变动。	★★★
第九章　销售与收款循环的审计	本章变动较大，主要体现在： ①对内部控制的内容进行了重新梳理； ②“主营业务收入的常规实质性程序”进行较大调整； ③将“应收账款”根据具体适用情形补充为“应收票据/应收款项融资/应收账款/合同资产”； ④将“计价和分摊”修正为“准确性、计价和分摊”。	★★★
第十章　采购与付款循环的审计	本章变动较大，主要是对内部控制的内容进行了重新梳理，其余无实质性变动。	★★
第十一章　生产与存货循环的审计	本章变动较小，为个别细节调整。	★★★
第十二章　货币资金的审计	本章变动较大，主要体现在： ①对“与货币资金相关的重大错报风险”部分补充了注册会计师在货币资金审计中需要关注和保持警觉的事项或情形； ②检查银行存款账户发生额和取得并检查对账单和银行存款余额调节表的审计程序发生了细节性的变动； ③银行询证函参考格式有多处细节修订； ④将定期存款的相关内容移到了银行存款实质性程序的后面，并对相关内容进行了修订； ⑤在“其他货币资金的实质性程序”部分增加第三方支付业务情形下注册会计师需要关注和考虑的事项。	★
第十三章　对舞弊和法律法规的考虑	本章变动较大，删除了“会计分录测试”的内容。	★★★
第十四章　审计沟通	本章变动较小，对教材中多处不严谨的表述进行修正，无实质性变动。	★★
第十五章　注册会计师利用他人的工作	本章变动适中，删除了注册会计师作出是否利用专家的工作的决策的影响因素。对教材中不严谨的表述进行修正，无实质性变动。	★★
第十六章　对集团财务报表审计的特殊考虑	本章变动较小，对第四节、第五节不严谨的表述进行修正，无实质性变动。	★★★

（续上表）

章节	变化内容	重要程度
第十七章　其他特殊项目的审计	本章变动较大，主要是第二节“关联方的审计”内容发生了较大的变动。具体为：对“识别和评估重大错报风险”和“针对重大错报风险的应对措施”相关内容进行重新编写，增加了对存在具有支配性影响的关联方的指引；对被审计单位通过关联方实施舞弊的手法及隐瞒关联方关系或交易的迹象予以提示；为注册会计师识别和应对与关联方关系及其交易相关的舞弊风险提供细化指导。	★★★
第十八章　完成审计工作	本章变动适中，主要为对“项目合伙人复核”和“项目质量复核”相关内容进行重新编写。	★★
第十九章　审计报告	本章变动较大，主要体现在：对“收件人”“报告日期”“在审计报告中沟通关键审计事项”“不在审计报告中沟通关键审计事项的情形”“非无保留意见的审计报告的格式和内容”，以及“比较信息”中的“审计程序”“获取其他信息”“阅读并考虑其他信息”等相关内容进行重新编写，并增加“与财务报表一同列报的补充信息”的相关内容。	★★★
第二十章　企业内部控制审计	本章变动适中，主要是补充“整合审计”“对应对舞弊风险的考虑”和“以前审计获取的有关控制运行有效性的审计证据”相关内容，其余均为细节性变动。	★★★
第二十一章　会计师事务所业务质量管理	本章变动较大，章节名称由“会计师事务所业务质量控制”改为“会计师事务所业务质量管理”，并对具体内容整体按照新准则进行相关修订。	★★★
第二十二章　职业道德基本原则和概念框架	本章变动较大，根据新准则进行了重新编写。	★
第二十三章　审计业务对独立性的要求	本章变动较大，根据新准则进行了重新编写。	★★★

四、审计学习方法

（一）听、说、背、做、想

听：指的是要听课。虽然这本辅导书写得很详尽，但有些考点只有讲起来才会生动，很多精华且贴近实务的知识以及经典的应试技巧，往往只能在课堂上展示。

说：现在很多CPA考生都是在职人员，有些也已经成家了，工作的压力、生活的负担，往往使他们没有办法静下心来看书，而且看久了脑子就不知道想到哪儿去了。所以我提倡的是“说”，而不是单纯地看。把你学会的审计知识对着镜子说一遍要比对着书复习一遍的效果好很多。你一边说着，脑子里还能想其他事情吗？不可能的！

背：审计是CPA六门课程中除经济法以外记忆量最大的学科。如果谁跟你说审计不要背，只要理解，那他一定是在忽悠你！或者说他指的是审计实务，而并非中国注册会计师协会（以下简称“中注协”）的审计考试。CPA审计考试是绝对要记忆的，而且记忆量还不小。所谓不需记忆，只需理解，也是胡扯！因为其实真正理解了也就记住了，记住了也就理解了，但审计记忆确实也是有方法的，比如框架记忆法、联想记忆法、口诀记忆法、归纳记忆法、图表记忆法等，这些内容在这本书以及我的课程里都有提及。

做：做什么？推荐大家做的第一类题目是这本书的强化练习题。每一个章节结束，本书都安排了强化练习，这些题目都是我对历年重要考点进行规整总结，并对历年真题进行剖析而成的，与真题难易程度非常接近。第二类要做的题是真题。建议大家在学完所有章节开始做真题的时候，直接购买由中注协汇编的真题，以确保答案的准确性。

想：从你打算考CPA审计开始，就请你和她好好“谈一场恋爱”。睡前最后做的一件事是想她，带着对她的思念酣然入睡，醒来第一件事也是想她。审计不像会计、财管、税法那样需要大量做题，但经常对考点进行回顾是很有必要的。睡前把今天学习的审计考点想一遍，想不出来时你一定睡不着，一定想把书拿出来再翻一翻，那目的就达到了，我相信这个考点你永远都不会忘了。有的学生喜欢在上班的时候拿出审计书放在底下偷偷瞄几眼，有时领导在后面拍他一下，吓得半死，其实完全没必要。CPA只是为我们的生活和工作增值，为了CPA放弃原本的生活和工作是完全不值得的，所以真没必要在工作的时候还偷看CPA的书。如果你实在没事，可以拿出一张白纸，用相关考点搭搭框架，在脑海里回忆一下，实在想不出的，标记出来回家再看书。

（二）“先搭骨架后塞肉”

审计另外一个很重要的学习方法就是“先搭骨架后塞肉”。

审计是一门逻辑性极强的学科。比如，你首先可以搭出整个审计的流程图，如下图：

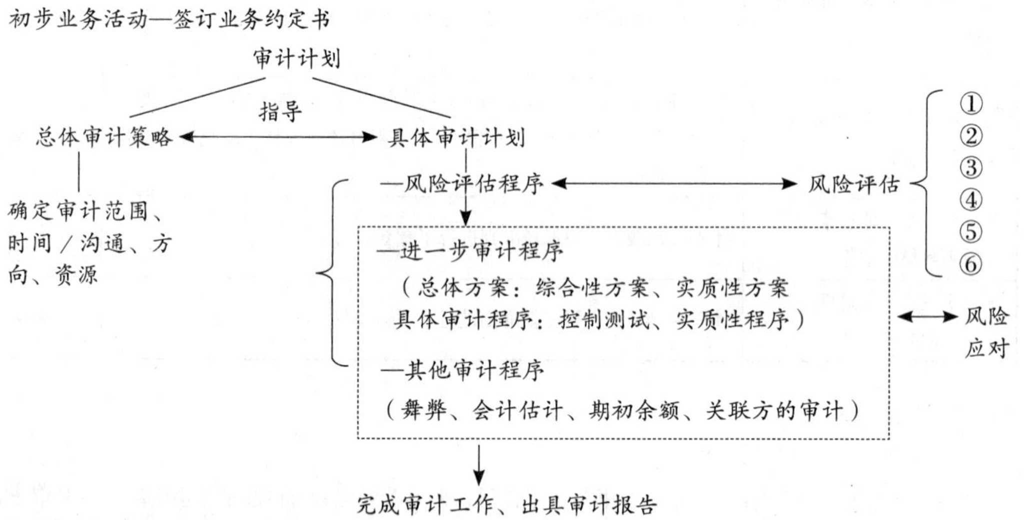

接着你可以问自己，总体审计策略包含哪些内容，具体审计计划包含哪些内容？如果你今天准备复习具体审计策略，那你就会复习到具体审计计划，包括风险评估程序、控制测试和实质性程序。风险评估程序是通过了解被审计单位及其环境的六个方面，包括：1. 行业状况、法律环境和监管环境，以及其他外部状况；2. 被审计单位的性质；3. 被审计单位会计政策的选择和运用；4. 被审计单位的目标、战略及相关经营风险；5. 被审计单位财务业绩的衡量与评价；6. 被审计单位的内部控制。那每一方面又包含哪些内容呢？比如了解内部控制最为重要，需要分别掌握三目标、五要素、两层次、六步骤。三目标是什么？五要素是什么？两层次是什么？六步骤是什么？

当然审计的考点远不止这些，但你可以像上述所举的例子这样，在搭了“骨架”的基础上，不断往里面填“肉”。

五、考试技巧与注意事项

（一）看清题目，注意反选

单选题和多选题经常要求考生选择“不正确”“不属于”“不符合”等选项，对于这些否定字眼，考生一定要非常敏感，因此失分可谓得不偿失。

（二）通读答案，巧用排除

对于能一眼看出答案的选择题，不要浪费时间，直接选出。万一出现记忆模糊，可尝试排除法，以提高正确率。

（三）复制粘贴，提高速度

简答题与综合题答案中可能需要引用题干中的原文，这时千万记得利用机考的优势，那便是直接进行复制粘贴，这样可大大节省答题时间。

（四）先做判断，后答理由

一些简答题或综合题的问法是“某某事项是否正确，请说明理由”，遇到此类问题切记先做出判断（回答正确或不正确通常有0.5分），然后说明理由。建议考生尽量用完整的语句作答，虽无须逐字逐句写出教材原文，但也需要在答案中体现关键词，毕竟这些是阅卷老师的给分点。

（五）放平心态，战略选择

考试过程中切忌浮躁，遇到不会的题可以跳过往下做，若有剩余时间再回顾此题，万一没有时间，战略性放弃也是一种答题策略，毕竟我们的目标只是考过60分。最后，祝愿各位考生能顺利通过今年的CPA审计考试。

目 录

第一编 审计基本原理

第一章　审计概述

本章思维导图

- 审计概述
  - 审计的概念与保证程度 ★
    - 审计的定义
    - 合理保证和有限保证的区别
    - 注册会计师审计和政府审计
    - 职业责任和期望差距
    - 审计报告和信息差异
  - 审计要素 ★★
    - 审计业务的三方关系人
    - 鉴证对象信息
    - 标准
    - 审计证据
    - 审计报告
  - 审计目标 ★★
    - 审计总体目标
    - 认定与具体审计目标
      - 认定的含义
      - 认定的类别
      - 具体审计目标
  - 审计基本要求 ★★★
    - 遵守审计准则
    - 遵守职业道德
    - 保持职业怀疑
      - 职业怀疑的要求
      - 职业怀疑的作用
    - 合理运用职业判断
  - 审计风险 ★★
    - 重大错报风险
    - 检查风险
    - 检查风险与重大错报风险的反向关系
    - 审计的固有限制
  - 审计过程 ★
    - 接受业务委托
    - 计划审计工作
    - 识别和评估重大错报风险
    - 应对重大错报风险
    - 编制审计报告

本章知识点精讲

微信扫一扫
习题免费练

第一节 审计的概念与保证程度

知识点提示

本节要求大家在理解审计含义的基础上理解合理保证与有限保证。审计属于合理保证程度的鉴证业务，审阅属于有限保证程度的鉴证业务。合理保证与有限保证，或者说审计与审阅的区别是大家要重点掌握的内容。

知识点1 审计的定义（★）

审计是指注册会计师对财务报表是否不存在重大错报提供合理保证，以积极方式提出意见，增强除管理层之外的预期使用者对财务报表信赖的程度。

【拓展】

1. 什么是重大错报？

（1）什么是错报？

错报是指某一财务报表项目的金额、分类、列报或披露，与按照适用的财务报告编制基础应当列示的金额、分类、列报或披露之间存在的差异；或根据注册会计师的判断，为使用财务报表在所有重大方面实现公允反映，需要对金额、分类、列报或披露作出的必要调整。错报可能是由于错误或舞弊导致的。

（2）什么是重大错报？什么程度是重大，多大金额是重大？

打个比方，兜里有10块钱，丢9块钱，那这事就比较大了，必须重视；如果兜里有10万块钱，那这9块钱就可有可无了。所以说还要看重要性程度，高于重要性的就是重大的，低于就是不重大的。除了金额重大，性质也是一方面，比如这9块钱不是自己掉的，是被人偷的，那这事就比较严重了。如果没找到原因，明天可能被偷的就不是9块钱了。

2. 什么是积极方式？

这里的积极方式是对合理保证而言，合理保证就是以积极方式得出结论。那什么是积极方式呢？

积极方式就是通过审计程序能为企业所有的重大方面提供合理保证，重点是“所有的重大方面”。

相应的消极方式是我们为企业作了审计程序的部分，我们能提供有意义的水平保证，但是对于未作审计程序部分我们不能保证其是否客观、真实。

3. 如何理解合理保证？

合理保证是相对于有限保证而言，合理保证程度大概是90%～99%，有限保证是50%～90%，为了能达到合理保证就要进行更多的审计程序，搜集更多的审计证据。

上述定义可以从以下几个方面理解：

1. 审计的用户是财务报表的预期使用者，即审计可以用来有效满足财务报表预期使用者的需求。

2. 审计的目的是改善财务报表的质量或内涵，增强除管理层之外的预期使用者对财务报表的信赖程度，即以合理保证的方式提高财务报表的可信度，而不涉及如何利用信息提供建议。

3. 审计的保证程度是合理保证。合理保证是一种高水平保证，但低于绝对保证。

4. 审计的基础是独立性和专业性，通常由具备专业胜任能力和独立性的注册会计师来执行，注册会计师应当独立于被审计单位和预期使用者。

5. 审计的最终产品是审计报告。注册会计师针对财务报表是否在所有重大方面按照财务报告编制基础编制并实现公允反映发表审计意见，并以审计报告的形式予以传达。

注册会计师按照审计准则和相关职业道德要求执行审计工作，能够形成这样的意见。

【例1-2020-单选题】下列有关财务报表审计的说法中，错误的是（　　）。

A. 财务报表审计的目的是发现所有由于错误或舞弊导致的重大错报

B. 财务报表审计能够提高财务报表的可信度

C. 财务报表审计能够提供高水平的保证

D. 财务报表审计的基础是独立性和专业性

【答案】A

学堂点拨

审计的目的是改善财务报表的质量或内涵，增强除管理层之外的预期使用者对财务报表的信赖程度，即以合理保证的方式提高财务报表的可信度，而不涉及为如何利用信息提供建议。由于审计的固有限制，审计无法发现所有由于错误或舞弊导致的重大错报。

【例2-2019-单选题】下列有关财务报表审计的说法中错误的是（　　）。

A. 审计不涉及为如何利用信息提供建议

B. 审计的目的是增强除管理层之外的预期使用者对财务报告的信赖程度

C. 审计只提供合理保证，不提供绝对保证

D. 审计的最终产品是审计报告和已审计财务报表

【答案】D

学堂点拨

审计的最终产品是审计报告。

【例3-2018-单选题】下列有关财务报表审计的说法中，错误的是（　　）。

A. 财务报表审计的目的是改善财务报表的质量或内涵

B. 财务报表审计的基础是独立性和专业性

C. 财务报表审计可以有效满足财务报表预期使用者的需求

D. 财务报表审计提供的合理保证意味着注册会计师可以通过获取充分、适当的审计证据消除审计风险

【答案】D

学堂点拨

审计风险不可能消除，只是从一定程度上降低。

知识点2 合理保证与有限保证（★★）

一、注册会计师执行的业务种类

表 1-1 注册会计师执行的业务种类

业务种类	具体分类
鉴证业务（是指注册会计师对鉴证对象信息提出结论，以增强除责任方之外的预期使用者对鉴证对象信息信任程度的业务）	1. 审计业务。 2. 审阅业务。 3. 其他鉴证业务。
相关服务业务	1. 税务代理。 2. 代编财务信息。 3. 对财务信息执行商定程序等。

鉴证业务的保证程度分为合理保证和有限保证。审计属于合理保证程度的鉴证业务，审阅属于有限保证程度的鉴证业务。

【例4-2019-多选题】不属于鉴证业务的有（ ）。

A. 财务报表审阅

B. 财务报表审计

C. 对财务信息执行商定程序

D. 代编财务信息

【答案】CD

学堂点拨

鉴证业务包括审计、审阅和其他鉴证业务。相关服务包括税务代理、代编财务信息、对财务信息执行商定程序等。

二、两种保证程度的区别

表 1-2 合理保证与有限保证的区别

区别 \ 业务类型	合理保证（财务报表审计）	有限保证（财务报表审阅）
目标	在可接受的低审计风险下，以积极方式对财务报表整体发表审计意见，提供高水平保证。	在可接受审阅风险下，以消极方式对财务报表整体发表审阅意见，提供有意义水平的保证，保证水平低于审计业务。
证据收集程序	通过一个不断修正的、系统化的执业过程，获取充分、适当的证据，证据收集程序包括检查记录或文件、检查有形资产、观察、询问、函证、重新计算、重新执行、分析程序等。	通过一个不断修正的、系统化的执业过程，获取充分、适当的证据，证据收集程序受到有意识的限制，主要采用询问和分析程序获取证据。
所需证据数量	较多	较少
检查风险	较低	较高
财务报表的可信性	较高	较低

（续上表）

业务类型 / 区别	合理保证（财务报表审计）	有限保证（财务报表审阅）
提出结论的方式	以积极方式提出结论。例如："我们认为，ABC公司财务报表在所有重大方面按照企业会计准则的规定编制，公允反映了ABC公司2020年12月31日的财务状况以及2020年度的经营成果和现金流量。"	以消极方式提出结论。例如："根据我们的审阅，我们没有注意到任何事项使我们相信，ABC公司财务报表没有按照企业会计准则的规定编制，未能在所有重大方面公允反映被审阅单位的财务状况、经营成果和现金流量。"

【例5-2020-多选题】下列各项中，属于合理保证鉴证业务的有（　　）。

A．财务报表审计业务　　B．内部控制审计业务

C．审计和审阅以外的其他鉴证业务　　D．财务报表审阅业务

【答案】AB

学堂点拨

选项C，其他鉴证业务可能提供合理保证，也可能提供有限保证；选项D，财务报表审阅业务提供的是有限保证。

【例6-2018-多选题】下列有关鉴证业务保证程度的说法中，正确的有（　　）。

A．合理保证是高水平的保证，有限保证是中等水平的保证

B．审计提供合理保证，审阅和其他鉴证业务提供有限保证

C．合理保证所需证据的数量较多，有限保证所需证据的数量较少

D．合理保证以积极方式提出结论，有限保证以消极方式提出结论

【答案】CD

学堂点拨

选项A错误，有限保证提供的是有意义水平的保证；选项B错误，依据《中国注册会计师其他鉴证业务准则第3101号——历史财务信息审计或审阅以外的鉴证业务》第四条的规定，其他鉴证业务的保证程度分为合理保证和有限保证。

【例7-2018-多选题】下列选项中，属于鉴证业务的有（　　）。

A．审计　　B．审阅　　C．商定程序　　D．代编财务信息

【答案】AB

学堂点拨

鉴证业务包括审计、审阅和其他鉴证业务。相关服务包括税务代理、代编财务信息、对财务信息执行商定程序等。

【例8-2017-单选题】下列关于财务报表审计和财务报表审阅的区别的说法中，错误的是（　　）。

A．财务报表审计所需的审计证据的数量多于财务报表审阅

B. 财务报表审计采用的证据收集程序少于财务报表审阅

C. 财务报表审计提供的保证水平高于财务报表审阅

D. 财务报表审计提出结论的方式与财务报表审阅不同

【答案】B

学堂点拨

财务报表审计采用的证据收集程序包括检查记录或文件、检查有形资产、观察、询问、函证、重新计算、重新执行、分析程序等。财务报表审阅采用的证据收集程序受到有意识的限制，主要采用询问和分析程序获取证据，因此财务报表审计证据收集程序多于财务报表审阅。

知识点3 注册会计师审计和政府审计（★）

表 1–3 注册会计师审计和政府审计的区别

项目	政府审计	注册会计师审计
审计目标和对象	对政府的财政收支或者国有金融机构和企事业组织财务收支进行审计，确定其是否真实、合法和具有效益。	依法对企业财务报表进行审计，确定其是否符合会计准则和相关会计制度，是否公允反映了财务状况、经营成果和现金流量。
审计的标准	《中华人民共和国审计法》和审计署制定的《国家审计准则》。	《中华人民共和国注册会计师法》和财政部批准发布的注册会计师审计准则。
经费或收入来源	行政行为，所必需的经费由同级人民政府予以保证。	市场行为，有偿服务，费用由注册会计师和审计客户协商确定。
取证权限	具有更大的强制力。	受市场行为的局限，在获取审计证据时，很大程度上有赖于企业的配合和协助，没有行政强制力。
对发现问题的处理方式	可在职权范围内作出审计决定或者向有关主管机关提出处理、处罚意见。	发现的问题只能提请企业调整有关数据或进行披露，若企业拒绝，则需根据具体情况予以反映，比如出具保留或否定意见的审计报告。

知识点4 职业责任和期望差距（★）

一、注册会计师职业责任

1. 含义：指注册会计师作为一个职业应尽的义务，在很大程度上反映财务报表使用人的期望。

2. 职业界的普遍认识：通过审计发现财务报表中存在的重大非故意错报。

3. 职业界非普遍认识：通过审计发现财务报表中存在的重大故意错报的责任并不具备一致的认识或接受程度。

二、公众期望

公众期望注册会计师判断财务报表是否不存在重大错报，无论这种错报是否出于故意。

三、公众期望差

（一）公众期望差的形成

1．由社会公众与注册会计师职业界在对职业责任的认识上存在的差距导致。

2．不仅针对注册会计师的执业行为和职业责任，还涉及财务报表的确认、计量与披露原则、商业道德以及公司管理层应尽的社会责任。

（二）公众期望差对注册会计师提出的要求

1．充分关注舞弊风险，明确注册会计师对发现舞弊方面的责任。

2．了解并尽可能缩小公众期望差。

知识点5　审计报告和信息差异（★）

一、审计报告含义

审计报告是注册会计师对财务报表发表审计意见形成的书面报告，同时也是注册会计师与财务报表使用者沟通审计事项的主要手段。

二、原审计报告的格式

原来的审计报告模式是短式标准审计报告模式，在格式、要素和内容上，都体现了标准化，其核心内容是审计意见。

三、信息差距

审计报告的标准化具有统一格式、要素一致、内容简洁、意见明确等优点，但也存在着信息含量低、相关性差等缺陷。这种缺陷导致公众产生“信息差距”——财务报表使用者作出明智投资和信托决策需要的信息，与他们从审计报告和已审计财务报表中得到的信息之间存在着较大的差距。这种“信息差距”会影响资本市场的效率和资本的成本。

四、审计报告模式改革

2015年年初，国际审计与鉴证准则理事会（IAASB）发布最新制定和修订的审计报告系列准则，改革现行审计报告模式，增加审计报告要素，丰富审计报告内容。特别是引进关键审计事项部分，使得财务报表使用者可以了解与审计单位和财务报表审计更为相关、对决策有用的信息。这些信息可能包括注册会计师评估的重大错报风险较高的领域或识别出的特别风险、涉及管理层判断的重大不确定事项和重大审计判断、当期重大交易或事项对审计的影响。2016年，我国借鉴国际审计报告改革的最新成果，结合行业实际情况和审计环境，对审计报告相关准则进行了修订，对审计报告模式作出了改革。改革后的审计报告模式，提高了审计报告的相关性和决策有用性，缩小了“信息差距”。

第二节　审计要素

微信扫一扫
习题免费练

知识点提示

审计五要素可以帮助大家理解什么是审计。三方关系人是对审计性质的基本描述。管理层根据适用的财务报表编制基础编制财务报表（鉴证对象信息），注册会计师参照标准审计财务报表（鉴证对象信息），按照审计准则的要求实施审计程序获得审计证据，在获得充分适当审计证据的基础上出具审计报告，增强了除管理层之外的预期使用者对财务报表信赖的程度。因此，三方关系人、财务报表、财务报表编制基础、审计证据、审计报告构成了审计五要素。

知识点 审计要素（★★）

审计要素包括三方关系人、财务报表（鉴证对象信息）、财务报表编制基础（标准）、审计证据和审计报告这五个方面，如图1-1所示。

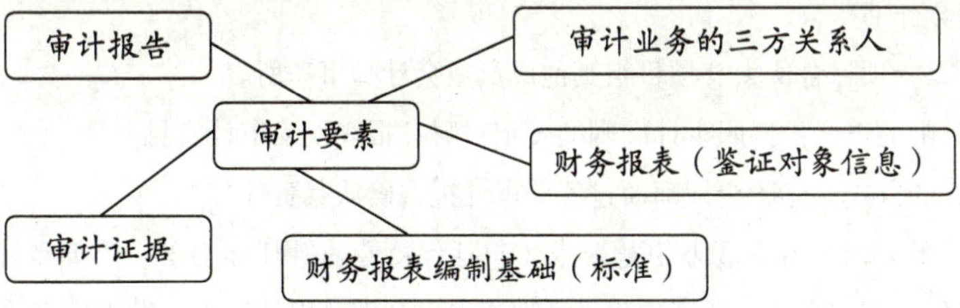

图 1-1 审计要素

【例1-2020-单选题】下列各项中，不属于审计业务要素的是（　　）。

A. 财务报告编制基础　　B. 审计报告

C. 财务报表　　D. 审计准则

【答案】D

【例2-2019-多选题】下列各项中，属于审计业务要素的有（　　）。

A. 审计证据　　B. 财务报表编制基础

C. 审计业务的三方关系人　　D. 审计报告

【答案】ABCD

学堂点拨

审计业务要素包括审计业务的三方关系人、财务报表、财务报表编制基础、审计证据和审计报告。

一、审计业务的三方关系人

三方关系人是对审计性质的基本描述。

审计的三方关系人：注册会计师（第一方）、被审计单位管理层（责任方）（第二方）、财务报表预期使用者（第三方）。

关系描述：注册会计师对由被审计单位管理层负责的财务报表发表审计意见，以增强除管理层之外的预期使用者对财务报表的信赖程度。

【关注】财务报表的“编/审/用”，如图1–2所示。

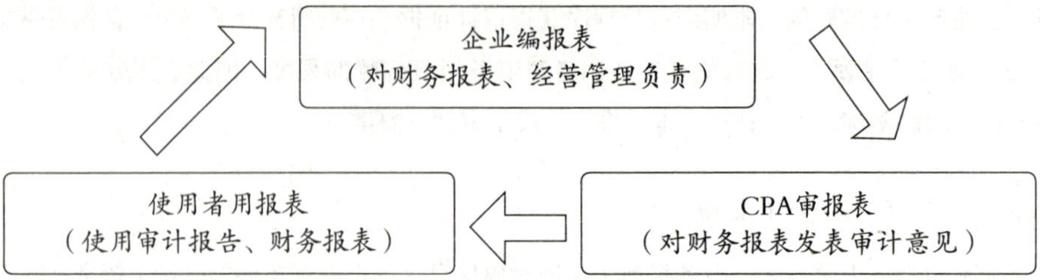

图 1–2 财务报表的“编 / 审 / 用”

（一）注册会计师

注册会计师是指项目合伙人、项目组其他成员或会计师事务所。

1. 注册会计师的责任：按照审计准则的规定对财务报表发表审计意见。

2. 确认责任的方式：注册会计师通过签署审计报告确认其责任。

3. 履行职责的要求：遵守职业道德要求（包括保持专业胜任能力），遵循审计准则的规定，计划和实施审计工作，获取充分、适当的审计证据，得出合理的审计结论，发表恰当的审计意见。

如果审计业务涉及的特殊知识和技能超出了注册会计师的能力，可以利用专家工作，但应当确信包括专家在内的项目组整体已具备所需的知识和技能，并充分参与该项审计业务和了解专家所承担的工作。

4. 财务报表审计不能减轻被审计单位管理层和治理层的责任。

（二）被审计单位管理层（责任方）

责任方是指对财务报表负责的组织或人员，即被审计单位管理层。

管理层：是指对被审计单位经营活动的执行负有经营管理责任的人员（例如公司的经理）。

治理层：是指对被审计单位战略方向以及管理层履行经营管理责任负有监督责任的人员或组织（例如董事会、监事会）。治理层的责任包括监督财务报告过程。

【关注】

1. 在某些被审计单位，管理层可能包括部分或全部的治理层成员。

2. 在某些被审计单位，治理层可能包括管理层，如治理层中负有经营管理责任的人员，或业主兼经理。

3. 管理层和治理层应对编制财务报表承担完全责任。

4. 尽管在审计过程中，注册会计师可能向管理层和治理层提出调整建议，甚至在不违反独立性的前提下为管理层编制财务报表提供协助，但管理层仍然对编制财务报表承担责任，并通过签署财务报表确认这一责任。

5. 如果财务报表存在重大错报，而注册会计师通过审计没有能够发现，也不能因为财务报表已经注册会计师审计这一事实而减轻管理层和治理层对财务报表的责任。

执行审计工作的前提之一是指管理层和治理层认可并理解其应当承担下列责任，这些责任构成了审计工作的基础：

（1）按照适用的财务报告编制基础编制财务报表，并使其实现公允反映（如适用）。

（2）设计、执行和维护必要的内部控制，以使财务报表不存在由于舞弊或错误导致的重大错报。

（3）向注册会计师提供必要的工作条件，包括：

①允许注册会计师接触与编制财务报表相关的所有信息（如记录、文件和其他事项）；

②向注册会计师提供审计所需的其他信息（如关联方、违反法规行为等）；

③允许注册会计师在获取审计证据时不受限制地接触其认为必要的内部人员和其他相关人员。

确认审计前提条件的形式：要求管理层就其已履行的某些责任提供书面声明，包括针对管理层责任的书面声明、其他审计准则要求的书面声明，以及在必要时需要获取用于支持其他审计证据的书面声明。

如果管理层不认可其责任，或不同意提供书面声明，注册会计师承接此类审计业务是不恰当的。如果法律法规要求承接此类审计业务，注册会计师可能需要向管理层解释这种情况的重要性及其对审计报告的影响。

（三）预期使用者（主要利益相关者，通常包括股东、债权人、监管机构等）

外部：公众、银行、债权人、监管机构。

内部：治理层、管理层。

审计报告的收件人应当尽可能地明确为所有的预期使用者，但在实务中往往很难做到这一点，因此预期使用者主要是指那些与财务报表有重要和共同利益的主要利益相关者。

例如，注册会计师为上市公司提供财务报表审计服务，其审计报告的收件人为“××股份有限公司全体股东”，但除了股东之外，公司债权人、证券监管机构等显然也是预期使用者。

【例3-2020-单选题】下列有关审计报告预期使用者的说法中，错误的是（　　）。

A．注册会计师可能无法识别所有的预期使用者

B．预期使用者不包括执行审计业务的注册会计师

C．预期使用者不包括被审计单位的管理层

D．预期使用者可能不包括被审计业务委托人

【答案】C

学堂点拨

管理层是预期使用者之一，但不是唯一的预期使用者。

【例4-2020-单选题】下列有关审计报告预期使用者的说法中，错误的是（　　）。

A．预期使用者可能包括被审计单位的管理层

B．预期使用者可能不是审计业务的委托人

C．注册会计师应当识别所有的预期使用者

D．预期使用者不包括执行审计业务的注册会计师

【答案】C

学堂点拨

注册会计师可能无法识别使用审计报告的所有组织和人员，尤其在各种可能的预期使用者对财务报表存在不同的利益需求时。审计报告的收件人应当尽可能地明确为所有的预期使用者，但在实务中往往很难做到这一点。

【例5-2018-单选题】下列各项中，通常不属于财务报表预期使用者的是（　　）。

A．被审单位的管理层

B．被审单位的股东

C．为被审单位提供贷款的银行

D．对被审单位财务报表执行审计的注册会计师

【答案】D

学堂点拨

管理层、股东以及为被审计单位提供贷款的银行，都属于财务报表的预期使用者。

【例6-2011-单选题】在确定鉴证业务的三方关系人时，下列有关责任方的说法中，A注册会计师认为错误的是（　　）。

A．责任方可能是预期使用者，但不是唯一的预期使用者

B．责任方可能是鉴证业务委托人，也可能不是委托人

C．责任方是对财务报表负责的组织或人员

D．责任方只对财务报表负责，不对经营管理活动负责

【答案】D

学堂点拨

责任方不仅要对财务报表负责，而且要对经营管理活动负责。

二、财务报表（鉴证对象信息）

审计业务的鉴证对象：在财务报表审计中，鉴证对象是历史的财务状况、经营业绩和现金流量，鉴证对象信息即财务报表。（形式与内容）

财务报表通常是指整套财务报表，有时也指单一财务报表。

管理层和治理层（如适用）在编制财务报表时需要：

1．根据相关法律法规的规定确定适用的财务报告编制基础；

2．根据适用的财务报告编制基础编制财务报表；

3．在财务报表中对适用的财务报告编制基础作出恰当的说明。

三、财务报表编制基础（标准）

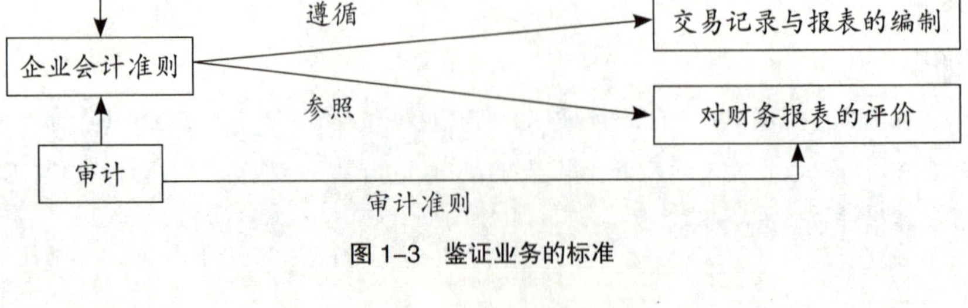

图 1-3　鉴证业务的标准

在财务报表审计中，财务报告编制基础即是标准（但不是唯一标准）。

编制基础分为通用目的编制基础和特殊目的编制基础。

1. 通用目的编制基础，是指旨在满足广大财务报表使用者共同的财务信息需求的财务报告编制基础，主要是指会计准则和会计制度。

2. 特殊目的编制基础，是指旨在满足财务报表特定使用者对财务信息需求的财务报告编制基础，包括计税核算基础、监管机构的报告要求和合同的约定等。

四、审计证据

（一）审计证据的理解

注册会计师对财务报表提供合理保证是建立在获取充分、适当证据的基础上的。

1. 审计证据是指注册会计师为了得出审计结论和形成审计意见而使用的必要信息。

2. 审计证据在性质上具有累积性（需要一定的数量）。

3. 审计证据主要是在审计过程中通过实施审计程序获取的，也可能从其他来源获取（如：会计记录、专家编制的信息、实施质量管理程序、以前审计的信息等）。

4. 会计记录是重要的审计证据来源（必不可少），被审计单位雇用或聘请的专家编制的信息也可以作为审计证据。注册会计师获取的函证回函也是重要的审计证据。

5. 审计证据既包括支持和佐证管理层认定的信息，也包括与这些认定相矛盾的信息。在某些情况下，信息的缺乏（如管理层拒绝提供注册会计师要求的声明）本身也构成审计证据，可以被注册会计师利用。

在形成审计意见的过程中，注册会计师的大部分工作是获取和评价审计证据。

（二）审计证据的特性

审计证据的特性包括充分性和适当性。

1. 充分性是对审计证据数量的衡量。要求注册会计师提供的保证程度越高，需要的审计证据可能越多。所需审计证据的数量受审计证据质量的影响（审计证据质量越高，需要的审计证据可能越少）。然而，注册会计师仅靠获取更多的审计证据可能无法弥补其质量上的缺陷。

2. 适当性是对审计证据质量的衡量，包括相关性和可靠性。

相关性（有用没用）是指审计证据与审计结论之间具有逻辑关系和说服力。

可靠性（是真是假）受其来源和性质的影响，并取决于获取审计证据的具体环境。

由于不同来源或不同性质的证据可以证明同一项认定，注册会计师有一定的选择余地，从而可以考虑获取证据的成本与所获取信息有用性之间的关系，但不应仅以获取证据的困难和成本为由减少不可替代的程序。

在评价证据的充分性和适当性以支持鉴证报告时，注册会计师应当运用职业判断（因为不同的人基于相同的证据可能形成不同的结论），并保持职业怀疑态度。

【例7–2014–单选题】下列关于审计证据的说法中，不正确的是（　　）。

A. 审计证据包括会计师事务所接受与保持客户或业务时实施质量管理程序获取的信息

B. 审计证据包括从公开渠道获取的与管理层认定相矛盾的信息

C. 审计证据包括被审计单位聘请的专家编制的信息

D. 信息的缺乏本身不构成审计证据

【答案】D

学堂点拨

信息的缺乏从一定程度上可以说明被审计单位存在的问题，如内部控制运行的无效性，构成审计证据。

五、审计报告

注册会计师应当针对财务报表（鉴证对象信息）在所有重大方面是否符合适当的财务报表编制基础（标准），以书面报告的形式发表能够提供合理保证程度的意见。

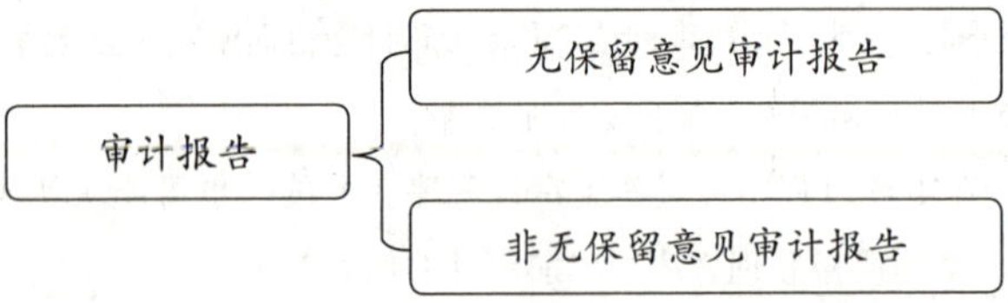

图 1-4　审计报告的分类

（一）无保留意见审计报告

如果对财务报表发表无保留意见，除非法律法规另有规定，注册会计师应当在审计意见中使用"财务报表在所有重大方面按照适用的财务报告编制基础（如企业会计准则等）编制，公允反映了……"的措辞。

（二）非无保留意见审计报告

如果存在下列情形之一时，注册会计师应当对财务报表清楚地发表恰当的非无保留意见：1. 根据获取的审计证据，得出财务报表整体存在重大错报的结论；2. 无法获取充分、适当的审计证据，不能得出财务报表整体不存在重大错报的结论（受限）。

【例8-多选题】如果存在下列（　　）情形之一，注册会计师应当对财务报表清楚地发表恰当的非无保留意见。

A. 在整个审计过程中，注册会计师对被审计单位的工作安排和业务接待不满意

B. 无法获取充分、适当的审计证据，不能得出管理层是否诚信的结论

C. 根据获取的审计证据，得出财务报表整体存在重大错报的结论

D. 无法获取充分、适当的审计证据，不能得出财务报表整体不存在重大错报的结论

【答案】CD

学堂点拨

选项C、D属于规定的发表非无保留意见的情形；仅凭选项A，不足以发表非无保留意见，要看该情况的后果是否导致C或D；选项B，注册会计师需要确认没有证据表明管理层不诚信，无须证明管理层是否诚信。

第三节 审计目标

微信扫一扫
习题免费练

知识点提示

总体审计目标是对财务报表整体是否不存在由于舞弊或错误导致的重大错报获取合理保证，使注册会计师能对财务报表是否在所有重大方面按照适用的财务报告编制基础编制发表审计意见，出具审计报告，并与管理层和治理层沟通（也可以简述成鉴证财务报表的合法性和公允性）。总体审计目标太大，有点空洞，显得泛泛而谈，因此注册会计师会将总体审计目标细化，细化为具体审计目标。先细化到对每一张主表和附注的目标，再细化到对每张主表和附注细分科目的认定。具体审计目标是对管理层认定的再认定。认定是指管理层对财务报表组成要素的确认、计量、列报作出的明确或隐含的表达。简单地讲，管理层对财务报表要素作了表达（认定）之后，注册会计师通过实施审计程序对这种表达（认定）作了再一次的表达（再认定）。具体参见图1-5：

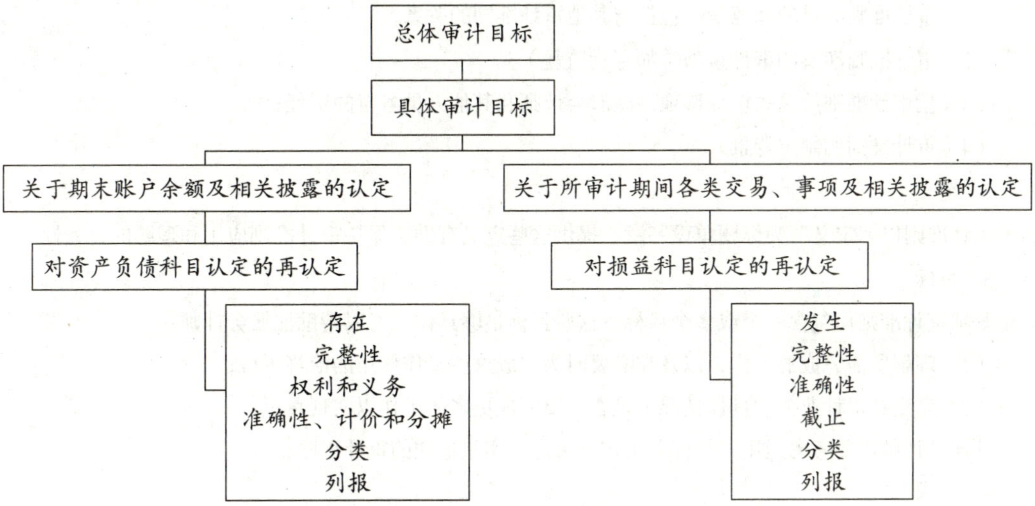

图 1–5　总体审计目标的细化

知识点1　总体审计目标（★）

审计目标包括财务报表总体审计目标，以及与各类交易、账户余额和披露相关的具体审计目标两个层次。

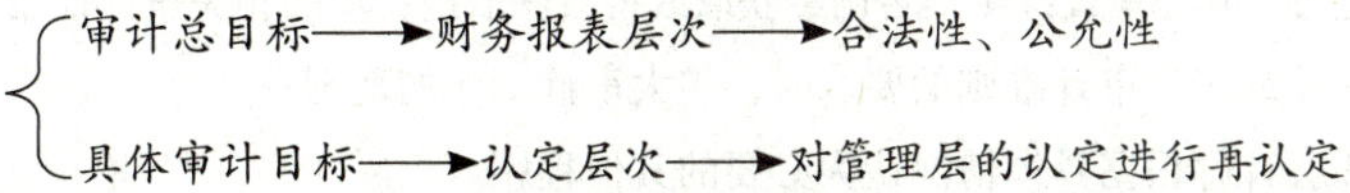

图 1–6　审计目标的层次

一、总体目标的内容

1. 对财务报表整体是否不存在由于舞弊或错误导致的重大错报获取合理保证，使注册会计师能对财务报表是否在所有重大方面按照适用的财务报告编制基础编制发表审计意见。

2. 按照审计准则的规定，根据审计结果对财务报表出具审计报告，并与管理层和治理层沟通。

合法性和公允性在“所有重大方面”都强调“合理保证”。

学堂点睛

在任何情况下，如果不能获取合理保证，并且在审计报告中发表保留意见也不足以实现向预期使用者报告的目的，注册会计师应当按照审计准则的规定出具无法表示意见的审计报告，或者在法律法规允许的情况下终止审计业务或解除业务约定。

审计准则为注册会计师执行审计工作以实现总体目标提供了标准。

二、审计准则的结构

每项审计准则通常包括总则、定义、目标、要求和附则。

1. 总则

总则提供了与理解审计准则相关的背景资料，并可能说明下列事项：

（1）审计准则的目的和范围，包括与其他审计准则的关系；

（2）审计准则涉及的审计事项（如存货监盘）；

（3）就审计准则涉及的审计事项，注册会计师和其他人员各自的责任；

（4）审计准则的制定背景。

2. 定义

审计准则以“定义”为标题单设一章。提供这些定义有助于保持审计准则应用和理解的一致性。

3. 目标

每项审计准则均包含一个或多个目标，这些目标足够具体，可以帮助注册会计师：

（1）理解所需完成的工作，以及在必要时为完成这些工作使用的恰当手段；

（2）确定在审计业务的具体情况下是否需要完成更多的工作以实现目标。

注册会计师需要考虑运用“目标”决定是否需要实施追加的审计程序。

4. 要求

在审计准则中，对注册会计师提出的要求以“应当”来表述。

注册会计师恰当执行审计准则的要求，预期会为其实现目标提供充分的基础。

针对某项业务的具体情况，可能存在一些特定事项，需要注册会计师实施审计准则要求之外的审计程序，以达到规定的目标。

如果认为没有获取充分、适当的审计证据，注册会计师可以采取下列一项或多项措施：

（1）评价通过遵守其他审计准则是否已经获取或将会获取进一步的相关审计证据；

（2）在执行一项或多项审计准则的要求时，扩大审计工作的范围；

（3）实施注册会计师根据具体情况认为必要的其他程序。

【例1-2012-多选题】关于注册会计师执行财务报表审计工作的总体目标，下列说法中，正确的有（　　）。

A. 对财务报表整体是否不存在重大错报获取合理保证，使得注册会计师能够对财务报表是否在所有重大方面按照适用的财务报告编制基础编制发表审计意见

B. 对被审计单位的持续经营能力提供合理保证

C. 对被审计单位内部控制是否存在值得关注的缺陷提供合理保证

D. 按照审计准则的规定，根据审计结果对财务报表出具审计报告，并与管理层和治理层沟通

【答案】AD

学堂点拨

选项A、D是教材原文表述。选项B、C中的说法不恰当，保持持续经营能力，设计、实施、维护内部控制是管理层的责任。

【例2-2012-多选题】关于审计准则中的“目标”的作用，下列说法中，正确的有（　　）。

A. “目标”将审计准则中的“要求”与注册会计师的总体目标联系起来

B. “目标”能够使注册会计师关注每项审计准则预期实现的结果

C. “目标”可以帮助注册会计师理解所需完成的工作，以及在必要时为完成工作使用的恰当手段

D. “目标”可以帮助注册会计师确定在审计业务的具体情况下是否应当完成更多的工作以实现目标

【答案】ABCD

学堂点拨

审计准则规定的目标，将审计准则的要求与注册会计师的总体目标联系起来，并使注册会计师关注每项审计准则预期实现的结果，帮助注册会计师理解所需完成的工作和在必要时为完成这些工作使用的恰当手段，并确定在审计业务的具体情况下是否需要完成更多的工作以实现目标。所以选项A、B、C、D均正确。

知识点2 认定（★★★）

一、管理层认定的含义

总目标
管理层的认定 } 制定具体目标→实施审计程序→获取审计证据→对认定的再评价

图 1-7 管理层的认定

认定（Assertion）是指管理层对财务报表组成要素的确认、计量、列报作出的明确或隐含的表达。认定的理解要点：

1. 认定是管理层的表达；

2. 认定是指管理层在财务报表中作出的明确或隐含的表达；

3. 管理层的表达有明确的（比如，甲公司期末存货1000万元是存在的，没有虚假），也有隐含的（存货1000万元是甲公司拥有或控制的，没有被抵押）；

4. 注册会计师基于管理层的认定来考虑财务报表的错报；

5. 注册会计师识别的错报源于管理层认定中不恰当的表达；

6. 管理层的认定有什么不恰当的表达，注册会计师则根据管理层认定的不恰当的表达确定财务报表错报的类别；

7. 管理层的认定在先，注册会计师考虑错报在管理层认定不恰当之后。

以资产负债表项目存货为例来说明认定的含义。

比如，甲公司2020年12月31日资产负债表中所列示的期末存货项目（金额）100万元。根据认定的定义，期末存货100万元有以下四种“明确的表达或隐含的表达”：

明确的认定：

1. 甲公司，2020年12月31日，资产中所记录的存货100万元是存在的。言外之意，没有虚假。

2. 甲公司，2020年12月31日，资产中所记录的存货以恰当的金额包括在财务报表中，与之相关的计价或分摊调整已恰当记录。言外之意，金额正好是100万元，以恰当的金额记录。

同时，管理层也作出下列隐含的认定：

3. 甲公司，2020年12月31日，资产中应当记录的100万元存货均已记录。言外之意，没有漏记，完整。

4. 甲公司，2020年12月31日，资产中记录的存货100万元均由其拥有。言外之意，存货没有受到留置权限制，没有被抵押或作为担保物，所有权属于甲公司。

【例3-多选题】如果蓝天公司财务报表日资产负债表中存货项目期末显示1000万元，根据对认定的理解，以下表述中，恰当的有（　　）。

A. 如果注册会计师能以该账面记录追踪到对应的存货实物，则表明1000万的存货是存在的，没有多记

B. 存货以恰当的金额1000万元记录在资产负债表中，与之相关的计价调整已恰当记录，表明存货在资产负债表的金额是正确的，并且已经对存货进行了期末减值估计

C. 如果注册会计师能从存货追踪到账面记录，则表明该存货均已记录在1000万元中，没有少记，体现了完整性的认定

D. 蓝天公司记录的存货均由其拥有或控制，表明存货资产都在被审计单位

【答案】ABC

学堂点拨

选项D不恰当。“记录的存货均由被审计单位拥有”是管理层从存货资产的“权属”上的概念而不是从存货资产存放地点来说的，比如说完成采购手续的在途原材料、委托代销的产成品等存货，在财务报表日没有在被审计单位的仓库中，但从存货资产“权属”上界定，这些存货仍然属于被审计单位拥有。

二、两种类型的管理层认定

准则将管理层认定划分为两种类型，即：

（一）关于所审计期间各类交易、事项及相关披露的认定

1. 发生；2. 完整性；3. 准确性；4. 截止；5. 分类；6. 列报。

【案例】注册会计师荆某在对甲公司2020年审计中发现：

1. 该上市公司2020年年末营业收入明细中有一笔销售给A公司的货物款100万，CPA未见任何原始凭证，通过对该笔应收账款函证也未取得回函。经与被审计单位管理层沟通，管理层承认该笔营业收入是为了完成收入业绩而虚构的。

2．荆某在对费用进行抽凭时发现，有些发票散落在账簿中，经与甲公司会计沟通，这些发票为销售人员全年提交的差旅费发票，但因为费用已经预付给销售人员，会计工作又忙，所以一直未计入费用科目。

荆某查看该公司财务报表附注，发现附注未对收入进行任何明细披露。

3．该上市公司2020年年末以分期收款方式销售一批商品，合同总价款为840万元，分四年于每年的年末收款。经对比发现，同样的商品如果是正常销售，售价总额为720万元，该公司确认营业收入840万。

4．荆某在询问中了解到，该公司年末实际的结账日为12月29日，对于30、31日两日发生的销售商品收入135万元，均记在2021年1月的账簿中。（假定均不考虑增值税等相关税费）

5．年末，该公司处置一栋原用来出租的房屋，处置时账面价值为350万，实际收到价款为400万，该公司确认营业外收入50万元。

6．荆某查看该公司财务报表附注，发现收入的确认原则未得到准确、清晰的说明。

表 1-4　与所审计期间各类交易、事项及相关披露的认定类别

认定	各类认定的含义	举例
发生Occurrence（高估）（虚构）	记录或披露的交易和事项已发生，且这些交易和事项与被审计单位有关。	被审计单位2020年度记录的销货交易确实均已发生。（本案例中，多记了一笔100万的收入。）
完整性 Completeness（低估）（“已发生”）（遗漏）	所有应当记录的交易和事项均已记录，所有应当包括在财务报表中的相关披露均已包括。	被审计单位在2020年已经发生的费用均已记录（本案例中，少记了多笔费用），再如，按客户在附注中列报收入的明细。（本案例中企业未对收入进行明细披露。）
准确性Accuracy（“已记录”）（可多可少）	与交易和事项有关的金额及其他数据已恰当记录，相关披露已得到恰当计量和描述。	被审计单位2020年发生的销货交易均以正确的金额加以记录。（本案例中，根据企业会计准则规定，应当按720万确认收入。）
截止 Cut-off（“跨期”）（确有其事）	交易和事项已记录于正确的会计期间。	被审计单位应在2020年确认的销售交易未推迟至2021年，应在2021年确认的销售交易未提前至2020年。（本案例中，由于错误的截止日，导致将2020年最后两天的收入确认为2021年的收入。）
分类 Classification	交易和事项已记录于恰当的账户。	被审计单位应将库存商品的销售计入“主营业务收入”，将投资性房地产处置收入计入“其他业务收入”。（本案例中企业错误地将投资性房地产处置收入计入营业外收入，正确处理应当计入其他业务收入，确认其他业务成本。）
列报 Disclosure	交易和事项已被恰当地汇总或分解且表述清楚，相关披露在适用的财务报告编制基础下是相关的、可理解的。	收入的确认原则（例如收入确认的时点）已得到准确、清晰的说明。（本案例企业在附注中未对收入的确认原则进行准确、清晰的说明。）

（二）关于期末账户余额及相关披露的认定

1. 存在；2. 完整性；3. 准确性、计价和分摊；4. 权利和义务；5. 分类；6. 列报。

注册会计师对期末账户余额运用的认定通常分为下列类别：

表 1-5 与期末账户余额及相关披露的认定类别

认定	各类认定的含义	举例
存在 Existence （≠发生）	记录的资产、负债和所有者权益是存在的。	被审计单位2020年12月31日所列1000万存货在当日确实存在。
权利和义务 Rights and Obligations	记录的资产由被审计单位拥有或控制，记录的负债是被审计单位应当履行的偿还义务。	被审计单位2020年12月31日所列1000万存货确实归其所有。（不包括其他单位寄销或暂存的存货。）
完整性 Completeness	所有应当记录的资产、负债和所有者权益均已记录，所有应当包括在财务报表中的相关披露均已包括。	被审计单位2020年12月31日没有漏记任何归其所有的存货。（包括委托代销存货、存放外地的存货等。）
准确性、计价和分摊 Accuracy，Valuation and Allocation	资产、负债和所有者权益以恰当的金额包括在财务报表中，与之相关的计价或分摊调整已恰当记录，相关披露已得到恰当计量和描述。	被审计单位2020年12月31日的存货余额采用了正确的计价方法，并提取了充足的存货跌价准备。
分类 Classification	资产、负债和所有者权益已记录于恰当的账户。	一年内到期的非流动资产、非流动负债已进行重分类。
列报 Disclosure	资产、负债和所有者权益已被恰当地汇总或分解且表述清楚，相关披露在适用的财务报告编制基础下是相关的、可理解的。	按固定资产主要类别分别披露的固定资产原值、累计折旧以及减值准备的增减变动数据与审定后的明细账有关数据一致。

【例4-单选题】下列各项中，与所审计期间的各类交易和事项相关的认定是（　　）。

A．准确性、计价和分摊　　B．权利和义务

C．完整性　　D．存在

【答案】C

学堂点拨

根据认定的类别，选项A、B、D均仅属于“关于期末账户余额及相关披露有关的认定”，选项C的完整性认定，既属于“与期末账户余额及相关披露有关的认定”，也属于“关于期末账户余额及相关披露有关的认定”，选项C正确。

知识点3 具体审计目标（★★★）

一、与所审计期间各类交易、事项及相关披露相关的审计目标

表 1-6 与所审计期间各类交易、事项及相关披露相关的审计目标

认定分类	具体审计目标（需要注册会计师确认）
1. 发生	确认已记录的交易是真实的。
2. 完整性	确认已发生的交易确实已经记录，所有应包括在财务报表中的相关披露均已包括。
3. 准确性	确认已记录的交易是按正确金额反映的，相关披露已得到恰当计量的描述。
4. 截止	确认接近于资产负债表日的交易记录于恰当的期间。
5. 分类	确认被审计单位记录的交易经过适当分类。
6. 列报	确认被审计单位的交易和事项已被恰当地汇总或分解且表述清楚，相关披露在适用的财务报告编制基础下是相关的、可理解的。

发生：由发生认定推导的审计目标是确认已记录的交易是真实的。例如，如果没有发生销售交易，但在销售日记账中记录了一笔销售，则违反了该目标。

发生认定所要解决的问题是管理层是否把那些不曾发生的项目列入财务报表，它主要与财务报表组成要素的高估有关。

完整性：由完整性认定推导的审计目标是确认已发生的交易确实已经记录，所有应包括在财务报表中的相关披露均已包括。例如，如果发生了销售交易，但没有在销售明细账和总账中记录，则违反了该目标。

发生和完整性两者强调的是相反的关注点。发生目标针对多记、虚构交易（高估），而完整性目标则针对漏记交易（低估）。

准确性：由准确性认定推导出的审计目标是确认已记录的交易是按正确金额反映的，相关披露已得到恰当计量的描述。例如，如果在销售交易中，发出商品的数量与账单上的数量不符，或是开账单时使用了错误的销售价格，或是账单中的乘积或加总有误，或是在销售明细账中记录了错误的金额，则违反了该目标。

截止：由截止认定推导出的审计目标是确认接近于资产负债表日的交易记录于恰当的期间。例如，如果本期交易推到下期，或下期交易提到本期，均违反了截止目标。

分类：由分类认定推导出的审计目标是确认被审计单位记录的交易经过适当分类。例如，如果将出售经营性固定资产所得的收入记录为营业收入，则导致交易分类的错误，违反了分类的目标。

列报：由列报认定推导出的审计目标是确认被审计单位的交易和事项已被恰当地汇总或分解且表述清楚，相关披露在适用的财务报告编制基础下是相关的、可理解的。

二、与期末账户余额及相关披露相关的审计目标

表 1-7 与期末账户余额及相关披露相关的审计目标

认定分类	具体审计目标 （需要注册会计师确认）
1. 存在	确认记录的金额确实存在。

（续上表）

认定分类	具体审计目标 （需要注册会计师确认）
2. 权利和义务	确认资产归属于被审计单位，负债属于被审计单位的义务。
3. 完整性	确定已存在的金额均已记录，所有应包括在财务表中的相关披露均已包括。
4. 准确性、计价和分摊	资产、负债和所有者权益以恰当的金额包括在财务报表中，与之相关的计价或分摊调整已恰当记录。
5. 分类	资产、负债和所有者权益已记录于恰当的账户。
6. 列报	资产、负债和所有者权益已被恰当地汇总或分解且表述清楚，相关披露在适用的财务报告编制基础下是相关的、可理解的。

存在：由存在认定推导的审计目标是确认记录的金额确实存在。例如，如果不存在某顾客的应收账款，在应收账款明细表中却列入了对该顾客的应收账款，则违反了存在目标。

权利和义务：由权利和义务认定推导的审计目标是确认资产归属于被审计单位，负债属于被审计单位的义务。例如，将他人寄售商品列入被审计单位的存货中，违反了权利目标；将不属于被审计单位的债务记入账内，违反了义务目标。

完整性：由完整性认定推导的审计目标是确定已存在的金额均已记录，所有应包括在财务表中的相关披露均已包括。例如，如果存在某顾客的应收账款，而应收账款明细表中却没有列入，则违反了完整性目标。

准确性、计价和分摊：资产、负债和所有者权益以恰当的金额包括在财务报表中，与之相关的计价或分摊调整已恰当记录。

分类：资产、负债和所有者权益已记录于恰当的账户。

列报：资产、负债和所有者权益已被恰当地汇总或分解且表述清楚，相关披露在适用的财务报告编制基础下是相关的、可理解的。

三、认定、审计目标和审计程序之间的关系

注册会计师通常将管理层认定转化为能够通过审计程序予以实现的审计目标。针对财务报表每一项目所表现出的各项认定，注册会计师相应地确定一项或多项审计目标，然后通过执行一系列审计程序获取充分、适当的审计证据以实现审计目标。

表 1-8　管理层认定、审计目标和审计程序之间的关系举例

（认定决定目标，目标决定程序）

管理层认定	审计目标	审计程序
存在	资产负债表列示的存货存在。	实施存货监盘程序。
完整性	销售收入包括了所有已发货的交易。	检查发货单和销售发票的编号以及销售明细账。
准确性	应收账款反映的销售业务是否基于正确的价格和数量，计算是否准确。	比较价格清单与发票上的价格、发货单与销售订购单上的数量是否一致，重新计算发票上的金额。

（续上表）

管理层认定	审计目标	审计程序
截止	销售业务记录在恰当的期间。	比较上一年度最后几天和下一年度最初几天的发货单日期与记账日期。
权利和义务	资产负债表中的固定资产确实为公司拥有。	查阅所有权证书、购货合同、结算单和保险单。
准确性、计价和分摊	以净值记录应收款项。	检查应收账款账龄分析表、评估计提的坏账准备是否充足。

【补充】存在或发生、完整性认定的不同检查线路：

1. 存在或发生认定主要与财务报表项目的“高估”错报有关（资产、收入、利润等）。对于该认定的检查，主要采用“逆查法”（表→账→证→实物）。

2. 完整性认定主要与财务报表项目的“低估”错报有关（负债、费用、成本等）。对于该认定的检查，主要采用“顺查法”（实物→证→账→表）。

学堂点睛

认定与程序（打油诗）：
两类认定12点，对比归纳很重要。
发生与存在，主要防高估，程序用逆查；
完整性，防低估，程序用顺查；
准确性，重计算；
权利和义务，主要看“发票”；
截止认定看日期。

微信扫一扫
习题免费练

第四节　审计基本要求

知识点提示

本节涉及的知识点为审计基本要求，其中包括：1. 遵守审计准则；2. 遵守职业道德守则；3. 保持职业怀疑；4. 合理运用职业判断。遵守职业道德的内容我们将在注册会计师职业道德规范的相关章节中展开。保持职业怀疑与合理运用职业判断是大家要重点掌握的知识点。

知识点　审计基本要求（★★★）

一、遵守审计准则

审计准则是衡量注册会计师执行财务报表审计业务的权威性标准，涵盖从接受业务委托到出具审计报告的整个过程，注册会计师在执业过程中应当遵守审计准则的要求。

二、遵守职业道德守则

根据职业道德守则，注册会计师应当遵循的基本原则包括：

1. 诚信；2. 独立性；3. 客观公正；4. 专业胜任能力和勤勉尽责；5. 保密；6. 良好职业行为。

注册会计师独立于被审计单位，不仅符合公众利益，而且能保护其形成审计意见的能力，使其在发表审计意见时免受不当影响。独立性能够增强注册会计师诚信行事、保持客观公正以及职业怀疑的能力。

三、保持职业怀疑

职业怀疑，是指注册会计师执行审计业务时的一种态度，包括采取质疑的思维方式，对可能表明由于舞弊或错误导致错报的情况保持警觉，以及对审计证据进行审慎评价。

职业怀疑应当从下列方面理解：

（一）职业怀疑在本质上要求秉持一种质疑的理念

在这种理念下，注册会计师应当具有批判和质疑的精神，摒弃“存在即合理”的逻辑思维，寻求事物的真实情况。“职业怀疑与客观公正、独立性两项职业道德基本原则密切相关。保持独立性可以增强注册会计师在审计中保持客观公正、职业怀疑的能力。”

（二）职业怀疑要求对引起疑虑的情形保持警觉

这些情形包括但不限于（易考）：

1. 相互矛盾的审计证据；
2. 引起对文件记录、对询问的答复的可靠性产生怀疑的信息；
3. 表明可能存在舞弊的情况；
4. 表明需要实施除审计准则规定外的其他审计程序的情形。

（三）职业怀疑要求审慎评价审计证据

审慎评价审计证据是指质疑相互矛盾的审计证据的可靠性，做出进一步调查，并确定需要修改哪些审计程序或实施哪些追加的审计程序。

学堂点睛

虽然注册会计师需要在审计成本与信息的可靠性之间进行权衡，但是，审计中的困难、时间或成本等事项本身，不能作为省略不可替代的审计程序或满足于说服力不足的审计证据的理由。

（四）职业怀疑要求客观评价管理层和治理层

1. 由于管理层和治理层为实现预期利润或趋势结果而承受内部或外部压力，即使以前正直、诚信的管理层和治理层也可能发生变化。

2. 注册会计师不应依赖以往对管理层和治理层诚信形成的判断。

3. 即使注册会计师认为管理层和治理层是正直、诚实的，也不能降低保持职业怀疑的要求，不允许在获取合理保证的过程中满足于说服力不足的审计证据。

（五）职业怀疑是保证审计质量的关键要素

在审计过程中，保持职业怀疑的作用包括：

1. 在识别和评估重大错报风险时，保持职业怀疑有助于注册会计师设计恰当的风险评估程序，有针对性地了解被审计单位及其环境；有助于使注册会计师对引起疑虑的情形保持警觉，充分考虑错报发生的可能性和重大程度，有效识别和评估重大错报风险。

2. 在设计和实施进一步审计程序时，保持职业怀疑有助于注册会计师针对评估出的重大错报风险，恰当设计进一步审计程序的性质、时间安排和范围，降低选取不适当的审计程序的风险；有助于注册会计师对已获取的审计证据表明可能存在未识别的重大错报风险的情形保持警觉，并做出进一步调查。

3．在评价审计证据时，保持职业怀疑有助于注册会计师评价是否已获取充分、适当的审计证据以及是否还需执行更多的工作；有助于注册会计师审慎评价审计证据，纠正仅获取最容易获取的审计证据，忽视存在相互矛盾的审计证据的偏向。

4．保持职业怀疑对于注册会计师发现舞弊、防止审计失败至关重要。舞弊可能是精心策划、蓄意实施予以隐瞒的，只有保持充分的职业怀疑，才能对舞弊风险因素保持警觉，进而有效地评估舞弊导致的重大错报风险。

【例1-2020-多选题】下列有关职业怀疑的说法中，正确的有（　　）。

A．职业怀疑要求注册会计师质疑相互矛盾的审计证据的可靠性

B．职业怀疑要求注册会计师鉴定文件记录的真伪

C．职业怀疑要求注册会计师对舞弊风险因素保持警觉

D．职业怀疑要求注册会计师质疑管理层的诚信

【答案】AC

学堂点拨

选项B，审计工作通常不涉及鉴定文件记录的真伪，注册会计师也不是鉴定文件记录真伪的专家，但应当考虑用作审计证据的信息的可靠性，并考虑与这些信息生成和维护相关控制的有效性；选项D，职业怀疑没有要求注册会计师质疑管理层的诚信，只是要求客观评价管理层和治理层，不应依赖以往对管理层和治理层诚信形成的判断。

【例2-2018-单选题】下列有关职业怀疑的说法中，错误的是（　　）。

A．注册会计师应当在整个审计过程中保持职业怀疑

B．保持职业怀疑是注册会计师的必备技能

C．保持职业怀疑可以使注册会计师发现所有用于舞弊导致的错报

D．保持职业怀疑是保持审计质量的关键要素

【答案】C

学堂点拨

保持职业怀疑，有利于注册会计师发现错报，但是并非发现所有的错报。

四、合理运用职业判断

（一）职业判断

职业判断，是指在审计准则、财务报告编制基础和职业道德要求的框架下，注册会计师综合运用相关知识、技能和经验，作出适合审计业务具体情况、有根据的行动决策。

职业判断对于适当地执行审计工作是必不可少的。职业判断对于作出下列决策尤为必要：

1．确定重要性，识别和评估重大错报风险；

2．为满足审计准则的要求和收集审计证据的需要，确定所需实施的审计程序的性质、时间安排和范围；

3．为实现审计准则规定的目标和注册会计师的总体目标，评价是否已获取充分、适当的审计证据以及是否还需执行更多的工作；

4．评价管理层在应用适用的财务报告编制基础时作出的判断；

5．根据已获取的审计证据得出结论，如评估管理层在编制财务报表时作出的估计的合理性；

6．运用职业道德概念框架识别、评估和应对对职业道德基本原则不利的影响。

【例3-2018-多选题】注册会计师要对职业判断作出适当的书面记录，下列各项记录内容中，有利于提高职业判断的可辩护性的有（　　）。

A．注册会计师解决职业判断相关问题的思路

B．注册会计师得出的结论及理由

C．注册会计师就决策结论与被审计单位进行沟通的方式和时间

D．注册会计师收集到的相关信息

【答案】ABCD

学堂点拨

注册会计师需要对职业判断作出适当的书面记录，对下列事项进行书面记录，有利于提高职业判断的可辩护性：1．对职业判断问题和目标的描述；2．解决职业判断相关问题的思路；3．收集到的相关信息；4．得出的结论以及得出结论的理由；5．就决策结论与被审计单位进行沟通的方式和时间。

（二）注册会计师作出职业判断的相关要求（以法律为准则，以事实为依据）

注册会计师职业判断需要在相关法律法规、职业标准的框架下作出，并以具体事实和情况为依据。如果有关决策不被该业务的具体事实和情况所支持或者缺乏充分、适当的审计证据，职业判断并不能成为作出决策的正当理由。

（三）注册会计师职业判断的决策过程

注册会计师职业判断的决策过程通常可划分为下列五个步骤：

1．确定职业判断的问题和目标；

2．收集和评价相关信息；

3．识别可能采取的解决方案；

4．评价可供选择的方案；

5．得出职业判断结论并作出书面记录。

（四）职业判断的主体

注册会计师是职业判断的主体，职业判断能力是注册会计师胜任能力的核心。通常，注册会计师具有下列特征可能有助于提高职业判断质量：

1．丰富的知识、经验和良好的专业技能；

2．独立、客观和公正；

3．保持适当的职业怀疑。

（五）职业判断质量的衡量

衡量职业判断质量可以基于下列三个方面：

1．准确性和意见一致性

准确性指职业判断结论与特定标准或客观事实的相符程度。

意见一致性指不同职业判断主体针对同一职业判断问题所作判断彼此认同的程度。

2．决策一贯性和稳定性

决策一贯性指同一注册会计师针对同一项目的不同判断问题，所作出的判断之间是否符合应有的内在逻辑。

稳定性指同一注册会计师针对相同的职业判断问题，在不同时点所作出的判断是否结论相同或相似。

3．可辩护性

可辩护性指注册会计师是否能够证明自己的工作，通常理由的充分性、思维的逻辑性和程序的合规性是可辩护性的基础。

（六）进行书面记录

注册会计师需要对职业判断作出适当的书面记录，对下列事项进行书面记录，有利于提高职业判断的可辩护性：

1．对职业判断问题和目标的描述；

2．解决职业判断相关问题的思路；

3．收集到的相关信息；

4．得出的结论以及得出结论的理由；

5．就决策结论与被审计单位进行沟通的方式和时间。

【例4-2017-单选题】下列关于职业判断的相关说法中，错误的是（　　）。

A．职业判断能力是注册会计师胜任能力的核心

B．保持适当的职业怀疑有助于提高职业判断质量

C．注册会计师工作的可辩护性是衡量职业判断质量的重要方面

D．注册会计师应当记录在审计过程中作出的所有职业判断

【答案】D

学堂点拨

注册会计师需要对职业判断作出适当的书面记录，但是并非对其在审计过程中作出的所有职业判断均进行书面记录。

【例5-2018-多选题】下列选项中，属于审计基本要求的有（　　）。

A．遵守审计准则　　B．遵守职业道德守则

C．保持职业怀疑　　D．合理运用职业判断

【答案】ABCD

学堂点拨

审计基本要求包括：遵守审计准则、遵守职业道德守则、保持职业怀疑、合理运用职业判断。

第五节　审计风险

微信扫一扫
习题免费练

知识点提示

本节引入审计风险模型：审计风险＝重大错报风险×检查风险。审计风险是指财务报表存在重大错报时注册会计师发表不恰当审计意见的可能性。因此审计风险可以分为两个层面：一个层面来自审计客户的重大错报风险，该部分是客观存在的，只能评估不能改变；另一个层面是由于注册会计师审计程序不完善引起的检查风险，这部分是可以通过改进程序减少的，但因为审计离不开抽样，注册会计师是抽查不是全查，因此检查风险也不可能降为零。如下图所示：

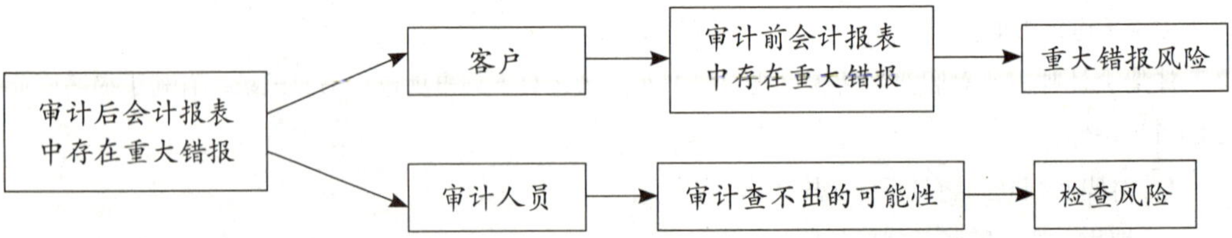

图 1-8　审计风险

检查风险与重大错报风险的反向关系也不难通过审计风险模型识别。可接受的审计风险是在注册会计师进场之前就确定了，因此检查风险与重大错报风险自然就是此消彼长的关系。

审计的固有限制使得审计风险无法降为零。审计固有限制的影响因素是一个重要知识点。

知识点1　审计风险（★★）

一、审计风险

审计风险是指财务报表存在重大错报时，注册会计师发表不恰当审计意见的可能性。审计业务是一种保证程度高的鉴证业务，可接受的审计风险应当足够低，以使注册会计师能够合理保证所审计财务报表不含有重大错报。

审计意见的可信赖程度＝1－审计风险

注册会计师对一股票上市前的财务报表和对一普通公司的年度财务报表进行审计，注册会计师对审计风险的要求是不一样的。对上市报表的审计风险可能确定为1%，这意味着注册会计师对审计结论要求99%把握是正确的，只有1%出错的可能性，注册会计师在审计过程中就必须执行较多的测试，获取较多的证据，以使审计风险降低到1%（可接受水平）；而对于普通年报，注册会计师可能确定其审计风险为10%，也就是说，最终审计结论只要90%的正确就可以了，注册会计师以较少审计程序就可使审计风险降低到可接受的10%的水平。

学堂点睛

第一，审计风险可以分为注册会计师客观面临的审计风险（审计前的审计风险）和可接受的审计风险（审计后的审计风险）。

第二，可接受的审计风险的确定，需要考虑会计师事务所对审计风险的态度、审计失败对会计师事务所可能造成损失的大小等因素。

第三，审计业务是一种保证程度高的鉴证业务，可接受的审计风险应当足够低，以使注册会计师能够合理保证所审计财务报表不含有重大错报。

第四，注册会计师的审计过程就是将客观面临审计风险降至可接受的低水平的过程。

审计风险取决于重大错报风险和检查风险。

审计风险模型：审计风险＝重大错报风险×检查风险

可接受的风险水平（低）
（确定）

重大错报风险
（评估）

检查风险
（可控的）

图 1-9　审计风险模型

二、重大错报风险

重大错报风险是指财务报表在审计前存在重大错报的可能性。重大错报风险与被审计单位的风险相关，且独立存在于财务报表的审计。在设计审计程序以确定财务报表整体是否存在重大错报时，注册会计师应当从财务报表层次和各类交易、账户余额和披露认定层次方面考虑重大错报风险。

（一）两个层次的重大错报风险

1. 财务报表层次重大错报风险与财务报表整体存在广泛联系，它可能影响多项认定。

财务报表层次重大错报风险通常与控制环境有关，如管理层缺乏诚信、治理层形同虚设而不能对管理层进行有效监督等；但也可能与其他因素有关，如经济萧条、企业所处行业处于衰退期。

财务报表层次重大错报风险难以被界定于某类交易、账户余额、披露的具体认定；相反，此类风险增大了认定层次发生重大错报的可能性。

财务报表层次重大错报风险与注册会计师考虑由舞弊引起的风险特别相关。

2. 注册会计师同时考虑各类交易、账户余额、披露认定层次的重大错报风险，考虑的结果直接有助于注册会计师确定认定层次上实施的进一步审计程序的性质、时间安排和范围。

（二）固有风险和控制风险

认定层次的重大错报风险又可以进一步细分为固有风险和控制风险。

1. 固有风险是指考虑相关内部控制之前，某类交易、账户余额或披露的某一认定易于发生错报（该错报单独或连同其他错报可能是重大的）的可能性。

（1）某些类别的交易、账户余额和披露及其认定，固有风险较高。例如，复杂的计算比简单计算更可能出错；受重大计量不确定性影响的会计估计发生错报的可能性较大。

（2）产生经营风险的外部因素也可能影响固有风险，比如，技术进步可能导致某项产品陈旧，进而导致存货易于发生高估错报（计价认定）。

（3）被审计单位及其环境中的某些因素还可能与多个甚至所有类别的交易、账户余额和披露有关，进而影响多个认定的固有风险。这些因素包括维持经营的流动资金匮乏、被审计单位处于夕阳行业等。

2. 控制风险是指某类交易、账户余额或披露的某一认定发生错报，该错报单独或连同其他错报是重大的，但没有被内部控制及时防止或发现并纠正的可能性。

控制风险取决于与财务报表编制有关的内部控制的设计和运行的有效性。由于控制的固有局限性，某种程度的控制风险始终存在。

由于固有风险和控制风险不可分割地交织在一起，有时无法单独进行评估，通常不再单独提到固有风险和控制风险，而只是将这两者合并称为“重大错报风险”。

重大错报风险＝固有风险×控制风险，注意此处的重大错报风险是指认定层次的重大错报风险。

【例1-2019-单选题】下列有关重大错报风险的说法中，错误的是（　　）。

A．注册会计师应当从财务报表层次和各类交易、账户余额和披露认定层次考虑重大错报风险

B．重大错报风险指财务报表在审计前存在重大错报的可能性

C．重大错报风险可进一步细分为固有风险和检查风险

D．注册会计师可以定性或定量评估重大错报风险

【答案】C

学堂点拨

认定层次的重大错报风险又可以进一步细分为固有风险和控制风险，选项C错误。

三、检查风险

检查风险是指如果存在某一错报，该错报单独或连同其他错报可能是重大的，注册会计师为将审计风险降低至可接受低水平而实施程序后没有发现这种错报的风险。

1．检查风险取决于审计程序设计的合理性和执行的有效性。

2．检查风险不可能降低为零。其常见原因如下：

（1）注册会计师通常不对所有交易、账户余额和披露进行检查（抽样，只能合理保证）；

（2）其他原因包括：注册会计师可能选择了不恰当的审计程序、审计过程执行不当，或者错误解读了审计结论。

学堂点睛

其他原因（选择了不恰当的审计程序、审计过程执行不当，或者错误解读了审计结论）可以通过适当计划、在项目组成员之间进行恰当的职责分配、保持职业怀疑态度以及监督、指导和复核项目组成员所执行的审计工作得以解决。

知识点2　检查风险与重大错报风险的反向关系（★★★）

在既定的审计风险水平下，可接受的检查风险水平与认定层次重大错报风险的评估结果成反向关系。评估的重大错报风险越高，可接受的检查风险越低；评估的重大错报风险越低，可接受的检查风险越高。这种关系如图1-10所示。

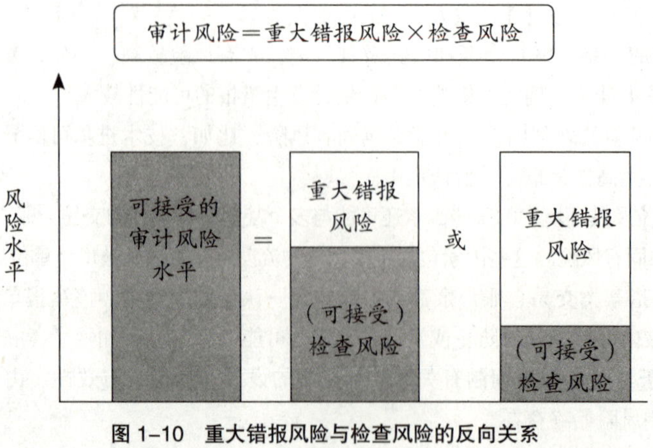

图1-10　重大错报风险与检查风险的反向关系

学堂点睛

1. 可接受的检查风险水平与可接受的审计风险水平为同向变动关系，即可接受的审计风险水平越低，可接受的检查风险水平越低，意味着注册会计师需要搜集更多的审计证据。

2. 可接受的检查风险水平与重大错报风险的评估水平为反向变动关系，即当可接受的审计风险水平一定的情况下，评估的重大错报风险水平越高，可接受的检查风险水平越低，注册会计师需要搜集更多的审计证据。

上述两种关系可用图1-11表示。

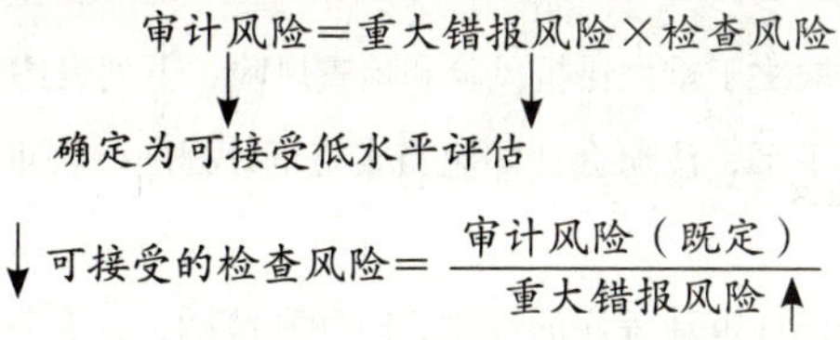

图 1-11 检查风险与审计风险、重大错报风险的关系

3. 审计风险取决于重大错报风险和检查风险。如图1-12所示。

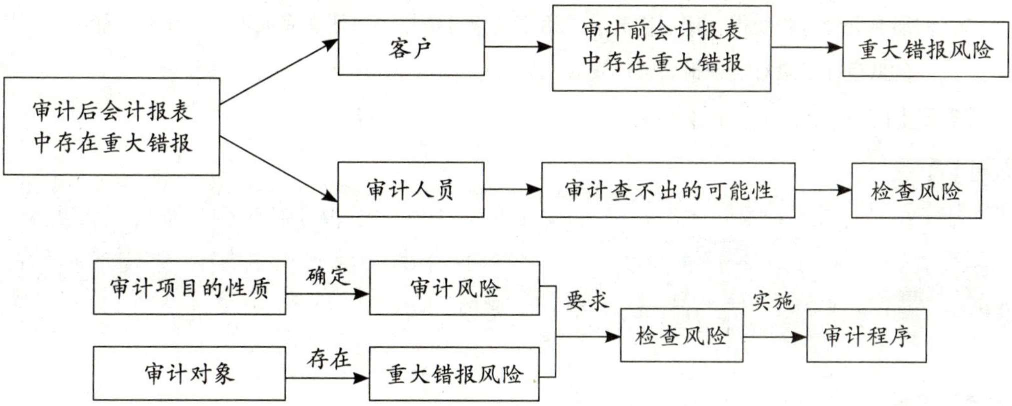

图 1-12 审计风险

审计风险可接受的水平是在审计计划时就已确定，重大错报风险是已存在的事实，根据：

$$（可接受的）检查风险=\frac{审计风险（可接受的水平）}{重大错报风险}$$

计算出来的检查风险，就是给注册会计师在实施审计程序提出的要求，即要求达到的检查风险，这一检查风险也是一种“可接受的风险”。如果重大错报风险较高，表明会计数据出现错报的可能性较大，则对注册会计师进行审计测试的可靠性要求较高，即要求的检查风险降低至可接受水平，就必须获取较多的证据来降低检查风险到可接受的程度，从而使审计风险水平降低至可接受的水平。

【例2-2018-单选题】下列有关固有风险和控制风险的说法中，正确的是（　　）。

A. 固有风险和控制风险与被审计单位的风险相关，独立财务报表审计而存在

B. 财务报表层次和认定层次的重大错报风险可以细分为固有风险和控制风险

C. 注册会计师无法单独对固有风险和控制风险进行评估

D. 固有风险始终存在，而运行有效的内部控制可以消除控制风险

【答案】A

学堂点拨

认定层次的重大错报风险可以进一步细分为固有风险和控制风险，选项B错误；注册会计师既可以对固有风险和控制风险进行单独评估，也可以进行合并评估，选项C错误；由于控制的固有局限性，某种程度的控制风险始终存在，选项D错误。

【例3-单选题】审计风险取决于重大错报风险和检查风险，下列表述正确的是（　　）。

A. 在既定的审计风险水平下，注册会计师应当实施审计程序，将重大错报风险降至可接受的低水平

B. 注册会计师应当合理设计审计程序的性质、时间和范围，并有效执行审计程序，以控制重大错报风险

C. 注册会计师应当合理设计审计程序的性质、时间和范围，并有效执行审计程序，以消除检查风险

D. 注册会计师应当获得认定层次充分、适当的审计证据，以便在完成审计工作时，能够以可接受的低审计风险对财务报表整体发表意见

【答案】D

学堂点拨

重大错报风险是客观存在的，注册会计师只能识别和评估，但并不能控制和消除，选项A错误；注册会计师应当合理设计审计程序的性质、时间和范围，并有效执行审计程序，以控制检查风险，选项B错误；检查风险只能控制不能消除，选项C错误。

知识点3　审计的固有限制（★★）

表 1-9　审计的固有限制的来源

来源	具体内容或举例
财务报告的性质	1. 管理层编制财务报表，需要根据被审计单位的事实和情况运用适用的财务报告编制基础的规定，在这一过程中需要作出判断。 2. 许多财务报表项目涉及主观决策、评估或一定程度的不确定性，并且可能存在一系列可接受的解释或判断。 3. 某些财务报表项目的金额本身就存在一定的变动幅度，这种变动幅度不能通过实施追加的审计程序来消除，因此，审计准则要求注册会计师特别考虑在适用的财务报告编制基础下会计估计是否合理，相关披露是否充分，会计实务的质量是否良好。

（续上表）

来源	具体内容或举例
审计程序的性质	1. 管理层或其他人员可能有意或无意地不提供与财务报表编制相关的或注册会计师要求的全部信息。 2. 舞弊可能涉及精心策划和蓄意实施以进行隐瞒。 3. 审计不是对涉嫌违法行为的官方调查。
财务报告的及时性和成本效益的权衡	为了在合理时间内以合理成本对财务报表形成审计意见，注册会计师有必要： 1. 计划审计工作，使审计工作以有效的方式得到执行。 2. 将审计资源投向最可能存在重大错报风险的领域，并相应地在其他领域减少审计资源。 3. 运用测试和其他方法检查总体中存在的错报。

【理解要点】

1. 注册会计师既不可能，也没有必要将审计风险降至零。

2. 注册会计师不能对财务报表不存在由于舞弊或错误导致的重大错报获取绝对保证；完成审计工作后发现由于舞弊或错误导致的财务报表重大错报，其本身并不表明注册会计师没有按照审计准则的规定执行审计工作。

注册会计师是否按照审计准则的规定执行了审计工作，取决于注册会计师：

（1）在具体情况下实施的审计程序；

（2）获取的审计证据的充分性和适当性；

（3）根据总体目标和对审计证据的评价结果而出具审计报告的恰当性。

3. 由于审计存在固有限制，导致注册会计师据以得出结论和形成审计意见的大多数审计证据是说服性而非结论性的。

4. 审计的固有限制并不能作为注册会计师满足于说服力不足的审计证据的理由。

【例4-2020-单选题】下列各项中，不属于审计的固有限制来源的是（　　）。

A. 管理层可能不提供注册会计师要求的全部信息

B. 注册会计师在合理的时间内以合理的成本完成审计的需要

C. 管理层编制财务报表时需要作出判断

D. 注册会计师可能没有按照审计准则的规定执行审计工作

【答案】D

学堂点拨

审计的固有限制源于：1. 财务报告的性质；2. 审计程序的性质；3. 在合理的时间内以合理的成本完成审计的需要。

【例5-2020-单选题】下列各项中，不属于审计的固有限制来源的是（　　）。

A．管理层可能不提供注册会计师要求的全部信息

B．注册会计师在合理的时间内以合理的成本完成审计的需要

C．注册会计师对重大错报风险的评估可能不恰当

D．管理层编制财务报表时需要作出判断

【答案】C

学堂点拨

选项A属于审计程序的性质；选项B在合理的时间内以合理的成本完成审计的需要；属于选项D属于财务报告的性质。

【例6-2019-单选题】下列各项中，不属于审计固有限制的来源的是（　　）。

A．注册会计师获取审计证据的能力受到法律上的限制

B．注册会计师可能满足于说服力不足的审计证据

C．管理层可能不提供编制财务报表相关的全部信息

D．管理层在编制财务报表的过程中可能运用到判断

【答案】B

学堂点拨

选项A、C，属于审计程序的性质导致的固有限制。选项D属于财务报告的性质。

第六节 审计过程

知识点提示

本节是审计过程的概述，审计过程可简单分为五大步骤：

接受业务委托→计划审计工作（分总体审计策略和具体审计计划）→风险评估（识别、评估重大错报风险）→风险应对（应对重大错报风险）→编制审计报告。

整本《审计》教材其实都是围绕审计的五个步骤展开的，具体业务流程图展示如下：

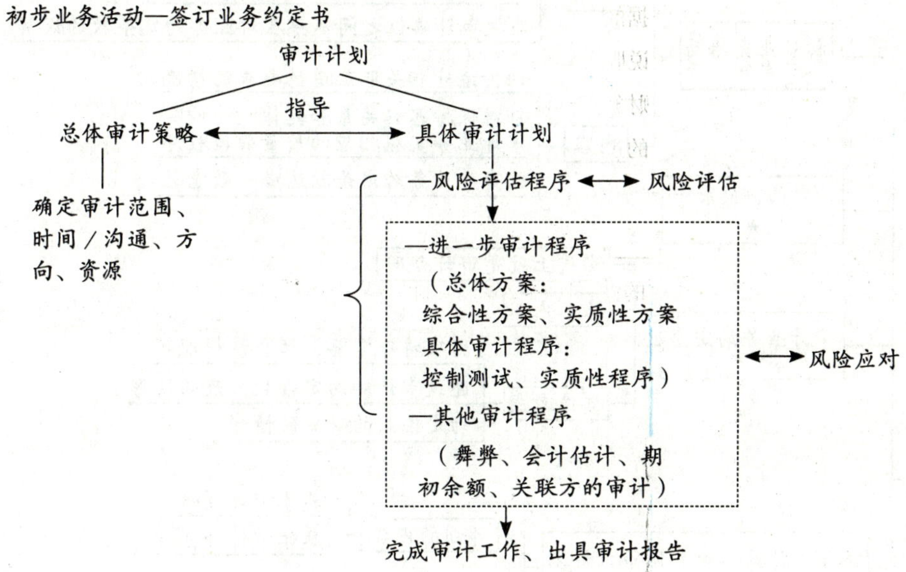

图 1-13 审计的业务流程

第二章　审计计划

本章思维导图

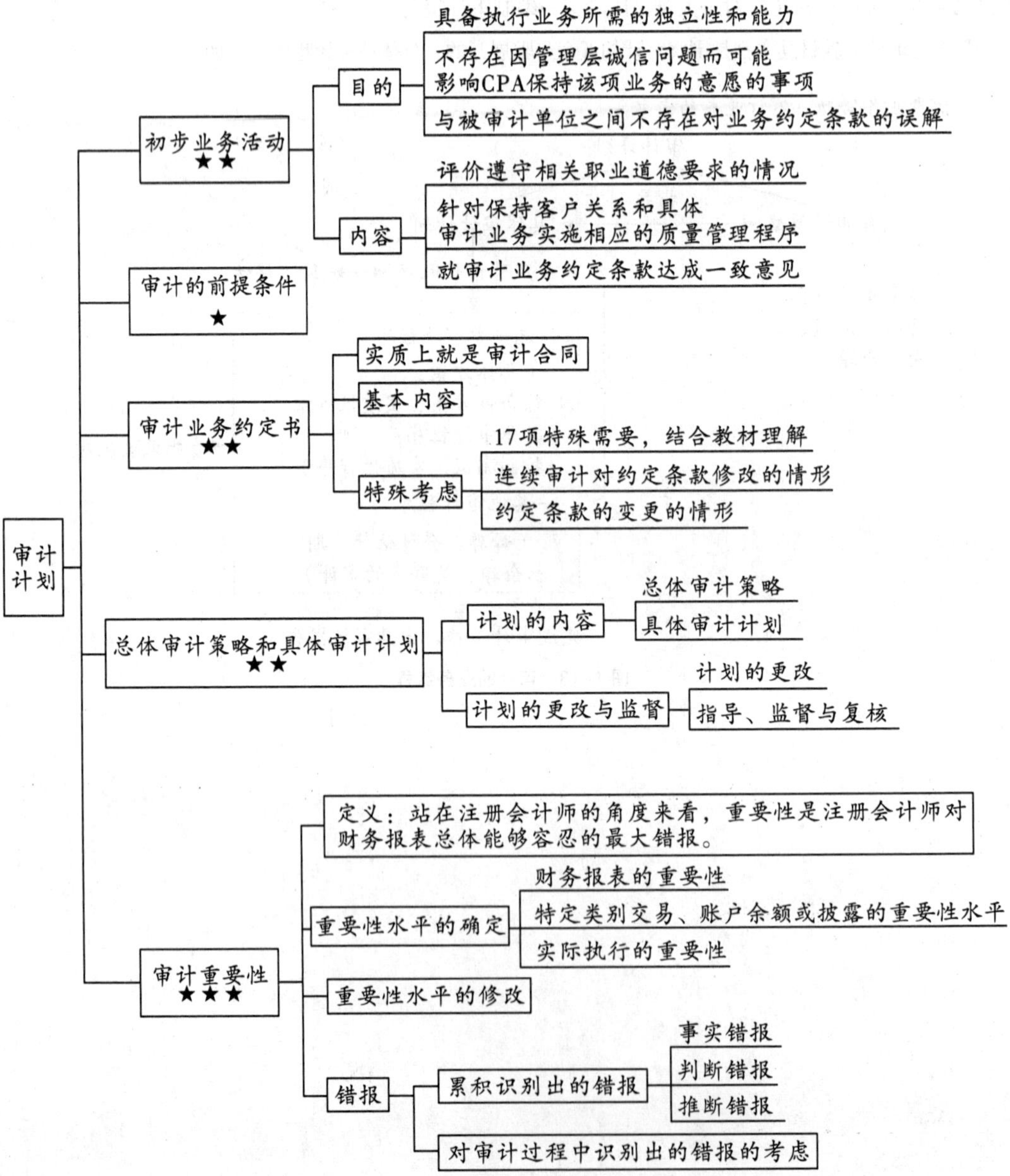

本章知识点精讲

微信扫一扫
习题免费练

第一节 初步业务活动

知识点提示

初步业务活动的时间是在计划审计工作之前，在知己、知彼、互相了解之后确定是否承接。

审计的前提条件是：

1. 确定管理层在编制财务报表时采用的财务报告编制基础是否是可接受的；

2. 就管理层认可并理解其责任与管理层达成一致意见。

注册会计师通常在初步业务活动时对审计的前提条件进行评价。

初步业务活动结束后，若注册会计师、会计师事务所决定承接该业务，会和客户签订合同，即审计业务约定书。因此审计业务约定书可以理解成是初步业务活动的成果。

知识点1 初步业务活动的目的与内容（★★）

一、初步业务活动的目的

1. 具备执行业务所需的独立性和能力。

2. 不存在因管理层诚信问题而可能影响注册会计师保持该项业务的意愿的事项。

3. 与被审计单位之间不存在对业务约定条款的误解。

二、初步业务活动的内容

1. 针对保持客户关系和具体审计业务实施相应的质量管理程序。

2. 评价遵守相关职业道德要求的情况。

3. 就审计业务约定条款达成一致意见。

在作出接受或保持客户关系及具体审计业务的决策后，注册会计师应当按照《中国注册会计师审计准则第1111号——就审计业务约定条款达成一致意见》的规定，在审计业务开始前，与被审计单位就审计业务约定条款达成一致意见，签订或修改审计业务约定书，以避免双方对审计业务的理解产生分歧。

【例1-多选题】德诚会计师事务所首次承接蓝天公司2020年财务报表审计。在双方签订审计业务约定书前需要开展的初步业务活动包括（　　）。

A. 了解蓝天公司及其环境，包括了解内部控制

B. 针对蓝天公司财务报表审计业务实施质量管理程序

C. 评价会计师事务所与审计项目组遵守职业道德要求的情况

D. 判断是否就2020年财务报表审计业务达成了一致意见

【答案】BCD

学堂点拨

选项A不正确，初步业务活动解决的是审计业务委托的问题，选项A的风险评估程序是在承接业务后进行的。

【例2-2014-单选题】下列各项中不属于初步业务活动的是（　　）。

A．针对保持客户关系和具体审计业务实施相应的质量管理程序

B．评价遵守相关的职业道德要求的情况

C．就审计业务的约定条款与被审计单位达成一致意见

D．在执行首次审计业务时，查阅前任注册会计师的审计工作底稿

【答案】D

学堂点拨

初步业务活动的内容有：1．针对保持客户关系和具体审计业务实施相应的质量管理程序；2．评价遵守相关职业道德要求的情况；3．就审计业务约定条款达成一致意见。选项D不属于初步业务活动的内容。

知识点2 审计的前提条件（★）

根据《中国注册会计师审计准则第1111号——就审计业务约定条款达成一致意见》的第六条，为了确定审计的前提条件是否存在，注册会计师应当：1．确定管理层在编制财务报表时采用的财务报告编制基础是否是可接受的；2．就管理层认可并理解其责任与管理层达成一致意见。

一、确定管理层在编制财务报表时采用的财务报告编制基础是否是可接受的

（一）适用的财务报告编制基础的作用

1．管理层编制财务报表的基础。

2．注册会计师对财务报表进行审计的标准。

（二）确定财务报告编制基础的可接受性

在确定编制财务报表所采用的财务报告编制基础的可接受性时，注册会计师需要考虑下列相关因素：

1．被审计单位的性质（例如，被审计单位是商业企业、公共部门实体还是非营利组织）；

2．财务报表的目的（例如，编制财务报表是用于满足广大财务报表使用者共同的财务信息需求，还是用于满足财务报表特定使用者的财务信息需求）；

3．财务报表的性质（例如，财务报表是整套财务报表还是单一财务报表）；

4．法律法规是否规定了适用的财务报告编制基础。

比如，假设明宇会计师事务所承接奥迪特银行股份有限公司2020年财务报表的审计委托，该银行是一家已在中国境内上交所上市的金融企业，那么“审计的前提条件”之一是评价该银行2020年财务报表是否依据《企业会计准则》和《金融企业会计制度》编制。

如果注册会计师确认该银行采用《企业会计准则》和《金融企业会计制度》编制2020年财务报表，则

注册会计师得出结论是“奥迪特银行股份有限公司管理层在编制2020年财务报表时采用了可接受的财务报告编制基础”，即第一个“审计的前提条件”满足。

【例3-2020-单选题】下列各项因素中，注册会计师在确定财务报告编制基础的可接受性时通常无需考虑的是（　）。

A. 编制财务报表的目的

B. 注册会计师是否充分了解财务报告编制基础

C. 法律法规是否规定了适用的财务报告编制基础

D. 被审计单位的性质

【答案】B

学堂点拨

在确定编制财务报表所采用的财务报告编制基础的可接受性时，注册会计师需要考虑下列相关因素：第一，被审计单位的性质；第二，财务报表的目的；第三，财务报表的性质（例如，财务报表是整套财务报表还是单一财务报表）；第四，法律法规是否规定了适用的财务报告编制基础。

【例4-2019-单选题】通常无须包含在审计业务约定书中的是（　）。

A. 财务报表审计的目标与范围

B. 出具审计报告的日期

C. 用于编制财务报表所适用的财务报告编制基础

D. 管理层和治理层的责任

【答案】B

学堂点拨

审计业务约定书的具体内容和格式可能因被审计单位的不同而不同，但应当包括以下主要内容：1. 财务报表审计的目标与范围；2. 注册会计师的责任；3. 管理层的责任；4. 指出用于编制财务报表所适用的财务报告编制基础；5. 提及注册会计师拟出具的审计报告的预期形式和内容，以及对在特定情况下出具的审计报告可能不同于预期形式和内容的说明。

【例5-2016-多选题】下列因素中，注册会计师在评价财务报告编制基础的可接受性时，需要考虑的因素有（　）。

A. 被审计单位的性质

B. 财务报表的目的

C. 法律法规是否规定了适用的财务报告编制基础

D. 财务报表的性质

【答案】ABCD

学堂点拨

在确定编制财务报表所采用的财务报告编制基础的可接受性时，注册会计师需要考虑下列相关因素：第一，被审计单位的性质；第二，财务报表的目的；第三，财务报表的性质；第四，法律法规是否规定了适用的财务报告编制基础。

二、就管理层认可并理解其责任与管理层达成一致意见

（一）管理层和治理层的责任

管理层和治理层认可与财务报表相关的责任是注册会计师执行审计工作的基础，是注册会计师执

行审计工作的前提，构成注册会计师按照审计准则的规定执行审计工作的基础。管理层和治理层认可并理解其应当承担下列责任：

1. 按照适用的财务报告编制基础编制财务报表，并使其实现公允反映；

2. 设计、执行和维护必要的内部控制，以使财务报表不存在由于舞弊或错误导致的重大错报；

3. 向注册会计师提供必要的工作条件，包括允许注册会计师接触与编制财务报表相关的所有信息，向注册会计师提供审计所需的其他信息，允许注册会计师在获取审计证据时不受限制地接触其认为必要的内部人员和其他相关人员。

（二）就管理层的责任达成一致意见

1. 按照审计准则的规定执行审计工作的前提是管理层已认可并理解其承担的责任。

2. 注册会计师不对财务报表的编制或被审计单位的相关内部控制承担责任。

3. 注册会计师应当合理预期能够获取审计所需要的信息。

4. 管理层就其已履行的某些责任提供书面声明。

学堂点睛

如果管理层不认可其责任，或不同意提供书面声明，注册会计师将不能获取充分、适当的审计证据。在这种情况下，注册会计师承接此类审计业务是不恰当的，除非法律法规另有规定。如果法律法规要求承接此类审计业务，注册会计师可能需要向管理层解释这种情况的重要性及其对审计报告的影响。

因此，为了确定审计的前提条件是否存在，注册会计师应当确定以下两个方面的事项：

1. 管理层在编制财务报表时采用的财务报告编制基础是否是可接受的；

2. 就管理层认可并理解其责任与管理层达成一致意见。

【例6-2018-单选题】下列选项中，不属于财务报表审计的前提条件的是（　　）。

A. 管理层设计、执行和维护必要的内部控制，以使财务报表不存在由于舞弊或错误导致的重大错报

B. 管理层向注册会计师提供必要的工作条件

C. 管理层按照适用的财务报表编制基础编制财务报表，并使其实现公允反映

D. 管理层承诺将更正注册会计师在审计过程中识别出的所有重大错报

【答案】D

学堂点拨

审计工作的前提条件包括：1. 确定管理层在编制财务报表时采用的财务报告编制基础是否是可接受的；2. 就管理层认可并理解其责任与管理层达成一致意见，包括：（1）按照适用的财务报告编制基础编制财务报表，并使其实现公允反映（如适用）；（2）设计、执行和维护必要的内部控制，以使财务报表不存在由于舞弊或错误导致的重大错报；（3）向注册会计师提供必要的工作条件，包括允许注册会计师接触与编制财务报表相关的所有信息（如记录、文件和其他事项），向注册会计师提供审计所需要的其他信息，允许注册会计师在获取审计证据时不受限制地接触其认为必要的内部人员和其他相关人员。选项D不属于审计的前提条件的内容。

【例7-2013-多选题】为确定审计的前提条件是否存在，下列各项中，注册会计师应当执行的工作有（　　）。

A．确定管理层在编制财务报表时采用的财务报告编制基础是否是可接受的

B．确定被审计单位是否存在违反法律法规行为

C．确定被审计单位的内部控制是否有效

D．确定管理层是否认可并理解其与财务报表相关的责任

【答案】AD

学堂点拨

为确定审计的前提条件是否存在，注册会计师主要应当确定管理层在编制财务报表时采用的财务报告编制基础是否是可接受的、就管理层的责任达成一致意见，所以选项A、D正确。

知识点3 审计业务约定书（★★）

会计师事务所承接任何审计业务，都应与被审计单位签订审计业务约定书。

一、审计业务约定书的基本内容

1．财务报表审计的目标与范围。

2．注册会计师的责任。

3．管理层的责任。

4．指出用于编制财务报表所适用的财务报告编制基础。

5．提及注册会计师拟出具的审计报告的预期形式和内容，以及对在特定情况下出具的审计报告可能不同于预期形式和内容的说明。

二、审计业务约定书的特殊考虑

（一）考虑特定需要

如果情况需要，注册会计师应当考虑在审计业务约定书中列明下列内容：

1．详细说明审计工作的范围，包括提及适用的法律法规、审计准则，以及注册会计师协会发布的职业道德守则和其他公告；

2．对审计业务结果的其他沟通形式；

3．关于注册会计师按照《中国注册会计师审计准则第1504号——在审计报告中沟通关键审计事项》的规定，在审计报告中沟通关键审计事项的要求；

4．说明由于审计和内部控制的固有限制，即使审计工作按照审计准则的规定得到恰当的计划和执行，仍不可避免地存在某些重大错报未被发现的风险；

5．计划和执行审计工作的安排，包括审计项目组的构成；

6．预期管理层将提供书面声明；

7．预期管理层将允许注册会计师接触管理层知悉的与财务报表编制相关的所有信息（包括与披露相关的所有信息）；

8．管理层同意向注册会计师及时提供财务报表草稿和其他所有附带信息，以使注册会计师能够按照预定的时间表完成审计工作；

9. 管理层同意告知注册会计师在审计报告日至财务报表报出日之间注意到的可能影响财务报表的事实；

10. 收费的计算基础和收费安排；

11. 管理层确认收到审计业务约定书并同意其中的条款；

12. 在某些方面对利用其他注册会计师和专家工作的安排；

13. 对审计涉及的内部审计人员和被审计单位其他员工工作的安排；

14. 在首次审计的情况下，与前任注册会计师（如存在）沟通的安排；

15. 说明对注册会计师责任可能存在的限制；

16. 注册会计师与被审计单位之间需要达成进一步协议的事项；

17. 向其他机构或人员提供审计工作底稿的义务。

（二）组成部分的审计

如果母公司的注册会计师同时也是组成部分注册会计师，需要考虑下列因素，决定是否向组成部分单独致送审计业务约定书：

1. 组成部分注册会计师的委托人；（委托人不同，一般单独签约）

2. 是否对组成部分单独出具审计报告；（一般单独出报告，需要单独签）

3. 与审计委托相关的法律法规的规定；

4. 母公司占组成部分的所有权份额；（份额不高，一般说明组成部分的独立性高，应单独签约）

5. 组成部分管理层相对于母公司的独立程度。（独立程度越高，越应单独签约）

（三）连续审计

注册会计师可以决定不在每期都致送新的审计业务约定书或其他书面协议。然而下列因素可能导致注册会计师修改审计业务约定条款或提醒被审计单位注意现有的业务约定条款：

1. 有迹象表明被审计单位误解审计目标和范围；

2. 需要修改约定条款或增加特别条款；

3. 被审计单位高级管理人员近期发生变动；

4. 被审计单位所有权发生重大变动；

5. 被审计单位业务的性质或规模发生重大变化；

6. 法律法规的规定发生变化；

7. 编制财务报表采用的财务报告编制基础发生变更；

8. 其他报告要求发生变化。

【例8-多选题】德诚会计师事务所负责蓝天公司2018年度的财务报表审计，其2017年度的财务报表也是由德诚会计师事务所审计的。德诚会计师事务所和蓝天公司需要考虑重新签订审计业务约定书的情况包括（　　）。

A. 由于蓝天公司的控股股东发生变化，董事长发生变动

B. 注册会计师更换两名审计助理人员

C. 蓝天公司采用的财务报告编制基础发生变更

D. 蓝天公司的会计部部长辞职，由副部长接替其职务

【答案】AC

学堂点拨

对于连续审计，需要重新签订业务约定书的情况教材列示了8种，本题考查的是第3种和第7种。

（四）审计业务约定条款的变更

1. 变更审计业务约定条款的要求

在完成审计业务前，如果被审计单位要求注册会计师将审计业务变更为保证程度低的业务，注册会计师应当确定是否存在合理理由予以变更。

下列原因可能导致被审计单位要求变更业务：（1）环境变化对审计服务的需求产生影响；（2）对原来要求的审计业务的性质存在误解；（3）无论是管理层施加的还是其他情况引起的审计范围受到限制。

上述第（1）项和第（2）项通常被认为是变更业务的合理理由，但如果有迹象表明该变更要求与错误的、不完整的或者不能令人满意的信息有关，注册会计师不应认为该变更是合理的。

如果没有合理的理由，注册会计师不应当同意变更业务。如果注册会计师不同意变更业务，而管理层又不允许继续执行原审计业务，注册会计师应当：（1）在适用的法律法规允许的情况下，解除审计业务约定；（2）确定是否有约定义务或其他义务向治理层、所有者或监管机构等报告该事项。

2. 变更为审阅业务或相关服务业务的要求

（1）在同意将审计业务变更为其他服务业务前，注册会计师还应当考虑变更业务对法律责任或业务约定条款的影响。

（2）如果注册会计师认为将审计业务变更为审阅业务或相关服务业务具有合理理由，截至变更日已执行的审计工作可能与变更后的业务相关，相应地，注册会计师需要执行的工作和出具的报告会适用于变更后的业务。

为避免引起报告使用者的误解，报告不应提及原审计业务和在原审计业务中已执行的程序。只有将审计业务变更为执行商定程序业务，注册会计师才可在报告中提及已执行的程序。

【例9-多选题】蓝天公司管理层要求德诚会计师事务所将审计业务变更为审阅业务或其他服务业务，在以下几点中，可认为变更原因合理的有（　　）。

A. 德诚会计师事务所执行的审计业务主要是为了蓝天公司股票上市之用，后因证监会暂停IPO工作导致蓝天公司上市计划取消

B. 德诚会计师事务所无法实施监盘程序，且无法执行替代审计程序，因此有可能对蓝天公司财务报表发表保留意见

C. 蓝天公司聘请德诚会计师事务所进行审计主要是为了满足自身信息要求，后来发现如果德诚会计师事务所针对特定项目执行商定程序能够更好地满足其信息要求

D. 德诚会计师事务所由于无法审计蓝天公司重要的海外子公司，有可能出具无法表示意见的审计报告

【答案】AC

学堂点拨

变更审计业务的合理理由包括：1. 环境变化对审计服务的需求产生影响；2. 对原来要求的审计业务的性质存在误解。选项B、D属于审计范围受限，不属于变更审计业务的合理理由。

【例10-2014-多选题】在注册会计师完成审计业务前，被审计单位提出将审计业务变更为保证程度较低的业务。下列各项变更理由中，注册会计师通常认为合理的有（　　）。

A. 环境变化对审计服务的需求产生影响

B. 对原来要求的审计业务的性质存在误解

C. 管理层对审计范围施加限制

D. 由于超出被审计单位控制的情形导致审计范围受到限制

【答案】AB

学堂点拨

变更审计业务的合理理由包括：1. 环境变化对审计服务的需求产生影响；2. 对原来要求的审计业务的性质存在误解。选项C、D，无论是管理层施加的还是其他情况引起的审计范围受到限制，均为非合理理由。

第二节　总体审计策略与具体审计计划

微信扫一扫
习题免费练

知识点提示

本节前三个知识点都是围绕总体审计策略和具体审计计划展开的。总体审计策略包含审计范围、报告目标、时间安排、审计方向以及审计资源。对确定审计范围、报告目标、时间安排、审计方向以及审计资源的考虑因素需要能够区分。

总体审计策略是具体审计计划的指导，具体审计计划是总体审计策略的延伸。具体审计计划包括：1. 风险评估程序；2. 进一步审计程序；3. 计划其他审计程序。

另外，需要大家注意的是，计划审计工作并非审计业务的一个孤立阶段，而是一个持续的、不断修正的过程，贯穿于整个审计业务的始终。一方面，审计计划没有“结束”一说，整个审计过程都可以在进行；另一方面，随着审计过程的推进，审计计划是可以更改的。

知识点1　总体审计策略与具体审计计划概述（★★）

计划审计工作贯穿于整个审计过程。审计计划分为总体审计策略和具体审计计划两个层次。

注册会计师应当针对总体审计策略中所识别的不同事项，制定具体审计计划，并考虑通过有效利用审计资源以实现审计目标。虽然编制总体审计策略的过程通常在具体审计计划之前，但是两项计划活动并不是孤立、不连续的过程，而是内在紧密联系的，对其中一项的决定可能会影响甚至改变对另外一项的决定。

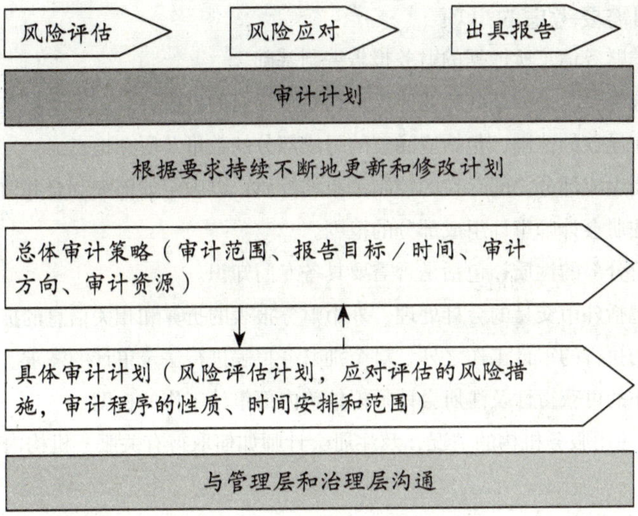

图 2-1 审计计划的两个层次

【例1-2020-单选题】下列有关计划审计工作的说法中，错误的是（　　）。

A. 在制定总体审计策略时，注册会计师应当考虑初步业务活动的结果

B. 注册会计师制定的具体审计计划应当包括风险评估程序、计划实施的进一步审计程序和其他审计程序

C. 注册会计师在制定审计计划时，应当确定对项目组成员的工作进行复核的性质、时间安排和范围

D. 具体审计计划通常不影响总体审计策略

【答案】D

学堂点拨

注册会计师应当针对总体审计策略中所识别的不同事项，制定具体审计计划，并考虑通过有效利用审计资源以实现审计目标。值得注意的是，虽然制定总体审计策略的过程通常在具体审计计划之前，但是两项计划具有内在紧密联系，对其中一项的决定可能会影响甚至改变对另外一项的决定。

知识点2 总体审计策略（★★）

一、总体审计策略目的

注册会计师制定总体审计策略的目的是用以确定审计范围、报告目标、审计方向和审计资源，并指导具体审计计划。

二、制定总体审计策略应考虑的事项

注册会计师在制定总体审计策略时应当考虑以下主要事项：

1. 确定审计范围；2. 报告目标、时间安排及所需沟通的性质；3. 审计方向；4. 审计资源。

三、确定审计范围需要考虑的事项

1. 编制拟审计的财务信息所依据的财务报告编制基础。

2. 特定行业的报告要求，如某些行业监管机构要求提交的报告。

3. 预期审计工作涵盖的范围，包括应涵盖的组成部分的数量及所在地点。

4. 母公司和集团组成部分之间存在的控制关系的性质，以确定如何编制合并财务报表。

5. 由组成部分注册会计师审计组成部分的范围。

6. 拟审计的经营分部的性质，包括是否需要具备专门知识。

7. 外币折算，包括外币交易的会计处理、外币财务报表的折算和相关信息的披露。

8. 除为合并目的执行的审计工作之外，对个别财务报表进行法定审计的需求。

9. 内部审计工作的可获得性及注册会计师拟信赖内部审计工作的程度。

10. 被审计单位使用服务机构的情况，及注册会计师如何取得有关服务机构内部控制设计和运行有效性的证据。

11. 对利用在以前审计工作中获取的审计证据（如获取的与风险评估程序和控制测试相关的审计证据）的预期。

12. 信息技术对审计程序的影响，包括数据的可获得性和对使用计算机辅助审计技术的预期。

13. 协调审计工作与中期财务信息审阅的预期涵盖范围和时间安排，以及中期审阅所获取的信息对审计工作的影响。

14. 与被审计单位人员的时间协调和相关数据的可获得性。

四、对报告的目标、时间安排及所需沟通的性质需要考虑的事项

1. 被审计单位对外报告的时间表，包括中间阶段和最终阶段。

2. 与管理层和治理层举行会谈，讨论审计工作的性质、时间安排和范围。

3. 与管理层和治理层讨论注册会计师拟出具的报告的类型和时间安排以及沟通的其他事项（口头或书面沟通），包括审计报告、管理建议书和向治理层通报的其他事项。

4. 与管理层讨论预期就整个审计业务中对审计工作的进展进行的沟通。

5. 与组成部分注册会计师沟通拟出具的报告的类型和时间安排，以及与组成部分审计相关的其他事项。

6. 项目组成员之间沟通的预期的性质和时间安排，包括项目组会议的性质和时间安排，以及复核已执行工作的时间安排。

7. 预期是否需要和第三方进行其他沟通，包括与审计相关的法定或约定的报告责任。

五、确定审计方向需要考虑的事项

总体审计策略的制定应当包括考虑影响审计业务的重要因素，以确定项目组工作方向，包括确定适当的重要性水平，初步识别可能存在较高的重大错报风险的领域，初步识别重要的组成部分和账户余额，评价是否需要针对内部控制的有效性获取审计证据（控制测试），识别被审计单位、所处行业、财务报告要求及其他相关方面最近发生的重大变化等。

1. 重要性方面。

具体包括：

（1）为计划目的确定重要性；

（2）为组成部分确定重要性且与组成部分的注册会计师沟通；

（3）在审计过程中重新考虑重要性；

（4）识别重要的组成部分和账户余额。

2. 重大错报风险较高的审计领域。

3. 评估的财务报表层次的重大错报风险对指导、监督及复核的影响。

4. 项目组人员的选择（在必要时包括项目质量复核人员）和工作分工，包括向重大错报风险较高的审计领域分派具备适当经验的人员。

5. 项目预算，包括考虑为重大错报风险可能较高的审计领域分配适当的工作时间。

6. 如何向项目组成员强调在收集和评价审计证据过程中保持职业怀疑必要性的方式。

7. 以往审计中对内部控制运行有效性评价的结果，包括所识别的控制缺陷的性质及应对措施。

8. 管理层重视设计和实施健全的内部控制的相关证据，包括这些内部控制得以适当记录的证据。

9. 业务交易量规模，以基于审计效率的考虑确定是否依赖内部控制。

10. 对内部控制重要性的重视程度。

11. 管理层用于识别和编制适用的财务报告编制基础所要求的披露的流程。

12. 影响被审计单位经营的重大发展变化，包括信息技术和业务流程的变化，关键管理人员变化，以及收购、兼并和分立。

13. 重大的行业发展情况，如行业法规变化和新的报告规定。

14. 会计准则及会计制度的变化。

15. 其他重大变化，如影响被审计单位的法律环境的变化。

六、总体审计策略调配的资源

1. 向具体审计领域调配的资源，包括向高风险领域分派有适当经验的项目组成员，就复杂的问题利用专家工作等。

2. 向具体审计领域分配资源的多少，包括分派到重要地点进行存货监盘的项目组成员的人数，在集团审计中复核组成部分注册会计师工作的范围，向高风险领域分配的审计时间预算等。

3. 何时调配这些资源，包括是在期中审计阶段还是在关键的截止日期调配资源等。

4. 如何管理、指导、监督这些资源，包括预期何时召开项目组预备会和总结会，预期项目合伙人和经理如何进行复核，是否需要实施项目质量复核等。

知识点3 具体审计计划（★★★）

总体审计策略是具体审计计划的指导，具体审计计划是总体审计策略的延伸。

为获取充分、适当的审计证据，确定审计程序的性质、时间安排和范围的决策是具体审计计划的核心。具体审计计划应当包括风险评估程序、计划实施的进一步审计程序和其他审计程序。

一、风险评估程序

为了充分识别和评估财务报表重大错报风险，注册会计师计划实施的风险评估程序的性质、时间和范围。

二、计划实施的进一步审计程序

进一步审计程序包括控制测试和实质性程序。

鉴于披露中包含的信息涉及范围较广、细节较多，当计划的风险评估程序和进一步审计程序与披露相关时，确定这些程序的性质、时间安排和范围十分重要。进一步来说，某些披露可能包含从总账和明细账之外的其他途径获取的信息，这也可能影响风险评估的结果以及为应对该风险实施的审计程序的性质、时间安排和范围。

通常，注册会计师计划的进一步审计程序可以分为总体方案和拟实施的具体审计程序两个层次。总体方案主要是指注册会计师针对各类交易、账户余额和列报决定采用的总体方案（包括实质性方案和综合性方案），具体程序通常包括控制测试和实质性程序的性质、时间和范围。

三、计划其他审计程序

计划的其他审计程序可以包括上述进一步程序的计划中没有涵盖的、根据其他审计准则的要求注册会计师应当执行的既定程序。例如，阅读含有已审计财务报表的文件中的其他信息，寻求与被审计单位律师直接沟通等。（再如：针对期后事项、或有事项、持续经营、对法律法规的考虑、关联方、舞弊等的程序。

【例2-2015-单选题】下列有关审计计划的说法中，正确的是（　　）。

A．制定总体审计策略的过程通常在具体审计计划之前

B．总体审计策略不受具体审计计划的影响

C．制定审计计划的工作应当在实施进一步审计程序之前完成

D．具体审计计划的核心是确定审计的范围和审计方案

【答案】A

学堂点拨

虽然制定总体审计策略的过程通常在具体审计计划之前，但这两项计划具有内在联系，对其中一项的决定可能会影响甚至改变对另外一项的决定，选项B错误；计划审计工作是一个持续的、不断修正的过程，贯穿审计业务的始终，选项C错误；确定审计的范围和审计方案是总体审计策略的核心，所以选项D错误。

【例3-多选题】以下事项属于注册会计师制定具体审计计划时应当考虑的内容的有（　　）。

A．识别、评估与应对舞弊嫌疑或舞弊指控

B．对销售业务流程内部控制的了解、评价以及设计的拟实施控制测试的性质、时间安排和范围

C．确定的财务报表整体重要性水平

D．对专家或其他第三方工作的利用

【答案】AB

学堂点拨

选项C、D属于总体审计策略的内容。

知识点4 审计过程中对计划的更改（★）

一、对计划审计工作的认识

计划审计工作并非审计业务的一个孤立阶段，而是一个持续的、不断修正的过程，贯穿于整个审计业务的始终。

二、审计计划更改的基本要求

由于未预期事项、条件的变化或在实施审计程序中获取的审计证据等原因，注册会计师应当在必要时对总体审计策略和具体审计计划作出更新和修改。

三、导致审计计划修改的特别事项

如果以下事项的修改会直接导致修改审计计划，也会导致审计工作作出适时调整：

1. 对重要性水平的调整；2. 对某类交易、账户余额和披露的重大错报风险评估的修改；3. 对进一步审计程序的修改。

四、审计计划修改的记录

应当在审计工作底稿中记录作出的重大修改和理由。

知识点5 对项目组成员工作的指导、监督与复核（★）

注册会计师应当制定计划，确定对项目组成员的指导、监督以及对其工作进行复核的性质、时间安排和范围。

对项目组成员指导、监督和复核时应当考虑的因素：

1. 被审计单位的规模和复杂程度；2. 审计领域；3. 评估的重大错报风险；4. 执行审计工作的项目组成员的专业素质和胜任能力。

【例4-单选题】在确定对项目组成员指导、监督与复核的性质、时间和范围时，注册会计师应当考虑的主要因素是（　　）。

A. 针对客户关系和具体审计业务实施的相应质量管理程序　　B. 重大错报风险

C. 独立性要求　　D. 审计时间预算

【答案】B

学堂点拨

注册会计师应在评估重大错报风险的基础上，计划对项目组成员工作的指导、监督与复核的性质、时间和范围。

第三节　审计重要性

微信扫一扫
习题免费练

知识点提示

本节重点学习重要性的概念。重要性要从错报的金额或者性质两个角度理解。从金额的角度又叫重要性水平，即可容忍错报，也就是注册会计师可以容忍的错报，换言之，注册会计师发现的错报超过这个可容忍错报并且管理层不进行调整，注册会计师就会发表非无保留的审计意见了。另外，判断某事项对财务报表使用者是否重大，是在财务报表使用者整体共同的财务信息需求的基础上作出的，不考虑错报对个别财务报表使用者可能产生的影响。

重要性水平的运用贯穿于整个审计过程，从审计计划到风险评估，到风险应对，再到最后形成审计结论。在不同阶段如何使用重要性需要理解掌握。

如何确定重要性水平是考试的热点，在掌握这个知识点之前首先要对各类重要性水平进行划分，如图2–2所示：

- 重要性
  - 计划的重要性
    - 财务报表整体的重要性水平
    - 特定类别交易、财户余额或披露的重要性水平
  - 实际执行的重要性
    - 财务报表整体的重要性水平
    - 特定类别交易、账户余额或披露的重要性水平

图 2–2　重要性的划分

计划的重要性水平＝基准×百分比，找准基准并确定百分比是重要知识点。通常而言，实际执行的重要性通常为财务报表整体重要性的50%～75%。

审计过程中识别的错报分为三类：事实错报、判断错报和推断错报。精准区分三类错报是重要的知识点。完成审计工作的一个重要步骤是将审计过程中识别的未更正错报与重要性水平进行比较，并以此决定出具何种类型的审计报告。当然，影响审计意见的因素不仅仅是错报金额，其他因素我们会在审计报告的相关章节展开学习。

知识点1　重要性的含义（★★★）

1. 如果合理预期错报（包括漏报）单独或汇总起来可能影响财务报表使用者依据财务报表作出的经济决策，则通常认为错报是重大的。

学堂点睛

错报包含漏报。财务报表错报包括财务报表金额的错报和财务报表披露的错报。

2. 对重要性的判断是根据具体环境作出的，并受错报的金额或者性质的影响，或者受到两者的

共同影响。（需要注册会计师作出适当的职业判断）

3. 判断某事项对财务报表使用者是否重大，是在考虑财务报表使用者整体共同的财务信息需求的基础上作出的。由于不同财务报表使用者对财务信息的需求可能差异很大，因此不考虑错报对个别财务报表使用者可能产生的影响。

学堂点睛

1. 不考虑错报对个别财务报表使用者可能产生的影响。

2. 重要性确定包括财务报表层次的重要性和特定交易类别、账户余额和披露的重要性水平。

3. 在计划审计工作和形成审计结论阶段都要运用重要性水平。

表 2-1 不同阶段重要性的运用原则

运用原则	计划阶段	确定重要性水平
	执行审计阶段	运用重要性水平（实际执行）
	形成结论阶段	确定报告类型

4. 在整个业务过程中，随着审计工作的进展，注册会计师应当根据所获得的新信息更新重要性。（并非一成不变）

5. 重要性水平与审计证据成反向关系。

知识点2 审计重要性运用的环节（★）

在实施审计前，就必须对重大错报的规模和性质作出一个判断，这包括制定财务报表整体的重要性和特定交易类别、账户余额和披露认定层次的重要性水平。（如有必要）

审计中可能存在未被发现的错报和不重大错报汇总后就变成重大错报的情况。为允许可能存在的这种情况，注册会计师应当制定一个比重要性水平更低的金额，以便评估风险和设计进一步审计程序。

注册会计师使用整体重要性水平（将财务报表作为整体）的目的有：

1. 决定风险评估程序的性质、时间安排和范围；

2. 识别和评估重大错报风险；

3. 确定进一步审计程序的性质、时间安排和范围。

在整个业务过程中，随着审计工作的进展，注册会计师应当根据所获得的新信息更新重要性。

在形成审计结论阶段，要使用整体重要性水平和为了特定交易类别、账户余额和披露而制定的较低金额的重要性水平来评价已识别的错报对财务报表的影响和对审计报告中审计意见的影响。（错报重大但不广泛时，保留意见审计报告；错报重大且广泛时，否定意见审计报告）

【例1-2019-单选题】下列各项中，不属于注册会计师使用财务报表整体重要性的目的的是（　　）。

A. 识别和评估重大错报风险　　B. 决定风险评估程序的性质、时间安排和范围

C. 确定审计中识别出的错报是否需要累积　　D. 评价已识别的错报对审计意见的影响

【答案】C

学堂点拨

注册会计师使用整体重要性水平（将财务报表作为整体）的目的有：1. 决定风险评估程序的性质、时间安排和范围；2. 识别和评估重大错报风险；3. 确定进一步审计程序的性质、时间安排和范围。选项C，根据明显微小错报临界值来确定审计中识别出的错报是否需要累积。

【例2-2020-多选题】下列各项审计工作中，注册会计师需要使用财务报表整体重要性的有（　　）。

A. 确定风险评估程序的性质、时间安排和范围　　B. 识别和评估重大错报风险

C. 评价已识别的错报时财务报表的影响　　D. 确定实际执行的重要性

【答案】ABCD

学堂点拨

注册会计师使用整体重要性水平（将财务报表作为整体）的目的有：1. 决定风险评估程序的性质、时间安排和范围；2. 识别和评估重大错报风险；3. 确定进一步审计程序的性质、时间安排和范围。在整个业务过程中，随着审计工作的进展，注册会计师应当根据所获得的新信息更新重要性。在形成审计结论阶段，要使用整体重要性水平和为了特定类别交易、账户余额和披露而确定的较低金额的重要性水平来评价已识别的错报对财务报表的影响和对审计报告中审计意见的影响。通常而言，实际执行的重要性通常为财务报表整体重要性的50%~75%，所以在确定实际执行的重要性时，也需要使用财务报表整体的重要性。

【例3-单选题】使用重要性水平，可能无助于实现下列目的的是（　　）。

A. 确定风险评估程序的性质、时间和范围　　B. 识别和评估重大错报风险

C. 确定进一步审计程序的性质、时间和范围　　D. 确定重大不确定事项发生的可能性

【答案】D

学堂点拨

本题考核重要性水平的目的。注册会计师使用整体重要性水平（将财务报表作为整体）的目的有：决定风险评估程序的性质、时间和范围；识别和评估重大错报风险；确定进一步审计程序的性质、时间和范围。所以选项D不是使用重要性水平的目的。

知识点3　重要性水平的确定（★★★）

在计划审计工作时，注册会计师应当确定一个可接受的重要性水平。

注册会计师在确定计划的重要性水平时，应当考虑以下主要因素：

1. 对被审计单位及其环境的了解；
2. 审计的目标，包括特定报告要求；
3. 财务报表各项目的性质及其相互关系；
4. 财务报表项目的金额及其波动幅度。

一、计划的财务报表整体的重要性水平

注册会计师在制定总体审计策略时，应当确定财务报表整体的重要性。

通常先选定一个基准，再乘以某一百分比作为财务报表整体的重要性，如图2–3所示。

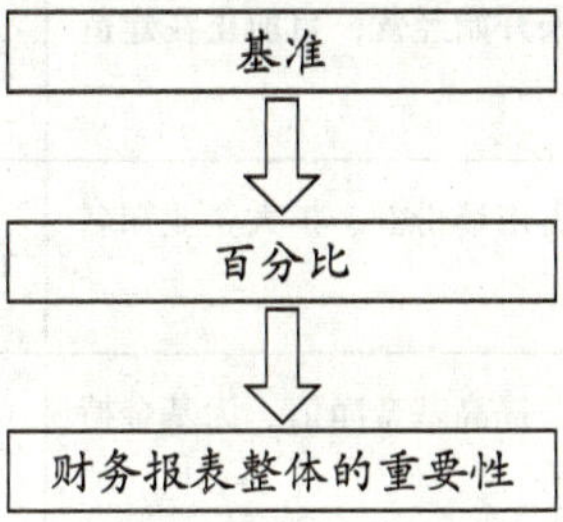

图 2–3 财务报表整体的重要性的确定

（一）在选择适当的基准时，需要考虑的因素包括：

1. 财务报表的要素（如资产、负债、所有者权益、收入和费用）；

2. 是否存在特定会计主体的财务报表使用者特别关注的项目（例如，为了评价财务业绩，使用者可能更关注利润、收入或净资产）；

3. 被审计单位的性质、所处的生命周期阶段以及所处行业和经济环境；

4. 被审计单位的所有权结构和融资方式（例如，如果被审计单位仅通过债务而非权益进行融资，财务报表使用者可能更关注资产及资产的索偿权，而非被审计单位的收益）；

5. 基准的相对波动性。

（二）适当的基准取决于被审计单位的具体情况，包括各类报告收益（如税前利润、营业收入、毛利和费用总额），以及所有者权益或净资产

1. 对于以营利为目的的实体，通常以经常性业务的税前利润作为基准。如果经常性业务的税前利润不稳定，选用其他基准可能更加合适，如毛利或营业收入。

当按照经常性业务的税前利润的一定百分比确定被审计单位财务报表整体的重要性时，如果被审计单位本年度税前利润因情况变化出现意外增加或减少，注册会计师可能认为按照近几年经常性业务的平均税前利润确定财务报表整体的重要性更加合适。

但是在某些情况下，例如企业处于微利或微亏状态时，采用经常性业务的税前利润为基准确定重要性可能影响审计的效率和效果。注册会计师可以考虑采用以下方法确定基准（二选一）：

（1）如果微利或微亏状态是由宏观经济环境的波动或企业自身经营的周期性所导致，可以考虑采用过去3～5年经常性业务的平均税前利润作为基准。

（2）采用财务报表使用者关注的其他财务指标作为基准，如营业收入、总资产等。

适当的基准取决于被审计单位的具体情况，参考表2–2。

表 2–2 不同性质的被审计单位及其恰当的基准

被审计单位的情况	可能选择的基准
1. 企业的盈利水平保持稳定	经常性业务的税前利润
2. 企业近年来经营状况大幅度波动，盈利和亏损交替发生，或者由正常盈利变为微利或微亏，或者本年度税前利润因情况变化而出现意外增加或减少	过去3～5年经常性业务的平均税前利润或亏损（取绝对值），或其他基准，例如营业收入

（续上表）

被审计单位的情况	可能选择的基准
3. 企业为新设企业，处于开办期，尚未开始经营，目前正在建造厂房及购买机器设备	总资产
4. 企业处于新兴行业，目前侧重于抢占市场份额、扩大企业知名度和影响力	营业收入
5. 开放式基金，致力于优化投资组合、提高基金净值、为基金持有人创造投资价值	净资产
6. 国际企业集团设立的研发中心，主要为集团下属各企业提供研发服务，并以成本加成的方式向相关企业收取费用	成本与营业费用总额
7. 公益性质的基金会	捐赠收入或捐赠支出总额

【关注】

1. 如果被审计单位的经营规模较上年度没有重大变化，通常使用代替性基准确定的重要性不宜超过上年度的重要性。

2. 注册会计师为被审计单位选择的基准在各年度中通常保持稳定，但并非必须保持一贯不变。

注册会计师可以根据经济形势、行业状况和被审计单位具体情况的变化对采用的基准作出调整。

例如，被审计单位处在新设立阶段时注册会计师可能采用总资产作为基准，被审计单位处在成长期时注册会计师可能采用营业收入作为基准，被审计单位进入经营成熟期后注册会计师可能采用经常性业务的税前利润作为基准。

【例4-2014-单选题】注册会计师在确定重要性时通常选定一个基准。下列因素中，注册会计师在选择基准时不需要考虑的是（　　）。

A. 被审计单位的性质　　B. 以前年度审计调整的金额

C. 基准的相对波动性　　D. 是否存在财务报表使用者特别关注的项目

【答案】B

学堂点拨

在选择基准时，需要考虑的因素包括：1. 财务报表要素；2. 是否存在特定会计主体的财务报表使用者特别关注的项目；3. 被审计单位的性质、所处的生命周期阶段以及所处行业和经济环境；4. 被审计单位的所有权结构和融资方式；5. 基准的相对波动性。选项B，以前年度审计调整的金额并不影响基准的确定。

【例5-2010-单选题】选择确定重要性的基准时，A注册会计师通常无须考虑的因素是（　　）。

A. 财务报表要素　　B. 财务报表使用者特别关注的项目

C. 财务报表个别使用者对财务信息的特殊需求　　D. 被审计单位所处行业和经济环境

【答案】C

学堂点拨

在审计实务中，注册会计师应当考虑以下因素来适当选择基准：1．财务报表要素（如资产、负债、所有者权益、收入和费用）；2．是否存在特定会计主体的财务报表使用者特别关注的项目；3．被审计单位的性质、所处的生命周期阶段以及所处行业和经济环境；4．被审计单位的所有权结构和融资方式；5．基准的相对波动性。选项C属于审计实务中在选择确定重要性的基准时无须考虑的因素。

2．为选定的基准确定百分比需要运用职业判断。百分比和选定的基准之间存在一定的联系，如经常性业务的税前利润对应的百分比通常比营业收入对应的百分比要高。

例如，对以营利为目的的制造行业实体，注册会计师可能认为经常性业务的税前利润的5%是适当的；而对非营利组织，注册会计师可能认为总收入或费用总额的1%是适当的。

百分比无论是高一些还是低一些，只要符合具体情况，都是适当的。

下表列示了不同性质的被审计单位及其恰当的经验百分比：

表 2–3　不同性质的被审计单位及其恰当的经验百分比

被审计单位	经验百分比
以营利为目的的实体	税前利润的5%～10%
非营利组织	费用总额或收入的1%～2%或资产总额的0.5%～1%
以收入为基准的实体	收入的1%～2%
以资产总额为基准的实体	通常不超过资产总额的1%
以扣除利息、税金折旧及摊销的利润（EBITDA）为基准的实体	通常不超过EBITDA的2.5%

3．注册会计师在确定重要性水平时，不需考虑与具体项目计量相关的固有不确定性。例如，财务报表含有高度不确定性的大额估计，注册会计师并不会因此而确定一个比不含有该估计的财务报表整体的重要性更高或更低的重要性。

二、特定类别交易、账户余额或披露的重要性水平

根据被审计单位的特定情况，如果存在一个或多个特定类别的交易、账户余额或披露，其发生的错报金额虽然低于财务报表整体的重要性，但合理预期可能影响财务报表使用者依据财务报表作出的经济决策，注册会计师还应当确定适用于这些交易、账户余额或披露的一个或多个重要性水平。

下列因素可能表明存在一个或多个特定类别的交易、账户余额或披露，其发生的错报金额虽然低于财务报表整体的重要性，但合理预期将影响财务报表使用者依据财务报表作出的经济决策：

1．法律法规或适用的财务报告编制基础是否影响财务报表使用者对特定项目（如关联方交易、管理层和治理层的薪酬及对具有较高估计不确定性的公允价值会计估计的敏感性分析）计量或披露的预期；2．与被审计单位所处行业相关的关键性披露（如制药企业的研究与开发成本）；3．财务报表使用者是否特别关注财务报表中单独披露的业务的特定方面（如关于分部或重大企业合并的披露）。

在根据被审计单位的特定情况考虑是否存在上述交易、账户余额或披露时，注册会计师可能发现了解治理层和管理层的看法和预期是有用的。

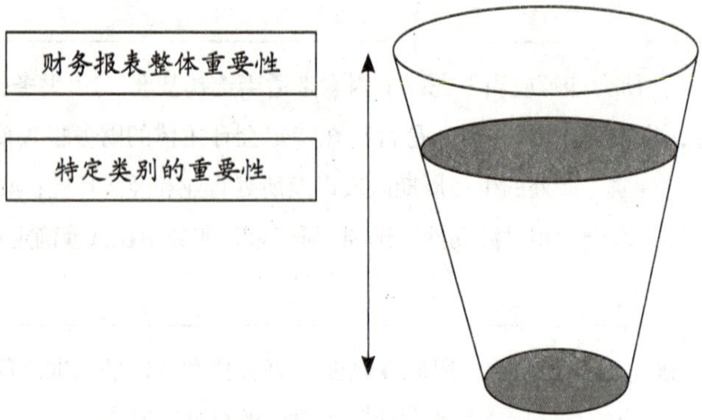

图 2-4　财务报表整体和特定类别的重要性

【例6-2020-多选题】下列各项因素中，可能表明注册会计师需要确定特定类别交易、账户余额或披露的重要性水平的有（　　）。

A．是否存在与被审计单位所处行业相关的关键性披露

B．财务报表使用者是否特别关注财务报表中单独披露的业务的特定方面

C．是否存在对特定财务报表使用者的决策可能产生影响的披露

D．适用的财务报告编制基础是否影响财务报表使用者对特定项目计量或披露的预期

【答案】ABD

学堂点拨

根据被审计单位的特定情况，下列因素可能表明存在一个或多个特定类别的交易、账户余额或披露，其发生的错报金额虽然低于财务报表整体的重要性，但合理预期将影响财务报表使用者依据财务报表作出的经济决策：1．法律法规或适用的财务报告编制基础是否影响财务报表使用者对特定项目计量或披露的预期；2．与被审计单位所处行业相关的关键性披露；3．财务报表使用者是否特别关注财务报表中单独披露的业务的特定方面。

三、实际执行的重要性

（一）针对计划的财务报表整体重要性水平确定的实际执行重要性

实际执行的（财务报表整体的）重要性，是指注册会计师确定的低于财务报表整体重要性的一个或多个金额，旨在将未更正和未发现错报的汇总数超过财务报表整体的重要性的可能性降至适当的低水平。

（二）针对计划的认定层重要性水平确定的实际执行重要性

如果适用，实际执行的重要性还指注册会计师确定的低于特定类别的交易、账户余额或披露的重要性水平的一个或多个金额。

（三）确定实际执行的重要性并非简单机械的计算，需要注册会计师运用职业判断，并考虑下列因素的影响

1．对被审计单位的了解（这些了解在实施风险评估程序的过程中得到更新）；

2．前期审计工作中识别出的错报的性质和范围；

3．根据前期识别出的错报对本期错报作出的预期；

4．通常而言，实际执行的重要性通常为财务报表整体重要性的50%～75%。

表 2-4 选择不同百分比来确定实际执行的重要性的情形

经验值	情形
选择较低的百分比来确定实际执行的重要性的情形	1．首次接受委托的审计项目。 2．连续审计项目，以前年度审计调整较多。 3．项目总体风险较高，例如处于高风险行业、管理层能力欠缺、面临较大市场竞争压力或业绩压力等。 4．存在或预期存在值得关注的内部控制缺陷。
选择较高的百分比来确定实际执行的重要性的情形	1．连续审计，以前年度审计调整较少。 2．项目总体风险为低到中等，例如处于非高风险行业、管理层有足够能力、面临较低的业绩压力等。 3．以前期间的审计经验表明内部控制运行有效。

【例7-2020-单选题】下列有关实际执行的重要性的说法中，错误的是（　　）。

A．实际执行的重要性应当低于财务报表整体的重要性

B．在所有审计业务中，注册会计师都应当确定实际执行的重要性

C．注册会计师可以确定一个或多个实际执行的重要性

D．注册会计师无需对金额低于实际执行的重要性的财务报表项目实施进一步审计程序

【答案】D

学堂点拨

注册会计师在计划审计工作时可以根据实际执行的重要性确定需要对哪些类型的交易、账户余额和披露实施进一步审计程序，即通常选取金额超过实际执行的重要性的财务报表项目，因为这些财务报表项目有可能导致财务报表出现重大错报。但是，这不表明注册会计师可以对所有金额低于实际执行的重要性的财务报表项目不实施进一步审计程序，这主要出于以下考虑：1．单个金额低于实际执行的重要性的财务报表项目汇总起来可能金额重大（可能远远超过财务报表整体的重要性），注册会计师需要考虑汇总后的潜在错报风险；2．对于存在低估风险的财务报表项目，不能仅仅因为其金额低于实际执行的重要性而不实施进一步审计程序；3．对于识别出存在舞弊风险的财务报表项目，不能因为其金额低于实际执行的重要性而不实施进一步审计程序。

【例8-2020-单选题】下列有关实际执行的重要性的说法中，错误的是（　　）。

A．实际执行的重要性应当低于财务报表整体的重要性

B．并非所有审计业务都需要确定实际执行的重要性

C．实际执行的重要性可以被用作细节测试中的可容忍错报

D．注册会计师可以确定一个或多个实际执行的重要性

【答案】B

学堂点拨

审计准则要求注册会计师确定低于财务报表整体重要性的一个或多个金额作为实际执行的重要性，选项B错误。

【例9-2019-单选题】下列因素中，注册会计师在确定实际执行的重要性时无须考虑的是（　　）。

A．是否为首次接受委托的审计项目

B．是否存在财务报表使用者特别关注的项目

C．是否存在值得关注的内部控制缺陷

D．前期审计中识别出的错报的数量和性质

【答案】B

学堂点拨

通常而言，实际执行的重要性通常为财务报表整体重要性的50%～75%。

如果存在下列情况，注册会计师可能考虑选择较低的百分比来确定实际执行的重要性：1．首次接受委托的审计项目；2．连续审计项目，以前年度审计调整较多；3．项目总体风险较高，例如处于高风险行业、管理层能力欠缺、面临较大市场竞争压力或业绩压力等；4．存在或预期存在值得关注的内部控制缺陷。

【例10-2018-单选题】下列情形中，注册会计师通常采用较高的百分比确定实际执行的重要性的是（　　）。

A．以前期间的审计经验表明被审单位的内部控制运行有效

B．被审单位面临较大的市场竞争压力

C．注册会计师首次接受委托

D．被审计单位管理层能力欠缺

【答案】A

学堂点拨

如果存在下列情况，注册会计师可能考虑选择较高的百分比来确定实际执行的重要性：1．连续审计项目，以前年度审计调整较少；2．项目总体风险为低到中等，例如处于非高风险行业、管理层有足够能力、面临较低的市场竞争压力和业绩压力等；3．以前期间的审计经验表明内部控制运行有效。

【例11-2012-单选题】关于特定类别交易、账户余额或披露的重要性水平，下列说法中，错误的是（　　）。

A．只有在适用时，才需确定特定类别交易、账户余额或披露的重要性水平

B．确定时，可将与被审计单位所处行业相关的关键性披露作为一项考虑因素

C．特定类别交易、账户余额或披露的重要性水平应低于财务报表整体的重要性

D．不需确定特定类别交易、账户余额或披露的实际执行的重要性

【答案】D

学堂点拨

根据被审计单位的特定情况：下列因素可能表明存在一个或多个特定类别的交易、账户余额或披露，其发生的错报金额虽然低于财务报表整体的重要性，但合理预期将影响财务报表使用者依据财务报表作出的经济决策：1．法律法规或适用的财务报告编制基础是否影响财务报表使用者对特定项目计量或披露的预期；2．与被审计单位所处行业相关的的关键性披露；3．财务报表使用者是否特别关注财务报表中单独披露的业务的特定方面。所以选项D错误。

四、审计过程中修改重要性

由于存在下列原因，注册会计师可能需要修改财务报表整体的重要性和特定类别的交易、账户余额或披露的重要性水平（如适用）：

1. 审计过程中情况发生重大变化；2. 获取新信息；3. 通过实施进一步审计程序，注册会计师对被审计单位及其经营的了解发生变化。

【例12-2011-多选题】下列情形中，注册会计师可能认为需要在审计过程中修改财务报表整体的重要性的有（　　）。

A. 被审计单位情况发生重大变化

B. 注册会计师获取新的信息

C. 通过实施进一步审计程序，注册会计师对被审计单位及其经营情况的了解发生变化

D. 审计过程中累积错报的汇总数接近财务报表整体的重要性

【答案】ABC

学堂点拨

由于存在下列原因，注册会计师可能需要修改财务报表整体的重要性和特定类别的交易、账户余额或披露的重要性水平（如适用）：1. 审计过程中情况发生重大变化（如决定处置被审计单位的一个重要组成部分）；2. 获取新信息；3. 通过实施进一步审计程序，注册会计师对被审计单位及其经营的了解发生变化。

五、在审计中运用实际执行的重要性

实际执行的重要性在审计中的作用主要体现在以下两个方面：

1. 注册会计师在计划审计工作时，可能根据实际执行的重要性确定需要对哪些类型的交易、账户余额和披露实施进一步审计程序，即通常选取金额超过实际执行的重要性的财务报表项目，因为这些财务报表项目有可能导致财务报表出现重大错报。

但是，这不代表注册会计师可以对所有金额低于实际执行的重要性的财务报表项目不实施进一步审计程序，这主要出于以下考虑：

（1）单个金额低于实际执行的重要性的财务报表项目汇总起来可能金额重大（可能远超过财务报表整体的重要性），注册会计师需要考虑汇总后的潜在错报风险；

（2）对于存在低估风险的财务报表项目，不能仅仅因为其金额低于实际执行的重要性而不实施进一步审计程序；

（3）对于识别出存在舞弊风险的财务报表项目，不能因为其金额低于实际执行的重要性而不实施进一步审计程序。

2. 运用实际执行的重要性确定进一步审计程序的性质、时间安排和范围。例如：在实施实质性分析程序时，注册会计师确定的已记录金额与预期值之间的可接受差异额通常不超过实际执行的重要性；在运用审计抽样实施细节测试时，注册会计师可以将可容忍错报的金额设定为等于或低于实际执行的重要性。

【例13-2018-多选题】下列各项工作中，注册会计师通常需要运用实际执行的重要性的有（　　）。

A. 确实需要对哪些类型的交易、账户余额或披露实施进一步审计程序

B. 运用实质性分析程序时，确定已记录金额与预期值之间的可接受差异额

C. 确定未更正错报对财务报表整体的影响是否重大

D. 运用审计抽样实施细节测试时，确定可容忍错报

【答案】ABD

学堂点拨

确定未更正错报对财务报表整体的影响是否重大，运用的是财务报表整体的重要性。

知识点4 评价审计过程中识别出的错报（★★★）

一、错报的定义

错报是指某一财务报表项目的金额、分类、列报，与按照适用的财务报告编制基础应当列示的金额、分类、列报之间存在的差异；或根据注册会计师的判断，为使财务报表在所有重大方面实现公允反映，需要对金额、分类、列报作出的必要调整。

二、导致错报的事项

1. 收集或处理用以编制财务报表的数据时出现错误。2. 遗漏某项金额或披露。3. 由于疏忽或明显误解有关事实导致作出不正确的会计估计。4. 注册会计师认为管理层对会计估计作出不合理的判断或对会计政策作出不恰当的选择和运用。5. 信息的分类、汇总或分解不恰当。

三、明显微小错报

1. 注册会计师可能将低于某一金额的错报界定为明显微小的错报，对这类错报不需要累积。（微不足道，明显微小比“不重大”的数量级更小）

2. 如果不确定一个或多个错报是否明显微小，就不能认为这些错报是明显微小的。

3. 注册会计师需要在制定审计策略和审计计划时，确定一个明显微小错报的临界值，低于该临界值的错报视为明显微小的错报，可以不累积。

4. 在确定明显微小错报的临界值时，需要注册会计师运用职业判断，同时可能考虑以下因素：

（1）以前年度审计中识别出的错报（包括已更正和未更正错报）的数量和金额；

（2）重大错报风险的评估结果；

（3）被审计单位治理层和管理层对注册会计师与其沟通错报的期望；

（4）被审计单位的财务指标是否勉强达到监管机构的要求或投资者的期望。

5. 注册会计师对上述因素的考虑，实际上是在确定审计过程中对错报的过滤程度。注册会计师的目标是要确保不累积的错报（即低于临界值的错报）连同累积的未更正错报不会汇总成为重大错报。

（1）如果注册会计师预期被审计单位存在数量较多、金额较少的错报，可能考虑采用较低的临界值，以避免大量低于临界值的错报积少成多构成重大错报。

（2）如果注册会计师预期被审计单位错报数量较少，则可能采用较高的临界值。

6. 注册会计师可能将明显微小错报的临界值确定为财务报表整体重要性的3%～5%，也可能低一些或高一些，但通常不超过财务报表整体重要性的10%，除非注册会计师认为有必要单独为重分类错报确定一个更高的临界值。

【例14-2018-单选题】下列有关明显微小错报的说法中，错误的是（　）。

A. 明显微小错报是指对财务报表整体没有重大影响的错报

B. 注册会计师无须累积明显微小的错报

C. 如果无法确定某错报是否明显微小，则不能认定为明显微小

D. 金额低于明显微小错报临界值的错报是明显微小错报

【答案】A

学堂点拨

明显微小错报的汇总数是明显不会对财务报表整体产生重大影响的，选项A的描述过于宽泛。

四、累积错报的分类

为了帮助注册会计师评价审计过程中累积的错报的影响以及与管理层和治理层沟通错报事项，将累积错报区分为事实错报、判断错报和推断错报。

表 2-5　累积错报的分类

识别出的错报	具体情形
事实错报	1. 被审计单位收集和处理数据的错误。 2. 对事实的忽略或误解。 3. 故意舞弊行为。
判断错报	1. 管理层和注册会计师对会计估计值的判断差异。 2. 管理层和注册会计师对选择和运用会计政策的判断差异，由于注册会计师认为管理层选用会计政策造成错报，管理层却认为选用会计政策适当，导致出现判断差异。
推断错报	通过测试样本估计出的总体的错报减去在测试中发现的已经识别的具体错报。例如，应收账款年末余额为2000万元，注册会计师抽查余额合计为500万元的应收账款样本发现金额有100万元的高估，高估部分为账面金额的20%，据此注册会计师推断总体的错报金额为400万元（即2000×20%），那么上述100万元就是已识别的具体错报，其余300万元即推断误差。

五、对审计过程中识别出的错报的考虑

1. 错报可能不会孤立发生，一项错报的发生还可能表明存在其他错报。

2. 抽样风险和非抽样风险可能导致某些错报未被发现。

审计过程中累积错报的汇总数接近确定的重要性，则表明存在比可接受的低风险水平更大的风险，即可能未被发现的错报连同审计过程中累积错报的汇总数，可能超过重要性。

3. 注册会计师可能要求管理层检查某类交易、账户余额或披露，以使管理层了解注册会计师识别出的错报的发生原因，并要求管理层采取措施以确定这些交易、账户余额或披露实际发生错报的金额，以及对财务报表作出适当的调整。例如，在从审计样本中识别出的错报推断总体错报时，注册会

计师可能提出这些要求。

【例15-2013-单选题】对于审计过程中累积的错报，下列做法中，正确的是（　　）。

A．如果错报单独或汇总起来未超过财务报表整体的重要性，注册会计师可以不要求管理层更正

B．如果错报单独或汇总起来未超过实际执行的重要性，注册会计师可以不要求管理层更正

C．如果错报不影响确定财务报表整体的重要性时选定的基准，注册会计师可以不要求管理层更正

D．注册会计师应当要求管理层更正审计过程中累积的所有错报

【答案】D

学堂点拨

注册会计师应当要求管理层更正审计过程中累积的所有错报，而不是所有错报，更正的错报不包括明显微小的错报，所以选项D正确。

【例16-2012-单选题】下列关于错报的说法中，错误的是（　　）。

A．明显微小的错报不需要累积

B．错报可能是由于错误或舞弊导致的

C．错报仅指某一财务报表项目金额与按照企业会计准则应当列示的金额之间的差异

D．判断错报是指由于管理层对会计估计作出不合理的判断或不恰当地选择和运用会计政策而导致的差异

【答案】C

学堂点拨

错报包括两个方面：1．某一财务报表项目的金额、分类、列报或披露，与按照适用的财务报告编制基础应当列示的金额、分类、列报或披露之间存在的差异；2．根据注册会计师的判断，为使财务报表在所有重大方面实现公允反映，需要对金额、分类、列报或披露作出的必要调整。

第三章　审计证据

本章思维导图

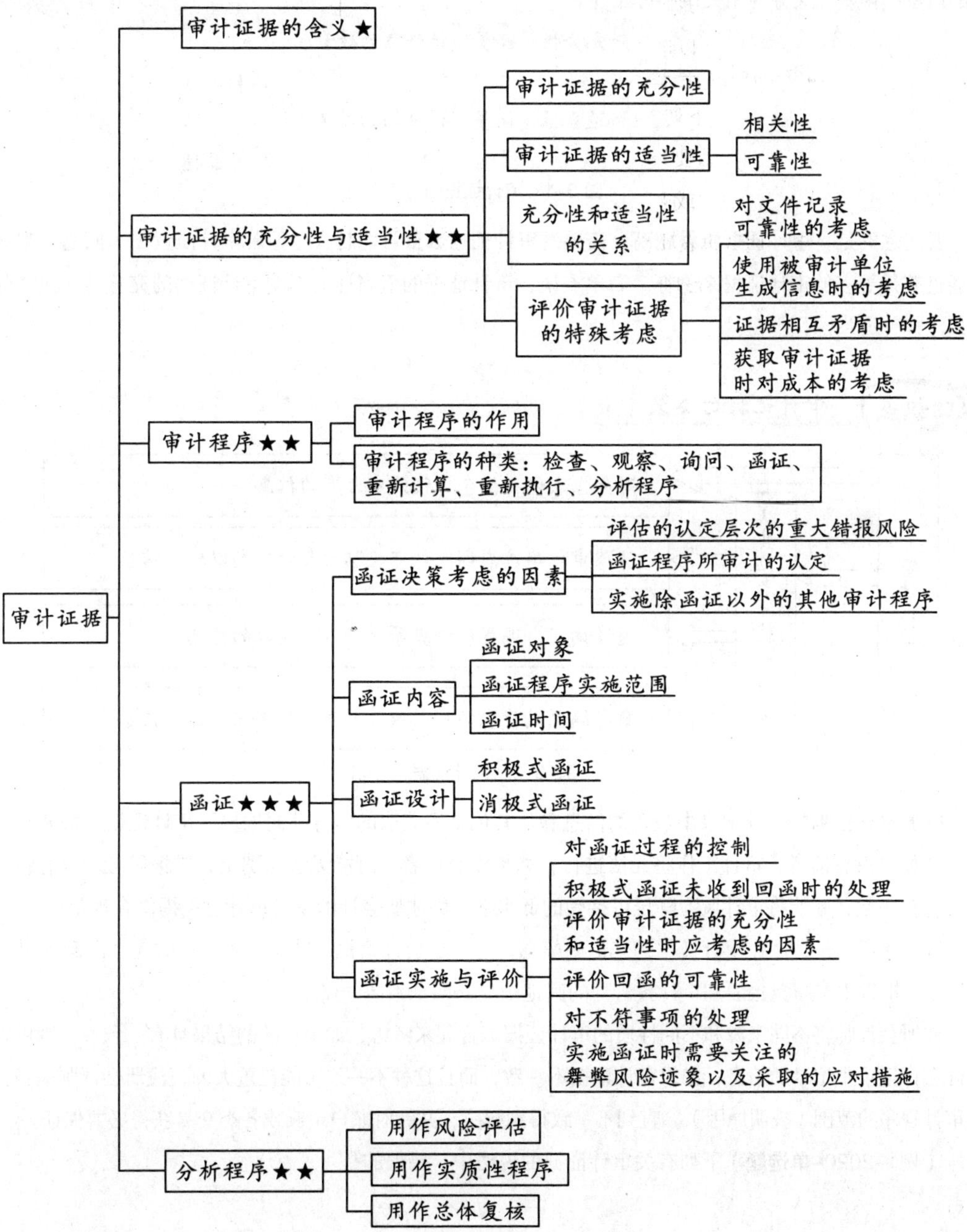

本章知识点精讲

微信扫一扫
习题免费练

第一节　审计证据的性质

知识点提示

财务报表依据的会计记录中包含的信息和从其他来源获取的信息共同构成了审计证据，两者缺一不可。审计证据的特性为充分征和适当性。充分性是对审计证据的数量的衡量；适当性则是对审计证据的质量的衡量，又分为相关性和可靠性。

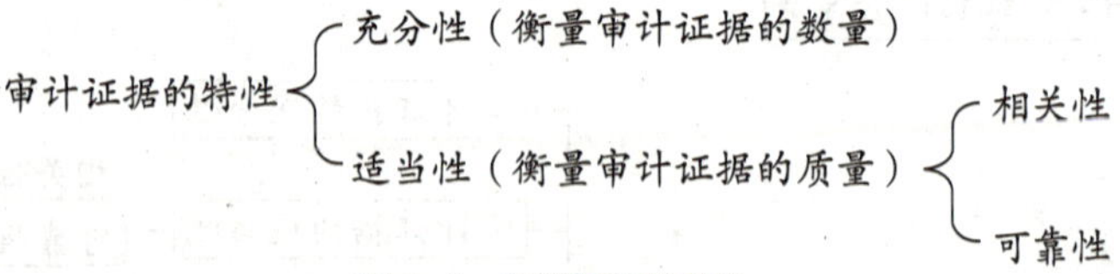

图 3-1　审计证据的特性

要注意的是，审计证据质量越高，需要的审计证据数量可能越少。但若审计质量出了问题，则无法通过获得更多的审计证据来弥补。简单点说，审计证据的适当性会影响审计证据的充分性，但充分性无法弥补适当性。

知识点1　审计证据的含义（★）

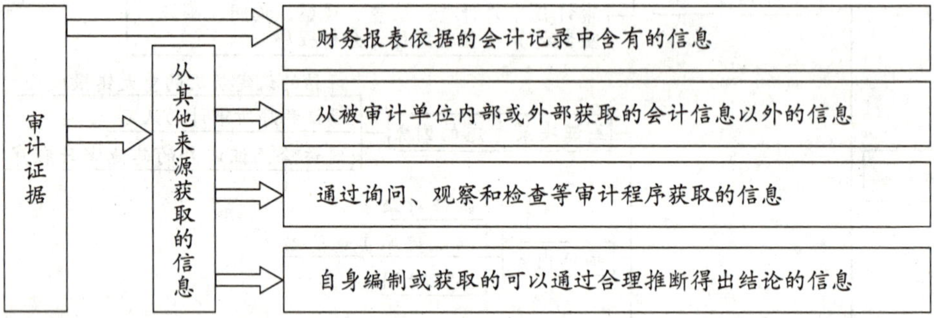

图 3-2　审计证据

财务报表依据的会计记录中包含的信息和从其他来源获取的信息共同构成了审计证据，两者缺一不可。如果没有前者，审计工作将无法进行；如果没有后者，可能无法识别重大错报风险。只有将两者结合在一起，才能将审计风险降至可接受的低水平，为注册会计师发表审计意见提供合理基础。

值得注意的是，用作审计证据的其他的信息，与注册会计师执行财务报表审计时应当阅读被审计单位年度报告中除财务报表和审计报告外的其他信息是两个不同的概念。

注册会计师将不同来源和不同性质的审计证据综合起来考虑，如果反映的结果具有一致性，则可以佐证会计记录中记录的信息；如果审计证据不一致，而且这种不一致可能是重大的，注册会计师应当扩大审计程序的范围（查明原因），直到不一致得到解决，并针对账户余额或各类交易获得必要保证。

【例1-2020-单选题】下列有关审计证据的说法中，错误的是（　　）。

A．审计证据可能包括与管理层认定相矛盾的信息

B．在某些情况下，信息的缺乏本身也构成审计证据

C．审计证据可能包括被审计单位聘请的专家编制的信息

D．审计证据不包括以前审计中获取的信息

【答案】D

学堂点拨

审计证据可能包括从其他来源获取的信息，如以前审计中获取的信息或会计师事务所接受与保持客户或业务时实施质量管理程序获取的信息。

知识点2 审计证据的充分性与适当性（★★）

表 3-1 审计证据的充分性与适当性

<table>
<tr><td>充分性</td><td colspan="2">含义：充分性是对审计证据数量的衡量，主要与注册会计师确定的样本量有关。</td><td>影响因素：1．受注册会计师对重大错报风险评估的影响，若评估的重大错报风险越高，需要的审计证据可能越多。
2．受注册会计师获取审计证据质量的影响，若审计证据质量越高，需要的审计证据可能越少。然而，注册会计师仅靠获取更多的审计证据可能无法弥补其质量上的缺陷。</td></tr>
<tr><td rowspan="5">适当性</td><td colspan="3">含义：适当性是对审计证据质量的衡量，即审计证据在支持审计意见所依据的结论方面具有相关性和可靠性。相关性和可靠性是审计证据适当性的核心内容，只有相关且可靠的审计证据才是高质量的。</td></tr>
<tr><td>项目</td><td>相关性</td><td>可靠性</td></tr>
<tr><td>概念</td><td>相关性是指用作审计证据的信息与审计程序的目的和所考虑的相关认定之间的逻辑联系。用作审计证据的信息的相关性可能受测试方向的影响。</td><td>可靠性是指审计证据的可信程度。证据的可信程度受其来源和性质的影响，并取决于获取审计证据的具体环境。</td></tr>
<tr><td>考虑因素</td><td>1．特定的审计程序可能只为某些认定提供相关的审计证据，而与其他认定无关。
2．有关某一特定认定相关的审计证据并不能替代与其他认定相关的审计证据。
3．不同来源或不同性质的审计证据可能与同一认定相关。</td><td>1．从外部独立来源获取的比从其他来源获取的审计证据更可靠。
2．内部控制有效时内部生成的比内部控制薄弱时内部生成的审计证据更可靠。
3．直接获取的比间接获取的或推论得出的审计证据更可靠。
4．以文件、记录形式（无论是纸质、电子或其他介质）存在的比口头形式的审计证据更可靠。
5．从原件获取的比从传真件或复印件获取的审计证据更可靠。</td></tr>
<tr><td>例外情况</td><td>认定、审计程序和审计证据之间并非一一对应的关系。与某一认定相关的证据通常可以通过多种程序搜集到，同一程序通常也可以搜集与多种认定相关的证据。</td><td>1．审计证据虽是从独立的外部来源获得，但如果该证据是由不知情者或不具备资格者提供，审计证据也可能是不可靠的。
2．如果注册会计师不具备评价证据的专业能力，那么即使是直接获取的证据，也可能不可靠。</td></tr>
</table>

（续上表）

充分性和适当性的关系	1. 充分性和适当性是审计证据的两个重要特征，两者缺一不可，只有充分且适当的审计证据才是有证明力的。 2. 注册会计师需要获取的审计证据的数量也受审计证据质量的影响。审计证据质量越高，需要的审计证据数量可能越少。也就是说，审计证据的适当性会影响审计证据的充分性。 3. 尽管审计证据的充分性和适当性相关，但如果证据的质量存在缺陷，那么注册会计师仅靠获取更多的证据可能无法弥补其质量上的缺陷。
评价充分性和适当性时的特殊考虑	1. 对文件记录可靠性的考虑。审计工作通常不涉及鉴定文件记录的真伪，注册会计师也不是鉴定文件记录真伪的专家，但应当考虑用作审计证据的信息的可靠性，并考虑与这些信息生成与维护相关的控制的有效性。如果在审计过程中识别出的情况使其认为文件记录可能是伪造的，或文件记录中的某些条款已发生变动，注册会计师应当做出进一步调查，包括直接向第三方询证，或考虑利用专家的工作以评价文件记录的真伪。 2. 使用被审计单位生成信息时的考虑。注册会计师为获取可靠的审计证据，实施审计程序时使用的被审计单位生成的信息需要足够完整和准确；例如，通过用标准价格乘以销售量来对收入进行审计时，其有效性受到价格信息准确性和销售量数据完整性和准确性的影响。 3. 证据相互矛盾时的考虑。（1）如果针对某项认定从不同来源获取的审计证据或获取的不同性质的审计证据能够相互印证，与该项认定相关的审计证据则具有更强的说服力；（2）如果从不同来源获取的审计证据或获取的不同性质的审计证据不一致，表明某项审计证据可能不可靠，注册会计师应当追加必要的审计程序。 强调：对于同一事项，从外部来源和从内部来源获取的审计证据不一致的时候，此时不能视为外部来源的审计证据一定比内部来源的审计证据更可靠。 4. 获取审计证据时对成本的考虑。注册会计师可以考虑获取审计证据的成本与所获取信息的有用性之间的关系，但不应以获取审计证据的困难和成本较大为由减少不可替代的审计程序。注册会计师不应将获取审计证据的成本高低和难易程度作为减少不可替代的审计程序的理由。

学堂点睛

方向影响相关性：

在销售收入的实质性程序中，如果注册会计师为了测试销售收入的发生认定或完整性认定，那么，获取的审计证据与细节测试的方向相关。

比如，注册会计师以销售收入明细账为起点追查至发运单等凭证，则获取的审计证据与当期销售收入的发生认定有关；反之，如果注册会计师以发运单等凭证为起点追查至销售收入明细账，则获取的审计证据与当期销售收入的完整性认定有关。

【例2-2019-单选题】下列有关审计证据的充分性和适当性的说法中，错误的是（　　）。

A. 只有充分且适当的审计证据才有证明力

B. 审计证据的充分性和适当性分别是对审计证据数量和质量的衡量

C. 审计证据的充分性会影响审计证据的适当性

D. 审计证据的适当性会影响审计证据的充分性

【答案】C

学堂点拨

注册会计师需要获取的审计证据的数量受审计证据质量的影响。审计证据质量越高，需要的审计证据数量可能越少。也就是说，审计证据的适当性会影响审计证据的充分性。但如果审计证据的质量存在缺陷，那么注册会计师仅靠获取更多的审计证据可能无法弥补其质量上的缺陷。选项C错误。

【例3-2019-单选题】下列各项中，不影响审计证据可靠性的是（　　）。

A．被审计单位内部控制是否有效

B．用作审计证据的信息与相关认定之间的关系

C．审计证据的来源

D．审计证据的存在形式

【答案】B

学堂点拨

选项B，用作审计证据的信息与相关认定之间的关系，指的是审计证据的相关性，不影响可靠性。

【例4-2018-单选题】下列有关审计证据适当性的说法中，错误的是（　　）。

A．审计证据的适当性不受审计证据充分性的影响

B．审计证据的适当性包括相关性和可靠性

C．审计证据的适当性影响审计证据的充分性

D．审计证据的适当性是对审计证据的质量和数量的衡量

【答案】D

学堂点拨

审计证据的适当性是对审计证据质量的衡量，审计证据的充分性是对审计证据数量的衡量。

【例5-2015-单选题】下列有关审计证据的说法中，正确的是（　　）。

A．外部证据与内部证据矛盾时，注册会计师应当采用外部证据

B．审计证据不包括会计师事务所接受与保持客户或业务时实施质量管理程序获取的信息

C．注册会计师无须鉴定作为审计证据的文件记录的真伪

D．注册会计师可以考虑获取审计证据的成本与所获取信息的有用性之间的关系

【答案】D

学堂点拨

选项A，此时注册会计师应当追加必要的审计程序，不能直接采用外部证据；选项B，审计证据可以包括会计师事务所接受与保持客户或业务时实施质量管理程序获取的信息；选项C，审计工作通常不涉及鉴定文件记录的真伪，但若在审计过程中识别出的情况使其认为文件记录可能是伪造的，注册会计师应当做出进一步调查，包括直接向第三方询证，或考虑利用专家的工作以评价文件记录的真伪。

第二节　审计程序

微信扫一扫
习题免费练

知识点提示

审计程序分为总体审计程序和具体审计程序，总体审计程序又可以分为三大类程序，具体审计程序又可以分为七小类程序。如下图所示。

- 审计程序
  - 总体审计程序
    - 风险评估程序
    - 控制测试
    - 实质性程序
  - 具体审计程序
    - 检查
    - 观察
    - 询问
    - 函证
    - 重新计算
    - 重新执行
    - 分析程序

图 3-3　审计程序的分类

七类具体审计程序是审计的七大武器，它们的含义及适用性是很重要的知识点。

知识点1　总体审计程序与具体审计程序（★★）

审计程序是指注册会计师在审计过程中的某个时间，对将要获得的某类审计证据如何进行收集的详细指令。

审计目标——→确定选用的审计程序——→确定样本规模——→选取样本——→执行审计程序

（获取到充分、适当的审计证据，返回审计目标）

图 3-4　审计程序

注册会计师利用审计程序获取审计证据涉及以下四个方面的决策：

1. 选用何种审计程序；
2. 对选定的审计程序，应当选取多大的样本规模；
3. 应当从总体中选取哪些项目；
4. 何时执行这些程序。

一、总体审计程序（审计程序执行的三个阶段）

按实施审计程序获取审计证据的目的划分，审计程序可以分为风险评估程序、控制测试（必要时或决定测试时）和实质性程序三种。

表 3-2 总体审计程序的分类

按审计程序的目的分类	要求	目的	注意事项
风险评估程序	注册会计师应当实施风险评估程序，以此作为评估财务报表层次和认定层次重大错报风险的基础。	1. 风险评估程序为注册会计师确定重要性水平、识别需要特别考虑的领域、设计和实施进一步审计程序等工作提供了重要基础。 2. 有助于注册会计师合理分配审计资源，获取充分、适当的审计证据。	1. 风险评估程序作为评估财务报表层次和认定层次重大错报风险的基础，但并不能为发表审计意见提供充分、适当的审计证据。 2. 为了获取充分、适当的审计证据，注册会计师还需要实施进一步程序，包括实施控制测试和实质性程序。 3. 是每次财务报表审计都应实施的必要程序。
控制测试	当存在下列情形之一时，控制测试是必要的：1. 在评估认定层次重大错报风险时，预期控制的运行是有效的，注册会计师应当实施控制测试以支持评估结果；2. 仅实施实质性程序不足以提供有关认定层次的充分、适当的审计证据，注册会计师应当实施控制测试，以获取内部控制运行有效性的审计证据。	测试内部控制在防止、发现并纠正认定层次重大错报方面的运行有效性。	不是必要程序（必要时或决定测试时）。
实质性程序	1. 注册会计师应当计划和实施实质性程序，以应对评估的重大错报风险。 2. 实质性程序包括对各类交易、账户余额、列报的细节测试以及实质性分析程序。	评价会计数据的公允性。	每次财务报表审计都应实施的必要程序。
三者关系	注册会计师对重大错报风险的评估是一种判断，可能无法充分识别所有的重大错报风险，并且由于内部控制存在固有局限性，无论对重大错报风险的评估结果如何（风险评估程序），无论做不做控制测试，无论控制测试结果如何（控制测试），注册会计师都应当针对所有重大的各类交易、账户余额、列报实施实质性程序。		

二、七种具体程序——七大武器

（一）检查

检查具有方向性，包括检查文件记录和检查有形资产。

表 3-3 检查的内容

含义	检查是指注册会计师对被审计单位内部或外部生成的，以纸质、电子或其他介质形式存在的记录或文件进行审查，或对资产实物进行审查。

（续上表）

适用范围	1．检查文件记录在风险评估程序、控制测试（如检查授权批准）和实质性程序都可以应用。 2．检查实物资产在风险评估程序、控制测试一般不会应用。（主要用于实质性程序）
实现的认定	1．检查文件记录几乎可以实现所有的目标（或认定）。 2．检查实物资产只能证明“存在”，最多说明“完整性”，但不一定能够为权利和义务或计价认定提供可靠的审计证据。并且提供时点证据。
证明力强弱	证明力取决于证据的来源渠道：如外部比内部要可靠，另外内部证据要考虑内控的有效性。
其他说明	检查程序具有方向性，即“顺查”和“逆查”。

（二）观察

表 3-4　观察的内容

含义	观察是指注册会计师察看相关人员正在从事的活动或实施的程序。例如，对客户执行的存货盘点或控制活动进行观察。
适用范围	风险评估程序、控制测试和实质性程序（如观察固定资产）都可以应用此程序。
证明力强弱	取得的是时点证据而非时期证据（提供的证据为时点证据）。

（三）询问

表 3-5　询问的内容

含义	询问是指注册会计师以书面或口头方式，向被审计单位内部或外部的知情人员获取财务信息和非财务信息，并对答复进行评价的过程。
适用范围	风险评估程序（主要询问管理层）、控制测试（询问运行的状况）和实质性程序都可以应用此程序。
证明力强弱	证明力较弱，要求有其他证据进行佐证。询问本身不足以发现认定层次存在的重大错报，也不足以测试内部控制运行的有效性，注册会计师还应当实施其他审计程序以获取充分、适当的审计证据。

（四）函证

前提：存在知悉情况的第三方。

表 3-6　函证的内容

含义	函证是指注册会计师直接从第三方（被询证者）获取书面答复以作为审计证据的过程，书面答复可以采用纸质、电子或其他介质等形式。
适用范围	适用于实质性程序（风险评估程序一般不用，控制测试是内部的）。
实现的认定	与很多认定相关（存在、发生、权利和义务、计价和分摊等），但对“完整性”的认定相关性有时较弱。
证明力强弱	证明力较强，金额、条款等都可以函证。

（五）重新计算

表 3-7 重新计算的内容

含义	重新计算是指注册会计师对记录或文件中的数据计算的准确性进行核对。重新计算可通过手工方式或电子方式进行。
适用范围	主要用于交易的细节性测试。
实现的认定	计价和分摊、金额的准确性等（折旧、坏账准备的重新计算）。
证明力强弱	证明力较强。因为前提是专业胜任假设。

（六）重新执行

表 3-8 重新执行的内容

含义	重新执行是指注册会计师独立执行作为被审计单位内部控制组成部分的程序或控制。
适用范围	重新执行只能用于控制测试。
证明力强弱	相对于询问、观察、检查等程序，成本较高，但证明力较强。

（七）分析程序

表 3-9 分析程序的内容

含义	分析程序是指注册会计师通过研究不同财务数据之间以及财务数据与非财务数据之间的内在关系，对财务信息作出评价（如行业毛利率与某企业进行比较）。 分析程序还包括调查识别出的、与其他相关信息不一致或与预期数据严重偏离的波动和关系。
适用范围	分析程序不用于控制测试中，其他两个阶段都可以用（风险评估程序中主要用来发现重大错报风险，实质性程序用此程序对认定得出结论），并且在审计意见形成阶段也必须与审计意见相关。
证明力强弱	证明力有限，一般不作为直接证据，而是作为佐证，因为一般用的都是整体的数据，高度汇总。

【总结】

上述审计程序基于审计的不同阶段和目的单独或组合起来，可用作风险评估程序、控制测试和实质性程序。

【例1-2018-单选题】下列有关询问程序的说法中，错误的是（　　）。

A．询问适用于风险评估、控制测试和实质性程序

B．询问可以以口头或书面方式进行

C．注册会计师应当就管理层对询问作出的口头答复获取书面声明

D．询问是指注册会计师向被审计单位内部或外部的知情人员获取财务信息和非财务信息，并对答复进行评价的过程

【答案】C

学堂点拨

选项C，针对某些事项，注册会计师可能认为有必要向管理层和治理层（如适用）获取书面声明，以证实对口头询问的答复。

【例2-单选题】关于审计程序的作用，以下说法中，不恰当的是（　　）。

A．检查有形资产可提供资产的权利和义务的全部审计证据

B．观察提供的审计证据仅限于观察发生的时点

C．对于询问的答复，注册会计师应当通过获取其他证据予以佐证

D．分析程序适用于调查识别出的、与其他相关信息不一致或与预期数据严重偏离的波动和关系

【答案】A

学堂点拨

选项A不恰当。检查有形资产可为其存在提供可靠的审计证据，但不一定能为权利和义务或准确性、计价和分摊等认定提供可靠的审计证据。

知识点2　总体审计程序与具体审计程序的关系（★）

三类总体审计程序是七项具体程序的组合（强制和非强制要注意区分），如下图所示。

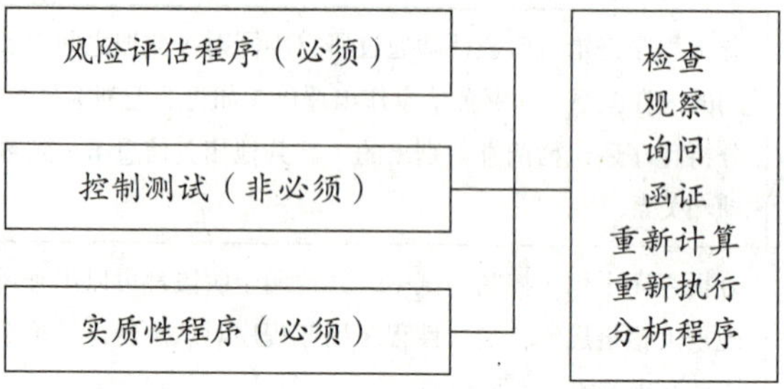

图 3-5　总体审计程序与具体审计程序的关系

表 3-10　总体审计程序与具体审计程序的关系

大类别	目的	具体程序
风险评估程序	用来识别重大错报风险领域	询问、分析程序、观察和检查
控制测试	评价内部控制的有效性	询问、观察、检查、重新执行
实质性程序	评价会计数据的公允性	询问、检查、观察、分析程序、函证、重新计算（除重新执行不用）

【例3-2019-单选题】下列审计程序中，不适用于细节测试的是（　　）。

A.函证　　B.检查　　C.询问　　D.重新执行

【答案】D

学堂点拨

重新执行适用于控制测试。

第三节 函证

微信扫一扫
习题免费练

知识点 函证概述（★★★）

一、函证决策考虑的因素

（一）评估的认定层次的重大错报风险

1. 评估的认定层次的重大错报风险水平越高，注册会计师对通过实质性程序获取的审计证据的相关性和可靠性的要求越高。在这种情况下，函证程序的运用对于提供充分、适当的审计证据可能是有效的。

2. 评估的认定层次的重大错报风险水平越低，注册会计师需要从实质性程序中获取的审计证据的相关性和可靠性的要求越低。例如，被审计单位可能有一笔正在按照商定还款计划时间表偿还的银行借款，假设注册会计师在以前年度已对其条款进行了函证。如果注册会计师实施的其他工作（包括必要时进行的控制测试）表明借款的条款没有改变，并且这些工作使得未偿还借款余额发生重大错报风险被评估为低水平时，注册会计师实施的实质性程序可能只限于测试还款的详细情况，而不必再次向债权人直接函证这笔借款的余额和条款。

3. 如果认为某项风险属于特别风险，注册会计师需要考虑是否通过函证特定事项以降低检查风险。

（二）函证程序所审计的认定

1. 函证可以为某些认定提供审计证据，但是对不同的认定，函证的证明力是不同的。

2. 在函证应收账款时，函证可能为存在、权利和义务认定提供相关可靠的审计证据，但是不能为计价和分摊认定提供证据。

3. 对特定认定函证的相关性受注册会计师选择函证信息的目标的影响。

（三）实施除函证以外的其他审计程序（其他审计程序获取的审计证据如何将检查风险降至可接受的水平）

这里的其他审计程序是指除函证程序以外的其他审计程序。注册会计师应当考虑被审计单位的经营环境、内部控制的有效性、账户或交易的性质、被询证者处理询证函的习惯做法及回函的可能性等，以确定函证的内容、范围、时间和方式。

除上述三个因素外，注册会计师还可以考虑下列因素以确定是否选择函证程序作为实质性程序：

1. 被询证者对函证事项的了解；

2. 预计被询证者回复询证函的能力或意愿；

3. 预期被询证者的客观性。

二、函证的内容

（一）银行存款、借款及与金融机构往来的其他重要信息（必函）

注册会计师应当对银行存款（包括零余额账户和在本期内注销的账户）、借款及与金融机构往来的其他重要信息实施函证，除非有充分证据表明某一银行存款、借款及与金融机构往来的其他重要信息对财务报表不重要且与之相关的重大错报风险很低。

如果不对这些项目实施函证程序，注册会计师应当在审计工作底稿中说明理由。

（二）应收账款（必函）

注册会计师应当对应收账款实施函证，除非存在下列两种情形之一：

1. 有充分证据表明应收账款对财务报表不重要；

2. 注册会计师认为函证很可能无效。

如果认为函证很可能无效，注册会计师应当实施替代审计程序，获取充分、适当的审计证据。

如果不对应收账款函证，注册会计师应当在工作底稿中说明理由。

（三）函证的其他内容（可函）

可见，函证通常适用于账户余额及其明细组成部分（如应收账款明细账），但是不一定限于这些项目。例如，为确认合同条款没有发生变动及变化细节，注册会计师可以函证被审计单位与第三方签订的合同条款。注册会计师还可向第三方函证是否存在影响被审计单位收入确认的背后协议或某项重大交易的细节。

三、管理层要求不实施函证时的处理（要求是否合理/能否实施替代程序）

1. 如果认为管理层的要求合理，注册会计师应当实施替代审计程序，以获取与这些账户余额或其他的信息相关的充分、适当的审计证据。

2. 如果认为管理层的要求不合理，且被其阻挠而无法实施函证，注册会计师应当视为审计范围受到限制，并考虑对审计报告可能产生的影响。

在分析管理层要求不实施函证的原因时，注册会计师应当保持职业怀疑态度，并考虑：

（1）管理层是否诚信；

（2）是否可能存在重大的舞弊或错误；

（3）替代审计程序能否提供与这些账户余额或其他的信息相关的充分、适当的审计证据。

学堂点睛

第一，注册会计师分析管理层提出不实施函证的原因，如果发现管理层不诚信或存在很高的舞弊风险，注册会计师接下来可能不是考虑怎么查应收账款，极端的情况下是终止审计业务。

第二，在审计能够继续的情况下，注册会计师必须设计和实施替代审计程序。

第三，如果替代审计程序无法实施，注册会计师应考虑审计范围受到限制的严重程度，出具保留意见甚至无法表示意见的审计报告。

四、询证函的设计

在设计询证函时，注册会计师应当考虑所审计的认定以及可能影响函证可靠性的因素。可能影响函证可靠性的因素主要包括：

（一）函证的方式

函证的方式有两种：积极式函证和消极式函证。不同的函证方式，其提供审计证据的可靠性不同。

（二）以往审计或类似业务的经验

在判断实施函证程序的可靠性时，注册会计师通常会考虑来自以前年度审计或类似审计业务的经验，包括回函率、以前年度审计中发现的错报以及回函所提供信息的准确程度等。

当注册会计师根据以往经验认为，即使证函设计恰当，回函率仍很低，应考虑从其他途径获取审计证据。

（三）拟函证信息的性质

信息的性质是指信息的内容和特点。注册会计师应当了解被审计单位与第三方之间交易的实质，以确定哪些信息需要进行函证。

（四）选择被询证者的适当性

1．注册会计师应当向对所询证信息知情的第三方发送询证函。

2．函证所提供的审计证据的可靠性还受到被询证者的能力、独立性、客观性、回函者是否有权回函等因素的影响。

（五）被询证者易于回函的信息类型

询证函所函证信息是否便于被询证者回答，影响到回函率和所获取审计证据的性质。

五、函证的控制

注册会计师应当对函证的全过程保持控制。

（一）函证发出前的控制措施

1．询证函中填列的需要被询证者确认的信息是否与被审计单位账簿中的有关记录保持一致。对于银行存款的函证，需要银行确认的信息是否与银行对账单等保持一致。

2．考虑选择的被询证者是否适当，包括被询证者对被函证信息是否知情、是否具有客观性、是否拥有回函的授权等。

3．是否已在询证函中正确填列被询证者直接向注册会计师回函的地址。

4．是否已将被询证者的名称、地址与被审计单位有关记录进行核对，以确保询证函中的名称、地址等内容的准确性。可以执行的程序包括但不限于：通过拨打公共查询电话核实被询证者的名称和地址；通过被询证者的网站或其他公开网站核对被询证者的名称和地址；将被询证者的名称和地址信息与被审计单位持有的相关合同等文件核对；对于供应商或客户，可以将被询证者的名称、地址与被审计单位收到或开具的增值税专用发票中的对方单位名称、地址进行核对。

（二）通过不同方式发出询证函时的控制措施

根据注册会计师对舞弊风险的判断，以及被询证者的地址和性质、以往回函情况、回函截止日期等因素，询证函的发出和收回可以采用邮寄、跟函、电子形式函证（包括传真、电子邮件、直接访问网站等）等方式。

1．通过邮寄方式发出询证函时采取的控制措施

为避免询证函被拦截、篡改等舞弊风险，在邮寄询证函时，注册会计师可以在核实由被审计单位提供的被询证者的联系方式后，不使用被审计单位本身的邮寄设施，而是独立寄发询证函（例如直接在邮局投递）。

2．通过跟函的方式发出询证函时采取的控制措施

如果注册会计师认为跟函的方式（即注册会计师独自或在被审计单位员工的陪伴下亲自将询证函送至被询证者，在被询证者核对并确认回函后，亲自将回函带回的方式）能够获取可靠信息，可以采取该方式发送并收回询证函。如果被询证者同意注册会计师独自前往被询证者执行函证程序，注册会

计师可以独自前往。如果注册会计师跟函时需有被审计单位员工陪伴，注册会计师需要在整个过程中保持对询证函的控制，同时，对被审计单位和被询证者之间串通舞弊的风险保持警觉。

六、评价回函结果

（一）评价审计证据的充分性和适当性时应考虑的因素

1. 如果注册会计师认为取得积极式函证回函是获取充分、适当的审计证据的必要程序，则替代程序不能提供注册会计师所需要的审计证据。在这种情况下，如果未获取回函，注册会计师应当确定其对审计工作和审计意见的影响。

2. 在某些情况下，注册会计师可能识别出认定层次重大错报风险，且取得积极式询证函回函是获取充分、适当的审计证据的必要程序。这些情况可能包括：

（1）可获取的佐证管理层认定的信息只能从被审计单位外部获得；

（2）存在特定舞弊风险因素，例如，管理层凌驾于内部控制之上，员工和（或）管理层串通使注册会计师不能信赖从被审计单位获取的审计证据。

（二）评价函证的可靠性

在评价函证的可靠性时，注册会计师应当考虑：

1. 对询证函的设计、发出及收回的控制情况；

2. 被询证者的胜任能力、独立性、授权回函情况、对函证项目的了解及其客观性；

3. 被审计单位施加的限制或回函中的限制。

收到回函后，根据不同情况，注册会计师可以分别实施以下程序，以验证回函的可靠性。在验证回函的可靠性时，注册会计师需要保持职业怀疑。

1. 通过邮寄方式收到的回函

通过邮寄方式发出询证函并收到回函后，注册会计师可以验证以下信息：

（1）被询证者确认的询证函是否是原件，是否与注册会计师发出的询证函是同一份；

（2）回函是否由被询证者直接寄给注册会计师；

（3）寄给注册会计师的回邮信封或快递信封中记录的发件方名称、地址是否与询证函中记载的被询证者名称、地址一致；

（4）回邮信封上寄出方的邮戳显示发出城市或地区是否与被询证者的地址一致；

（5）被询证者加盖在询证函上的印章以及签名中显示的被询证者名称是否与询证函中记载的被询证者名称一致。

如果被询证者将回函寄至被审计单位，被审计单位将其转交注册会计师，该回函不能视为可靠的审计证据。在这种情况下，注册会计师可以要求被询证者直接书面回复。

2. 通过跟函方式收到的回函

对于通过跟函方式获取的回函，注册会计师可以实施以下审计程序：

（1）了解被询证者处理函证的通常流程和处理人员；

（2）确认处理询证函人员的身份和处理询证函的权限，如索要名片、观察员工卡或姓名牌等；

（3）观察处理询证函的人员是否按照处理函证的正常流程认真处理询证函。

3. 以电子形式收到的回函

对以电子形式收到的回函，由于回函者的身份及其授权情况很难确定，对回函的更改也难以发觉，因此可靠性存在风险。注册会计师和回函者采用一定的程序为电子形式的回函创造安全环境，可以降低该风险。如果注册会计师确信这种程序安全并得到适当控制，则会提高相关回函的可靠性。当注册会计师存有疑虑时，可以与被询证者联系以核实回函的来源及内容，例如，当被询证者通过电子邮件回函时，注册会计师可以通过电话联系被询证者，确定被询证者是否发送了回函。必要时，注册会计师可以要求被询证者提供回函原件。

4. 对询证函的口头回复

只对询证函进行口头回复不能作为可靠的审计证据。在收到对询证函口头回复的情况下，注册会计师可以要求被询证者提供直接书面回复。如果仍未收到书面回函，注册会计师需要通过实施替代程序，寻找其他审计证据以支持口头回复中的信息。

七、实施函证时需要关注的舞弊风险迹象以及采取的应对措施

在函证过程中，注册会计师需要始终保持职业怀疑，对舞弊风险迹象保持警觉。

（一）注册会计师需要关注的舞弊风险迹象

与函证程序有关的舞弊风险迹象的例子包括：

1. 管理层不允许寄发询证函；

2. 管理层试图拦截、篡改询证函或回函，如坚持以特定的方式发送询证函；

3. 被询证者将回函寄至被审计单位，被审计单位将其转交注册会计师；

4. 注册会计师跟进访问被询证者，发现回函信息与被询证者记录不一致，例如，对银行的跟进访问表明提供给注册会计师的银行函证结果与银行的账面记录不一致；

5. 从私人电子信箱发送的回函；

6. 收到同一日期发回的、相同笔迹的多份回函；

7. 位于不同地址的多家被询证者的回函邮戳显示的发函地址相同；

8. 收到不同被询证者用快递寄回的回函，但快递的交寄人或发件人是同一个人或是被审计单位的员工；

9. 回函邮戳显示的发函地址与被审计单位记录的被询证者的地址不一致；

10. 不正常的回函率，例如，银行函证未回函；与以前年度相比，回函率异常偏高或回函率重大变动；向被审计单位债权人发送的询证函回函率很低；

11. 被询证者缺乏独立性。

（二）针对舞弊风险迹象注册会计师可以采取的应对措施

针对舞弊风险迹象，注册会计师根据具体情况可以实施的审计程序的例子包括：

1. 验证被询证者是否存在、是否与被审计单位之间缺乏独立性，其业务性质和规模是否与被询证者和被审计单位之间的交易记录相匹配；

2. 将与从其他来源得到的被询证者的地址（如与被审计单位签订的合同上签署的地址、网络上查询到的地址）相比较，验证寄出方地址的有效性；

3. 将被审计单位档案中有关被询证者的签名样本、公司公章与回函核对；

4. 要求与被询证者相关人员直接沟通讨论询证事项，考虑是否有必要前往被询证者工作地点以验证其是否存在；

5. 分别在中期和期末寄发询证函，并使用被审计单位账面记录和其他相关信息核对相关账户的

期间变动；

6. 考虑从金融机构获得被审计单位的信用记录，加盖该金融机构公章，并与被审计单位会计记录相核对，以证实是否存在被审计单位没有记录的贷款、担保、开立银行承兑汇票、信用证、保函等事项。

第四节　分析程序

微信扫一扫
习题免费练

知识点提示

分析程序可用于三个阶段：风险评估阶段、进一步审计程序阶段和完成审计工作总体复核阶段。在风险评估阶段和完成审计工作总体复核阶段强制使用分析程序。

在不同阶段使用分析程序的特点和差异，以及分析程序用于实质性阶段的六大步骤需要精准掌握。

知识点1　分析程序的目的（★★★）

注册会计师实施分析程序的目的包括：

1. 用作风险评估程序，以了解被审计单位及其环境；

2. 当使用分析程序比细节测试能更有效地将认定层次的检查风险降至可接受的水平时，分析程序可以用作实质性程序；

3. 在审计结束或临近结束时对财务报表进行总体复核。

其中，用于风险评估和对财务报表进行总体复核的分析程序属于必须执行的程序。

学堂点睛

表 3–11　分析程序在三个阶段的用途与要求

过程	用途	要求
风险评估	了解被审计单位及其环境并评估财务报表层次和认定层次的重大错报风险。	强制使用
进一步审计程序	当使用分析程序比细节测试能更有效地将认定层次的检查风险降至可接受的水平时，分析程序可以用作实质性程序。	任意选择
完成审计工作	对财务报表进行总体复核。在已收集的审计证据的基础上，对财务报表整体的合理性做最终把握。	强制使用
分析程序可贯穿于财务报表审计的全过程。		

【例1–2020–单选题】下列有关分析程序的说法中，错误的是（　　）。

A. 注册会计师不需要在所有审计业务中运用分析程序

B. 对某些重大错报风险，分析程序可能比细节测试更有效

C. 分析程序并不适用于所有财务报表认定

D. 分析程序所使用的信息可能包括非财务数据

【答案】A

学堂点拨

注册会计师在风险评估阶段和审计结束时的总体复核阶段必须运用分析程序，选项A说法错误。

知识点2 分析程序用作风险评估程序（★★★）

一、总体要求

注册会计师在实施风险评估程序时，应当运用分析程序，以了解被审计单位及其环境。在这个阶段运用分析程序是强制要求。

二、在风险评估程序中的具体运用

注册会计师可以将分析程序与询问、检查和观察程序结合运用，以获取对被审计单位及其环境的了解，识别和评估财务报表层次及具体认定层次的重大错报风险。

在运用分析程序时，注册会计师应重点关注关键的账户余额、趋势和财务比率关系等方面，对其形成一个合理的预期，并与被审计单位记录的金额、依据记录金额计算的比率或趋势相比较。

如果分析程序的结果显示的比率、比例或趋势与注册会计师对被审计单位及其环境的了解不一致，并且被审计单位管理层无法提出合理的解释，或者无法取得相关的支持性文件证据，注册会计师应当考虑其是否表明被审计单位的财务报表存在重大错报风险。

需要注意的是，注册会计师无须在了解被审计单位及其环境的每一方面都实施分析程序。例如，在对内部控制的了解中，注册会计师一般不会运用分析程序。

三、风险评估过程中运用的分析程序的特点

所使用的数据汇总性比较强，其对象主要是财务报表中账户余额及其相互之间的关系；所使用的分析程序通常包括对账户余额变化的分析，并辅之以趋势分析和比率分析。与实质性分析程序相比，在风险评估过程中使用的分析程序所进行比较的性质、预期值的精确程度，以及所进行的分析和调查的范围都并不足以提供充分、适当的审计证据。

【例2-2018-单选题】下列有关用作风险评估程序的分析程序的说法中，错误的是（　　）。

A. 此类分析程序的主要目的在于发现财务报表存在重大错报风险的异常变化

B. 此类分析程序所使用的数据汇总性较强

C. 此类分析程序通常包括对账户余额、趋势和财务比率的变化分析

D. 此类分析程序通常不需要确定预期值

【答案】D

学堂点拨

分析程序用于风险评估程序，应当确定预期值。选项D说法错误。

知识点3 分析程序用作实质性程序（实质性程序包括细节测试和实质性分析程序）（★★★）

一、总体要求

实质性分析可以直接提供认定层次是否存在重大错报的证据，它既可以单独使用，也可以与细节测试结合起来运用。

1．在某些审计领域，如果重大错报风险较低且数据之间具有稳定的预期关系，注册会计师可以单独使用实质性分析程序获取充分、适当的审计证据。

2．并未要求注册会计师在实施实质性程序时必须使用分析程序。

3．分析程序有其运用的前提和基础，它并不适用于所有的财务报表认定，例如关于账户余额"权利和义务"的认定。

4．实质性分析程序能够达到的精确度可能受到种种限制，所提供的证据很大程度上是间接证据，证明力相对较弱。

【补充】分析性程序的六大步骤：

1．识别需要运用分析程序的账户余额或交易；

2．确定期望值；

3．确定可接受的差异额；

4．识别需要进一步调查的差异；

5．调查异常数据关系；

6．评估分析程序的结果。

二、设计和实施实质性分析程序应当考虑的因素

1．考虑针对所涉及认定评估的重大错报风险和实施的细节测试（如有），确定特定实质性分析程序对这些认定的适用性。

2．考虑可获得信息的来源、可比性、性质和相关性以及与信息编制相关的控制，评价在对已记录的金额或比率作出预期时使用数据的可靠性。

3．对已记录的金额或比率作出预期，并评价预期值是否足够精确以识别重大错报。

4．确定已记录金额与预期值之间可接受的，且无须做进一步调查的差异额。

三、确定实质性分析程序对特定认定的适用性

1．实质性分析程序通常更适用于在一段时期内存在预期关系的大量交易。

分析程序的运用建立在这种预期的基础上，即数据之间的关系存在且在没有反证的情况下继续存在。

2．在某些情况下，不复杂的预测模型也可以用于实施有效的分析程序。

3．不同类型的分析程序提供不同程度的保证。

例如，根据租金水平、公寓数量和空置率，可以测算出一幢公寓大楼的总租金收入。如果这些基础数据得到恰当的核实，上述分析程序能提供具有说服力的证据，从而可能无须利用细节测试再做进一步验证。相比之下，通过计算和比较毛利率，对于某项收入数据的确认，可以提供说服力相对较弱的审计证据，但如果结合实施其他审计程序，则可以提供有利的佐证。

4．对特定实质性分析程序适用性的确定，受到认定的性质和注册会计师对重大错报风险评估的

影响。

例如，如果针对销售订单处理的内部控制存在缺陷，对与应收账款相关的认定，注册会计师可能更多地依赖细节测试，而非实质性分析程序。

5. 在针对同一认定实施细节测试时，特定的实质性分析程序也可能视为是适当的。

【1/4因素打油诗归纳记忆】适用性找关系，简单直接最最好；认定与风险，分析最重要。

四、数据的可靠性

注册会计师对已记录的金额或比率作出预期时，需要采用内部或外部的数据。

数据的可靠性愈高，预期的准确性也将愈高，分析程序将更有效。注册会计师计划获取的保证水平愈高，对数据可靠性的要求也就愈高。

数据的可靠性受其来源及性质的影响，并有赖于获取该数据的环境。确定数据的可靠性，有四项影响因素：

1. 可获得信息的来源。数据来源的客观性或独立性愈强，所获取数据的可靠性将愈高；来源不同的数据相互印证时比单一来源的数据更可靠。

2. 可获得信息的可比性。

3. 可获得信息的性质和相关性。

4. 与信息编制相关的控制，用以确保信息完整、准确和有效。当针对评估的风险实施实质性分析程序时，如果使用被审计单位编制的信息，注册会计师可能需要考虑测试与信息编制相关的控制（如有）的有效性。如果注册会计师通过测试获知与信息编制相关的控制运行有效，或信息在本期或前期经过审计，该信息的可靠性将更高。

五、作出预期的准确程度

准确程度是对预期值与真实值之间接近程度的度量，也称精确度。分析程序的有效性很大程度上取决于注册会计师形成的预期值的准确性。预期值的准确性越高，注册会计师通过分析程序获取的保证水平将越高。

在评价作出预期的准确程度是否足以在计划的保证水平上识别重大错报时，注册会计师应当考虑下列主要因素：

1. 对实质性分析程序的预期结果作出预测的准确性。

2. 信息可分解的程度。通常，数据的可分解程度愈高，预期值的准确性愈高，注册会计师将相应获取较高的保证水平。当被审计单位经营复杂或多元化时，分解程度高的详细数据更为重要。

注册会计师也应当考虑分解程度高的数据的可靠性。例如，季度数据可能因为未经审计或相关控制相对较少，其可靠性将不如年度数据。

3. 财务和非财务信息的可获得性。

【2/4、3/4因素打油诗归纳记忆】作预期，一靠数据二方法；数据可靠同证据，方法稳定很重要；可获可分不可少。

六、已记录金额与预期值之间可接受的差异额

预期值只是一个估计数据，大多数情况下与已记录金额并不一致。在设计和实施实质性分析程序时，注册会计师应当确定已记录金额与预期值之间可接受的差异额。

可接受的差异额是指已记录金额与预期值之间的差额，注册会计师认为该差额无须做进一步调查。

可接受的差异额的影响因素：

1. 重要性，包括一项错报单独或连同其他错报导致重大错报的可能性；

2. 计划的保证水平；

3. 评估的重大错报风险。

【4/4因素打油诗归纳记忆】最后是差异，判断最重要。

【例3-2019-单选题】下列有关实质性分析程序的说法中，错误的是（　　）。

A. 实质性分析程序达到的精确度低于细节测试

B. 实质性分析程序提供的审计证据是间接证据，因此无法对相关财务报表认定提供充分、适当的审计证据

C. 实质性分析程序并不适用于所有财务报表认定

D. 注册会计师可以对某些财务报表认定同时实施实质性分析程序和细节测试

【答案】B

学堂点拨

当使用分析程序比细节测试更能有效地将认定层次的检查风险降至可接受的水平时，注册会计师可以考虑单独或结合细节测试，运用实质性分析程序。

【例4-2020-单选题】在实施实质性分析程序时,注册会计师需要对已记录的金额或比率作出预期。下列各项因素中，与作出预期所使用数据的可靠性无关的是（　　）。

A. 可获得信息的相关性

B. 信息的可分解程度

C. 可获得信息的可比性

D. 与信息编制相关的控制

【答案】B

学堂点拨

数据的可靠性受其来源和性质的影响，并取决于获取该数据的环境。因此，在确定数据的可靠性是否能够满足实质性分析程序的需要时，下列因素是相关的：1. 可获得信息的来源；2. 可获得信息的可比性；3. 可获得信息的性质和相关性；4. 与信息编制相关的控制，用以确保信息完整、准确和有效。

【例5-2020-单选题】在实施实质性分析程序时，注册会计师需要确定已记录金额与预期值之间的可接受的差异额。下列各项因素中，注册会计师在确定可接受的差异额时通常无需考虑的是（　　）。

A. 实际执行的重要性

B. 明显微小错报的临界值

C. 计划的保证水平

D. 评估的重大错报风险

【答案】B

学堂点拨

在实施实质性分析程序时，注册会计师确定的已记录金额与预期值之间的可接受差异额通常不超过实际执行的重要性（选项A）；注册会计师在确定已记录金额与预期值之间可接受的，且无需做进一步调查的差异额时，受重要性和计划的保证水平的影响（选项C）；注册会计师评估的风险越高，越需要获取有说服力的审计证据。因此，为了获取具有说服力的审计证据，当评估的风险增加时，可接受的、无需做进一步调查的差异额将会降低（选项D）。

知识点4 分析程序用于总体复核（★★）

1．在审计结束或临近结束时，注册会计师运用分析程序的目的是确定财务报表整体是否与其对被审计单位的了解一致。这时运用分析程序是强制要求。

2．在总体复核阶段实施的分析程序主要在于强调并解释财务报表项目自上个会计期间以来发生的重大变化，以证实财务报表中列报的所有信息与注册会计师对被审计单位及其环境的了解一致、与注册会计师取得的审计证据一致。

3．与风险评估阶段实施该程序的主要差别在于实施分析程序的时间和重点不同，以及所取得的数据的数量和质量不同。另外，因为在总体复核阶段实施的分析程序并非为了对特定账户余额和披露提供实质性的保证水平，因此，并不如实质性分析程序那样详细和具体，而往往集中在财务报表层次。

4．运用分析程序进行总体复核时，如果识别出以前未识别的重大错报风险，注册会计师应当重新考虑对全部或部分各类交易、账户余额、列报评估的风险是否恰当，并在此基础上重新评价之前计划的审计程序是否充分，是否有必要追加审计程序。

第四章　审计抽样方法

本章思维导图

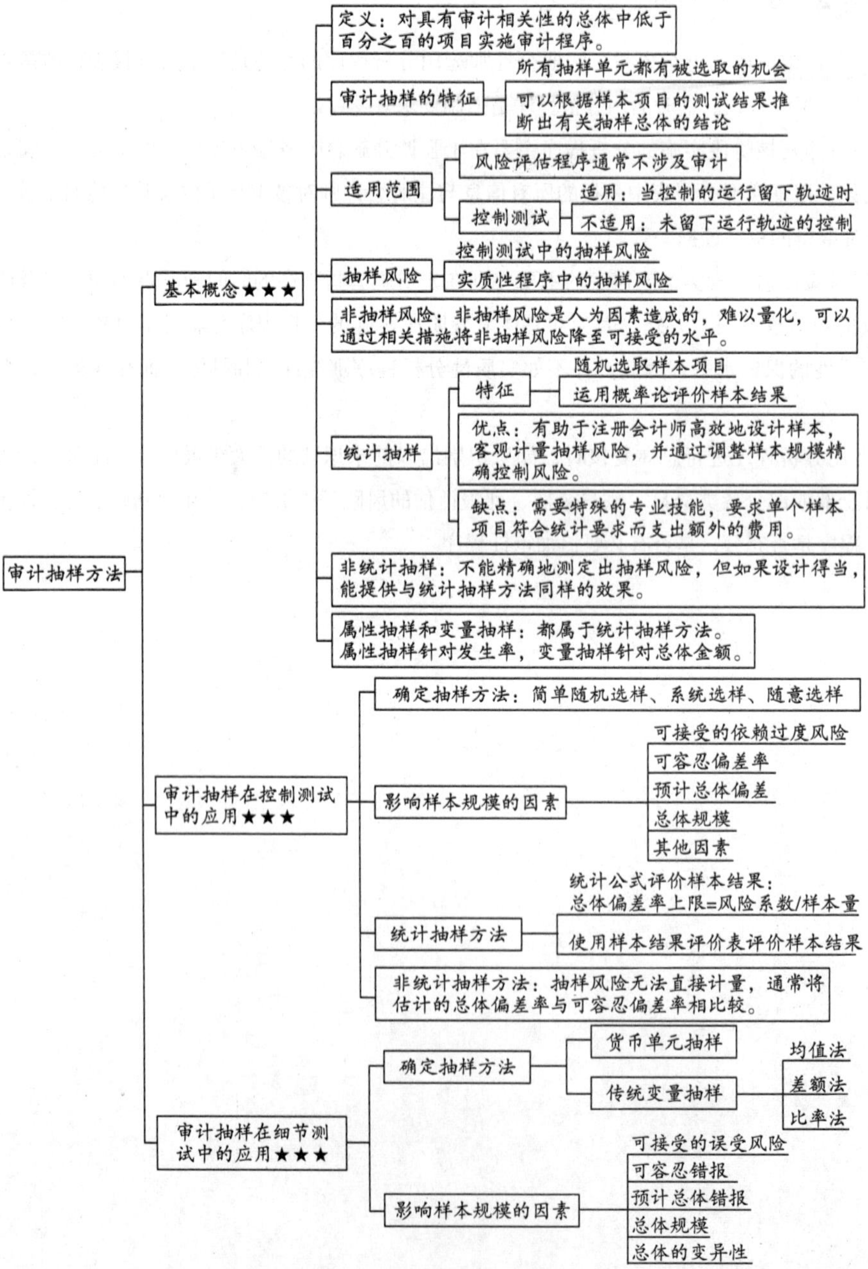

本章知识点精讲

微信扫一扫
习题免费练

第一节 审计抽样相关概念

知识点提示

注册会计师在获取充分、适当证据时，需要选取项目进行测试。选取方法包括三种：1. 对某总体包含的全部项目进行测试（比如对资本公积项目）；2. 对选取的特定项目进行测试，但不推断总体；3. 审计抽样，以样本结果推断总体结论。

审计抽样是指注册会计师对某类交易或账户余额中低于百分之百的项目实施审计程序，包含统计抽样和非统计抽样。理解抽样风险与非抽样风险是理解审计抽样的关键。简单地说，抽样风险是与样本规模相关的风险，样本规模越大，抽样风险越小；非抽样风险是与样本规模无关的风险。

- 抽样风险
  - 审计抽样用于控制测试
    - 信赖过度风险
    - 信赖不足风险
  - 审计抽样用于实质性程序
    - 误受风险
    - 误拒风险

图 4-1 抽样风险的分类

统计抽样是指同时具备下列特征的抽样方法：1. 随机选取样本；2. 运用概率论评价样本结果，包括计量抽样风险。不同时具备上述两个特征的抽样方法为非统计抽样。

统计抽样包括属性抽样和变量抽样，变量抽样又分为传统变量抽样和货币单元抽样。

- 统计抽样
  - 属性抽样——适用控制测试
  - 变量抽样——适用细节测试
    - 传统变量抽样
    - 货币单元抽样——运用属性抽样的原理得出金额的结论

图 4-2 统计抽样的分类

知识点1 审计抽样（★★）

一、审计抽样的含义

审计抽样是指注册会计师对具有审计相关性的总体中低于百分之百的项目实施审计程序，使所有抽样单元都有被选取的机会，为注册会计师针对整个总体得出结论提供合理基础。

审计抽样使注册会计师能够获取和评价与被选取项目的某一特征有关的审计证据，以形成或帮助形成有关总体的结论。

总体，是指注册会计师从中选取样本并期望据此得出结论的整个数据集合。抽样单元，则是指构成总体的个体项目。

通常所说的全查，不是审计抽样。

如果只选取特定项目实施审计程序，就不是审计抽样。

二、审计抽样的特征

审计抽样应当具备三个基本特征：

1. 对具有审计相关性的总体中低于百分之百的项目实施审计程序；
2. 所有抽样单元都有被选取的机会；
3. 可以根据样本项目的测试结果推断出有关抽样总体的结论。

【注释】具有代表性的样本代表性，是指在既定的风险水平下，注册会计师根据样本得出的结论，与对整个总体实施与样本相同的审计程序得出的结论类似。样本具有代表性并不意味着根据样本测试结果推断的错报一定与总体中的错报完全相同，如果样本的选取是无偏向的，该样本通常就具有了代表性。

代表性与整个样本而非样本中的单个项目相关，与样本规模无关，而与如何选取样本相关。

代表性通常只与错报的发生率而非错报的特定性质相关，比如，异常情况导致的样本错报就不具有代表性。（代表性说的是一种概率，而不是个别现象）

【例1-2020-单选题】下列有关审计抽样的样本代表性的说法中，错误的是（　　）。

A．样本代表性与如何选取样本无关

B．样本代表性与整个样本而非样本中的单个项目相关

C．样本代表性与样本规模无关

D．样本代表性通常与错报的发生率相关

【答案】A

学堂点拨

代表性与整个样本而非样本中的单个项目相关（选项B正确），与样本规模无关（选项C正确），而与如何选取样本相关（选项A错误）。此外，代表性通常只与错报的发生率而非错报的特定性质相关（选项D正确），比如，异常情况导致的样本错报就不具有代表性。

三、审计抽样的适用性

审计抽样并非在所有审计程序中都可以使用。注册会计师拟实施的审计程序将对运用审计抽样产生重要影响：

1．风险评估程序通常不涉及使用审计抽样和其他选取测试项目的方法。如果注册会计师在了解控制的设计和确定其是否得到执行同时计划和实施控制测试，则可能会涉及审计抽样，但此时的审计抽样仅适用于控制测试，不是针对风险评估程序。

2．当控制的运行留下轨迹时，注册会计师可以考虑使用审计抽样实施控制测试。对未留下运行轨迹的控制实施测试时，注册会计师通常实施询问、观察等审计程序，以获取有关控制运行有效性的审计证据，此时不宜使用审计抽样。

3．实质性程序包括对各类交易、账户余额、披露的细节测试，以及实质性分析程序。

（1）在实施细节测试时，注册会计师可以使用审计抽样的方法获取审计证据。如果注册会计师将某笔交易或账户余额的重大错报风险评估为可接受的低水平，也可不实施细节测试，此时不需要使用审计抽样。

（2）在实施实质性分析程序时，注册会计师的目的不是根据样本项目的测试结果推断有关总体的结论，此时不宜使用审计抽样。

学堂点睛

不宜使用审计抽样的审计程序：

1．风险评估程序；

2．控制测试中无运行轨迹的控制；

3．实质性程序中实质性分析程序；

4．在被审计单位采用信息技术处理各类交易及其他信息时，注册会计师只需要测试信息技术一般控制，并从各类交易中选取一笔或几笔交易进行测试，就能获取有关信息技术应用控制运行有效性的审计证据，此时不需要使用审计抽样。

【例2-2018-单选题】下列关于审计抽样的样本代表性的说法中，错误的是（　　）。

A．样本的代表性是指根据样本测试结果推断的错报与总体中的错报完全相同

B．如果样本的选取是无偏向的，该样本通常就具有了代表性

C．样本代表性与样本规模无关

D．样本代表性通常只与错报的发生率而非错报的特定性质相关

【答案】A

学堂点拨

样本具有代表性并不意味着根据样本测试结果推断的错报一定与总体中的错报完全相同。

知识点2 抽样风险与非抽样风险（★★★）

一、抽样风险

抽样风险是指注册会计师根据样本得出的结论，可能不同于如果对整个总体实施与样本相同的审计程序得出的结论的风险，也就是抽出的样本不能代表总体的风险。

1．实施控制测试的抽样风险是信赖过度风险和信赖不足风险。信赖过度风险是指推断的控制有效性高于其实际有效性的风险。信赖过度风险与审计的效果有关。对于注册会计师而言，信赖过度风险更容易导致注册会计师发表不恰当的审计意见，因而更应予以关注。

信赖不足风险是指推断的控制有效性低于其实际有效性的风险。信赖不足风险与审计的效率有关。

2．在实施细节测试时，注册会计师也要关注两类抽样风险：误受风险和误拒风险。误受风险是指注册会计师推断某一重大错报不存在而实际上存在的风险。误受风险影响审计效果，容易导致注册会计师发表不恰当的审计意见，因此，注册会计师更应予以关注。

误拒风险是指注册会计师推断某一重大错报存在而实际上不存在的风险。与信赖不足风险类似，

误拒风险影响审计效率。如果账面金额不存在重大错报而注册会计师认为其存在重大错报，注册会计师会扩大细节测试的范围并考虑获取其他审计证据，最终注册会计师会得出恰当的结论。

也就是说，无论在控制测试还是在细节测试中，抽样风险都可以分为两种类型：一类是影响审计效果的抽样风险，包括控制测试中的信赖过度风险和细节测试中的误受风险；另一类是影响审计效率的抽样风险，包括控制测试中的信赖不足风险和细节测试中的误拒风险。（控制测试和细节测试中，这两类抽样风险的表现形式有所不同。）

学堂点睛

1. 只要使用了审计抽样，抽样风险就总会存在。在使用统计抽样时，注册会计师可以准确地计量和控制抽样风险。在使用非统计抽样时，注册会计师无法量化抽样风险，只能根据职业判断对其进行定性的评价和控制。

2. 对特定样本而言，抽样风险与样本规模反方向变动：样本规模越小，抽样风险越大；样本规模越大，抽样风险越小。

3. 既然抽样风险只与被检查项目的数量有关，那么控制抽样风险的唯一途径就是控制样本规模。无论是控制测试还是细节测试，注册会计师都可以通过扩大样本规模降低抽样风险。如果对总体中的所有项目都实施检查，就不存在抽样风险，此时审计风险完全由非抽样风险产生。

学堂点睛

表 4–1　抽样风险的种类及影响

审计测试	抽样风险种类	对审计工作的影响
控制测试	信赖过度风险（坏人当好人）	效果
	信赖不足风险（好人当坏人）	效率
细节测试	误受风险（坏人当好人）	效果
	误拒风险（好人当坏人）	效率
注：两种测试中的非抽样风险对审计效率、审计效果都有影响。		

【例3–多选题】只要使用审计抽样，总会存在抽样风险，但不同类型的抽样风险对审计的影响是不同的。在以下各类抽样风险中，影响审计效果，即可能导致注册会计师发表不恰当的审计意见的审计风险的是（　　）。

A. 在实施控制测试时，注册会计师推断的控制有效性高于其实际有效性的风险

B. 在实施控制测试时，注册会计师推断的控制有效性低于其实际有效性的风险

C. 在实施细节测试时，注册会计师推断某一重大错报存在而实际上不存在的风险

D. 在实施细节测试时，注册会计师推断某一重大错报不存在而实际上存在的风险

【答案】AD

学堂点拨

信赖过度风险（选项A）和误受风险（选项D）影响审计的效果，信赖不足风险（选项B）和误拒风险（选项C）影响审计的效率。

二、非抽样风险

非抽样风险是指注册会计师由于任何与抽样风险无关的原因而得出错误结论的可能性。注册会计师即使对某类交易或账户余额的所有项目实施某种审计程序，也可能仍未能发现重大错报或控制失效。

在审计过程中，可能导致非抽样风险的原因包括下列情况：

1. 注册会计师选择了不适于实现特定目标的审计程序。

2. 注册会计师选择的总体不适合于测试目标。比如，测试应收账款销售完整性的时候，选择了主营业务收入日记账作为总体。

3. 注册会计师未能适当地定义控制偏差或错报，导致注册会计师未能发现样本中存在的偏差或错报。

4. 注册会计师未能适当地评价审计发现的情况。例如，注册会计师错误解读审计证据导致没有发现误差；对所发现误差的重要性的判断有误，从而忽略了性质十分重要的误差，也可能导致得出不恰当的结论。

5. 其他原因。

非抽样风险是由人为因素造成的，因而可以降低或防范。虽然在任何一种抽样方法中注册会计师都不能量化非抽样风险，但通过采取适当的质量管理政策和程序，对审计工作进行适当的指导、监督与复核，以及对注册会计师实务的适当改进，可以将非抽样风险降至可以接受的水平。注册会计师也可以通过仔细设计审计程序尽量降低非抽样风险。

【例4-2020-单选题】下列有关非抽样风险的说法中，错误的是（　　）。

A．注册会计师未能适当地定义误差会导致非抽样风险

B．非抽样风险可以量化

C．非抽样风险在所有审计业务中均存在

D．对总体中所有的项目实施测试无法消除非抽样风险

【答案】B

学堂点拨

非抽样风险是由人为因素造成的，虽然难以量化非抽样风险，但通过采取适当的质量管理政策和程序，对审计工作进行适当的指导、监督和复核，仔细设计审计程序，以及对审计实务的适当改进，注册会计师可以将非抽样风险降至可接受的水平。

【例5-2018-单选题】下列有关非抽样风险的说法中，错误的是（　　）。

A．非抽样风险不能量化

B．非抽样风险影响审计风险

C．注册会计师可以通过扩大样本规模降低非抽样风险

D．注册会计师可以通过采取适当的质量管理政策和程序降低抽样风险

【答案】C

学堂点拨

选项C，非抽样风险是指注册会计师由于任何与抽样风险无关的原因而得出错误结论的风险，扩大样本规模降低的是抽样风险，而不是非抽样风险。

知识点3 统计抽样与非统计抽样（★★）

在对某类交易或账户余额使用审计抽样时，注册会计师可以使用统计抽样方法，也可以使用非统计抽样方法。统计抽样是指同时具备下列特征的抽样方法：1. 随机选取样本项目；2. 运用概率论评价样本结果，包括计量抽样风险。

统计抽样的样本必须具有这两个特征，不同时具备上述两个特征的抽样方法为非统计抽样。一方面，即使注册会计师严格按照随机原则选取样本，如果没有对样本结果进行统计评估，就不能认为使用了统计抽样。另一方面，基于非随机选样的统计评估也是无效的。

表 4–2 统计抽样和非统计抽样的比较

	统计抽样	非统计抽样
优点	1. 客观地计量和精确地控制抽样风险。 2. 高效设计样本。 3. 计量已获得的审计证据的充分性。 4. 能定量评价样本的结果。	1. 操作简单，使用成本低。 2. 适合定性分析。
缺点	1. 需要特殊的专业技能，增加培训注册会计师的成本。 2. 单个样本项目要符合统计要求，增加了额外费用。	无法精确地测定出抽样风险。
相同点	1. 在设计、实施和评价样本时都离不开职业判断。 2. 对选取的样本项目实施的审计程序通常与使用的抽样方法无关。	

知识点4 属性抽样和变量抽样（★★）

一、属性抽样——适用于控制测试

属性抽样是一种用来对总体中某一事件发生率得出结论的统计抽样方法。属性抽样在审计中最常用的用途是测试某一控制的偏差率，以支持注册会计师评估的控制风险水平。无论交易的规模如何，针对某类交易的设定控制预期将以同样的方式运行。因此，在属性抽样中，设定控制的每一次发生或偏离都被赋予同样的权重，而不管交易金额的大小。

二、变量抽样——适用于细节测试

变量抽样是一种用来对总体金额得出结论的统计抽样方法。变量抽样通常回答下列问题：金额是多少？账户是否存在错报？变量抽样在审计中的主要用途是进行实质性细节测试，以确定记录金额是否合理。

一般而言，属性抽样得出的结论与总体发生率有关，而变量抽样得出的结论与总体的金额有关。但有一个例外，即变量抽样中的货币单元抽样，却运用属性抽样的原理得出以金额表示的结论。

表 4–3 属性抽样和变量抽样的比较

抽样方法	测试环节	测试特征和目的
属性抽样	控制测试	对总体中某一事件发生率得出结论的统计抽样方法，其目的是测试控制的偏差率。

（续上表）

抽样方法	测试环节	测试特征和目的
变量抽样	细节测试	对总体金额得出结论的统计抽样方法，其目的是测试错报金额。

第二节　审计抽样在控制测试中的应用

微信扫一扫
习题免费练

知识点提示

控制测试中使用统计抽样相对比较复杂，教材按照审计抽样的三大步骤进行讲解：样本设计阶段、选取样本阶段和评价样本结果阶段。样本设计阶段主要关注对总体、抽样单元、偏差和期间测试概念的理解；在选取样本阶段，需要重点掌握在规定的信赖过度风险、预计总体偏差率和可容忍偏差率下利用控制测试统计抽样样本规模表找到样本规模；在评价样本阶段，公式法和查表法（控制测试中统计抽样结果评价表）均需掌握。

在控制测试中使用非统计抽样相对比较简单，注册会计师不需要对可接受抽样风险、可容忍偏差率、预计总体偏差率以及总体规模等进行量化，只对其进行定性的估计。因此通常用经验表找出样本规模，同时用样本偏差率作为总体偏差率的最佳估计，将样本偏差率（即估计的总体偏差率）与可容忍偏差率相比较，以判断总体是否可以接受。

知识点1　样本设计阶段（★）

一、确定测试目标

如果对控制运行有效性的定性评价可以分为最高、高、中等和低四个层次，注册会计师只有在初步评估控制运行有效性在中等或以上水平时，才会实施控制测试。例如，注册会计师实施控制测试的目标是确认现金支付授权控制的运行有效性，以支持对现金账户确定的重大错报风险评估水平。

二、定义总体

总体，是指注册会计师从中选取样本并期望据此得出结论的整个数据集合。注册会计师在界定总体时，应当确保总体的适当性和完整性：

第一，适当性。注册会计师应确定总体适合于特定的审计目标，包括适合于测试的方向。

例如，要测试用以保证所有发运商品都已开单的控制是否有效运行，注册会计师从已开单的项目中抽取样本不能发现误差，因为该总体不包含那些已发运但未开单的项目。为发现这种误差，将所有已发运的项目作为总体通常比较适当。又如，要测试现金支付授权控制是否有效运行，如果从已得到授权的项目中抽取样本，注册会计师不能发现控制偏差，因为该总体不包含那些已支付但未得到授权的项目。

第二，完整性。注册会计师应当从总体项目内容和涉及时间等方面确定总体的完整性。

例如，如果注册会计师从档案中选取付款证明，除非确信所有的付款证明都已归档，否则注册会计师不能对该期间的所有付款证明得出结论。又如，如果注册会计师对某一控制活动在财务报告期间是否有效运行得出结论，总体应包括来自整个报告期间的所有相关项目。

在控制测试中，注册会计师必须考虑总体的同质性。同质性是指总体中的所有项目应该具有同样的特征。

学堂点睛

如果某控制（旧控制）被用于实现相同控制目标的另一控制（新控制）所取代，注册会计师需要确定是否测试这两个控制的运行有效性，或只测试新控制。

三、定义抽样单元

定义的抽样单元应与审计测试目标相适应。在控制测试中，注册会计师应根据所测试的控制定义抽样单元。抽样单元通常是能够提供控制运行证据的一份文件资料、一个记录或其中一行。

对抽样单元的定义过于宽泛可能导致缺乏效率。例如，如果注册会计师将每张付款单据作为抽样单元，就必须对付款单据上的所有项目进行测试。如果注册会计师将付款单据上的每一行作为抽样单元，则只需对被选取的行所代表的项目进行测试。如果定义抽样单元的两种方法都适合于测试目标，将每一行的项目作为抽样单元可能效率更高。

四、定义偏差构成条件

在定义误差构成条件时，注册会计师应考虑审计程序的目标。在控制测试中，偏差是指偏离对设定控制的预期执行。

五、定义测试期间

注册会计师通常在期中实施控制测试。由于期中测试获取的证据只与控制截至期中测试时点的运行有关，注册会计师需要确定如何获取关于剩余期间的证据。

注册会计师可以有两种做法：

1. 将测试扩展至在剩余期间发生的交易，以获取额外的证据；

2. 不将测试扩展至在剩余期间发生的交易。

具体内容如下：

1. 将测试扩展至在剩余期间发生的交易，以获取额外的证据。在这种情况下，总体由整个被审计期间的所有交易组成。

（1）初始测试（11月1日作为初始测试，测试1—10月）。

（2）估计总体特征（根据上年或者本年的实际情况，推断剩余期间的业务数量）。

在实务中，一方面，注册会计师可能高估剩余项目的数量。年底，如果部分被选取的编号对应的交易没有发生（由于实际发生的交易数量低于预计数量），可以用其他交易代替。考虑到这种可能性，注册会计师可能希望稍多选取一些项目，对多余的项目只在需要作为替代项目时才进行检查。

另一方面，注册会计师也可能低估剩余项目的数量。如果剩余项目的数量被低估，一些交易将没有被选取的机会，因此，样本不能代表注册会计师所定义的总体。在这种情况下，注册会计师可以重新定义总体，将样本中未包含的项目排除在新的总体之外。对未包含在重新定义总体中的项目，注册会计师可以实施替代程序，例如，将这些项目作为一个独立的样本进行测试，或对其进行百分之百的检查，或询问剩余期间的情况。注册会计师应判断各种替代程序的效率和效果，并据此选择适合于具体情况的方法。

在许多情况下，注册会计师可能不需等到被审计期间结束，就能得出关于控制的运行有效性是否支持其计划评估的重大错报风险水平的结论。在对选取的交易进行期中测试时，注册会计师发现的误差可能足以使其得出结论：即使在发生于期中测试以后的交易中未发现任何误差，控制也不能支持计划评估的重大错报风险水平。在这种情况下，注册会计师可能决定不将样本扩展至期中测试以后发生的交易，而是相应地修正计划的重大错报风险评估水平和实质性程序。

2. 不将测试扩展至在剩余期间发生的交易（比如从1月1日至10月31日）。

在这种情况下，总体只包括从年初到期中测试日为止的交易，测试结果也只能针对这个期间进行推断，注册会计师可以使用替代方法测试剩余期间的控制有效性。

在确定是否需要针对剩余期间获取额外证据以及获取哪些证据时，注册会计师通常考虑下列因素：

（1）评估的认定层次重大错报风险的重大程度；

（2）期中进行测试的特定控制和测试结果，以及自期中测试后控制发生的重大变动；

（3）在期中对有关控制运行有效性获取的审计证据的程度；

（4）剩余期间的长短；

（5）在信赖控制的基础上拟减少进一步实质性程序的范围；

（6）控制环境。

注册会计师应当获取与控制在剩余期间发生的所有重大变化的性质和程度有关的证据，包括其人员的变化。如果发生了重大变化，注册会计师应修正其对内部控制的了解，并考虑对变化后的控制进行测试。或者，注册会计师也可以考虑对剩余期间实施实质性分析程序或细节测试。

知识点2 选取样本阶段（★）

一、确定样本规模

（一）影响样本规模的因素

在控制测试中影响样本规模的因素如下：

1. 可接受的信赖过度风险。在实施控制测试时，注册会计师主要关注抽样风险中的信赖过度风险。可接受的信赖过度风险与样本规模反向变动。

在控制测试中，影响注册会计师可以接受的信赖过度风险的因素包括：（1）该控制所针对的风险的重要性；（2）控制环境的评估结果；（3）针对风险的控制程序的重要性；（4）证明该控制能够防止、发现和改正认定层次重大错报风险的审计证据的相关性和可靠性；（5）在与某认定有关的其他控制的测试中获取的证据的范围；（6）控制的叠加程度；（7）对控制的观察和询问所获得的答复可能不能准确反映该控制得以持续适当运行的风险。

而可接受的信赖过度风险与可信赖程度互为补数（相加之和等于1）。

目前国际审计界，可信赖程度一般为90%～99%之间，也就是，可接受的信赖过度风险一般为1%～10%之间。

2．可容忍偏差率。可容忍偏差率与样本规模反向变动。

在控制测试中，可容忍偏差率是指注册会计师设定的偏离规定的内部控制的比率，注册会计师试图对总体中的实际偏差率不超过该比率获取适当水平的保证。换言之，可容忍偏差率是注册会计师能够接受的最大偏差数量，如果偏差超过这一数量则减少或取消对内部控制的信赖。

一个很高的可容忍偏差率通常意味着，控制的运行不会大大降低相关实质性测试的程度。在这种情况下，由于注册会计师预期控制运行的有效性很低，特定的控制测试可能不需进行。反之，如果注册会计师在评估认定层次重大错报风险时预期控制的运行是有效的，注册会计师必须实施控制测试。

表 4–4　可容忍偏差率和计划评估的控制有效性之间的关系

计划评估的控制有效性	可容忍偏差率（近似值，%）
高	3～7
中	6～12
低	11～20
最低	不进行控制测试

3．预计总体偏差率。在既定的可容忍偏差率下，预计总体偏差率与样本规模同向变动；如果预计偏差率高得无法接受，通常不进行控制测试。如果预计总体偏差率很高，意味着控制有效性很低，这时注册会计师应考虑不进行控制测试，而实施更多的实质性程序。

4．总体规模。总体规模较大时，总体规模对样本规模的影响几乎为零。

5．其他因素。

（1）控制运行的相关期间越长（年或季度），需要测试的样本越多，因为注册会计师需要对整个拟信赖期间控制的有效性获取证据。

（2）控制程序越复杂，测试的样本越多。

（3）样本规模还取决于所测试的控制的类型，通常对人工控制实施的测试要多过自动化控制，因为人工控制更容易发生错误和偶然的失败；而针对计算机系统的信息技术一般控制只要有效发挥作用，曾经测试过的自动化控制一般都能保持可靠运行。

（二）针对运行频率较低的内部控制的考虑

某些重要的内部控制并不经常运行，例如，银行存款余额调节表的编制可能是按月执行，针对年末结账流程的内部控制则是一年执行一次。注册会计师可以根据下表确定所需的样本规模。

表 4–5　测试运行频率较低的内部控制的有效性

控制运行频率和总体的规模	测试的样本数量
1次/季度（4）	2
1次/月度（12）	2～4
1次/半月（24）	3～8
1次/周（52）	5～15

【注意】

1. 一般情况下，样本规模接近上表中样本数量区间的下限是适当的。

2. 如果控制发生变化，或曾经发现控制缺陷，样本规模更可能接近甚至超过表4–5中样本数量区间的上限。

3. 如果拟测试的控制是针对相关认定的唯一控制，注册会计师往往可能需要测试比表4–5中所列更多的样本。

【例1–2020–单选题】在运用审计抽样实施控制测试时，下列各项因素中，不影响样本规模的是（　　）。

A. 控制的类型　　B. 可容忍偏差率

C. 控制运行的相关期间的长短　　D. 选取样本的方法

【答案】D

学堂点拨

选项A，因为人工控制更容易发生错误和偶然的失败，而针对计算机系统的信息技术一般控制只要有效发挥作用，曾经测试过的自动化控制一般都能保持可靠运行，因此对人工控制实施的测试要多过自动化控制，所以控制的类型影响样本规模；选项B，可容忍偏差率越高，样本规模越小；选项C，控制运行的相关期间越长，需要测试的样本越多。选项D，选取样本的方法并不影响控制测试样本规模的大小。

（三）确定样本量

在非统计抽样中，注册会计师可以只对影响样本规模的因素进行定性的估计，并运用职业判断确定样本规模。

使用统计抽样方法时，注册会计师必须对影响样本规模的因素进行量化，并利用根据统计公式开发的专门的计算机程序或专门的样本量表来确定样本规模。

表4–6　控制测试统计抽样样本规模——信赖过度风险10%（括号内是可接受的偏差数）

预计总体偏差率	可容忍偏差率										
	2%	3%	4%	5%	6%	7%	8%	9%	10%	15%	20%
0.00（%）	114（0）	76（0）	57（0）	45（0）	38（0）	32（0）	28（0）	25（0）	22（0）	15（0）	11（0）
0.25	194（1）	129（1）	96（1）	77（1）	64（1）	55（1）	48（1）	42（1）	38（1）	25（1）	18（1）
0.50	194（1）	129（1）	96（1）	77（1）	64（1）	55（1）	48（1）	42（1）	38（1）	25（1）	18（1）
0.75	265（2）	129（1）	96（1）	77（1）	64（1）	55（1）	48（1）	42（1）	38（1）	25（1）	18（1）
1.00	*	176（2）	96（1）	77（1）	64（1）	55（1）	48（1）	42（1）	38（1）	25（1）	18（1）
1.25	*	221（3）	132（2）	77（1）	64（1）	55（1）	48（1）	42（1）	38（1）	25（1）	18（1）
1.50	*	*	132（2）	105（2）	64（1）	55（1）	48（1）	42（1）	38（1）	25（1）	18（1）
1.75	*	*	166（3）	105（2）	88（2）	55（1）	48（1）	42（1）	38（1）	25（1）	18（1）
2.00	*	*	198（4）	132（3）	88（2）	75（2）	48（1）	42（1）	38（1）	25（1）	18（1）
2.25	*	*	*	132（3）	88（2）	75（2）	65（2）	42（2）	38（2）	25（1）	18（1）
2.50	*	*	*	158（4）	110（3）	75（2）	65（2）	58（2）	38（2）	25（1）	18（1）
2.75	*	*	*	209（6）	132（4）	94（3）	65（2）	58（2）	52（2）	25（1）	18（1）
3.00	*	*	*	*	132（4）	94（3）	65（2）	58（2）	52（2）	25（1）	18（1）

（续上表）

预计总体偏差率	可容忍偏差率										
	2%	3%	4%	5%	6%	7%	8%	9%	10%	15%	20%
3.25	*	*	*	*	153（5）	113（4）	82（3）	58（2）	52（2）	25（1）	18（1）
3.50	*	*	*	*	194（7）	113（4）	82（3）	73（3）	52（2）	25（1）	18（1）
3.75	*	*	*	*	*	131（5）	98（4）	73（3）	52（2）	25（1）	18（1）
4.00	*	*	*	*	*	149（6）	98（4）	73（3）	65（3）	25（1）	18（1）
5.00	*	*	*	*	*	*	160（8）	115（6）	78（4）	34（2）	18（1）
6.00	*	*	*	*	*	*	*	182（11）	116（7）	43（3）	25（2）
7.00	*	*	*	*	*	*	*	*	199（14）	52（4）	25（2）

比如：1. 信赖过度风险为10%；

2. 可容忍偏差率7%；

3. 预计总体偏差率1.75%。

从上表得出：样本规模=55（1）。

【例2-多选题】下列有关对样本规模的说法中，不正确的有（　　）。

A. 可接受的信赖过度风险越低，样本规模应越大

B. 可接受的信赖过度风险越低，样本规模应越小

C. 预计总体偏差率越高，样本规模应越大

D. 预计总体偏差率越高，样本规模应越小

【答案】BD

学堂点拨

可接受的信赖过度风险与样本规模成反向关系；预计总体偏差率与样本规模成同向关系。

【例3-单选题】在总体较大的情况下，与确定样本规模无关的是（　　）。

A. 预计总体误差　　B. 总体变异性　　C. 总体规模　　D. 可接受的抽样风险

【答案】C

学堂点拨

对于大规模总体而言，总体的实际容量对样本规模几乎没有影响；对于小规模总体而言，审计抽样比其他选择测试项目的方法的效率低。本题是在总体较大的情况下，所以答案应该选C。

二、确定抽样方法

选取样本时，只有从抽样总体中选出具有代表性的样本项目，注册会计师才能根据样本的测试结果推断有关总体的结论。因此，不管使用统计抽样还是非统计抽样，在选取样本项目时，注册会计师应当使总体中的每个抽样单元都有被选取的机会。在统计抽样中，注册会计师有必要使用适当的随机选样方法，如简单随机选样或系统随机选样。在非统计抽样中，注册会计师通常使用近似于随机选样的方法，如随意选样。计算机辅助审计技术（CAAT）可以提高选样的效率。

选取样本的基本方法包括简单随机选样、系统选样、随意选样和整群选样。

表 4-7 选取样本的基本方法

选样方法	方法运用	运用范围
简单随机选样	使用这种方法，相同数量的抽样单元组成的每种组合被选取的概率都相等。注册会计师可以使用计算机或随机数表（如表4-8）获得所需的随机数，选取匹配的随机样本。 对总体项目进行编号，建立总体中的项目与表中数字的一一对应关系，确定连续选取随机数的方法。即从随机数表中选择一个随机起点和一个选号路线。	范围：在统计抽样和非统计抽样中均适用。
系统选样	1. 确定选样间距： 选样间距n＝总体规模÷样本规模。 2. 确定选样起点m： 为保证抽到所有样本，起点m为0～（n－1）。 3. 等距选取样本： 举例：如果销售发票的总体范围是652～3151，设定的样本量是125，那么选样间距为20［（3151＋1－652）÷125］。注册会计师必须从0到19中选取一个随机数作为抽样起点。如果随机选择的数码是9，那么第一个样本项目是发票号码为661（652＋9）的那一张，其余的124个项目是681（661＋20），701（681＋20）……依此类推直至第3141号。	范围：系统选样可以在非统计抽样中使用，在总体随机分布时也可适用于统计抽样。 优点：使用方便，比其他选样方法节省时间，并可用于无限总体。对总体中的项目不需要编号，注册会计师只要简单数出每一个间距即可。 缺点：要求总体必须是随机排列的，否则容易发生较大的偏差，造成非随机的、不具代表性的样本。如果测试项目的特征在总体内的分布具有某种规律性，则选择的样本的代表性就可能较差。
随意选样	使用这种方法并不意味着注册会计师可以漫不经心地选择样本，注册会计师要避免任何有意识的偏向或可预见性（如回避难以找到的项目，或总是选择或回避每页的第一个或最后一个项目），从而保证总体中的所有项目都有被选中的机会，使选择的样本具有代表性。	范围：只能在非统计抽样中使用。 随意选样虽然也可以选出代表性样本，但它属于非随机基础选择方法，因而不能在统计抽样中使用，只能在非统计抽样中使用。 缺点：很难完全无偏见地选取样本项目，即这种方法难以彻底排除注册会计师的个人偏好对选取样本的影响，因而很可能使样本失去代表性。
整群选样	使用这种方法，注册会计师从总体中选取一群（或多群）连续的项目。 举例：总体为2019年的所有付款单据，从中选取2月3日、5月17日和7月19日这三天的所有付款单据作为样本。	整群选样通常不能在审计抽样中使用。

表 4-8 随机数表

随机数 列号 行号	1	2	3	4	5	6	7	8	9	10
1	32044	69037	29655	92114	81034	40582	01584	77184	85762	46505
2	23821	96070	82592	81086	08971	07092	09026	81530	56195	98425

（续上表）

随机数 列号 行号	1	2	3	4	5	6	7	8	9	10
3	82383	94987	66441	28677	95961	78346	37916	09416	42438	48432
4	68310	21792	71635	86089	38157	95620	96718	79554	50209	17705
5	94856	76940	22165	01414	01413	37231	05509	37489	56459	52983
6	95000	61958	83430	98250	70030	05436	74814	45978	09277	13827
7	20764	64638	11359	32556	82822	02713	81293	52970	25080	33555
8	71401	17964	50940	95753	34905	93566	36318	79530	51105	26952
9	38464	75707	16750	61371	01523	69205	32122	03436	14489	02086
10	59442	59247	74955	82835	98378	83513	47870	20795	01352	89906

【例4-2018-多选题】下列抽样方法中，通常可用于统计抽样的有（　　）。

A．随机选择　　B．系统选样　　C．整群选样　　D．随意选样

【答案】AB

学堂点拨

选项C，通常不能在审计抽样中使用；选项D，随意选样仅适用于非统计抽样。

三、选取样本并对其实施审计程序

使用统计抽样或非统计抽样时，注册会计师可以根据具体情况，从简单随机选样、系统选样或随意选样中挑选适当的选样方法选取样本。

学堂点睛

统计抽样：简单随机选样、系统选样。

非统计抽样：简单随机选样、系统选样或随意选样。

注册会计师应当针对选取的样本项目，实施适当的审计程序，以发现并记录样本中存在的控制偏差。

在对选取的样本项目实施审计程序时可能出现以下几种情况：

1．无效单据。注册会计师选取的样本中可能包含无效的项目。

某一随机数对应的收据可能是无效的（比如空白收据）。如果注册会计师能够合理确信该收据的无效是正常的且不构成对设定控制的偏差，就要用另外的收据替代。

2．未使用或不适用的单据。注册会计师对未使用或不适用单据的考虑与无效单据类似。如果合理确信该交易不适用且不构成控制偏差，注册会计师要用另一笔交易替代该项目，以测试相关的控制。

3．对总体的估计出现错误。

4．在结束之前停止测试。

5．无法对选取的项目实施检查。如果注册会计师无法对选取的项目实施计划的审计程序或适当的替代程序，就要考虑在评价样本时将该样本项目视为控制偏差。另外，注册会计师要考虑造成该限制的原因，以及该限制可能对其了解内部控制和评估重大错报风险产生的影响。

学堂点睛

一定要将第1项和第2项加以区分。

知识点3 评价样本结果阶段（★★★）

评价样本结果的步骤：

一、计算偏差率

将样本中发现的偏差数量除以样本规模，就计算出样本偏差率。样本偏差率就是注册会计师对总体偏差率的最佳估计，因而在控制测试中无须另外推断总体偏差率。但注册会计师还必须考虑抽样风险。

实务中，多数样本可能不会出现控制偏差。因为注册会计师实施控制测试，通常意味着准备信赖内部控制，预期控制有效运行。如果在样本中发现偏差，注册会计师需要根据偏差率和偏差发生的原因，考虑控制偏差对审计工作的影响。

二、考虑抽样风险

在控制测试中评价样本结果时，注册会计师应当考虑抽样风险。也就是说，如果（推断的）总体偏差率（即样本偏差率）低于可容忍偏差率，注册会计师还要考虑即使实际的总体偏差率大于可容忍偏差率时仍出现这种结果的风险。

（一）使用统计抽样方法

1．使用统计公式评价样本结果

假定接上例中，注册会计师对55个项目实施了既定的审计程序，且未发现偏差，则在既定的可接受信赖过度风险下，根据样本结果计算总体最大偏差率如下：

总体偏差率上限（MDR）=R/n=风险系数/样本量

如果注册会计师测试55个样本，发现0个偏差。

表4-9 控制测试中常用的风险系数

样本中发生偏差的数量	信赖过度风险	
	5%	10%
0	3.0	2.3
1	4.8	3.9
2	6.3	5.3
3	7.8	6.7
4	9.2	8.0

（续上表）

样本中发生偏差的数量	信赖过度风险	
	5%	10%
5	10.5	9.3
6	11.9	10.6
7	13.2	11.8
8	14.5	13.0
9	15.7	14.2
10	17.0	15.4

总体偏差率上限（MDR）$=\dfrac{R}{n}=\dfrac{\text{风险系数}}{\text{样本量}}=2.3/55=4.18\%$

注册会计师可以得出以下结论：

（1）总体实际偏差率超过4.18%的风险为10%，即有90%的把握保证总体实际偏差率不超过4.18%；

（2）总体的实际偏差率超过可容忍偏差率（7%）的风险很小，总体可以接受；

（3）证实注册会计师对控制运行有效性的估计和评估的重大错报风险水平是适当的（Y=K/X）。

如果注册会计师测试55个样本，发现2个偏差，则：

总体偏差率上限（MDR）$=\dfrac{R}{n}=\dfrac{\text{风险系数}}{\text{样本量}}=5.3/55=9.64\%$

注册会计师可以得出以下结论：

（1）总体实际偏差率超过9.64%的风险为10%；

（2）在可容忍偏差率7%的情况下，总体的实际偏差率超过可容忍偏差率的风险很大，总体不能接受；

（3）样本结果（9.64%>7%）不支持注册会计师对内部控制了解时对控制运行有效性的评估。即计划审计工作时评估的重大错报风险水平（Y=K/X中的X）不是适当的，注册会计师需要扩大原拟定的实质性程序范围，修改审计计划。

【例5-单选题】在使用样本量表确定样本规模时，假定样本是55，注册会计师对55个样本实施了审计程序，样本偏差为0，风险系数为2.3，则总体偏差率上限为2.3/55=4.18%，假如注册会计师确定的可接受信赖过度风险为10%，下列对风险的描述不正确的是（　　）。

A．样本偏差为0，说明总体实际偏差率超过4.18%的风险为10%

B．样本偏差为0，说明注册会计师有90%的把握保证总体实际偏差率不超过4.18%

C．如可容忍偏差率为7%，则说明总体的实际偏差率超过可容忍偏差率的风险很小，总体可接受

D．如可容忍偏差率为7%，则说明总体的实际偏差率超过可容忍偏差率的风险很小，总体不能接受

【答案】D

学堂点拨

总体实际偏差率超过4.18%的风险为10%，即有90%的把握保证总体实际偏差率不超过4.18%，即总体实际偏差率超过可容忍偏差率的风险很小，总体可以接受。

2．使用样本评价结果评价表

注册会计师也可以使用样本结果评价表评价统计抽样的结果。表4–10列示了可接受的信赖过度风险为10%时的总体偏差率上限。

表 4–10 控制测试中统计抽样结果评价——信赖过度风险为 10% 时的偏差率上限

样本规模	实际发现的偏差数										
	0	1	2	3	4	5	6	7	8	9	10
20	10.9	18.1	*	*	*	*	*	*	*	*	*
25	8.8	14.7	19.9	*	*	*	*	*	*	*	*
30	7.4	12.4	16.8	*	*	*	*	*	*	*	*
35	6.4	10.7	14.5	18.1	*	*	*	*	*	*	*
40	5.6	9.4	12.8	16.0	19.0	*	*	*	*	*	*
45	5.0	8.4	11.4	14.3	17.0	19.7	*	*	*	*	*
50	4.6	7.6	10.3	12.9	15.4	17.8	*	*	*	*	*
55	4.1	6.9	9.4	11.8	14.1	16.3	18.4	*	*	*	*
60	3.8	6.4	8.7	10.8	12.9	15.0	16.9	18.9	*	*	*
70	3.3	5.5	7.5	9.3	11.1	12.9	14.6	16.3	17.9	19.6	*
80	2.9	4.8	6.6	8.2	9.8	11.3	12.8	14.3	15.8	17.2	18.6
90	2.6	4.3	5.9	7.3	8.7	10.1	11.5	12.8	14.1	15.4	16.6
100	2.3	3.9	5.3	6.6	7.9	9.1	10.3	11.5	12.7	13.9	15.0
120	2.0	3.3	4.4	5.5	6.6	7.6	8.7	9.7	10.7	11.6	12.6
160	1.5	2.5	3.3	4.2	5.0	5.8	6.5	7.3	8.0	8.8	9.5
200	1.2	2.0	2.7	3.4	4.0	4.6	5.3	5.9	6.5	7.1	7.6

注：1．*表示超过20%。2．本表以百分比表示偏差率上限；本表假设总体足够大。

当样本中发现两个偏差时，应选择偏差数为2的那一列，两者交叉处的9.4%即为总体的偏差率上限，与利用公式计算的结果9.64%相近。此时，总体偏差率上限大于可容忍偏差率，因此不能接受总体。

（二）使用非统计抽样方法

估计的总体偏差率（样本偏差率）vs可容忍偏差率

（样本偏差率＝样本中偏差个数/样本规模）

1．样本偏差率大大低于可容忍偏差率，总体可以接受。

2．样本偏差率与可容忍偏差率的关系是不大不小时，则应考虑是否扩大样本规模。

3．样本偏差率低于但接近可容忍偏差率，总体不能接受。

4．样本偏差率大于可容忍偏差率，总体不能接受。

（三）控制测试和细节测试中的评价样本结果

1．控制测试中的样本结果评价

表4-11　控制测试中的样本结果评价

统计抽样	总体偏差率上限大于或等于可容忍偏差率	总体不能接受，修正重大错报风险评水平，并增加实质性程序的数量；或对其他控制进行测试，以支持计划的重大错报风险评估水平。
	总体偏差率上限低于可容忍偏差率时	总体可以接受。
	总体偏差率上限低于但接近可容忍偏差率时	是否接受总体，并考虑是否需要扩大测试范围。
非统计抽样	样本偏差率大于可容忍偏差率	总体不能接受。
	样本偏差率低于但接近可容忍偏差率	总体不能接受。
	样本偏差率与可容忍偏差率的关系是不大不小	考虑是否扩大样本规模。
	样本偏差率大大低于可容忍偏差率	总体可以接受。

2．细节测试中的样本结果评价

（1）要求被审计单位调整账面记录金额。

（2）将被审计单位已更正的错报从推断的总体错报金额中减掉。

（3）将调整后的推断总体错报与该类交易或账户余额的可容忍错报相比较，但必须考虑抽样风险。

①统计抽样：

总体错报上限vs可容忍错报

A．总体错报上限低于可容忍错报，不存在重大错报，可以接受。

B．总体错报上限大于或等于可容忍错报，存在重大错报，不可以接受。

②非统计抽样：

调整后的总体错报vs可容忍错报

A．调整后的总体错报远远小于可容忍错报，不存在重大错报，可以接受。

B．两者之间不大不小，考虑能否接受，并考虑是否扩大细节测试范围。

C．低于但两者很接近，存在重大错报，不能接受。

D．大于可容忍错报，存在重大错报，不能接受。

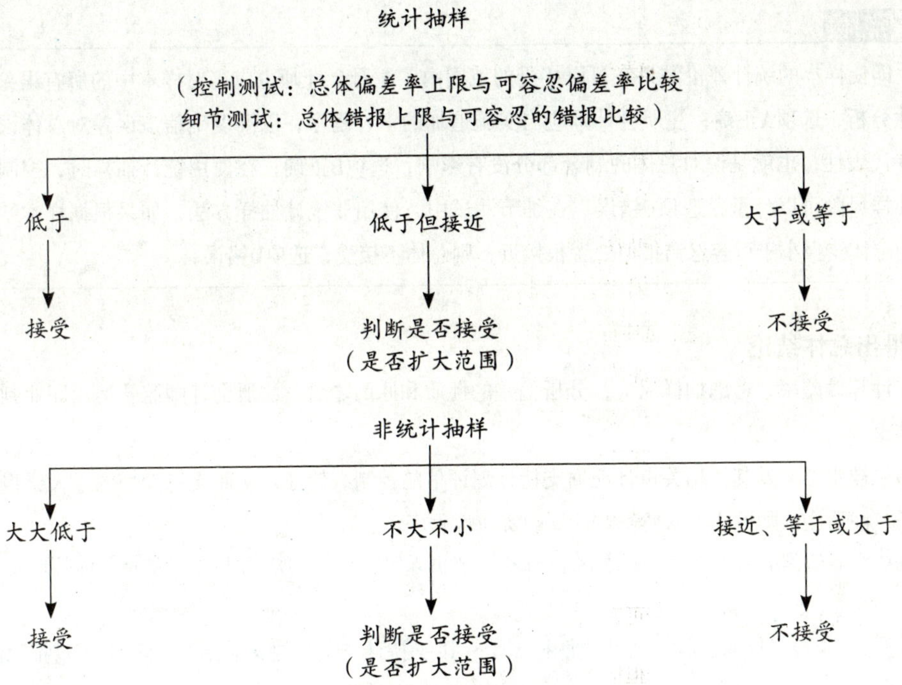

图 4-3 细节测试的样本结果评价比较

三、分析偏差的性质和原因

一般情况下，如果在样本中发现了控制偏差，注册会计师有两种处理办法：

一是扩大样本规模，以进一步收集证据。

二是认为控制没有有效运行，样本结果不支持计划的控制运行有效性和重大错报风险的评估水平，因而提高重大错报风险评估水平，增加对相关账户的实质性程序。

【注意】如果确定控制偏差是系统偏差或舞弊导致，扩大样本规模通常无效，注册会计师需要采用第二种处理办法。

分析偏差的性质和原因时，注册会计师还要考虑已识别的偏差对财务报表的直接影响。

控制偏差虽然增加了金额错报的风险，但并不一定导致财务报表中的金额错报。如果某项控制偏差更容易导致金额错报，该项控制偏差就更加重要。

【例6-2016-多选题】下列有关注册会计师在实施审计抽样时评价样本结果的说法中，正确的有（　　）。

A. 在分析样本误差时，注册会计师应当对所有误差进行定性评估

B. 注册会计师应当实施追加的审计程序，以高度确信异常误差不影响总体的其余部分

C. 控制测试的抽样风险无法计量，但注册会计师在评价样本结果时仍应考虑抽样风险

D. 在细节测试中，如果根据样本结果推断的总体错报小于可容忍错报，则总体可以接受

【答案】AB

学堂点拨

即使样本的统计评价结果在可以接受的范围内，注册会计师也应当对样本中的所有误差进行定性分析，选项A正确；注册会计师应当实施追加的审计程序，以高度确信该误差对总体误差不具有代表性，也就是说对总体的剩余部分没有影响，选项B正确；在使用统计抽样时，控制测试的抽样风险可以计量，选项C错误；在细节测试中，使用非统计抽样方法，如果根据样本结果推断的总体错报小于可容忍错报但二者很接近，则总体不接受，选项D错误。

四、得出总体结论

在计算偏差率，考虑抽样风险，分析偏差的性质和原因之后，注册会计师需要运用职业判断得出总体结论。

如果样本结果及其他相关审计证据支持计划评估的控制有效性，从而支持计划的重大错报风险评估水平，注册会计师可能不需要修改计划的实质性程序。

如果样本结果不支持计划的控制运行有效性和重大错报风险的评估水平，注册会计师通常有两种选择：

1. 进一步测试其他控制（如补偿性控制），以支持计划的控制运行有效性和重大错报风险的评估水平；

2. 提高重大错报风险评估水平，并相应修改计划的实质性程序的性质、时间安排和范围。

第三节　审计抽样在细节测试中的运用

微信扫一扫
习题免费练

知识点提示

在细节测试中使用非统计抽样，教材是按照审计抽样的三大步骤进行讲解的，包括样本设计阶段、选取样本阶段和评价样本结果阶段。样本设计阶段主要关注对总体、抽样单元、错报概念的理解；在选取样本阶段，利用查表法确定，所查表为细节测试货币单元抽样样本规模表；对于统计抽样传统变量抽样，样本量的确定方法为使用计算机程序或细节测试货币单元抽样样本规模表；对于非统计抽样可用查表法和公式法确定样本规模，如果用查表法，所查表也为细节测试货币单元抽样样本规模表，但需要根据职业判断进行调整；如果使用公式法确定样本规模，所用公式为：样本规模＝总体账面金额/可容忍错报×保证系数。确定好样本规模之后，就需要用选样方法将样本挑选出来。在评价样本阶段，教材的侧重点在统计抽样，具体包括货币单元抽样法和传统变量抽样的三种方法（均值法、比率法、差额法）。

知识点1　样本设计阶段（★）

实施细节测试时，注册会计师在样本设计阶段必须完成的工作包括四个环节：确定测试目标、定义总体、定义抽样单元以及界定错报。

一、确定测试目标

细节测试的目的是识别财务报表中各类交易、账户余额和披露中存在的重大错报。在细节测试中，审计抽样通常用来测试有关财务报表金额的一项或多项认定（如应收账款的存在）的合理性。如果该金额是合理正确的，注册会计师将接受与之相关的认定，认为财务报表金额不存在重大错报。

二、定义总体

（一）适当性

注册会计师应确信抽样总体适合于特定的审计目标。例如，注册会计师如果对已记录的项目进行抽样，就无法发现由于某些项目被隐瞒而导致的金额低估。为发现这类低估错报，注册会计师应从包含被隐瞒项目的来源选取样本。

（二）完整性

总体的完整性包括代表总体的实物的完整性。例如，如果注册会计师将总体定义为特定时期的所有现金支付，代表总体的实物就是该时期的所有现金支付单据。所以，这些现在支付单据必须先规整好作为总体。

三、定义抽样单元

在细节测试中，注册会计师应根据审计目标和所实施审计程序的性质，定义抽样单元。抽样单元可能是一个账户余额、一笔交易或交易中的一个记录（如销售发票中的单个项目），甚至是每个货币单位。

注册会计师定义抽样单元时，也应考虑实施计划的审计程序或替代程序的难易程度。（注意考试题目的陷阱：常常设陷阱说"不考虑"）

四、界定错报

在细节测试中，误差是指错报，注册会计师应根据审计目标，确定什么构成错报。

知识点2 选取样本阶段（★）

一、确定抽样方法

在细节测试中进行审计抽样，可能使用统计抽样，也可能使用非统计抽样。注册会计师在细节测试中常用的统计抽样方法包括货币单元抽样和传统变量抽样。

（一）货币单元抽样

货币单元抽样是一种运用属性抽样原理对货币金额而不是对发生率得出结论的统计抽样方法，它是概率比例规模抽样方法的分支，有时也被称为金额单元抽样、累计货币金额抽样以及综合属性变量抽样等。货币单元抽样以货币单元作为抽样单元。

1. 货币单元抽样的优点

（1）货币单元抽样以属性抽样原理为基础，注册会计师可以很方便地计算样本规模和评价样本结果，因而通常比传统变量抽样更易于使用。

（2）货币单元抽样在确定所需的样本规模时无须直接考虑总体的特征（如变异性），因为总体中的每一个货币单元都有相同的规模，而传统变量抽样的样本规模是在总体项目共有特征的变异性或标准差的基础上计算的。

（3）货币单元抽样中，项目被选取的概率与其货币金额大小成比例，因而无须通过分层减少变异性，而传统变量抽样通常需要对总体进行分层以减小样本规模。

（4）在货币单元抽样中使用系统选样法选取样本时，如果项目金额等于或大于选样间距，货币单元抽样将自动识别所有单个重大项目，即该项目一定会被选中。

（5）如果注册会计师预计不存在错报，货币单元抽样的样本规模通常比传统变量抽样方法更小。

（6）单元抽样的样本更容易设计，且可在能够获得完整的最终总体之前开始选取样本。

2. 货币单元抽样的缺点

（1）货币单元抽样不适用于测试总体的低估，因为账面金额小但被严重低估的项目被选中的概率低，如果在货币单元抽样中发现低估，注册会计师在评价样本时需要特别考虑。

（2）对零余额或负余额的选取需要在设计时予以特别考虑，例如，如果准备对应收账款进行抽样，注册会计师可能需要将贷方余额分离出去，作为一个单独的总体，如果检查零余额的项目对审计目标非常重要，注册会计师需要单独对其进行测试，因为零余额的项目在货币单元抽样中不会被选取。

（3）当发现错报时，如果风险水平一定，货币单元抽样在评价样本时可能高估抽样风险的影响，从而导致注册会计师更可能拒绝一个可接受的总体账面金额。

（4）在货币单元抽样中，注册会计师通常需要逐个累计总体金额，以确定总体是否完整并与财务报表一致，不过如果相关会计数据以电子形式储存，就不会额外增加大量的审计成本。

（5）当预计总体错报的金额增加时，货币单元抽样所需的样本规模也会增加，这种情况下，货币单元抽样的样本规模可能大于传统变量抽样所需的规模。

（二）传统变量抽样

传统变量抽样运用正态分布的理论，根据样本结果推断总体的特征。（涉及难度较大、较为复杂的计算，使用计算机程序确定样本规模）

1. 传统变量抽样的优点

（1）如果账面金额与审定金额之间存在较多差异，传统变量抽样可能只需较小的样本规模就能满足审计目标。

（2）注册会计师关注总体的低估时，使用传统变量抽样比货币单元抽样更合适。

（3）需要在每一层追加选取额外的样本项目时，传统变量抽样更易于扩大样本规模。

（4）对零余额或负余额项目的选取，传统变量抽样不需要在设计时予以特别考虑。

2. 传统变量抽样的缺点

（1）传统变量抽样比货币单元抽样更复杂，注册会计师通常需要借助计算机程序。

（2）在传统变量抽样中确定样本规模时，注册会计师需要估计总体特征的标准差，而这种估计往往难以作出，注册会计师可能利用以前对总体的了解或根据初始样本的标准差进行估计。

（3）如果存在非常大的项目，或者在总体的账面金额与审定金额之间存在非常大的差异，而且样本规模比较小，正态分布理论可能不适用，注册会计师更可能得出错误的结论。

（4）如果几乎不存在错报，传统变量抽样中的差额法和比率法将无法使用。

二、确定样本规模

（一）影响样本规模的因素

在细节测试中影响样本规模的因素如下：

1. 可接受的误受风险（反向）

细节测试中的抽样风险分为两类：误受风险和误拒风险。在细节测试中使用非统计抽样方法时，注册会计师主要关注误受风险。

在确定可接受的误受风险水平时，注册会计师需要考虑下列因素：

（1）注册会计师愿意接受的审计风险水平；

（2）评估的重大错报风险水平；

（3）针对同一审计目标（财务报表认定）的其他实质性程序的检查风险，包括分析程序。

在实务中，注册会计师愿意承担的审计风险通常为5%～10%。当审计风险既定时，如果注册会计师将重大错报风险评估为低水平，就可以在实质性程序中接受较高的误受风险。当可接受的误受风险增加时，实质性程序所需的样本规模降低。相反，如果注册会计师评估的重大错报风险水平较高，可接受的误受风险降低，所需的样本规模就增加。

比较：在设计样本时，与控制测试中对信赖不足风险的关注相比，注册会计师在细节测试中对误拒风险的关注程度通常更高。

2. 可容忍错报（反向）

可容忍错报与注册会计师计划的重要性水平有关。某账户的可容忍错报实际上就是该账户的重要性水平。对特定的账户余额或交易类型而言，当误受风险一定时，如果注册会计师确定的可容忍错报降低，为实现审计目标所需的样本规模就增加。

3. 预计总体错报（同向）

在确定细节测试所需的样本规模时，注册会计师还需要考虑预计在账户余额或交易中存在的错报金额和频率。预计总体错报的规模或频率降低，所需的样本规模也降低。相反，预计总体错报的规模或频率增加，所需的样本规模也增加。

4. 总体规模（影响很小）

总体中的项目数量在细节测试中对样本规模的影响很小。因此，按总体的固定百分比确定样本规模通常缺乏效率。

5. 总体的变异性（同向）

注册会计师应考虑特征的变异性。注册会计师通常根据项目账面金额的变异性估计总体项目审定金额的变异性。

如果总体项目存在重大的变异性，注册会计师可以考虑将总体分层。

分层，是指将总体划分为多个子总体的过程，每个子总体由一组具有相同特征的抽样单元组成。注册会计师应当仔细界定子总体，以使每一抽样单元只能属于一个层。未分层总体具有高度变异性，其样本规模通常很大。最有效率的方法是根据预期会降低变异性的总体项目特征进行分层。分层可以降低每一层中项目的变异性，从而在抽样风险没有成比例增加的前提下减小样本规模，提高审计效率。

在细节测试中，分层的依据可能包括项目的账面金额，与项目处理有关的控制的性质，或与特定项目（如更可能包含错报的那部分总体项目）有关的特殊考虑等。注册会计师通常根据金额对总体进行分层，这使注册会计师能够将更多审计资源投向金额较大的项目，而这些项目最有可能包含高估错报。

例如，为了函证应收账款，注册会计师可以将应收账款账户按其金额大小分为三层，即账户金额在100000元以上的；账户金额为5000～100000元的；账户金额在5000元以下的。然后，根据各层的重要性分别采取不同的处理方法。对于金额在100000元以上的应收账款账户，应进行全部函证；对于金额在5000～100000元以及5000元以下的应收账款账户，则可采用适当的选样方法选取进行函证的样本。

同样，注册会计师也可以根据表明更高错报风险的特定特征对总体分层，例如，在测试应收账款计价中的坏账准备时，注册会计师可以根据账龄对应收账款余额进行分层。

分层后的每一组子总体被称为一层，每层分别独立选取样本。对某一层中的样本项目实施审计程序的结果，只能用于推断构成该层的项目。如果注册会计师将某类交易或账户余额分成不同的层，需要对每层分别推断错报。在考虑错报对该类别的所有交易或账户余额的可能影响时，注册会计师需要综合考虑每层的推断错报。如果对整个总体得出结论，注册会计师应当考虑与构成整个总体的其他层有关的重大错报风险。

【例1-2019-单选题】运用审计抽样进行细节测试时，对总体进行分层可以提高抽样效率的是（　　）。

A．总体规模较大　　B．总体变异性较大　　C．误拒风险较高　　D．预计总体错报较高

【答案】B

学堂点拨

如果总体项目存在重大的变异性，注册会计师可以考虑将总体分层。分层可以降低每一层中项目的变异性，从而在抽样风险没有成比例增加的前提下减小样本规模，提高审计效率。

表 4-12　细节测试中影响样本规模的因素

影响因素	与样本规模的关系
可接受的误受风险	反向变动
可容忍错报	反向变动
预计总体错报	同向变动
总体规模	影响很小
总体的变异性	同向变动

【例2-2018-单选题】下列有关细节测试的样本规模的说法中，错误的是（　　）。

A．可容忍错报与样本规模反向变动

B．总体的变异性与样本规模同向变动

C．可接受的误受风险与样本规模同向变动

D．总体规模对样本规模的影响很小

【答案】C

学堂点拨

可接受的误受风险越低，需要获取的审计证据就越多，两者成反向变动。

（二）确定样本量

实施细节测试时，无论使用统计抽样还是非统计抽样方法，注册会计师都应当综合考虑上文所述的影响因素，运用职业判断和经验确定样本规模。

1．统计抽样样本量的确定

（1）货币单元抽样样本量的确定

①查表法

表4-13为细节测试中基于货币单元抽样法的样本量。该表中可接受的误受险为5%或10%，如果注册会计师需要其他误受险水平的抽样规模，必须使用统计抽样参考资料中的其他表格或计算机程序。例如，注册会计师确定的误受险为10%，可容忍错报与总体账面金额之比为5%，预计总体错报与可容忍错报之比为0.20，根据表4-13，注册会计师确定样本规模为69。

表 4-13　细节测试货币单元抽样样本规模

误受险	预计总体错报与可容忍错报之比	可容忍错报与总体账面金额之比										
		50%	30%	10%	8%	6%	5%	4%	3%	2%	1%	0.50%
5%		6	10	30	38	50	60	75	100	150	300	600
5%	0.10	8	13	37	46	62	74	92	123	184	368	736
5%	0.20	10	16	47	58	78	93	116	155	232	463	925
5%	0.30	12	20	60	75	100	120	150	200	300	600	1199
5%	0.40	17	27	81	102	135	162	203	270	405	809	1618
5%	0.50	24	39	116	145	193	231	289	385	577	1154	2308
10%		5	8	24	29	39	47	58	77	116	231	461
10%	0.20	7	12	35	43	57	69	86	114	171	341	682
10%	0.30	9	15	44	55	73	87	109	145	217	433	866
10%	0.40	12	20	58	72	96	115	143	191	286	572	1144
10%	0.50	16	27	80	100	134	160	200	267	400	799	1597

②公式法

注册会计师可以从表4-13中选择适当的保证系数，再运用公式法确定样本规模。

样本规模＝总体账面金额/可容忍错报×保证系数

沿上例，误受险为10%，预计总体错报与可容忍错报之比为0.20，根据表4-14，得出保证系数为3.41，由于可容忍错报与总体账面金额之比为5%，注册会计师确定的样本规模为69（3.41÷5%＝68.2，出于谨慎考虑，将样本规模确定为69），与表4-13得出的样本规模相同。

表 4-14 货币单元抽样确定样本规模时的保证系数

预计总体错报与可容忍错报之比	误受险								
	5%	10%	15%	20%	25%	30%	35%	37%	50%
0.00	3.00	2.31	1.90	1.61	1.39	1.21	1.05	1.00	0.70
0.05	3.31	2.52	2.06	1.74	1.49	1.29	1.12	1.06	0.73
0.10	3.68	2.77	2.25	1.89	1.61	1.39	1.20	1.13	0.77
0.15	4.11	3.07	2.47	2.06	1.74	1.49	1.28	1.21	0.82
0.20	4.63	3.41	2.73	2.26	1.90	1.62	1.38	1.30	0.87

（2）传统变样抽样样本量的确定

使用传统变量抽样方法时，注册会计师通常运用计算机程序确定适当的样本规模。如果总体缺乏变异性，传统变量抽样确定的样本量可能太小，注册会计师可以考虑使用“表4-13细节测试货币单元抽样样本规模”设定最小样本规模（假定预计不存在错报），或按照经验将最小样本规模确定为50～75。

2. 非统计抽样样本量的确定

如果使用非统计抽样，注册会计师可以利用“表4-13细节测试货币单元抽样样本规模”了解细节测试的样本规模，再考虑影响样本规模的各种因素及非统计抽样与货币单位抽样之间的差异，运用职业判断确定所需的适当样本规模。例如，如果在设计非统计抽样时没有对总体进行分层，考虑到总体的变异性，注册会计师可能将样本规模调增50%。

三、选取样本并对其实施审计程序

注册会计师应当仔细选取样本，以使样本能够代表抽样总体的特征。注册会计师可以根据具体情况，从简单随机选样、系统选样或随意选样中挑选适当的选样方法选取样本，也可以使用计算机辅助审计技术提高选样的效果。

在选取样本之前，注册会计师通常先识别单个重大项目。然后，从剩余项目中选取样本，或者对剩余项目分层，并将样本规模相应分配给各层。注册会计师从每一层中选取样本，但选取的方法应当能使样本具有代表性。

货币单元抽样以货币单元作为抽样单元，因为总体中的每一个货币单元都有相同的规模，项目被选取的概率与其货币金额大小成比例，因而无须分层。

如果用系统选样法选取样本，注册会计师需要先确定选样间隔，即用总体账面金额除以样本规模，得到样本间隔，然后在第一个间隔中确定一个随机起点，从这个随机起点开始，按照选样间隔，从总体中顺序选取样本，注册会计师再对包含被选取货币单元的账户余额或交易（即逻辑单元）实施检查。

注册会计师应对选取的每一个样本实施适合于具体审计目标的审计程序。无法对选取的项目实施检查时，注册会计师应当考虑这些未检查项目对样本评价结果的影响。如果未检查项目中可能存在的错报不会改变注册会计师对样本的评价结果，注册会计师无须检查这些项目；反之，注册会计师应当实施替代程序，获取形成结论所需的审计证据。注册会计师还要考虑无法实施检查的原因是否影响计划的重大错报风险评估水平或舞弊风险的评估水平。

选取的样本中可能包含未使用或无效的项目，注册会计师应当考虑设计样本时是如何界定总体的。如果总体包含所有的支票（无论是已签发支票，还是空白支票），注册会计师需要考虑样本中包含一个或多个空白支票的可能性。考虑到这种可能性，注册会计师可能希望比最低样本规模稍多选取一些项目，对多余的项目只在需要作为替代项目时才进行检查。

知识点3 评价样本结果阶段（★★★）

一、推断总体的错报

注册会计师应当根据样本结果推断总体的错报。如果在期中实施细节测试时用到审计抽样，注册会计师只能根据样本结果推断从中选取样本的总体的错报金额。注册会计师需要实施进一步审计程序，以确定能否将期中测试得出的结论合理延伸至期末。

【注意】未回函的消极函证不能证明被询证者已收到询证函并验证其中包含的信息是正确的，因此注册会计师不能根据未回函的消极函证推断总体的错报。

根据样本中发现的错报金额估计总体的错报金额时，注册会计师可以使用均值法、比率法、差额法及货币单元抽样法等。

（一）使用货币单元抽样法推断总体错报

1. 如果逻辑单元的账面金额大于或等于选样间隔，推断的错报就是该逻辑单元的实际错报金额。

2. 如果逻辑单元的账面金额小于选样间隔，注册会计师首先计算存在错报的所有逻辑单元的错报百分比，这个百分比就是整个选样间隔的错报百分比（因为每一个被选取的货币单元都代表了整个选样间隔中的所有货币单元，即每个货币单元的错报是一样的），再用这个错报百分比乘以选样间隔，得出推断错报的金额。将所有这些推断错报汇总后，再加上在金额大于或等于选样间隔的逻辑单元中发现的实际错报，注册会计师就能计算出总体的错报金额。

例如，注册会计师确定的选样间隔是3000元，如果在样本中发现了3个高估错报，项目的账面金额分别为100元、200元和5000元，审定金额分别为0元、150元和4000元，则注册会计师推断的错报金额为4750元（100%×3000+25%×3000+1000）。

【理解要点】

1. 总体按间隔切割。

2. 每个货币单元错报一样，因此选取的样本代表该样本所在的选样间隔，样本发生了多少错报，它代表的选样间隔就等比例地存在多少错报。

3. 由样本错报推断至该选样间隔的错报，然后将发现的各个间隔的错报进行汇总，推断出总体错报。

（二）使用传统变量抽样推断总体错报

在细节测试中运用传统变量抽样时，常见的方法有以下三种：均值法、差额法和比率法。每种方法推断总体错报的方法各不相同。

1. 均值法

（1）均值法的关键点

用样本的审定均值作为推断总体的审定均值。

（2）均值法的应用步骤

①计算样本中所有项目审定金额的平均值。

②用样本平均值乘以总体规模得出总体金额的估计值。

③总体估计金额与总体账面金额之间的差额就是推断的总体错报。

【例3-简答题】A注册会计师对审计客户B公司2018年财务报表进行审计，在针对营业收入实施细节测试时，A注册会计师决定采用传统变量抽样方法实施统计抽样。甲公司2018年12月31日营业收入账面金额合计为600000000元。A注册会计师确定的总体规模为6000，样本规模为400，样本账面金额合计为24000000元，样本审定金额合计为16000000元。

要求：请代A注册会计师采用均值法推断收入的总体错报金额。

【答案】样本项目的平均审定金额＝16000000/400＝40000（元）；

总体的审定金额＝40000×6000＝240000000（元）；

推断的总体错报＝240000000－600000000＝-360000000（元）。

2．差额法

（1）差额法的关键点

用样本的平均错报作为推断总体的平均错报。

（2）差额法的应用步骤

①计算样本平均错报。

②用平均错报乘以总体规模来推断总体错报金额估计数据。

③将总体错报估计数与可容忍错报比较。

【例4-简答题】A注册会计师对审计客户B公司2018年财务报表进行审计，在针对营业收入实施细节测试时，A注册会计师决定采用传统变量抽样方法实施统计抽样。甲公司2018年12月31日营业收入账面金额合计为600000000元。A注册会计师确定的总体规模为6000，样本规模为400，样本账面金额合计为24000000元，样本审定金额合计为16000000元。

要求：请代A注册会计师采用差额法推断收入的总体错报金额。

【答案】样本平均错报＝（16000000－24000000）/400＝-20000（元）；

推断的总体错报＝-20000×6000＝-120000000（元）。

3．比率法

（1）比率法的关键点

样本审定与样本账面的比率和总体审定与总体账面的比率一致。

（2）比率法的应用步骤

①计算样本审定金额与样本账面金额的比率。

②用总体账面金额乘以比率得出估计的总体实际金额。

③估计的总体实际金额与总体账面金额之间的差额就是推断的总体错报。

【例5-简答题】A注册会计师对审计客户B公司2018年财务报表进行审计，在针对营业收入实施细节测试时，A注册会计师决定采用传统变量抽样方法实施统计抽样。甲公司2018年12月31日营业收入账面金额合计为600000000元。A注册会计师确定的总体规模为6000，样本规模为400，样本账面金额合计为24000000元，样本审定金额合计为16000000元。

要求：请代A注册会计师采用比率方法推断收入的总体错报金额。

【答案】

比率＝16000000/24000000＝0.67；

估计的总体实际金额＝600000000×0.67＝402000000（元）；

推断的总体错报＝402000000－600000000＝-198000000（元）。

【注意】如果未对总体进行分层，注册会计师通常不使用均值法，因为此时所需的样本规模可能太大，不符合成本效益原则。

比率法和差额法都要求样本项目存在错报，如果样本项目的审定金额和账面金额之间没有差异，这两种方法使用的公式所隐含的机理就会导致错误的结论。注册会计师在评价样本结果时常常用到比率法和差额法，如果发现错报金额与项目的金额紧密相关，注册会计师通常会选择比率法；如果发现错报金额与项目的数量紧密相关，注册会计师通常会选择差额法。不过，如果注册会计师决定使用统计抽样，且预计没有差异或只有少量差异，就不应使用比率法和差额法，而考虑使用其他的替代方法，如均值法或货币单元抽样。

二、考虑抽样风险

在细节测试中，推断的错报是注册会计师对总体错报作出的最佳估计。如果推断的错报总额低于可容忍错报，注册会计师要考虑即使总体的实际错报金额超过可容忍错报，仍可能出现这一情况的风险。

（一）统计抽样考虑抽样风险

1. 货币单元抽样考虑抽样风险

在货币单元抽样中，注册会计师通常使用货币单元抽样评价样本结果时的保证系数表，考虑抽样风险的影响，计算总体错报的上限。

表 4-15　货币单元抽样评价样本结果时的保证系数

高估错报的数量	误受险								
	5%	10%	15%	20%	25%	30%	35%	37%	50%
0	3.00	2.31	1.90	1.61	1.39	1.21	1.05	1.00	0.70
1	4.75	3.80	3.38	3.00	2.70	2.44	2.22	2.14	1.68
2	6.30	5.33	4.73	4.28	3.93	3.62	3.35	3.25	2.68
3	7.46	6.69	6.02	5.52	5.11	4.77	4.46	4.35	3.68
4	9.16	8.00	7.27	6.73	6.28	5.90	5.55	5.43	4.68
5	10.52	9.28	8.50	7.91	7.43	7.01	6.64	6.50	5.68
……	……	……	……	……	……	……	……	……	……
20	29.07	27.05	25.74	24.73	23.89	23.15	22.47	22.22	20.67

（1）如果在样本中没有发现错报，总体错报的上限＝保证系数×选样间隔。

没有发现错报时估计的总体错报上限也被称作“基本精准度”。

例如，如果误受险为5%，选样间隔为3000元，注册会计师没有在样本中发现错报，总体错报的上限为9000元（3×3000）。

（2）如果在账面金额大于或等于选样间隔的逻辑单元中发现了错报，无论该错报的百分比是否为100%，总体错报的上限＝事实错报＋基本精确度。

例如，如果误受险为5%，选样间隔为3000元，注册会计师在样本中发现1个错报，该项目的账面金额为5000元，审定金额为4000元，总体错报的上限为10000元（1000＋3×3000）。

又例如，如果误受险为5%，选样间隔为3000元，注册会计师在样本中发现1个错报，该项目的账面金额为5000元，审定金额为0元，总体错报的上限为14000元（5000＋3×3000）。注册会计师还要将计算出来的总体错报上限，与在需要实施100%检查的其他项目中发现的事实错报累计起来。

（3）如果在账面金额小于选样间隔的逻辑单元中发现了错报，需要分两种情况考虑：

①发现了错报百分比为100%的错报，总体错报的上限＝保证系数×选样间隔。

例如，如果误受险为5%，选样间隔为3000元，注册会计师在样本中发现1个错报，该项目的账面金额为20元，审定金额为0元，则总体错报的上限为14250元（4.75×3000）。

②发现了错报百分比低于100%的错报，注册会计师先计算推断错报，再将推断错报按金额降序排列后，分别乘以对应的保证系数增量（即在既定的误受风险水平下，特定数量的高估错报所对应的保证系数与上一行保证系数之间的差异），加上基本精确度之后，最终计算出总体错报的上限。总体错报的上限＝推断错报×保证系数的增量＋基本精确度。

例如，如果误受险为5%，选样间隔为3000元，注册会计师在样本中发现2个错报，账户A的账面金额为2000元，审定金额为1500元，推断错报为750元（500÷2000×3000）；账户B的账面金额为1000元，审定金额为200元，推断错报为2400元（800÷1000×3000）。

将推断错报按金额降序排列后，由表4–15可知，在5%的误受风险水平下，账户A对应的保证系数增量1.55，账户B对应的保证系数增量为1.75。因此，总体错报的上限为14363元（2400×1.75＋750×1.55＋3×3000）。

【理解】账面金额小于选样间隔的逻辑单元发现了错报百分比为100%的错报，总体错报的上限＝保证系数×选样间隔，为什么这里没有加上基本精准度？［（3）①的情况］

用推断错报的思路其实是需要加上基本精准度的。

如果样本发现100%的错报，则间隔错报也为100%，比如账面金额为20，审定金额为0，选样间隔为3000，那么就是百分之百的高估，推断错报就是100%×3000＝3000，那么再由推断错报乘以保证系数的增量＋基本精确度＝3000×1.75＋3.00×3000＝（1.75＋3.00）×3000＝4.75×3000。

如果样本中既有账面金额大于或等于选样间隔的逻辑单元，又有账面金额小于选样间隔的逻辑单元，而且在账面金额小于选样间隔的逻辑单元中，既发现了错报百分比为100%的错报，又发现了错报百分比低于100%的错报。注册会计师可以将所有样本项目分成两组：

第一组是账面金额大于或等于选样间隔的逻辑单元，注册会计师计算出该组项目的事实错报；

第二组是账面金额小于选样间隔的逻辑单元，无论该组项目的错报百分比是否为100%，注册会计师要都先计算出各项目的推断错报，再将所有推断错报按金额降序排列后，分别乘以对应的保证系数增量，并将计算结果累计起来。用这个累计结果加上基本精确度，再加上第一组项目中的事实错报，就是最终总体错报的上限。

在货币单元抽样中，注册会计师将总体错报的上限与可容忍错报进行比较。如果总体错报的上限小于可容忍错报，注册会计师可以初步得出结论，样本结果支持总体的账面金额。

注册会计师还应将推断错报（排除被审计单位管理层已更正的事实错报）与其他事实错报和推断错报汇总，以评价财务报表整体是否可能存在重大错报。

2. 传统变量抽样考虑抽样风险（无须掌握）

（二）非统计抽样考虑抽样风险

在非统计抽样中，注册会计师运用职业判断和经验考虑抽样风险。

1. 推断的总体错报远远低于可容忍错报，注册会计师可能合理确信，总体实际错报金额超过可容忍错报的抽样风险很低，因而可以接受。

2. 如果推断的错报总额接近或超过可容忍错报，注册会计师通常得出总体实际错报超过可容忍错报的结论。

3. 当推断的错报总额与可容忍错报的差距既不很小又不很大时，注册会计师应当仔细考虑，总体实际错报超过可容忍错报的风险是否高得无法接受。这种情况下，注册会计师可能会扩大样本规模以降低抽样风险的影响，增加的样本量通常至少是初始样本量的一倍。

4. 如果推断的错报大于注册会计师确定样本规模时预计的总体错报，注册会计师也可能得出结论，认为总体实际错报金额超过可容忍错报的抽样风险是不可接受的。

三、考虑错报的性质和原因

除了评价错报的金额和频率以及抽样风险之外，注册会计师还应当考虑：1. 错报的性质和原因，是原则还是应用方面的差异？是错误还是舞弊导致？是误解指令还是粗心大意所致？2. 错报与审计工作其他阶段之间可能存在的关系。

四、得出总体结论

在推断总体的错报，考虑抽样风险，分析错报的性质和原因之后，注册会计师需要运用职业判断得出总体结论。如果样本结果不支持总体账面金额，且注册会计师认为账面金额可能存在错报，注册会计师通常会建议被审计单位对错报进行调查，并在必要时调整账面记录。依据被审计单位已更正的错报对推断的总体错报额进行调整后，注册会计师应当将该类交易或账户余额中剩余的推断错报与其他交易或账户余额中的错报总额累计起来，以评价财务报表整体是否存在重大错报。无论样本结果是否表明错报总额超过了可容忍错报，注册会计师都应当要求被审计单位的管理层记录已发现的事实错报（除非明显微小）。

如果样本结果表明注册会计师作出抽样计划时依据的假设有误，注册会计师应当采取适当的行动。例如，如果细节测试中发现的错报的金额或频率大于依据重大错报风险的评估水平作出的预期，注册会计师需要考虑重大错报风险的评估水平是否仍然适当。注册会计师也可能决定修改对重大错报风险评估水平低于最高水平的其他账户拟实施的审计程序。

第五章　信息技术对审计的影响

本章思维导图

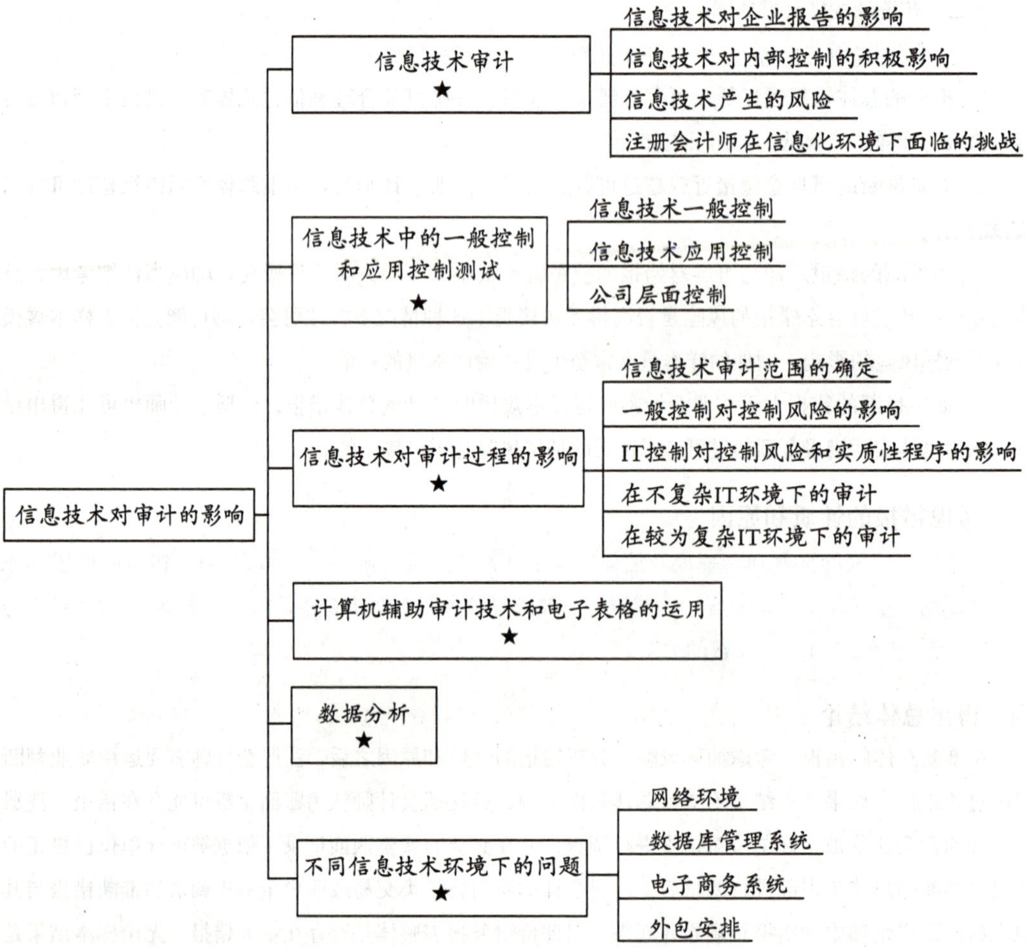

本章知识点精讲

第一节　信息技术审计

微信扫一扫
习题免费练

知识点　信息技术对企业财务报告、内部控制的影响（★）

一、信息技术和财务报告的关系

（一）信息技术对财务核算的影响

1. 计算机输入和输出设备代替了手工记录。

2. 计算机显示屏和电子影像代替了纸质凭证。

3. 计算机文档代替了纸质日记账和分类账。

4. 网络通信和电子邮件代替了公司间的邮寄。

5. 管理需求固化到应用程序之中。

6. 灵活多样的报告代替了固定的定期报告。

7. 数据更加充分，信息实现共享。

8. 系统问题的存在比偶然性误差更为普遍。

（二）对注册会计师的要求

注册会计师在进行财务报表审计时，如果依赖相关信息系统所形成的财务信息和报告作为审计工作的依据，则需要在整个过程中考虑信息的准确性、完整性、授权体系及访问限制四个方面。

二、信息技术对内部控制的影响

（一）积极影响

概括地讲，自动控制能为企业带来以下好处：

1. 自动控制能够有效处理大流量交易及数据，因为自动信息系统可以提供与业务规则一致的系统处理方法；

2. 自动控制比较不容易被绕过；

3. 自动信息系统、数据库及操作系统的安全控制可以实现有效的职责分离；

4. 自动信息系统可以提高信息的及时性、准确性，并使信息变得更易获取；

5. 自动信息系统可以提高管理层对企业业务活动及相关政策的监督水平。

（二）特定风险

信息技术在改进被审计单位内部控制的同时，也产生了特定的风险：

1. 信息系统或相关系统程序可能会对数据进行错误处理，也可能会去处理那些本身就错误的数据；

2. 自动信息系统、数据库及操作系统的安全控制如果无效，会增加对数据信息非授权访问的风险；

3. 数据丢失风险或无法访问的风险，如系统瘫痪；

4. 不适当的人工干预，或人为绕过自动控制。

三、注册会计师在信息化环境下面临的挑战

1. 对业务流程发展和内部控制运作的理解。

2. 对信息系统相关审计风险的认识。

3. 审计范围的确定。

4. 审计内容的变化。

5. 审计线索的隐性化。

6. 审计技术改进的必要性。

7. 有待优化的知识结构。

8. 与专业团队充分协同工作。

第二节　信息技术中的一般控制和应用控制测试

知识点　信息技术中的一般控制、应用控制以及公司层面信息技术审计（★★）

在信息技术环境中，手工控制的基本原理与方式在信息环境下并不会发生实质性的改变，注册会计师仍需要按照标准执行相关的审计程序，而对于自动控制，就需要从信息技术一般控制审计、信息技术应用控制审计以及公司层面信息技术控制审计三方面进行考虑。

微信扫一扫
习题免费练

一、信息技术一般控制与应用控制审计

表 5-1　信息技术一般控制与应用控制审计

	信息技术一般控制	信息技术应用控制
概念	信息系统一般控制是指为了保证信息系统的安全，对整个信息系统以及外部各种环境要素实施的、对所有的应用或控制模块具有普遍影响的控制措施。信息技术一般控制通常会对实现部分或全部财务报表认定做出间接贡献。在有些情况下，信息技术一般控制也可能对实现信息处理目标和财务报表认定做出直接贡献。	信息技术应用控制是设计在计算机应用系统中的、有助于达到信息处理目标的控制。
包括内容	程序开发、程序变更、程序和数据访问以及计算机运行等四个方面。	信息技术应用控制一般要经过输入、处理及输出等环节。
要点	由于程序变更控制、计算机操作控制及程序数据访问控制影响到系统驱动组件的持续有效运行，注册会计师需要对上述三个领域实施控制测试。	和手工控制类似，系统自动控制关注的要素包括：完整性、准确性、存在和发生。所有的自动应用控制都会有一个手工控制与之相对应。例如，一笔交易被否定或者被做标记了，将会进行一个手工调查流程，并且被记录下来。在测试时，每个自动系统控制都要与其对应的手工控制一起进行测试，才能得到控制是否可信赖的结论。 自动系统控制造成的影响程度比信息技术一般控制要显著得多，并且需要进一步的手工调查。 信息技术应用控制审计关注点包括：1. 系统自动生成报告；2. 系统配置和科目映射；3. 接口控制；4. 访问和权限。

【例1-2018-单选题】下列有关信息技术一般控制的说法中，错误的是（　　）。

A. 信息技术一般控制只能对实现部分或全部财务报表认定做出间接贡献

B. 信息技术一般控制对所有应用控制具有普遍影响

C. 信息技术一般控制包括程序开发、程序变更、程序和数据访问以及计算机运行四个方面

D. 信息技术一般控制在保证信息系统的安全

【答案】A

学堂点拨

选项A，信息技术一般控制通常会对实现部分或全部财务报表认定做出间接贡献。在有些情况下，信息技术一般控制也可能对实现信息处理目标和财务报表认定做出直接贡献。

二、公司层面信息技术控制审计

常见的公司层面信息技术控制包括但不限于：

1. 信息技术规划的制定；
2. 信息技术年度计划的制定；
3. 信息技术内部审计机制的建立；
4. 信息技术外包管理；
5. 信息技术预算管理；
6. 信息安全和风险管理；
7. 信息技术应急预案的制定；
8. 信息系统架构和信息技术复杂性。

三、信息技术一般控制、应用控制与公司层面控制三者之间的关系

1. 公司层面控制影响公司信息技术一般控制和信息技术应用控制的部署和落实。

2. 注册会计师在执行信息技术一般控制和信息技术应用控制审计之前，会首先执行配套的公司层面信息技术控制审计，以了解公司的信息技术整体控制环境，并基于此识别出信息技术一般控制和信息技术应用控制的主要风险点以及审计重点。

3. 如果带有关键的编辑检查功能的应用系统所依赖的计算机环境发现了信息技术一般控制的缺陷，注册会计师可能就不能信赖上述编辑检查功能按设计发挥作用。此外，与安全和访问权限相关的控制缺陷可能导致数据录入不恰当地绕过合理性检查，而该合理性检查在其他方面将使系统无法处理金额超过最大容差范围的支付操作。

4. 公司层面信息技术控制是公司信息技术整体控制环境，决定了信息技术一般控制和信息技术应用控制的风险基调；信息技术一般控制是基础，信息技术一般控制的有效与否会直接关系到信息技术应用控制的有效性是否能够信任。

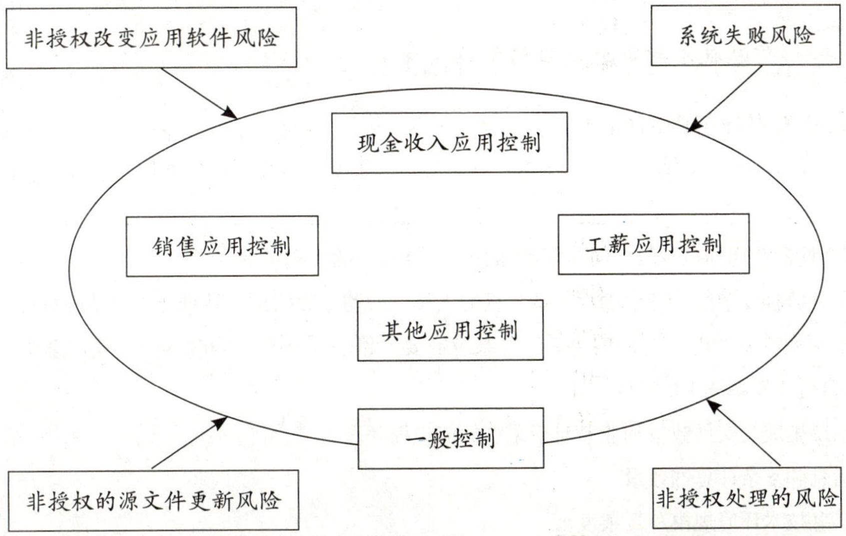

图 5-1 信息技术一般控制、应用控制与公司层面控制三者之间的关系

【例2-单选题】下列有关信息技术内部控制审计的表述中，不正确的是（　　）。

A．自动化控制下，也会给企业带来一些财务报表的重大错报风险

B．对信息技术下内部控制的审计，注册会计师需要从信息技术的一般控制和应用控制两方面进行

C．信息技术的一般控制通常能对实现信息处理目标和财务报告认定做出直接贡献

D．信息技术应用控制一般要经过输入、处理及输出等环节，自动系统控制关注信息处理目标包括：完整性、准确性、存在和发生

【答案】C

学堂点拨

选项C，信息技术的一般控制通常能对实现信息处理目标和财务报表认定做出间接贡献，不直接影响认定。所以选项C错误。

【例3-单选题】下列各项中，不属于信息技术控制的是（　　）。

A．对数据中心和网络运行的控制

B．对系统软件的购置、修改和维护的控制

C．对接触或访问权限的控制

D．对系统生成的例外报告进行人工干预的控制

【答案】D

学堂点拨

选项D属于人工控制活动。尽管注册会计师是在信息技术环境下开展财务报表审计，但是每一项自动化的控制都会有对应的人工控制，特别是对于例外事项的控制，依赖信息技术一般控制达不到控制的效果。

第三节　信息技术对审计过程的影响

微信扫一扫
习题免费练

知识点　信息技术对审计过程的影响（★）

一、信息技术审计范围的确定

如果注册会计师计划依赖自动控制或自动信息系统生成的信息，那么他们就需要适当扩大信息技术审计的内容。

注册会计师在规划审计策略时，需要结合被审计单位的下列情况：

1．业务流程复杂度。考虑因素包括流程的人员、活动、数据量、处理方式及依赖程度等。

2．信息系统复杂度。评估信息系统复杂度需要大量职业判断，同时受到所使用系统类型（如商业软件或自行研发系统）的影响。

3．系统生成的交易数量和业务对于系统的依赖程度。

4．信息和复杂计算的数量。

5．信息技术环境规模和复杂度。

（1）评估信息技术环境的规模和复杂度时，应当主要考虑产生财务数据的信息系统数量、信息系统接口以及数据传输方式、信息部门的结构与规模、网络规模、用户数量、外包及访问方式（例如

本地登录或远程登录）。

（2）信息技术环境复杂并不一定意味着信息系统是复杂的，反之亦然。

【例1-2020-单选题】下列各项中，不受被审计单位信息系统的设计和运行直接影响的是（ ）。

A．审计风险的评估　　B．注册会计师对被审计单位业务流程的了解

C．需要收集的审计证据的性质　　D．财务报表审计目标的制定

【答案】D

学堂点拨

注册会计师必须更深入了解企业的信息技术应用范围和性质，因为系统的设计和运行对审计风险的评价、业务流程和控制的了解、审计工作的执行以及需要收集的审计证据的性质都有直接的影响。

【例2-2019-单选题】下列有关信息技术对审计的影响的说法中，错误的是（ ）。

A．被审计单位对信息技术的运用不改变注册会计师制定审计目标，进行风险评估和了解内部控制的原则性要求

B．被审计单位对信息技术的运用影响注册会计师需要获取的审计证据的性质

C．被审计单位对信息技术的运用不影响注册会计师需要获取的审计证据的数量

D．被审计单位对信息技术的运用影响审计内容

【答案】C

学堂点拨

如果注册会计师计划依赖自动控制或自动信息系统生成的信息，那么就需要适当扩大信息技术审计的范围。因此被审计单位对信息技术的运用影响注册会计师需要获取的审计证据的数量。

【例3-2016-单选题】下列有关注册会计师评估被审计单位信息系统复杂度的说法中，错误的是（ ）。

A．评估信息系统的复杂度，需要考虑系统生成的交易数量

B．信息技术环境复杂，意味着信息系统也是复杂的

C．对信息系统复杂度的评估，受被审计单位所使用的系统类型的影响

D．评估信息系统的复杂度，需要考虑系统中进行的复杂计算数量

【答案】B

学堂点拨

信息技术环境复杂并不一定意味着信息系统是复杂的，两者没有必然联系。

【例4-多选题】注册会计师在规划审计策略时，需要根据具体情况对信息技术审计范围加以考虑。通常需要考虑的因素有（ ）。

A．企业业务流程的复杂度　　B．信息系统复杂度

C．系统生成的交易数量　　D．信息技术环境规模和复杂度

【答案】ABCD

学堂点拨

注册会计师在确定审计策略时，需要结合被审计单位业务流程复杂度、信息系统复杂度、系统生成的交易数量和业务对于系统的依赖程度、信息和复杂计算的数量、信息技术环境规模和复杂度等五个方面，对信息技术审计范围进行适当考虑。选项A、B、C、D均正确。

二、信息技术一般控制对控制风险的影响

1. 信息技术一般控制对应用控制的有效性具有普遍性影响。
2. 无效的一般控制增加了应用控制不能防止或发现并纠正认定层次重大错报风险的可能性。
3. 如果一般控制有效，注册会计师可以更多地信赖应用控制。
4. 注册会计师通常优先评估公司层面信息技术控制和信息技术一般控制的有效性。

三、IT控制对控制风险和实质性程序的影响

如果针对某一审计目标，注册会计师能够识别出有效的应用控制，在通过测试确定其运行有效后，注册会计师能够减少实质性程序。

四、在不太复杂IT环境下的审计

注册会计师采用传统审计，即“绕过计算机审计”。在此情形下，注册会计师仍需要了解信息技术的一般控制和应用控制，但不测试其运行有效性，即不依赖其降低评估的控制风险水平，更多的审计工作将依赖非信息技术类审计方法。

五、在较为复杂IT环境下的审计

在面临较为复杂IT环境下的审计，“绕过计算机审计”就不可行，注册会计师需要更多运用各项审计技术和审计工具开展具体的审计工作。

第四节　计算机辅助审计技术和电子表格的运用

微信扫一扫
习题免费练

知识点　计算机辅助审计技术和电子表格的运用（★）

一、类型

（一）面向系统的计算机辅助审计技术

包括平行模拟、测试数据、嵌入审计模块法、程序编码审查、程序代码比较和跟踪、快照等方法。

（二）面向数据的计算机辅助审计技术

包括数据查询、账表分析、审计抽样、统计分析、数值分析等方法。

二、优点

提高审计效率，节约审计时间和成本。

三、应用

（一）计算机辅助技术的应用

控制测试、实质性程序、舞弊检查领域均可应用。

（二）计算机辅助工具的应用

数据库和专业工具的应用。例如，Excel电子表格。

四、Excel电子表格面临的固有风险

1. 输入错误：录入、引用和剪贴中出现错误。
2. 逻辑错误：公式错误。
3. 接口错误：系统间的传输错误。
4. 其他错误。

【例–多选题】关于计算机辅助审计对审计的影响，以下陈述中，恰当的有（　　）。

A．计算机辅助审计技术大大提高了审计工作的效率和效果

B．计算机辅助审计能满足审阅大量的交易数量

C．计算机辅助审计可以用于审计抽样

D．计算机辅助审计不便用于控制测试

【答案】ABC

学堂点拨

计算机辅助审计技术也可用于测试控制的有效性，选择少量的交易，并在系统中进行穿行测试，从而确定是否存在控制失效的情况。

第五节　数据分析

微信扫一扫
习题免费练

知识点　数据分析（★）

一、数据分析的概念

对审计而言，数据分析是注册会计师获取审计证据的一种手段，是指注册会计师在计划和执行审计工作时，通过对内部或外部数据进行分析、建模或可视化处理，以便发现其中隐藏的模式、偏差或不一致，从而揭示对审计有用的信息的方法。

二、数据的获取方式

1. 自行获取数据：使用客户系统只读账号进行生成。
2. 使用管理层提取并验证的数据：对管理层的数据提取和验证过程执行控制测试。

三、数据的质量

数据分析是通过数据结构中的字段来提取数据，而不是通过数据记录的格式，分析质量的提高程度取决于以正确方式提取、分析和连接的基础数据。

四、数据分析运用环节

数据分析工具可用于风险分析、交易和控制测试、分析性程序，用于为判断提供支撑并提供见解。例如，一些常规分析工具可以提供审计证据，为会计估计的计算方法是否适当的判断提供支持。

五、数据分析的作用及应用

数据分析工具可以提高审计质量。审计质量不在于工具本身，而是在于分析和相应判断的质量。这种价值不在于数据转换，而是在于从分析产生的交谈和询问中提取的审计证据。

六、数据分析面临的挑战

（一）数据接口

注册会计师需要为客户的系统开发接口和映射编码，以便能够从系统中提取数据。

（二）数据转换

注册会计师需要决策对数据进行的转换和改变，以便实现数据的可用性。

（三）数据容量

数据分析的规模和范围可能超出标准服务器的容量。

（四）数据保留

注册会计师需要考虑保留数据的方式，以满足审计准则的文件记录要求。

第六节　不同信息技术环境下的问题

微信扫一扫
习题免费练

知识点　不同信息技术环境下的问题（★）

一、网络环境

分布于不同位置的服务器的安全、数据和信息的分布及同步、管理监督以及兼容性问题。

二、数据库管理系统

存在多重使用者能够访问和修改共享数据的风险。因此需要实施严格的数据库管理和接触控制，以及数据安全备份制度。

三、电子商务系统

交易信息在网上传输，容易被拦截、篡改和不当获取，需要采取相应的安全控制。此外，被审计单位的会计信息系统可能与交易对方的系统相连接，产生了互相依赖的风险，即交易一方的风险部分取决于交易对手如何识别和管理其自身系统中的风险。

四、外包安排

（一）含义

信息技术外包指被审计单位将信息技术职能外包给专门的服务机构。

（二）总体程序

当外包安排构成被审计单位与财务报告相关的信息系统或业务流程的一部分：

1．了解服务机构中与内部控制相关的控制以及针对服务机构活动所实施的控制；

2．获取相关控制运行有效性的证据。

（三）控制测试

1．了解服务机构注册会计师对服务机构内部控制有效性出具的报告或与控制测试相关的商定程序报告。

2．测试被审计单位对服务机构活动的控制。

3．对服务机构实施控制测试。

（四）获取外部报告

如果可以获取服务机构注册会计师对服务机构内部控制有效性出具的报告，注册会计师应考虑下列因素：

1．控制测试涵盖的期间以及与管理层评估时间点的关系；

2．测试涵盖的范围、测试的控制及其与企业控制的关联度；

3．控制测试结果以及服务机构注册会计师对控制运行有效性发表的意见。

第六章 审计工作底稿

本章思维导图

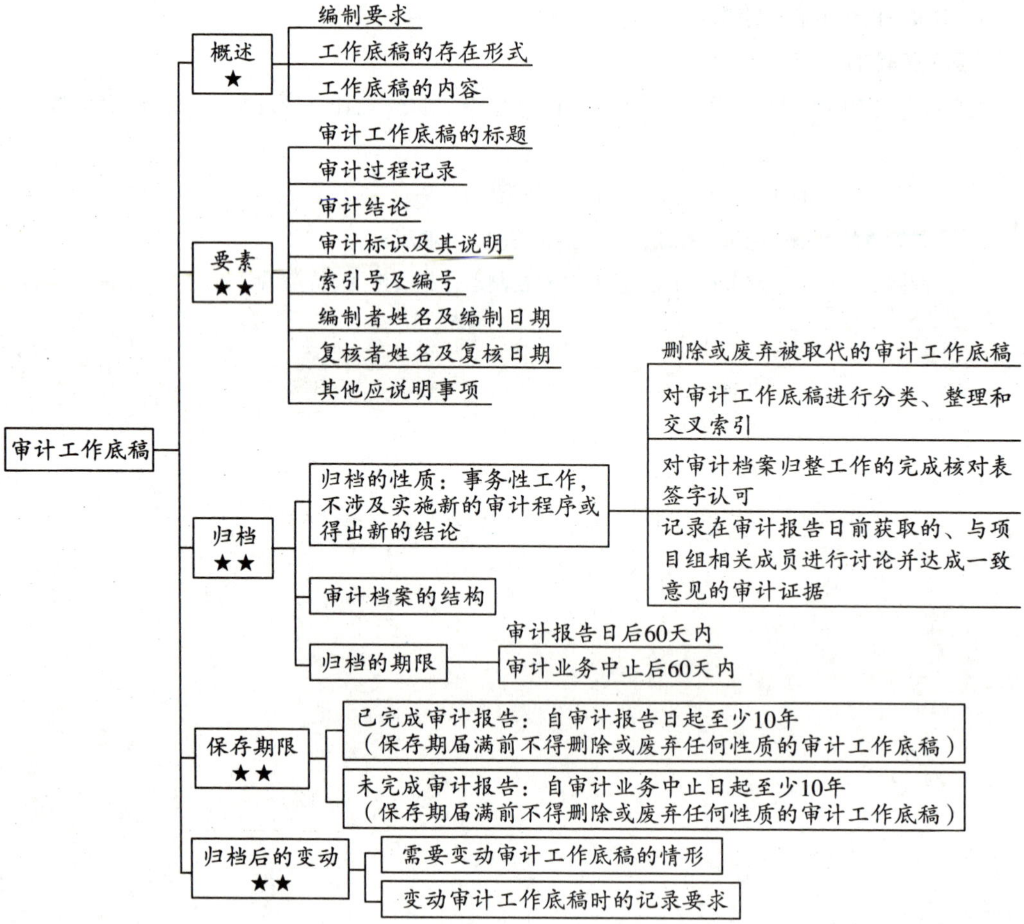

本章知识点精讲

第一节 审计工作底稿概述

微信扫一扫
习题免费练

知识点提示

审计工作底稿是审计证据的载体，其含义、目的、编制要求只需稍微了解，但其格式、要素和范围需要掌握。

通常，审计工作底稿包括下列全部或部分要素：

1．审计工作底稿的标题；2．审计过程记录；3．审计结论；4．审计标识及其说明；5．索引号及编号；6. 编制者姓名及编制日期；7. 复核者姓名及复核日期；8. 其他应说明事项。

其中审计过程记录，包括特定项目或事项的识别特征、重大事项及相关重大职业判断、针对重大事项如何处理矛盾或不一致的情况，需重点掌握。

审计工作底稿归档是一项事务性的工作，应在审计报告日后60天内归档完毕。如果注册会计师未能完成审计业务，审计工作底稿的归档期限为审计业务中止后的60天内。这里大家重点关注审计工作底稿归档后哪些情况下需要修改审计工作底稿以及修改的要求。

知识点 审计工作底稿的含义、目的、编制要求、性质（★）

一、审计工作底稿的含义（了解）

审计工作底稿，是指注册会计师对制定的审计计划、实施的审计程序、获取的相关审计证据，以及得出的审计结论作出的记录。审计工作底稿是审计证据的载体，是注册会计师在审计过程中形成的审计工作记录和获取的资料。它形成于审计过程，也反映整个审计过程。可用于项目质量复核、监督会计师事务所、第三方检查等。

表 6-1 审计工作底稿通常包括和不包括的内容

审计工作底稿包括的内容	1. 业务约定书。 2. 总体审计策略、具体审计计划及修改痕迹。 3. 分析表、核对表和问题备忘录、重大事项概要。 4. 往来函件。 5. 声明。 6. 被审计单位文件记录的摘要或复印件。 7. 管理建议书。 8. 内部或外部会议纪要。 9. 与第三方的沟通文件。 10. 错报汇总表。 但是，审计工作底稿并不能代替被审计单位的会计记录。
审计工作底稿不包括的内容	1. 草稿的：已被取代的审计工作底稿的草稿或财务报表的草稿。 2. 初级的：反映不全面或初步思考的记录。 3. 错误的：存在印刷错误或其他错误而作废的文本。 4. 重复的：重复的文件、记录等。

二、审计工作底稿的编制目的（了解）

注册会计师应当及时编制审计工作底稿，以实现下列目的：

1. 提供充分、适当的记录，作为审计报告的基础；2. 提供证据，证明注册会计师已经按照审计准则和相关法律法规的规定计划和执行了审计工作；3. 有助于项目组计划和执行审计工作；4. 有助于负责督导的项目组成员按照审计准则的规定，履行指导、监督与复核审计工作的责任；5. 便于项目组说明其执行审计工作的情况；6. 保留对未来审计工作持续产生重大影响的事项的记录；7. 便于会计师事务所实施项目质量复核与检查；8. 便于监管机构和注册会计师协会根据相关法律法规或其他相关要求，对会计师事务所实施执业质量检查。

【例1-2020-单选题】下列各项中，不属于编制审计工作底稿目的的是（　　）。

A．有助于项目组计划和执行审计工作

B．有助于为涉及诉讼的被审计单位提供证据

C．便于监管机构对会计师事务所实施执业质量检查

D．便于项目组说明执行审计工作的情况

【答案】B

学堂点拨

编制审计工作底稿还可以实现下列目的：1．有助于项目组计划和执行审计工作；2．有助于负责督导的项目组成员按照《中国注册会计师审计准则第1121号——对财务报表审计实施的质量管理》的规定，履行指导、监督与复核审计工作的责任；3．便于项目组说明其执行审计工作的情况；4．保留对未来审计工作持续产生重大影响的事项的记录；5．便于会计师事务所实施项目质量复核与检查；6．便于监管机构和注册会计师协会根据相关法律法规或其他相关要求，对会计师事务所实施执业质量检查。

【例2-2017-多选题】下列各项中，属于注册会计师编制审计工作底稿的目的的有（　　）。

A．有助于审计项目组计划和执行审计工作

B．便于后任注册会计师查阅

C．便于监管机构对会计师事务所实施执业质量检查

D．保留对未来审计工作连续产生重大影响的事项的记录

【答案】ACD

学堂点拨

注册会计师编制审计工作底稿的目的:

1．提供充分、适当的记录，作为出具审计报告的基础；

2．提供证据，证明注册会计师已按照审计准则和相关法律法规的规定计划和执行了审计工作；

3．有助于负责督导的项目组成员按照《中国注册会计师审计准则第1121号——对财务报表审计实施的质量管理》的规定，履行指导、监督与复核审计工作的责任；

4．便于项目组说明其执行审计工作的情况；

5．便于会计师事务所实施项目质量复核与检查。编制审计工作底稿的目的不包括方便后任注册会计师查阅，选项B错误。

三、审计工作底稿的编制要求（了解）

注册会计师编制的审计工作底稿，应当使得未曾接触该项审计工作的有经验的专业人士清楚地了解：1．按照审计准则的规定实施的审计程序的性质、时间安排和范围；2．实施审计程序的结果和获取的审计证据；3．审计中遇到的重大事项和得出的结论，以及在得出结论时作出的重大职业判断。

有经验的专业人士，是指对下列方面有合理了解的人士：

1．审计过程；2．相关法律法规和审计准则的规定；3．被审计单位所处的经营环境；4．与被审计单位所处行业相关的会计和审计问题。

四、审计工作底稿的性质（熟悉）

（一）审计工作底稿的存在形式

审计工作底稿可以以纸质、电子或其他介质形式存在。

（二）审计工作底稿的保存

电子等形式的底稿，可以通过打印转换成纸质底稿，并一起归档；同时，单独保存这些电子或其他介质形式存在的审计工作底稿。

（三）针对审计工作底稿设计和实施的控制

无论审计工作底稿以哪种形式存在，会计师事务所应当针对审计工作底稿的设计和实施适当控制，以实现下列目的：

1．使审计工作底稿清晰地显示其生成、修改及复核的时间和人员；2．在审计业务的所有阶段，尤其是在项目组成员共享信息或通过互联网将信息传递给其他人员时，保护信息的完整性和安全性；3．防止未经授权改动审计工作底稿；4．允许项目组和其他经授权的人员为适当履行职责而接触审计工作底稿。

【例3-2009-多选题】编制的审计工作底稿应当使未曾接触该项审计工作的有经验的专业人士清楚了解审计程序、审计证据和重大审计结论。下列条件中，有经验的专业人士应当具备的有（　　）。

A．了解相关法律法规和审计准则的规定　　B．在会计师事务所长期从事审计工作

C．了解与被审计单位所处行业相关的会计和审计问题　　D．了解注册会计师的审计过程

【答案】ACD

学堂点拨

有经验的专业人士是指对以下方面有合理了解的人士：1．审计过程；2．审计准则和相关法律法规的规定；3．被审计单位所处的经营环境；4．与被审计单位所处行业相关的会计和审计问题。并不要求在会计师事务所长期从事审计工作，所以选项B错误。

第二节　审计工作底稿的格式、要素和范围

微信扫一扫
习题免费练

知识点1　审计工作底稿的格式、要素和范围（★★）

一、确定审计工作底稿的格式、要素和范围时应考虑的因素

审计工作底稿的格式、要素和范围取决于诸多因素，例如：

1．被审计单位的规模和复杂程度；2．拟实施审计程序的性质（存货监盘、应收账款函证）；3．识别出的重大错报风险；4．已获取的审计证据的重要程度；5．识别出的例外事项的性质和范

围；6. 当从已执行审计工作或获取审计证据的记录中不易确定结论或结论的基础时，记录结论或结论基础的必要性；7. 审计方法和使用的工具。

【例1-2020-单选题】下列各项因素中，注册会计师在确定审计工作底稿的要素和范围时通常无需考虑的是（　　）。

A. 审计程序的范围　　　　B. 已获取的审计证据的重要程度

C. 识别出的例外事项的性质　　　　D. 审计方法

【答案】A

学堂点拨

审计工作底稿的格式、要素和范围取决于诸多因素，例如：1. 被审计单位的规模和复杂程度；2. 拟实施审计程序的性质；3. 识别出的重大错报风险；4. 已获取的审计证据的重要程度；5. 识别出的例外事项的性质和范围；6. 当从已执行审计工作或获取审计证据的记录中不易确定结论或结论的基础时，记录结论或结论基础的必要性；7. 审计方法和使用的工具。所以选项A审计程序的范围是注册会计师在确定审计工作底稿的要素和范围时通常无须考虑的因素。

二、审计工作底稿的要素（掌握）

通常，审计工作底稿包括下列全部或部分要素：

1. 审计工作底稿的标题；2. 审计过程记录；3. 审计结论；4. 审计标识及其说明；5. 索引号及编号；6. 编制者姓名及编制日期；7. 复核者姓名及复核日期；8. 其他应说明事项。

下面分别对以上所述要素中的第第1项至第7项进行说明。

（一）审计工作底稿的标题

每张审计工作底稿应当包括被审计单位的名称、审计项目的名称以及资产负债表日或底稿覆盖的会计期间。

（二）审计过程记录

在记录审计过程时，应当特别注意以下几个方面：具体项目或事项的识别特征；重大事项及相关重大职业判断；针对重大事项如何处理矛盾或不一致的情况。

1. 具体项目或事项的识别特征

识别特征是指被测试的项目或事项表现出的征象或标志。识别特征因审计程序的性质和所测试的项目或事项不同而不同。对某一个具体项目或事项而言，其识别特征通常具有唯一性，这种特性可以使其他人员根据识别特征在总体中识别该项目或事项并重新执行该测试。

如在对被审计单位生成的订购单进行细节测试时，注册会计师可能以订购单的日期和其唯一编号作为测试订购单的识别特征。

对于需要选取或复核既定总体内一定金额以上的所有项目的审计程序，注册会计师可能会以实施审计程序的范围作为识别特征，例如，银行存款日记账一定金额以上的所有会计分录。

对于需要系统化抽样的审计程序，注册会计师可能会通过记录样本的来源、抽样的起点及抽样间隔来识别已选取的样本，例如，若被审计单位对发运单顺序编号，测试的发运单的识别特征可以是对4月1日至9月30日的发运台账，从第12345号发运单开始每隔125号系统抽取发运单。

对于需要询问被审计单位中特定人员的审计程序，注册会计师可能会以询问的时间、被询问人的姓名及职位作为识别特征。

对于观察程序，注册会计师可能会以观察的对象或观察过程、观察的地点和时间作为识别特征。

2．重大事项通常包括：

（1）引起特别风险的事项；

（2）实施审计程序的结果，该结果表明财务信息可能存在重大错报，或需要修正以前对重大错报风险的评估和针对这些风险拟采取的应对措施；

（3）导致注册会计师难以实施必要审计程序的情形；

（4）导致出具非无保留意见或者带强调事项段、“与持续经营相关的重大不确定性”等段落的审计报告的事项。

3．针对重大事项如何处理矛盾或不一致的情况

如果识别出的信息与针对某重大事项得出的最终结论相矛盾或不一致，注册会计师应当记录形成最终结论时如何处理该矛盾或不一致的情况。

上述情况包括但不限于：

（1）注册会计师针对该信息执行的审计程序；（2）项目组成员对某事项的职业判断不同而向专业技术部门的咨询情况；（3）项目组成员和被咨询人员不同意见（如项目组与专业技术部门的不同意见）的解决情况。

对如何解决这些矛盾或不一致的记录要求并不意味着注册会计师需要保留不正确的或被取代的资料。

（三）审计结论

在记录审计结论时需注意，在审计工作底稿中记录的审计程序和审计证据是否足以支持所得出的审计结论。

（四）审计标识及其说明

（五）索引号及编号

（六）编制人员和复核人员及日期

在记录已实施审计程序的性质、时间和范围时，注册会计师应当记录：

1．审计工作的执行人员及完成该项审计工作的日期；2．审计工作的复核人员及复核的日期和范围；3．测试的具体项目或事项的识别特征。

在需要项目质量复核的情况下，还需要注明项目质量复核人员及复核的日期。

通常，需要在每一张审计工作底稿上注明执行审计工作的人员和复核人员、完成该项审计工作的日期以及完成复核的日期。

在实务中，如果若干页的审计工作底稿记录同一性质的具体审计程序或事项，并且编制在同一个索引号中，此时可以仅在审计工作底稿的第一页上记录审计工作的执行人员和复核人员并注明日期。

学堂点睛

- 审计过程记录
  - 特定项目或事项的识别特征
    - 1. 在对被审计单位生成的订购单进行细节测试时，注册会计师可能以订购单的日期或编号作为测试订购单的识别特征。
    - 2. 对于需要选取或复核既定总体内一定金额以上的所有项目的审计程序，注册会计师可能会以实施审计程序的范围作为识别特征。
    - 3. 对于需要系统化抽样的审计程序，注册会计师可能会通过记录样本的来源、抽样的起点及抽样间隔来识别已选取的样本。
    - 4. 对于需要询问被审计单位中特定人员的审计程序，注册会计师可能会以询问的时间、被询问人的姓名及职位作为识别特征。
    - 5. 对于观察程序，注册会计师可能会以观察的对象或观察过程、观察的地点和时间作为识别特征。
  - 重大事项
    - 重大事项通常包括：
      1. 引起特别风险的事项；
      2. 实施审计程序的结果，该结果表明财务信息可能存在重大错报，或需要修正以前对重大错报风险的评估和针对这些风险拟采取的应对措施；
      3. 导致注册会计师难以实施必要审计程序的情形；
      4. 导致出具非无保留审计报告的事项。
    - 注册会计师应当及时记录与管理层、治理层和其他人员对重大事项的讨论，包括讨论的内容、时间、地点和参加人员。
  - 针对重大事项如何处理矛盾或不一致的情况
    - 如果识别出的信息与针对某重大事项得出的最终结论相矛盾或不一致，注册会计师应当记录形成最终结论时如何处理该矛盾或不一致的情况。
    - 内容包括但不限于注册会计师针对该信息执行的审计程序、项目组成员对某事项的职业判断不同而向专业技术部门的咨询情况，以及项目组成员和被咨询人员不同意见（如项目组与专业技术部门的不同意见）的解决情况。
    - 对如何解决这些矛盾或不一致的记录要求并不意味着注册会计师需要保留不正确的或被取代的资料。注册会计师无须保留这些错误的或不完整的信息。此外，对于职业判断的差异，若初步的判断意见是基于不完整的资料或数据，则注册会计师也无须保留这些初步的判断意见。

图 6-1 审计过程记录的归纳与总结

【例2-多选题】下列有关审计工作底稿格式、要素和范围的表述中，恰当的有（　　）。

A. 通常来说，对大型被审计单位进行审计形成的审计工作底稿，通常比对小型被审计单位进行审计形成的审计工作底稿要多

B. 在审计过程中，由于审计使用的工具不同，会导致审计工作底稿在格式、要素和范围上有所不同

C. 识别和评估的重大错报风险水平不同，可能会导致审计工作底稿的格式、要素和范围不同

D. 针对同一目标获取了不同审计证据，注册会计师可能区分其重要程度进行有选择性的记录

【答案】ABCD

学堂点拨

在确定审计工作底稿的格式、要素和范围时，注册会计师应当考虑的因素包括：被审计单位的规模和复杂程度；拟实施审计程序的性质；识别出的重大错报风险；已获取的审计证据的重要程度；识别出的例外事项的性质和范围；当从已执行审计工作或获取审计证据的记录中不易确定结论或结论的基础时，记录结论或结论基础的必要性；审计方法和使用的工具。所以选项A、B、C、D都正确。

知识点2 审计工作底稿的归档（★★）

一、审计工作底稿的变动

表 6-2 审计工作底稿的变动

归档期间	1．审计工作底稿的归档是会计师事务所的一项事务性的工作，主要体现在审计报告日前后一定时间完成： （1）在出具审计报告前，注册会计师应完成所有必要的审计程序，取得充分、适当的审计证据并得出适当的审计结论。 （2）在审计报告日后60天内将审计工作底稿归整为最终审计档案是一项事务性的工作，不涉及实施新的审计程序或得出新的结论。 2．如果在归档期间对审计工作底稿作出的变动属于事务性的，注册会计师可以作出变动，主要包括： （1）删除或废弃被取代的审计工作底稿； （2）对审计工作底稿进行分类、整理和交叉索引； （3）对审计档案归整工作的完成核对表签字认可； （4）记录在审计报告日前获取的、与审计项目组相关成员进行讨论并取得一致意见的审计证据。
归档后	1．一般情况下，在审计报告归档之后不需要对审计工作底稿进行修改或增加，注册会计师发现有必要修改现有审计工作底稿或增加新的审计工作底稿的情形主要有以下两种： （1）注册会计师已实施了必要的审计程序，取得了充分、适当的审计证据并得出了恰当的审计结论，但审计工作底稿的记录不够充分； （2）审计报告日后，发现例外情况要求注册会计师实施新的或追加审计程序，或导致注册会计师得出新的结论。例外情况主要是指审计报告日后发现与已审计财务信息相关，且在审计报告日已经存在的事实，该事实如果被注册会计师在审计报告日前获知，可能影响审计报告。例如，注册会计师在审计报告日后才获知法院在审计报告日前已对被审计单位的诉讼、索赔事项作出最终判决结果。 2．在完成最终审计档案的归整工作后，如果发现有必要修改现有审计工作底稿或增加新的审计工作底稿，无论修改或增加的性质如何，注册会计师均应当记录下列事项： （1）修改或增加审计工作底稿的时间和人员，以及复核的时间和人员； （2）修改或增加审计工作底稿的具体理由。 【注意】修改现有审计工作底稿主要是指在保持原审计工作底稿中所记录的信息，即对原记录信息不予删除（包括涂改、覆盖等方式）的前提下，采用增加新信息的方式予以修改。

【例3-2019-单选题】下列各项中，不属于在审计工作底稿归档期间的事务性变动的是（　　）。

A．对审计工作底稿进行分类和整理

B．删除被取代的审计工作底稿

C．将在审计报告日后获取的管理层书面声明放入审计工作底稿

D．将在审计报告日前获取的、与项目组相关成员进行讨论后达成一致意见的审计证据列入审计工作底稿

【答案】C

学堂点拨

审计报告日后获取的管理层书面声明属于新获取的审计证据，不属于事务性变动。

【例4-2020-单选题】下列有关审计工作底稿归档期限的说法中，正确的是（　　）。

A. 注册会计师应当自财务报表批准日起60天内将审计工作底稿归档

B. 如对同一财务信息出具两份日期相近的审计报告，注册会计师应当在较早的审计报告日后60天内将审计工作底稿归档

C. 如注册会计师未能完成审计业务，应当自审计业务中止后的60天内将审计工作底稿归档

D. 注册会计师应当自财务报表报出日起60天内将审计工作底稿归档

【答案】C

学堂点拨

审计工作底稿的归档期限为审计报告日后60天内，选项AD错误；如果针对客户的同一财务信息执行不同的委托业务，出具两个或多个不同的报告，会计师事务所应当将其视为不同的业务，根据会计师事务所内部制定的政策和程序，在规定的归档期限内分别将审计工作底稿归整为最终审计档，选项B错误；如果注册会计师未能完成审计业务，审计工作底稿的归档期限为审计业务中止后的60天内，选项C正确。

二、审计档案的结构

1. 审计计划阶段工作底稿。2. 特定项目审计程序表。3. 进一步审计程序工作底稿。4. 审计完成阶段工作底稿。5. 沟通和报告相关工作底稿。

三、审计工作底稿归档的期限

审计工作底稿的归档期限为审计报告日后60天内。如果注册会计师未能完成审计业务，审计工作底稿的归档期限为审计业务中止后的60天内。

如果针对客户的同一财务信息执行不同的委托业务，出具两个或多个不同的报告，会计师事务所应当将其视为不同的业务，根据会计师事务所内部制定的政策和程序，在规定的归档期限内分别将审计工作底稿归整为最终审计档案。

四、审计工作底稿的保存期限

会计师事务所应当自审计报告日起，对审计工作底稿至少保存10年。如果注册会计师未能完成审计业务，会计师事务所应当自审计业务中止日起，对审计工作底稿至少保存10年。

【例5-2020-单选题】下列有关保存审计工作底稿的做法中，错误的是（　　）。

A. 自审计工作底稿归档日起保存10年

B. 自所审计财务报表的财务报表日起保存15年

C. 无限期保存所有审计工作底稿

D. 自审计报告日起保存10年

【答案】B

学堂点拨

选项A，因审计工作底稿归档日晚于审计报告日，自审计工作底稿归档日保存10年，满足“自审计报告日起至少保存10年”的要求。选项B，自所审计财务报表的财务报表日起保存15年，如果涉及到对很久之前的财务报表的审计，本选项可能不能满足自审计报告日起至少保存10年的要求。

第二编 审计测试流程

第七章　风险评估

本章思维导图

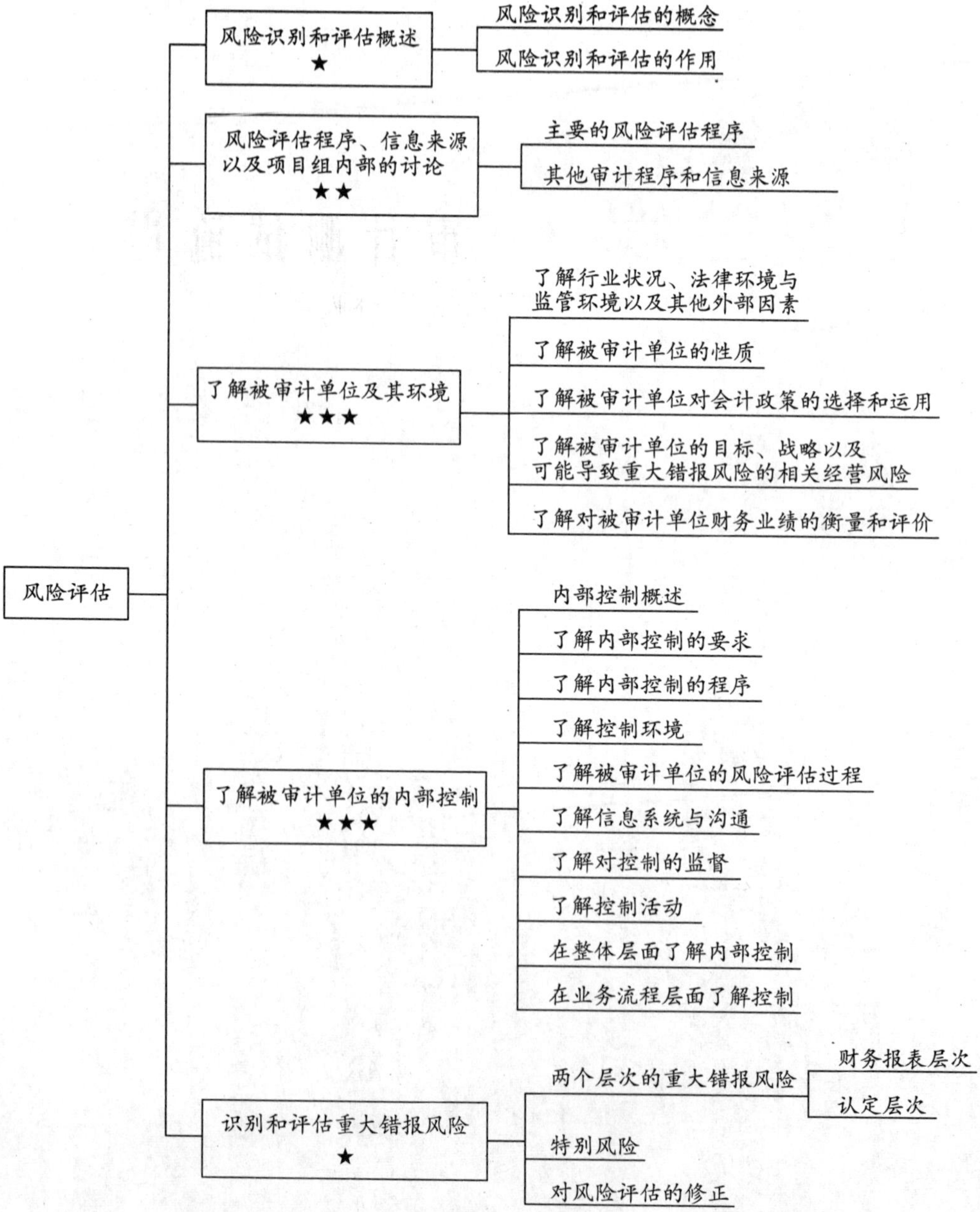

本章知识点精讲

微信扫一扫
习题免费练

第一节　风险识别和评估概述

知识点提示

本节进入到审计的第二大环节：风险评估。风险评估的相关概念是帮助大家更好地理解风险评估。审计过程就是在风险评估的基础上识别、评估风险，然后根据评估出来的风险设计进一步审计程序（控制测试＋实质性程序或仅实施实质性程序）来应对，具体展示如图7–1。

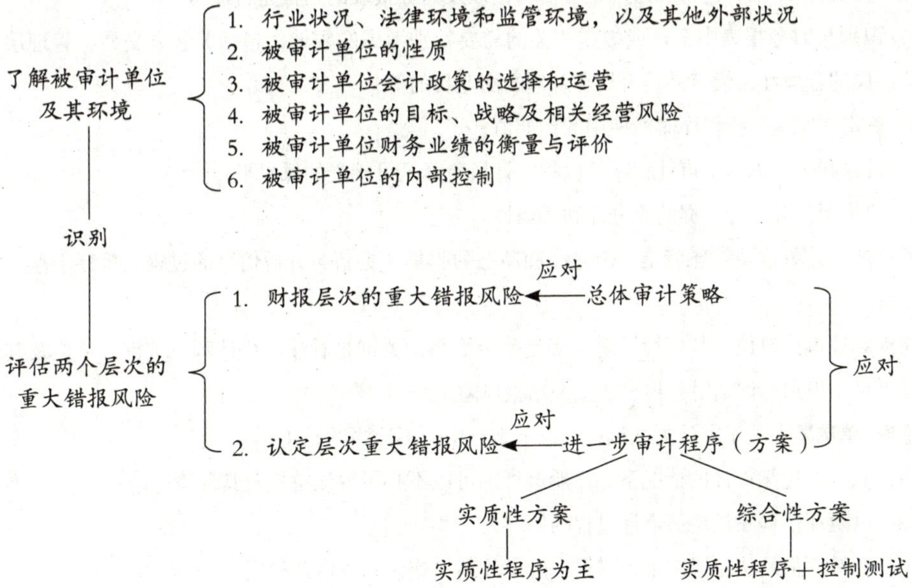

图 7–1　风险评估程序

审计风险准则要求注册会计师必须了解被审计单位及其环境，并要求注册会计师在审计的所有阶段都要实施风险评估程序。这其实很好理解，因为不对风险进行评估，又何来风险应对呢？

了解被审计单位及其环境是一个连续和动态的收集、更新与分析信息的过程，贯穿于整个审计过程的始终。

风险评估程序和信息来源其实是在描述通过何种审计程序来进行风险评估。风险评估审计程序主要包括询问、检查、观察、分析性程序，当然其他审计程序获得的信息也要关注。

知识点1　风险识别和评估的概念（★）

【知识点回顾】审计风险模型：

$$审计风险＝重大错报风险×检查风险$$

在风险导向的审计模型下，注册会计师以重大错报风险的识别、评估和应对为审计工作的主线，最终将审计风险控制在可接受的低水平。风险的识别和评估是审计风险控制流程的起点。风险识别和评估，是指注册会计师通过实施风险评估程序，识别和评估财务报表层次（宏观层面）和认定层次

（微观层面）的重大错报风险。

注册会计师必须了解被审计单位及其环境，包括内部控制，以充分识别和评估财务报表重大错报的风险，并针对评估的重大错报风险设计和实施控制测试和实质性程序。

知识点2 风险识别和评估的作用（★★）

了解被审计单位及其环境是必要程序，特别是为注册会计师在下列关键环节作出职业判断提供重要基础：

1. 确定重要性水平，并随着审计工作的进程评估对重要性水平的判断是否仍然适当；
2. 考虑会计政策的选择和运用是否恰当，以及财务报表的列报是否适当；
3. 识别与财务报表中金额或披露相关的需要特别考虑的领域，包括关联方交易、管理层运用持续经营假设的合理性，或交易是否具有合理的商业目的等；
4. 确定在实施分析程序时所使用的预期值；
5. 设计和实施进一步审计程序，以将审计风险降至可接受的低水平；
6. 评价所获取审计证据的充分性和适当性。

了解被审计单位及其环境是一个连续和动态的收集、更新与分析信息的过程，贯穿于整个审计过程的始终。

评价对被审计单位及其环境了解的程度是否恰当，关键是看注册会计师对被审计单位及其环境的了解是否足以识别和评估财务报表的重大错报风险。

【例-单选题】关于审计测试流程，以下观点中，不恰当的是（　　）。

A. 只有在连续审计的情况下，注册会计师可以不必了解该单位及其环境

B. 风险评估程序贯穿于审计过程的始终

C. 针对评估的认定层次重大错报风险设计和实施进一步审计程序

D. 无论评估的重大错报风险如何，注册会计师均需要对所有重大交易、账户余额和披露实施实质性程序

【答案】A

学堂点拨

选项A的观点不恰当。了解被审计单位及其环境是每一次财务报表审计中的必要审计程序，而且贯穿于整个财务报表审计过程的始终。

第二节　风险评估程序、信息来源以及项目组内部的讨论

知识点 风险评估程序和信息来源（★★）

微信扫一扫
习题免费练

一、风险评估程序

注册会计师了解被审计单位及其环境，目的是为了识别和评估财务报表重大错报风险。

为了解被审计单位及其环境而实施的程序称为“风险评估程序”：询问被审计单位管理层和内部其他相关人员；分析程序；观察和检查。

（一）询问被审计单位管理层和内部其他相关人员

表 7-1 询问被审计单位管理层和内部其他相关人员

询问对象	询问内容
管理层和财务负责人（比如上市公司的CEO或CFO）	1. 管理层所关注的主要问题。如新的竞争对手、主要客户和供应商的流失、新的税收法规的实施以及经营目标或战略的变化等。 2. 被审计单位最近的财务状况、经营成果和现金流量。 3. 可能影响财务报告的交易和事项，或者目前发生的重大会计处理问题。如重大的购并事宜等。 4. 被审计单位发生的其他重要变化。如所有权结构、组织结构的变化，以及内部控制的变化等。
治理层（比如上市公司的独立董事）	了解编制财务报表的环境。
内部审计人员	了解本年度针对被审计单位内部控制设计和运行有效性而实施的内部审计程序，以及管理层是否根据实施这些程序的结果采取了适当的应对措施。
参与生成、处理或记录复杂或异常交易的员工	评价被审计单位选择和运用某项会计政策的恰当性。
内部法律顾问	了解有关信息，如诉讼、遵守法律法规的情况、影响被审计单位的舞弊或舞弊嫌疑、产品保证、售后责任、与业务合作伙伴的安排（如合营企业）和合同条款的含义等。
营销或销售人员	了解被审计单位营销策略的变化、销售趋势或与客户的合同安排。

（二）实施分析程序

分析程序是指注册会计师通过研究不同财务数据之间以及财务数据与非财务数据之间的内在关系，对财务信息作出评价。分析程序还包括调查识别出的、与其他相关信息不一致或与预期数据严重偏离的波动和关系。

在实施分析程序时，注册会计师应当预期可能存在的合理关系，并与被审计单位记录的金额、依据记录金额计算的比率或趋势相比较；如果发现异常或未预期到的关系，注册会计师应当在识别重大错报风险时考虑这些比较结果。例如，注册会计师通过实施分析程序发现，两个会计期间的毛利率相当。但是，注册会计师通过对被审计单位的了解，获知在生产成本中占较大比例的原材料成本在相关期间内上升，而销售单价并未变化。注册会计师预期销售成本也应相应上升，而毛利率应相应下降。上述分析可能使注册会计师得出结论：销售成本可能存在重大错报风险，应对其给予足够的重视。

（三）观察

1. 观察被审计单位的生产经营活动、业务流程。2. 内部控制活动执行的过程。

（四）检查

1. 检查文件记录

例如，检查内部控制手册；检查被审计单位的经营计划、策略、章程，与其他单位签订的合同、协议，各业务流程操作指引和内部控制手册等，了解被审计单位组织结构和内部控制制度的建立健全情况；阅读由管理层和治理层编制的报告。

2. 检查实物资产

监盘固定资产、存货。

（五）穿行测试

追踪交易在财务报告信息系统中的处理过程（穿行测试）。这是注册会计师了解被审计单位业务流程及其相关控制时经常使用的审计程序。

二、其他审计程序和信息来源

（一）其他审计程序

除了采用上述程序从被审计单位内部获取信息以外，如果根据职业判断认为从被审计单位外部获取的信息有助于识别重大错报风险，注册会计师应当实施其他审计程序以获取这些信息。

询问被审计单位聘请的外部法律顾问、专业评估师、投资顾问和财务顾问等。

阅读外部信息也可能有助于注册会计师了解被审计单位及其环境。外部信息包括银行、评级机构出具的有关被审计单位及其所处行业的经济或市场环境等状况的报告，法规或金融出版物，政府或民间组织发布的行业报告和统计数据等。

（二）其他信息来源

注册会计师应当考虑在承接客户或续约过程中获取的信息，以及向被审计单位提供其他服务所获得的经验是否有助于识别重大错报风险。

1. 对新的审计业务，注册会计师应在业务承接阶段对被审计单位及其环境有一个初步的了解，以确定是否承接该业务。

2. 对于连续审计业务，如果拟利用以往与被审计单位交往的经验和以前审计中实施审计程序获取的信息，注册会计师应当确定被审计单位及其环境自以前审计后是否已发生变化，进而可能影响这些信息对本期审计的相关性。

3. 注册会计师还应当考虑向被审计单位提供其他服务（如执行中期财务报表审阅业务）所获得的经验是否有助于识别重大错报风险。

需要说明的是，注册会计师从六个方面了解被审计单位及其环境，但注册会计师无须在了解每个方面时都实施以上所有的风险评估程序。例如，在了解内部控制时通常不用分析程序。但是，在对被审计单位及其环境获取了解的整个过程中，注册会计师通常会实施上述所有的风险评估程序。

【例1-单选题】注册会计师了解被审计单位及其环境的目的，以下说法中不恰当的是（　　）。

A. 评估审计风险

B. 识别和评估财务报表层次的重大错报风险

C. 评估舞弊风险

D. 便于确定进一步审计程序的性质、时间、范围

【答案】A

学堂点拨

选项A的说法不正确。注册会计师了解被审计单位及其环境的目的就是为了识别和评估财务报表重大错报风险，包括财务报表层次重大错报风险和各类交易、账户余额和披露的认定层次重大错报风险，包括舞弊风险，便于确定进一步审计程序的性质、时间、范围。选项B、C、D的说法正确。

三、项目组内部讨论（分享信息，交流见解，指明方向）

（一）讨论的目标

了解在各自分工负责的领域中，由于舞弊或错误导致财务报表重大错报的可能性，并了解各自实施审计程序的结果如何影响审计的其他方面，包括对确定进一步审计程序的性质、时间和范围的影响。

（二）讨论的内容

被审计单位面临的经营风险、财务报表容易发生错报的领域以及发生错报的方式，特别是由于舞弊导致重大错报的可能性。

（三）参加讨论的人员

项目组的关键成员应当参与讨论，如果项目组需要拥有信息技术或其他特殊技能的专家，这些专家也可根据需要参与讨论。

（四）讨论的时间

在整个审计过程中持续交换有关财务报表发生重大错报可能性的信息。

（五）讨论的方式

项目组在讨论时应当强调在整个审计过程中保持职业怀疑态度，警惕可能发生重大错报的迹象，并对这些迹象进行严格追踪。

【例2–多选题】下列关于项目组内部讨论的主要内容包括（　　）。

A．管理层是否倾向于高估或低估收入　　B．管理层是否存在严重诚信问题

C．会计政策是否发生重大变化　　D．被审计单位是否面临重大的经营风险

【答案】ABCD

学堂点拨

项目组内部讨论的内容包括被审计单位面临的经营风险、财务报表容易发生错报的领域以及发生错报的方式，特别是由于舞弊导致重大错报的可能性。选项A属于舞弊导致重大错报的领域；在选项B中，管理层诚信问题会导致财务报表舞弊风险；选项C属于导致财务报表容易发生错报的领域与方式；选项D是被审计单位面临的经营风险。

第三节　了解被审计单位及其环境（除内部控制）

知识点提示

微信扫一扫
习题免费练

一、行业状况、法律环境与监管环境以及其他外部因素

（一）行业状况主要包括：

1．所处行业的市场供求与竞争；2．生产经营的季节性和周期性；3．与被审计单位产品相关的生产技术；4．能源供应与成本；5．行业的关键指标和统计数据。

（二）法律环境与监管环境主要包括：

1．会计原则和行业特定惯例；2．受管制行业的法规框架，包括披露要求；3．对被审计单位经

营活动产生重大影响的法律法规，包括直接的监管活动；4. 税收政策（关于企业所得税和其他税种的政策）；5. 目前对被审计单位开展经营活动产生影响的政府政策，如货币政策（包括外汇管制）、财政政策、财政刺激措施（如政府援助项目）、关税或贸易限制政策等；6. 影响行业和被审计单位经营活动的环保要求。

（三）其他外部因素主要包括：

1. 宏观经济状况以及未来的发展趋势；2. 利率和资金供求状况；3. 通货膨胀水平及币值变动；4. 国际经济环境和汇率变动。

二、被审计单位的性质

1. 所有权结构。2. 治理结构。3. 组织结构。4. 经营活动。5. 投资活动。6. 筹资活动。7. 财务报告。

三、被审计单位对会计政策的选择和运用

1. 重大和异常交易的会计处理方法。2. 在新领域和缺乏权威性标准或共识的领域，采用重要会计政策产生的影响。3. 会计政策的变更。4. 新颁布的财务报告准则、法律法规，以及被审计单位何时采用、如何采用这些规定等。

四、被审计单位的目标、战略以及相关经营风险

1. 行业发展。2. 开发新产品或提供新服务。3. 业务扩张。4. 新的会计要求。5. 监管要求。6. 本期及未来的融资条件。7. 信息技术的运用。8. 实施战略的影响，特别是由此产生的需要运用新的会计要求的影响。

五、被审计单位财务业绩的衡量和评价

1. 关键业绩指标（财务或非财务的）、关键比率、趋势和经营统计数据。2. 同期财务业绩比较分析。3. 预算、预测、差异分析，分部信息与分部、部门或其他不同层次的业绩报告。4. 员工业绩考核与激励性报酬政策。5. 被审计单位与竞争对手的业绩比较。

本节涉及了解被审计单位及其环境六方面中的五个方面，其中行业状况，法律环境与监管环境以及其他外部因素，被审计单位的目标、战略以及相关经营风险，被审计单位财务业绩的衡量和评价是学习的重点。

知识点1 了解被审计单位及其环境的六个方面总体要求（★★★）

注册会计师应当从下列方面了解被审计单位及其环境（熟记）：

1. 行业状况、法律环境与监管环境以及其他外部因素；2. 被审计单位的性质；3. 被审计单位对会计政策的选择和运用；4. 被审计单位的目标、战略以及相关经营风险；5. 被审计单位财务业绩的衡量和评价；6. 被审计单位的内部控制。

【注意】应根据所了解到的被审计单位的信息分析识别可能存在重大错报是影响财务报表整体，还是影响具体交易、账户及相关认定。上述第1项是被审计单位的外部环境，第2项至第4项以及第6项是被审计单位的内部因素，第5项则既有外部因素也有内部因素。

知识点2 行业状况、法律环境与监管环境以及其他外部因素（★★）

一、行业状况

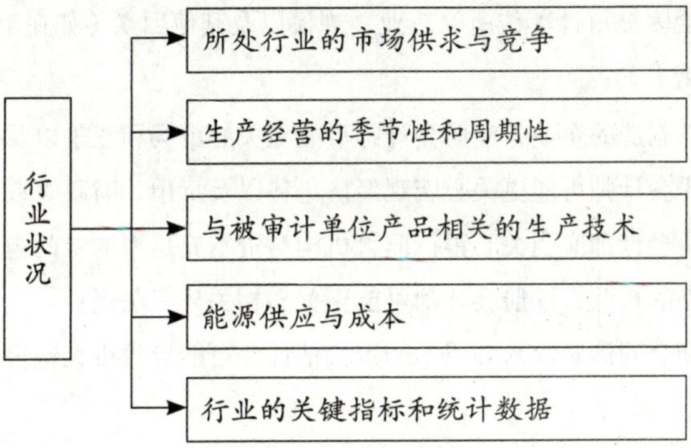

图 7-2 行业状况

了解行业状况有助于注册会计师识别与被审计单位所处行业有关的重大错报风险。

注册会计师应当了解被审计单位的行业状况，主要包括：

1. 所处行业的市场供求与竞争；2. 生产经营的季节性和周期性；3. 与被审计单位产品相关的生产技术；4. 能源供应与成本；5. 行业的关键指标和统计数据。

具体而言，注册会计师可能需要了解以下情况（读懂，但一定不要背）：

1. 被审计单位所处行业的总体发展趋势是什么？2. 处于哪一发展阶段，如起步、快速成长、成熟或衰退阶段？3. 所处市场的需求、市场容量和价格竞争如何？4. 该行业是否受经济周期波动的影响，以及采取了什么行动使波动产生的影响最小化？5. 该行业受技术发展影响的程度如何？6. 是否开发了新的技术？7. 能源消耗在成本中所占比重，能源价格的变化对成本的影响？8. 谁是被审计单位最重要的竞争者，他们各自所占的市场份额是多少？9. 被审计单位与其竞争者相比主要的竞争优势是什么？10. 被审计单位业务的增长率和财务业绩与行业的平均水平及主要竞争者相比如何，存在重大差异的原因是什么？11. 竞争者是否采取了某些行动，如购并活动、降低销售价格、开发新技术等，从而对被审计单位的经营活动产生影响？

二、法律环境及监管环境

注册会计师应当了解被审计单位所处的法律环境及监管环境，主要包括：1. 会计原则和行业特定惯例；2. 受管制行业的法规框架；3. 对被审计单位经营活动产生重大影响的法律法规，包括直接的监管活动；4. 税收政策（关于企业所得税和其他税种的政策）；5. 目前对被审计单位开展经营活动产生影响的政府政策，如货币政策（包括外汇管制）、财政政策、财政刺激措施（如政府援助项目）、关税或贸易限制政策等；6. 影响行业和被审计单位经营活动的环保要求。

三、其他外部因素

注册会计师应当了解影响被审计单位经营的其他外部因素，主要包括：1. 宏观经济的景气度；2. 利率和资金供求状况；3. 通货膨胀水平及币值变动；4. 国际经济环境和汇率变动。

四、了解的重点和程度

注册会计师应当考虑将了解的重点放在对被审计单位的经营活动可能产生重要影响的关键外部因素以及与前期相比发生的重大变化上。

了解的范围和程度会因被审计单位所处行业、规模以及其他因素（如在市场中的地位）的不同而不同。例如（很重要的例子）：

对于从事计算机硬件制造的企业，注册会计师可能更关心市场和竞争以及技术进步的情况；

对于金融机构，注册会计师可能更关心宏观经济走势以及货币、财政等方面的宏观经济政策；

对于商业银行，注册会计师应当关心银行监管机构对资本充足率的专门规定；

对于化工等产生污染的行业，注册会计师可能更关心相关环保法规；

对于建筑行业，长期合同涉及收入和成本的重大估计，可能导致重大错报风险。

知识点3 被审计单位的性质（★★）

“三个结构＋三个活动＋一个报告”：

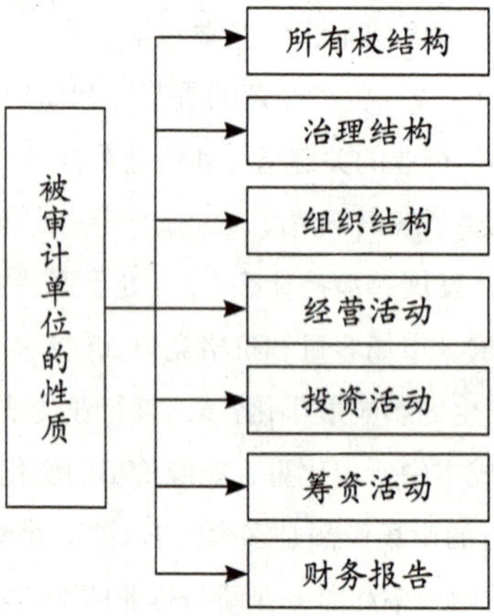

图 7-3　被审计单位的性质

一、所有权结构

对被审计单位所有权结构的了解有助于注册会计师识别关联方关系并了解被审计单位的决策过程。

同时，注册会计师可能需要对其控股母公司（股东）的情况作进一步的了解，包括控股母公司的所有权性质、管理风格及其对被审计单位经营活动及财务报表可能产生的影响；控股母公司与被审计单位在资产、业务、人员、机构、财务等方面是否分开，是否存在占用资金等情况；控股母公司是否施加压力，要求被审计单位达到其设定的财务业绩目标。

二、治理结构（影响财务报表层次的重大错报风险）

良好的治理结构可以对被审计单位的经营和财务运作实施有效的监督，从而降低财务报表发生重大错报的风险。

例如，董事会的构成情况、董事会内部是否有独立董事；治理结构中是否设有审计委员会或监事会及其运作情况。

注册会计师应当考虑治理层能否独立于管理层对被审计单位事务（包括财务报告）作出客观判断。

三、组织结构

复杂的组织结构可能导致某些特定的重大错报风险。注册会计师应当了解被审计单位的组织结构，考虑复杂组织结构可能导致的重大错报风险，包括财务报表合并、商誉摊销和减值、长期股权投资核算以及特殊目的实体核算等问题以及财务报表是否已对这些问题作了充分披露。例如，被审计单位对于在多个地区拥有子公司、合营企业、联营企业或其他成员机构，或者存在多个业务分部和地区分部，对编制合并财务报表、股权投资类别的判断及其会计处理、商誉在不同业务分部间的减值等都增加了难度。

四、经营活动

了解被审计单位经营活动有助于注册会计师识别预期在财务报表中反映的主要交易类别、重要账户余额和列报。

注册会计师应当了解被审计单位的经营活动。主要包括：

1. 主营业务的性质。制造还是商品批发？银行还是保险？是交通运输还是提供服务？
2. 与生产相关的市场信息。付款条件、市场份额、定价政策、营销策略和目标等。
3. 业务开展情况。业务分部的设立、产品和服务的交付、经营的衰退或扩展的详情等。
4. 联盟、合营与外包情况。
5. 从事电子商务的情况。通过互联网销售产品和提供服务以及从事营销活动。
6. 地区与行业分布。是否涉及跨地区经营和多种经营？
7. 生产设施、仓库的地理位置及办公地点。（仓库偏远，管理困难，容易出错）
8. 关键客户。少量的大客户还是众多的小客户？是否订立了不寻常的销售条款或条件？
9. 重要供应商。原材料供应的可靠性和稳定性，是否受重大价格变动的影响？
10. 劳动用工情况。劳动力供应情况、工薪水平、劳动用工事项相关的政府法规。
11. 研究与开发活动及其支出。（支出少，产品更新换代慢，可能会逐渐失去市场）
12. 关联方交易。对关联方和非关联方是否采用不同的销售和采购条款？

五、投资活动

了解被审计单位投资活动有助于注册会计师关注被审计单位在经营策略和方向上的重大变化。

注册会计师应当了解被审计单位的投资活动。主要包括：

1. 近期拟实施或已实施的并购活动与资产处置情况，包括业务重组或某些业务的终止。
2. 证券投资、委托贷款的发生与处置。
3. 资本性投资活动，包括固定资产和无形资产投资，近期或计划发生的变动，以及重大的资本承诺等。
4. 不纳入合并范围的投资。例如，联营、合营或其他投资，包括近期计划的投资项目。

六、筹资活动

了解被审计单位筹资活动有助于注册会计师评估被审计单位在融资方面的压力，并进一步考虑被审计单位在可预见未来的持续经营能力。

注册会计师应当了解被审计单位的筹资活动。主要包括：

1．债务结构和相关条款，包括担保情况及表外融资。例如，获得的信贷额度是否可以满足营运需要；得到的融资条件及利率是否与竞争对手相似，如不相似，原因何在；是否存在违反借款合同中限制性条款的情况；是否承受重大的汇率与利率风险。

2．主要子公司和联营企业（无论是否处在合并范围内）。

3．实际受益方及关联方。

4．衍生金融工具的运用。

七、财务报告

例如：

1．会计政策和行业特定惯例，包括各类重要的交易、账户余额及财务报表相关披露（如银行业的贷款和投资、医药行业的研究与开发活动）。

2．收入确认惯例。

3．公允价值会计核算。

4．外币资产、负债与交易。

5．异常或复杂交易（包括在有争议或新兴领域的交易）的会计处理（如对以股票为基准的薪酬的会计处理）。

知识点4 被审计单位对会计政策的选择和运用（★★）

一、重大和异常交易的会计处理方法

例如本期发生企业合并的会计处理方法。

二、在缺乏权威性标准或共识、有争议的或新兴领域，采用重要会计政策产生的影响

在缺乏权威性标准或共识、有争议的或新兴领域，注册会计师应当关注被审计单位选用了哪些会计政策，为什么选用这些会计政策以及选用这些会计政策产生的影响。

三、会计政策的变更

如果被审计单位变更了重要的会计政策，注册会计师应当考虑变更的原因及其适当性，即考虑：

1．会计政策的变更是否是法律、行政法规或者适用的会计准则和相关会计制度要求的变更；

2．会计政策变更是否能够提供更可靠、更相关的会计信息。除此之外，注册会计师还应当关注会计政策的变更是否得到恰当处理和充分披露。

四、新颁布的财务报告准则、法律法规，以及被审计单位何时采用、如何采用这些规定等

注册会计师还应对被审计单位下列与会计政策运用相关的情况予以关注：

1．是否采用激进的会计政策、方法、估计和判断；

2．财会人员是否拥有足够的运用会计准则的知识、经验和能力；

3．是否拥有足够的资源支持会计政策的运用，如人力资源及培训、信息技术的采用、数据和信息的采集等。

【例1-2019-单选题】下列有关注册会计师了解被审计单位对会计政策的选择和运用的说法中，错误的是（　　）。

A. 如果被审计单位变更了重要的会计政策，注册会计师应当考虑会计政策的变更是否能够提供更可靠、更相关的会计信息

B. 当新的会计准则颁布施行时，注册会计师应当考虑被审计单位是否应采用新的会计准则

C. 在缺乏权威性标准或共识的领域，注册会计师应当协助被审计单位选用适当的会计政策

D. 注册会计师应当关注被审计单位是否采用激进的会计政策

【答案】C

学堂点拨

在缺乏权威性标准或共识的领域，注册会计师应当关注被审计单位选用了哪些会计政策、为什么选用这些会计政策以及选用这些会计政策产生的影响，选项C错误。

知识点5 被审计单位的目标、战略以及相关经营风险（★★）

一、目标、战略与经营风险

目标是企业经营活动的指针。企业管理层或治理层一般会根据企业经营面临的外部环境和内部各种因素，制定合理可行的经营目标。战略是企业管理层为实现经营目标采用的总体层面的策略和方法。为了实现某一既定的经营目标，企业可能有多个可行战略。

经营风险是指可能对被审计单位实现目标和实施战略的能力产生不利影响的重要状况、事项、情况、作为（或不作为）所导致的风险，或由于制定不恰当的目标和战略而导致的风险。管理层有责任识别和应对这些风险。

不能随环境的变化而作出相应的调整固然可能产生经营风险。但是，在调整的过程中也可能导致经营风险。

注册会计师应当了解被审计单位是否存在与下列方面有关的目标和战略，并考虑相应的经营风险：

（一）行业发展

例如，潜在的相关经营风险可能是被审计单位不具备足以应对行业变化的人力资源和业务专长。

（二）开发新产品或提供新服务

例如，潜在的相关经营风险可能是被审计单位产品责任增加。

（三）业务扩张

例如，潜在的相关经营风险可能是被审计单位对市场需求的估计不准确。

（四）新的会计要求

例如，潜在的相关经营风险可能是被审计单位执行不当或不完整，或会计处理成本增加。

（五）监管要求

例如，潜在的相关经营风险可能是被审计单位法律责任增加。

（六）本期及未来的融资条件

例如，潜在的相关经营风险可能是被审计单位由于无法满足融资条件而失去融资机会。

（七）信息技术的运用

例如，潜在的相关经营风险可能是被审计单位信息系统与业务流程难以融合。

（八）实施战略的影响，特别是由此产生的需要运用新的会计要求的影响

例如，潜在的相关经营风险可能是被审计单位执行新要求不当或不完整。

二、经营风险对重大错报风险的影响

经营风险与财务报表重大错报风险是既有联系又相互区别的两个概念。前者比后者范围更广。

注册会计师了解被审计单位的经营风险有助于其识别财务报表重大错报风险。但并非所有的经营风险都与财务报表相关，注册会计师没有责任识别或评估对财务报表没有影响的经营风险。

并非所有经营风险都会导致重大错报风险。注册会计师应当根据被审计单位的具体情况考虑经营风险是否可能导致财务报表发生重大错报。

经营风险可能对各类交易、账户余额和披露的认定层次或财务报表层次重大错报风险产生直接影响。

三、被审计单位的风险评估过程

管理层通常制定识别和应对经营风险的策略，注册会计师应当了解被审计单位的风险评估过程。此类风险评估过程是被审计单位内部控制的组成部分。

【例2-多选题】以下对注册会计师了解经营风险的说法中，恰当的有（　　）。

A．经营风险可能源于不恰当的目标和战略

B．注册会计师有责任识别或评估所有经营风险

C．经营风险最终都会产生财务后果，从而影响财务报表

D．经营风险可能对某些交易、账户余额和披露认定产生重大而且直接的影响

【答案】AD

学堂点拨

选项B、C的说法不恰当。经营风险的范围很广泛，并不是都与财务报表重大错报风险相关，不是都会产生财务后果，不一定都影响财务报表。

知识点6　被审计单位财务业绩的衡量和评价（★★）

被审计单位内部或外部对财务业绩的衡量和评价可能对管理层产生压力，促使其采取行动改善财务业绩或歪曲财务报表。因此，注册会计师应当了解被审计单位财务业绩的衡量和评价情况，考虑这种压力是否可能导致管理层采取行动，以至于增加财务报表发生重大错报的风险。

一、了解的主要方面

在了解被审计单位财务业绩衡量和评价情况时，注册会计师应当关注下列信息：

1．关键业绩指标（财务或非财务的）、关键比率、趋势和经营统计数据；2．同期财务业绩比较分析；3．预算、预测、差异分析，分部信息与分部、部门或其他不同层次的业绩报告；4．员工业绩考核与激励性报酬政策；5．被审计单位与竞争对手的业绩比较。

二、关注内部财务业绩衡量的结果

内部财务业绩衡量可能显示未预期到的结果或趋势。在这种情况下，管理层通常会进行调查并采取纠正措施。与内部财务业绩衡量相关的信息可能显示财务报表存在错报风险。例如，被审计单位与同行业其他单位相比具有异常快的增长率或盈利水平，此类信息如果与业绩奖金或激励性报酬等因素结合起来考虑，可能显示管理层在编制财务报表时存在某种倾向的错报风险。

【例3–综合题】A和B注册会计师负责审计W公司2018年度财务报表。

A和B注册会计师在审计工作底稿中记录了所了解的W公司及其环境的情况部分内容摘录如下：在2017年实现销售收入增长10%的基础上，W公司董事会确定的2018年销售收入增长目标为20%。W公司管理层实行年薪制，总体薪酬水平根据上述目标的完成情况上下浮动。W公司所处行业2018年的平均销售增长率是12%。根据上述资料确认风险类别并说明理由。将答案填入相应表格内。

是否存在重大错报风险	理由	风险层次	交易或账户名称和认定

【答案】

是否存在重大错报风险	理由	风险层次	交易或账户名称和认定
是	销售增长目标与同行业其他公司相比偏高，并且管理层的薪酬与销售增长目标挂钩，可能导致管理层多计销售收入。	认定层次	营业收入／发生（应收账款／存在）

三、考虑财务业绩衡量指标的可靠性

如果拟利用被审计单位内部信息系统生成的财务业绩衡量指标，注册会计师应当考虑相关信息是否可靠，以及利用这些信息是否足以实现审计目标。

需要强调的是，注册会计师了解被审计单位财务业绩的衡量与评价，是为了考虑管理层是否面临实现某些关键财务业绩指标的压力。这些压力既可能源于需要达到市场分析师或股东的预期，也可能产生于达到获得股票期权或管理层和员工奖金的目标。受压力影响的人员可能是高级管理人员（包括董事会），也可能是可以操纵财务报表的其他经理人员，如子公司或分支机构管理层可能为达到奖金目标操纵财务报表。

【例4–多选题】在了解被审计单位财务业绩衡量和评价情况时，注册会计师应当关注的信息有（　　）。

A．关键业绩指标、关键比率、趋势和经营统计数据　　B．同期财务业绩比较分析

C．员工业绩考核与激励性报酬政策　　D．被审计单位与竞争对手的业绩比较

【答案】ABCD

学堂点拨

注册会计师应当了解被审计单位财务业绩衡量和评价的以下情况：1．关键业绩指标、关键比率、趋势和经营统计数据；2．同期财务业绩比较分析；3．预算、预测、差异分析，分部信息与分部、部门或其他不同层次的业绩报告；4．员工业绩考核与激励性报酬政策；5．被审计单位与竞争对手的业绩比较。

第四节　了解被审计单位的内部控制

微信扫一扫
习题免费练

知识点提示

内部控制是一系列的政策和程序，需要掌握其三目标和五要素。三目标中与注册会计师最相关的是财务报告的可靠性。基于此，对内部控制了解定位在与财务报表审计相关的内部控制，而并非被审计单位所有的内部控制。

对内部控制了解的深度分为三个层次：了解内控的设计；了解内控是否得到执行；以及了解内控是否得到有效运行。了解内部控制主要覆盖前两个层次，了解内控是否得到有效运行是控制测试的范畴。

人工控制与自动化控制各有优劣，区分其优缺点是一个知识点。

内部控制存在固有局限性，无论如何设计和执行，只能对财务报告的可靠性提供合理的保证。这也就是为什么控制风险无法降为零。内控固有局限性的五个因素需要理解掌握。

内控五要素包括：控制环境、风险评估过程、信息系统与沟通、控制活动和对控制的监督。其中控制环境与控制活动最为重要，大家需要重点掌握。

内部控制的某些要素（如控制环境）更多地对被审计单位整体层面产生影响，而其他要素（如信息系统与沟通、控制活动）则可能更多地与特定业务流程相关。在实务中，注册会计师应当从被审计单位整体层面和业务流程层面分别了解和评价被审计单位的内部控制。整体层面的控制（包括对管理层凌驾于内部控制之上的控制）和信息技术一般控制通常在所有业务活动中普遍存在。业务流程层面控制主要是对工薪、销售和采购等交易的控制。整体层面的控制较差甚至可能使最好的业务流程层面控制失效。

整体层面的内部控制是否有效将直接影响重要业务流程层面控制的有效性，是土壤和花的关系，土壤不行，花也不会长得好。在内控五要素中控制环境、被审计单位的风险评估过程、信息系统与沟通中的一般控制以及对控制的监督这几个要素属于整体层面的内控，剩余的要素——控制活动以及信息系统与沟通中的应用控制属于业务流程层面的内控。

在业务流程层面了解内部控制重点掌握了解的六步骤，其实这是一个“大饼切小饼，小饼捡芝麻”的过程。首先需要确定被审计单位重要业务流程和重要交易类别（比如销售与收款循环、采购与付款循环、生产与存货循环、人力资源与工薪循环、投资与筹资循环等）；接着了解重要交易流程，比如销售与收款循环的交易流程有：接受客户订单、批准赊销信用、按销售单供货、按销售单装运货物、向客户开具账单、记录销售、办理和记录现金、银行存款收入等交易流程；在了解交易流程的过程中，确定可能发生错报的环节，为了防止错报的发生，注册会计师需要识别和了解相关控制。注册会计师通常通过执行穿行测试了解重要业务流程和重要交易类别、交易流程、可能发生错报的环节、以及识别和了解相关控制，并根据了解的结果初步评价内部控制和进行风险评估。评估可能有三种结果：1. 所设计的控制单独或连同其他控制能够防止或发现并纠正重大错报，并得到执行；2. 控制本身的设计是合理的，但没有得到执行；3. 控制本身的设计就是无效的或缺乏必要的控制。只有当内部控制设计合理且得到执行，即内控预期有效时，注册会计师才会考虑是否更多地信赖控制并拟实施控制测试。

知识点1 内部控制的含义、目标和要素（★★★）

一、含义

内部控制是被审计单位为了合理保证财务报告的可靠性、经营的效率和效果以及对法律法规的遵守，由治理层、管理层和其他人员设计和执行的政策和程序。设计和实施内部控制的责任主体是治理层、管理层和其他人员，组织中的每一个人都对内部控制负有责任。

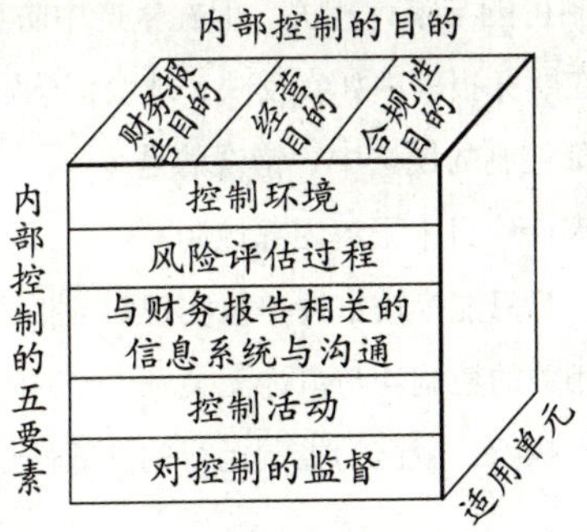

图 7–4　内部控制的含义

二、三目标

1. 财务报告的可靠性，这一目标与管理层履行财务报告编制责任密切相关。

2. 经营的效率和效果，即经济有效地使用企业资源，以最优方式实现企业的目标。

3. 在所有经营活动中遵守法律法规的要求，即在法律法规的框架下从事经营活动。

三、五要素

内部控制包括下列要素：

1. 控制环境；2. 风险评估过程；3. 信息系统与沟通：4. 控制活动；5. 对控制的监督。

知识点2 对内部控制了解的定位——与审计相关的控制（★★★）

注册会计师在了解内部控制时只是了解与财务报表审计相关的内部控制，并非被审计单位所有的内部控制。

一、为实现财务报告可靠性目标设计和实施的控制

与审计相关的控制，包括被审计单位为实现财务报告可靠性目标设计和实施的控制。注册会计师应当运用职业判断，考虑一项控制单独或连同其他控制是否与评估重大错报风险以及针对评估的风险设计和实施进一步审计程序有关。

二、其他与审计相关的控制

1. 如果在设计和实施进一步审计程序时拟利用被审计单位内部生成的信息，注册会计师应当考虑用以保证该信息完整性和准确性的控制可能与审计相关。

2. 如果用以保证经营效率、效果的控制以及对法律法规遵守的控制与实施审计程序时评价或使用的数据相关，注册会计师应当考虑这些控制可能与审计相关。例如，对于某些非财务数据（如生产

统计数据）的控制，如果注册会计师在实施分析程序时使用这些数据，这些控制就可能与审计相关。

3．被审计单位通常有一些与审计无关的控制，注册会计师无须对其加以考虑。例如，被审计单位可能依靠某一复杂的自动控制系统提高经营活动的效率和效果（如航空公司用于维护航班时间表的自动控制系统），但这些控制通常与审计无关。

4．用以保护资产的内部控制可能包括与实现财务报告可靠性和经营效率、效果目标相关的控制。注册会计师在了解保护资产的内部控制各项要素时，可仅考虑其中与财务报告可靠性目标相关的控制。例如，保护存货安全的控制可能与审计相关，但在生产中防止材料浪费的控制通常就与审计不相关，只有所用材料的成本没有在财务报表中如实反映，才会影响财务报表的可靠性。

【例1-单选题】下列有关内部控制的说法中，错误的是（　　）。

A．注册会计师应当在所有审计项目中了解内部控制

B．内部控制无论如何有效，都只能为被审计单位实现财务报告目标提供合理保证

C．与经营目标和合规目标相关的控制均与审计无关

D．在某些情况下，控制得到执行，就能为控制运行的有效性提供证据

【答案】C

学堂点拨

选项C的说法错误。如果与经营目标和合规目标相关的控制同注册会计师实施审计程序时评价或使用的数据相关，则这些控制也可能与审计相关。

【例2-2014-单选题】下列有关与审计相关的内部控制的说法中，正确的是（　　）。

A．与财务报告相关的内部控制均与审计相关

B．与审计相关的内部控制并非均与财务报告相关

C．与经营目标相关的内部控制与审计无关

D．与合规目标相关的内部控制与审计无关

【答案】B

学堂点拨

选项C和选项D中，如果与经营和合规目标相关的控制同注册会计师实施审计程序时评价或使用的数据相关，则这些控制也可能与审计相关；选项B中，与财务报告相关的内部控制可能是为了实现经营目标，也可能是为了提高财务数据的可靠性，前者与审计无关，后者与审计相关。

知识点3　对内部控制了解的深度（★★★）

对内部控制了解的深度是指在了解被审计单位及其环境时对内部控制了解的程度。了解内部控制包括评价控制的设计，并确定其是否得到执行。

表 7-2 对内部控制了解的深度

了解的深度	要求
评价控制的设计	应当评价： 1. 评价控制的设计是指考虑一项控制单独或连同其他控制是否能够有效防止或发现并纠正重大错报。 2. 确定其是否得到执行。控制得到执行是指某项控制存在且被审计单位正在使用。 3. 设计不当的控制可能表明内部控制存在重大缺陷，注册会计师在确定是否考虑控制得到执行时，应当首先考虑控制的设计。如果控制设计不当，不需要再考虑控制是否得到执行。
获取控制设计和执行的审计证据	通常实施下列风险评估程序，以获取有关控制设计和执行的审计证据： 1. 询问被审计单位的人员； 2. 观察特定控制的运用； 3. 检查文件和报告； 4. 追踪交易在财务报告信息系统中的处理过程（穿行测试）。 【注意】这些程序是风险评估程序在了解被审计单位内部控制方面的具体运用。询问本身并不足以评价控制的设计以及确定其是否得到执行，注册会计师应当将询问与其他风险评估程序结合使用。
了解内部控制与测试控制运行有效性的关系	1. 人工控制 某一人工控制在某一时点得到执行的审计证据，并不能证明该控制在所审计期间内的其他时点也有效运行（人工控制一贯性较差）。因此，对控制的了解并不能够代替对控制运行有效性的测试。 2. 自动化控制 由于信息技术处理流程的内在一贯性，信息技术可以使被审计单位持续一贯地对大量数据进行处理，提高了被审计单位监督控制活动运行情况的能力（自动控制具有一贯性，测一次就行）。可见，实施审计程序确定某项自动控制是否得到执行，也可能实现对控制运行有效性测试的目标（可以代替对有效性的测试）。

学堂点睛

1. 注册会计师通过询问、观察、检查和穿行测试了解被审计单位的内部控制，以评价内部控制的设计是否合理以及是否得到执行。

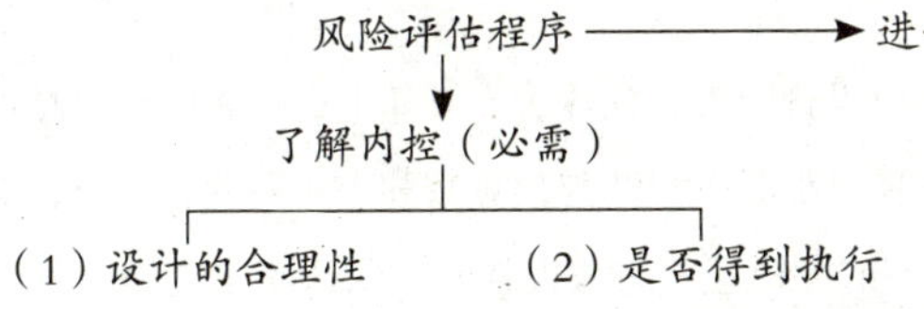

图 7-5 了解内部控制的目的

2. 了解内部控制，设计也合理，得到执行，但不等于得到有效的运行，如果没有得到有效运行，重大错报风险依然会比较高。我们在进一步程序中，会设计实施控制测试程序，目的就是要确定内部控制的有效性。不管内部控制是否有效运行，实质性程序都是必须做的。

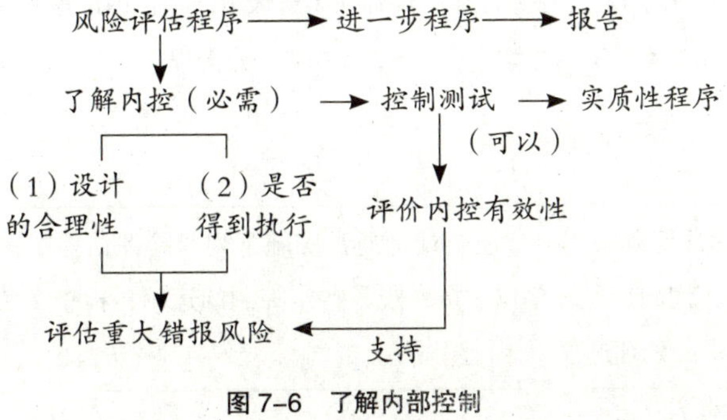

图 7-6 了解内部控制

学堂点睛

第一，如果控制设计不当，不需要再考虑控制是否得到执行。

第二，询问本身并不足以评价控制的设计以及确定其是否得到执行，注册会计师应当将询问与其他风险评估程序结合使用。

第三，除非存在某些可以使控制得到一贯运行的自动化控制，注册会计师对控制的了解并不能够代替对控制运行有效性的测试。

学堂点睛

控制测试指的是测试控制运行的有效性。这一概念需要与“了解内部控制”进行区分。“了解内部控制”包含两层含义：一是评价控制的设计；二是确定控制是否得到执行。测试控制运行的有效性与确定控制是否得到执行所需获取的审计证据是不同的。

在测试控制运行的有效性时，注册会计师应当从下列方面获取关于控制是否有效运行的审计证据：

1. 控制在所审计期间的不同时点是如何运行的；
2. 控制是否得到一贯执行；
3. 控制由谁执行；
4. 控制以何种方式运行（如人工控制或自动化控制）。

从这四个方面来看，控制运行有效性强调的是控制能够在各个不同时点按照既定设计得以一贯执行。因此，在了解控制是否得到执行时，注册会计师只需抽取少量的交易进行检查或观察某几个时点。但在测试控制运行的有效性时，注册会计师需要抽取足够数量的交易进行检查或对多个不同时点进行观察。

例如：某被审计单位针对销售收入和销售费用的业绩评价控制如下：财务经理每月审核实际销售收入（按产品细分）和销售费用（按费用项目细分），并与预算数和上年同期数比较，对于差异金额超过5%的项目进行分析并编制分析报告，销售经理审阅该报告并采取适当跟进措施。注册会计师抽查了最近3个月的分析报告，并看到上述管理人员在报告上签字确认，证明该控制已经得到执行。然而，注册会计师在与销售经理的讨论中发现，他对分析报告中明显异常的数据并不了解其原因，也无法作出合理解释，从而显示该控制并未得到有效的运行。

【例3-单选题】下列审计程序中，注册会计师在了解被审计单位内部控制时通常不采用（　　）。

A．询问　　B．观察　　C．分析程序　　D．检查

【答案】C

学堂点拨

选项C的分析程序无须采用。注册会计师通常实施下列风险评估程序，以获取有关控制设计和执行的审计证据：询问被审计单位人员；观察特定控制的运用；检查文件和报告；追踪交易在财务报告信息系统中的处理过程（穿行测试）。

知识点4 内部控制的人工和自动化成分（★★）

表 7–3 内部控制的人工和自动化成分

内控成分	内部控制	影响
自动化	当采用信息技术系统生成、记录、处理和报告交易时，交易的记录形式（如订购单、发票、装运单及相关的会计记录）可能是电子文档而不是纸质文件。信息技术系统中的控制可能既有自动控制（如嵌入计算机程序的控制）又有人工控制。人工控制可能独立于信息技术系统，利用信息技术系统生成的信息，也可能限于监督信息技术系统和自动控制的有效运行或者处理例外事项。	1. 信息技术通常在下列方面提高被审计单位内部控制的效率和效果：（1）在处理大量的交易或数据时，一贯运用事先确定的业务规则，并进行复杂运算；（2）提高信息的及时性、可获得性及准确性；（3）有助于对信息的深入分析；（4）加强对被审计单位政策和程序执行情况的监督；（5）降低控制被规避的风险；（6）通过对操作系统、应用程序系统和数据库系统实施安全控制，提高不相容职务分离的有效性。【优势】 2. 信息技术也可能对内部控制产生特定风险：（1）系统或程序未能正确处理数据，或处理了不正确的数据，或两种情况同时并存；（2）在未得到授权情况下访问数据，可能导致数据的毁损或对数据不恰当的修改，包括记录未经授权或不存在的交易，或不正确地记录了交易；（3）信息技术人员可能获得超越其履行职责以外的数据访问权限，破坏了系统应有的职责分工；（4）未经授权改变主文档的数据；（5）未经授权改变系统或程序；（6）未能对系统或程序作出必要的修改；（7）不恰当的人为干预；（8）数据丢失的风险或不能访问所需要的数据。【劣势】
人工	内部控制一般包括批准和复核业务活动，编制调节表并对调节项目进行跟踪。	1. 内部控制的人工成分在处理下列需要主观判断或酌情处理的情形时可能更为适当：（1）存在大额、异常或偶发的交易；（2）存在难以定义、防范或预见的错误；（3）为应对情况的变化，需要对现有的自动化控制进行调整；（4）监督自动化控制的有效性。【优势】 2. 特定风险:（1）人工控制可能更容易被规避、忽视或凌驾；（2）人工控制可能不具有一贯性；（3）人工控制可能更容易产生简单错误或失误。相对于自动控制，人工控制的可靠性较差。【劣势】 3. 人工控制在下列情形中可能是不适当的：（1）存在大量或重复发生的交易；（2）事先可预见的错误能够通过自动化控制得以防范或发现；（3）控制活动可得到适当设计和自动化处理。【劣势】

知识点5 内部控制的局限性（★★）

内部控制存在固有局限性，无论如何设计和执行，只能对财务报告的可靠性提供合理的保证。内部控制存在的固有局限性包括：

1. 人为判断可能出现错误和由于人为失误而导致内部控制失效。

2. 可能由于人员串通或管理层不当地凌驾于内部控制之上而被规避。

此外，影响内部控制的其他因素还包括（注意：不是内部控制的固有局限性）：

1. 人的素质。

2. 成本效益。当实施某项控制成本大于控制效果而发生损失时，就没有必要设置控制环节或控制措施。

3. 异常情况。如果出现不经常发生或未预计到的业务，原有控制就可能不适用。

【例4-2008-单选题】内部控制无论如何设计和执行只能对财务报告的可行性提供合理保证，其原因是（　　）。

A. 建立和维护内部控制是被审计单位管理层的职责

B. 内部控制的成本不应超过预期带来的收益

C. 在决策时人为判断可能出现错误

D. 对资产和记录采取适当的安全保护措施是被审计单位管理层应当履行的经营责任

【答案】C

学堂点拨

内部控制存在固有局限性，无论如何设计和执行，只能对账务报告的可靠性提供合理的保证。内部控制存在的固有局限性包括：1. 在决策时人为判断可能出现错误和由于人为失误而导致内部控制失效；2. 控制可能由于两个或更多的人员串通或管理层不当地凌驾于内部控制之上而被规避。

知识点6 内部控制五要素（★★★）

企业内部控制涵盖企业经营管理的各个层级、各个方面和各项业务环节。不同所有制形式、不同组织形式、不同行业、不同规模的企业可以结合实际情况，从不同的角度入手建立健全内部控制。但是，建立有效的内部控制，至少应当考虑以下基本要素：

一、控制环境

（一）控制环境的含义

控制环境包括治理职能和管理职能，以及治理层和管理层对内部控制及其重要性的态度、认识和措施。良好的控制环境是实施有效内部控制的基础。因此，财务报表层次的重大错报风险通常源自于薄弱的控制环境。

（二）了解控制环境的要求

1. 注册会计师应当了解管理层在治理层的监督下，是否营造并保持了诚实守信和合乎道德的文化，以及是否建立了防止或发现并纠正舞弊和错误的恰当控制。

2. 在审计业务承接阶段，注册会计师就需要对控制环境作出初步了解和评价。

（三）了解控制环境的要素

1. 对诚信和道德价值观念的沟通与落实

诚信和道德价值观念是控制环境的重要组成部分，影响到重要业务流程的设计和运行。内部控制的有效性直接依赖于负责创建、管理和监控内部控制的人员的诚信和道德价值观念。

2. 对胜任能力的重视（能力合格有助于减少出错）

管理层对胜任能力的重视包括对于特定工作所需的胜任能力水平的设定，以及对达到该水平所必需的知识和能力的要求。注册会计师应当考虑主要管理人员和其他相关人员是否能够胜任承担的工作和职责。

3．治理层的参与程度

治理层对控制环境影响的要素有：治理层相对于管理层的独立性、成员的经验和品德、采取措施的适当性、与内部审计人员和注册会计师的互动等。

4．管理层的理念和经营风格

管理层负责企业的运作以及经营策略和程序的制定、执行与监督。在有效的控制环境中，管理层的理念和经营风格可以创造一个积极的氛围，促进业务流程和内部控制的有效运行，同时创造一个减少错报发生可能性的环境。衡量管理层对内部控制重视程度的重要标准，是管理层收到有关内部控制缺陷及违规事件的报告时是否作出适当反应。

5．组织结构及职权与责任的分配

被审计单位的组织结构为计划、运作、控制及监督经营活动提供了一个整体框架。通过集权或分权决策，可在不同部门间进行适当的职责划分，建立适当层次的报告体系。组织结构将影响权利、责任和工作任务在组织成员中的分配。

6．人力资源政策与实务

政策与程序（包括内部控制）的有效性，通常取决于执行人，因此，被审计单位员工的能力与诚信是控制环境中不可缺少的因素。人力资源政策与实务涉及招聘、培训、考核、晋升和薪酬等方面。

【关注】

1．控制环境对重大错报风险的评估具有广泛影响，注册会计师应当考虑控制环境的总体优势是否为内部控制的其他要素提供了适当的基础，并且未被控制环境中存在的缺陷所削弱。

2．注册会计师在进行风险评估时，如果认为被审计单位控制环境薄弱，则很难认定某一流程的控制是有效的。

3．虽然令人满意的控制环境并不能绝对防止舞弊，但却有助于降低发生舞弊的风险。

4．控制环境本身并不能防止或发现并纠正各类交易、账户余额、列报认定层次的重大错报，注册会计师在评估重大错报风险时，应当将控制环境连同其他内部控制要素产生的影响一并考虑。例如，将控制环境与对控制的监督和具体控制活动一并考虑。

5．在小型被审计单位，可能无法获取以文件形式存在的有关控制环境要素的审计证据，特别是在管理层与其他人员的沟通不够正式但却有效的情况下。因此，管理层或业主兼经理的态度、认识和措施对注册会计师了解小型被审计单位的控制环境非常重要。

【例5-2014-单选题】下列有关控制环境的说法中，错误的是（　　）。

A．有效的控制环境本身可以防止、发现并纠正各类交易、账户余额和披露认定层次的重大错报

B．控制环境对重大错报风险的评估具有广泛影响

C．有效的控制环境可以降低舞弊发生的风险

D．财务报表层次重大错报风险很可能源于控制环境存在缺陷

【答案】A

学堂点拨

选项A中，控制环境本身并不能防止或发现并纠正各类交易、账户余额和披露认定层次的重大错报。

【例6-2013-单选题】下列有关控制环境的说法中，错误的是（　　）。

A. 在审计业务承接阶段，注册会计师无须了解和评价控制环境

B. 在实施风险评估程序时，注册会计师需要对控制环境的构成要素获取足够了解，并考虑内部控制的实质及其综合效果

C. 在进行风险评估时，如果注册会计师认为被审计单位的控制环境薄弱，则很难认定某一流程的控制是有效的

D. 在评估重大错报风险时，注册会计师应当将控制环境连同其他内部控制要素产生的影响一并考虑

【答案】A

学堂点拨

在审计业务承接阶段，注册会计师就需要对控制环境作出初步了解和评价，所以选项A说法不正确。

二、被审计单位的风险评估过程

（一）被审计单位的风险评估过程的含义

风险评估过程指管理层对经营活动中面临的风险的识别和采取的防范措施。

可能产生风险的事项和情形包括（体现的核心是“变化”）：

1. 监管及经营环境的变化。2. 新员工的加入。3. 新信息系统的使用或对原系统进行升级。4. 业务快速发展。快速的业务扩张可能会使内部控制难以应对，从而增加内部控制失效的可能性。5. 新技术。6. 新生产型号、产品和业务活动。7. 企业重组。重组可能带来裁员以及管理职责的重新划分，将影响与内部控制相关的风险。8. 发展海外经营（如：外币交易的风险）。9. 新的会计准则。

被审计单位的风险评估过程包括识别与财务报告相关的经营风险，以及针对这些风险所采取的措施。注册会计师应当了解被审计单位的风险评估过程和结果。

（二）对风险评估过程的了解

注册会计师在对被审计单位整体层面的风险评估过程进行了解和评估时，考虑的主要因素可能包括：

1. 被审计单位是否已建立并沟通其整体目标，并辅以具体策略和业务流程层面的计划；2. 被审计单位是否已建立风险评估过程，包括识别风险、估计风险的重大性、评估风险发生的可能性以及确定需要采取的应对措施；3. 被审计单位是否已建立某种机制，识别和应对可能对被审计单位产生重大且普遍影响的变化；4. 会计部门是否建立了某种流程，以识别会计准则的重大变化；5. 当被审计单位业务操作发生变化并影响交易记录的流程时，是否存在沟通渠道以通知会计部门；6. 风险管理部门是否建立了某种流程，以识别经营环境包括监管环境发生的重大变化。

在审计过程中，如果发现与财务报表有关的风险因素，注册会计师可通过向管理层询问和检查有关文件确定被审计单位的风险评估过程是否也发现了该风险。在审计过程中，如果识别出管理层未能识别的重大错报风险，注册会计师应当考虑被审计单位的风险评估过程为何没有识别出这些风险，以及评估过程是否适合于具体环境，或者确定与风险评估过程相关的内部控制是否存在值得关注的内部控制缺陷。

三、信息系统与沟通

（一）与财务报告相关的信息系统的含义

与财务报告相关的信息系统，包括用以生成、记录、处理和报告交易、事项和情况，对相关资产、负债和所有者权益履行经营管理责任的程序和记录。

与财务报告相关的信息系统应当与业务流程相适应。业务流程是指被审计单位开发、采购、生产、销售、发送产品和提供服务、保证遵守法律法规、记录信息等一系列活动。

（二）对与财务报告相关的信息系统的了解

注册会计师应当从下列方面了解与财务报告相关的信息系统：

1. 在被审计单位经营过程中，对财务报表具有重大影响的各类交易；2. 在信息技术和人工系统中，交易生成、记录、必要的纠正、处理和报告的程序；3. 用以生成、记录、处理和报告交易的会计记录、支持性信息和财务报表中的特定账户；4. 信息系统如何获取除各类交易以外的对财务报表重大的事项和情况；5. 被审计单位编制财务报告的过程，包括作出的重大会计估计和披露；6. 管理层凌驾于账户记录控制之上的风险。

（三）与财务报告相关的沟通的含义

与财务报告相关的沟通包括使员工了解各自在与财务报告有关的内部控制方面的角色和职责，员工之间的工作联系，以及向适当级别的管理层报告例外事项的方式。

（四）对与财务报告相关的沟通的了解（一般了解）

注册会计师应当了解被审计单位内部如何对财务报告的岗位职责，以及与财务报告相关的重大事项进行沟通。注册会计师还应当了解管理层与治理层（特别是审计委员会）之间的沟通，以及被审计单位与外部（包括与监管部门）的沟通。

学堂点睛

第一，与财务报告相关的信息系统应当与业务流程相适应。

第二，应当特别关注由于管理层凌驾于账户记录之上而产生的重大错报风险。

自动化程序和控制可能降低了发生无意错误的风险，但并没有消除个人凌驾于控制之上的风险。

四、控制活动

控制活动是指有助于确保管理层的指令得以执行的政策和程序。包括与授权、业绩评价、信息处理、实物控制和职责分离等相关的活动。

（一）相关控制活动的含义

1. 授权

注册会计师应当了解与授权有关的控制活动，包括一般授权和特别授权。

授权的目的在于保证交易在管理层授权范围内进行。一般授权是指管理层制定的要求组织内部遵守的普遍适用于某类交易或活动的政策。特别授权是指管理层针对特定类别的交易或活动逐一设置的授权，特别授权也可能用于超过一般授权限制的常规交易。例如，同意因某些特别原因，对某个不符合一般信用条件的客户赊销商品。

2. 业绩评价

注册会计师应当了解与业绩评价有关的控制活动，主要包括被审计单位分析评价实际业绩与预算（或预测、前期业绩）的差异，综合分析财务数据与经营数据的内在关系，将内部数据与外部信息来源相比较，评价职能部门、分支机构或项目活动的业绩（如银行客户信贷经理复核各分行、地区和各种贷款类型的审批和收回），以及对发现的异常差异或关系采取必要的调查与纠正措施。

【例7-多选题】被审计单位下列控制活动中，属于经营业绩评价方面的有（　　）。

A. 对照预算、预测和前期实际结果，对公司的业绩复核和评价

B. 综合分析财务数据和经营数据之间的内在关系

C. 由内部审计部门定期对内部控制的设计和执行效果进行评价

D. 定期与客户对账并发现的差异进行调查

【答案】AB

学堂点拨

选项C是对控制的监督，不属于经营业绩评价；选项D中的差异是记错了账，这是一种错误并不是差距，错误不属于经营业绩评价。

3. 信息处理

注册会计师应当了解与信息处理有关的控制活动，包括信息技术的一般控制和应用控制。

一般控制是针对计算机的控制，应用控制是针对具体业务的控制。

一般控制存在缺陷→导致财务报表层的重大错报风险。

应用控制存在缺陷→导致认定层的重大错报风险。

4. 实物控制

注册会计师应当了解实物控制，主要包括了解对资产和记录采取适当的安全保护措施，对访问计算机程序和数据文件设置授权，以及定期盘点并将盘点记录与会计记录相核对。

5. 职责分离

注册会计师应当了解职责分离，主要包括了解被审计单位如何将交易授权、交易记录以及资产保管等职责分配给不同员工，以防范同一员工在履行多项职责时可能发生的舞弊或错误。当信息技术运用于信息系统时，职责分离可以通过设置安全控制来实现。

【例8-2011-多选题】下列活动中，注册会计师认为属于控制活动的有（　　）。

A. 授权　　B. 业绩评价　　C. 风险评估　　D. 职责分离

【答案】ABD

学堂点拨

控制活动包括与授权、业绩评价、信息处理、实物控制和职责分离等相关的活动。

（二）对控制活动的了解

注册会计师的工作重点是识别和了解针对重大错报可能发生的领域的控制活动。在了解控制活动时，注册会计师应当重点考虑一项控制活动单独或连同其他控制活动，是否能够以及如何防止或发现并纠正各类交易、账户余额和披露存在的重大错报。如果多项控制活动能够实现同一目标，则注册会

计师不必了解与该目标相关的每项控制活动。

五、对控制的监督

注册会计师在对被审计单位整体层面的监督进行了解和评估时，考虑的主要因素可能包括：

1. 被审计单位是否定期评价内部控制；2. 被审计单位人员在履行正常职责时，能够在多大程度上获得内部控制是否有效运行的证据；3. 与外部的沟通能够在多大程度上证实内部产生的信息或者指出存在的问题；4. 管理层是否采纳内部审计人员和注册会计师有关内部控制的建议；5. 管理层是否及时纠正控制运行中的偏差；6. 管理层根据监管机构的报告及建议是否及时采取纠正措施；7. 是否存在协助管理层监督内部控制的职能部门（如内部审计部门）。

【例9-多选题】下列活动中属于持续监督活动的是（　　）。

A. 管理层在履行其日常管理活动时，取得内部控制持续发挥功能的信息

B. 相应级别的员工复核采购业务流程中控制的执行情况

C. 注册会计师对年度财务报表进行审计

D. 内部审计人员对控制实施风险评估

【答案】AB

学堂点拨

持续的监督活动通常贯穿于被审计单位的日常重复的活动中，包括常规管理和监督工作。

控制在个别时点运行良好＋对控制的监督→控制在一个时期运行良好。

对控制的监督存在缺陷→财务报表层的重大错报风险。

知识点7 在整体层面和业务流程层面了解内控（★★★）

一、在整体（宏观）层面了解内部控制

核心：整体层面内部控制和业务流程层面内部控制是土壤和花的关系，土壤不行，花也不会长得好。整体层面的内部控制是否有效将直接影响重要业务流程层面控制的有效性，进而影响拟实施的进一步审计程序的性质、时间和范围。

了解程序：询问被审计单位人员、观察特定控制的应用、检查文件和报告、穿行测试。

了解内容：在内控五要素中控制环境、被审计单位的风险评估过程、信息系统与沟通中的一般控制以及对控制的监督这几个要素属于整体层面的内控。

例如，1. 对管理层凌驾于内部控制之上的控制；2. 信息系统的一般控制。

二、在业务流程层面了解内部控制

（一）了解步骤

1. 确定被审计单位的重要业务流程（例如五大循环）和重要交易类别。2. 了解重要交易流程（例如销售流程），并记录获得的了解。3. 确定可能发生错报的环节（例如赊销）。4. 识别和了解相关控制（例如赊销审批）。5. 执行穿行测试（通过一笔赊销，从头至尾验证），证实对交易流程和相关控制的了解。6. 进行初步评价和风险评估。

在实务中，上述步骤可能同时进行。例如，在询问相关人员的过程中，同时了解重要交易的流程和相关控制。

（二）确定重要业务流程和重要交易类别

在实务中，将被审计单位的整个经营活动划分为几个重要的业务循环，有助于注册会计师更有效地了解和评估重要业务流程及相关控制。通常，对制造业企业可以划分为销售与收款循环、采购与付款循环、生产与存货循环、人力资源与工薪循环、投资与筹资循环等。

重要交易类别是指可能对被审计单位财务报表产生重大影响的各类交易。重要交易类别应与相关账户及其认定相联系，也包括对财务报表具有重大影响的事项和情况。

例如，对于一般制造业企业，销售收入和应收账款通常是重大账户；计提资产的折旧或摊销，考虑应收款项的可回收性和计提坏账准备都属于重大事项和情况。

（三）了解重要交易流程，并记录获得的了解（每一类重要交易在信息技术或人工系统中生成、记录、处理及在财务报表中报告的程序）

例如，销售与收款交易：输入销售订购单、编制货运单据和发票、更新应收账款信息记录。

注册会计师可以通过下列方法获得对重要交易流程的了解：1. 检查被审计单位的手册和其他书面指引；2. 询问被审计单位的适当人员；3. 观察所运用的处理方法和程序；4. 穿行测试。

在了解过程中，注册会计师通常还能注意到许多正在执行的控制。虽然这个阶段的工作重点不是确定控制是否存在，注册会计师仍需留意可能存在缺乏控制的情况，以及可能发生错报而需要控制的环节。

注册会计师通常只是针对每一年的变化修改记录流程的工作底稿，除非被审计单位的交易流程发生重大改变。然而，无论业务流程与以前年度相比是否有变化，注册会计师每年都需要考虑上述注意事项，以确保对被审计单位的了解是最新的，并已包括被审计单位交易流程中相关的重大变化。

（四）确定可能发生错报的环节

1. 确定控制目标（提出问题）

注册会计师需要确认和了解被审计单位应在哪些环节设置控制，以防止或发现并纠正各重要业务流程可能发生的错报。

表 7-4　控制目标表

控制目标	解释
完整性：所有的有效交易都已记录	必须有程序确保没有漏记实际发生的交易。
存在和发生：每项已记录的交易均真实	必须有程序确保会计记录中没有虚构的或重复入账的项目。
适当计量交易	必须有程序确保交易以适当的金额入账。
恰当确定交易生成的会计期间（截止性）	必须有程序确保交易在适当的会计期间内入账（例如月、季度、年等）。
恰当分类	必须有程序确保将交易记入正确的总分类账。必要时，记入相应的明细账内。
正确汇总和过账	必须有程序确保所有作为账簿记录中的借贷方余额都正确地归集（加总），确保加总后的金额正确过入总账和明细分类账。

对于每个重要交易流程，注册会计师都会考虑这些控制目标。

2. 将错报与“有没有”控制程序（能不能实现控制目标）相联系

评价的重要标志是：是否存在控制来防止错报的发生，或发现并纠正错报，然后重新提交到业务流程处理程序中进行处理。如不存在，就是容易发生错报的环节。

（五）识别和了解相关控制（重点理解）

一般而言，如果了解到业务流程层面的某些控制是无效的，或者注册会计师并不打算信赖控制，就没有必要进一步了解在业务流程层面的控制。

例外情况：如果认为仅通过实质性程序无法将认定层次的检查风险降至可接受的水平，或者针对特别风险，注册会计师应当了解和评估相关的控制活动。

如果注册会计师计划对业务流程层面的有关控制进行进一步的了解和评价，那么针对业务流程中容易发生错报的环节，注册会计师应当确定：1. 被审计单位是否建立了有效的控制，以防止或发现并纠正这些错报；2. 被审计单位是否遗漏了必要的控制；3. 是否识别了可以最有效测试的控制。

1. 控制的类型

控制包括被审计单位使用并依赖的、用以在交易流程中防止错报的发生或在发生错报后发现与纠正错报的所有政策和程序。有效的控制应与错报发生的环节相关，并能降低错报风险。通常将业务流程中的控制划分为预防性控制和检查性控制。

（1）预防性控制。预防性控制通常用于正常业务流程的每一项交易，以防止错报的发生。

（2）检查性控制。建立检查性控制的目的是发现流程中可能发生的错报（尽管有预防性控制还是会发生的错报）。

表 7–5 预防性控制示例

对控制的描述	控制用来防止的错报
计算机程序自动生成收货报告，同时也更新采购档案。	防止出现购货漏记账的情况。
在更新采购档案之前必须先有收货报告。	防止记录了未收到购货的情况。
销货发票上的价格根据价格清单上的信息确定。	防止销货计价错误。
系统将各凭证上的账户号码与会计科目表对比，然后进行一系列的逻辑测试。	防止出现分类错报。

表 7–6 检查性控制示例

对控制的描述	设计控制预期查出的错报
定期编制银行存款余额调节表，跟踪调查挂账的项目。	在对其他项目进行审核的同时，查找存入银行但没有记入日记账的现金收入，未记录的现金支付或虚构入账的不真实的银行现金收入或支付，未及时入账或未正确汇总分类的银行现金收入或支付。
将预算与实际费用间的差异列入计算机编制的报告中并由部门经理复核。记录所有超过预算2%的差异情况和解决措施。	在对其他项目进行审核的同时，查找本月发生的重大分类错报或没有记录及没有发生的大笔收入、支出以及相关联的资产和负债项目。
系统每天比较运出货物的数量和开票数量。如果发现差异，产生报告，由开票主管复核和追查。	查找没有开票和记录的出库货物，以及与真实发货无关的发票。

（续上表）

对控制的描述	设计控制预期查出的错报
每季度复核应收账款贷方余额并找出原因。	查找没有记录的发票和销售与现金收入中的分类错误。

【例10-2018-单选题】下列各项控制中，属于检查性控制的是（　　）。

A．财务总监复核并批准财务经理提出撤销银行账号的申请

B．出纳不能兼任收入或支出的记账工作

C．财务经理复核会计编制的银行存款余额调节表

D．财务经理根据其权限复核并批准相关付款

【答案】C

学堂点拨

选项A、B、D属于预防性控制。

【例11-2013-多选题】下列各项控制活动中，属于检查性控制的有（　　）。

A．定期编制银行存款余额调节表，并追查调节项目或异常项目

B．对接触计算机程序和数据文档设置访问和修改权限

C．财务人员每季度复核应收账款贷方余额并找出原因

D．财务总监复核月度毛利率的合理性

【答案】ACD

学堂点拨

选项B"对接触计算机程序和数据文档设置访问和修改权限"是事前就设置好的，属于预防性控制。

2．识别和了解相关控制

注册会计师并不需要了解与每一控制目标相关的所有控制活动。在了解控制活动时，注册会计师应当重点考虑一项控制活动单独或连同其他控制活动，是否能够以及如何防止或发现并纠正各类交易、账户余额、列报存在的重大错报。如果多项控制活动能够实现同一目标，注册会计师不必了解与该目标相关的每项控制活动。当然，如果在之后的穿行测试和评价中，注册会计师发现已识别的控制实际并未得到执行，则应当重新针对该项控制目标识别是否存在其他的控制。

（六）执行穿行测试，证实对交易流程和相关控制的了解

为了解各类重要交易在业务流程中发生、处理和记录的过程，注册会计师通常会每年执行穿行测试（用少量事实验证了解形成的结论）。执行穿行测试可获得下列方面的证据：

1．确认对业务流程的了解；2．确认对重要交易的了解是完整的，即在交易流程中所有与财务报表认定相关的可能发生错报的环节都已识别；3．确认所获取的有关流程中的预防性控制和检查性控制信息的准确性；4．评估控制设计的有效性；5．确认控制是否得到执行；6．确认之前所作的书面记录的准确性。

如果不打算信赖控制，注册会计师仍需要执行穿行测试以确认以前对业务流程及可能发生错报环

节的了解的准确性和完整性。

【例12-2019-多选题】下列各项中，属于注册会计师通过实施穿行测试可以实现的目的的有（　）。

A．确认对业务流程的了解　　B．评价控制设计的有效性

C．确认控制是否得到执行　　D．确认对重要交易的了解是否完整

【答案】ABCD

学堂点拨

执行穿行测试可获得下列方面的证据：1．确认对业务流程的了解；2．确认对重要交易的了解是完整的，即在交易流程中所有与财务报表认定相关的可能发生错报的环节都已识别；3．确认所获取的有关流程中的预防性控制和检查性控制信息的准确性；4．评估控制设计的有效性；5．确认控制是否得到执行；6．确认之前所作的书面记录的准确性。

（七）初步评价和风险评估

1．对控制的初步评价

注册会计师对控制的评价结论可能是：

（1）所设计的控制单独或连同其他控制能够防止或发现并纠正重大错报，并得到执行；

（2）控制本身的设计是合理的，但没有得到执行；

（3）控制本身的设计就是无效的或缺乏必要的控制。

由于对控制的了解和评价是在穿行测试完成后，但又在测试控制运行有效性之前进行的，因此，上述评价结论只是初步结论，仍可能随控制测试后实施实质性程序的结果而发生变化。

2．风险评估需考虑的因素

注册会计师对控制的评价，进而对重大错报风险的评估，需考虑以下因素：

（1）账户特征及已识别的重大错报风险。如果已识别的重大错报风险水平为高（例如，复杂的发票计算或计价过程增加了开票错报的风险；经营的季节性特征增加了在旺季发生错报的风险），相关的控制应有较高的敏感度，即在错报率较低的情况下也能防止或发现并纠正错报。

（2）对被审计单位整体层面控制的评价。注册会计师应将对整体层面获得的了解和结论，同在业务流程层面获得的有关重大交易流程及其控制的证据结合起来考虑。

3．评价决策

在对控制进行初步评价及风险评估后，注册会计师需要利用实施上述程序获得的信息，回答以下问题：

（1）控制本身的设计是否合理。

（2）控制是否得到执行。

（3）是否更多地信赖控制并拟实施控制测试。

如果认为被审计单位控制设计合理并得到执行，能够有效防止或发现并纠正重大错报，那么，注册会计师通常可以信赖这些控制，减少拟实施的实质性程序。如果控制测试的结果进一步证实内部控制是有效的，注册会计师可以认为相关账户及认定发生重大错报的可能性较低，对相关账户及认定实施实质性程序的范围也将减少。

有时，注册会计师也可能认为控制是无效的，包括控制本身设计不合理，不能实现控制目标，或者尽管控制设计合理，但没有得到执行。在这种情况下，注册会计师不需要测试控制运行的有效性，而直接实施实质性程序。但在评估重大错报风险时，需要考虑控制失效对财务报表及其审计的影响。

需要再次指出的是，除非存在某些可以使控制得到一贯运行的自动化控制，注册会计师对控制的了解和评价并不能够代替对控制运行有效性的测试。

（八）对财务报告流程的了解

了解财务报告流程时应考虑评估的内容：

1. 主要的输入信息、执行的程序、主要的输出信息；2. 每一财务报告流程要素中涉及信息技术的程度；3. 管理层的哪些人员参与其中；4. 记账分录的主要类型，如标准分录、非标准分录等；5. 管理层和治理层对流程实施监督的性质和范围。

第五节　识别和评估重大错报风险

微信扫一扫
习题免费练

知识点提示

风险评估的目的就是为了识别和评估财务报表层次和认定层次的重大错报风险。评估重大错报风险的审计程序要注意和风险评估的程序相区别。

评估出来的重大错报风险中，有一类风险要特别关注：特别风险。非常规交易和判断事项都会引起特别风险。另外，大家需要注意的是，如果计划测试旨在减轻特别风险的控制运行的有效性，注册会计师不应依赖以前审计获取的关于内部控制运行有效性的审计证据。也就是说，如果拟信赖此类内部控制，注册会计师必须每年做控制测试。此外，注册会计师应当专门针对识别的风险实施实质性程序，由于实质性分析程序单独并不足以应对特别风险，注册会计师应当实施细节测试，或将实质性分析程序与细节测试结合运用。也就是说，针对特别风险，细节测试是必须做的。

在被审计单位对日常交易采用高度自动化处理的情况下，审计证据可能仅以电子形式存在，其充分性和适当性通常取决于自动化信息系统相关控制的有效性，在这种情况下，仅通过实质性程序获取的审计证据往往无法将认定层次的重大错报风险降至可接受的低水平，注册会计师应当评价被审计单位针对这些风险设计的控制，并确定其执行情况。这也是必须做控制测试的情况之一。当然，如果了解下来内部控制是预期无效的，那么本身这样的客户就不具有可审计性了。必须做控制的另一情况是当了解内部控制后预期控制运行有效，符合成本效益时，这种情况下做控制测试的目的主要是减少实质性程序。

前面我们学习过，审计计划和重要性水平都是可以修正的。同样地，风险评估结果也是可以修正的。注册会计师对认定层次重大错报风险的评估应以获取的审计证据为基础，并可能随着不断获取审计证据而做出相应的变化。评估重大错报风险与了解被审计单位及其环境一样，也是一个连续和动态地收集、更新与分析信息的过程，贯穿于整个审计过程的始终。

知识点1 识别和评估财务报表层次和认定层次的重大错报风险（★★★）

一、评估重大错报风险时考虑的部分风险因素

1. 风险的性质。2. 错报可能发生的规模。3. 风险发生的可能性。

二、评估重大错报风险的审计程序

1. 在了解被审计单位及其环境（包括与风险相关的控制）的整个过程中，结合对财务报表中各类交易、账户余额和披露（包括定量披露和定性披露）的考虑，识别风险。（风险）

2. 结合对拟测试的相关控制的考虑，将识别出的风险与认定层次可能发生错报的领域相联系。（认定层）

3. 评估识别出的风险，并评价其是否更广泛地与财务报表整体相关，进而潜在地影响多项认定。（财务报表层）

4. 考虑发生错报的可能性（包括发生多项错报的可能性），以及潜在错报的重大程度是否足以导致重大错报。（发生可能性）

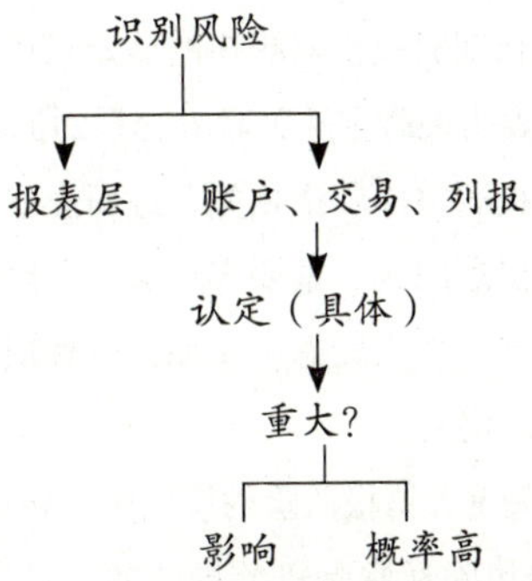

图 7-7 评估重大错报风险的审计程序

【注意】注册会计师应当根据风险评估结果，确定实施进一步审计程序的性质、时间和范围。

比如说：从外部资料得知，被审计客户所属的行业情况不好，销售降低，那么，这种行业的低迷会导致风险的存在。（识别风险）

典型的风险是存货的变现问题，可能需要计提准备等。（认定层重大错报风险）

那么，这个风险是否重大呢？我们可以从发生的可能性和带来错报的大小考虑。

比如，企业也很关注这个问题，也积极应对存货跌价准备，计提的过程中有高级人员来控制，那么，风险发生可能性不大；如果企业根本没有关注这个问题，计提跌价的时候也只是随便找一些低级人员来完成，那么，相关的风险可能性很大。（发生可能性）

如果这种风险很大，但存货在企业中金额很小，对整体影响是很小的，那么，就算出现了错误，对报表整体影响也很小，因此，我们需要执行的审计程序也可能是很有限的。（发生错报的大小）

【例1-2009-多选题】在识别和评估重大错报风险时，注册会计师可能实施的审计程序有（　　）。

A. 识别被审计单位的所有经营风险

B. 考虑识别的错报风险导致财务报表发生重大错报的可能性

C. 考虑识别的错报风险是否重大

D. 将识别的错报风险与认定层次可能发生错报的领域相联系

【答案】BCD

学堂点拨

在识别和评估重大错报风险时，注册会计师应当实施的审计程序包括：在了解被审计单位及其环境的整个过程中识别风险，并考虑各类交易、账户余额、披露；将识别的风险与认定层次可能发生错报的领域相联系；考虑识别的风险是否重大；考虑识别的风险导致财务报表发生重大错报的可能性。选项A错误是因为注册会计师应当识别与财务报表有关的经营风险，并不是对所有经营风险均识别。

三、识别两个层次的重大错报风险

在对重大错报风险进行识别和评估后，注册会计师应当确定，识别的重大错报风险是与特定的某类交易、账户余额、列报的认定相关，还是与财务报表整体广泛相关，进而影响多项认定。

某些重大错报风险可能与特定的各类交易、账户余额、列报的认定相关。例如，被审计单位存在复杂的联营或合资，这一事项表明长期股权投资账户的认定可能存在重大错报风险。又如，被审计单位存在重大的关联方交易，该事项表明关联方及关联方交易的披露认定可能存在重大错报风险。

某些重大错报风险可能与财务报表整体广泛相关，进而影响多项认定。例如，在经济不稳定的国家和地区开展业务、资产的流动性出现问题、重要客户流失、融资能力受到限制等，可能导致注册会计师对被审计单位的持续经营能力产生重大疑虑。又如，管理层缺乏诚信或承受异常的压力可能引发舞弊风险，这些风险与财务报表整体相关。

【例2-2020-单选题】下列有关重大错报风险的说法中，错误的是（　　）。

A. 财务报表层次的重大错报风险通常是舞弊导致的，认定层次的重大错报风险通常是错误导致的

B. 财务报表层次的重大错报风险增大了认定层次发生重大错报的可能性

C. 财务报表层次的重大错报风险和认定层次的重大错报风险可能构成特别风险

D. 所有被审计单位的财务报表都可能存在财务报表层次的重大错报风险和认定层次的重大错报风险

【答案】A

学堂点拨

舞弊既可能会导致财务报表层次重大错报风险，也可能会导致认定层次的重大错报风险。

【例3-单选题】下列各项中，与蓝天公司财务报表层次重大错报风险评估最相关的是（　　）。

A. 蓝天公司应收账款周转率呈明显下降趋势

B. 蓝天公司持有大量高价值且易被盗窃的资产

C. 蓝天公司的大额应收账款可收回性具有高度不确定性

D. 蓝天公司控制环境薄弱

【答案】D

学堂点拨

财务报表层次的重大错报风险通常源自于薄弱的控制环境。

四、控制环境对评估财务报表层次重大错报风险的影响

财务报表层次的重大错报风险很可能源于薄弱的控制环境。薄弱的控制环境带来的风险可能对财务报表产生广泛影响，难以限于某类交易、账户余额、列报，注册会计师应当采取总体应对措施。

五、控制对评估认定层次重大错报风险的影响

在评估重大错报风险时，注册会计师应当将所了解的控制与特定认定相联系。控制可能与某一认定直接相关，也可能与某一认定间接相关。关系越间接，控制在防止或发现并纠正认定中错报的作用越小。例如，销售经理对分地区的销售网点的销售情况进行复核，与销售收入完整性的认定只是间接相关。相应地，该项控制在降低销售收入完整性认定中的错报风险方面的效果，要比与该认定直接相关的控制（例如，将发货单与开具的销售发票相核对）的效果差。

注册会计师可能识别出有助于防止或发现并纠正特定认定发生重大错报的控制。在确定这些控制是否能够实现上述目标时，注册会计师应当将控制活动和其他要素综合考虑。

因为单个的控制活动（如将发货单与销售发票相核对）本身并不足以控制重大错报风险。只有多种控制活动和内部控制的其他要素综合作用才足以控制重大错报风险。

当然，也有某些控制活动可能专门针对某类交易或账户余额的个别认定。

六、考虑财务报表的可审计性

注册会计师在了解被审计单位内部控制后，可能对被审计单位财务报表的可审计性产生怀疑。

如果通过对内部控制的了解发现下列情况，并对财务报表局部或整体的可审计性产生疑问，注册会计师应当考虑出具保留意见或无法表示意见的审计报告：

1. 被审计单位会计记录的状况和可靠性存在重大问题，不能获取充分、适当的审计证据以发表无保留意见；

2. 对管理层的诚信存在严重疑虑。

必要时，注册会计师应当考虑解除业务约定。

【例4-单选题】被审计单位存在下列事项中，最可能导致注册会计师解除业务约定的是（　　）。

A. 被审计单位内部控制存在重大缺陷

B. 管理层诚信存在严重问题

C. 管理层凌驾于内部控制之上

D. 会计将一笔85万元的收入错记成58万元

【答案】B

学堂点拨

相较而言，管理层诚信的影响最为严重，最可能导致解除业务约定，所以选项B正确。

【例5-2014-单选题】下列有关识别、评估和应对重大错报风险的说法中，错误的是（　　）。

A. 注册会计师应当将识别的重大错报风险与特定的某类交易、账户余额和披露的认定相联系

B. 在实施进一步审计程序的过程中，注册会计师可能需要修正对认定层次重大错报风险的评估结果

C．在识别和评估重大错报风险时，注册会计师应当考虑发生错报的可能性以及潜在错报的重大程度

D．对于某些重大错报风险，注册会计师可能认为仅通过实质性程序无法获取充分、适当的审计证据

【答案】A

学堂点拨

选项A错误。在对重大错报风险进行识别和评估后，注册会计师应当确定，识别的重大错报风险是与特定的某类交易、账户余额和披露的认定相关，还是与财务报表整体广泛相关，进而影响多项认定。

知识点2 特别风险（★★★）

一、特别风险的含义

特别风险是指注册会计师识别和评估的、根据判断认为需要特别考虑的重大错报风险。

二、确定特别风险的考虑因素

在确定哪些风险是特别风险时，注册会计师应当在考虑识别出的控制对相关风险的抵消效果前，根据风险的性质、潜在错报的重要程度（包括该风险是否可能导致多项错报）和发生的可能性，判断风险是否属于特别风险。

在确定风险的性质时，注册会计师应当考虑下列事项（必须掌握，要记忆）：

1．风险是否属于舞弊风险；

2．风险是否与近期经济环境、会计处理方法和其他方面的重大变化有关；

3．交易的复杂程度；

4．风险是否涉及重大的关联方交易；

5．财务信息计量的主观程度，特别是计量结果是否具有高度不确定性；

6．风险是否涉及异常或超出正常经营过程的重大交易。

【例6-2019-多选题】下列各项中，注册会计师在判断重大错报风险是否为特别风险时应当考虑的有（　　）。

A．风险是否涉及重大的关联方交易

B．风险是否与近期经济环境的重大变化相关

C．财务信息计量的主观程度

D．风险是否属于舞弊风险

【答案】ABCD

学堂点拨

在判断哪些风险是特别风险时，注册会计师应当至少考虑下列事项：1．风险是否属于舞弊风险；2．风险是否与近期经济环境、会计处理方法或其他方面的重大变化相关，因而需要特别关注；3．交易的复杂程度；4．风险是否涉及重大的关联方交易；5．财务信息计量的主观程度，特别是计量结果是否具有高度不确定性；6．风险是否涉及异常或超出正常经营过程的重大交易。在判断哪些风险是特别风险时，注册会计师不应考虑识别出的控制对相关风险的抵消效果。

【例7-2018-单选题】下列各项中，注册会计师在确定某项重大错报风险是否为特别风险时，通常无须考虑的是（　　）。

A．交易的复杂程度　　B．风险是否涉及重大的关联方交易

C．被审计单位财务人员的胜任能力　　D．财务信息计量的主观程度

【答案】C

学堂点拨

在判断哪些风险是特别风险时，注册会计师应当至少考虑下列事项：

1．风险是否属于舞弊风险；2．风险是否与近期经济环境、会计处理方法或其他方面的重大变化相关，因而需要特别关注；3．交易的复杂程度；4．风险是否涉及重大的关联方交易；5．财务信息计量的主观程度，特别是计量结果是否具有高度不确定性；6．风险是否涉及异常或超出正常经营过程的重大交易。

【例8-2014-单选题】下列各项中注册会计师在确定是否为特别风险时，不需要考虑的是（　　）。

A．控制对相关风险的抵消效果　　B．潜在错报的重大程度

C．风险的性质　　D．错报发生的可能性

【答案】A

学堂点拨

在确定哪些风险是特别风险时，注册会计师应当在考虑识别出的控制对相关风险的抵消效果前，根据风险的性质、潜在错报的重要程度（包括该风险是否可能导致多项错报）和发生的可能性，判断风险是否属于特别风险。

三、特别风险的来源

特别风险通常与重大的非常规交易和判断事项有关。

（一）非常规交易是指由于金额或性质异常而不经常发生的交易

非常规交易会导致特别风险，因为：

1．管理层更多地干预会计处理；2．数据收集和处理涉及更多的人工干预；3．复杂的计算或会计处理方法；4．非常规交易的性质可能使被审计单位难以对由此产生的特别风险实施有效控制。

（二）判断事项可能会导致的特别风险

1．对涉及会计估计、收入确认等方面的会计原则存在不同的理解。2．所要求的判断可能是主观和复杂的。3．需要对未来事项作出假设。

四、考虑与特别风险相关的控制

（一）特别风险与控制的关系

由于与重大非常规交易或判断事项相关的风险很少受到日常控制的约束，注册会计师应当了解被审计单位是否针对该特别风险设计和实施了控制。

如果管理层未能实施控制以恰当应对特别风险，注册会计师应当认为内部控制存在值得关注的内控缺陷，并考虑其对风险评估的影响。在此情况下，注册会计师应当考虑就此类事项与治理层沟通。

（二）特别风险与控制测试的关系

如果计划测试旨在减轻特别风险的控制运行的有效性，注册会计师不应依赖以前审计获取的关于内部控制运行有效性的审计证据。

（三）特别风险与实质性程序的关系

注册会计师应当专门针对识别的风险实施实质性程序。如果未实施控制测试，由于实质性分析程序单独并不足以应对特别风险，注册会计师应当实施细节测试，或将实质性分析程序与细节测试结合运用。

【例9-2019-多选题】下列有关与特别风险相关的控制的说法中，正确的有（　　）。

A. 注册会计师应当了解和评价与特别风险相关的控制的设计情况，并确定其是否得到执行

B. 如果被审计单位未能实施控制以恰当应对特别风险，注册会计师针对特别风险实施的审计程序应当包括细节测试

C. 如果注册会计师实施控制测试后认为与特别风险相关的控制运行有效，对特别风险实施的实质性程序可以仅为实质性分析程序

D. 对于与特别风险相关的控制，注册会计师不能利用以前审计获取的有关控制运行有效性的审计证据

【答案】ABCD

学堂点拨

如果针对特别风险实施的程序仅为实质性程序，这些程序应当包括细节测试，或将细节测试和实质性分析程序结合使用，以获取充分、适当的审计证据。

知识点3 仅通过实质性程序无法应对的重大错报风险（★★★）

一、适用情形

在被审计单位对日常交易采用高度自动化处理的情况下，审计证据可能仅以电子形式存在，其充分性和适当性通常取决于自动化信息系统相关控制的有效性，注册会计师应当考虑仅通过实施实质性程序不能获取充分、适当审计证据的可能性。

例如，某企业通过高度自动化的系统确定采购品种和数量，生产采购订购单，并通过系统中设定的收货确认和付款条件进行付款。除了系统中的相关信息外，该企业没有其他有关的订购单和收货的记录。

二、采取措施

注册会计师应当考虑依赖的相关控制的有效性，并对其进行了解、评估和测试。

【相关底稿】

编制说明：本工作底稿用于记录了解被审计单位及其环境中识别的重大错报风险及应对方案，由以下四张表格组成：

1. 识别的重大错报风险汇总表；2. 财务报表层次风险应对方案表；3. 特别风险应对措施及结果汇总表；4. 对重要账户和交易采取的进一步审计程序方案。

（一）识别的重大错报风险汇总表

表 7–7 识别的重大错报风险汇总表

识别的重大错报风险	对财务报表的影响	相关的各类交易类别、账户余额和披露及其认定	是否与财务报表整体广泛相关	是否属于特别风险	是否属于仅通过实质性程序无法应对的重大错报风险

（二）财务报表层次风险应对方案表

表 7–8 财务报表层次风险应对方案表

财务报表层次重大错报风险	索引号	总体应对措施

（三）特别风险应对措施及结果汇总表

表 7–9 特别风险应对措施及结果汇总表

项目	经营目标	经营风险	特别风险	管理层应对或控制措施	财务报表项目及认定	审计措施	向被审计单位报告的事项
举例	被审计单位通过发展中小城市的新客户和放宽授信额度争取销售收入比上一年度增长25%。	不严格执行对新客户的信用记录调查和筛选、放宽授信额度会增加坏账风险。	应收账款坏账准备的计提可能不足。	1．财务部每月编制账龄分析报告。 2．对超过一年未收回的账款由销售人员与客户签订还款协议，其条款须经区域销售经理和销售经理批准。 3．销售部每月编制逾期应收账款还款协议签订及执行情况报告，经销售总监审阅并决定是否降低授信额度或暂停供货。 4．财务经理根据该报告并结合账龄分析报告，对有可能难以收回的应收账款计提坏账准备。	应收账款（准确性、计价和分摊）。	1．与销售经理讨论所执行的坏账风险评估程序。 2．与财务经理讨论坏账准备的计提。 3．审阅账龄分析报告和还款协议签订及执行报告。 4．抽查还款协议和货款收回情况。	无，或详见与管理层或治理层沟通函。

（四）对重要账户和交易采取的进一步审计程序方案

表 7-10　对重要账户和交易采取的进一步审计程序方案

<table>
<tr><th rowspan="3">业务循环涉及的重要账户或列报</th><th colspan="9">识别的重大错报风险</th><th rowspan="3">相关控制预期是否有效</th><th colspan="5">拟实施的总体方案</th></tr>
<tr><th rowspan="2">重大错报风险水平</th><th rowspan="2">是否为特别风险</th><th colspan="7">相关认定（注）</th><th rowspan="2">总体方案</th><th rowspan="2">控制测试</th><th rowspan="2">控制测试索引号</th><th rowspan="2">实质性程序</th><th rowspan="2">实质性程序索引号</th></tr>
<tr><th>存在/发生</th><th>完整性</th><th>权利和义务</th><th>准确性、计价和分摊/准确性</th><th>截止</th><th>分类</th><th>列报</th></tr>
<tr><td colspan="16">采购与付款循环</td></tr>
<tr><td></td><td></td><td></td><td></td><td></td><td></td><td></td><td></td><td></td><td></td><td></td><td></td><td></td><td></td><td></td><td></td></tr>
<tr><td colspan="16">销售与收款循环</td></tr>
<tr><td></td><td></td><td></td><td></td><td></td><td></td><td></td><td></td><td></td><td></td><td></td><td></td><td></td><td></td><td></td><td></td></tr>
<tr><td colspan="16">……</td></tr>
<tr><td></td><td></td><td></td><td></td><td></td><td></td><td></td><td></td><td></td><td></td><td></td><td></td><td></td><td></td><td></td><td></td></tr>
</table>

注：根据账户余额、各类交易和列报选择适用的认定。

知识点 4　对风险评估的修正（★★）

注册会计师对认定层次重大错报风险的评估应以获取的审计证据为基础，并可能随着不断获取审计证据而做出相应的变化。评估重大错报风险与了解被审计单位及其环境一样，也是一个连续和动态地收集、更新与分析信息的过程，贯穿于整个审计过程的始终。

第八章　风险应对

本章思维导图

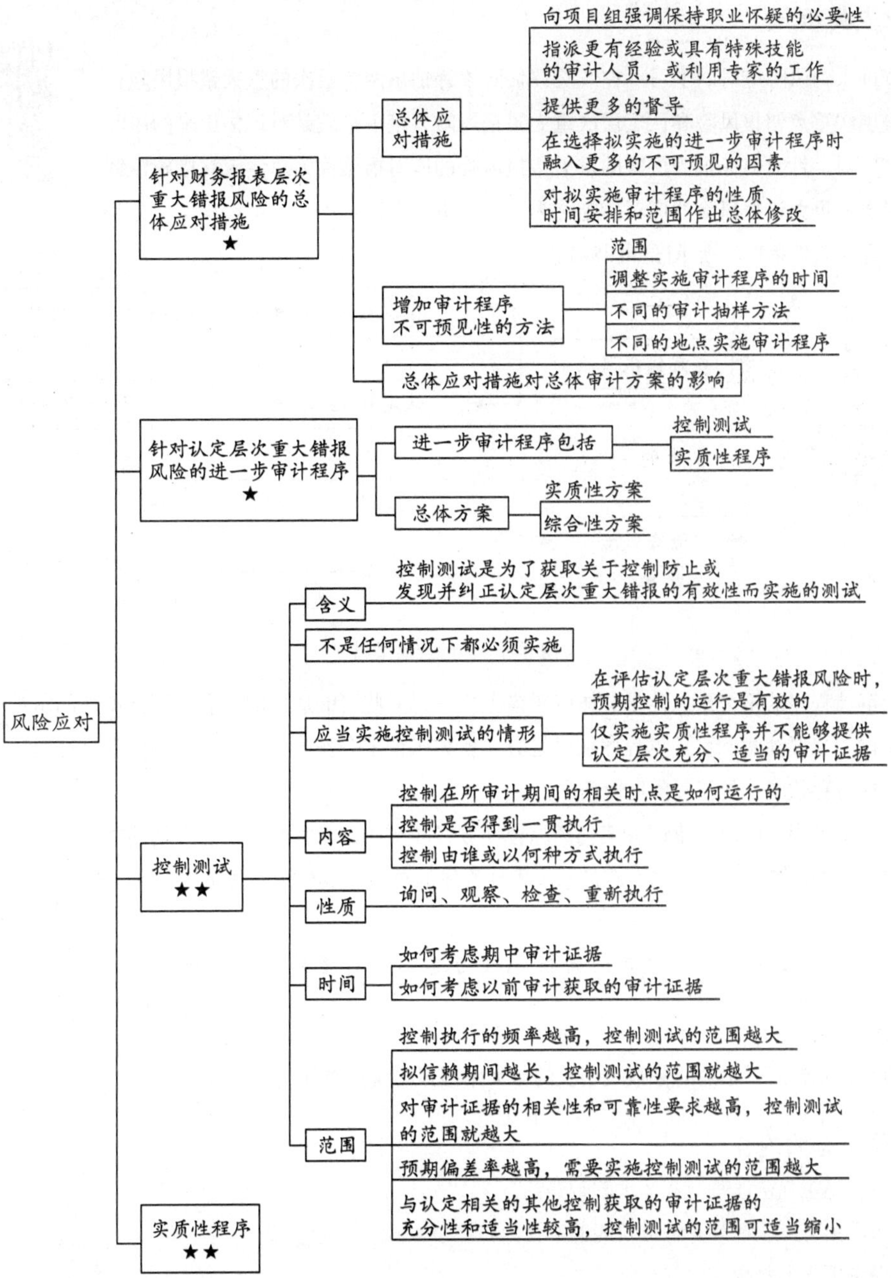

本章知识点精讲

第一节　针对财务报表层次重大错报风险的总体应对措施

知识点提示

本节进入到风险应对的学习。在风险评估阶段评估出两个层次的重大错报风险：财务报表层次重大错报风险和认定层次重大错报风险，接下来就是对评估出来的风险进行风险应对。针对财务报表层次的重大错报风险的应对措施称为总体应对措施，针对认定层次的重大错报风险的应对措施称为进一步审计程序。进一步审计程序又分为控制测试和实质性程序。展示图如图8-1：

微信扫一扫
习题免费练

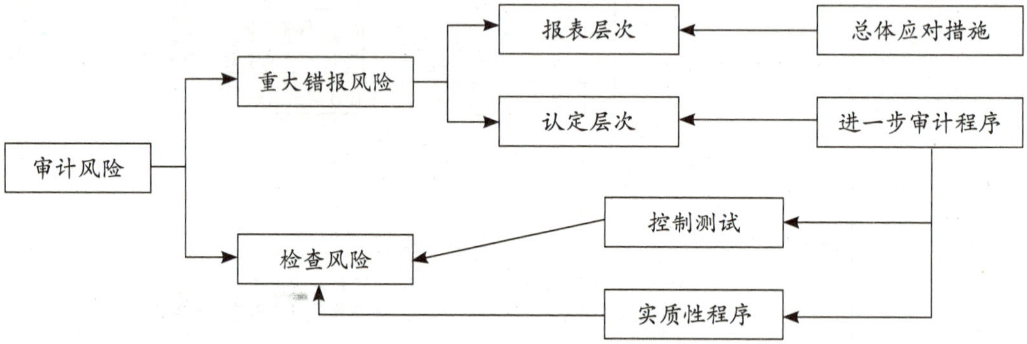

图 8-1　风险应对措施

增加审计程序的不可预见性是总体应对措施之一，一些可能适用的具有不可预见性的审计程序需要重点掌握，也要注意和可预见程序加以区分。比如函证零余额的应收账款是不可预见性程序，函证零余额的银行存款就不是不可预见性程序。

进一步审计程序的总体审计方案包括综合性方案和实质性方案两种，当评估的财务报表层次重大错报风险属于高风险水平时，拟实施进一步审计程序的总体方案往往更倾向于实质性方案。

知识点1　财务报表层次重大错报风险与总体应对措施（★★★）

一、基本要求

注册会计师针对评估的财务报表层次的重大错报风险确定总体应对措施。

二、总体措施的内容

1. 向项目组强调保持职业怀疑的必要性。
2. 指派更有经验或具有特殊技能的审计人员，或利用专家的工作。
3. 提供更多的督导。
4. 在选择拟实施的进一步审计程序时融入更多的不可预见的因素。
5. 对拟实施审计程序的性质、时间和范围作出总体修改。

三、控制环境存在缺陷时对拟实施审计程序作出总体修改的方法

1. 在期末而非期中实施更多的审计程序。控制环境的缺陷通常会削弱期中获得的审计证据的可信赖程度。（时间）

2. 通过实施实质性程序获取更广泛的审计证据。（性质）

3. 增加拟纳入审计范围的经营地点的数量。（范围）

四、增加审计程序不可预见性的方法

1. 对某些以前未测试的低于设定重要性水平或风险较小的账户余额和认定实施实质性程序。

2. 调整实施审计程序的时间，使其超出被审计单位的预期。

3. 采取不同的审计抽样方法，使当年抽取的测试样本与以前有所不同。

4. 选取不同的地点实施审计程序，或预先不告知被审计单位所选定的测试地点。

五、增加审计程序不可预见性的实施要点

1. 注册会计师需要与被审计单位的高层管理人员事先沟通，要求实施具有不可预见性的审计程序，但不能告知其具体内容。

注册会计师可以在签订审计业务约定书时明确提出这一要求。

2. 虽然对于不可预见性程度没有量化的规定，但审计项目组可根据对舞弊风险的评估等确定具有不可预见性（程度高低）的审计程序。

3. 项目合伙人需要安排项目组成员有效地实施具有不可预见性的审计程序，但同时要避免使项目组成员处于困难境地。

知识点2 增加审计程序不可预见性的方法（★★★）

表 8-1 审计程序的不可预见性示例表

审计领域	一些可能适用的具有不可预见性的审计程序
存货	向以前审计过程中接触不多的被审计单位员工询问，例如采购、销售、生产人员等。
	在不事先通知被审计单位的情况下，选择一些以前未曾到过的盘点地点进行存货监盘。
销售和应收账款	向以前审计过程中接触不多或未曾接触过的被审计单位员工询问，例如负责处理大客户账户的销售部人员。
	改变实施实质性分析程序的对象，例如对收入按细类进行分析。
	针对销售和销售退回延长截止测试期间。
	实施以前未曾考虑过的审计程序，例如： 1. 函证确认销售条款或者选定销售额较不重要、以前未曾关注的销售交易，例如对出口销售实施实质性程序。 2. 实施更细致的分析程序，例如使用计算机辅助审计技术复核销售及客户账户。 3. 测试以前未曾函证过的账户余额，例如，金额为负或是零的账户，或者余额低于以前设定的重要性水平的账户。 4. 改变函证日期，即把所函证账户的截止日期提前或者推迟。 5. 对关联公司销售和相关账户余额，除了进行详细函证外，再实施其他审计程序进行验证。

（续上表）

审计领域	一些可能适用的具有不可预见性的审计程序
采购和应付账款	如果以前未曾对应付账款余额普遍进行函证，可考虑直接向供应商函证确认余额。如果经常采用函证方式，可考虑改变函证的范围或者时间。
	对以前由于低于设定的重要性水平而未曾测试过的采购项目，进行细节测试。
	使用计算机辅助审计技术审阅采购和付款账户，以发现一些特殊项目，例如是否有不同的供应商使用相同的银行账户。
现金和银行存款	多选几个月的银行存款余额调节表进行测试。
	对有大量银行账户的，考虑改变抽样方法。
固定资产	对以前由于低于设定的重要性水平而未曾测试过的固定资产进行测试，例如考虑实地盘查一些价值较低的固定资产，如汽车和其他设备等。
集团审计项目	修改分支机构审计工作的范围或者区域（如增加某些不重要的组成部分的审计工作量，或实地去分支机构开展审计工作）。

【例1–多选题】下列做法中，可以提高审计程序的不可预见性的有（　　）。

A．针对销售收入和销售退回延长截止测试期间

B．向以前没有询问过的被审计单位员工询问

C．对以前通常不测试的金额较小的项目实施实质性程序

D．对被审计单位银行存款年末余额实施函证

【答案】ABC

学堂点拨

选项D不正确。对被审计单位银行存款年末余额实施函证属于正常审计程序，不属于增加“不可预见性”的审计程序。

知识点3　总体应对措施对拟实施进一步审计程序的总体方案的影响（★★）

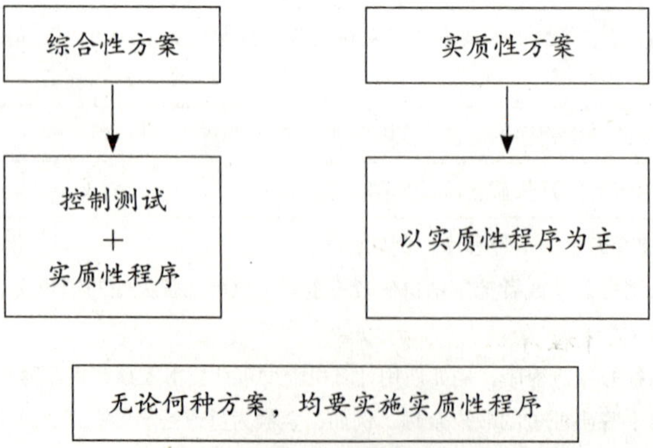

图 8–2　综合性方案与实质性方案

实质性方案是指注册会计师实施的进一步审计程序以实质性程序为主。

综合性方案是指注册会计师在实施进一步审计程序时，将控制测试与实质性程序结合使用。

总体应对措施影响拟实施进一步审计程序的总体方案：当评估的财务报表层次重大错报风险属于高风险水平（并相应采取更强调审计程序不可预见性、重视调整审计程序的性质、时间和范围等总体应对措施）时，拟实施进一步审计程序的总体方案往往更倾向于实质性方案。

【例2-多选题】注册会计师认为被审计单位的控制环境存在严重缺陷，在对拟实施审计程序的性质、时间和范围作出总体修改时，下列做法中不恰当的有（　　）。

A．在期中实施更多的审计程序

B．主要依赖实质性程序获取审计证据

C．主要依赖控制测试获取审计证据

D．增加实质性程序的样本量

【答案】AC

学堂点拨

控制环境的缺陷通常会削弱期中获得的审计证据的可信赖程度。应当在期末实施审计程序，而非期中，所以选项A错误。财务报表层次的重大风险可能源于薄弱的控制环境，应当通过实施实质性程序获取更广泛的审计证据，所以选项C错误。

第二节　针对认定层次重大错报风险的进一步审计程序

知识点提示

微信扫一扫
习题免费练

针对第一个知识点，大家重点理解进一步审计程序的含义以及在设计进一步审计程序时注册会计师应当考虑的因素。知识点2、3、4对影响进一步审计程序性质、时间和范围的因素进行展开。

影响进一步审计程序性质的因素包括：

1．不同的审计程序应对特定认定错报风险的效力；2．认定层次重大错报风险的评估结果；3．认定层次重大错报风险的产生的原因；4．各类交易、账户余额、列报的特征。

影响进一步审计程序时间的因素包括：

1．控制环境；2．何时能得到相关信息；3．错报风险的性质；4．审计证据适用的期间或时点；5．一些限制选择的情况。

影响进一步审计程序范围的因素包括：

1．确定的重要性水平；2．评估的认定层次重大错报风险；3．计划获取的保证程度；4．可容忍的错报或偏差率；5．审计程序与特定风险的相关性。

知识点1　进一步审计程序的含义和要求

一、进一步审计程序的含义

进一步审计程序是指注册会计师针对评估的各类交易、账户余额和披露认定层次重大错报风险实施的审计程序，包括控制测试和实质性程序。

二、设计和实施进一步审计程序的要求

注册会计师设计和实施的进一步审计程序的性质、时间和范围，应当与评估的认定层次重大错报风险具备明确的对应关系。注册会计师评估的重大错报风险越高，实施进一步审计程序的范围通常越大；但是只有首先确保进一步审计程序的性质与特定风险相关时，扩大审计程序的范围才是有效的。尽管在应对评估的认定层次重大错报风险时，拟实施的进一步审计程序的性质、时间和范围都应当确保其具有针对性，但其中进一步审计程序的性质是最重要的。

三、在设计进一步审计程序时，注册会计师应当考虑下列因素

1. 风险的重要性。

2. 重大错报发生的可能性。

3. 涉及的各类交易、账户余额和披露的特征。

4. 被审计单位采用的特定控制的性质。

5. 注册会计师是否拟获取审计证据，以确定内部控制在防止或发现并纠正重大错报方面的有效性。如果注册会计师在风险评估时预期内部控制运行有效，随后拟实施的进一步审计程序必须包括控制测试，且实质性程序自然会受到之前控制测试结果的影响。

注册会计师对认定层次重大错报风险的评估为确定进一步审计程序的总体方案奠定了基础。

四、方案的选择

注册会计师应根据对认定层次重大错报风险的评估结果，恰当选用实质性方案或综合性方案。

1. 注册会计师出于成本效益的考虑可以采用综合性方案设计进一步审计程序，即将测试控制运行的有效性与实质性程序结合使用。

通常情况下，注册会计师出于成本效益的考虑可以采用综合性方案设计进一步审计程序，即将测试控制运行的有效性与实质性程序结合使用。但在某些情况下（如仅通过实质性程序无法应对重大错报风险），注册会计师必须通过实施控制测试，才可能有效应对评估出的某一认定的重大错报风险；而在另一些情况下（如注册会计师的风险评估程序未能识别出与认定相关的任何控制，或注册会计师认为控制测试很可能不符合成本效益原则），注册会计师可能认为仅实施实质性程序就是适当的。

2. 当评估的财务报表层次重大错报风险属于高风险水平时，进一步审计程序应倾向于实质性方案。

3. 如果风险评估程序未能识别出与认定相关的任何控制，注册会计师可能认为仅实施实质性程序就是适当的。

4. 小型被审计单位可能不存在能够被注册会计师识别的控制活动，注册会计师实施的进一步审计程序可能主要是实质性程序。

5. 无论选择何种方案，注册会计师都应当对所有重大的各类交易、账户余额、披露设计和实施实质性程序。

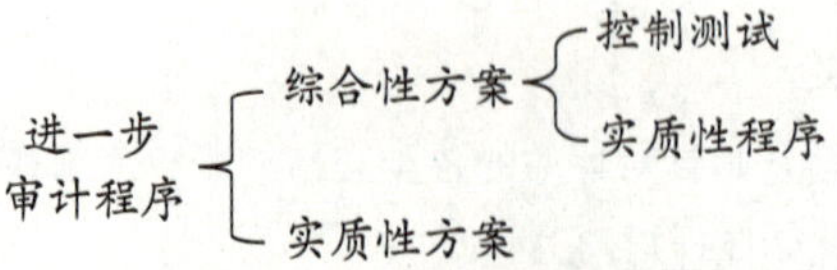

图 8-3 进一步审计程序

知识点2 进一步审计程序的性质（★★★）

进一步审计程序的性质是指进一步审计程序的目的和类型。其中：进一步审计程序的目的包括通过实施控制测试以确定内部控制运行的有效性，通过实施实质性程序以发现认定层次的重大错报；进一步审计程序的类型包括检查、观察、询问、函证、重新计算、重新执行和分析程序。

在应对评估的风险时，合理确定审计程序的性质是最重要的，因为不同审计程序应对特定认定错报风险的效力不同。

例如，对于与收入完整性（不在账中）认定相关的重大错报风险，控制测试通常更能有效应对；对于与收入发生（必在账中）认定相关的重大错报风险，实质性程序通常更能有效应对。

实施应收账款的函证程序可以为应收账款在某一时点存在的认定提供审计证据，但通常不能为应收账款的计价认定提供审计证据。

对应收账款的计价认定，通常需要检查应收账款账龄和期后收款情况、了解（询问）欠款客户的信用情况等。

表 8-2 进一步审计程序的考虑因素及影响

考虑因素	对进一步审计程序的影响	性质的选择举例
认定层次重大错报风险的评估结果。	评估的认定层次重大错报风险越高，对通过实质性程序获取的审计证据的相关性和可靠性的要求越高，从而可能影响进一步审计程序的类型及其综合运用。	当注册会计师判断某类交易协议的完整性存在更高的重大错报风险时，除了检查文件以外，注册会计师还可能决定向第三方询问或函证协议条款的完整性。
评估的认定层次重大错报风险产生的原因，包括考虑各类交易、账户余额和披露的具体特征以及内部控制。	综合性方案或实质性方案。	1. 可能判断某特定类别的交易即使在不存在相关控制的情况下发生重大错报的风险仍较低，此时注册会计师可能认为仅实施实质性程序就可以获取充分、适当的审计证据。2. 对于经由被审计单位信息系统日常处理和控制的某类交易，如果注册会计师预期此类交易在内部控制运行有效的情况下发生重大错报的风险较低，且拟在控制运行有效的基础上设计实质性程序，就会决定先实施控制测试。

需要说明的是，如果在实施进一步审计程序时拟利用被审计单位信息系统生成的信息，注册会计师应当就信息的准确性和完整性获取审计证据。例如：1. 在实施实质性分析程序时，使用了被审计单位生成的非财务信息或预算数据。2. 在对被审计单位的存货期末余额实施实质性程序时，拟利用被审计单位信息系统生成的各个存货存放地点及其余额清单。注册会计师应当获取关于这些信息的准确性和完整性的审计证据。

【例1-2008-多选题】在确定进一步审计程序的性质时，A注册会计师应当考虑的主要因素有（　　）。

A. 不同的审计程序应对特定认定错报风险的效力

B. 认定层次重大错报风险的评估结果

C. 认定层次重大错报风险的产生的原因

D. 各类交易、账户余额、列报的特征

【答案】ABCD

学堂点拨

在确定进一步审计程序的性质时，注册会计师首先需要考虑的是认定层次重大错报风险的评估结果。除了从总体上把握认定层次重大错报风险的评估结果对选择进一步审计程序的影响外，在确定拟实施的审计程序时，注册会计师接下来应当考虑评估的认定层次重大错报风险产生的原因，包括考虑各类交易、账户余额、列报的具体特征以及内部控制。另外，因为不同的审计程序应对特定认定错报风险的效力不同，在确定进一步审计程序的性质时也应当考虑。

【例2-单选题】注册会计师拟设计的进一步审计程序的性质，以下判断中，不恰当的是（　　）。

A. 如果预期控制运行有效，则应当实施控制测试

B. 如果风险评估的结果是"仅实施实质性程序不能获取认定层次充分、适当的审计证据"，则应当实施控制测试

C. 如果风险评估的结果是"仅实施实质性程序不能获取认定层次充分、适当的审计证据"，则应当了解内部控制

D. 无论评估的重大错报风险多低，均应对所有重大类别的交易、账户余额或披露实施实质性程序

【答案】C

学堂点拨

选项C不恰当。如果注册会计师评估被审计单位属于"仅实施实质性程序不能获取认定层次充分、适当的审计证据"的风险，则应当实施控制测试为发表审计意见提供基础。

知识点3 进一步审计程序的时间（★★）

一、进一步审计程序的时间的含义

1. 注册会计师何时实施进一步审计程序。（实施程序的时间，如年后2月10日函证）

2. 审计证据适用的期间或时点。（取证对象所属的时间，如证实12月31日的应收余额）

二、进一步审计程序的时间的选择

（一）如何权衡期中与期末实施审计程序的关系

期中实施进一步审计程序的好处：

在期中实施进一步审计程序，便于早发现、早协商、早解决、早计划。

对期中实施审计程序有三点顾虑：

1. 期中实施进一步程序难以获取有关期中以前的充分、适当的审计证据（例如，交易或事项在期中尚未完结）；

2. 从期中到期末还会发生重大交易或事项（包括期中前交易、事项的延续，以及期中后新发生的交易、事项），从而对所审计期间的财务报表认定产生重大影响；

3．管理层可能在期末调整甚至篡改期中以前的记录（为此，即使在期中实施了进一步审计程序，注册会计师还应当针对剩余期间获取审计证据）。

【注意】什么情况下不宜在期中实施进一步审计程序？

当重大错报风险较高时，应考虑在期末或接近期末实施实质性程序，或采用不通知的方式，或在管理层不能预见的时间实施审计程序。

（二）注册会计师在确定何时实施审计程序时应当考虑的几项重要因素

表 8-3 确定实施审计程序时考虑的因素

因素	要求及案例
控制环境	良好的控制环境可以抵消在期中实施进一步审计程序的局限性，使注册会计师在确定实施进一步审计程序的时间时有更大的灵活度。
何时能得到相关信息	例如，某些控制活动可能仅在期中（或期中以前）发生，而之后可能难以再被观察到；再如，某些电子化的交易和账户文档如未能及时取得，可能被覆盖。在这些情况下，注册会计师如果希望获取相关信息，则需要考虑能够获取相关信息的时间。
错报风险的性质	例如，被审计单位可能为了保证盈利目标的实现，而在会计期末以后伪造销售合同以虚增收入，此时注册会计师需要考虑在期末（即资产负债表日）这个特定时点获取被审计单位截至期末所能提供的所有销售合同及相关资料，以防范被审计单位在资产负债表日后伪造销售合同虚增收入的做法。
审计证据适用的期间或时点	注册会计师应当根据需要获取的特定审计证据确定何时实施进一步审计程序。例如，为了获取资产负债表日的存货余额证据，显然不宜在与资产负债表日间隔过长的期中时点或期末以后时点实施存货监盘等相关审计程序。
编制财务报表的时间	尤其是编制某些披露的时间，这些披露为资产负债表、利润表、所有者权益变动表或现金流量表中记录的金额提供了进一步解释。
一些限制选择的情况	1．某些审计程序只能在期末或期末以后实施，包括将财务报表与会计记录相核对，检查财务报表编制过程中所作的会计调整等。 2．如果被审计单位在期末或接近期末发生了重大交易，或重大交易在期末尚未完成，注册会计师应当考虑交易的发生或截止等认定可能存在的重大错报风险，并在期末或期末以后检查此类交易。

【例3-2020-多选题】下列各项因素中，注册会计师在确定实施审计程序的时间时需要考虑的有（　　）。

A．何时能得到相关信息　　B．审计证据适用的期间

C．被审计单位的控制环境　　D．错报风险的性质

【答案】ABCD

学堂点拨

注册会计师在确定何时实施审计程序时应当考虑的几项重要因素包括：1．控制环境；2．何时能得到相关信息；3．错报风险的性质；4．审计证据适用的期间或时点；5．编制财务报表的时间，尤其是编制某些披露的时间。

知识点4 进一步审计程序的范围（★★）

在确定审计程序的范围时，注册会计师应当考虑下列因素：

一、确定的重要性水平

确定的重要性水平越低，注册会计师实施进一步审计程序的范围越广。

二、评估的重大错报风险

评估的重大错报风险越高，对拟获取审计证据的相关性、可靠性的要求越高，因此注册会计师实施的进一步审计程序的范围也越广。

三、计划获取的保证程度

计划获取的保证程度，是指注册会计师计划通过所实施的审计程序对测试结果可靠性所获取的信心。计划获取的保证程度越高，对测试结果的可靠性要求越高，注册会计师实施的进一步审计程序的范围越广。例如，注册会计师对财务报表是否不存在重大错报的信心可能来自控制测试和实质性程序。如果注册会计师计划从控制测试中获取更高的保证程度，则控制测试的范围就更广。

需要说明的是，随着重大错报风险的增加，注册会计师应当考虑扩大审计程序的范围。但是，只有当审计程序本身与特定风险相关时，扩大审计程序的范围才是有效的。

【例4-多选题】在确定进一步审计程序的范围时，A注册会计师应当考虑的主要因素有（　　）。

A. 审计程序与特定风险的相关性

B. 评估的认定层次重大错报风险

C. 计划获取的保证程度

D. 可容忍的错报或偏差率

【答案】ABCD

学堂点拨

在确定审计程序的范围时，注册会计师应当考虑下列因素：1. 确定的重要性水平。2. 评估的重大错报风险。3. 计划获取的保证程度。需要说明的是，随着重大错报风险的增加，注册会计师应当考虑扩大审计程序的范围。但是，只有当审计程序本身与特定风险相关时，扩大审计程序的范围才是有效的。

【例5-多选题】关于设计进一步审计程序的范围，以下判断中，不恰当的有（　　）。

A. 如果计划从控制测试中获取更高的保证程度，则应当扩大控制测试的范围

B. 如果计划从控制测试中获取更低的保证程度，则应当扩大控制测试的范围

C. 实际执行的重要性水平越高，实施进一步审计程序的范围应当越大

D. 评估的认定层次重大错报风险越高，实施进一步审计程序的范围应当越大

【答案】BC

学堂点拨

注册会计师计划从控制测试中获取的保证程度越高，对测试结果可靠性要求越高，则需要实施进一步审计程序的范围越广，反之，范围越小，故选项A恰当，选项B不恰当；确定的实际执行的重要性水平越高，注册会计师拟实施进一步审计程序的范围越小，选项C不恰当；评估的重大错报风险越高，对拟获取审计证据的相关性、可靠性的要求越高，注册会计师实施进一步审计程序的范围也应当越大，选项D恰当。

第三节 控制测试

知识点提示

对控制测试性质、时间、范围的含义的理解，以及对确定控制测试性质、时间、范围时考虑的因素的理解与记忆是本节的难点。

微信扫一扫
习题免费练

知识点1 控制测试的含义和内容（★★★）

一、控制测试含义

控制测试指的是用于评价内部控制在防止或发现并纠正认定层次重大错报方面的运行有效性的审计程序。

学堂点睛

控制测试与了解内部控制不同，内部控制包含两层含义：1．评价控制的设计；2．确定控制是否得到执行。

二、测试控制运行有效的内容

在测试控制运行的有效性时，注册会计师应当从下列方面获取关于控制是否有效运行的审计证据：

1．控制在所审计期间的不同时点是如何运行的；2．控制是否得到一贯执行；3．控制由谁或以何种方式执行。

【例1-单选题】下列有关控制测试目的的说法中，正确的是（　　）。

A．控制测试用于评价内部控制在防止或发现并纠正认定层次重大错报方面的运行有效性

B．控制测试旨在发现认定层次发生错报的金额

C．控制测试旨在验证实质性程序结果的可靠性

D．控制测试旨在确定控制是否得到执行

【答案】A

学堂点拨

选项A正确。控制测试用于评价内部控制在防止或发现并纠正认定层次重大错报方面的运行有效性。

知识点2 控制测试的性质（★★）

一、控制测试的性质的含义

（一）含义

控制测试的性质是指控制测试所使用的审计程序的类型及其组合。

（二）控制测试采用审计程序的类型及其组合

虽然控制测试与了解内部控制的目的不同，但两者采用审计程序的类型通常相同，包括询问、观

察、检查。此外，控制测试的程序还包括重新执行。具体运用及组合如下表：

表 8–4 控制测试具体运用及组合

程序类型	定义	组合运用举例
询问	向被审计单位适当员工询问，获取与内部控制运行情况相关的信息。	1. 本身并不足以测试控制运行的有效性。 2. 注册会计师应当将询问与其他审计程序结合使用，以获取有关控制运行有效性的审计证据。 3. 在询问过程中，注册会计师应当保持职业怀疑态度。
观察	测试不留下书面记录的控制（如职责分离）的运行情况的有效方法。	1. 观察提供的证据仅限于观察发生的时点。 2. 本身也不足以测试控制运行的有效性。 3. 观察也可运用于实物控制，如查看仓库门是否锁好，或空白支票是否妥善保管。 4. 通常情况下，注册会计师通过观察直接获取的证据比间接获取的证据更可靠。 5. 注册会计师还要考虑其所观察到的控制在注册会计师不在场时可能未被执行的情况。
检查	对运行情况留有书面证据的控制，检查非常适用。	书面说明、复核时留下的记号，或其他记录在偏差报告中的标志都可以被当作控制运行情况的证据。例如，检查销售发票是否有复核人员签字，检查销售发票是否附有客户订购单和出库单等。
重新执行	通常只有当询问、观察和检查程序结合在一起仍无法获得充分的证据时，注册会计师才考虑通过重新执行来证实控制是否有效运行（因为重新执行很费时间）。	1. 为了合理保证计价认定的准确性，被审计单位的一项控制是由复核人员核对销售发票上的价格与统一价格单上的价格是否一致。但是，要检查复核人员有没有认真执行核对，仅仅检查复核人员是否在相关文件上签字是不够的，注册会计师还需要自己选取一部分销售发票进行核对，这就是重新执行程序。 2. 如果需要进行大量的重新执行，注册会计师就要考虑通过实施控制测试以缩小实质性程序的范围是否有效率。 3. 将询问与检查或重新执行结合使用，通常能够比仅实施询问和观察获取更高的保证。

二、确定控制测试的性质时的要求（考虑因素）

表 8–5 确定控制测试的性质时的要求

要求	举例
计划从控制测试中获取的保证水平。计划从控制测试中获取的保证水平是决定控制测试性质的主要因素之一。	1. 计划的保证水平越高，对有关控制运行有效性的审计证据的可靠性要求越高。2. 当拟实施的进一步审计程序主要以控制测试为主，尤其是仅实施实质性程序获取的审计证据无法将认定层次重大错报风险降至可接受的低水平时，注册会计师应当获取有关控制运行有效性的更高的保证水平。

（续上表）

要求	举例
考虑特定控制的性质。应当根据特定控制的性质选择所需实施审计程序的类型。	例如，某些控制可能存在反映控制运行有效性的文件记录，在这种情况下，注册会计师可以检查这些文件记录以获取控制运行有效的审计证据；某些控制可能不存在文件记录（如一项自动化的控制活动），或文件记录与能否证实控制运行有效性不相关，注册会计师应当考虑实施检查以外的其他审计程序（如询问和观察）或借助计算机辅助审计技术，以获取有关控制运行有效性的审计证据。
考虑测试与认定直接相关和间接相关的控制。在设计控制测试时，注册会计师不仅应当考虑与认定直接相关的控制，还应当考虑这些控制所依赖的与认定间接相关的控制，以获取支持控制运行有效性的审计证据。	被审计单位可能针对超出信用额度的例外赊销交易设置报告和审核制度（与认定直接相关的控制）；在测试该项制度的运行有效性时，注册会计师不仅应当考虑审核的有效性，还应当考虑与例外赊销报告中信息准确性有关的控制（与认定间接相关的控制）是否有效运行。
如何对一项自动化的应用控制实施控制测试。	对于一项自动化的应用控制，由于信息技术处理过程的内在一贯性，注册会计师可以利用该项控制得以执行的审计证据和信息技术一般控制（特别是对系统变动的控制）运行有效性的审计证据，作为支持该项控制在相关期间运行有效性的重要审计证据。

三、实施控制测试时对双重目的的实现

控制测试的目的是评价控制是否有效运行；细节测试的目的是发现认定层次的重大错报。尽管两者目的不同，但注册会计师可以考虑针对同一交易同时实施控制测试和细节测试，以实现双重目的。例如，注册会计师通过检查某笔交易的发票可以确定其是否经过适当的授权，也可以获取关于该交易的金额、发生时间等细节证据。当然，如果拟实施双重目的的测试，注册会计师应当仔细设计和评价测试程序。

四、实施实质性程序的结果对控制测试结果的影响

1．如果通过实施实质性程序未发现某项认定存在错报，这本身并不能说明与该认定有关的控制是有效运行的。

2．但如果通过实施实质性程序发现某项认定存在错报，注册会计师应当在评价相关控制的运行有效性时予以考虑。此时应该：

（1）降低对相关控制的信赖程度；（2）调整实质性程序的性质；（3）扩大实质性程序的范围。

如果实施实质性程序发现被审计单位没有识别出的重大错报，通常表明内部控制存在重大缺陷，注册会计师应当就这些缺陷与管理层和治理层进行沟通。

知识点3 控制测试的时间（★★）

一、控制测试的时间的含义

控制测试的时间包含两层含义：一是何时实施控制测试；二是测试所针对的控制适用的时点或期间。

注册会计师应当根据控制测试的目的确定控制测试的时间，并确定拟信赖的相关控制的时点或期间。

1．如果仅需要测试控制在特定时点的运行有效性（如对被审计单位期末存货盘点进行控制测试），注册会计师只需要获取该时点的审计证据。

2．如果需要获取控制在某一期间有效运行的审计证据，仅获取与时点相关的审计证据是不充分的，注册会计师应当辅以其他控制测试，包括测试被审计单位对控制的监督。

将控制在多个不同时点运行有效性的审计证据简单累加起来并不能构成该控制在某期间运行有效的充分、适当的审计证据；而“其他控制测试”应当能提供该控制在所有相关时点都运行有效的审计证据；被审计单位对控制的监督起到检验该控制在所有相关时点是否都有效运行的作用，因此注册会计师测试这类活动能够强化该控制在某期间运行有效的效力。

内部控制在个别时点运行有效＋对内部控制监督有效

↓

内部控制在整个期间运行有效

执行的时间解决三个问题：

1. 期中是否执行控制测试？
2. 如期中做，则期中→期末是否追加控制测试？如何追加？
3. 以前期间获取证据，本期是否可以使用（有效）？

图 8–4　执行的时间解决三个问题

二、如何考虑期中审计证据

1．注册会计师一般在期中进行控制测试。

2．如果已获取有关控制在期中运行有效性的审计证据，并拟利用该证据，注册会计师应当实施下列审计程序：

（1）获取这些控制在剩余期间变化情况的审计证据。［针对期中已获取审计证据的控制，考察这些控制在剩余期间的变化情况（包括是否发生了变化以及如何变化）］

①如果这些控制在剩余期间没有发生变化，注册会计师可能决定信赖期中获取的审计证据。

②如果这些控制在剩余期间发生了变化（如信息系统、业务流程或人事管理等方面发生变动），注册会计师需要了解并测试控制的变化对期中审计证据的影响。

（2）确定针对剩余期间还需获取的补充审计证据。（针对期中证据以外的、剩余期间的补充证据）

针对期中证据以外的、剩余期间的补充证据。注册会计师应当考虑下表中出现的原因：

表 8-6 针对期中证据以外的、剩余期间的补充证据的考虑因素

因素	要求
评估的认定层次重大错报风险的重大程度	评估的重大错报风险对财务报表的影响越大，注册会计师需要获取的剩余期间的补充证据越多。
在期中测试的特定控制	例如，对自动化运行的控制，注册会计师更可能测试信息系统一般控制的运行有效性，以获取控制在剩余期间运行有效性的审计证据。
在期中对有关控制运行有效性获取的审计证据的程度	如果注册会计师在期中对有关控制运行有效性获取的审计证据比较充分，可以考虑适当减少需要获取的剩余期间的补充证据。
剩余期间的长度	剩余期间越长，注册会计师需要获取的剩余期间的补充证据越多。
在信赖控制的基础上拟缩小进一步实质性程序的范围	注册会计师对相关控制的信赖程度越高，通常在信赖控制的基础上拟减少进一步实质性程序的范围就越大。在这种情况下，注册会计师需要获取的剩余期间的补充证据越多。
控制环境	在注册会计师总体上拟信赖控制的前提下，控制环境越薄弱（或把握程度越低），注册会计师需要获取的剩余期间的补充证据越多。
测试被审计单位对控制的监督	被审计单位对控制的监督起到的是一种检验相关控制在所有相关时点是否都有效运行的作用，因此，通过测试剩余期间控制的运行有效性或测试被审计单位对控制的监督，注册会计师可以获取补充审计证据。

【例2-2018-单选题】如果注册会计师已获取有关控制在期中运行有效的审计证据，下列有关剩余期间补充证据的说法中，错误的是（　　）。

A. 如果控制在剩余期间发生了变化，注册会计师可以通过实施穿行测试，将期中获取的审计证据合理延伸至期末

B. 注册会计师可以通过测试被审计单位对控制的监督，将控制在期中运行有效的审计证据合理延伸至期末

C. 被审计单位的控制环境越有效，注册会计师需要获取的剩余期间的补充证据越少

D. 注册会计师在信赖控制的基础上拟减少的实质性程序的范围越大，注册会计师需要获取的剩余期间的补充证据越多

【答案】A

学堂点拨

穿行测试用于了解内部控制，不能通过实施穿行测试，将期中获取的审计证据合理延伸至期末。

三、如何考虑以前审计获取的审计证据

注册会计师考虑以前审计获取的有关控制运行有效性的审计证据，其意义在于：一方面，内部控制中的诸多要素对于被审计单位往往是相对稳定的（相对于具体的交易、账户余额和列报），因此注册会计师在本期审计时还是可以适当考虑利用以前审计获取的有关控制运行有效性的审计证据；另一方面，内部控制在不同期间可能发生重大变化，注册会计师在利用以前审计获取的有关控制运行有效性的审计证据时需要格外慎重，充分考虑各种因素。

（一）基本思路

考虑拟信赖的以前审计中测试的控制在本期是否发生变化（询问、观察、检查）。

（二）当控制在本期发生变化时注册会计师的做法

如果控制在本期发生变化，注册会计师应当考虑以前审计获取的有关控制运行有效性的审计证据是否与本期审计相关。（例如，如果系统的变化仅仅使被审计单位从中获取新的报告，这种变化通常不影响以前审计所获取证据的相关性；如果系统的变化引起数据累积或计算发生改变，这种变化可能影响以前审计所获取证据的相关性。）

如果拟信赖的控制自上次测试后已发生实质性变化，以致影响以前审计所获取证据的相关性，注册会计师应当在本期审计中测试这些控制的运行有效性。

（三）当控制在本期未发生变化时注册会计师的做法

如果拟信赖的控制自上次测试后未发生变化，且不属于旨在减轻特别风险的控制，注册会计师应当运用职业判断确定是否在本期审计中测试其运行有效性（控制环境较好时，也可能不测试就可以直接利用）。需要注意的是本次测试与上次测试的时间间隔，每三年至少测试一次。

如果拟信赖以前审计获取的某些控制运行有效性的审计证据，注册会计师应当在每次审计时从中选取足够数量的控制，测试其运行有效性。

原因：为了尽量降低审计风险，毕竟注册会计师可能难以充分识别以前审计中测试过的控制在本期是否发生变化。此外，在每一次审计中选取足够数量的部分控制进行测试，除了能够提供这些以前审计中测试过的控制在当期运行有效性的审计证据外，还可提供控制环境持续有效性的旁证，从而有助于注册会计师判断其信赖以前获取的审计证据是否恰当。

（四）不得依赖以前审计所获取证据的情形

鉴于特别风险的特殊性，对于旨在减轻特别风险的控制，不论该控制在本期是否发生变化，注册会计师都不应依赖以前审计获取的证据，而应当在每次审计中都测试这类控制。

学堂点睛

表 8–7 当控制在本期发生／未发生变化时注册会计师的做法

控制情形	注册会计师的做法
当控制在本期发生变化时	1. 应当考虑以前审计获取的有关控制运行有效性的审计证据是否与本期审计相关。 2. 如果拟信赖的控制自上次测试后已发生变化，注册会计师应当在本期审计中测试这些控制的运行有效性。
当控制在本期未发生变化时	如果拟信赖的控制自上次测试后未发生变化，且不属于旨在减轻特别风险的控制：1. 应当运用职业判断确定是否在本期审计中测试其运行有效性。2. 确定本次测试与上次测试的时间间隔，但两次测试的时间间隔不得超过三年。3. 在确定利用以前审计获取的有关控制运行有效性的审计证据是否适当以及再次测试控制的时间间隔时，应当考虑的因素或情况包括：（1）内部控制其他要素的有效性，包括控制环境、对控制的监督以及被审计单位的风险评估过程。例如，当被审计单位控制环境薄弱或对控制的监督薄弱时，注册会计师应当缩短再次测试控制的时间间隔或完全不信赖以前审计获取的审计证据。（2）控制特征（人工控制还是自动化控制）产生的风险。当相关控制中人工控制的成分较大时，考虑到人工控制一般稳定性较差，注册会计师可能决定在本期审计中继续测试该控制的运行有效性。（3）信息技术一般控制的有效性。当信息

（续上表）

控制情形	注册会计师的做法
当控制在本期未发生变化时	技术一般控制薄弱时，注册会计师可能更少地依赖以前审计获取的审计证据。（4）影响内部控制的重大人事变动。例如，当所审计期间发生了对控制运行产生重大影响的人事变动时，注册会计师可能决定在本期审计中不依赖以前审计获取的审计证据。（5）由于环境发生变化而特定控制缺乏相应变化导致的风险。当环境的变化表明需要对控制作出相应的变动，但控制却没有作出相应变动时，注册会计师应当充分意识到控制不再有效、从而导致本期财务报表发生重大错报的可能性，此时不应再依赖以前审计获取的有关控制运行有效性的审计证据。（6）重大错报的风险和对控制的拟信赖程度。如果重大错报风险较大或对控制的拟信赖程度较高，注册会计师应当缩短再次测试控制的时间间隔或完全不信赖以前审计获取的审计证据。

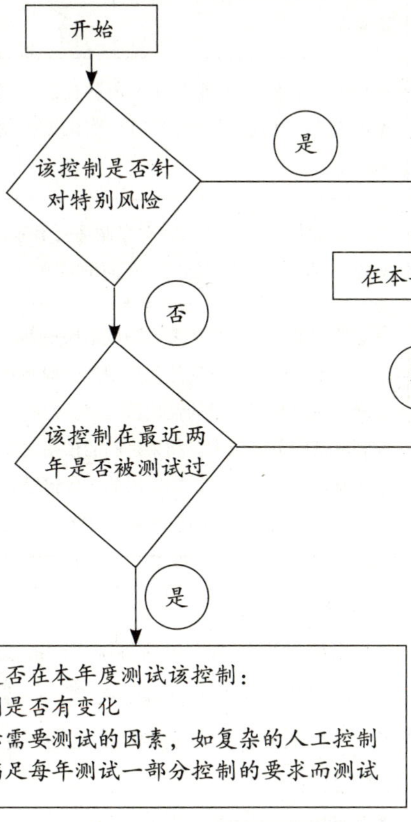

图 8–5　本审计期间测试某项控制的决策图

知识点 4　控制测试的范围（★★）

一、控制测试范围的含义

控制测试范围是指某项控制活动的测试次数。注册会计师应当设计控制测试，以获取控制在整个拟信赖的期间有效运行的充分、适当的审计证据。

二、确定控制测试范围的考虑因素

表 8-8 确定控制测试范围的考虑因素

因素	要求
在整个拟信赖的期间，被审计单位执行控制的频率	控制执行的频率越高，控制测试的范围越大（正向影响）。
在所审计期间，注册会计师拟信赖控制运行有效性的时间长度	拟信赖控制运行有效性的时间长度不同，在该时间长度内发生的控制活动次数也不同。注册会计师需要根据拟信赖控制的时间长度确定控制测试的范围。拟信赖期间越长，控制测试的范围越大（正向影响）。
拟获取的有关认定层次控制运行有效性的审计证据的相关性和可靠性	对审计证据的相关性和可靠性要求越高，控制测试的范围越大（正向影响）。
通过测试与认定相关的其他控制获取的审计证据的范围（针对其他控制获取审计证据的充分性和适当性）	针对同一认定，可能存在不同的控制。当针对其他控制获取审计证据的充分性和适当性较高时，测试该控制的范围可适当缩小（反向影响）。
在风险评估时拟信赖控制运行有效性的程度	注册会计师在风险评估时对控制运行有效性的拟信赖程度越高，需要实施控制测试的范围越大（正向影响）。
控制的预期偏差，预期偏差可以用控制未得到执行的预期次数占控制应当得到执行次数的比率加以衡量（也可称作预期偏差率）	考虑该因素，是因为在考虑测试结果是否可以得出控制运行有效性的结论时，不可能只要出现任何控制执行偏差就认定控制运行无效，所以需要确定一个合理水平的预期偏差率。控制的预期偏差率越高，需要实施控制测试的范围越大。如果控制的预期偏差率过高，注册会计师应当考虑控制可能不足以将认定层次的重大错报风险降至可接受的低水平，从而针对某一认定实施的控制测试可能是无效的（正向影响）。

三、对自动化控制的测试范围的特别考虑

信息技术处理具有内在一贯性，除非系统发生变动（包括系统使用的表格、文档或其他永久性数据），一项自动化应用控制应当一贯运行。对于一项自动化应用控制，一旦确定被审计单位正在执行该控制，注册会计师通常无须（为证实一贯性而）扩大控制测试的范围（正在执行=一贯执行），但需要考虑执行下列测试以确定该控制有效运行：

1. 测试与该应用控制有关的一般控制的运行有效性。
2. 确定系统是否发生变动，如果发生变动，是否存在适当的系统变动控制。
3. 确定对交易的处理是否使用授权批准的软件版本。

【例3-单选题】如果注册会计师拟利用以前年度获取的审计证据时，下列说法中，错误的是（　　）。

A. 对于不属于旨在减轻特别风险的控制，如果在本年未发生变化，且上年经测试运行有效，本次审计中无须测试

B. 对于旨在减轻特别风险的控制，如果在本年未发生变化，可以依赖上年的测试结果

C. 如果拟利用以前审计中实施实质性程序获取的审计证据，注册会计师应对在本期实施审计程序，以确定这些审计证据是否具有持续相关性

D. 一般而言，上年通过实质性测试获取的审计证据对本年只有很弱的证据效力或没有证据效力，不足以应对本期的重大错报风险

【答案】B

学堂点拨

选项B错误。鉴于特别风险的特殊性，对于旨在减轻特别风险的控制，不论该控制在本期是否发生变化，注册会计师都不应依赖以前审计获取的证据。选项C、D请见教材原文。

四、测试两个层次控制时注意的问题

控制测试可用于被审计单位每个层次的内部控制。整体层次控制测试通常更加主观（如管理层对胜任能力的重视）。对整体层次控制进行测试，通常比业务流程层次控制（如检查付款是否得到授权）更难以记录。因此，整体层次控制和信息技术一般控制的评价通常记录的是文件备忘录和支持性证据。注册会计师最好在审计的早期测试整体层次控制，原因在于对这些控制测试的结果会影响其他计划审计程序的性质和范围。

第四节　实质性程序

微信扫一扫
习题免费练

知识点提示

理解与记忆实质性程序的性质、时间、范围应当考虑的因素。经过上一节的学习，大家对学习风险应对理论的整体思路应该比较清晰了，但还需反复地去看，以应对相关的单选题或多选题。

知识点1　实质性程序的含义和要求（★★）

一、实质性程序的含义

实质性程序是指用于发现认定层重大错报风险的程序。包括细节测试和实质性分析程序。

基本原则：无论评估的重大错报风险结果如何，注册会计师都应当针对所有重大的各类交易、账户余额和披露实施实质性程序。

二、针对特别风险实施的实质性程序

如果认为评估的认定层次重大错报风险是特别风险，注册会计师应当专门针对该风险实施实质性程序。（专门程序）

如果针对特别风险仅实施实质性程序，注册会计师应当使用细节测试，或将细节测试和实质性分析程序结合使用，以获取充分、适当的审计证据。（组合程序）

为应对特别风险需要获取具有高度相关性和可靠性的审计证据，仅实施实质性分析程序不足以获取有关特别风险的充分、适当的审计证据。

【例1-2017-单选题】下列有关特别风险的说法中，正确的是（ ）。

A. 注册会计师在判断重大错报风险是否为特别风险时，应当考虑识别出的控制对于相关风险的抵消效果

B. 注册会计师应当将管理层凌驾于控制之上的风险评估为特别风险

C. 注册会计师应当对特别风险实施细节测试

D. 注册会计师应当了解并测试与特别风险相关的控制

【答案】B

学堂点拨

在判断重大错报风险是否为特别风险时，注册会计师不应当考虑识别出的控制对于相关风险的抵消效果，选项A不正确；注册会计师如果对特别风险仅实施实质性程序，则必须做细节测试，但如果对特别风险实施了控制测试，则没有这个要求，所以C不正确；注册会计师应当了解与特别风险相关的控制，如果了解到相关的内部控制无效，此时不需要测试相关的控制，选项D错误。

知识点2 实质性程序的性质（★★）

一、两种基本类型

（一）细节测试

细节测试是对各类交易、账户余额和披露的具体细节进行测试，目的在于直接识别财务报表认定是否存在错报。细节测试被用于获取与某些认定相关的审计证据，如存在或发生、准确性、计价和分摊等。

（二）实质性分析程序

实质性分析程序是分析程序的一种，研究数据间关系，识别相关认定是否存在错报。实质性分析程序通常更适用于在一段时间内存在可预期关系的大量交易。

二、细节测试的方向

（一）顺查

凭证→会计账簿；

实物→会计账簿；

低估——完整性。

（二）逆查

会计账簿→凭证；

会计账簿→实物；

高估——发生和存在。

实质性程序的性质可归纳为下表：

表 8-9 实质性程序的性质

实质性程序的类型及其组合	含义	目的	适用性	方向/因素
细节测试	对各类交易、账户余额、列报的具体细节进行测试。	直接识别财务报表认定是否存在错报。	对各类交易、账户余额、列报认定的测试，尤其是对存在或发生、准确性、计价和分摊认定的测试。	注册会计师需要根据不同的认定层次的重大错报风险设计有针对性的细节测试。
实质性分析程序	主要是通过研究数据间关系评价信息，只是将该技术方法用作实质性程序。	用以识别各类交易、账户余额、列报及相关认定是否存在错报。	1. 对在一段时期内存在可预期关系的大量交易，注册会计师可以考虑实施实质性分析程序。 2. 考虑到数据及分析的可靠性，当实施实质性分析程序时，如果使用被审计单位编制的信息，注册会计师应当考虑测试与信息编制相关的控制，以及这些信息是否在本期或前期经过审计。	应当考虑的因素包括： 1. 对特定认定使用实质性分析程序的适当性；2. 对已记录的金额或比率作出预期时，所依据的内部或外部数据的可靠性；3. 作出预期的准确程度是否足以在计划的保证水平上识别重大错报；4. 已记录金额与预期值之间可接受的差异额。

【例2-单选题】在对资产存在认定获取审计证据时，正确的测试方向是（　　）。

A. 从财务报表到尚未记录的项目　　B. 从尚未记录的项目到财务报表

C. 从会计记录到支持性证据　　D. 从支持性证据到会计记录

【答案】C

学堂点拨

要获取资产存在认定的审计证据，注册会计师实施细节测试的方向是“逆查”，即从“账簿记录”追查到“原始凭证”。

知识点3 实质性程序的时间（★★）

一、实质性程序的时间选择与控制测试的时间选择比较

表 8-10 实质性程序的时间选择与控制测试的时间选择比较

时间	控制测试	实质性程序
期中	获取期中关于控制运行有效性审计证据的做法更具有一种“常态”。	目的在于更直接地发现重大错报，在期中实施实质性程序时更需要考虑其成本效益的权衡。
以前	拟信赖以前审计获取的有关控制运行有效性的审计证据，已经受到了很大的限制。	对于以前审计中通过实质性程序获取的审计证据，则采取了更加慎重的态度和更严格的限制。
共同点	两类程序都面临着对期中审计证据和对以前审计获取的审计证据的考虑。	

问题	控制测试	实质性程序
1. 期中是否做?	应当做	可以做
2. 期中→期末是否追加?	可能	必须
3. 以前获取的证据是否有效?	可能（符合条件）	基本不可用

图 8-6　实质性程序与控制测试审计证据的有效性

二、实质性程序的时间选择

如前所述，两类程序都面临着对期中审计证据和对以前审计获取的审计证据的考虑，实质性程序的时间选择如下表：

表 8-11　实质性程序的时间选择

时间	考虑
如何考虑是否在期中实施实质性程序	在期中实施实质性程序，一方面消耗了审计资源，另一方面期中实施实质性程序获取的审计证据又不能直接作为期末财务报表认定的审计证据，注册会计师仍然需要消耗进一步的审计资源使期中审计证据能够合理延伸至期末。于是这两部分审计资源的总和是否能够显著小于完全在期末实施实质性程序所需消耗的审计资源，是注册会计师需要权衡的。因此，注册会计师在考虑是否在期中实施实质性程序时应当考虑以下因素：1. 控制环境和其他相关的控制。控制环境和其他相关的控制越薄弱，注册会计师越不宜在期中实施实质性程序。2. 实施审计程序所需信息在期中之后的可获得性。3. 实质性程序的目的。如果针对某项认定实施实质性程序的目的就包括获取该认定的期中审计证据（从而与期末比较），注册会计师应在期中实施实质性程序。4. 评估的重大错报风险。5. 各类交易或账户余额以及相关认定的性质。例如，某些交易或账户余额以及相关认定的特殊性质（如收入截止认定、未决诉讼）决定了注册会计师必须在期末（或接近期末）实施实质性程序。6. 针对剩余期间，能否通过实施实质性程序或将实质性程序与控制测试相结合，降低期末存在错报而未被发现的风险。
如何考虑期中审计证据	1. 如何将期中实施的实质性程序得出的结论合理延伸至期末时，注册会计师有两种选择：其一是针对剩余期间实施进一步的实质性程序；其二是将实质性程序和控制测试结合使用。如果拟将期中测试得出的结论延伸至期末。如果认为实施实质性程序本身不充分，注册会计师还应测试剩余期间相关控制运行的有效性或针对期末实施实质性程序。 2. 对于舞弊导致的重大错报风险（特别风险），被审计单位存在故意错报或操纵的可能性，那么注册会计师更应慎重考虑能否将期中测试得出的结论延伸至期末。因此，如果已识别出由于舞弊导致的重大错报风险，为将期中得出的结论延伸至期末而实施的审计程序通常是无效的，注册会计师应当考虑在期末或者接近期末实施实质性程序。
如何考虑以前审计获取的审计证据	1. 在以前审计中实施实质性程序获取的审计证据，通常对本期只有很弱的证据效力或没有证据效力，不足以应对本期的重大错报风险。 2. 只有当以前获取的审计证据及其相关事项未发生重大变动时（例如以前审计通过实质性程序测试过的某项诉讼在本期没有任何实质性进展），以前获取的审计证据才可能用作本期的有效审计证据。 3. 但即便如此，如果拟利用以前审计中实施实质性程序获取的审计证据，注册会计师应当在本期实施审计程序，以确定这些审计证据是否具有持续相关性。

知识点4 实质性程序的范围（★★）

一、确定实质性程序的范围

在确定实质性程序的范围时，注册会计师应当考虑评估的认定层次重大错报风险和实施控制测试的结果。

1. 注册会计师评估的认定层次的重大错报风险越高，需要实施实质性程序的范围越广。

2. 如果对控制测试结果不满意，注册会计师应当考虑扩大实质性程序的范围。

二、细节测试的范围的含义

在设计细节测试时，注册会计师除了从样本量的角度考虑测试范围外，还要考虑选样方法的有效性等因素。例如，从总体中选取大额或异常项目，而不是进行代表性抽样或分层抽样。（考虑审计抽样风险）

三、实质性分析程序的范围有两层含义

第一层含义是对什么层次上的数据进行分析。注册会计师可以选择在高度汇总的财务数据层次进行分析，也可以根据重大错报风险的性质和水平调整分析层次。例如，按照不同产品线、不同季节或月份、不同经营地点或存货存放地点等实施实质性分析程序。

第二层含义是需要对什么幅度或性质的偏差展开进一步调查。实施分析程序可能发现偏差，但并非所有的偏差都值得展开进一步调查。可容忍或可接受的偏差（即预期偏差）越大，作为实质性分析程序一部分的进一步调查的范围就越小。于是确定适当的预期偏差幅度同样属于实质性分析程序的范畴。

第三编 各类交易和账户余额审计

第九章　销售与收款循环的审计

本章思维导图

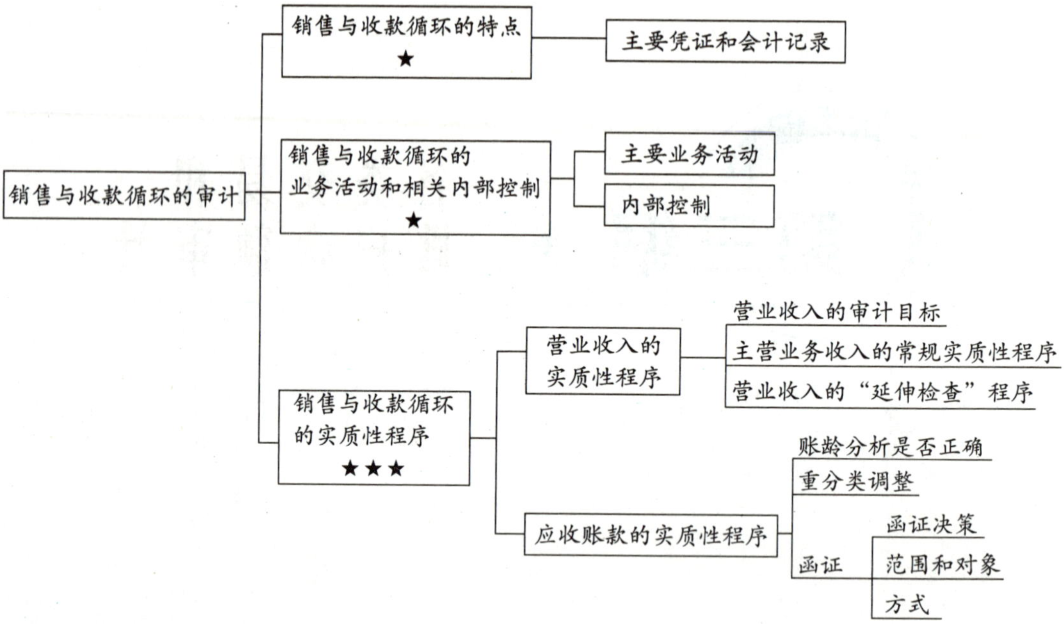

本章知识点精讲

第一节　销售与收款循环的业务活动与相关内部控制

知识点提示

从本节开始，我们将进入风险应对实务循环的业务流程学习。学习该章节首先要了解循环涉及的主要业务活动、主要原始凭证和相关内部控制。

微信扫一扫
习题免费练

在销售与收款循环中，涉及的主要业务活动包括：1. 接受客户订购单；2. 批准赊销信用；3. 根据销售单编制发运凭证并发货；4. 按销售单装运货物；5. 向客户开具发票；6. 记录销售；7. 办理和记录现金、银行存款收入；8. 确认和记录可变对价的估计和结算情况；9. 计提坏账准备；10. 核销坏账。涉及的主要原始凭证有顾客订货单、销售单、发运凭证、销售发票、商品价目表、贷项通知单、折扣与折让明细账、汇款通知书。其中最重要的是销售单、发运凭证和销售发票，我把它们称作销售与收款循环的铁三角。

知识点1 销售与收款循环的业务活动与相关单据（★）

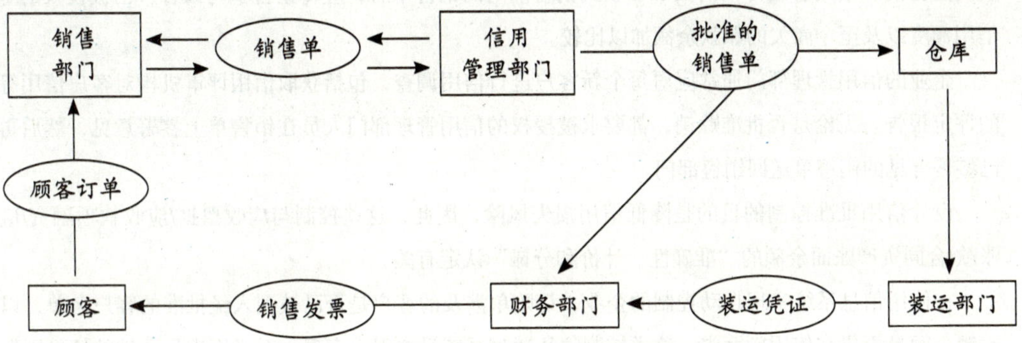

图 9-1 销售与收款循环业务活动流程与相关单据

一、接受客户订购单

（一）相关凭证

1. 客户订购单（外部单据）

客户订购单即客户提出的书面购货要求。企业可以通过销售人员或其他途径，如采用电信函和向现有的及潜在的客户发送订购单等方式接受订货，取得客户订购单。

2. 销售单

销售单是列示客户所订商品的名称、规格、数量以及其他与客户订购单有关信息的凭证，作为销售方内部处理客户订购单的依据。

（二）相关业务活动——接受客户订购单

客户提出订货要求是整个销售与收款循环的起点。从法律上讲，这是购买某种货物或接受某种劳务的一项申请。客户的订购单只有在符合企业管理层的授权标准时，才能被接受。管理层一般设有已批准销售的客户名单。销售部门在决定是否同意接受某客户的订单时，需要检查该客户是否被列入这张名单。如果该客户未被列入，则通常需要由销售部门的主管来决定是否同意销售。

很多企业在批准了客户订购单之后，会编制一式多联的销售单。销售单是证明销售交易的“发生”认定的凭据之一，也是此笔销售的交易轨迹的起点之一。此外，由于客户订购单也是来自外部的引发销售交易的文件之一，有时也能为有关销售交易的“发生”认定提供补充证据。

（三）相关内部控制

1. 检查客户是否在已批准的销售客户名单里。

2. 是否由销售部门主管审批。

3. 批准后，是否编制销售单。

（四）相关报表项目与认定

营业收入：发生。

二、批准赊销信用

（一）相关凭证——经批准的销售单

（二）相关业务活动——批准赊销信用

对于赊销业务，赊销批准是由信用管理部门根据管理层的赊销政策在每个客户的已授权的信用额度内进行的。信用管理部门的员工在收到销售部门的销售单后，应将销售单与该客户已被授权的赊销信用额度以及至今尚欠的账款余额加以比较。

企业的信用管理部门通常应对每个新客户进行信用调查，包括获取信用评审机构对客户信用等级的评定报告。无论是否批准赊销，都要求被授权的信用管理部门人员在销售单上签署意见，然后再将已签署意见的销售单送回销售部门。

设计信用批准控制的目的是降低信用损失风险，因此，这些控制与应收票据/应收款项融资/应收账款/合同资产账面余额的“准确性、计价和分摊”认定有关。

在使用信息系统实现自动控制的企业，订购单涉及的客户是否已被列入经批准的客户名单，以及赊销金额是否仍在信用额度内，这类控制往往通过系统设置得以实现。对于不满足条件的情形则要求管理层特别批准。

（三）相关内部控制

1. 对新客户进行信用调查，获取评级报告。

2. 信用管理部门按照赊销政策对赊销额度进行审批。

（四）相关报表项目与认定

应收账款：准确性、计价和分摊

三、根据销售单编制发运凭证并发货

（一）相关凭证

发运凭证（出库单或者提货单）：

发运凭证即在发运货物时编制的，用以反映发出商品的名称、规格、数量和其他有关内容的凭据。发运凭证的一联留给客户，其余联（一联或数联）由企业保留。通常其中有一联由客户在收到商品时签署并返还给销售方，用作企业确认收入及向客户收取货款的依据。

（二）相关业务活动——按销售单供货

企业管理层通常要求仓库管理员只有在收到经过批准的销售单时才能编制发运凭证并供货。设立这项控制程序的目的是防止仓库在未经授权的情况下擅自发货。因此，已批准销售单的一联通常应送达仓库，作为仓库按销售单供货和发货给装运部门的授权依据。

信息系统可以协助企业在销售单得到发货批准后才能生成连续编号的发运凭证，并能按照设定的要求核对发运凭证与销售单之间内容的一致性。

（三）相关内部控制

仓库只有在收到经过批准的销售单时才能供货。

（四）相关报表项目与认定

存货：存在。

四、按销售单装运货物

（一）相关凭证

发运凭证（出库单或者提货单）。

产品发运单

No
日期
Date

购货单位（个人）

	产品名称	规格型号	单位	数量	单价	金额								备注
						十	万	千	百	拾	元	角	分	
合计（大写）：								小写：						

收货单位存查

发货人　装车人　提货经办　复核

图 9-2　产品发运单

（二）相关业务活动——按销售单装运货物

将按经批准的销售单供货与按销售单装运货物职责相分离，有助于避免负责装运货物的员工在未经授权的情况下装运产品。此外，装运部门职员在装运之前，通常会进行独立验证，以确定从仓库提取的商品都附有经批准的销售单，并且，所提取商品的内容与销售单及发运凭证一致。

（三）相关内部控制

1. 装运部门验证经批准的销售单，确定拟发运的货物与销售单一致。

2. 开具发运凭证，一联发运部门留存，一联送仓库，一联送财务部，一联送交客户。

（四）相关报表项目与认定

营业收入：发生。

存货：完整性。

五、向客户开具发票

（一）相关凭证

1. 销售发票

销售发票通常包含已销售商品的名称、规格、数量、价格、销售金额等内容。以增值税发票为例，销售发票的两联（抵扣联和发票联）寄送给客户，其余联（记账联）由企业保留。销售发票也是在会计账簿中登记销售交易的基本凭证。

2. 商品价目表

商品价目表是列示已经授权批准的、可供销售的各种商品的价格清单。

（二）相关业务活动——向客户开具发票

开具发票是指开具并向客户寄送事先连续编号的销售发票。这项功能所针对的主要问题是：1. 是否对所有装运的货物都开具了发票（“完整性”）；2. 是否只对实际装运的货物才开具发票，有无重复开具发票或虚开发票（“发生”）；3. 是否按已授权批准的商品价目表所列价格计价开具发票（“准确性”）。

学堂点睛

开发票时应注意的四个点：

1. 有经批准的销售单；

2. 有发运凭证；

3. 有经批准的商品价目单；

4. 销售发票上的单价和商品价目表一致，数量和发运凭证一致。

（三）相关内部控制

1. 负责开发票的员工开具每张销售发票之前，检查是否存在发运凭证和相应的经批准的销售单。（发生）

2. 依据已授权批准的商品价目表开具销售发票。（准确性）

3. 将发运凭证上的商品总数与相对应的销售发票上的商品总数进行比较。（发生/完整性/准确性）

信息系统也可以协助实现上述内部控制，在单证核对一致的情况下生成连续编号的销售发票，并对例外事项进行汇总，以供企业相关人员进行进一步的处理。

（四）相关报表项目与认定

营业收入：发生、完整性、准确性。

六、记录销售

（一）相关凭证

1. 转账凭证

转账凭证是指记录转账业务的记账凭证。它是根据有关转账业务（即不涉及现金、银行存款收付的各项业务）的原始凭证编制的。企业记录赊销交易的会计凭证即为一种转账凭证。

2. 应收账款明细账

3. 主营业务收入明细账

4. 现金、银行存款日记账

（二）相关业务活动

在手工会计系统中，记录销售的过程包括区分赊销、现销，按销售发票编制转账凭证或现金、银行存款收款凭证，据以登记营业收入明细账和应收票据/应收款项融资/应收账款/合同资产明细账或现金、银行存款日记账。

（三）相关内部控制

1. 依据有效的发运凭证和销售单记录销售。这些发运凭证和销售单应能证明销售交易的发生及其发生的日期。2. 使用事先连续编号的销售发票并对发票使用情况进行监控。3. 独立检查已销售发票上的销售金额同会计记录金额的一致性。4. 记录销售的职责应与处理销售交易的其他功能相分离。5. 对记录过程中所涉及的有关记录的接触权限予以限制，以减少未经授权批准的记录发生。6. 定期独立检查应收票据/应收款项融资/应收账款/合同资产的明细账与总账的一致性。7. 由不负责现金出纳和销售及应收票据/应收款项融资/应收账款/合同资产记账的人员定期向客户寄送对账单，对不符事项进行调查，必要时调整会计记录，编制对账情况汇总表并交管理层审核。

七、办理和记录现金、银行存款收入

这项活动涉及的是货款收回，导致现金、银行存款增加以及应收账款/合同资产等项目的减少。在办理和记录现金、银行存款收入时，企业最应关心的是货币资金的安全。汇款通知单起着很重要的作用。处理货币资金收入时要保证全部货币资金如数、及时地记入现金、银行存款日记账或应收票据/应收款项融资/应收账款/合同资产明细账，并如数、及时地将现金存入银行。

相关凭证：汇款通知书。

汇款通知书是一种与销售发票一起寄给客户，由客户在付款时再寄回企业的凭证。这种凭证注明了客户的姓名、销售发票号码、企业开户银行账号以及金额等内容。如果客户没有将汇款通知书随同货款一并寄回，一般应由收受邮件的人员在开拆邮件时再代编一份汇款通知书。采用汇款通知书能使现金立即存入银行，可以改善资产保管的控制。

汇　款　通　知　单

年　　月　　日　　　　汇字　　号

汇款单位编号		汇款单位名称(全称)		
开户银行			账号	
汇款事由				
人民币(大写)	拾　万　仟　佰　拾　元　角　分			¥：
通知汇款单位				

审批　　　　　　　　部门主管　　　　　　　　经办

图 9-3　汇款通知单

八、确认和记录可变对价的估计和结算情况

如果合同中存在可变对价，企业需要对计入交易价格的可变对价进行估计，并在每一资产负债表日重新估计应计入交易价格的可变对价金额，以如实反映报告期末存在的情况以及报告期内发生的情况变化。

九、计提坏账准备

企业一般定期对应收票据/应收款项融资/应收账款的预期信用损失进行估计，根据估计结果确认信用减值损失并计提坏账准备，管理层对相关估计进行复核和批准。

十、核销坏账

不管赊销部门的工作如何主动，客户因经营不善、宣告破产、死亡等原因而不支付货款的事仍可能发生。如有证据表明某项货款已无法收回，企业即通过适当的审批程序注销该笔应收账款/应收款项融资。

学堂点睛

1. 销售流程

接客→审批→备货→装运→开票→记账。

2. 收款流程

（1）货款收回→入账记录。

（2）产品质量问题→折让和退货。

（3）收款出现问题→计提或核销坏账。

知识点2 销售与收款循环的内部控制（★★★）

一、适当的职责分离

销售交易的职责分离主要关注五大环节：接客、审批、发货、记账、收款。

表 9-1 销售交易的职责分离关注的五大环节

环节	不相容职责相分离的举例
接客	谈判人员与订立合同人员
审批	销售人员与赊销批准人员（信用管理人员）
发货	仓储部门与装运部门
记账	营业收入会计与应收账款会计 总账会计与明细账会计
收款	出纳与会计 销售人员与收款人员

学堂点睛

常见的职责分离的情况：上家与下家、借与贷、总账与明细账。

二、恰当的授权审批（发生、准确性、计价和分摊认定）

对于授权审批问题，注册会计师应当关注以下四个关键点上的审批程序：

表 9-2 授权审批应关注的审批程序

审批程序	控制的目的
在销售发生之前，赊销已经正确审批。（赊销审批）	防止企业因向虚构的或无力支付货款的客户发货而蒙受损失。
非经正当审批，不得发出货物。（发货审批）	
销售价格、销售条件、运费、折扣等必须经过审批。（价格审批）	保证销售交易按照企业定价政策规定的价格开票收款。
审批人应当根据销售与收款授权批准制度的规定，在授权范围内进行审批。（授权范围）	防止因审批人决策失误而造成严重损失。

三、充分的凭证和记录

只有具备充分的记录手续，才有可能实现其他各项控制目标。

1. 收到客户订购单后，销售人员应立即编制一份预先编号、一式多联的销售单，分别用于批准赊销、审批发货、记录发货数量以及向客户开具发票等。

2. 财务人员在记录销售交易之前，应依据充分，包括订购单、销售单、销售合同、发运单、销售发票、验收单等。

四、凭证的预先编号

1. 旨在防止遗漏向客户开具发票或登记入账，也可防止重复开具账单或重复记账。

2. 将凭证按顺序归档，定期检查全部凭证的编号，并调查凭证缺号和重号的原因。

凭证预先编号这一控制在很多情况下由系统执行，同时辅以人工的监控（例如对系统生成的例外报告进行复核）。

【注意】对于充分的凭证和记录以及凭证预先编号这两项控制，常用的控制测试程序是清点各种凭证。比如从主营业务收入明细账中选取样本，追查至相应的销售发票存根，进而检查其编号是否连续，有无不正常的缺号发票和重号发票。这种测试程序可同时提供有关发生和完整性目标的证据。

五、定期寄发对账单

由不负责现金出纳和销售及应收票据/应收款项融资/应收账款/合同资产记账的人员定期向客户寄发对账单，能促使客户在发现应付账款余额不正确后及时反馈有关信息。为了使这项控制更加有效，最好将账户余额中出现的所有核对不符的账项，指定一位既不负责货币资金也不记录主营业务收入和应收票据/应收款项融资/应收账款/合同资产账目的主管人员处理，然后由独立人员定期编制对账情况汇总报告并交管理层审阅。

六、内部核查程序

由内部审计人员或其他独立人员核查销售交易的处理和记录，是实现内部控制目标所不可缺少的一项控制措施。

【例–单选题】下列审计程序中，证实应收账款存在认定最佳的审计程序是（　　）。

A. 检查销售文件以确定是否采用连续编号的销售单

B. 从应收账款明细账追查至销售合同、销售发票、出库单等原始凭证

C. 抽取发运凭证、销售合同等凭证追查至应收账款明细账

D. 向销售客户进行函证

【答案】D

学堂点拨

选项A、C有助于证实完整性；选项B、D有助于实现存在认定，由外部获取的审计证据的证明力强于内部获取的审计证据，因此选项D是最佳审计程序。

学堂点睛

表 9-3 销售与收款循环适当职责分离举例

职务	分工	功能
编制销货通知书	销售部门	作为信用、仓库、运输、开票及收款等部门履行责任的依据。
批准赊销	信用部门	通过对顾客会计报表的审查或向其他信用机构查询，批准是否向顾客赊销。
发货	仓库部门	根据信用部门批准或出纳部门的收款证明，核准销售单发货。
运货	货运部门	货运文件须按顺序编号，并记入送货登记簿，应持有出门证。
开票	会计部门	核对装运凭证、经批准的销售单、经批准的销售商品价目表后开票。
收款	出纳部门	由独立于销售收入、应收账款记账的人员收款。
坏账处理	高层管理部门	坏账冲销须经批准，且仍须登账管理，以便日后追索。
内部审计	内部审计部门	定期寄发对账单并及时清查差异，并进行账龄分析。

表 9-4 销售与收款循环涉及的主要业务活动、对应的凭证及记录、相关的认定的关系

主要业务活动	对应的凭证及记录	相关的认定
接受顾客订单	顾客订单	发生
批准赊销信用	销售单	准确性、计价和分摊
根据销售单编制发运凭证并发货	出库单	发生
按销售单装运货物	发运凭证	发生、完整性
向顾客开具发票	商品价目表、销售发票	发生、准确性、计价和分摊、完整性
记录销售	转账凭证、应收账款明细账、营业收入明细账	发生、完整性、准确性、计价和分摊
办理和记录退回销货折扣与折让	贷项通知单、折扣折让明细账	发生、准确性、计价和分摊、完整性
注销坏账	坏账审批表	准确性、计价和分摊
计提坏账准备	董事会（或管理层）决议	准确性、计价和分摊

第二节 销售与收款循环的重大错报风险的评估

知识点提示

本节主要涉及销售与收款循环的重大错报风险的评估，在了解相关业务流程和内部控制后进行重大错报风险评估。

微信扫一扫
习题免费练

收入是舞弊风险很高的科目，这就是为什么有“收入舞弊假设”，即在识别和评估与收入确认相关的重大错报风险时，应基于收入确认存在舞弊风险的假定，评价哪些收入类型、收入交易或认定会导致舞弊风险。

常见的收入确认舞弊手段包括：1. 为了达到粉饰财务报表的目的而虚增收入或提前确认收入；2. 为了达到报告期内降低税负或转移利润等目的而少计收入或推迟确认收入。因此虽然收入更容易出现高估风险，但有时少计收入（“完整性”认定）和推迟确认收入（“截止”认定）的问题也不容忽视。

知识点 评估重大错报风险（★★★）

与销售与收款循环相关的财务报表项目主要为营业收入和应收账款/合同资产，此外还有应收票据、应收款项融资、预收款项、合同负债、长期应收款、应交税费等（本教材不对销售交易涉及的税务问题进行阐述）。

一、收入舞弊假设

1. 在识别和评估与收入确认相关的重大错报风险时，应基于收入确认存在舞弊风险的假定，评价哪些类型的收入、收入交易或认定导致舞弊风险。

2. 如未将收入确认作为由于舞弊导致的重大错报风险领域，应当在审计工作底稿中记录得出该结论的理由。

学堂点睛

假定收入确认存在舞弊风险，并不意味着注册会计师应当将与收入确认相关的所有认定都假定为存在舞弊风险。

例如：

1. 如果管理层难以实现预期的利润目标，则可能有高估收入的动机或压力（如提前确认收入或记录虚假的收入），因此，收入的“发生”认定存在舞弊风险的可能性较大。

2. 如果管理层有隐瞒收入而降低税负的动机，则注册会计师需要更加关注与收入“完整性”认定相关的舞弊风险。

3. 如果被审计单位预期难以达到下一个年度的销售目标，而已经超额实现了本年度的销售目标，就可能倾向于将本期的收入推迟至下一年度确认。

二、常见的收入确认舞弊手段

了解被审计单位通常采用的收入确认舞弊手段，有助于注册会计师更加有针对性地实施审计程序。被审计单位通常采用的收入确认舞弊手段举例如下：

（一）为了达到粉饰财务报表的目的而虚增收入或提前确认收入（高估收入）

1．虚构销售交易，包括：

（1）在无存货实物流转的情况下，通过与其他方（包括已披露或未披露的关联方、非关联方等）签订虚假购销合同，虚构存货进出库，并通过伪造出库单、发运单、验收单等单据，以及虚开销售发票虚构收入。

（2）在多方串通的情况下，通过与其他方（包括已披露或未披露的关联方、非关联方等）签订虚假购销合同，并通过存货实物流转、真实的交易单据和资金流转配合，虚构收入。

（3）被审计单位根据所处行业特点虚构销售交易。例如，从事网络游戏运营的被审计单位，以游戏玩家的名义，利用体外资金购买虚拟物品，并予以消费，以虚增收入。

2．进行显失公允的交易，包括：

（1）通过与未披露的关联方或真实非关联方进行显失公允的交易。

（2）通过出售关联方的股权，使之从形式上不再构成关联方，但仍与之进行显失公允的交易，或与未来或潜在的关联方进行显失公允的交易。

（3）与同一客户或同受一方控制的多个客户在各期发生多次交易，通过调节各次交易的商品销售价格，调节各期销售收入金额。

3．在客户取得相关商品控制权前确认销售收入。

4．通过隐瞒退货条款，在发货时全额确认销售收入。

5．通过隐瞒不符合收入确认条件的售后回购或售后租回协议，而将以售后回购或售后租回方式发出的商品作为销售商品确认收入。

6．在被审计单位属于代理人的情况下，被审计单位按主要责任人确认收入。例如，被审计单位为代理商，在仅向购销双方提供中介代理服务的情况下，按照购销交易的总额而非净额（佣金和代理费）确认收入。

7．对于属于在某一时段内履约的销售交易，通过高估履约进度的方法实现当期多确认收入。

8．当存在多种可供选择的收入确认的会计政策或会计估计方法时，随意变更所选择的会计政策或会计估计方法。

9．选择与销售模式不匹配的收入确认会计政策。

10．通过调整与单独售价或可变对价等相关的会计估计，达到多计或提前确认收入的目的。

11．对于存在多项履约义务的销售交易，未对各项履约义务单独进行核算，而整体作为单独履约义务一次性确认收入。

12．对于应整体作为单项履约义务的销售交易，通过其拆分为多项履约义务，达到提前确认收入的目的。

（二）为了达到报告期内降低税负或转移利润等目的而少计收入或延后确认收入

1．被审计单位将商品发出、收到货款并满足收入确认条件后，不确认收入，而将收到的货款作为负债挂账，或转入本单位以外的其他账户。

2．被审计单位采用以旧换新的方式销售商品时，以新旧商品的差价确认收入。

3．对于应采用总额法确认收入的销售交易，被审计单位采用净额法确认收入。

4. 对于属于在某一时段内履约的销售交易，被审计单位未按实际履约进度确认收入，或采用时点法确认收入。

5. 对于属于在某一时点履约的销售交易，被审计单位未在客户取得相关商品或服务控制权时确认收入，推迟收入确认时点。

6. 通过调整与单独售价或可变对价等相关的会计估计，达到少计或推迟确认收入的目的。

三、表明被审计单位在收入确认方面可能存在舞弊风险的迹象

【关注】存在舞弊风险迹象并不必然表明发生了舞弊，但了解舞弊风险迹象，有助于注册会计师对审计过程中发现的异常情况产生警觉，从而更有针对性地采取应对措施。

通常表明被审计单位在收入确认方面可能存在舞弊风险的迹象举例如下：

（一）销售客户方面出现的异常情况，包括：

1. 销售情况与客户所处行业状况不符。

2. 与同一客户同时发生销售和采购交易。

3. 交易标的对交易对方而言不具有合理用途。

4. 主要客户自身规模与其交易规模不匹配。

5. 与新成立的客户发生大量或大额的交易。

6. 与关联方或疑似关联方客户发生大量或大额的交易。

7. 与个人、个体工商户发生异常大量的交易。

8. 对应收款项/合同资产账龄长、回款率低或缺乏还款能力的客户，仍放宽信用政策。

9. 直接通过关联方为客户提供融资担保。

10. 被审计单位的客户是否付款取决于下列情况：

（1）能否从第三方取得融资；

（2）能否转售给第三方（如经销商）；

（3）被审计单位能否满足特定的重要条件。

（二）销售交易方面出现异常情况，包括：

1. 在临近期末发生大量或大额的交易。

2. 实际销售情况与订单不符。

3. 未经客户同意，在销售合同约定的发货期之前发送商品或将商品运送到合同约定地点以外的其他地点。

4. 销售记录表明已将商品发往外部仓库，却未指明任何客户。

5. 销售价格异常，明显高于或低于公允价格。

6. 已经销售的商品在期后有大量退回。

7. 交易之后长期不进行结算。

（三）销售合同、单据方面出现异常情况，包括：

1. 销售合同未签字盖章。

2. 销售合同中重要条款缺失或含糊不清。

3. 销售合同中部分条款不同于标准销售合同，或过于复杂。

4. 销售合同或发运单上的日期被更改。

5. 在实际发货之前开具销售发票，或实际未发货而开具销售发票。

6. 记录的销售交易未经授权或缺乏出库单、销售发票等证据支持。

（四）销售回款方面出现异常情况，包括：

1. 应收账款收回时，付款单位与购买方不一致。

2. 应收账款收回时，银行回单的摘要与销售业务无关。

3. 对不同客户的应收账款从同一付款单位收回。

4. 经常采用多方债权债务抵销的方式抵销应收账款。

（五）资金方面出现的异常情况，包括：

1. 通过虚构交易套取资金。

2. 发生异常大量的现金交易。

3. 在货币资金充足的情况下仍然大量举债。

4. 被审计单位申请公开发行股票并上市，连续几个年度进行大额分红。

5. 工程实际付款进度明显快于合同约定付款进度。

6. 与关联方或疑似关联方客户发生大额资金往来。

（六）其他方面出现异常，包括：

1. 采用异常于行业惯例的收入确认方法。

2. 销售交易未按照内部控制制度的规定执行。

3. 非财务人员过度参与与收入相关的会计政策的选择、运用以及重要会计估计的作出。

4. 实施分析程序发现异常或偏离预期的趋势或关系。

5. 被审计单位的账簿记录与询证函回函提供的信息之间存在重大或异常差异。

6. 在被审计单位业务或其他相关事项未发生重大变化的情况下，询证函回函相符比例明显异于以前年度。

7. 被审计单位管理层不允许注册会计师接触可能提供审计证据的特定员工、客户、供应商或其他人员。

8. 实际销售情况与订单不符，或者根据已取消的订单发货或重复发货。

【例-2016改-单选题】下列有关收入确认的舞弊风险的说法中，错误的是（　　）。

A. 关联方交易比非关联方交易更容易增加收入的发生认定存在舞弊风险的可能性

B. 对于以营利为目的的法人被审计单位，收入的发生认定存在舞弊风险的可能性通常大于完整性认定存在舞弊风险

C. 如果被审计单位已经超额完成当年的利润目标，但预期下一年度的目标较难达到，表明收入的截止认定存在舞弊风险的可能性较大

D. 如果被审计单位采用投入法确认收入，且企业为履行履约义务的投入具有高度估计不确定性，表明收入的准确性认定存在舞弊风险的可能性较大

【答案】B

学堂点拨

选项B中，对于以营利为目的的被审计单位，管理层实施舞弊的动机或压力不同，其舞弊风险所涉及的具体认定以及舞弊风险发生的可能性也不同，注册会计师需要作出具体分析。

四、风险应对——对收入确认实施分析程序（营业收入的实质性程序中详细展开）

表 9-5 综合题中常用的方法归纳

程序	
趋势分析	将账面销售收入、销售清单和销售增值税销项清单进行核对；将本期销售收入金额与以前可比期间的对应数据或预算数进行比较。
勾稽分析	将销售收入变动幅度与销售商品及提供劳务收到的现金、应收账款/合同资产、存货、税金等项目的变动幅度进行比较；分析销售收入等财务信息与投入产出率、劳动生产率、产能、水电能耗、运输数量等非财务信息之间的关系；分析销售收入与销售费用之间的关系，包括销售人员的人均业绩指标、销售人员薪酬、广告费、差旅费，以及销售机构的设置、规模、数量、分布等。
比率分析	将销售毛利率、应收账款/合同资产周转率、存货周转率等关键财务指标与可比期间数据、预算数或同行业其他企业数据进行比较；分析月度或季度销售量、销售单价、销售收入金额、毛利率变动趋势。

如果发现异常或偏离预期的趋势或关系，注册会计师可能采取的调查方法举例如下：

1．如果注册会计师发现被审计单位的毛利率变动较大或与所在行业的平均毛利率差异较大，注册会计师可以采用定性分析与定量分析相结合的方法，从行业及市场变化趋势、产品销售价格和产品成本要素等方面对毛利率变动的合理性进行调查。

2．如果注册会计师发现应收账款余额较大，或其增长幅度高于销售收入的增长幅度，注册会计师需要分析具体原因（如赊销政策和信用期限是否发生变化等），并在必要时采取恰当的措施，如扩大函证比例、增加截止测试和期后收款测试的比例等。

3．如果注册会计师发现被审计单位的收入增长幅度明显高于管理层的预期，可以询问管理层的适当人员，并考虑管理层的答复是否与其他审计证据一致，例如，如果管理层表示收入增长是由于销售量增加所致，注册会计师可以调查与市场需求相关的情况。

第三节 销售与收款循环的控制测试

微信扫一扫
习题免费练

知识点提示

上一节，我们评估了销售与收款循环的重大错报风险，本节进入到风险应对阶段。注册会计师通常以识别的重大错报风险为起点，选取拟测试的控制并实施控制测试。对于控制测试，特别是以风险为起点的控制测试，大家千万不要死记硬背，因为这考的其实是底蕴，看多了自然就会写了。**谨记一点，控制测试一定是基于内部控制写的，甚至可以说得简单点，控制测试其实就是动宾结构，动词就是询问、检查、观察、重新执行，宾语就是企业的内部控制。**

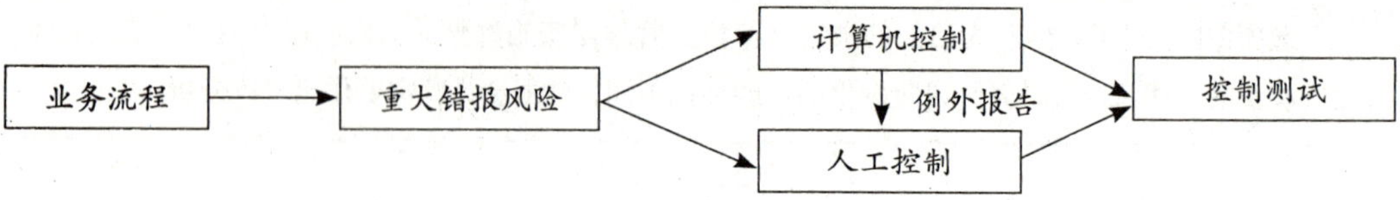

图 9-4　以风险为起点的控制测试

知识点1　控制测试的基本原理（★）

1．控制测试所使用的审计程序的类型主要包括询问、观察、检查和重新执行，其提供的保证程度依次递增。

2．如果期中实施了控制测试，注册会计师应当在年末审计时实施恰当的前推程序，就控制在剩余期间的运行情况获取证据，以确定控制是否在整个被审计期间持续运行有效。

3．控制测试的范围取决于注册会计师需要通过控制测试获取的保证程度。

4．如果拟信赖的内部控制是由计算机执行的自动化控制，注册会计师除了测试自动化应用控制的运行有效性，还需要测试信息技术一般控制运行的有效性。如果测试人工控制利用了系统生成的信息或报告，注册会计师除了测试人工控制，还需就系统生成的信息或报告的可靠性获取审计证据。

知识点2　以风险为起点的控制测试（节选重中之重）（★★）

表 9-6　以风险为起点的控制测试

可能发生错报的环节	相关的财务报表项目及认定	存在的内部控制（自动）	存在的内部控制（人工）	内部控制测试程序
1．订单处理和赊销的信用控制				
可能向没有获得赊销授权或超出了其信用额度的客户赊销。	营业收入：发生 应收账款/合同资产：存在	订购单上的客户代码与应收账款主文档记录的代码一致。 目前未偿付余额加上本次销售额在信用限额范围内。 上述两项均满足才能生成销售单。	对于不在主文档中的客户或是超过信用额度的客户订购单，需要经过适当授权批准，才可生成销售单。	询问员工销售单的生成过程，检查是否所有生成的销售单均有对应的客户订购单为依据。检查系统中自动生成销售单的生成逻辑，是否确保满足了客户范围及其信用控制的要求。对于系统外授权审批的销售单，检查是否经过适当批准。
2．发运商品				
可能在没有批准发货的情况下发出商品。	营业收入：发生 应收账款/合同资产：存在	当客户销售单在系统中获得发货批准时，系统自动生成连续编号的发运凭证。	只有当附有经批准的销售单和发运凭证时，保安人员才能放行	检查系统内发运凭证的生成逻辑以及发运凭证是否连续编号。 询问并观察发运时保安人员的放行检查。

（续上表）

可能发生错报的环节	相关的财务报表项目及认定	存在的内部控制（自动）	存在的内部控制（人工）	内部控制测试程序
3. 开具发票				
商品发运可能未开具销售发票或已开出发票没有发运凭证的支持。	营业收入：发生/完整性 应收账款/合同资产：存在/完整性/权利和义务	发货以后系统根据发运凭证及相关信息自动生成连续编号的销售发票。 系统自动复核连续编号的发票和发运凭证的对应关系，并定期生成例外报告。	复核例外报告并调查原因。	检查系统生成发票的逻辑。 检查例外报告及跟进情况。
4. 记录赊销				
销售发票入账的会计期间可能不正确。	营业收入：截止/发生 应收账款/合同资产：存在/完整性/权利和义务	系统根据销售发票的信息自动汇总生成当期销售入账记录。	定期执行人工销售截止检查程序。 向客户发送月末对账单，调查并解决客户质询的差异。	检查系统中销售生成的逻辑。 重新执行销售截止检查程序。 检查客户质询信件并确定问题是否已得到解决。

【例1-单选题】以下控制活动中能够控制营业收入“发生”认定错报风险的是（　　）。

A. 每月月末由独立人员对销售部门的销售记录、发运部门的发运记录和财务部门的销售交易入账情况作内部核查，以确认销售交易是否及时入账

B. 销售发票均经事先编号，并已登记入账

C. 销售价格、付款条件、运费和销售折扣的确定已经适当的授权批准

D. 销售交易是以经过审核的发运凭证及经过批准的客户订购单为依据登记入账的

【答案】D

学堂点拨

选项A的控制活动与营业收入“截止”认定相关；选项B与营业收入“完整性”认定相关；选项C的控制活动都与营业收入“准确性”认定相关；选项D的控制活动与营业收入“发生”认定相关。

【例2-简答题】公司的应收账款账龄分析由专门的“应收账款账龄分析计算机系统”完成，该系统由独立的信息部门负责维护管理。会计部门相关人员负责在系统中及时录入所有与应收账款交易相关的基础数据。为了便于及时更正录入的基础数据可能存在的差错，信息部门拥有修改基础数据的权限。该内部控制是否存在缺陷，若存在，提出改进建议。

【答案】有缺陷：为了便于及时更正录入的基础数据可能存在的差错，信息部门拥有修改基础数据的权限。

理由：如果信息部门可以更正使用部门送交的数据资料，将增加相关数据资料在使用部门不知道

的情况下被人为修改的风险，降低相关数据分析结果的可靠性。

建议：信息部门不应具有更正使用部门送交的数据资料的权限，所有使用部门送交的数据资料的更正只能由拥有权限的使用部门人员实施。

第四节　销售与收款循环的实质性程序

知识点提示

上一节主要给大家讲解了销售与收款循环的控制测试，本节进入实质性程序的学习。实质性程序包含实质性分析程序与细节测试。销售与收款循环涉及的最重要科目是营业收入与应收账款。营业收入的分析性程序与截止测试、应收账款函证请大家精准掌握。

微信扫一扫
习题免费练

知识点1　营业收入的实质性程序（★★★）

一、营业收入的审计目标

发生、完整性、准确性、截止、分类、列报。

二、主营业务收入的常规实质性程序

1. 获取营业收入明细表，复核加计是否正确，与总账数和明细账合计数核对是否相符。（万能程序）

2. 实施实质性分析程序：

（1）针对已识别需要运用分析程序的有关项目，并基于对被审计单位及其环境的了解，通过进行以下比较，同时考虑有关数据间关系的影响，以建立有关数据的期望值：

①将账面销售收入、销售清单和销售增值税销项清单进行核对。

②将本期销售收入金额与以前可比期间的对应数据或预算数进行比较。

③分析月度或季度销售量、销售单价、销售收入金额、毛利率变动趋势。

④将销售收入变动幅度与销售商品及提供劳务收到的现金、应收账款/合同资产、存货、税金等项目的变动幅度进行比较。

⑤将销售毛利率、应收账款/合同资产周转率、存货周转率等关键财务指标与可比期间数据、预算数或同行业其他企业数据进行比较。

⑥分析销售收入等财务信息与投入产出率、劳动生产率、产能、水电能耗等非财务信息之间的关系。

⑦分析销售收入与销售费用之间的关系，包括销售人员的人均业绩指标、销售人员薪酬、广告费、差旅费，以及销售机构的设置、规模、数量、分布等。

（2）确定可接受的差异额。

（3）将实际的情况与期望值相比较计算差异。

（4）如果其差额超过可接受的差异额，调查并获取充分的解释和恰当的佐证审计证据（如通过

检查相关的凭证等）。需要注意的是，如果差异额超过可接受差异额，注册会计师需要对差异额的全额进行调查证实，而非仅针对超出可接受差异额的部分。

（5）评价实质性分析程序的结果。

3．检查主营业务收入的确认方法是否符合企业会计准则的规定（收入的确认条件，与会计考点结合考查）。

对于在某一时点履行的履约义务，企业应当在客户取得相关商品的控制权时确认收入。在判断客户是否已取得商品控制权时，企业应当考虑下列迹象：

（1）企业就该商品享有现时收款权利，即客户就该商品负有现时付款义务；

（2）企业已将该商品的法定所有权转移给客户，即客户已拥有该商品的法定所有权；

（3）企业已将该商品实物转移给客户，即客户已实物占有该商品；

（4）企业已将该商品所有权上的主要风险和报酬转移给客户，即客户已取得该商品所有权上的主要风险和报酬；

（5）客户已接受该商品；

（6）其他表明客户已取得商品控制权的迹象。

因此，注册会计师需要基于对被审计单位商业模式和日常经营活动的了解，判断被审计单位的合同履约义务是在某一时段内履行还是某一时点履行，据以评估被审计单位确认收入的会计政策是否符合企业会计准则的规定，并测试被审计单位是否按照其既定的会计政策确认收入。

注册会计师通常对所选取的交易，检查销售合同及与履行合同相关的单据和文件记录，而对于某些特定的收入交易，注册会计师可能还需要根据被审计单位的具体情况和重大错报风险的评估结果，评价收入确认方法是否符合企业会计准则的规定。例如：

（1）对于附有销售退回条款的销售，评价对退回部分的估计是否合理，确定其是否按照因向客户转让商品而预期有权收入的对价金额（即不包含预期因销售退回将退还的金额）确认收入。

（2）对于附有质量保证条款的销售，评价该质量保证是否在向客户保证所销售商品符合既定标准之外提供了一项单独的服务，如果是额外的服务，是否作为单项履约义务会计处理。

（3）对于售后回购交易，评价回购安排是否属于远期安排，企业拥有回购选择权还是客户拥有回售选择权等因素，确定企业是否根据不同的安排进行了恰当的会计处理。

4．检查交易价格。

交易价格，指企业因向客户转让商品而预期有权收取的对价金额。由于合同标价不一定代表交易价格，被审计单位需要根据合同条款，并结合以往的习惯做法等确定交易价格。注册会计师针对交易价格的实质性程序通常为：

（1）询问管理层对交易价格的确定方法，在确定时管理层如何考虑可变对价、合同中存在的重大融资成分、非现金对价、应付客户对价等因素的影响。

（2）选取和阅读部分合同，确定合同条款是否表明需要将交易价格分摊至各单项履约义务，以及合同中是否包含可变对价、非现金对价、应付客户对价以及重大融资成分等。

（3）检查管理层的处理是否恰当，例如，测试管理层对非现金对价公允价值的估计。本教材后述仅列举了有关可变对价的实质性程序。

5．检查与收入交易相关的原始凭证与会计分录。以主营业务收入明细账中的会计分录为起点，检查相关原始凭证，如订购单、销售单、发运凭证、发票等，评价已入账的营业收入是否真实发生。

6. 从发运凭证中选取样本，追查至主营业务收入明细账，以确定是否存在遗漏事项。（顺查：完整性）

7. 结合对应收账款实施的函证程序，选择客户函证本期销售额。

8. 实施销售截止测试：

（1）选取资产负债表日前后若干天的发运凭证，与应收账款和收入明细账进行核对（顺查）；同时，从应收账款和收入明细账选取在资产负债表日前后若干天的凭证，与发运凭证核对（逆查），以确定销售是否存在跨期现象。

（2）复核资产负债表日前后销售和发货水平，确定业务活动水平是否异常（如与正常水平相比），并考虑是否有必要追加实施截止测试程序。

（3）取得资产负债表日后所有的销售退回记录，检查是否存在提前确认收入的情况。

（4）结合对资产负债表日应收账款/合同资产的函证程序，检查有无未取得客户认可的销售。

对销售实施截止测试，其目的主要在于确定被审计单位主营业务收入的会计记录归属期是否正确：应记入本期或下期的主营业务收入是否被推延至下期或提前至本期。

实施截止测试的前提是注册会计师充分了解被审计单位的收入确认会计实务，并识别能够证明某笔销售符合收入确认条件的关键单据。例如，货物出库时，与货物所有权相关的主要风险和报酬可能尚未转移，即客户尚未取得对商品的控制权，不符合收入确认的条件，因此，仓储部门留存的发运凭证可能不是实现收入的充分证据，注册会计师需要检查有客户签署的那一联发运凭证。销售发票与收入相关，但是发票开具日期不一定与收入实现的日期一致。实务中由于增值税发票涉及企业的纳税和抵扣问题，开票日期滞后于收入可确认日期的情况并不少见，因此，通常不能将开票日期作为收入确认的日期。

假定某一般生产制造型企业在货物送达客户并由客户签收时确认收入，注册会计师可以考虑选择两条审计路径实施主营业务收入的截止测试。

一是以账簿记录为起点。从资产负债表日前后若干天的账簿记录追查至记账凭证和客户签收的发运凭证，目的是证实已入账收入是否在同一期间已发货并由客户签收，有无多记收入。

二是以发运凭证为起点。从资产负债表日前后若干天的已经客户签收的发运凭证追查至账簿记录，确定主营业务收入是否已记入恰当的会计期间。

学堂点睛

为便于理解，对于收入多计和少计上述两点（教材内容），建议大家改成：

1. 收入截止测试，防止收入多计

从资产负债表日前若干天记账凭证追到发运凭证、发票；同时从资产负债表日后若干天发运凭证、发票追到记账凭证，确认收入是否多记。

2. 收入截止测试，防止收入少计

从资产负债表日前若干天发运凭证、发票追到记账凭证；同时从资产负债表日后若干天记账凭证追到发运凭证、发票，确认收入是否少记。

9．对于销售退回，检查相关手续是否符合规定，结合原始销售凭证检查其会计处理是否正确，结合存货项目审计关注其真实性。

10．检查可变对价的会计处理。

注册会计师针对可变对价的实质性程序可能包括：

（1）获取可变对价明细表，选取项目与相关合同条款进行核对，检查合同中是否确定存在可变对价；

（2）检查被审计单位对可变对价的估计是否恰当，例如，是否在整个合同期间内一致地采用同一种方法进行估计；

（3）检查计入交易价格的可变对价金额是否满足限制条件；

（4）检查资产负债表日被审计单位是否重新估计了应计入交易价格的可变对价金额。如果可变对价金额发生变动，是否按照《企业会计准则第14号——收入》的规定进行了恰当的会计处理。

11．检查主营业务收入在财务报表中的列报和披露是否符合企业会计准则的规定。

三、营业收入的“延伸检查”程序

实务中，注册会计师可以实施的“延伸检查”程序举例如下：

1．在获取被审计单位配合的前提下，对相关供应商、客户进行实地走访，针对相关采购、销售交易的真实性获取进一步的审计证据。

2．利用企业信息查询工具，查询主要供应商和客户的股东至其最终控制人，以识别相关供应商和客户与被审计单位是否存在关联方关系。

3．在采用经销模式的情况下，检查经销商的最终销售实现情况。

4．当注意到存在关联方（例如被审计单位控股股东、实际控制人、关键管理人员）配合被审计单位虚构收入的迹象时，获取并检查相关关联方的银行账户资金流水，关注是否存在与被审计单位相关供应商或客户的异常资金往来。

如果识别出收入舞弊或获取的信息表明可能存在舞弊，注册会计师可与被审计单位治理层沟通，并要求治理层就舞弊事项进行调查。

如果注册会计师认为“延伸检查”程序是必要的，但受条件限制无法实施，或实施“延伸检查”程序后仍不足以获取充分、适当的审计证据，注册会计师应当考虑审计范围受限，并考虑对审计报告意见类型的影响或解除业务约定。

知识点2 应收账款的实质性程序（★★★）

一、应收账款的审计目标

存在，完整性，准确性、计价和分摊，权利和义务，分类，列报。

二、应收账款的实质性程序

应收账款余额一般包括应收账款账面余额和相应的预期信用损失两部分。

（一）取得应收账款明细表

表 9-7　取得应收账款明细表

要点	程序
复核加计	复核加计正确，并与总账数和明细账合计数核对是否相符；结合损失准备科目与报表数核对是否相符。应收款项报表数反映企业因销售商品、提供劳务等应向客户收取的各种款项，减去已计提的相应的损失准备后的净额。
外币折算	检查非记账本位币应收账款的折算汇率及折算是否正确。（关注涉及外币的被审计单位）
重分类	分析有贷方余额的项目，查明原因，必要时作重分类调整。

（二）分析与应收账款相关的财务指标（应收账款的分析程序）

1．复核应收账款借方累计发生额与主营业务收入是否配比，并将当期应收账款借方发生额占销售收入净额的百分比与管理层考核指标比较，如存在差异应查明原因。

2．计算应收账款周转率、应收账款周转天数等指标，并与被审计单位以前年度指标、同行业同期相关指标对比分析，分析是否存在重大异常并查明原因。

表 9-8　应收账款各项指标计算公式及分析

指标	公式	分析
借方累计额占收入比	$借方累计额占收入比=\frac{借方累计发生额}{主营业务收入}$	与被审计单位赊销政策相对比（赊销与现销的百分比）。
周转率	$周转率=\frac{主营业务收入}{年末余额或平均余额}$ $周转天数=\frac{365}{周转率}$	当周转天数远远超过信用期，则存在高估应收账款的风险。

（三）对应收账款实施函证程序

1．目的

函证应收账款的目的在于证实应收账款账户余额是否真实准确，通过第三方提供的函证回复，可以比较有效地证明被询证者的存在和被审计单位记录的可靠性。

2．两除非（必要程序）

表 9-9　应收账款实施函证要点及程序

要点	程序
应当函证	注册会计师应当对应收账款进行函证。
两除非	除非有充分证据表明应收账款对被审计单位财务报表而言是不重要的，或者函证很可能是无效的。如果不函证应收账款，应在工作底稿中说明理由，并实施替代程序。

【例 1-2013 年 - 单选题】下列有关注册会计师是否实施应收账款函证程序的说法中，正确的是（　　）。

A．对上市公司财务报表执行审计时，注册会计师应当实施应收账款函证程序

B. 对小型企业财务报表执行审计时，注册会计师可以不实施应收账款函证程序

C. 如果有充分证据表明函证很可能无效，注册会计师可以不实施应收账款函证程序

D. 如果在收入确认方面不存在由于舞弊导致的重大错报风险，注册会计师可以不实施应收账款函证程序

【答案】C

学堂点拨

注册会计师应当对应收账款实施函证程序，除非有充分证据表明应收账款对财务报表不重要，或函证很可能无效。

3. 三因素（影响函证范围的因素）

（1）应收账款在全部资产中的重要程度。如果应收账款占资产总额的比重较大，则需要相应扩大函证的范围。

（2）被审计单位内部控制的有效性。（越健全，范围越小）

（3）以前期间函证的结果。（越差，范围相应扩大）

4. 七项目（选择函证的项目）

（1）金额较大的项目。

（2）风险较高的项目：

①账龄较长的项目，或与债务人发生纠纷的项目；②重大关联方项目；③主要客户（包括关系密切的客户）项目；④新增客户项目；⑤交易频繁但期末余额较小甚至余额为零的项目；⑥可能产生重大错报或舞弊的非正常的项目。

5. 两方式（函证的方式）

表 9-10 函证的方式

项目	积极式函证	消极式函证
要求	要求被询证者在所有情况下必须回函，确认询证函所列示信息是否正确，或填列询证函要求的信息。	只要求被询证者仅在不同意询证函列示信息的情况下才予以回函。
运用	以下情况最好采用积极式函证：1. 个别账户欠款金额较大；2. 有理由相信对欠款可能存在争议、差错。	当同时存在：1. 重大错报风险评估为低水平；2. 涉及大量余额较小的账户；3. 预期不存在大量的错误；4. 没有理由相信被询证者不认真对待函证。

以下是积极式询证函和消极式询证函的格式，供参考。

· 积极式询证函

企业询证函

编号：

××（公司）：

本公司聘请的××会计师事务所正在对本公司××年度财务报表进行审计，按照中国注册会计师审计准则的要求，应当询证本公司与贵公司的往来账项等事项。下列数据出自本公司账簿记录，如与贵公司记录相符，请在本函下端“信息证明无误”处签章证明；如有不符，请在“信息不符”处列明

不符金额。回函请直接寄至××会计师事务所。

回函地址：

邮编：　　　　　　　　电话：　　　　　　传真：　　　　　　联系人：

1. 本公司与贵公司的往来账项列示如下：

单位：元

截止日期	贵公司欠	欠贵公司	备注

2. 其他事项。

本函仅为复核账目之用，并非催款结算。若款项在上述日期之后已经付清，仍请及时函复为盼。

（公司盖章）

年　月　日

结论：1. 信息证明无误。

（公司盖章）

年　月　日

经办人：

2. 信息不符，请列明不符的详细情况。

（公司盖章）

年　月　日

经办人：

· 消极式询证函

企业询证函

编号：

××（公司）：

本公司聘请的××会计师事务所正在对本公司××年度财务报表进行审计，按照中国注册会计师审计准则的要求，应当询证本公司与贵公司的往来账项等事项。下列数据出自本公司账簿记录，如与贵公司记录相符，则无须回复；如有不符，请直接通知会计师事务所，并请在空白处列明贵公司认为是正确的信息。回函请直接寄至××会计师事务所。

回函地址：

邮编：　　　　　　　　电话：　　　　　　传真：　　　　　　联系人：

1. 本公司与贵公司的往来账项列示如下：

单位：元

截止日期	贵公司欠	欠贵公司	备注

2. 其他事项。

本函仅为复核账目之用，并非催款结算。若款项在上述日期之后已经付清，仍请及时核对为盼。

（公司盖章）

年　月　日

××会计师事务所：

上面的信息不正确，差异如下：

（公司盖章）

年　月　日

经办人：

6. 函证的时间

表 9-11　函证的时间及要点

截止日	要点
资产负债表日	通常以资产负债表日为截止日，在资产负债表日后适当时间函证。
资产负债表日前	如重大错报风险低，可选择资产负债表日前适当日期为截止日，并对该截止日起至资产负债表日止发生的变动实施实质性程序。

【例2-2003-单选题】在确定函证时间时，以下方案中，不应选取的是（　　）。

A. 因J公司重大错报风险低，在预审时函证

B. 在年终对存货监盘的同时，对应收款项进行函证

C. 项目小组进驻审计现场后，立即进行函证

D. 为减少函证回函差异，在执行其他审计程序后函证

【答案】D

学堂点拨

因函证应当充分考虑对方复函时间，如果在其他审计程序实施后再函证，有一段“等待回函”时间被浪费掉；另外，一般情况下，是根据函证结果来确定是否需要实施替代程序及是否辅之以其他程序，所以选项D不正确。

7. 对函证的控制

（1）对函证各环节的控制

表 9-12　函证的环节及要求

环节	要求
填列	注册会计师应当对需要确认或填列的信息保持控制，对被询证者的名称、地址以及被函证信息执行核对程序。
选择	应当由注册会计师选择适当的被询证者。
发出	注册会计师应当对询证函的发出保持控制，不得由被审计单位代为发出。
收回	注册会计师应当对询证函的收回保持控制，不得由被审计单位代为转交。

表 9-13 应收账款函证结果汇总表

被审计单位名称： 制表： 日期：

结账日： 年 月 日 复核： 日期：

询证函编号	客户名称	地址及联系方式	账面金额	函证方式	函证日期		回函日期	替代程序	确认余额	差异金额及说明	备注
					第一次	第二次					
合计											

（2）对回函出现问题的控制（实务性较强）

表 9-14 回函出现的情形及要求

情形	要求
未回函	注册会计师应当考虑必要时再次向被询证者寄发询证函。如未能得到被询证者的回应，应当实施替代审计程序。
转交	考虑重新寄发，并要求被询证者直接书面回复。
传真件	联系被询证者，向被询证者核实回函的来源及内容。
退信	核实询证函地址与被审计单位提供的地址是否一致，考虑函证地址的真实性。

【例3-单选题】在对询证函的以下处理方法中，正确的是（ ）。

A．在粘封询证函时进行统一编号

B．寄发询证函，并将重要的询证函复制给被审计单位进行催收货款

C．有10封询证函直接交给被审计单位的业务员，由其到被询证单位盖章后取回

D．有10封询证函要求被询证单位传真至被审计单位，并将原件盖章后寄至会计师事务所

【答案】A

学堂点拨

应收账款的询证函不能用作催收；而且回函应直接寄至会计师事务所。

【例4-多选题】在确定函证对象后，注册会计师以下对函证进行控制的方案中，应当选取的有（ ）。

A．在粘封询证函时对其统一编号，并将发出询证函的情况记录于审计工作底稿

B．询证函经会计师事务所盖章后，由注册会计师直接发出

C．收回询证函后，将重要的回函复制给被审计单位以帮助催收货款

D．对以电子邮件方式回收的询证函，要求被询证单位将原件盖章后寄至会计师事务所

【答案】AD

学堂点拨

> 对于询证函应当由被审计单位盖章的，对于询证函不用于催收货款的。

8．对不符事项的处理（差异三加四）

收回的询证函若有差异，即函证出现了不符事项，注册会计师应当首先提请被审计单位查明原因，并作进一步分析和核实。不符事项的原因可能是由于双方登记入账的时间不同，或是由于一方或双方记账错误，也可能是被审计单位的舞弊行为。

（1）时间差异（不一定是错报）

表 9-15 对不符事项的处理

要点	具体情形	追加的审计程序
在途资金	询证函发出时，债务人已经付款，而被审计单位尚未收到货款。	检查函证日后的收款凭证。
在途物资	询证函发出时，被审计单位的货物已经发出并已作销售记录，但货物仍在途中，债务人尚未收到货物。	检查发货单或装运凭证、销售合同。
退货在途	货物已经退回。	检查红字发票、销货退回及折扣折让通知单以及退回货物的入库单。
争议债务	笔误或有争议的金额。	检查原始凭证。

（2）构成错报（由于一方或双方记账错误，也可能是被审计单位的舞弊行为）

注册会计师应当评价该错报是否表明存在舞弊，并重新考虑所实施审计程序的性质、时间安排和范围。

9．积极式函证未收到回函的处理（替代三程序）

注册会计师应当考虑与被询证者联系，要求对方作出回应或再次寄发询证函。如果未能得到被询证者的回应，注册会计师应当实施替代审计程序：

（1）检查期后收款记录（银行进账单、汇款证明、银行存款日记账）。但要注意日期是否在资产负债表日已存在。

（2）检查销售合同、销售单和发货凭证。但要注意被审计单位内部产生凭证的可靠性以及收入确认时点。

（3）检查被审计单位与客户之间的往来邮件。

10．函证结果的总结和评价（差异两估算）

注册会计师对函证结果可进行如下评价：

（1）注册会计师应重新考虑：对内部控制的原有评价是否适当；控制测试的结果是否适当；分析程序的结果是否适当；相关的风险评价是否适当等。（实质性程序结果对控制测试的影响）

（2）如果函证结果表明没有审计差异，则注册会计师可以合理地推论，全部应收账款总体是正确的。

（3）如果函证结果表明存在审计差异，注册会计师则应当估算应收账款总额中可能出现的累计差错是多少，估算未被选中进行函证的应收账款的累计差错是多少。为取得对应收账款累计差错更加准确的估计，也可以进一步扩大函证范围。

需要指出的是，即使应收账款得到了债务人的确认，也并不意味着债务人一定会付款。

所以函证应收账款一般不适合作为对应收账款计价和分摊认定的适当的审计程序。

学堂点睛

一目的、两除非、三因素、七项目、两方式；积极两情况，消极四情况，结合一情况；差异三加四，差异两估算；替代三程序。

【例5-单选题】以下与回函结果相关的审计建议中，正确的是（　　）。

A. 对由于地址不详导致询证函退回的应收款项，全额计提坏账准备

B. 对函证结果相符的应收款项，仍应进一步检查是否需按个别认定法计提坏账准备

C. 对回函金额与函证金额不一致的应收款项，根据回函金额调整应收款项

D. 对已经审计确认，但在审计报告日后回函不符，且影响重大的应收款项，提请修正报告期会计报表

【答案】B

学堂点拨

选项A，注册会计师应进一步执行审计程序予以核实；选项C、D，回函不符，不能直接得出应收账款一定有错误的结论。

（四）对应收账款余额实施函证以外的细节测试

与未收到回函情况下实施的替代程序相似。

【补充】检查应收账款的贴现：

检查应收账款贴现业务需要考虑该笔应收账款是否附追索权，是否满足金融资产终止确认的条件，会计处理是否正确。如果附追索权却终止确认，则违反了应收账款和短期借款的完整性认定。

（五）检查坏账冲销和转回

（六）确定应收账款的列报是否恰当

三、坏账准备的实质性程序

应收账款属于以摊余成本计量的金融资产，企业应当以预期信用损失为基础，对其进行减值会计处理并确认坏账准备。以下阐述坏账准备审计常规的实质性程序。

1. 获取应收账款账龄分析表。

被审计单位通常会编制应收账款账龄分析报告，以监控货款回收情况、及时识别可能无法收回的应收账款并作为计提外账准备的依据之一。注册会计师可以通过查看应收账款账龄分析表了解和评估应收账款的可收回性。账龄分析表参考格式如下：

表 9-16　应收账款账龄分析表

客户名称	期末余额	账龄			
		1年以内	1～2年	2～3年	3年以上
客户1					

（续上表）

客户2					
本期合计					

2．测试应收账款账龄分析表计算的准确性，并将应收账款账龄分析表中的合计数与应收账款总分类账余额相比较，并调查重大调节项目。

表 9-17　应收账款账龄分析表

客户名称	期末余额	账龄			
		1年以内	1～2年	2～3年	3年以上
客户1					
客户2					
……					
上期合计		a	b	c	d
……	……				
本期合计		A	B≤a	C≤b	D≤（c+d）

3．从账龄分析表中抽取一定数量的项目，追查至相关销售原始凭证，测试账龄划分的准确性。

【例6-2010-综合题】甲公司主要从事汽车轮胎的生产和销售，其销售收入主要来源于国内销售和出口销售。ABC会计师事务所负责甲公司2009年度财务报表审计，并委派A注册会计师担任项目负责人。

资料一：2009年12月31日，中国人民银行公布的人民币对美元汇率为1美元=6.8元人民币。

资料二：甲公司编制的应收账款账龄分析表摘录如下：

2009年12月31日账龄分析						
客户类别	原币（万元）	人民币（万元）	账龄			
			1年以内	1～2年	2～3年	3年以上
国内客户		41158	28183	7434	4341	1200
国外客户	美元2046	15345	10981	2164	2200	0
合计		56503	39164	9598	6541	1200
2008年12月31日账龄分析						
客户类别	原币（万元）	人民币（万元）	账龄			
			1年以内	1～2年	2～3年	3年以上
国内客户		31982	23953	4169	3860	0
国外客户	美元2006	14046	11337	2539	170	0
合计		46028	35290	6708	4030	0

要求：针对资料二，结合资料一，不考虑其他条件，指出资料二中应收账款账龄分析表存在哪些不当之处，并简要说明理由。

【答案】1. 国外客户美元余额折算为人民币时采用的汇率为1：7.5，与中国人民银行公布的2009年12月31日的汇率不一致；2. 国内客户2009年12月31日账龄2～3年的金额（4341万元）大于2008年12月31日账龄1～2年的金额（4169万元），不合逻辑。

四、财务报表项目的重分类调整

（一）应收账款的重分类调整事项

1. 应收账款明细账的余额一般在借方，表示被审计单位应收而未收的债权。如果某一应收账款明细账的余额在贷方，此时其经济业务的本质不是应收债权，而是预收款项。

2. 假设应收账款各明细账情况如下：

应收账款——A公司200万元

——B公司700万元

——C公司1000万元

——D公司-500万元

其中，应收账款——D公司“-500万元”本质不是应收账款，而是预收款项，因此被审计单位应在编制财务报表时作重分类调整，即：

借：应收账款——D公司500万元

贷：预收款项——D公司500万元

3. 如果被审计单位不作该笔重分类调整，则资产负债表中应收账款的财务报表项目少计了500万元，预收款项的财务报表项目少计了500万元。被审计单位未作重分类调整属于审计差异。

（二）预收账款的重分类调整事项

1. 如果被审计单位单独设置了预收账款，假定年末“预收账款”各明细账出现以下类似的情况：

预收账款——A公司200万元

——B公司400万元

——C公司-100万元

——D公司80万元

其中，预收C公司“-100万元”应作重分类调整，因为此时预收账款贷方“-100万元”，本质不是预收账款，而是应收账款，被审计单位应当作出以下重分类调整，即：

借：应收账款——C公司100万元

贷：预收款项——C公司100万元

2. 如果被审计单位对该笔业务不作重分类调整，那么注册会计师应当认定其为审计差异。

（三）财务报表项目中其他类似的重分类调整事项

1. “预付账款”某明细账借方余额是负数的情况下，应当将该“明细账借方余额”填列在“应付账款”报表项目内。

2. “应付账款”某明细账贷方余额是负数的情况下，应当将该“明细账贷方余额”填列在“预付账款”报表项目内。

3. “一年内到期的债权投资”应当从“债权投资”报表项目中扣除，填列在流动资产“一年内到期的非流动资产”报表项目内。

4．“长期借款、应付债券、长期应付款”等财务报表项目中属于一年内将要还款或者承兑时，应当分别从“长期借款”“应付债券”或“长期应付款”项目中扣除，填列在流动负债“一年内到期的非流动负债”报表项目内。

第十章 采购与付款循环的审计

本章思维导图

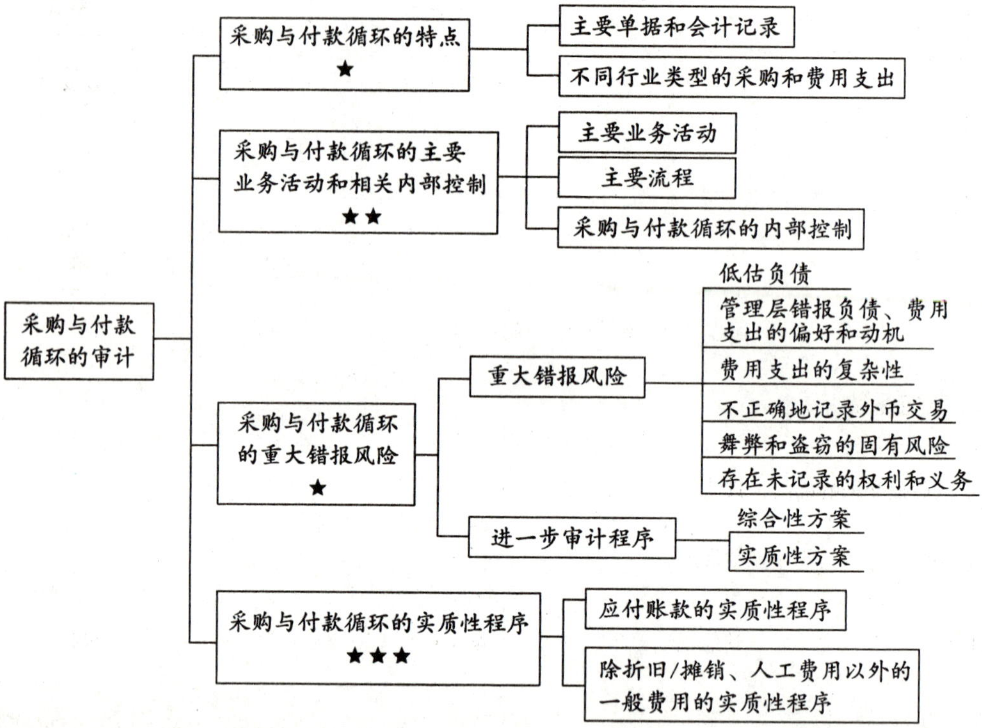

本章知识点精讲

第一节 采购与付款循环的业务活动、主要单据与内部控制

知识点提示

在采购与付款循环中，涉及的主要原始凭证有采购计划、供应商清单、请购单、订购单、验收单、卖方发票、付款凭单、供应商对账单等。其中最重要的四张原始凭证是订购单、验收单、卖方发票、付款凭单。

在采购与付款循环中，涉及的主要业务活动：1. 制定采购计划；2. 供应商认证及信息维护；3. 请购商品和服务；4. 编制订购单；5. 验收商品；6. 储存商品；7. 确认和记录采购交易与负债；8. 办理付款；9. 记录现金、银行存款支出。其中前六个业务活动大家需要精准掌握。

微信扫一扫习题免费练

知识点1 采购与付款循环涉及的业务活动与相关单据（★）

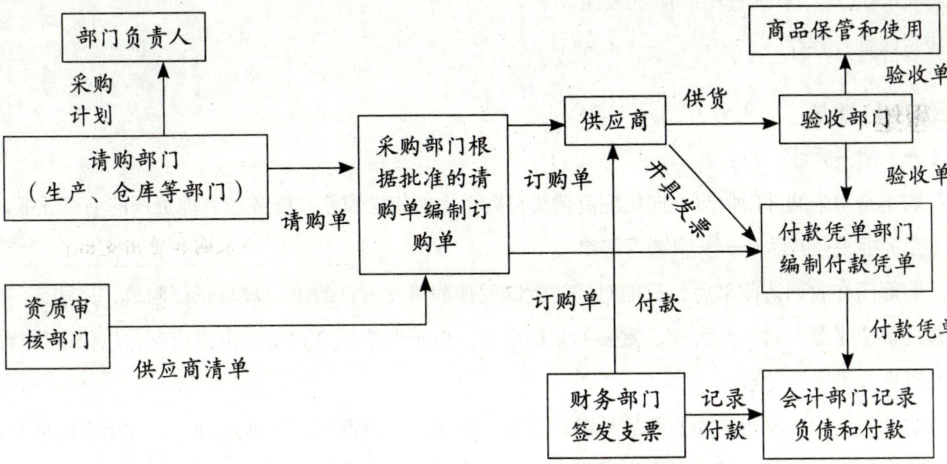

图 10-1 采购与付款循环业务活动流程图与相关单据

一、制定采购计划

基于企业的生产经营计划，生产、仓库等部门定期编制采购计划，经部门负责人等适当的管理人员审批后提交采购部门，具体安排商品及服务采购。

二、供应商认证及信息维护

企业通常对于合作的供应商事先进行资质等审核、将通过审核的供应商信息录入系统，形成完整的供应商清单，并及时对其信息变更进行更新。采购部门只能向通过审核的供应商进行采购。

三、请购商品和服务

（一）相关凭证

请购单由生产、仓库等部门的有关人员填写，送交采购部门，是申请购买商品、服务或其他资产的书面凭证。

（二）相关业务活动——请购商品和服务

仓库负责对需要购买的已列入存货清单的项目填写请购单，其他部门也可以对所需要购买的未列入存货清单的项目编制请购单。大多数企业对正常经营所需的物资的购买均作一般授权，比如，仓库在现有库存达到再订购点时就可直接提出采购申请，其他部门也可为正常的维修工作和类似工作直接申请采购有关物品。

但对资本支出和租赁合同，企业政策则通常要求作特别授权，只允许指定人员提出请购。由于企业内不少部门都可以填列请购单，不便事先编号，为加强控制，每张请购单必须经过对这类支出预算负责的主管人员签字批准。

请购单是证明有关采购交易的“发生”认定的凭据之一，也是采购交易轨迹的起点。

（三）相关内部控制

1. 请购单须经支出预算的主管人员签字审核。
2. 资本支出和租赁合同通常需要特别授权。

（四）相关报表项目与认定

存货/固定资产/管理费用：存在/发生。

应付账款：存在。

四、编制订购单

（一）相关凭证

订购单是由采购部门填写，向供应商购买订购单上所指定商品、服务或其他资产的书面凭证。

（二）相关业务活动——编制订购单

采购部门在收到请购单后，只能对经过批准的请购单发出订购单。对每张订购单，采购部门应确定最佳的供应来源。对一些大额、重要的采购项目，应采取招标方式来确定供应商，以保证供货的质量、及时性和价格的优惠。

订购单应正确填写所需要的商品品名、数量、价格、供应商名称和地址等，预先予以编号并经过被授权的采购人员签名。其正联应送交供应商，副联则送至企业内部的验收部门、财务部门和编制请购单的部门。

随后，应独立检查订购单的处理，以确定是否确实收到商品并正确入账。这项检查与采购交易的“完整性”和“发生”认定有关。

（三）相关内部控制

1. 采购部门只对经过批准的请购单编制并发出订购单。

2. 订购单填写所需信息，预先按顺序编号并经过被授权的采购人员签名。

3. 订购单正联送交供应商，副联分别送至验收部门、财务部门和请购部门。

（四）相关报表项目与认定

存货/固定资产/管理费用：存在/发生/完整性。

应付账款：存在/完整性。

五、验收商品

（一）相关凭证

验收单是收到商品、资产时所编制的凭证，列示从供应商处收到的商品、资产的种类和数量等内容。

（二）相关业务活动——验收商品

有效的订购单代表企业已授权验收部门接受供应商发运来的商品。验收部门首先应比较所收商品与订购单上的要求是否相符，如商品的品名、规格型号、数量和质量等，然后再盘点商品并检查商品有无损坏。

验收后，验收部门应对已收货的每张订购单编制一式多联、预先按顺序编号的验收单，作为验收和检验商品的依据。验收人员将商品送交仓库或其他请购部门时，应取得经过签字的收据，或要求其在验收单的副联上签收，以确立他们对所采购的资产应负的保管责任。验收人员还应将其中的一联验收单送交财务部门。

验收单是支持资产或费用以及与采购有关的负债的“存在”认定的重要凭证。定期独立检查验收单的顺序以确定每笔采购交易都已编制凭单，则与采购交易的“完整性”认定有关。

（三）相关内部控制

1. 验收部门检验商品，编制一式多联、预先按顺序编号的验收单。

2. 验收部门将商品及验收单的一联送交请购部门，要求其签字，确立其对所采购的资产的保管责任；验收人员还应将其中的一联验收单送交财务部门。

3. 定期独立检查验收单的顺序编号以确定每笔采购交易都已编制付款凭单并入账。

（四）相关报表项目与认定

存货/固定资产/管理费用：存在/发生/完整性。

应付账款：存在/完整性。

六、储存商品

（一）相关凭证——入库单

（二）相关活动——储存已验收的商品存货

将已验收商品的保管与采购的其他职责相分离，可减少未经授权的采购和盗用商品的风险。存放商品的仓储区应相对独立，限制无关人员接近。这些控制与商品的“存在”认定有关。

（三）相关内部控制

1. 将已验收商品的保管与采购的其他职责相分离。

2. 存放商品的仓储区应相对独立，限制无关人员接近。

（四）相关报表项目与认定

存货：存在。

七、确认和记录采购交易与负债

（一）相关凭证——应付账款明细账

（二）相关业务活动——确认与记录负债

正确确认已验收商品和已接受服务的债务，对企业财务报表和实际现金支出具有重大影响。

在记录采购交易前，财务部门需要检查订购单、验收单和供应商发票的一致性，确定供应商发票的内容是否与相关的验收单、订购单一致，以及供应商发票的计算是否正确。在检查无误后，会计人员编制转账凭证/付款凭证，经会计主管审核后据以登记相关账簿。

（三）相关内部控制

1. 财务部门根据已批准的付款凭单、验收单、订购单，据以编制记账凭证和登记账簿。

2. 会计主管和独立检查人员监督记账凭证和账簿的编制。

八、办理付款

（一）相关凭证——付款凭证

（二）相关业务活动——付款

企业通常根据国家有关支付结算的相关规定和企业生产经营的实际情况选择付款结算方式。

（三）相关内部控制

企业有多种款项结算方式，以支票结算方式为例，编制和签发支票的有关控制包括：

1. 由被授权的财务部门的人员负责签发支票。

2. 被授权签署支票的人员应确定每张支票都附有已经适当批准的未付款凭单，并确定支票收款人姓名和金额与凭单内容一致。

3. 支票一经签署就应在其凭单和支持性凭证上用加盖印戳或打洞等方式将其注销，以免重复付款。

4. 不应签发无记名甚至空白的支票。

5. 支票应预先顺序编号，保证支出支票存根的完整性和作废支票处理的恰当性。

6. 应确保只有被授权的人员才能接近未经使用的空白支票。

九、记录现金、银行存款支出

（一）相关凭证

1. 库存现金日记账。

2. 银行存款日记账。

（二）相关业务活动

编制付款记账凭证，登记银行日记账。

（三）相关内部控制

1. 会计主管独立检查记入银行存款日记账和应付账款明细账的金额的一致性，以及与支票汇总记录的一致性。

2. 通过定期比较银行存款日记账记录的日期与支票副本的日期，独立检查入账的及时性。

3. 独立编制银行存款余额调节表。

知识点2 采购与付款循环的内部控制（★★）

一、适当的职责分离

企业应当建立采购与付款交易的岗位责任制，明确相关部门和岗位的职责、权限，确保办理采购与付款交易的不相容岗位相互分离、制约和监督。

采购与付款交易不相容岗位至少包括：请购与审批；询价与确定供应商；采购合同的订立与审批；采购与验收；采购、验收与相关会计记录；付款审批与付款执行。

二、恰当的授权审批

付款需要由经授权的人员审批，审批人员在审批前需检查相关支持文件，并对其发现的例外事项进行跟进处理。

三、凭证的预先编号及对例外报告的跟进处理

通过对入库单的预先编号以及对例外情况的汇总处理，被审计单位可以应对存货和负债记录方面的完整性风险。如果该控制是人工执行的，被审计单位可以安排入库单编制人员以外的独立复核人员定期检查已经进行会计处理的入库单记录，确认是否存在遗漏，或重复记录的入库单，并对例外情况予以跟进。

如果在IT环境下，则系统可以定期生成列明跳号或重号的入库单统计例外报告，由经授权的人员

对例外报告进行复核和跟进，可以确认所有入库单都进行了处理，且没有重复处理。

第二节 采购与付款循环的重大错报风险

知识点提示

本节主要涉及采购与付款循环的重大错报风险的评估，在了解相关业务流程和内部控制后进行重大错报风险评估。

微信扫一扫
习题免费练

知识点1 采购与付款循环的相关交易和余额存在的重大错报风险（★）

影响采购与付款交易和余额的重大错报风险可能包括以下六项。

一、低估负债

在承受反映较高盈利水平和营运资本的压力下，被审计单位管理层可能试图低估应付账款等负债。

重大错报风险常常集中体现在：

1. 遗漏交易，例如未记录已收取货物但尚未收到发票的采购相关的负债，或未记录尚未付款的已经购买的服务支出等。

2. 采用不正确的费用支出截止期，例如将本期的支出延迟到下期确认。

3. 将应当及时确认损益的费用性支出资本化，然后通过资产的逐步摊销予以消化等。

这些将对"完整性""截止""发生""存在""准确性、计价和分摊""分类"认定产生影响。

二、管理层错报负债、费用支出的偏好和动机

被审计单位管理层可能为了完成预算，满足业绩考核要求，保证从银行获得资金，吸引潜在投资者，误导股东，影响公司股价等动机，通过操纵负债和费用的确认控制损益。

例如：

1. 平滑利润。通过多计准备或少计负债和准备，把损益控制在被审计单位管理层希望的程度。

2. 利用特别目的实体把负债从资产负债表中剥离，或利用关联方间的费用定价优势制造虚假的收益增长趋势。

3. 被审计单位管理层把私人费用计入企业费用，把企业资金当作私人资金运作。

三、费用支出的复杂性

例如，被审计单位以复杂的交易安排购买一定期间的多种服务，管理层对于涉及的服务受益与付款安排所涉及的复杂性缺乏足够的了解。这可能导致费用支出分配或计提的错误。

四、不正确地记录外币交易

当被审计单位进口用于出售的商品时，可能由于采用不恰当的外币汇率而导致该项采购的记录出现差错。此外，还存在未能将诸如运费、保险费和关税等与存货相关的进口费用进行正确分摊的风险。

五、舞弊和盗窃的固有风险

如果被审计单位经营大型零售业务，由于所采购商品和固定资产的数量及支付的款项庞大，交易复杂，容易造成商品发运错误，员工和供应商发生舞弊和盗窃的风险较高。如果那些负责付款的会计人员有权接触应付账款主文档，并能够通过在应付账款主文档中擅自添加新的账户来虚构采购交易，风险也会增加。

六、存在未记录的权利和义务

这可能导致资产负债表分类错误以及财务报表附注不正确或披露不充分。

知识点2 根据重大错报风险的评估结果设计进一步审计程序（★★）

当存在下列情形之一时，注册会计师应当设计和实施控制测试：

1. 在评估认定层次重大错报风险时，预期控制的运行是有效的（即在确定实质性程序的性质、时间安排和范围时，注册会计师拟信赖控制运行的有效性）。

2. 仅实施实质性程序并不能够提供认定层次充分、适当的审计证据。

综合控制测试及实质性程序，注册会计师需要评价获取的审计证据是否足以应对识别出的认定层次重大错报风险。

表10-1为假定评估应付账款为重要账户，且相关认定包括存在/发生、完整性、准确性及截止的前提下，注册会计师计划的进一步审计程序总体方案示例。

表 10-1 审计程序总体方案示例

重大错报风险描述	相关财务报表科目及认定	风险程度	是否信赖控制	进一步的审计程序的总体方案	拟从控制测试中获取的保证程度	拟从实质性程序中获取的保证程度
确认的负债及费用并未实际发生	应付账款/其他应付款：存在 销售费用/管理费用：发生	一般	是	综合性方案	高	低
不确认与采购相关的负债，或与尚未付款但已经购买的服务支出相关的负债	应付账款/其他应付款：完整性 销售费用/管理费用：完整性	特别	是	综合性方案	高	中
采用不正确的费用支出截止期，例如将本期的支出延迟到下期确认	应付账款/其他应付款：存在/完整性 销售费用/管理费用：截止	一般	否	实质性方案	无	高
发生的采购未能以正确的金额记录	应付账款/其他应付款：准确性、计价和分摊 销售费用/管理费用：准确性	一般	是	综合性方案	高	低

说明：上面的计划示例是根据注册会计师对重大错报风险的初步评估安排的，如果在审计过程中

注册会计师了解的情况或获取的证据导致其更新相关风险的评估，则注册会计师需要执行的进一步审计程序也需要相应更新。

第三节　采购与付款循环的控制测试

知识点提示

本节涉及测试采购与付款循环的内部控制。对于采购环节的控制测试，大家主要关注以风险为起点的控制测试。

知识点1　以风险为起点的控制测试（★★）

表 10-2　采购及付款循环的风险、存在的控制及控制测试程序（节选）

可能发生错报的环节	相关的财务报表项目及认定	对应的内部控制示例（自动）	对应的内部控制示例（人工）	内部控制测试程序
采购计划未经适当审批	存货：存在 销售费用/管理费用：发生 应付账款：存在		生产、仓储等部门根据生产计划制定需求计划，采购部门汇总需求，按采购类型制定采购计划，经部门负责人审批后交采购部门执行。	询问部门负责人审批采购计划的过程，检查采购计划是否经部门负责人恰当审批。
新增供应商或供应商信息变更未经恰当的认证	存货：存在 销售费用/管理费用：发生 应付账款：存在	订购单上的供应商代码必须在系统供应商清单中存在匹配的代码，才能生效并发送供应商。	复核人审核并批准每一对供应商数据的变更请求，包括供应商地址或银行账户的变更以及新增供应商等。审核时，评估拟进行的供应商数据变更是否得到合适文件的支持，诸如由供应商提供的新地址或银行账户明细或经批准新供应商的授权表格。当审核完成且复核人提出的问题/要求的修改已经得到满意的解决后，复核人在系统中确认复核完成。	询问复核人审批供应商数据变更请求的过程，抽样检查变更需求是否有相关文件支持及有复核人的复核确认。 检查系统中采购订单的生成逻辑，确认是否存在供应商代码匹配的要求。
录入系统的供应商信息可能未经恰当复核	存货：存在 销售费用/管理费用：发生 应付账款/其他应付款：存在	系统定期生成对供应商信息所有新增变更的报告（包括新增供应商、更改银行账户等）。	复核人定期复核系统生成报告中的项目是否均经恰当授权，当复核工作完成或要求的修改得到满意解决后签字确认复核工作完成。	检查系统报告的生成逻辑及完整性。 询问复核人对报告的检查过程，确认其是否签署。

（续上表）

可能发生错报的环节	相关的财务报表项目及认定	对应的内部控制示例（自动）	对应的内部控制示例（人工）	内部控制测试程序
订购单与有效的请购单不符	存货：存在/准确性、计价和分摊 销售费用/管理费用：发生/准确性 应付账款/其他应付款：存在/准确性、计价和分摊		复核人复核并批准每一个订购单，包括复核订购单是否有经适当权限人员签署的请购单支持。复核人也确认订购单的价格与供应商协商一致且该供应商已通过审批。当复核完成且复核人提出的问题/要求的修改已经得到满意的解决后，签署确认复核完成。	询问复核人复核订购单的过程，包括复核人提出的问题及其跟进记录。检查订购单是否有对应的请购单及经复核人签署确认。
未在系统中录入或重复录入订购单	存货：存在/完整性 销售费用/管理费用：发生/完整性 应付账款/其他应付款：存在/完整性	系统每月月末生成列明编号跳码或重码的订购单的例外事项报告。	复核人定期复核例外事项报告，以确定是否有遗漏、重复的记录。该复核确定所有采购订单是否都输入系统，且仅输入了一次。	检查系统例外事项报告的生成逻辑。 询问复核人对例外事项报告的检查过程，确认发现的问题是否及时得到了跟进处理。

知识点2 对选择拟测试的控制和测试方法的考虑（★★）

注册会计师在实际工作中，并不需要对该流程的所有控制点进行测试，而是应该针对识别的可能发生错报环节，选择足以应对评估的重大错报风险的关键控制进行控制测试。

例如，针对存货及应付账款的“存在”认定，企业制定的采购计划及审批主要是企业为提高经营效率效果设置的流程及控制，不能直接应对该认定，注册会计师可能不需要对其执行专门的控制测试；请购单的审批与存货及应付账款的“存在”认定相关，但如果企业存在将订购单、验收单和卖方发票的一致性进行核对的“三单核对”控制，该控制足以应对存货及应付账款“存在”认定的风险，则可以直接选择“三单核对”控制作为关键控制进行测试，更能提高审计效率。

控制测试的具体方法则需要根据具体控制的性质确定。

例如，对于入库单连续编号的控制，如果该控制是人工控制，注册会计师可以根据样本量选取几个月经复核人复核的入库单清单，检查入库单的编号是否完整。若入库单编号跳号，与复核人跟进并通过询问确认跳号的原因，如需要，进行佐证并考虑是否对审计存在影响。如果该控制是系统设置的，则注册会计师可以选取系统生成的例外事项报告，检查报告并确定是否存在管理层复核的证据以及复核是否在合理的时间内完成；与复核人讨论其复核和跟进过程，如适当，确定复核人采取的行动以及这些行动在此环境下是否恰当。确认是否发现了任何调整，调整如何得以解决以及采取的行动是否恰当。同时，由专门的信息系统测试人员测试系统的相关控制，以确认例外事项报告的完整性和准确性。

【例1-多选题】以下控制活动中能够控制应付账款“完整性”认定错报风险的有（ ）。

A. 应付凭单均经事先连续编号并确保已付款的交易登记入账

B. 订购单均经事先连续编号并确保已完成的采购交易登记入账

C. 销售价格和销售折扣的确定已经适当地授权批准

D. 验收单均经事先连续编号并确保已验收的采购交易登记入账

【答案】ABD

学堂点拨

选项C不恰当。销售价格和销售折扣的确定已经适当地授权批准，为营业收入“准确性”认定。

【例2-2014-综合题（节选）】甲集团公司将经批准的合格供应商信息录入信息系统形成供应商主文档，生产部员工在信息系统中填制连续编号的请购单时只能选择该主文档中的供应商。供应商的变动需由采购部经理批准，并由其在系统中更新供应商主文档。A注册会计师认为该内部控制设计合理，拟予以信赖。

要求：假定不考虑其他条件，指出A注册会计师的处理是否恰当。如不恰当，简要说明理由。

【答案】

序号	是否恰当	理由
	否	对供应商信息修改的批准和录入是两项不相容职责/均由采购部经理执行，未设置恰当的职责分离，该项控制设计不合理，不应当予以信赖。

第四节 采购与付款循环的实质性程序

微信扫一扫
习题免费练

知识点提示

上一节，大家学习了采购与付款循环的控制测试，本节进入实质性程序的学习。实质性程序包含实质性分析程序与细节测试。采购与付款循环涉及的最重要科目是应付账款，而负债类科目风险主要在于低估，因此查找未入账应付账款程序是大家应重点掌握的内容。

知识点1 应付账款的实质性程序（★★★）

一、应付账款的审计目标

存在，完整性，权利和义务，准确性、计价和分摊，分类，列报。

二、应付账款的实质性程序

（一）获取应付账款明细表

1. 复核加计是否正确，与报表数、总账数和明细账合计数核对是否相符。

2. 检查非记账本位币应付账款的折算汇率及折算是否正确。

3. 分析出现借方余额的项目，查明原因，必要时，建议作重分类调整。

4. 结合预付账款、其他应付款等往来项目的明细余额，检查有无针对同一交易在应付账款和预付款项同时记账的情况、异常余额或与购货无关的其他款项（如关联方账户或雇员账户）。

（二）对应付账款实施函证程序

由于采购与付款循环中较为常见的重大错报风险是低估应付账款（“完整性”认定），因此，注册会计师在实施函证程序时可能需要从非财务部门（如采购部门）获取适当的供应商清单，如本期采购清单、所有现存供应商名录等，从中选取样本进行测试并执行如下程序：

1. 向债权人发送询证函。

2. 将询证函回函确认的余额与已记录金额相比较，如存在差异，检查支持性文件。评价已记录金额是否适当。

3. 对未回函的项目实施替代程序，例如，检查付款单据（如支票存根）、相关的采购单据（如订购单、验收单、发票和合同）或其他适当文件。

4. 如果认为回函不可靠，评价对评估的重大错报风险以及其他审计程序的性质、时间安排和范围的影响。

（三）检查应付账款是否计入正确的会计期间，是否存在未入账的应付账款

1. 对本期发生的应付账款增减变动，检查至相关支持性文件，确认会计处理是否正确。

2. 检查资产负债表日后应付账款明细账贷方发生额的相应凭证，关注其验收单、供应商发票的日期，确认其入账时间是否合理。

3. 获取并检查被审计单位与其供应商之间的对账单以及被审计单位编制的差异调节表，确定应付账款金额的准确性。

4. 针对资产负债表日后付款项目，检查银行对账单及有关付款凭证（如银行汇款通知、供应商收据等），询问被审计单位内部或外部的知情人员，查找有无未及时入账的应付账款。

5. 结合存货监盘程序，检查被审计单位在资产负债表日前后的存货入库资料（验收报告或入库单），检查相关负债是否计入了正确的会计期间。

（四）寻找未入账负债的测试

针对寻找未入账负债的测试实施的审计程序：

1. 检查支持性文件，如相关的发票、采购合同/申请、收货文件以及接受劳务明细，以确定收到商品/接受劳务的日期及应在期末之前入账的日期。

2. 追踪已选取项目至应付账款明细账、货到票未到的暂估入账和/或预提费用明细表，并关注费用所计入的会计期间。调查并跟进所有已识别的差异。

3. 评价费用是否被记录于正确的会计期间，并相应确定是否存在期末未入账负债。

（五）检查应付账款长期挂账的原因并作出记录，对确实无需支付的应付账款的会计处理是否正确

（六）检查应付账款是否已按照企业会计准则的规定在财务报表中作出恰当列报和披露

知识点2 除折旧/摊销、人工费用以外的一般费用的实质性程序（★★）

折旧/摊销和人工费用一般在其他循环中涵盖，此处提及的是出这些以外的一般费用，如差旅费、

广告费。

一般费用的审计目标：发生、完整性、准确性、截止。

一般费用的实质性程序：

1. 获取一般费用明细表，复核其加计数是否正确、并与总账和明细账合计数核对是否正确。

2. 实质性分析程序：

（1）考虑可获取信息的来源、可比性、性质和相关性以及与信息编制相关的控制，评价在对记录的金额或比率作出预期时使用数据的可靠性。

（2）将费用细化到适当层次，根据关键因素和相互关系（例如本期预算、费用类别与销售数量、职工人数的变化之间的关系等）设定预期值，评价预期值是否足够精确以识别重大错报。

（3）确定已记录金额与预期值之间可接受的、无须作进一步调查的可接受的差异额。

（4）将已记录金额与期望值进行比较，识别需要进一步调查的差异。

（5）调查差异，询问管理层，针对管理层的答复获取适当的审计证据；根据具体情况在必要时实施其他审计程序。

3. 从资产负债表日后的银行对账单或付款凭证中选取项目进行测试，检查支持性文件（如合同或发票），关注发票日期和支付日期，追踪已选取项目至相关费用明细表，检查费用所计入的会计期间，评价费用是否被记录于正确的会计期间。

4. 对本期发生的费用选取样本，检查其支持性文件，确定原始凭证是否齐全，记账凭证与原始凭证是否相符以及账务处理是否正确。

5. 抽取资产负债表日前后的凭证，实施截止测试，评价费用是否被记录于正确的会计期间。

6. 检查一般费用是否已按照企业会计准则及其他相关规定在财务报表中作出恰当的列报和披露。

第十一章　生产与存货循环的审计

本章思维导图

- 生产与存货循环的审计
  - 生产与存货循环的特点 ★
    - 不同行业类型的存货性质
    - 涉及的主要凭证和会计记录
  - 一般制造型企业的存货的重大错报风险 ★
    - 存货实物可能不存在（存在认定）
    - 属于被审计单位的存货可能未在账面反映（完整性认定）
    - 存货的所有权可能不属于被审计单位（权利和义务认定）
    - 存货的单位成本可能存在计算错误（准确性、计价和分摊认定/准确性认定）
    - 存货的账面价值可能无法实现，即存货跌价准备的计提可能不充分（准确性、计价和分摊认定）
  - 生产与存货循环的控制测试 ★
  - 存货审计 ★★★
    - 存货监盘
      - 监盘目标
      - 监盘作用
      - 监盘程序
      - 监盘结束时的工作
      - 特殊情况的处理
    - 存货计价测试
      - 存货单位成本测试
      - 存货跌价准备的测试

本章知识点精讲

第一节　生产与存货循环的业务活动、主要单据与内部控制

知识点提示

在生产与存货循环中，涉及的主要原始凭证有生产指令、领发料凭证、产量和工时记录、工薪汇总表及工薪费用分配表、材料费用分配表、制造费用分配汇总表、成本计算单和存货明细账等。

微信扫一扫
习题免费练

在生产与存货循环中，涉及的主要业务活动包括：计划和安排生产；发出原材料；生产产品；核算产品成本；产成品入库及储存；发出产成品；存货盘点；计提存货跌价准备等。生产与存货循环要比销售、采购循环简单些，也没有销售、采购循环重要。大家还是在理解业务流程的基础上理解相关原始凭证。

知识点　生产与存货循环涉及的业务活动与相关单据

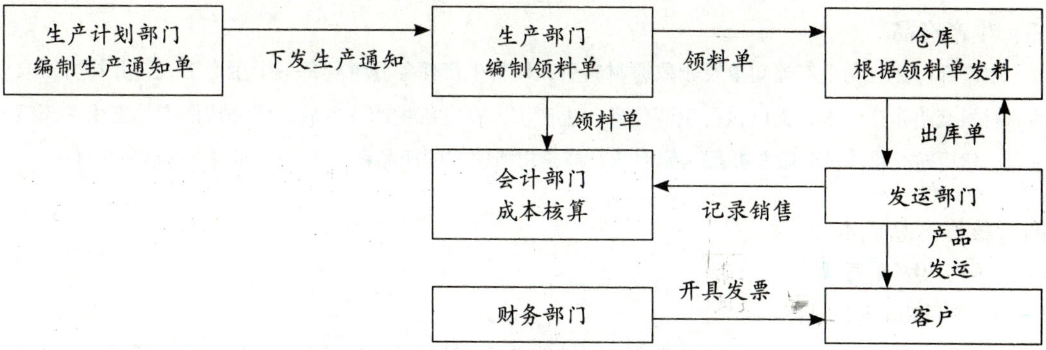

图 11-1　生产与存货循环业务活动流程图及单据

同样以制造业为例，生产与存货循环所涉及的主要业务活动包括以下八项。

一、计划和安排生产

（一）相关单据——生产指令

生产指令又称“生产任务通知单”，是企业下达制造产品等生产任务的书面文件，用以通知供应部门组织材料发放，生产车间组织产品制造，会计部门组织成本计算。

（二）相关业务活动——计划和安排生产

生产计划部门的职责是根据客户订购单或者对销售预测和产品需求的分析来决定生产授权。如决定授权生产，即签发预先编号的生产通知单。该部门通常应将发出的所有生产通知单编号并加以记录控制。此外，还需要编制一份材料需求报告，列示所需要的材料和零件及其库存。

（三）相关内部控制

根据经审批的月度生产计划书，由生产计划经理签发预先按顺序编号的生产通知单。

二、发出原材料

（一）相关单据——领发料凭证

领发料凭证是企业为控制材料发出所采用的各种凭证，如材料发出汇总表、领料单、限额领料单、领料登记簿、退料单等。

（二）相关业务活动——发出原材料

仓库部门的责任是根据从生产部门收到的领料单发出原材料。领料单上必须列示所需的材料数量和种类，以及领料部门的名称。领料单可以一料一单，也可以多料一单，通常需一式三联。仓库发料后，将其中一联连同材料交给领料部门，一联留在仓库登记材料明细账，一联交会计部门进行材料收发核算和成本核算。

（三）相关内部控制

1．领料单应当经生产主管批准，仓库管理员凭经批准的领料单发料；领料单一式三联，分别作为生产部门存根联、仓库联和财务联。

2．仓库管理员应把领料单编号、领用数量、规格等信息输入计算机系统，经仓储经理复核并以电子签名方式确认后，系统自动更新材料明细台账。

三、生产产品

生产部门在收到生产通知单及领取原材料后，便将生产任务分解到每一个生产工人，并将所领取的原材料交给生产工人，据以执行生产任务。生产工人在完成生产任务后，将完成的产品交生产部门查点，然后转交检验员验收并办理入库手续；或是将所完成的产品移交下一个部门，做进一步加工。

四、核算产品成本

（一）相关单据

1．产量和工时记录：

产量和工时记录是登记工人或生产班组出勤内完成产品数量、质量和生产这些产品所耗费工时数量的原始记录。产量和工时记录的内容与格式是多种多样的，在不同的生产企业中，甚至在同一企业的不同生产车间中，由于生产类型不同而采用不同格式的产量和工时记录。常见的产量和工时记录主要有工作通知单、工序进程单、工作班产量报告、产量通知单、产量明细表、废品通知单等。

2．工薪汇总表及工薪费用分配表。

3．材料费用分配表。

4．制造费用分配汇总表。

5．成本计算单。

（二）相关业务活动——核算产品成本

为了正确核算并有效控制产品成本，必须建立健全成本会计制度，将生产控制和成本核算有机结合在一起。一方面，生产过程中的各种记录、生产通知单、领料单、计工单、入库单等文件资料都要汇集到会计部门，由会计部门对其进行检查和核对，了解和控制生产过程中存货的实物流转；另一方面，会计部门要设置相应的会计账户，会同有关部门对生产过程中的成本进行核算和控制。

（三）生产产品和核算产品成本的相关内部控制

1．生产成本记账员应根据原材料领料单财务联，编制原材料领用日报表，与计算机系统自动生成的生产记录日报表核对材料耗用和流转信息；由会计主管审核无误后，生成记账凭证并过账至生产成本及原材料明细账和总分类账。

2．生产部门记录生产各环节所耗用工时数，包括人工工时数和机器工时数，并将工时信息输入生产记录日报表。

3．每月月末，由生产车间与仓库核对原材料和产成品的转出和转入记录，如有差异，仓库管理员应编制差异分析报告，经仓储经理和生产经理签字确认后交会计部门进行调整。

4．每月月末，由计算机系统对生产成本中各项组成部分进行归集，按照预设的分摊公式和方法，自动将当月发生的生产成本在完工产品和在产品之间按比例分配；同时，将完工产品成本在各不同产品类别之间分配，由此生成产品成本计算表和生产成本分配表；由生产成本记账员编制成生产成本结转凭证，经会计主管审核批准后进行账务处理。

五、产成品入库及储存

（一）相关单据——产成品入库单

（二）相关业务活动——产成品入库及储存

产成品入库，须由仓库部门先行点验和检查，然后签收。签收后，将实际入库数量通知会计部门。据此，仓库部门确立了本身应承担的保管责任，并对验收部门的工作进行验证。除此之外，仓库部门还应根据产成品的品质特征分类存放，并填制标签。

（三）相关内部控制

1．产成品入库时，质量检验员应检查并签发预先按顺序编号的产成品验收单，由生产小组将产成品送交仓库，仓库管理员应检查产成品验收单，并清点产成品数量，填写预先顺序编号的产成品入库单经质检经理、生产经理和仓储经理签字确认后，由仓库管理员将产成品入库单信息输入计算机系统，计算机系统自动更新产成品明细台账并与采购订购单编号核对。

2．存货存放在安全的环境（如上锁、使用监控设备）中，只有经过授权的工作人员可以接触及处理存货。

六、发出产成品

（一）相关单据——产成品出库单

（二）相关业务活动——发出产成品

产成品的发出须由独立的发运部门进行。装运产成品时必须持有经有关部门核准的发运通知单，并据此编制出库单。出库单至少一式四联，一联交仓库部门，一联发运部门留存，一联送交顾客，一联给财务部作为开票的依据。

（三）相关内部控制

1．产成品出库时，由仓库管理员填写预先顺序编号的出库单，并将产成品出库单信息输入计算机系统，经仓储经理复核并以电子签名方式确认后，计算机系统自动更新产成品明细台账并与发运通知单编号核对。

2．产成品装运发出前，由运输经理独立检查出库单、销售订购单和发运通知单，确定从仓库提取的商品附有经批准的销售订购单，并且，所提取商品的内容与销售订购单一致。

3．每月月末，生产成本记账员根据计算机系统内状态为“已处理”的订购单数量，编制销售成本结转凭证，结转相应的销售成本，经会计主管审核批准后进行账务处理。

七、存货盘点

（一）相关单据

1．存货明细账。

2．存货盘点指令、盘点表及盘点标签。

（二）相关业务活动——存货盘点

管理人员编制盘点指令，安排适当人员对存货实物（包括原材料、在产品和产成品等所有存货类别）进行定期盘点，将盘点结果与存货账面数量进行核对，调查差异并进行适当调整。

（三）相关内部控制

1．生产部门和仓储部门在盘点日前对所有存货进行清理和归整，便于盘点顺利进行。

2．每一组盘点人员中应包括仓储部门以外的其他部门人员，即不能由负责保管存货的人员单独负责盘点存货；安排不同的工作人员分别负责初盘和复盘。

3．盘点表和盘点标签事先连续编号，发放给盘点人员时登记领用人员；盘点结束后回收并清点所有已使用和未使用的盘点表和盘点标签。

4．为防止存货被遗漏或重复盘点，所有盘点过的存货贴盘点标签，注明存货品名、数量和盘点人员，完成盘点前检查现场确认所有存货均已贴上盘点标签。

5．将不属于本单位的代其他方保管的存货单独堆放并作标识；将盘点期间需要领用的原材料或出库的产成品分开堆放并作标识。

6．汇总盘点结果，与存货账面数量进行比较，调查分析差异原因，并对认定的盘盈和盘亏提出账务调整，经仓储经理、生产经理、财务经理和总经理复核批准后入账。

（四）相关报表项目与认定

存货：存在。

八、计提存货跌价准备

（一）相关单据：例如存货货龄分析表

（二）相关业务活动——计提存货跌价准备

财务部门根据存货货龄分析表信息及相关部门提供的有关存货状况的信息，结合存货盘点过程中对存货状况的检查结果，对出现损毁、滞销、跌价等降低存货价值的情况进行分析计算，计提存货跌价准备。

（三）相关内部控制

1．定期编制存货货龄分析表，管理人员复核该分析表，确定是否有必要对滞销存货计提存货跌价准备，并计算存货可变现净值，据此计提存货跌价准备。

2．生产部门和仓储部门每月上报残冷背次存货明细，采购部门和销售部门每月上报原材料和产成品最新价格信息，财务部门据此分析存货跌价风险并计提跌价准备，由财务经理和总经理复核批准并入账。

（四）相关报表项目与认定

存货：准确性、计价和分摊。

【例-单选题】下列有关计划和安排生产业务所实施的控制中，说法错误的是（　　）。

A．生产计划部门决定生产授权

B．生产通知单预先连续编号的意义并不明显

C．生产计划部门需要编制材料需求报告，列示需要的材料及其库存

D．生产工人在完成生产任务后，将完成的产品交生产部门清点，然后转交检验员验收并办理入库手续

【答案】B

学堂点拨

决定授权生产，即签发预先顺序编号的生产通知单。生产计划部门应将发出的所有生产通知单顺序编号并加以记录控制。

第二节 生产与存货循环的重大错报风险

微信扫一扫
习题免费练

知识点提示

本节主要涉及生产与存货循环的重大错报风险的评估，在上一节了解相关业务流程和内部控制后进行重大错报风险评估。

知识点1 生产与存货循环存在的重大错报风险（★）

以一般制造类企业为例，影响生产与存货循环交易和余额的风险因素可能包括以下六项。

一、交易的数量和复杂性

制造类企业交易的数量庞大，业务复杂，这就增加了错误和舞弊的风险。

二、成本核算的复杂性

制造类企业的成本核算比较复杂。虽然原材料和直接人工等直接成本的归集和分配比较简单，但间接费用的分配可能较为复杂，并且，同一行业中的不同企业也可能采用不同的认定和计量基础。

三、产品的多元化

这可能要求聘请专家来验证其质量、状况或价值。另外，计算库存存货数量的方法也可能是不同的。例如，计量煤堆、筒仓里的谷物或糖、黄金或贵重宝石、化工品和药剂产品的存储量的方法都可能不一样。这并不是要求注册会计师每次清点存货都需要专家配合，如果存货容易辨认、存货数量容易清点，就无须专家帮助。

四、某些存货项目的可变现净值难以确定

例如价格受全球经济供求关系影响的存货，由于其可变现净值难以确定，会影响存货采购价格和销售价格的确定，并将影响注册会计师对与存货准确性、计价和分摊认定有关的风险进行的评估。

五、将存货存放在很多地点

大型企业可能将存货存放在很多地点，并且可以在不同的地点之间配送存货，这将增加商品途中毁损或遗失的风险，或者导致存货在两个地点被重复列示，也可能产生转移定价的错误或舞弊。

六、寄存的存货

有时候存货虽然还存放在企业，但可能已经不归企业所有。反之，企业的存货也可能被寄存在其他企业。

由于存货与企业各项经营活动的紧密联系，存货的重大错报风险往往与财务报表其他项目的重大错报风险紧密相关。例如，收入确认的错报风险往往与存货的错报风险共存；采购交易的错报风险与存货的错报风险共存，存货成本核算的错报风险与营业成本的错报风险共存，等等。

综上所述，一般制造型企业的存货的重大错报风险通常包括：

1. 存货实物可能不存在（存在认定）；

2. 属于被审计单位的存货可能未在账面反映（完整性认定）；

3. 存货的所有权可能不属于被审计单位（权利和义务认定）；

4. 存货的单位成本可能存在计算错误（准确性、计价和分摊认定）；

5. 存货的账面价值可能无法实现，即跌价损失准备的计提可能不充分（准确性、计价和分摊认定）。

知识点2 根据重大错报风险评估结果设计进一步审计程序（★）

注册会计师基于生产与存货循环的重大错报风险评估结果，制定实施进一步审计程序的总体方案（包括综合性方案和实质性方案），继而实施控制测试和实质性程序，以应对识别出的认定层次的重大错报风险。

表 11-1 生产和存货循环的重大错报风险和进一步审计程序总体方案表

重大错报风险描述	相关财务报表项目及认定	风险程度	是否信赖控制	进一步审计程序的总体方案	拟从控制测试中获取的保证程度	拟从实质性程序中获取的保证程度
存货实物可能不存在	存货：存在	特别	是	综合性	中	高
存货的单位成本可能存在计算错误	存货：准确性、计价和分摊 营业成本：准确性	一般	是	综合性	中	低
已销售产品的成本可能没有准确结转至营业成本	存货：准确性、计价和分摊 营业成本：准确性	一般	是	综合性	中	低
存货的账面价值可能无法实现	存货：准确性、计价和分摊	特别	否	实质性	无	高

无论是采用综合性方案还是实质性方案，获取的审计证据都应当能够从认定层次应对所识别的重大错报风险，直至针对该风险所涉及的全部相关认定均已获取了足够的保证程度。

第三节 生产与存货循环的控制测试

知识点提示

本节主要涉及生产与存货循环控制测试。相比于销售与收款、采购与付款循环，生产与存货循环的内部控制与控制测试显得没有那么重要，所以大家在学习过程中还是重在理解内部控制的内涵。

知识点 生产与存货循环的控制测试（★）

风险评估和风险应对是整个审计过程的核心，因此，注册会计师通常以识别的重大错报风险为起点，选取拟测试的控制并实施控制测试。

表 11-2 生产与存货循环的风险、存在的控制及控制测试程序一览表（节选）

可能发生错报的环节	相关财务报表项目及认定	存在的内部控制（自动）	存在的内部控制（人工）	内部控制测试程序
1. 发出原材料				
发出的原材料可能未正确记入相应产品的生产成本中	存货：准确性、计价和分摊 营业成本：准确性	领料单信息输入系统时须输入对应的生产任务单编号和所生产的产品代码，每月末系统自动归集生成材料成本明细表。	生产主管每月末将其生产任务单及相关领料单存根联与材料成本明细表进行核对，调查差异并处理。	检查生产主管核对材料成本明细表的记录，并询问其核对过程及结果。
2. 记录人工成本				
生产工人的人工成本可能未得到准确反映	存货：准确性、计价和分摊 营业成本：准确性	所有员工有专属员工代码和部门代码，员工的考勤记录记入相应员工代码。	人事部每月编制工薪费用分配表，按员工所属部门将工薪费用分配至生产成本、制造费用、管理费用和销售费用，经财务经理复核后入账。	检查系统中员工的部门代码设置是否与其实际职责相符。 询问并检查财务经理复核工资费用分配表的过程和记录。
3. 产成品入库				
已完工产品的生产成本可能没有转移到产成品中	存货：准确性、计价和分摊	系统根据当月输入的产成品入库单和出库单信息自动生成产成品收（入库）发（出库）存（余额）报表。	成本会计将产成品收发存报表中的产品入库数量与当月成本计算表中结转的产成品成本对应的数量进行核对。	询问和检查成本会计将产成品收发存报表与成本计算表进行核对的过程和记录。
4. 盘点存货				
存货可能被盗或因材料领用/产品销售未入账而出现账实不符	存货：存在		仓库保管员每月末盘点存货并与仓库台账核对并调节一致；成本会计监督其盘点与核对，并抽查部分存货进行复盘。 每年年末盘点所有存货，并根据盘点结果分析盘盈盘亏并进行账面调整。	

（续上表）

可能发生错报的环节	相关财务报表项目及认定	存在的内部控制（自动）	存在的内部控制（人工）	内部控制测试程序
5. 计提存货跌价准备				
可能存在残冷背次的存货，影响存货的价值	存货：准确性、计价和分摊 资产减值损失：完整性	系统根据存货入库日期自动统计货龄，每月末生成存货货龄分析表。	财务部根据系统生成的存货货龄分析表，结合生产和仓储部门上报的存货损毁情况及存货盘点中对存货状况的检查结果，计提存货减值准备，报总经理审核批准后入账。	询问财务经理识别减值风险并确定减值准备的过程，检查总经理的复核批准记录。

在上述控制测试中，如果人工控制在执行时依赖于信息系统生成的报告，注册会计师还应当针对系统生成报告的准确性执行测试，例如与计提存货跌价准备相关的管理层控制中使用了系统生成的存货货龄分析表，其准确性影响管理层控制的有效性，因此，注册会计师需要同时测试存货货龄分析表的准确性。

有些被审计单位采用信息系统执行全程自动化成本核算。在这种情况下，注册会计师通常需要对信息系统中的成本核算流程和参数设置进行了解和测试（可能需要利用信息技术专家的工作），并测试相关信息系统一般控制的运行有效性。

第四节　生产与存货循环的实质性程序

微信扫一扫
习题免费练

知识点提示

上一节主要给大家讲解了生产与存货循环的内部控制与控制测试，本节进入实质性程序的学习。生产与存货循环涉及的最重要科目是存货。存货监盘是针对存货数量和状况而实施的程序，是考试的重中之重，大家要精准掌握。

知识点1　存货审计的复杂性和审计目标（★★）

存货审计，尤其是对年末存货余额的测试，通常是审计中最复杂也最费时的部分。对存货存在和存货价值的评估常常十分困难。

一、存货审计复杂性和关注点、相关的审计程序

表 11-3　存货审计复杂性、关注点及审计程序

复杂性	关注点	审计程序
1. 存货通常是构成营运资本的最大项目。 2. 存货存放于不同地点，实物控制难度大。 3. 存货项目的多样性。	存货数量	存货监盘

（续上表）

复杂性	关注点	审计程序
4. 存货本身的陈旧和成本分配使得存货估价存在困难。 5. 不同企业采用的存货计价方法存在多样性。	存货单价	存货计价测试

二、存货的审计目标

存货审计的目标一般包括实施审计程序以证实：存在、完整性、权利和义务、准确性、计价和分摊。

知识点2 存货的实质性程序——监盘（★★★）

一、存货的一般审计程序

获取年末存货余额明细表，并执行以下工作：

1. 复核单项存货金额的计算（单位成本×数量）和明细表的加总计算是否准确；

2. 将本年年末存货余额与上年年末存货余额进行比较，总体分析变动原因。

二、存货监盘

（一）存货监盘的作用

如果存货对财务报表是重要的，注册会计师应当实施下列审计程序，对存货的存在和状况获取充分、适当的审计证据：

1. 在存货盘点现场实施监盘（除非不可行）；

2. 对期末存货记录实施审计程序，以确定其是否准确反映实际的存货盘点结果。

存货监盘结果 —— 核对 —— 期末存货记录

图 11-2 存货监盘程序

（二）存货监盘的目的

注册会计师监盘存货的目的在于获取有关存货数量和状况的审计证据。因此，存货监盘针对的主要是存货的存在认定，对存货的完整性认定及准确性、计价和分摊认定，也能提供部分审计证据。此外，还可能获取有关存货所有权的部分审计证据（权利和义务认定），但可能还需要实施其他审计程序以应对所有权认定相关风险。

（三）存货监盘计划

1. 编制依据：

（1）被审计单位存货的特点；

（2）盘存制度；

（3）存货内部控制的有效性；

（4）被审计单位管理层制定的存货盘点程序。

2. 制定存货监盘计划应考虑的相关事项：

（1）与存货相关的重大错报风险。

存货通常具有较高水平的重大错报风险，影响重大错报风险的因素具体包括：存货的数量和种类、成本归集的难易程度、陈旧过时的速度或易损坏程度、遭受失窃的难易程度。

①具有漫长制造过程的存货。制造过程漫长的企业（如飞机制造和酒类产品酿造企业）的审计重点包括递延成本、预期发生成本以及未来市场波动可能对当期损益的影响等事项。②具有固定价格合约的存货。预期发生成本的不确定性是其重大审计问题。③与时装相关的服装行业。由于服装产品的消费者对服装风格或颜色的偏好容易发生变化，因此，存货是否过时是重要的审计事项。④鲜活、易腐商品存货。因为物质特性和保质期短暂，此类存货变质的风险很高。⑤具有高科技含量的存货。由于技术进步，此类存货容易过时。⑥单位价值高昂、容易被盗窃的存货。例如，珠宝存货的错报风险通常高于铁制纽扣之类存货的错报风险。

（2）与存货相关的内部控制的性质。

在制定存货监盘计划时，注册会计师应当了解被审计单位与存货相关的内部控制，并根据内部控制的完善程度确定进一步审计程序的性质、时间安排和范围。

被审计单位与存货实地盘点相关的内部控制通常包括：制定合理的存货盘点计划，确定合理的存货盘点程序，配备相应的监督人员，对存货进行独立的内部验证，将盘点结果与永续存货记录进行独立的调节，对盘点表和盘点标签进行充分控制。

（3）复核或与管理层讨论其存货盘点程序：

①盘点的时间安排（同一类型的存货同一时间盘，防止“老鼠挪窝”）；②存货盘点范围和场所的确定；③盘点人员的分工及胜任能力；④盘点前的会议及任务布置；⑤存货的整理和排列，对毁损、陈旧、过时、残次及所有权不属于被审计单位的存货的区分；⑥存货的计量工具和计量方法；⑦在产品完工程度的确定方法；⑧存放在外单位的存货的盘点安排；⑨存货收发截止的控制；⑩盘点期间存货移动的控制；⑪盘点表单的设计、使用与控制；⑫盘点结果的汇总以及盘盈或盘亏的分析、调查与处理。

如果认为被审计单位的存货盘点程序存在缺陷，注册会计师应当提请被审计单位调整。

（4）存货盘点的时间安排。

如果存货盘点在财务报表日以外的其他日期进行，则注册会计师除实施存货监盘相关审计程序外，还应当实施其他审计程序，以获取审计证据，确定存货盘点日与财务报表日之间的存货变动是否已得到恰当的记录。

（5）被审计单位是否一贯采用永续盘存制。

存货数量的盘存制度一般分为实地盘存制和永续盘存制。

①如果被审计单位通过实地盘存制确定存货数量，则注册会计师参加此种盘点。②如果被审计单位采用永续盘存制，注册会计师在年度中一次或多次参加盘点。

【补充】永续盘存制是对各项财产物资的增加或减少都根据会计凭证在有关账簿中进行登记，并随时在账上结算各种财产物资的结存数。适用于体积小、重量轻、价值大的财产物资。永续盘存制在财产物资增减结存变动时，能从数量和金额两方面进行双向控制，有利于加强财产物资的管理，但日常工作较烦琐。

（6）存货的存放地点（包括不同存放地点的存货的重要性和重大错报风险），以确定适当的监盘地点。

如果被审计单位的存货存放在多个地点，注册会计师可以要求被审计单位提供一份完整的存货存放地点清单（包括期末库存量为零的仓库、租赁的仓库，以及第三方代被审计单位保管存货的仓库等），并考虑其完整性。根据具体情况下的风险评估结果，注册会计师可以考虑执行以下一项或多项审计程序：

①询问被审计单位除管理层和财务部门以外的其他人员，如营销人员、仓库人员等，以了解有关存货存放地点的情况；②比较被审计单位不同时期的存货存放地点清单，关注仓库变动情况，以确定是否存在因仓库变动而未将存货纳入盘点范围的情况发生；③检查被审计单位存货的出、入库单，关注是否存在被审计单位尚未告知注册会计师的仓库（如期末库存量为零的仓库）；④检查费用支出明细账和租赁合同，关注被审计单位是否租赁仓库并支付租金，如果有，该仓库是否已包括在被审计单位提供的仓库清单中；⑤检查被审计单位"固定资产——房屋建筑物"明细清单，了解被审计单位可用于存放存货的房屋建筑物。

在获取完整的存货存放地点清单的基础上，注册会计师可以根据不同地点所存放存货的重要性以及对各个地点与存货相关的重大错报风险的评估结果（例如，注册会计师在以往审计中可能注意到某些地点存在存货相关的错报，因此，在本期审计时对其予以特别关注），选择适当的地点进行监盘，并记录选择这些地点的原因。

如果识别出由于舞弊导致的影响存货数量的重大错报风险，注册会计师在检查被审计单位存货记录的基础上，可能决定在不预先通知的情况下对特定存放地点的存货实施监盘，或在同一天对所有存放地点的存货实施监盘。

同时，在连续审计中，注册会计师可以考虑在不同期间的审计中变更所选择实施监盘的地点。

（7）是否需要专家协助。

当在产品存货金额较大时，可能面临如何评估在产品完工程度问题。注册会计师可以了解被审计单位的盘点程序，如果有关在产品的完工程度未被明确列出，注册会计师应当考虑采用其他有助于确定完工程度的措施，如获取零部件明细清单、标准成本表以及作业成本表，与工厂的有关人员进行讨论等，并运用职业判断。注册会计师也可以根据存货生产过程的复杂程度考虑利用专家的工作。

3. 存货监盘计划的主要内容：

（1）存货监盘的目标、范围及时间安排。

存货监盘的主要目标：获取被审计单位资产负债表日有关存货数量和状况以及有关管理层存货盘点程序可靠性的审计证据，检查存货的数量是否真实完整，是否归属被审计单位，存货有无毁损、陈旧、过时、残次和短缺等状况。

存货监盘范围的大小：取决于存货的内容、性质以及与存货相关的内部控制的完善程度和重大错报风险的评估结果。

存货监盘的时间：包括实地察看盘点现场的时间、观察存货盘点的时间和对已盘点存货实施检查的时间等，应当与被审计单位实施存货盘点的时间相协调。

（2）存货监盘的要点及关注事项。

注册会计师需要重点关注的事项包括盘点期间的存货移动、存货的状况、存货的截止确认、存货的各个存放地点及金额等。

（3）参加存货监盘人员的分工。

（4）检查存货的范围。

注册会计师应当根据对被审计单位存货盘点和对被审计单位内部控制的评价结果确定检查存货的范围。在实施观察程序后，如果认为被审计单位内部控制设计良好且得到有效实施，存货盘点组织良好，可以相应缩小实施检查程序的范围。

（四）存货监盘程序（可用作控制测试或实质性程序）

1．在存货盘点现场实施监盘时，注册会计师应当实施下列审计程序：

（1）评价管理层用以记录和控制存货盘点结果的指令和程序；

（2）观察管理层制定的盘点程序的执行情况；

（3）检查存货；

（4）执行抽盘。

这些程序是用作控制测试还是实质性程序，取决于注册会计师的风险评估结果、审计方案和实施的特定程序。

尽管实施存货监盘，获取有关期末存货数量和状况的充分、适当的审计证据是注册会计师的责任，但这并不能取代被审计单位管理层定期盘点存货，合理确定存货的数量和状况的责任。

2．评价管理层用以记录和控制存货盘点结果的指令和程序：

（1）适当控制活动的运用，例如，收集已使用的存货盘点记录，清点未使用的存货盘点表单，实施盘点和复盘程序；

（2）准确认定在产品的完工程度，流动缓慢（呆滞）、过时或毁损的存货项目，以及第三方拥有的存货（如寄存货物）；

（3）在适用的情况下用于估计存货数量的方法，如可能需要估计煤堆的重量；

（4）对存货在不同存放地点之间的移动以及截止日前后期间出入库的控制。

对期末存货移动的控制：

由于实际原因无法停止生产或收发货物。注册会计师可以通过询问管理层以及阅读被审计单位的盘点计划等方式，了解被审计单位对存货移动所采取的控制程序。例如，可以考虑在仓库内划分出独立的过渡区域，预计将在盘点期间领用或入库的存货存放在过渡区域。

【例1-多选题】注册会计师正在对某酒业公司的存货实施监盘程序，需要评价管理层用以记录和控制存货盘点结果的指令和程序包括（　　）。

A．对盘点记录的复核，未使用盘点表单的分析及复盘程序

B．准确认定的不同品质酒类以及已销售未提货的产品

C．高粱、稻谷、玉米等存货重量估计和品质的认定方法

D．对存放在仓库和车间的产品移动以及截止日前后期间出入库的控制

【答案】ABCD

学堂点拨

评价管理层用以记录和控制存货盘点结果的指令和程序。注册会计师需要考虑这些指令和程序是否包括下列方面：1．适当控制活动的运用，例如，收集已使用的存货盘点记录，清点未使用的存货盘点表单，实施盘点和复盘程序；2．准确认定在产品的完工程度，流动缓慢（呆滞）、过时或毁损的存货项目，以及第三方拥有的存货（如寄存货物）；3．在适用的情况下用于估计存货数量的方法，如可能需要估计煤堆的重量；4．对存货在不同存放地点之间的移动以及截止日前后期间出入库的控制。

3. 观察管理层制定的盘点程序（如对盘点时及其前后的存货移动的控制程序）的执行。这有助于注册会计师获取有关管理层指令和程序是否得到适当设计和执行的审计证据。

（1）关注存货移动情况。

如果在盘点过程中被审计单位的生产经营仍将持续进行，注册会计师应通过实施必要的检查程序，确定被审计单位是否已经对此设置了相应的控制程序，确保在适当的期间内对存货作出了准确记录。

（2）关注存货截止情况。

注册会计师可以获取有关截止性信息（如存货移动的具体情况）的复印件，有助于日后对存货移动的会计处理实施审计程序。具体地说，注册会计师一般应当获取盘点日前后存货收发及移动的凭证，检查库存记录与会计记录期末截止是否正确。

注册会计师在对期末存货进行截止测试时，通常应当关注：

①所有在截止日以前入库的存货项目是否均已包括在盘点范围内，并已反映在截止日以前的会计记录中。任何在截止日期以后入库的存货项目是否均未包括在盘点范围内，也未反映在截止日以前的会计记录中。②所有在截止日以前装运出库的存货项目是否均未包括在盘点范围内，且未包括在截止日的存货账面余额中。任何在截止日期以后装运出库的存货项目是否均已包括在盘点范围内，并已包括在截止日的存货账面余额中。③所有已确认为销售但尚未装运出库的商品是否均未包括在盘点范围内，且未包括在截止日的存货账面余额中。所有已记录为购货但尚未入库的存货是否均已包括在盘点范围内，并已反映在会计记录中。④在途存货和被审计单位直接向顾客发运的存货是否均已得到了适当的会计处理。

注册会计师通常可观察存货的验收入库地点和装运出库地点以执行截止测试。在存货入库和装运过程中采用连续编号的凭证时，注册会计师应当关注截止日期前的最后编号。如果被审计单位没有使用连续编号的凭证，注册会计师应当列出截止日期以前的最后几笔装运和入库记录。如果被审计单位使用运货车厢或拖车进行存储、运输或验收入库，注册会计师应当详细列出存货场地上满载和空载的车厢或拖车，并记录各自的存货状况。

4. 检查存货。

在存货监盘过程中检查存货，虽然不一定能确定存货的所有权，但有助于确定存货的存在，以及识别过时、毁损或陈旧的存货。注册会计师应当把所有过时、毁损或陈旧存货的详细情况记录下来，这既便于进一步追查这些存货的处置情况，也能为测试被审计单位存货跌价准备计提的准确性提供证据。

【例2-单选题】对于下列存货认定，通过向生产和销售人员询问是否存在过时或周转缓慢的存货，A注册会计师认为最可能证实的是（　　）。

A. 准确性、计价和分摊　　B. 权利和义务　　C. 存在　　D. 完整性

【答案】A

学堂点拨

存货的状况是被审计单位管理层对存货计价认定的一部分。注册会计师应当把所有过时、毁损或陈旧存货的详细情况记录下来，这既便于进一步追查这些存货的处置情况，也能为测试被审计单位存货跌价准备计提的准确性提供证据。

5．执行抽盘：

（1）双向抽盘：在对存货盘点结果进行测试时，注册会计师可以从存货盘点记录中选取项目追查至存货实物，以及从存货实物中选取项目追查至盘点记录，以获取有关盘点记录准确性和完整性的审计证据。需要说明的是，注册会计师应尽可能避免让被审计单位事先了解将抽盘的存货项目。

（2）获取记录或复印件：除记录注册会计师对存货盘点结果进行的测试情况外，获取管理层完成的存货盘点记录的复印件也有助于注册会计师日后实施审计程序，以确定被审计单位的期末存货记录是否准确地反映了存货的实际盘点结果。

（3）在实施检查程序时发现差异：

①很可能表明被审计单位的存货盘点在准确性或完整性方面存在错误；②很可能意味着被审计单位的存货盘点还存在着其他错误；③一方面，注册会计师应当查明原因，并及时提请被审计单位更正；另一方面，注册会计师应当考虑错误的潜在范围和重大程度，在可能的情况下，扩大检查范围以减少错误的发生；④可要求被审计单位重新盘点。重新盘点的范围可限于某一特殊领域的存货或特定盘点小组。

【例3-单选题】在对存货执行抽盘时，以下做法中，恰当的是（　　）。

A．尽量将难以盘点或隐蔽性较大的存货纳入抽盘范围

B．事先就拟抽取测试的存货项目与被审计单位沟通，以提高存货监盘的效率

C．从被审计单位存货盘点记录中选取项目追查至存货实物，以测试存货的完整性

D．如果盘点记录与存货实物存在差异，要求被审计单位更正盘点记录

【答案】A

学堂点拨

选项A恰当，注册会计师对存货抽查的范围通常包括所有盘点工作小组的盘点内容以及难以盘点或隐蔽性较强的存货；选项B不恰当，注册会计师为了增加审计程序的不可预见性，确保审计证据的质量，不应事先将抽查计划告知被审计单位；选项C不恰当，注册会计师从存货盘点记录追查至存货实物只能测试存货的存在；选项D不恰当，如果盘点记录与存货实物存在差异，注册会计师要分析原因，由于抽查内容通常仅仅是存货盘点中的一小部分，所以还有可能扩大抽查范围，不是仅仅更正盘点记录就可以解决问题，况且更正盘点记录后最终还要调整财务报表相应项目的数据。

三、存货监盘需要特别关注的情况

（一）存货盘点范围与观察程序

表 11-4　存货盘点范围与观察程序

次数	时间	目的
第一次	盘点前	注册会计师应当观察盘点现场，确定应纳入盘点范围的存货是否已经适当整理和排列，并附有盘点标识，防止遗漏或重复盘点。对未纳入盘点范围的存货，注册会计师应当查明未纳入的原因。对所有权不属于被审计单位的存货，注册会计师应当取得其规格、数量等有关资料，确定是否已单独存放、标明，且未被纳入盘点范围。

（续上表）

次数	时间	目的
第二次	监盘中	注册会计师应当根据取得的所有权不属于被审计单位的存货的有关资料，观察这些存货的实际存放情况，确保其未被纳入盘点范围。即使在被审计单位声明不存在受托代存存货的情形下，注册会计师在存货监盘时也应当关注是否存在某些存货不属于被审计单位的迹象，以避免盘点范围不当。
第三次	存货盘点结束前	再次观察盘点现场，以确定所有应纳入盘点范围的存货是否均已盘点。

（二）对特殊类型存货的监盘

表 11-5 特殊类型存货的监盘程序

存货类型	盘点方法与潜在问题	可供实施的审计程序
木材、钢筋盘条、管子	通常无标签，但在盘点时会做上标记或用粉笔标识；难以确定存货的数量或等级。	检查标记或标识； 利用专家或被审计单位内部有经验人员的工作。
堆积型存货（比如糖、煤、钢废料）	通常既无标签也不做标记； 在估计存货数量时存在困难。	运用工程估测、几何计算、高空勘测，并依赖详细的存货记录； 如果堆场中的存货堆不高，可进行实地监盘，或通过旋转存货堆加以估计。
使用磅秤测量的存货	在估计存货数量时存在困难。	在监盘前和监盘过程中均应检验磅秤的精准度； 并留意磅秤的位置移动与重新调校程序； 将检查和重新称量程序相结合； 检查称量尺度的换算问题。
散装物品（如贮窖存货，使用桶、箱、罐、槽等容器储存的液、气体、谷类粮食、流体存货等）	在盘点时通常难以加以识别和确定； 在估计存货数量时存在困难； 在确定存货质量时存在困难。	使用容器进行监盘或通过预先编号的清单列表加以确定； 使用浸蘸、测量棒、工程报告以及依赖永续存货记录； 选择样品进行化验与分析，或利用专家的工作。
贵金属、石器、艺术品与收藏品	在存货辨认与质量确定方面存在困难。	选择样品进行化验与分析，或利用专家的工作。
生产纸浆用木材、牲畜	在存货辨认与数量确定方面存在困难； 可能无法对此类存货的移动实施控制。	通过高空摄影以确定其存在性，对不同时点的数量进行比较，并依赖永续存货记录。

四、存货监盘结束时的工作

在被审计单位存货盘点结束前，注册会计师应当：

1. 再次观察盘点现场，以确定所有应纳入盘点范围的存货是否均已盘点。

2. 取得并检查已填用、作废及未使用盘点表单的号码记录，确定其是否连续编号，查明已发放的表单是否均已收回，并与存货盘点的汇总记录进行核对。

注册会计师应当根据自己在存货监盘过程中获取的信息对被审计单位最终的存货盘点结果汇总记录进行复核，并评估其是否正确地反映了实际盘点结果。

【例4-单选题】以下有关期末存货的监盘程序中，与测试存货盘点记录的完整性不相关的是（　　）。

A. 从存货盘点记录中选取项目追查至存货实物
B. 从存货实物中选取项目追查至存货盘点记录
C. 在存货盘点过程中关注存货的移动情况
D. 在存货盘点结束前，再次观察盘点现场

【答案】A

学堂点拨

选项A，从存货盘点记录中选取项目追查至存货实物是关注准确性的问题，选项B是指完整性的程序，选项C、D可以证实存货的完整性。

五、存货盘点日不是资产负债表日的处理

注册会计师应当实施适当的审计程序，确定盘点日与资产负债表日之间存货的变动是否已得到恰当的记录。

六、在存货盘点现场实施存货监盘不可行的处理（涉及人身安全可以作为不实施存货监盘的理由）

1. 审计中的困难、时间或成本等事项本身，不能作为注册会计师省略不可替代的审计程序或满足于说服力不足的审计证据的正当理由。

2. 如果在存货盘点现场实施存货监盘不可行，注册会计师应当实施替代审计程序（如检查盘点日后出售盘点日之前取得或购买的特定存货的文件记录），以获取有关存货的存在和状况的充分、适当的审计证据。

3. 如果不能实施替代审计程序，或者实施替代审计程序可能无法获取有关存货的存在和状况的充分、适当的审计证据，注册会计师需要发表非无保留意见。

七、因不可预见的情况导致无法在存货盘点现场实施监盘——今天不行明天盘

两种比较典型的情况包括：一是注册会计师无法亲临现场，即由于不可抗力导致其无法到达存货存放地实施存货监盘；二是气候因素，即由于恶劣的天气导致注册会计师无法实施存货监盘程序，或由于恶劣的天气无法观察存货，如木材被积雪覆盖。

如果由于不可预见的情况导致无法在存货盘点现场实施监盘（不可抗力、气候），注册会计师应当另择日期实施监盘，并对间隔期内发生的交易实施审计程序。

八、由第三方保管或控制的存货的处理

如果由第三方保管或控制的存货对财务报表是重要的，注册会计师应当实施下列一项或两项审计程序，以获取有关该存货存在和状况的充分、适当的审计证据：

1. 向持有被审计单位存货的第三方函证存货的数量和状况；

2. 实施检查或其他适合具体情况的审计程序。根据具体情况（如获取的信息使注册会计师对第三方的诚信和客观性产生疑虑），注册会计师可能认为实施其他审计程序是适当的。其他审计程序可以作为函证的替代程序，也可以作为追加的审计程序。

其他审计程序的示例包括：

1. 实施或安排其他注册会计师实施对第三方的存货监盘（如可行）；

2. 获取其他注册会计师或服务机构注册会计师针对用以保证存货得到恰当盘点和保管的内部控制的适当性而出具的报告；

3. 检查与第三方持有的存货相关的文件记录，如仓储单；

4. 当存货被作为抵押品时，要求其他机构或人员进行确认。

知识点3 存货计价测试（★★）

监盘程序主要是对存货的数量和状况予以确认。为验证财务报表上存货余额的真实性，还必须对存货的计价进行审计。存货计价测试包括两个方面：一是被审计单位所使用的存货单位成本是否正确；二是是否恰当计提了存货跌价准备。

一、存货单位成本测试

针对原材料的单位成本，注册会计师通常基于企业的原材料计价方法（如先进先出法、加权平均法等），结合原材料的历史购买成本，测试其账面成本是否准确，测试程序包括核对原材料采购的相关凭证（主要是与价格相关的凭证，如合同、采购订单、发票等）以及验证原材料计价方法的运用是否正确。

针对产成品和在产品的单位成本，注册会计师需要对成本核算过程实施测试，包括直接材料成本测试、直接人工成本测试、制造费用测试和生产成本在当期完工产品与在产品之间分配的测试四项内容，具体如下：

（一）直接材料成本测试

1. 对采用定额单耗的企业，可选择某一成本报告期若干种具有代表性的产品成本计算单，获取样本的生产指令或产量统计记录及其直接材料单位消耗定额，根据材料明细账或采购业务测试工作底稿中各该直接材料的单位实际成本，计算直接材料的总消耗量和总成本，与该样本成本计算单中的直接材料成本核对。

2. 对未采用定额单耗的企业，可获取材料费用分配汇总表、材料发出汇总表（或领料单）、材料明细账（或采购业务测试工作底稿）中各该直接材料的单位成本，做如下检查：

（1）成本计算单中直接材料成本与材料费用分配汇总表中该产品负担的直接材料费用是否相符，分配标准是否合理；

（2）将抽取的材料发出汇总表或领料单中若干种直接材料的发出总量和各该种材料的实际单位成本之积，与材料费用分配汇总表中各该种材料费用进行比较。

3. 对采用标准成本法的企业，获取样本的生产指令或产量统计记录、直接材料单位标准用量、直接材料标准单价及发出材料汇总表或领料单，检查下列事项：根据生产量、直接材料单位标准用量和标准单价计算的标准成本与成本计算单中的直接材料成本核对是否相符；直接材料成本差异的计算与账务处理是否正确。

（二）直接人工成本测试

1. 对采用计时工资制的企业，获取样本的实际工时统计记录、员工分类表和员工工薪手册（工资率）及人工费用分配汇总表，做如下检查：

（1）成本计算单中直接人工成本与人工费用分配汇总表中该样本的直接人工费用核对是否相符；

（2）样本的实际工时统计记录与人工费用分配汇总表中该样本的实际工时核对是否相符；抽取生产部门若干天的工时台账与实际工时统计记录核对是否相符；

（3）当没有实际工时统计记录时，则可根据员工分类表及员工工薪手册中的工资率，计算复核人工费用分配汇总表中该样本的直接人工费用是否合理。

2. 对采用计件工资制的企业，获取样本的产量统计报告、个人（小组）产量记录和经批准的单位工薪标准或计件工资制度，检查下列事项：

（1）根据样本的统计产量和单位工薪标准计算的人工费用与成本计算单中直接人工成本核对是否相符；

（2）抽取若干个直接人工（小组）的产量记录，检查是否被汇总计入产量统计报告。

3. 对采用标准成本法的企业，获取样本的生产指令或产量统计报告、工时统计报告和经批准的单位标准工时、标准工时工资率、直接人工的工薪汇总表等资料，检查下列事项：

（1）根据产量和单位标准工时计算的标准工时总量与标准工时工资率之积同成本计算单中直接人工成本核对是否相符；

（2）直接人工成本差异的计算与账务处理是否正确，并注意直接人工的标准成本在当年内有无重大变更。

（三）制造费用测试

获取样本的制造费用分配汇总表、按项目分列的制造费用明细账、与制造费用分配标准有关的统计报告及其相关原始记录，做如下检查：

1. 制造费用分配汇总表中，样本分担的制造费用与成本计算单中的制造费用核对是否相符；制造费用分配汇总表中的合计数与样本所属成本报告期的制造费用明细账总计数核对是否相符；

2. 制造费用分配汇总表选择的分配标准（机器工时数、直接人工工资、直接人工工时数、产量等）与相关的统计报告或原始记录核对是否相符，并对费用分配标准的合理性作出评估；

3. 如果企业采用预计费用分配率分配制造费用，则应针对制造费用分配过多或过少的差额，检查其是否作了适当的账务处理；

4. 如果企业采用标准成本法，则应检查样本中标准制造费用的确定是否合理，计入成本计算单的数额是否正确，制造费用差异的计算与账务处理是否正确，并注意标准制造费用在当年度内有无重大变更。

（四）生产成本在当期完工产品与在产品之间分配的测试

1. 检查成本计算单中在产品数量与生产统计报告或在产品盘存表中的数量是否一致。

2. 检查在产品约当产量计算或其他分配标准是否合理。

3. 计算复核样本的总成本和单位成本。

二、存货跌价准备的测试

注册会计师在测试存货跌价准备时，需要从以下两个方面进行测试：

（一）识别需要计提存货跌价准备的存货项目

注册会计师可以通过询问管理层和相关部门（生产、仓储、财务、销售等）员工，了解被审计单位如何收集有关滞销、过时、陈旧、毁损、残次存货的信息并为之计提必要的存货跌价准备。如被审计单位编制存货货龄分析表，则可以通过审阅分析表识别滞销或陈旧的存货。此外，注册会计师还要结合存货监盘过程中检查存货状况而获取的信息，以判断被审计单位的存货跌价准备计算表是否有遗漏。

（二）检查可变现净值的计量是否合理

在存货计价审计中，由于被审计单位对期末存货采用成本与可变现净值孰低的方法计价，所以注册会计师应充分关注其对存货可变现净值的确定及存货跌价准备的计提。

可变现净值是指企业在日常活动中，存货的估计售价减去至完工时估计将要发生的成本、估计的销售费用以及相关税费后的金额。企业确定存货的可变现净值，应当以取得的确凿证据为基础，并且考虑持有存货的目的以及资产负债表日后事项的影响等因素。

【例5-单选题】A注册会计师负责审计甲公司2018年财务报表。甲公司的会计政策规定，入库产成品按实际生产成本入账，发出产成品采用先进先出法核算。2018年12月31日，甲公司a产品期末结存数量为1200件，期末余额为5210万元。甲公司2018年度a产品的相关明细资料如下（数量单位为件，金额单位为人民币万元，假定期初余额和所有的数量、入库单价均无误）：

日期	摘要	入库			发出			结存		
		数量	单价	金额	数量	单价	金额	数量	单价	金额
1.1	期初余额							500		2500
3.1	入库	400	5.1	2040				900		
4.1	销售				800			100		
8.1	入库	1600	4.6	7360				1700		
10.3	销售				400			1300		
12.1	入库	700	4.5	3150				2000		
12.31	销售				800			1200		
12.31	期末余额							1200		5210

A注册会计师重新计算期末a产品成本，对a产成品存货进行计价测试，以下所提出的审计调整建议中恰当的是（　　）。

A．调增营业成本190万元　　B．调减营业成本190万元

C．调增营业成本240万元　　D．调减营业成本240万元

【答案】D

学堂点拨

选项D恰当。A注册会计师重新计算期末a产品成本为5450万元［700×4.5+（1600−300−800）×4.6=5450］，甲公司期末a产成品成本少计了240万元（5450−5210），则说明当期营业成本多结转了240万元，因此，应提请甲公司调减2018年利润表中已多结转的营业成本240万元。

【例6-单选题】A注册会计师负责审计甲公司2018年度财务报表。假定甲公司2018年度仅生产销售a、b两种产品，年初、年末存货除产成品库存外，无其他存货，发出存货采用先进先出法核算。a、b两种产品的详细资料如下：

货币单位：万元　　　　　　　　　　　　　　　　　　　　　　　　产成品数量单位：件

时间	a、b产成品的状态	a产品			b产品		
		库存	单位成本	单位产品可变现净值	库存	单位成本	单位产品可变现净值
2018年1月1日	库存	1000	2	1.5	800	5	5
2018年度	生产	2000	1.8		2000	4.5	
	销售	1500			300		
2018年12月31日				1.7			5.5

A注册会计师对a、b产成品存货分别进行了存货跌价准备的测试，以下所提出的审计调整建议中恰当的是（　　）。

A．计提存货跌价准备800万元　　　　　　B．计提存货跌价准备500万元

C．计提存货跌价准备350万元　　　　　　D．计提存货跌价准备150万元

【答案】D

学堂点拨

根据先进先出法，a产品期末余额为1500件，单价1.8元，减值1500×（1.8−1.7）=150（万元）。b产品余额为500×5+2000×4.5=11500（万元），未减值，因此本期应计提的存货跌价准备为150万元。

第十二章　货币资金的审计

本章思维导图

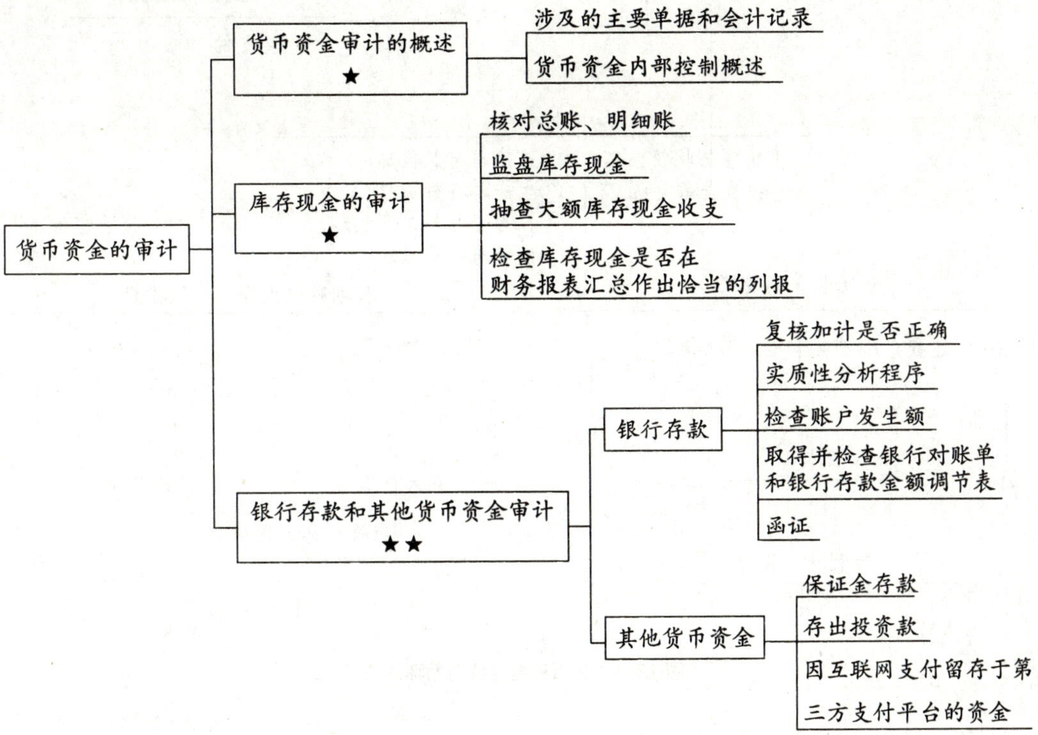

本章知识点精讲

第一节　货币资金审计概述

微信扫一扫
习题免费练

知识点提示

货币资金的内部控制主要包括岗位分工及授权批准、现金和银行存款的管理以及票据及有关印章的管理。

知识点1　货币资金与业务循环和主要单据、会计记录（★）

一、货币资金与业务循环的关系

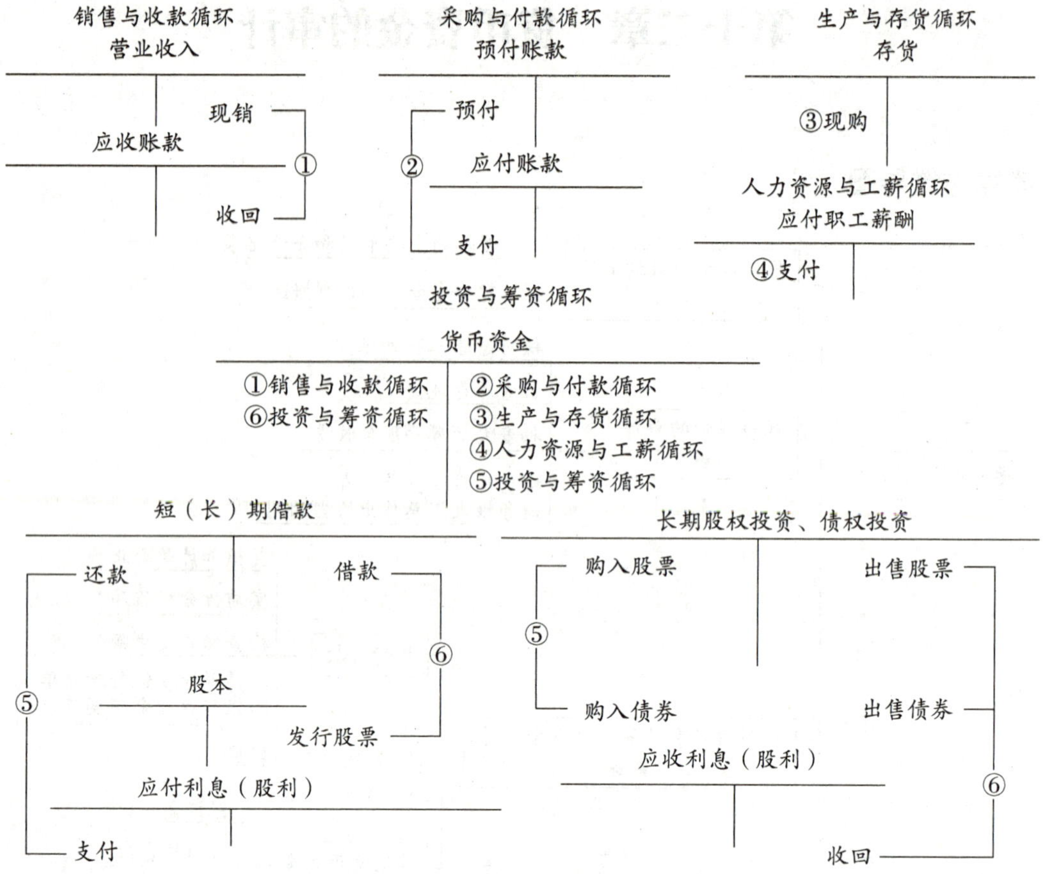

图 12-1　货币资金与业务循环的关系

二、货币资金审计涉及的单据和会计记录

货币资金审计涉及的单据和会计记录主要有：

1. 现金盘点表；2. 银行对账单；3. 银行存款余额调节表；4. 有关科目的记账凭证；5. 有关会计账簿。

知识点2　货币资金的内部控制（★★）

货币资金内部控制概述：

一般而言，一个良好的货币资金内部控制应该达到以下几点：1. 货币资金收支与记账的岗位分离。2. 货币资金收支要有合理、合法的凭据。3. 全部收支及时准确入账，并且支出要有核准手续。4. 控制现金坐支，当日收入现金应及时送存银行。5. 按月盘点现金，编制银行存款余额调节表，以做到账实相符。6. 对货币资金收支业务的内部审计。

一、岗位分工及授权批准

1. 企业应当建立货币资金业务的岗位责任制，明确相关部门和岗位的职责权限，确保办理货币资金业务的不相容岗位相互分离、制约和监督。出纳人员不得兼任稽核、会计档案保管和收入、支出、费用、债权债务账目的登记工作。企业不得由一人办理货币资金业务的全过程。

2. 企业应当对货币资金业务建立严格的授权审批制度，明确审批人对货币资金业务的授权批准方式、权限、程序、责任和相关控制措施，规定经办人办理货币资金业务的职责范围和工作要求。审批人应当根据货币资金授权批准制度的规定，在授权范围内进行审批，不得超越审批权限。经办人应当在职责范围内，按照审批人的批准意见办理货币资金业务。对于审批人超越授权范围审批的货币资金业务，经办人员有权拒绝办理，并及时向审批人的上级授权部门报告。

3. 企业应当按照规定的程序办理货币资金支付业务：

（1）支付申请。企业有关部门或个人用款时，应当提前向审批人提交货币资金支付申请，注明款项的用途、金额、预算、支付方式等内容，并附有效经济合同或相关证明。

（2）支付审批。审批人根据其职责、权限和相应程序对支付申请进行审批。对不符合规定的货币资金支付申请，审批人应当拒绝批准。

（3）支付复核。财务部门收到经审批人审批签字的相关凭证或证明后，应再次复核业务的真实性、金额的准确性，以及相关票据的齐备性、相关手续的合法性和完整性，并签字认可。复核无误后，交由出纳人员办理支付手续。

（4）办理支付。出纳人员应当根据复核无误的支付申请，按规定办理货币资金支付手续，及时登记现金和银行存款日记账。

一共涉及四个人：用款人、审批人（经理或者总经理）、财务负责人和出纳。

4. 企业对于重要货币资金支付业务，应当实行集体决策和审批，并建立责任追究制度，防范贪污、侵占、挪用货币资金等行为。

5. 严禁未经授权的机构或人员办理货币资金业务或直接接触货币资金。

【例1-单选题】关于出纳员职责的以下情形中，没有违背“不相容职务分离控制原则”要求的是（　　）。

A. 出纳员承担现金收付、银行结算及货币资金的日记账核算工作，且同时兼任会计档案保管工作

B. 出纳员保管签发支票所需的全部印章

C. 出纳员兼任收入明细账和总账的登记工作

D. 出纳员兼任固定资产卡片的登记工作

【答案】D

学堂点拨

选项D恰当。根据货币资金内部控制要求，出纳员不得同时兼任稽核、会计档案的保管以及收入、支出、费用、债权债务等账目的登记工作。选项A、B、C均不符合货币资金内部控制管理中对出纳员岗位职责的要求。选项D事项没有违背货币资金内部控制管理中对出纳员岗位职责的要求。

【例2-简答题】为加强货币支付管理，货币资金支付审批实行分级管理办法：单笔付款金额在10万元以下的，由财务部经理审批；单笔付款金额在10万元以上、50万元以下的，由财务总监审批；单笔付款金额在50万元以上的，由总经理审批。企业的货币资金审批制度是否存在缺陷？

【答案】"单笔付款金额在50万元以上的，由总经理审批"不恰当。单位对于重要货币资金支付业务，应当实行集体决策和审批。因此，对公司总经理的货币资金支付审批，也应设定上限，超过设定审批权限的，应由通过集体决策和审批进行"特殊授权"，甚至由公司董事会集体决策和审批，总经理、董事长等也不能例外。

二、现金和银行存款的管理

1．企业应当加强现金库存限额的管理，超过库存限额的现金应及时存入银行。

2．结合本企业的实际情况，确定本企业现金的开支范围。不属于现金开支范围的业务应当通过银行办理转账结算。

3．企业现金收入应当及时存入银行，不得用于直接支付企业自身的支出。因特殊情况需坐支现金的，应事先报经开户银行审查批准。

企业借出款项必须执行严格的授权批准程序，严禁擅自挪用、借出货币资金。

4．企业取得的货币资金收入必须及时入账，不得私设"小金库"，不得账外设账，严禁收款不入账。

5．企业应当严格按照《支付结算办法》等国家有关规定，加强银行账户的管理，严格按照规定开立账户，办理存款、取款和结算。

企业应当定期检查、清理银行账户的开立及使用情况，发现问题，及时处理。

企业应当加强对银行结算凭证的填制、传递及保管等环节的管理与控制。

6．企业应当严格遵守银行结算纪律，不准签发没有资金保证的票据或远期支票，套取银行信用；不准签发、取得和转让没有真实交易和债权债务的票据，套取银行和他人资金；不准无理拒绝付款，任意占用他人资金；不准违反规定开立和使用银行账户。

7．企业应当指定专人定期核对银行账户，每月至少核对一次，编制银行存款余额调节表，使银行存款账面余额与银行对账单调节相符。如调节不符，应查明原因，及时处理。

8．企业应当定期和不定期地进行现金盘点，确保现金账面余额与实际库存相符。发现不符，及时查明原因，做出处理。

【例3-简答题】应付凭单部门负责确定尚未付款凭单在到期日付款，并将留存的未付款凭单及其附件根据授权审批权限送交审批人审批。审批人审批后，将未付款凭单连同附件交给复核人复核，最后交给财务出纳人员J。出纳人员J据此办理支付手续，登记现金和银行存款日记账，并在每月月末编制银行存款余额调节表，交给会计主管审核。企业的货币资金内部控制是否存在缺陷？若存在，说明理由，并提出改进建议。

【答案】有缺陷：出纳人员J登记现金和银行日记账，并在每月月末编制银行存款余额调节表。

理由：记录现金收入支出与调节银行账户是不相容的岗位。

建议：记录现金收支与调节银行账户应该由不同岗位的人员来实施。

【例4-单选题】以下事项中可能表明甲公司货币资金内部控制存在重大缺陷的是（　　）。

A．甲公司的财务专用章由财务负责人本人或其授权人员保管，出纳员个人名章由其本人保管

B．对重要货币资金支付业务，甲公司实行集体决策授权控制

C．甲公司现金收入及时存入银行，特殊情况下，经开户银行审查批准方可坐支现金

D. 甲公司指定出纳员每月必须核对银行账户，针对每一银行账户分别编制银行存款余额调节表，使银行存款账面余额与银行对账单调节相符

【答案】D

学堂点拨

选项D的事项表明甲公司货币资金内部控制存在缺陷。甲公司应当指定专人定期核对银行账户，每月至少核对一次，并根据银行账户定期核对资料编制每一银行账户的银行存款余额调节表。但这一工作不能由出纳员兼任。

三、票据及有关印章的管理

1. 企业应当加强与货币资金相关的票据的管理，明确各种票据的购买、保管、领用、背书转让、注销等环节的职责权限和程序，并专设登记簿进行记录，防止空白票据的遗失和被盗用。

2. 企业应当加强银行预留印鉴的管理。财务专用章应由专人保管，个人签章必须由本人或其授权人员保管。严禁一人保管支付款项所需的全部印章。

四、监督检查

货币资金监督检查内容主要包括：

1. 货币资金业务相关岗位及人员的设置情况；2. 货币资金授权批准制度的执行情况；3. 支付款项印章的保管情况；4. 票据的保管情况。

第二节　货币资金的重大错报风险

微信扫一扫
习题免费练

知识点提示

本节主要涉及货币资金可能发生错报的环节以及识别应对可能发生错报环节的内部控制，在了解相关内部控制的基础上评估重大错报风险以及设计实施进一步审计程序。

知识点1　货币资金可能发生错报的环节（★）

与货币资金相关的财务报表项目主要为库存现金、银行存款、应收（付）款项、短（长）期借款、财务费用、长期投资等。

以一般制造业为例，与库存现金、银行存款相关的交易和余额的可能发生错报环节通常包括：

1. 被审计单位资产负债表的货币资金项目中的库存现金和银行存款在资产负债表日不存在；（存在）

2. 被审计单位所有应当记录的现金收支业务和银行存款收支业务未得到完整记录，存在遗漏；（完整性）

3. 被审计单位的现金收款通过舞弊手段被侵占；（完整性）

4. 记录的库存现金和银行存款不是为被审计单位所拥有或控制；（权利和义务）

5. 库存现金和银行存款的金额未被恰当地包括在财务报表的货币资金项目中，与之相关的计价调整未得到恰当记录；（准确性、计价和分摊）

6. 库存现金和银行存款未按照《企业会计准则》的规定在财务报表中作出恰当列报。（列报）

知识点2 识别应对可能发生错报环节的内部控制（★★）

注册会计师可以通过审阅以前年度审计工作底稿、观察内部控制执行情况、询问管理层和员工、检查相关的文件和资料等方法对这些控制进行了解，此外，对相关文件和资料进行检查也可以提供审计证据，例如通过检查财务人员编制的银行余额调节表，可以发现差错并加以纠正。

一、库存现金内部控制

由于现金是企业流动性最强的资产，加强现金管理对于保护企业资产安全完整具有重要的意义。在良好的现金内部控制下，企业的现金收支记录应及时、准确、完整；全部现金支出均按经批准的用途进行；现金得以安全保管。

一般而言，一个良好的现金内部控制应该达到以下几点：

1. 现金收支与记账的岗位分离；2. 现金收支要有合理、合法的凭据；3. 全部收入及时准确入账，并且现金支出应严格履行审批、复核制度；4. 控制现金坐支，当日收入现金应及时送存银行；5. 按月盘点现金，以做到账实相符；6. 对现金收支业务进行内部审计。

注册会计师通常通过内部控制流程图来了解企业对现金的内部控制。若以前年度审计时已经编制了现金内部控制流程图，注册会计师可根据本年了解的情况对以前年度的内部控制流程图加以更新，以供本年度审计之用。

一般地说，了解现金内部控制时，注册会计师应当注意检查库存现金内部控制的建立和执行情况，重点包括：

1. 库存现金的收支是否按规定的程序和权限办理；2. 是否存在与被审计单位经营无关的款项收支情况；3. 出纳与会计的职责是否严格分离；4. 库存现金是否妥善保管，是否定期盘点、核对，等等。

二、银行存款内部控制

一般而言，一个良好的银行存款的内部控制同库存现金的内部控制类似，应达到以下几点：

1. 银行存款收支与记账的岗位分离；2. 银行存款收支要有合理、合法的凭据；3. 全部收支及时准确入账，全部支出要有核准手续；4. 按月编制银行存款余额调节表，以做到账实相符；5. 加强对银行存款收支业务的内部审计。

按照我国现金管理的有关规定，超过规定限额以上的现金支出一律使用支票。因此，企业应建立相应的支票申领制度，明确申领范围、申领批准及支票签发、支票报销等。

对于支票报销和现金报销，企业应建立报销制度。报销人员报销时应当有正常的报批手续、适当的付款凭据，有关采购支出还应具有验收手续。会计部门应对报销单据加以审核，出纳员见到加盖核准戳记的支出凭据后方可付款。

付款应及时登记入账，相关凭证应按顺序或内容编制并作为会计记录的附件。

注册会计师对银行存款内部控制的了解一般与了解现金的内部控制同时进行。注册会计师应当注意的内容包括：

1. 银行存款的收支是否按规定的程序和权限办理；2. 银行账户的开立是否符合《银行账户管理办法》等相关法律法规的要求；3. 银行账户是否存在与本单位经营无关的款项收支情况；4. 是否存在出租、出借银行账户的情况；5. 出纳与会计的职责是否严格分离；6. 是否定期取得银行对账单并编制银行存款余额调节表等。

【出租或出借银行账户】

企业出租或出借银行账户，是给其他单位或个人提供本单位在银行户头上的账号，为其办理转账结算，是一种套现行为，套现是一种违法的行为。若收取对方的好处费为“出租”，否则为“出借”。

企业出租或出借银行账户后，为了掩盖事实真相，对于对方单位或个人在短时间内通过企业银行账户的一收一付的银行存款业务，故意不在本单位“银行存款总账”“银行存款日记账”和所对应的账户（实际上对应关系也不正常）上登记。这时，可核对发现“银行对账单”上是否有一收一付的账目，而“银行存款日记账”上无此记录的情况。

知识点3 与货币资金相关的重大错报风险（★★）

货币资金审计中需要关注的事项或情形：

1. 被审计单位的现金交易比例较高，并与其所在的行业常用的结算模式不同。

2. 库存现金规模明显超过业务周转所需资金。

3. 银行账户开立数量与企业实际的业务规模不匹配，或存在多个零余额账户且长期不注销。

4. 在没有经营业务的地区开立银行账户，或将高额资金存放于其经营和注册地之外的异地。

5. 被审计单位资金存放于管理层或员工个人账户，或通过个人账户进行被审计单位交易的资金结算。

6. 货币资金收支金额与现金流量表中的经营活动、筹资活动、投资活动的现金流量不匹配，或经营活动现金流量净额与净利润不匹配。

7. 不能提供银行对账单或银行存款余额调节表，或提供的银行对账单没有银行印章、交易对方名称或摘要。

8. 存在长期或大量银行未达账项。

9. 银行存款明细账存在非正常转账的“一借一贷”。

以下情况会出现非正常转账的“一借一贷”：

（1）企业出租或出借银行账户；

（2）甲公司销售给乙公司一批货，但乙公司不需要发票，则甲公司很可能不确认收入，而是把收到的销售款作为从其他企业取得的借款入账，然后再以还款的名义把这笔钱从企业账上转到个人（股东）的账户里；（小金库）

（3）股东占款。

10. 存在期末余额为负数的银行账户。

11. 受限货币资金占比较高。

12. 存款收益金额与存款的规模明显不匹配。

13. 针对同一交易对方，在报告期内存在现金和其他结算方式并存的情形。

14. 违反货币资金存放和使用规定，如上市公司将募集资金违规用于质押、未经批准开立账户转移募集资金、未经许可将募集资金转作其他用途等。

15. 存在大额外币收付记录，而被审计单位并不涉足进出口业务。

16. 被审计单位以各种理由不配合注册会计师实施银行函证、不配合注册会计师至人民银行或基本户开户行打印《已开立银行结算账户清单》。

17. 与实际控制人（或控股股东）、银行（或财务公司）签订集团现金管理账户协议或类似协议。

除上述与货币资金项目直接相关的事项或情形外，注册会计师在审计其他财务报表项目时，还可能关注到其他一些也需保持警觉的事项或情形。例如：

1. 存在没有真实业务支持或与交易不相匹配的大额资金或汇票往来。

2. 存在长期挂账的大额预付款项等。

例如，股东想从企业拿走分红，但通过利息股息红利的名义拿走分红要交20%的个人所得税，所以一些股东就让企业以购买材料的名义通过预付账款间接把钱转给股东。

3. 存在大量货币资金的情况下仍高额或高息举债。

4. 付款方全称与销售客户名称不一致、收款方全称与供应商名称不一致。

5. 开具的银行承兑汇票没有银行承兑协议支持。

6. 银行承兑票据保证金余额与应付票据相应余额比例不合理。

企业开立银行承兑汇票时根据开立协议按开立金额的50%或100%存入的作为保证金。

【关注】保证金勾稽程序：

开具银行承兑汇票时，银行会让企业存一笔保证金，检查其保证金与应付票据是否存在勾稽关系。一般情形下，银行要求企业存入50%或100%的保证金才能办理承兑汇票，因此保证金与应付票据存在50%或100%的关系，检查银行承兑汇票的协议或银行授信审批文件。

7. 存在频繁的票据贴现。

8. 实际控制人（或控股股东）频繁进行股权质押（冻结）且累计被质押（冻结）的股权占其持有被审计单位总股本的比例较高。

9. 存在大量货币资金的情况下，频繁发生债务违约，或者无法按期支付股利或偿付债务本息。

10. 首次公开发行股票（IPO）公司申请期内持续现金分红。

11. 工程付款进度或结算周期异常等。

当被审计单位存在以上事项或情形时，可能表情存在舞弊风险。

知识点4 拟实施进一步审计程序的总体方案（★★）

注册会计师基于以上识别的重大错报风险评估结果，制定实施进一步审计程序的总体方案（包括综合性方案和实质性方案），继而实施控制测试和实质性审计程序，以应对识别出的重大错报风险。注册会计师通过综合性方案或实质性方案获取的审计证据应足以应对识别出的认定层次的重大错报风险。

第三节　测试货币资金的内部控制

微信扫一扫
习题免费练

知识点提示

货币资金包括库存现金、银行存款和其他货币资金，该内容分别以内部控制、控制测试以及相关实质性程序进行展开学习。库存现金很重要的一个实质性程序是监盘库存现金，监盘的七大步骤需要熟悉。现金监盘表的编制虽然考得不多，但理解它对理解货币资金循环很有帮助。

银行存款实质性程序中最重要的是检查银行存款余额调节表和函证。学会编制银行存款余额调节表，要求对各类余额调节项进行深刻理解。准确识别企业已收银行尚未入账金额、企业已付银行尚未入账金额、银行已收企业尚未入账金额、银行已付企业尚未入账金额四大类余额调节项是很有必要的。对于银行存款函证，大家一定要结合应收账款函证进行学习，函证最精华的东西在应收账款中有所体现。

知识点1　库存现金的控制测试（★★）

在已识别的重大错报风险的基础上，注册会计师选取拟测试的控制并实施控制测试。以下举例说明几种常见的库存现金内部控制以及注册会计师相应可能实施的内部控制测试程序。

表 12-1　库存现金内部控制要求和控制测试程序举例

内部控制要求	控制测试程序
1. 现金付款的审批和复核	
部门经理审批本部门的付款申请，审核付款业务是否真实发生、付款金额是否准确，以及后附票据是否齐备，并在复核无误后签字认可。 财务部门在安排付款前，财务经理再次复核经审批的付款申请及后附相关凭据或证明，如核对一致，进行签字认可并安排付款。	（1）询问相关业务部门的部门经理和财务经理其在日常现金付款业务中执行的内部控制，以确定其是否与被审计单位内部控制政策要求保持一致。 （2）观察财务经理复核付款申请的过程，是否核对了付款申请的用途、金额及后附相关凭据，以及在核对无误后是否进行了签字确认。 （3）重新核对经审批及复核的付款申请及其相关凭据，并检查是否经签字确认。

（续上表）

内部控制要求	控制测试程序
2．现金盘点	
会计主管指定应付账款会计每月月末的最后一天对库存现金进行盘点，根据盘点结果编制库存现金盘点表，将盘点余额与现金日记账余额进行核对，并对差异调节项进行说明。 会计主管复核库存现金盘点表，如盘点金额与现金日记账余额存在差异且差异金额超过2万元，需查明原因并报财务经理批准后进行财务处理。	（1）在月末最后一天参与被审计单位的现金盘点，检查是否由应付账款会计进行现金盘点。 （2）观察现金盘点程序是否按照盘点计划的指令和程序执行，是否编制了现金盘点表并根据内部控制要求经财务部相关人员签字复核。 （3）检查现金盘点表中记录的现金盘点余额是否与实际盘点金额保持一致、现金盘点表中记录的现金日记账余额是否与被审计单位现金日记账中余额保持一致。 （4）针对调节差异金额超过2万元的调节项，检查是否经财务经理批准后进行财务处理。

注册会计师针对被审计单位的现金盘点实施的现金监盘可能涉及：

1．检查现金以确定其是否存在，并检查现金盘点结果。

2．观察执行现金盘点的人员对盘点计划的遵循情况，以及用于记录和控制现金盘点结果的程序的实施情况。

3．获取有关被审计单位存货盘点程序可靠性的审计证据。

【注意】

现金监盘程序是用作控制测试还是实质性程序，取决于注册会计师对风险评估结果、审计方案和实施的特定程序的判断。注册会计师可以将现金监盘同时用作控制测试和实质性程序。如被审计单位库存现金存放部门有两处或两处以上的，应同时进行盘点。

知识点2 银行存款的控制测试（★★）

表 12-2 银行存款内部控制要求和控制测试程序举例

内部控制要求	控制测试程序
1．银行账户的开立、变更和注销	
会计主管根据被审计单位的实际业务需要就银行账户的开立、变更和注销提出申请，经财务经理审核后报总经理审批。	（1）询问会计主管被审计单位本年开户、变更、撤销的整体情况。 （2）取得本年度账户开立、变更、撤销申请项目清单，检查清单的完整性，并在选取适当样本的基础上检查账户的开立、变更、撤销项目是否经财务经理和总经理审批。

（续上表）

内部控制要求	控制测试程序
2．银行付款的审批和复核	
部门经理审批本部门的付款申请，审核付款业务是否真实发生、付款金额是否准确，以及后附票据是否齐备，并在复核无误后签字认可。 财务部门在安排付款前，财务经理再次复核经审批的付款申请及后附相关凭据或证明，如核对一致，进行签字认可并安排付款。	（1）询问相关业务部门的部门经理和财务经理在日常银行付款业务中执行的内部控制，以确定其是否与被审计单位内部控制政策要求保持一致。 （2）观察财务经理复核付款申请的过程，是否核对了付款申请的用途、金额及后附相关凭据，以及在核对无误后是否进行了签字确认。 （3）重新核对经审批及复核的付款申请及其相关凭据，并检查是否经签字确认。
3．编制银行存款余额调节表	
每月月末，会计主管指定应收账款会计核对银行存款日记账和银行对账单，编制银行存款余额调节表，使银行存款账面余额与银行对账单调节相符。如存在差异项，查明原因并进行差异调节说明。 会计主管复核银行存款余额调节表，对需要进行调整的调节项目及时进行处理，并签字确认。	（1）询问应收账款会计和会计主管，以确定其执行的内部控制是否与被审计单位内部控制政策要求保持一致，特别是针对未达账项的编制及审批流程。 （2）针对选取的样本，检查银行存款余额调节表，查看调节表中记录的企业银行存款日记账余额是否与银行存款日记账余额保持一致、调节表中记录的银行对账单余额是否与被审计单位提供的银行对账单中的余额保持一致。 （3）针对调节项目，检查是否经会计主管的签字复核。 （4）针对大额未达账项进行期后收付款的检查。

第四节　货币资金的实质性程序

微信扫一扫
习题免费练

知识点提示

库存现金的实质性程序包括核对库存现金日记账与总账、监盘库存现金，其中监盘库存现金是比较重点的内容，可考性也很强。

知识点1　库存现金的实质性程序（★★）

一、核对库存现金日记账与总账的金额

核对库存现金日记账与总账的金额是否相符，检查非记账本位币库存现金的折算汇率及折算金额是否正确。注册会计师测试现金余额的起点是，核对库存现金日记账与总账的金额是否相符。如果不相符，应查明原因，必要时应建议作出适当调整。

二、监盘库存现金

对被审计单位现金盘点实施的监盘程序是用作控制测试还是实质性程序，取决于注册会计师对风险评估结果、审计方案和实施的特定程序的判断。如注册会计师可能基于风险评估的结果判断无须对

现金盘点实施控制测试，仅实施实质性程序。

监盘库存现金是证实资产负债表下所列库存现金是否存在的一项重要程序。

企业盘点库存现金，通常包括对已收到但未存入银行的现金、零用金、找换金等的盘点。盘点库存现金的时间和人员应视被审计单位的具体情况而定，但必须有现金出纳员和被审计单位会计主管人员参加，并由注册会计师进行监盘。

盘点和监盘库存现金的步骤和方法主要有：

1. 查看被审计单位制定的盘点计划，以确定监盘时间。对库存现金的监盘最好实施突击性的检查，时间最好选择在上午上班前或下午下班时，监盘范围一般包括被审计单位各部门经管的所有现金。

2. 查阅库存现金日记账并同时与现金收付凭证相核对。一方面检查库存现金日记账的记录与凭证的内容和金额是否相符；另一方面了解凭证日期与库存现金日记账日期是否相符或接近。

3. 检查被审计单位现金实存数，并将该监盘金额与库存现金日记账余额进行核对，如有差异，应要求被审计单位查明原因，必要时应提请被审计单位作出调整；如无法查明原因，应要求被审计单位按管理权限批准后作出调整。若有冲抵库存现金的借条、未提现支票、未作报销的原始凭证，应在“库存现金盘点表”中注明，必要时应提请被审计单位作出调整。

4. 在非资产负债表日进行监盘时，应将监盘金额调整至资产负债表日的金额，并对变动情况实施程序。

学堂点睛

审计目标：验证库存现金存在（主要）、完整性、权利和义务、准确性、计价和分摊。

盘点范围：企业各部门保管的所有现金，包括已收到但未存入银行的现金、零用金、找换金等。

盘点时间：一般选择在上午上班前或下午下班时进行。

盘点方式：突击盘点。

参加人员：出纳员、被审计单位会计主管人员、注册会计师。

盘点程序：

1.（制定计划）制定库存现金盘点程序（计划）。计划应包括盘点时间、范围、方式、人员等；2.（审查账簿）审阅库存现金日记账，并与现金收付凭证相核对（关注金额和日期是否相符）；3.（结出余额）由出纳员根据现金日记账进行加总累计数额，结出库存现金余额；4.（盘点现金）盘点保险柜的现金实存数，同时编制“库存现金盘点表”，分币种面值列示盘点金额；5.（账实核对）将盘点金额与库存现金日记账余额进行核对，如有差异，应查明原因，并作出记录或适当调整；6.（编表确认）编制“库存现金审定表”，确认资产负债表日时的库存现金实有数。

注意以下两点：

1. 若有充抵库存现金的借条等应在“库存现金盘点表”中注明或作出必要的调整；

2. 对未能在资产负债表日进行盘点的，则需在审计日期确定盘点余额，然后倒推计算、调整至资产负债表日的金额。

【例1-单选题】2019年3月5日对N公司全部现金进行监盘后，确认实有现金数额为1000元。N公司3月4日账面库存现金余额为2000元，3月5日发生的现金收支全部未登记入账，其中收入金额为3000元、支出金额为4000元，2019年1月1日至3月4日现金收入总额为165200元、现金支出总额为165500元，则推断2018年12月31日库存现金实存余额应为（ ）元。

A．3300　　B．2300　　C．700　　D．2700

【答案】B

学堂点拨

首先，确认3月5日账实是否相符。3月5日账面应结存数＝账面余额＋已收现金未记账金额－已付现金未记账金额＝2000＋3000－4000＝1000（元），3月5日账实相符，也说明3月4日实存现金2000元。然后用调节法计算12月31日（结账日）库存现金余额。盘点日在结账的之后，则：（结账日）应结存数＝（盘点日）盘点数－（结账至盘点期间）增加数＋（结账至盘点期间）减少数。用两种方法计算：1．将3月4日当作盘点日，则12月31日应结存数＝2000－165200＋165500＝2300（元）；2．将3月5日当作盘点日，则12月31日应结存数＝1000－（165200＋3000）＋（165500＋4000）＝2300（元）。故B是正确的。

三、抽查大额库存现金收支

查看大额现金收支，并检查原始凭证是否齐全、原始凭证内容是否完整、有无授权批准、记账凭证与原始凭证是否相符、账务处理是否正确、是否记录于恰当的会计期间等项内容。

四、检查库存现金是否在财务报表中作出恰当列报

根据有关规定，库存现金在资产负债表的“货币资金”项目中反映，注册会计师应在实施上述审计程序后，确定“库存现金”账户的期末余额是否恰当，进而确定库存现金是否在资产负债表中恰当披露。

知识点2 银行存款的实质性程序（★★）

银行存款的实质性程序可能包括：

一、获取或编制银行存款余额明细表

1．复核加计是否正确，并与总账数和日记账合计数核对是否相符。

2．检查非记账本位币银行存款的折算汇率及折算金额是否正确。

如果对被审计单位银行账户的完整性存有疑虑。例如，当被审计单位可能存在账外账或资金体外循环时，注册会计师可以考虑额外实施以下实质性程序：

（1）注册会计师在企业人员陪同下到中国人民银行或基本存款账户开户行查询并打印《已开立银行结算账户清单》，观察银行办事人员的查询、打印过程，并检查被审计单位账面记录的银行人民币结算账户是否完整。

（2）结合其他相关细节测试，关注交易相关单据中被审计单位的收（付）款银行账户是否均包含在注册会计师已获取的开立银行账户清单内。

二、实施实质性分析程序

计算银行存款累计余额应收利息收入，分析比较被审计单位银行存款应收利息收入与实际利息收入的差异是否恰当，评估利息收入的合理性，检查是否存在高息资金拆借，确认银行存款余额是否存在，利息收入是否已经完整记录。

三、检查银行存款账户发生额

注册会计师还可以考虑对银行存款账户的发生额实施以下程序：

（1）结合银行账户性质，分析不同账户发生银行存款日记账漏记银行交易的可能性，获取相关账户相关期间的全部银行对账单。

（2）利用数据分析等技术，对比银行对账单上的收付款流水与被审计单位银行存款日记账的收付款信息是否一致，对银行对账单及被审计单位银行存款日记账记录进行双向核对。

注册会计师通常可以考虑选择以下银行账户进行核对：基本户，余额较大的银行账户，发生额较大且收付频繁的银行账户，发生额较大但余额较小、零余额或当期注销的银行账户，募集资金账户等。

针对同一银行账户，注册会计师可以根据具体情况实施下列审计程序：

①选定同一期间（月度、年度）的银行存款日记账、银行对账单的发生额合计数（借方及贷方）进行总体核对。

②对银行对账单及被审计单位银行存款日记账记录进行双向核对，即在选定的账户和期间，从被审计单位银行存款日记账上选取样本，核对至银行对账单，以及自银行对账单中进一步选取样本，与被审计单位银行存款日记账记录进行核对。在运用数据分析技术时，可选择全部项目进行核对。核对内容包括日期、金额、借贷方向、收付款单位、摘要等。

对相同金额的一收一付、相同金额的多次转入转出等大额异常货币资金发生额，检查银行存款日记账和相应交易及资金划转的文件资料，关注相关交易及相应资金流转安排是否具有合理的商业理由。

（3）浏览资产负债表日前后的银行对账单和被审计单位银行存款账簿记录，关注是否存在大额、异常资金变动以及大量大额红字冲销或调整记录，如存在，需要实施进一步的审计程序。

四、取得并检查银行对账单和银行存款余额调节表

检查银行存款余额调节表是证实资产负债表中所列银行存款是否存在的重要程序。银行存款余额调节表通常应由被审计单位根据不同的银行账户及货币种类分别编制，其格式如图12–2所示，具体测试程序通常包括：

（一）取得并检查银行对账单

1. 取得被审计单位加盖银行印章的银行对账单，注册会计师应对银行对账单的真实性保持警觉，必要时，亲自到银行获取对账单，并对获取过程保持控制。此外，注册会计师还可以观察被审计单位人员登录并操作网银系统导出信息的过程，核对网银界面的真实性，核对网银中显示或下载的信息与提供给注册会计师的对账单中信息的一致性。

2. 将获取的银行对账单余额与银行日记账余额进行核对，如存在差异，获取银行存款余额调节表。

3. 将被审计单位资产负债表日的银行对账单与银行询证函回函核对，确认是否一致。

（二）取得并检查银行余额调节表

1．检查调节表中加计数是否正确，调节后银行存款日记账余额与银行对账单余额是否一致。

2．检查调节事项。对于企付银未付款项，检查被审计单位付款的原始凭证，并检查该项付款是否已在期后银行对账单上得以反映；在检查期后银行对账单时，就对账单上所记载的内容，如支票编号、金额等，与被审计单位支票存根进行核对。对于企收银未收款项，检查被审计单位收款入账的原始凭证，检查其是否已在期后银行对账单上得以反映。对于银收企未收、银付企未付款项，检查收、付款项的内容及金额，确定是否为截止错报。如果企业的银行存款余额调节表存在大额或长期未达账项，注册会计师应追查原因并检查相应的支持文件，判断是否为错报事项，确定是否需要提请被审计单位进行调整。

3．关注长期未达账项，查看是否存在挪用资金等事项。

4．特别关注银付企未付、企付银未付中支付异常的领款事项，包括没有载明收款人、签字不全等支付事项，确认是否存在舞弊。

银行存款余额调节表

年　月　日

编制人：　日期：　索引号：

复核人：　日期：　页次：

户别：　　币别：

项目
银行对账单余额（　年　月　日）
加：企业已收、银行尚未入账金额
其中：1. 元
2. 元
减：企业已付、银行尚未入账金额
其中：1. 元
2. 元
调整后银行对账单金额
企业银行存款日记账金额（　年　月　日）
加：银行已收、企业尚未入账金额
其中：1. 元
2. 元
减：银行已付、企业尚未入账金额
其中：1. 元
2. 元
调整后企业银行存款日记账金额

经办会计人员：（签字）　　会计主管：（签字）

图 12-2　银行存款余额调节表示意图

未达账项调整情况：

（1）企业已收、银行尚未入账金额；（2）企业已付、银行尚未入账金额；（3）银行已收、企业尚未入账金额；（4）银行已付、企业尚未入账金额。

【注意】后两项应要求企业对会计报表相关项目作相应的调整。

【例2-单选题】甲公司某银行账户的银行对账单余额为1585000元，在检查该账户银行存款余额调节表时，A注册会计师注意到以下事项：在途存款100000元；企业收到未提现支票50000元；未入账的银行存款利息收入35000元；未入账的银行代扣水电费25000元。假定不考虑其他因素，A注册会计师审计后确认的该银行存款账户余额应是（　　）元。

A．1535000　　B．1575000　　C．1735000　　D．1635000

【答案】C

学堂点拨

选项C恰当。甲公司资产负债表日的货币资金项目中的银行存款数额应当以12月31日的实有数为准，即1585000＋100000＋50000＝1735000（元）。

【例3-多选题】A公司编制的2018年12月月末银行存款余额调节表显示存在120000元的未达账项，其中包括A公司已付而银行未付的材料采购款100000元。以下审计程序中，可能为该材料采购款未达账项的真实性提供审计证据的有（　　）。

A．检查2019年1月份的银行对账单

B．检查相关的采购合同、供应商销售发票和付款审批手续

C．就2018年12月月末银行存款余额向银行寄发银行询证函

D．向相关的原材料供应商寄发询证函

【答案】ABD

学堂点拨

向银行进行函证只能够证实银行存款真实存在的审计证据，而不能确定企业未达账项的真实性。

五、函证银行存款余额，编制银行函证结果汇总表，检查银行回函

【注意】

1．银行函证程序是证实资产负债表所列银行存款是否存在的重要程序。

2．通过向往来银行函证，注册会计师不仅可了解企业资产的存在，还可了解企业账面反映所欠银行债务的情况，并有助于发现企业未入账的银行借款和未披露的或有负债。

注册会计师应当对银行存款（包括零余额账户和在本期内注销的账户）、借款及与金融机构往来的其他重要信息实施函证程序，除非有充分证据表明某一银行存款、借款及与金融机构往来的其他重要信息对财务报表不重要且与之相关的重大错报风险很低。

如果不对这些项目实施函证程序，注册会计师应当在审计工作底稿中说明理由。

当实施函证程序时，注册会计师应当对询证函保持控制，当函证信息与银行回函结果不符时，注册会计师应当调查不符事项，以确定是否表明存在错报。

在实施银行函证时，注册会计师需要以被审计单位名义向银行发函询证，以验证被审计单位的银行存款是否真实、合法、完整。

【例4-单选题】注册会计师考虑是否需要对银行存款实施函证程序的以下判断中，恰当的是（　　）。

A．如果有充分证据表明某一银行存款、借款及与金融机构往来的其他重要信息的控制风险较

高，则可以不对该银行账户实施函证，但需要在审计工作底稿中说明理由

B. 如果有充分证据表明某一银行存款、借款及与金融机构往来的其他重要信息的固有风险比较高时，则可以不对该银行账户实施函证，但需要在审计工作底稿中说明理由

C. 如果有充分证据表明某一银行存款、借款及与金融机构往来的其他重要信息对财务报表不重要且与之相关的重大错报风险很低，则可以不对该银行账户实施函证，但需要在审计工作底稿中说明理由

D. 如果有充分证据表明某一银行存款、借款及与金融机构往来的其他重要信息的审计风险比较高时，则可以不对该银行账户实施函证，但需要在审计工作底稿中说明理由

【答案】C

学堂点拨

选项C恰当。有充分证据表明某一银行存款、借款及与金融机构往来的其他重要信息对财务报表不重要且与之相关的重要信息重大错报风险很低，注册会计师可以不对该银行存款、借款及与金融机构往来的其他重要信息实施函证程序，但应当在审计工作底稿中说明理由。

六、检查银行存款收支的正确截止

选取资产负债表日前后若干张、一定金额以上的凭证实施截止测试，关注业务内容及对应项目，如有跨期收支事项，应考虑是否提请被审计单位进行调整。

七、对定期存款实施的审计程序

如果被审计单位有定期存款，注册会计师可以考虑实施以下审计程序：

1. 如果定期存款占银行存款的比例偏高，或同时负债比例偏高，注册会计师需要向管理层询问定期存款存在的商业理由并评估其合理性。

2. 获取定期存款明细表，检查是否与账面记录金额一致，存款人是否为被审计单位，定期存款是否被质押或限制使用。

3. 监盘定期存款凭据，或实地观察被审计单位登录网银系统查询定期存款信息，并将查询信息截屏保存。如果被审计单位在资产负债表日有大额定期存款，基于对风险的判断，考虑选择在资产负债表日实施监盘。

4. 对存款期限跨越资产负债表日的未质押定期存款，检查开户证实书原件而非复印件，以防止被审计单位提供的复印件是未质押或未提现前原件的复印件，特别关注被审计单位在定期存单到期之前，是否存在先办理质押贷款或提前套现，再用质押贷款所得货币资金或套取的货币资金虚增收入、挪作他用或从事其他违规业务的情形。在检查时，还要认真核对相关信息，包括存款人、金额、期限等，如有异常，需实施进一步审程序。

5. 对已质押的定期存款，检查定期存单复印件，并与相应的质押合同核对，核对存款人、金额、期限等相关信息；对于用于质押借款的定期存单，关注定期存单对应的质押借款有无入账；对于超过借款期限但仍处于质押状态的定期存款，还需要关注相关借款的偿还情况，了解相关质权是否已被行使；对于为他人担保的定期存单，关注担保是否逾期及相关质权是否已被行使。

6. 函证定期存款相关信息。按照《中国注册会计师审计准则第1312号——函证》的要求实施函证程序，关注银行回函是否对包括“是否用于担保或存在其他使用限制”在内的项目给予了完整回复。

7. 结合财务费用和投资收益审计，分析利息收入的合理性，判断定期存款是否真实存在，或是否存在体外资金循环的情形。如果账面利息收入远大于根据定期存款计算的应得利息，很可能表明被审计单位存在账外定期存款。如果账面利息收入远小于根据定期存款计算的应得利息，很可能表明被审计单位存在转移利息收入或挪用、虚构定期存款的情况。

8. 对于在报告期内到期结转的定期存款、资产负债表日后已提取的定期存款，检查、核对相应的兑付凭证、银行对账单或网银记录等。

9. 关注被审计单位是否在财务报表附注中对定期存款及其受限情况（如有）给予充分披露。

知识点3 其他货币资金的实质性程序（★★）

注册会计师在对其他货币资金实施审计程序时，通常可能需要特别关注以下事项：

1. 保证金存款的检查，检查开立银行承兑汇票的协议或银行授信审批文件。可以将保证金账户对账单与相应的交易进行核对，根据被审计单位应付票据的规模合理推断保证金数额。检查信用证的开立协议与保证金是否相符，检查保证金与相关债务的比例是否与合同约定一致，特别关注是否存在有保证金发生而被审计单位无对应保证事项的情形。

2. 对于存出投资款，跟踪资金流向，并获取董事会决议等批准文件、开户资料、授权操作资料等。

3. 因互联网支付留存于第三方支付平台的资金。了解是否开立支付宝、微信等第三方支付账户，如是，获取相关开户信息资料，了解其用途和使用情况，获取与第三方支付平台签订的协议，了解第三方平台使用流程等内部控制，比照验证银行存款或银行交易的方式对第三方平台支付账户函证交易发生额和余额（如可行）。获取第三方支付平台发生额及余额明细，并与账面记录进行核对，对大额交易考虑实施进一步的检查程序。

第四编 对特殊事项的考虑

第十三章　对舞弊和法律法规的考虑

本章思维导图

- 对舞弊和法律法规的考虑
  - 财务报表审计中与舞弊相关的责任 ★★★
    - 舞弊的含义和种类
      - 编制假财务报告导致的错报
      - 侵占资产导致的错报
    - 治理层、管理层的责任与注册会计师的责任
    - 风险评估程序和相关活动
    - 识别和评估由于舞弊导致的重大错报风险
    - 应对舞弊导致的重大错报风险
    - 评价审计证据
    - 无法继续执行审计业务
    - 书面声明
    - 与管理层、治理层及被审计单位之外的适当机构的沟通
  - 财务报表审计中对法律法规的考虑 ★★
    - 管理层遵守法律法规的责任
    - 注册会计师的责任
    - 对被审计单位遵守法律法规的考虑
    - 识别出或怀疑存在违反法津法规行为时实施的审计程序
      - 注意到与识别出的或怀疑存在的违反法律法规行为相关的信息时的审计程序
      - 怀疑被审计单位存在违法法律法规行为时的审计程序
      - 评价违反法律法规行为的影响
    - 对识别出的或怀疑存在的违反法律法规行为的报告
      - 与治理层沟通
      - 考虑对审计报告的影响
      - 向被审计单位之外的适当机构报告违反法律法规行为

本章知识点精讲

第一节 财务报表审计中与舞弊相关的责任

微信扫一扫
习题免费练

知识点提示

本节涉及的知识点分为：

舞弊的种类分为编制虚假财务报告和侵占资产。被审计单位治理层和管理层对防止或发现舞弊负有主要责任。管理层在治理层的监督下，高度重视对舞弊的防范（减少舞弊）和遏制。而注册会计师的责任是按照审计准则的规定实施审计工作，获取财务报表在整体上不存在重大错报的合理保证。换言之，注册会计师是没有义务去发现和防范舞弊的。

对舞弊实施的风险评估程序包括：1．询问；2．评价舞弊风险因素；3．实施分析程序；4．考虑其他信息；5．组织项目组讨论。

舞弊风险因素包括实施舞弊的动机或压力、实施舞弊的机会、为舞弊行为寻找借口的能力。识别舞弊风险因素是考试的重点。

舞弊导致的重大错报风险属于需要注册会计师特别考虑的重大错报风险，即特别风险。

知识点1 舞弊的含义和种类（★★）

1．与财务报表审计相关的故意错报，包括编制虚假财务报告导致的错报和侵占资产导致的错报。

2．管理层可能通过以下方式编制虚假财务报告：

（1）对编制财务报表所依据的会计记录或支持性文件进行操纵、弄虚作假（包括伪造）或篡改；（2）在财务报表中错误表达或故意漏记事项、交易或其他重要信息；（3）故意地错误使用与金额、分类、列报或披露相关的会计准则。

3．侵占资产可以通过以下方式实现：

（1）贪污收到的款项；（2）盗窃实物资产或无形资产；（3）使被审计单位对未收到的商品或未接受的劳务付款；（4）将被审计单位资产挪为私用。

侵占资产通常伴随着虚假或误导性的记录或文件，其目的是隐瞒资产丢失或未经适当授权而被抵押的事实。

4．在财务报表审计中，注册会计师关注的是导致财务报表发生重大错报的舞弊。

知识点2 治理层、管理层的责任和注册会计师的责任（★★）

一、治理层和管理层的责任

1．被审计单位治理层和管理层对防止或发现舞弊负有主要责任。管理层在治理层的监督下，高度重视对舞弊的防范（减少舞弊）和遏制（警示作用）是非常重要的。

2. 对舞弊的防范和遏制需要管理层营造诚实守信和合乎道德的文化，并且这一文化能够在治理层的有效监督下得到强化。

二、注册会计师的责任

1. 按照审计准则的规定实施审计工作，获取财务报表在整体上不存在重大错报的合理保证。

2. 另一方面，由于审计的固有限制，即使按照审计准则的规定恰当地计划和实施审计工作，注册会计师也不能对财务报表整体不存在重大错报获取绝对保证。

3. 如果在完成审计工作后发现舞弊导致的财务报表重大错报，并不必然表明注册会计师没有遵守审计准则。

学堂点睛

1. 串通舞弊可能导致原本虚假的审计证据被注册会计师误认为具有说服力。

2. 管理层舞弊导致的重大错报未被发现的风险，通常大于员工舞弊导致的重大错报未被发现的风险。

知识点3 风险评估程序和相关活动（★★★）

一、询问

（一）询问对象

1. 注册会计师应当询问治理层、管理层、内部审计人员，以确定其是否知悉任何舞弊事实、舞弊嫌疑或舞弊指控。

2. 注册会计师还应当询问被审计单位内部的其他人员，如不直接参与财务报告过程的业务人员；拥有不同级别权限的人员；参与生成、处理或记录复杂或异常交易的人员；内部法律顾问；负责道德事务的主管人员或承担类似职责的人员和负责处理舞弊指控的人员等。

（二）询问内容

1. 询问管理层

（1）管理层对财务报表可能存在由于舞弊导致的重大错报风险的评估，包括评估的性质、范围和频率等。（2）管理层对舞弊风险的识别和应对过程，包括管理层识别出的或注意到的特定舞弊风险，或可能存在舞弊风险的各类交易、账户余额或披露。（3）管理层就其对舞弊风险的识别和应对过程向治理层的通报。（4）管理层就其经营理念和道德观念向员工的通报。

2. 询问治理层

除非治理层全部成员参与管理被审计单位，注册会计师应当了解：

（1）治理层如何监督管理层对舞弊风险的识别和应对过程；（2）降低舞弊风险而建立的内部控制；（3）是否知悉任何影响被审计单位的舞弊事实、舞弊嫌疑或舞弊指控。

3. 询问内部审计人员

如果被审计单位设有内部审计，注册会计师应当询问内部审计人员，以确定其是否知悉任何影响被审计单位的舞弊事实、舞弊嫌疑或舞弊指控，并获取这些人员对舞弊风险的看法。

二、评价舞弊风险因素

存在舞弊风险因素并不必然表明发生了舞弊，但在舞弊发生时通常存在舞弊风险因素。

根据舞弊存在时通常伴随着的三种情况，这些风险因素可以分为以下三类：

（一）实施舞弊的动机或压力

舞弊者具有舞弊的动机是发生舞弊的首要条件。

1．财务稳定性或盈利能力受到经济环境、行业状况或被审计单位经营情况的威胁（内忧外患）：

（1）竞争激烈或市场饱和，且伴随着利润率的下降；（2）难以应对技术变革、产品过时、利率调整等因素的急剧变化；（3）客户需求大幅下降，所在行业或总体经济环境中经营失败的情况增多；（4）经营亏损使被审计单位可能破产、丧失抵押品赎回权或遭恶意收购；（5）在财务报表显示盈利或利润增长的情况下，经营活动产生的现金流量经常出现负数，或经营活动不能产生现金流入；（6）高速增长或具有异常的盈利能力，特别是在与同行业其他企业相比时；（7）新发布的会计准则、法律法规或监管要求。

2．管理层为满足第三方要求或预期而承受过度的压力，这些压力来源于以下方面（不堪重压）：

（1）投资分析师、机构投资者、重要债权人或其他外部人士对盈利能力或增长趋势存在预期（特别是过分激进的或不切实际的预期），包括管理层在过于乐观的新闻报道和年报信息中作出的预期；（2）需要进行额外的举债或权益融资以保持竞争力，包括为重大研发项目或资本性支出融资；（3）满足交易所的上市要求、偿债要求或其他债务合同要求的能力较弱；（4）报告较差财务成果将对正在进行的重大交易（如企业合并或签订合同）产生可察觉的或实际的不利影响。

3．获取的信息表明，由于下列原因，管理层或治理层的个人财务状况受到被审计单位财务业绩的影响（利诱）：

（1）在被审计单位中拥有重大经济利益；（2）其报酬中有相当一部分（如奖金、股票期权、基于盈利能力的支付计划）取决于被审计单位能否实现激进的目标（如在股价、经营成果、财务状况或现金流量方面）；（3）个人为被审计单位的债务提供了担保。

4．管理层或经营者受到更高级管理层或治理层对财务或经营指标过高要求的压力（威逼）：

治理层为管理层设定了过高的销售业绩或盈利能力等激励指标。

（二）实施舞弊的机会

舞弊者需要具有舞弊的机会，舞弊才可能成功。舞弊的机会一般源于内部控制在设计和运行上的缺陷。

1．被审计单位所在行业或其业务的性质为编制虚假财务报告提供了机会，这种机会可能来源于以下几个方面：

（1）从事超出正常经营过程的重大关联方交易，或者与未经审计或由其他会计师事务所审计的关联企业进行重大交易；（2）被审计单位具有强大的财务实力或能力，使其在特定行业中处于主导地位，能够对与供应商或客户签订的条款或条件作出强制规定，从而可能导致不适当或不公允的交易；（3）资产、负债、收入或费用建立在重大估计的基础上，这些估计涉及主观判断或不确定性，难以印证；（4）从事重大、异常或高度复杂的交易（特别是临近期末发生的复杂交易，对该交易是否按照“实质重于形式”原则处理存在疑问）；（5）在经济环境及文化背景不同的国家或地区从事重大经营或重大跨境经营；（6）利用商业中介，而此项安排似乎不具有明确的商业理由；（7）在属于“避税天堂”的国家或地区开立重要银行账户或者设立子公司或分公司进行经营，而此类安排似乎不具有明确的商业理由。

2．组织结构复杂或不稳定，体现在以下几个方面：

（1）难以确定对被审计单位持有控制性权益的组织或个人；（2）组织结构过于复杂，存在异常的法律实体或管理层级；（3）高级管理人员、法律顾问或治理层频繁更换。

3．对管理层的监督由于以下原因失效：

（1）管理层由一人或少数人控制（在非业主管理的实体中），且缺乏补偿性控制；（2）治理层对财务报告过程和内部控制实施的监督无效。

4．内部控制要素由于以下原因存在缺陷：

（1）对控制的监督不充分，包括自动化控制以及针对中期财务报告（如要求对外报告）的控制；（2）由于会计人员、内部审计人员或信息技术人员不能胜任而频繁更换；（3）会计系统和信息系统无效，包括内部控制存在值得关注的缺陷的情况。

（三）为舞弊行为寻找借口的能力

1．管理层态度不端或缺乏诚信：

（1）管理层未能有效地传递、执行、支持或贯彻被审计单位的价值观或道德标准，或传递了不适当的价值观或道德标准；（2）非财务管理人员过度参与或过于关注会计政策的选择或重大会计估计的确定；（3）被审计单位、高级管理人员或治理层存在违反证券法或其他法律法规的历史记录，或由于舞弊或违反法律法规而被指控；（4）管理层过于关注保持或提高被审计单位的股票价格或利润趋势；（5）管理层向分析师、债权人或其他第三方承诺实现激进的或不切实际的预期；（6）管理层未能及时纠正发现的值得关注的内部控制缺陷；（7）为了避税的目的，管理层表现出有意通过使用不适当的方法使报告利润最小化；（8）高级管理人员缺乏士气；（9）业主兼经理未对个人事务与公司业务进行区分；（10）股东人数有限的被审计单位股东之间存在争议；（11）管理层总是试图基于重要性原则解释处于临界水平的或不适当的会计处理。

2．管理层与现任或前任注册会计师之间的关系紧张，表现为以下几个方面：

（1）在会计、审计或报告事项上经常与现任或前任注册会计师产生争议；（2）对注册会计师提出不合理的要求，如对完成审计工作或出具审计报告提出不合理的时间限制；（3）对注册会计师接触某些人员、信息或与治理层进行有效沟通施加不适当的限制；（4）管理层对注册会计师表现出盛气凌人的态度，特别是试图影响注册会计师的工作范围，或者影响对执行审计业务的人员或被咨询人员的选择和保持。

【例1-2020-单选题】下列情形中，可能表明被审计单位存在编制虚假财务报告的机会的是（　　）。

A．被审计单位在经济环境和文化背景不同的国家或地区从事重大经营

B．管理层对信息技术缺乏了解

C．控股股东为被审计单位的债务提供担保

D．对管理层的费用支出监督不足

【答案】A

学堂点拨

被审计单位所在行业或其业务的性质为编制虚假财务报告提供了机会：1. 从事超出正常经营过程的重大关联方交易，或者与未经审计或由其他会计师事务所审计的关联企业进行重大交易；2. 被审计单位具有强大的财务实力或能力，使其在特定行业中处于主导地位，能够对与供应商或客户签订的条款或条件作出强制规定，从而可能导致不适当或不公允的交易；3. 资产、负债、收入或费用建立在重大估计的基础上，这些估计涉及主观判断或不确定性，难以印证；4. 从事重大、异常或高度复杂的交易（特别是临近期末发生的复杂交易，对该交易是否按照“实质重于形式”原则处理存在疑问；5. 在经济环境及文化背景不同的国家或地区从事重大经营或重大跨境经营；6. 利用商业中介，而此项安排似乎不具有明确的商业理由；7. 在属于“避税天堂”的国家或地区开立重要银行账户或者设立子公司或分公司进行经营，而此类安排似乎不具有明确的商业理由。

三、实施分析程序

注册会计师实施分析程序有助于识别异常的交易或事项，以及对财务报表和审计产生影响的金额、比率和趋势。在实施分析程序以了解被审计单位及其环境时，注册会计师应当评价在实施分析程序时识别出的异常或偏离预期的关系（包括与收入账户有关的关系），是否表明存在由于舞弊导致的重大错报风险。

四、考虑其他信息

注册会计师应当考虑获取的其他信息是否表明被审计单位存在舞弊导致的重大错报风险。其他信息可能来源于项目组内部的讨论、客户承接或续约过程以及向被审计单位提供其他服务所获得的经验。

五、组织项目组讨论

项目组就由于舞弊导致财务报表发生重大错报的可能性进行的讨论可以达到以下目的：

1. 具有较多经验的项目组成员有机会与其他成员分享关于财务报表易于发生由于舞弊导致的重大错报的方式和领域的见解；

2. 针对财务报表易于发生由于舞弊导致的重大错报的方式和领域考虑适当的应对措施，并确定分派哪些项目组成员实施特定的审计程序；

3. 确定如何在项目组成员中共享实施审计程序的结果，以及如何处理可能引起注册会计师注意的舞弊指控。

项目组内部讨论的内容可能包括：

1. 项目组成员认为财务报表易于发生由于舞弊导致的重大错报的方式和领域、管理层可能编制和隐瞒虚假财务报告的方式以及侵占资产的方式等；

2. 可能表明管理层操纵利润的迹象，以及管理层可能采取的导致虚假财务报告的利润操纵手段；

3. 管理层企图通过晦涩难懂的披露使披露事项无法得到正确理解的风险（例如包含太多不重要的信息或使用不明晰或模糊的语言）。

4．已知悉的对被审计单位产生影响的外部和内部因素，这些因素可能产生舞弊三要素；

5．对接触现金或其他易被侵占资产的员工，管理层对其实施监督的情况；

6．注意到的管理层或员工在行为或生活方式上出现的异常或无法解释的变化；

7．强调在整个审计过程中对由于舞弊导致重大错报的可能性保持适当关注的重要性；

8．遇到的哪些情形可能表明存在舞弊；

9．如何在拟实施审计程序的性质、时间安排和范围中增加不可预见性；

10．为应对由于舞弊导致财务报表发生重大错报的可能性而选择实施的审计程序，以及特定类型的审计程序是否比其他审计程序更为有效；

11．注册会计师注意到的舞弊指控；

12．管理层凌驾于控制之上的风险。

【例2-多选题】在组织审计项目组讨论舞弊风险时，A注册会计师认为应当讨论的内容有（　　）。

A．甲公司发生舞弊导致的重大错报风险的领域及方式

B．甲公司存在的舞弊风险因素

C．甲公司管理层凌驾于内部控制之上的可能性

D．审计项目组应对舞弊导致的重大错报风险的审计程序

【答案】ABCD

学堂点拨

选项A和选项B属于“致险因素”的范畴，选项C属于“舞弊情形”的范畴，选项D属于“应对措施”的范畴，均应当在组织项目组讨论时予以关注。

知识点4　识别和评估由于舞弊导致的重大错报风险（★★★）

1．舞弊导致的重大错报风险属于需要注册会计师特别考虑的重大错报风险，即特别风险。

2．在识别和评估由于舞弊导致的重大错报风险时，注册会计师应当基于收入确认存在舞弊风险的假定，评价哪些类型的收入、收入交易或认定导致舞弊风险。

3．如果认为收入确认存在舞弊风险的假定不适用于业务的具体情况，从而未将收入确认作为由于舞弊导致的重大错报风险领域，注册会计师应当在审计工作底稿中记录得出该结论的理由。

知识点5　应对舞弊导致的重大错报风险（★★★）

学堂点睛

总体应对措施和进一步审计程序是风险应对的一般程序，而针对管理层凌驾于控制之上的风险实施的程序是针对舞弊风险的特有程序，大家需要重点掌握。

发现舞弊后记得要“两重新”：重新评估舞弊导致的重大错报风险以及评估对审计程序的性质、时间安排和范围的影响；重新考虑此前获取的审计证据的可靠性。发现舞弊后还会涉及与管理层、治理层的沟通，必要时与监管机构的沟通。

注册会计师通常从三个方面应对此类风险：

1. 总体应对措施；

2. 针对舞弊导致的认定层次重大错报风险实施的审计程序；

3. 针对管理层凌驾于控制之上的风险实施的程序。

一、总体应对措施

在针对评估的由于舞弊导致的财务报表层次重大错报风险确定总体应对措施时，注册会计师应当：

1. 在分派和督导项目组成员时，考虑承担重要业务职责的项目组成员所具备的知识、技能和能力，并考虑由于舞弊导致的重大错报风险的评估结果；

2. 评价被审计单位对会计政策（特别是涉及主观计量和复杂交易的会计政策）的选择和运用，是否可能表明管理层通过操纵利润对财务信息作出虚假报告；

3. 在选择审计程序的性质、时间安排和范围时，增加审计程序的不可预见性。

二、针对舞弊导致的认定层次的重大错报风险实施的审计程序

注册会计师应当考虑通过下列方式，应对舞弊导致的认定层次重大错报风险：

1. 改变拟实施审计程序的性质，以获取更为可靠、相关的审计证据，或获取额外的佐证信息，包括更加重视实地观察或检查，在实施函证程序时改变常规函证内容，询问被审计单位的非财务人员等；

2. 调整实施实质性程序的时间安排，包括在期末或接近期末实施实质性程序，或针对本期较早期间发生的交易或整个报告期内的交易实施实质性程序；

3. 实施的审计程序的范围反映对由于舞弊导致的重大错报风险的评估结果，包括扩大样本规模、采用更详细的数据实施分析程序等。

【例3-2020-单选题】下列做法中，通常无法应对舞弊导致的认定层次重大错报风险的是（　　）。

A. 改变控制测试的时间　　B. 改变实质性程序的时间

C. 改变审计程序的范围　　D. 改变审计程序的性质

【答案】A

学堂点拨

注册会计师应当考虑通过下列方式，应对舞弊导致的认定层次重大错报风险：

1. 改变拟实施审计程序的性质；

2. 改变实质性程序的时间；

3. 改变审计程序的范围。

三、针对管理层凌驾于控制之上的风险实施的程序

学堂点睛

管理层凌驾于内部控制之上的风险属于特别风险。

由于管理层在被审计单位的地位，管理层凌驾于控制之上的风险在所有被审计单位都会存在。对财务信息作出虚假报告通常与管理层凌驾于控制之上有关。管理层通过凌驾于控制之上实施舞弊的手段主要包括故意：

（1）作出虚假会计分录，特别是在临近会计期末时，从而操纵经营成果或实现其他目的；

（2）不恰当地调整对账户余额作出估计时使用的假设和判断；

（3）在财务报表中漏记、提前或推迟确认报告期内发生的事项和交易；

（4）遗漏、掩盖或歪曲适用的财务报告编制基础要求的披露或为实现公允反映所需的披露；

（5）隐瞒可能影响财务报表金额的事实；

（6）构造复杂交易以歪曲财务状况或经营成果；

（7）篡改与重大异常交易相关的记录和条款。

无论对管理层凌驾于控制之上的风险的评估结果如何，注册会计师都应当设计和实施审计程序，用以：

1. 测试日常会计核算过程中作出的会计分录以及编制财务报表过程中作出的其他调整是否适当。注册会计师应当：

（1）向参与财务报告过程的人员询问与处理会计分录和其他调整相关的不恰当或异常的活动；

（2）选择在报告期末作出的会计分录和其他调整；

（3）考虑是否有必要测试整个会计期间的会计分录和其他调整。

2. 复核会计估计是否存在偏向，并评价产生这种偏向的环境是否表明存在由于舞弊导致的重大错报风险。注册会计师应当：

（1）评价管理层在作出会计估计时所作的判断和决策是否反映出管理层的某种偏向（即使判断和决策单独看起来是合理的），从而可能表明存在由于舞弊导致的重大错报风险。如果存在偏向，注册会计师应当从整体上重新评价会计估计；

（2）追溯复核与以前年度财务报表反映的重大会计估计相关的管理层判断和假设。

3. 对于超出被审计单位正常经营过程的重大交易，或基于对被审计单位及其环境的了解以及在审计过程中获取的其他信息而显得异常的重大交易，评价其商业理由（或缺乏商业理由）是否表明被审计单位从事交易的目的是为了对财务信息作出虚假报告或掩盖侵占资产的行为。

可能表明被审计单位从事超出其正常经营过程的重大交易，或虽然未超出其正常经营过程但显得异常的重大交易：

（1）交易的形式显得过于复杂（例如交易涉及集团内部多个实体，或涉及多个非关联的第三方）；

（2）管理层未与治理层就此类交易的性质和会计处理进行过讨论，且缺乏充分的记录；

（3）管理层更强调采用某种特定的会计处理的需要，而不是交易的经济实质；

（4）对于涉及不纳入合并范围的关联方（包括特殊目的实体）的交易，治理层未进行适当的审核与批准；

（5）交易涉及以往未识别出的关联方，或涉及在没有被审计单位帮助的情况下不具备物质基础或财务能力完成交易的第三方。

【例4-2019-多选题】为应对管理层凌驾于控制之上的风险，下列各项审计程序中，注册会计师应当实施的有（　　）。

A．确认重大关联方交易是否得到适当授权

B．测试编制财务报表过程中作出的会计分录和其他调整是否适当

C．评价超出被审计单位正常经营过程的重大交易的商业理由

D．复核会计估计是否存在偏向

【答案】BCD

学堂点拨

管理层凌驾于控制之上的风险属于特别风险。无论对管理层凌驾于控制之上的风险的评估结果如何，注册会计师都应当设计和实施审计程序，用以：1．测试日常会计核算过程中作出的会计分录以及编制财务报表过程中作出的其他调整是否适当。2．复核会计估计是否存在偏向，并评价产生这种偏向的环境是否表明存在由于舞弊导致的重大错报风险。3．对于超出被审计单位正常经营过程的重大交易，或基于对被审计单位及其环境的了解以及在审计过程中获取的其他信息而显得异常的重大交易，评价其商业理由（或缺乏商业理由）是否表明被审计单位从事交易的目的是为了对财务信息作出虚假报告或掩盖侵占资产的行为。

【例5-2018-多选题】为应对管理层凌驾于控制之上的风险，下列审计程序中，注册会计师应当在所有审计业务中实施的有（　　）。

A．对报告期末作出的会计分录和其他调整实施测试

B．复核会计估计是否存在偏向

C．对营业收入实施实质性分析程序

D．对关联方交易及余额实施函证程序

【答案】AB

学堂点拨

无论对管理层凌驾于控制之上的风险的评估结果如何，注册会计师都应当设计和实施审计程序，用以：1．测试日常会计核算过程中作出的会计分录以及编制财务报表过程中作出的其他调整是否适当。2．复核会计估计是否存在偏向，并评价产生这种偏向的环境是否表明存在由于舞弊导致的重大错报风险。3．对于超出被审计单位正常经营过程的重大交易，或基于对被审计单位及其环境的了解以及在审计过程中获取的其他信息而显得异常的重大交易，评价其商业理由（或缺乏商业理由）是否表明被审计单位从事交易的目的是为了对财务信息作出虚假报告或掩盖侵占资产的行为。

知识点6 评价审计证据（★★★）

一、发现舞弊时对审计的影响

1. 如果识别出某项错报，注册会计师应当评价该项错报是否表明存在舞弊。如果存在舞弊的迹象，由于舞弊涉及实施舞弊的动机或压力、机会或借口，因此一个舞弊不太可能是一个孤立发生的事项，注册会计师应当评价对审计工作其他方面的影响，特别是对管理层声明可靠性的影响。

2. 如果识别出某项错报，并有理由认为该项错报是或可能是由于舞弊导致的，且涉及管理层，特别是涉及较高层级的管理层，无论该项错报是否重大，注册会计师都应当：

（1）重新评价对由于舞弊导致的重大错报风险的评估结果，以及该结果对旨在应对评估的风险的审计程序的性质、时间安排和范围的影响；

（2）重新考虑此前获取的审计证据的可靠性，并考虑管理层与员工或第三方串通舞弊的可能性。

二、考虑对审计报告的影响

如果确认财务报表存在由于舞弊导致的重大错报，或无法确定财务报表是否存在由于舞弊导致的重大错报，注册会计师应当评价这两种情况对审计意见的影响。

知识点7 无法继续执行审计业务（★★★）

一、对继续执行审计业务的能力产生怀疑

如果由于舞弊或舞弊嫌疑导致出现错报，致使注册会计师遇到对其继续执行审计业务的能力产生怀疑的异常情形，注册会计师应当：

1. 确定适用于具体情况的职业责任和法律责任，包括是否需要向审计业务委托人或监管机构报告；

2. 在相关法律法规允许的情况下，考虑是否需要解除业务约定。

注册会计师可能遇到的对其继续执行审计业务的能力产生怀疑的异常情形如下：

1. 被审计单位没有针对舞弊采取适当的、注册会计师根据具体情况认为必要的措施，即使该舞弊对财务报表并不重大；

2. 注册会计师对由于舞弊导致的重大错报风险的考虑以及实施审计测试的结果，表明存在重大且广泛的舞弊风险；

3. 注册会计师对管理层或治理层的胜任能力或诚信产生重大疑虑。

二、解除业务约定

如果决定解除业务约定，注册会计师应当采取下列措施：

1. 与适当层级的管理层和治理层讨论解除业务约定的决定和理由；

2. 考虑是否存在职业责任和法律责任，需要向审计业务委托人或监管机构报告解除业务约定的决定和理由。

知识点8 书面声明（★★★）

注册会计师应当就下列事项向管理层和治理层（如适用）获取书面声明：

1. 管理层和治理层认可其设计、执行和维护内部控制以防止和发现舞弊的责任；

2. 管理层和治理层已向注册会计师披露了管理层对由于舞弊导致的财务报表重大错报风险的评估结果；

3. 管理层和治理层已向注册会计师披露了已知的涉及管理层、在内部控制中承担重要职责的员工以及其舞弊行为可能导致财务报表出现重大错报的其他人员的舞弊或舞弊嫌疑；

4. 管理层和治理层已向注册会计师披露了从现任和前任员工、分析师、监管机构等方面获知的、影响财务报表的舞弊指控或舞弊嫌疑。

知识点9 与管理层、治理层及被审计单位之外的适当机构的沟通（★★★）

一、与管理层的沟通

1. 当已获取的证据表明存在或可能存在舞弊时，除非法律法规禁止，注册会计师应当及时提请适当层级的管理层关注这一事项。

2. 通常情况下，适当层级的管理层至少要比涉嫌舞弊的人员高出一个级别。

二、与治理层的沟通

如果确定或怀疑舞弊涉及管理层、在内部控制中承担重要职责的员工以及其舞弊行为可能导致财务报表出现重大错报的其他人员，注册会计师应当及时就此类事项与治理层沟通。如果怀疑舞弊涉及管理层，除非法律法规禁止，注册会计师应当将此怀疑向治理层通报，并与其讨论为完成审计工作所必需的审计程序的性质、时间安排和范围。

如果根据判断认为还存在与治理层职责相关的、涉及舞弊的其他事项，除非法律法规禁止，注册会计师应当就此与治理层沟通。这些事项可能包括：

1. 对管理层评估的性质、范围和频率的疑虑，这些评估是针对旨在防止和发现舞弊的控制及财务报表可能存在的重大错报风险而实施的；

2. 管理层和治理层未能恰当应对识别出的值得关注的内部控制缺陷或舞弊；

3. 注册会计师对被审计单位控制环境的评价，包括对管理层胜任能力和诚信的疑虑；

4. 可能表明存在编制虚假财务报告的管理层行为；

5. 对超出正常经营过程交易的授权的适当性和完整性的疑虑。

三、与被审计单位之外的适当机构的沟通

如果识别出舞弊或怀疑存在舞弊，注册会计师应当确定是否有责任向被审计单位以外的适当机构报告。

尽管注册会计师对客户信息负有的保密义务可能妨碍这种报告，但如果法律法规或相关职业道德要求规定了相关报告责任，注册会计师应当遵守法律法规或相关职业道德要求的规定。

第二节 财务报表审计中对法律法规的考虑

微信扫一扫
习题免费练

知识点提示

法律法规分为两类：对决定财务报表中的重大金额和披露有直接影响和没有直接影响的两类法律法规。

管理层的责任是在治理层的监督下确保被审计单位的经营活动符合法律法规的规定。注册会计师的责任是对财务报表整体不存在由于舞弊或错误导致的重大错报获取合理保证。换言之，注册会计师没有责任防止被审计单位违反法律法规行为，也不能期望其发现所有的违反法律法规行为。同时，针对前述两类不同的法律法规，注册会计师承担的责任也不一样：1. 针对被审计单位需要遵守的第一类法律法规，注册会计师的责任是就被审计单位遵守这些法律法规的规定获取充分、适当的审计证据；2. 针对被审计单位需要遵守的第二类法律法规，注册会计师的责任仅限于实施特定的审计程序，以有助于识别可能对财务报表产生重大影响的违反这些法律法规的行为。

注册会计师要特别注意与法律法规行为相关的信息。如果注意到与识别出的或怀疑存在的违反法律法规行为相关的上述信息，注册会计师需要了解应当实施的程序。

知识点1 两类不同的法律法规（★★）

违反法规行为，是指被审计单位、治理层、管理层或者为被审计单位工作或受其指导的其他人，有意或无意违背除适用的财务报告编制基础以外的现行法律法规（如环境保护法、食品卫生法、税法）的行为。

违反法律法规不包括与被审计单位经营活动无关的不当个人行为。

在设计和实施审计程序以及评价和报告审计结果时，注册会计师应当充分关注被审计单位违反法规行为可能对财务报表产生的重大影响。

两类不同的法律法规：

1. 对决定财务报表中的重大金额和披露有直接影响的法律法规（如税收和企业年金方面的法律法规）；

2. 对决定财务报表中的金额和披露没有直接影响的其他法律法规，但遵守这些法律法规（如遵守经营许可条件、监管机构对偿债能力的规定或环境保护要求）对被审计单位的经营活动、持续经营能力或避免大额罚款至关重要；违反这些法律法规，可能对财务报表产生重大影响。

违反法规行为与通常反映在财务报表中的交易和事项相关度越小，注册会计师越不可能注意到或识别出可能存在的违反法规行为。

在考虑一项行为是否违反法律法规时，通常超出了注册会计师的专业胜任能力，应当征询法律意见。某项行为是否违反法律法规最终只能由法院作出判决。

知识点2 管理层和注册会计师遵守法律法规的责任（★★）

一、管理层的责任

管理层的责任是在治理层的监督下确保被审计单位的经营活动符合法律法规的规定。

通常，为防止和发现违反法规行为，管理层执行的政策和程序包括（了解）：

1. 跟踪法律法规的变化，确保设计的经营程序符合法律法规的规定；

2. 建立和执行适当的内部控制；

3. 制定、公布和落实行为守则；

4. 确保员工得到适当培训，了解行为守则；

5. 监控行为守则的遵守情况，对违反行为守则的员工采取恰当的措施，给予处分；

6. 聘请法律顾问以帮助管理层跟踪法律法规的变化；

7. 汇编重要的、被审计单位在其所处行业必须遵守的法律法规，保存被投诉的记录；

8. 对于大型被审计单位，将适当的职责分派给内部审计机构、审计委员会和合规部门（法律部门），帮助管理层履行防止和发现违反法规行为的责任。

二、注册会计师的责任

1. 注册会计师有责任对财务报表整体不存在由于舞弊或错误导致的重大错报获取合理保证。

2. 注册会计师没有责任防止被审计单位违反法律法规行为，也不能期望其发现所有的违反法律法规行为，原因如下：

（1）许多法律法规主要与被审计单位经营活动相关，通常不影响财务报表，且不能被与财务报告相关的信息系统所获取；

（2）违反法律法规可能涉及故意隐瞒的行为，如共谋、伪造、故意漏记交易、管理层凌驾于控制之上或故意向注册会计师提供虚假陈述；

（3）某行为是否构成违反法律法规，最终只能由法院或其他适当的监管机构认定。

3. 针对前述被审计单位需要遵守的两类不同的法律法规，注册会计师应当承担不同的责任：

（1）针对被审计单位需要遵守的第一类法律法规，注册会计师的责任是，就被审计单位遵守这些法律法规的规定获取充分、适当的审计证据；

（2）针对被审计单位需要遵守的第二类法律法规，注册会计师的责任仅限于实施特定的审计程序，以有助于识别可能对财务报表产生重大影响的违反这些法律法规的行为。

4. 在审计过程中，为了对财务报表形成审计意见而实施的其他审计程序，可能使注册会计师识别出或怀疑被审计单位存在违反法律法规行为，注册会计师对此应保持警觉。

知识点3 对被审计单位遵守法律法规的考虑（★★）

一、对法律法规框架的了解

在了解被审计单位及其环境时，注册会计师应当总体了解下列事项：1. 适用于被审计单位及其所处行业或领域的法律法规框架；2. 被审计单位如何遵守这些法律法规框架。

二、对注册会计师程序的要求

（一）主要程序

1. 针对第一类

针对通常对决定财务报表中的重大金额和披露有直接影响的法律法规的规定，注册会计师应当获取被审计单位遵守这些规定的充分、适当的审计证据。

2. 针对第二类

注册会计师应当实施下列审计程序，有助于识别可能对财务报表产生重大影响的违反其他法律法规的行为：

（1）向管理层和治理层（如适用）询问被审计单位是否遵守了这些法律法规；

（2）检查被审计单位与许可证颁发机构或监管机构的往来函件。

（二）其他程序

1. 阅读会议纪要。

2. 向被审计单位管理层、内部或外部法律顾问询问诉讼、索赔及评估情况。

3. 对某类交易、账户余额和披露实施细节测试。

（三）书面声明

1. 对于管理层识别出的或怀疑存在的、可能对财务报表产生重大影响的违反法律法规行为，书面声明可以提供必要的审计证据。

2. 但其本身不能提供充分、适当的审计证据，不影响注册会计师拟获取的其他审计证据的性质和范围。

【例1-2019-多选题】下列有关注册会计师执行财务报表审计时对法律法规的考虑的说法中，正确的有（　　）。

A. 注册会计师没有责任防止被审计单位违反法律法规

B. 对于不直接影响财务报表金额和披露的法律法规，注册会计师应就被审计单位遵守了这些法律法规获取管理层的书面声明

C. 如果识别出被审计单位的违反法律法规行为，注册会计师应当考虑是否有责任向被审计单位以外的监管机构报告

D. 对于直接影响财务报表金额和披露的法律法规，注册会计师应就被审计单位遵守了这些法律法规获取充分、适当的审计证据

【答案】ACD

学堂点拨

选项B，对于不直接影响财务报表金额和披露的法律法规，注册会计师的责任仅限于实施特定的审计程序，以有助于识别可能对财务报表产生重大影响的违反这些法律法规的行为。

【例2-2018-单选题】当怀疑被审计单位存在违反法律法规行为时，下列各项审计程序中，通常不能为注册会计师提供额外审计证据的是（　　）。

A. 获取被审计单位管理层的书面声明　　B. 与被审计单位治理层讨论

C．向被审计单位内部法律顾问咨询　　D．向会计师事务所的法律顾问咨询

【答案】A

学堂点拨

选项A，书面声明本身并不能为所涉及的任何事项提供充分、适当的审计证据。

知识点4 识别出或怀疑存在违反法律法规行为时实施的审计程序（★★★）

一、注意到与识别出的或怀疑存在的违反法律法规行为相关的信息时的审计程序

如果注册会计师发现下列事项或相关信息，可能表明被审计单位存在违反法律法规行为（熟读，了解）：

1．受到监管机构、政府部门的调查，或者支付罚金或受到处罚；

2．向未指明的服务付款，或向顾问、关联方、员工或政府雇员提供贷款；

3．与被审计单位或所处行业正常支付水平或实际收到的服务相比，支付过多的销售佣金或代理费用；

4．采购价格显著高于或低于市场价格；

5．异常的现金支付，以银行本票向持票人付款的方式采购；

6．与在“避税天堂”注册的公司存在异常交易；

7．向货物或服务原产地以外的国家或地区付款；

8．在没有适当的交易控制记录的情况下付款；

9．现有的信息系统不能（因系统设计存在问题或因突发性故障）提供适当的审计轨迹或充分的证据；

10．交易未经授权或记录不当；

11．负面的媒体评论。

如果注意到与识别出的或怀疑存在的违反法律法规行为相关的上述信息，注册会计师应当（掌握）：

1．了解违反法律法规行为的性质及其发生的环境；

2．获取进一步的信息，以评价对财务报表可能产生的影响，包括：

（1）违反法律法规行为对财务报表产生的潜在财务后果，如受到罚款、处分、赔偿、封存财产、强制停业和诉讼等；

（2）潜在财务后果是否需要列报；

（3）潜在财务后果是否非常严重，以致对财务报表的公允反映产生怀疑或导致财务报表产生误导。

二、怀疑被审计单位存在违反法律法规行为时的审计程序

1．如果治理层能够提供额外审计证据，注册会计师可以与治理层讨论其发现。

2．如果管理层或治理层不能提供充分的信息，可以考虑向被审计单位内部或外部的法律顾问咨询。

3. 如上述咨询不适当或不满意，可考虑向会计师事务所的法律顾问咨询。

三、评价违反法律法规行为的影响

1. 评价对风险评估结果和书面声明可靠性的影响。

2. 如管理层或治理层没有采取适合具体情况的补救措施，即使违反法律法规行为不重要，也可能考虑解除业务约定。

3. 如不能解除业务约定，可考虑替代方案，包括在审计报告的其他事项段中描述违反法律法规行为。

知识点5 对识别出的或怀疑存在的违反法律法规行为的沟通和报告（★★★）

一、与治理层沟通

（一）沟通要求

除非治理层全部成员参与管理被审计单位，否则注册会计师应当与治理层沟通。

（二）沟通内容

1. 识别出的或怀疑存在的违反法律法规行为的事项。

2. 不必沟通明显不重要的事项。

（三）沟通方式

1. 通常采用书面形式，注册会计师将沟通文件副本作为审计工作底稿。

2. 如果采用口头沟通方式，应形成沟通记录并作为审计工作底稿保存。

（四）违反法规行为情节严重时的沟通要求

1. 对故意和重大的违反法规行为的沟通要求

如果根据判断认为需要沟通的违反法律法规行为是故意和重大的，注册会计师应当就此尽快向治理层通报。

2. 怀疑违反法律法规行为涉及管理层或治理层时的沟通要求

如果怀疑违反法律法规行为涉及管理层或治理层，注册会计师应当向被审计单位审计委员会或监事会等更高层级的机构通报。

如果不存在更高层级的机构，或者注册会计师认为被审计单位可能不会对通报作出反应，或者注册会计师不能确定向谁报告，注册会计师应当考虑是否需要征询法律意见。

二、出具审计报告

（一）考虑财务报表是否恰当反映

如果认为违反法律法规行为对财务报表具有重大影响，注册会计师应当要求被审计单位在财务报表中予以恰当反映。

1. 如恰当反映，出具无保留意见的审计报告。

2. 如未恰当反映，出具保留或否定意见的审计报告。

（二）考虑审计范围受到限制的影响

1. 来自被审计单位的限制。

如果因管理层或治理层阻挠而无法获取充分、适当的审计证据，注册会计师应当根据审计范围受到限制的程度，发表保留意见或无法表示意见。

2. 其他方面的限制。

如果由于审计范围受到管理层或治理层以外的其他方面的限制而无法确定被审计单位是否存在违反法律法规行为，注册会计师应当评价这一情况对审计意见的影响。

三、向被审计单位之外的适当机构报告违反法律法规行为

1. 如果识别出或怀疑存在违反法律法规行为，注册会计师应当考虑是否有责任向被审计单位以外的适当机构报告。

2. 注册会计师考虑是否报告的是经注册会计师发现和确定的严重违反法律法规的行为。所谓"严重"主要是指有重大法律后果或涉及社会公众利益。

3. 应当了解相关法律法规是否要求报告违反法规行为，还应考虑采取何种方式、何时以及向谁进行报告。

4. 如果无法确定是否有相关法律法规要求向被审计单位之外的适当机构报告发现的被审计单位的违反法律法规行为，或者无法确定某项违反法律法规行为是否应该向被审计单位之外的适当机构报告，注册会计师通常可以考虑征询相关的法律意见，然后再确定如何处理。

【例3-单选题】关于注册会计师对被审计单位违反法律法规行为的审计责任，下列说法中，正确的是（　　）。

A. 注册会计师有责任发现被审计单位所有的违反法律法规行为

B. 针对通常对决定财务报表中的重大金额和披露有直接影响的法律法规的规定，注册会计师应当获取被审计单位遵守这些规定的充分、适当的审计证据

C. 注册会计师没有责任专门实施审计程序以发现被审计单位的违反法律法规行为

D. 对被审计单位的违反法律法规行为，注册会计师应当在审计报告中予以反映

【答案】B

学堂点拨

针对通常对决定财务报表中的重大金额和披露有直接影响的法律法规的规定，注册会计师应当获取被审计单位遵守这些规定的充分、适当的审计证据。

第十四章　审计沟通

本章思维导图

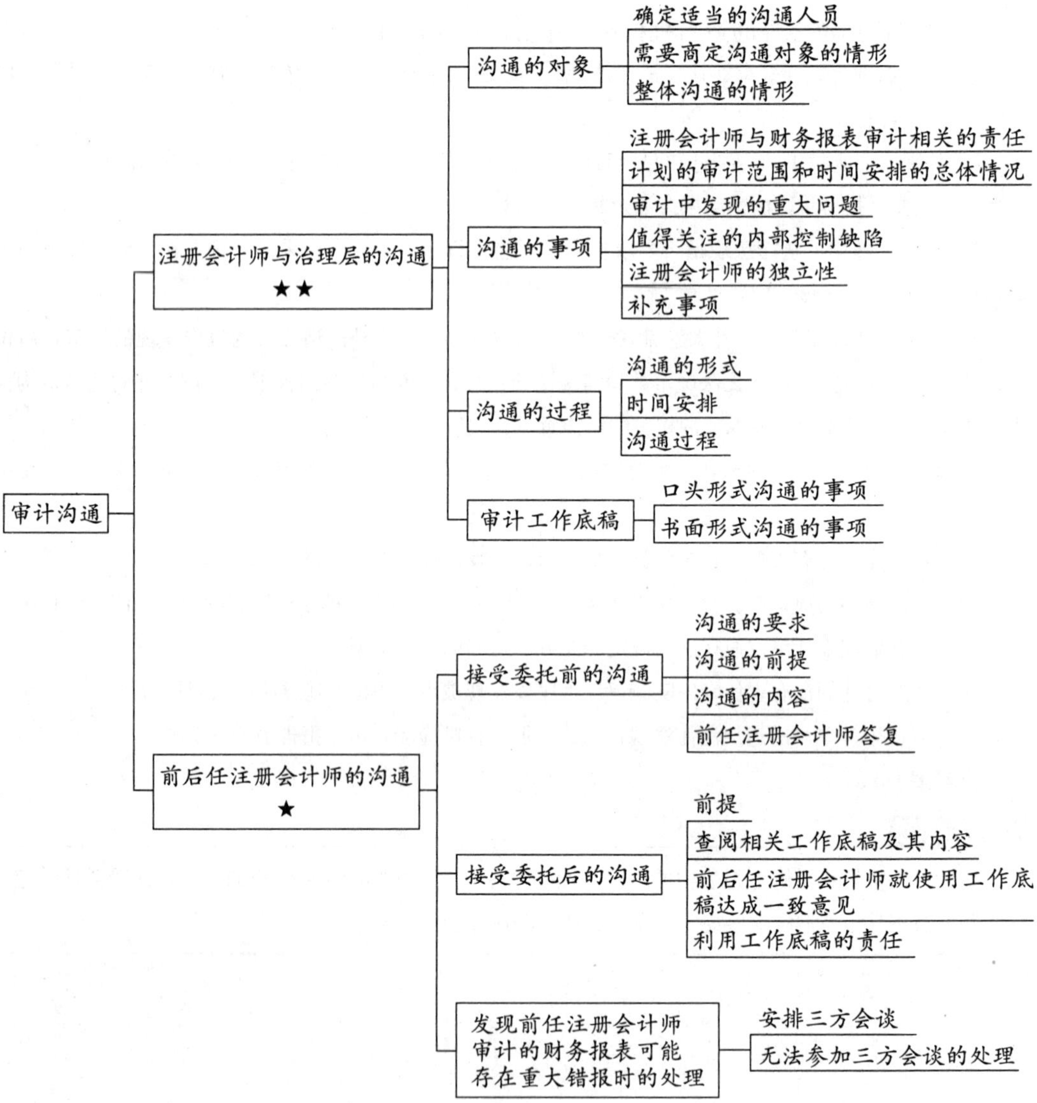

本章知识点精讲

第一节 注册会计师与治理层的沟通

微信扫一扫
习题免费练

知识点提示

从本节开始我们进入到“两个沟通，三个利用”（与治理层沟通、前后任注册会计师的沟通；利用内审、利用专家、利用其他注册会计师）的学习。

知识点1 与治理层沟通的根本原因、作用、总体要求和目的（★）

一、与治理层沟通的根本原因

治理层在财务报告编制过程中的监督与注册会计师对财务报表的审计职责方面存在着共同的关注点，二者在履行职责方面存在着很强的互补性，这也正是注册会计师需要与治理层保持有效的双向沟通的根本原因。

二、与治理层沟通的作用

1. 注册会计师和治理层了解与审计相关的背景事项，并建立建设性的工作关系，在建立这种关系时，注册会计师需要保持独立性和客观性。

2. 注册会计师向治理层获取与审计相关的信息，例如，治理层可以帮助注册会计师了解被审计单位及其环境，确定审计证据的适当来源，以及提供有关具体交易或事项的信息。

3. 治理层履行其对财务报告过程的监督责任，从而降低财务报表重大错报风险。

三、与治理层沟通的总体要求

注册会计师应当就与财务报表审计相关且与治理层责任相关的重大事项，以适当的方式及时与治理层进行明晰的沟通。

四、与治理层沟通的主要目的

1. 就注册会计师与财务报告审计相关的责任、计划的审计范围和时间安排的总体情况，与治理层进行清晰的沟通；

2. 向治理层获取与审计相关的信息；

3. 及时向治理层通报审计中发现的与治理层对财务报告过程的监督责任相关的重大事项；

4. 推动注册会计师和治理层之间有效的双向沟通。

知识点2 沟通的对象——找谁沟通（★★）

表 14-1 注册会计师沟通的对象

项目	内容
总体要求	1. 确定沟通对象的一般要求：（1）确定适当的沟通人员，适当人员可能因沟通事项的不同而不同。例如，独立性问题的沟通，其沟通对象最好是被审计单位治理结构中有权决定聘任、解聘注册会计师的组织或人员。再如，有关管理层的胜任能力和诚信问题方面的事项，就不宜与兼任高级管理职务的治理层成员沟通。（2）确定适当的沟通人员时应当利用的信息。在确定与哪些适当人员沟通特定事项时，注册会计师应当利用在了解被审计单位及其环境时获取的有关治理结构和治理过程的信息。 2. 需要商定沟通对象的特殊情形：通常，被审计单位也会指定其治理结构中相对固定的人员或组织（如审计委员会）负责与注册会计师进行沟通。如果由于被审计单位的治理结构没有被清楚地界定，导致注册会计师无法清楚地识别适当的沟通对象，被审计单位也没有指定适当的沟通对象，注册会计师就应当尽早与审计委托人商定沟通对象。
与治理层的下设组织或个人沟通	1. 决定与治理层下设组织或个人沟通时应当考虑的主要因素（没必要全部事项整体沟通）：（1）治理层的下设组织与治理层各自的责任；（2）拟沟通事项的性质；（3）相关法律法规的要求；（4）下设组织是否有权就沟通的信息采取行动，以及是否能够提供注册会计师可能需要的进一步信息和解释。 2. 被审计单位设有审计委员会或监事会的情形。尽管审计委员会的具体权力和职责可能不同，但与其沟通已成为注册会计师与治理层沟通的一个关键要素。良好的治理原则建议审计委员会：（1）邀请注册会计师定期参加审计委员会会议；（2）审计委员会主席和其他相关成员定期与注册会计师联系；（3）审计委员会每年至少一次在管理层不在场的情况下会见注册会计师。 3. 需要与治理层整体沟通的特殊情形：（1）在某些情况下，治理层全部成员参与管理被审计单位。此时，如果就审计准则要求沟通的事项已与负有管理责任的人员沟通，且这些人员同时负有治理责任，注册会计师无须就这些事项再次与负有治理责任的相同人员沟通。（2）注册会计师应当确信与负有管理责任人员的沟通能够向所有负有治理责任的人员充分传递应予沟通的内容。

知识点3 沟通的事项——沟通什么（★★★）

注册会计师与治理层沟通的事项包括：注册会计师与财务报表审计相关的责任；计划的审计范围和时间安排；审计中发现的重大问题；值得关注的内部控制缺陷；注册会计师的独立性；补充事项。

表 14-2 注册会计师与治理层沟通的事项

项目	内容
注册会计师与财务报表审计相关的责任	1. 注册会计师应当与治理层沟通注册会计师与财务报表审计相关的责任，包括： （1）注册会计师负责对管理层在治理层监督下编制的财务报表形成和发表意见； （2）财务报表审计并不减轻管理层或治理层的责任。 2. 向治理层提供审计业务约定书或其他适当形式的书面协议的副本，可能是与其就下列相关事项进行沟通的适当方式：

（续上表）

项目	内容
注册会计师与财务报表审计相关的责任	（1）注册会计师按照审计准则执行审计工作的责任，主要集中在对财务报表发表意见上。审计准则要求沟通的事项包括财务报表审计中发现的、与治理层对财务报告过程的监督有关的重大事项； （2）审计准则并不要求注册会计师设计程序来识别与治理层沟通的补充事项； （3）当《中国注册会计师审计准则第1504号——在审计报告中沟通关键审计事项》适用时，注册会计师确定并在审计报告中沟通关键审计事项的责任； （4）依据法律法规的规定、与被审计单位的协议或适用于该业务的其他规定，注册会计师沟通特定事项的责任（如适用）。
计划的审计范围和时间安排	1．在与治理层就计划的审计范围和时间安排进行沟通时，尤其是在治理层部分或全部成员参与管理被审计单位的情况下，注册会计师需要保持职业谨慎，避免损害审计的有效性。 2．沟通的意义：（1）帮助治理层更好地了解注册会计师工作的结果，与注册会计师讨论风险问题和重要性的概念，以及识别可能需要注册会计师追加审计程序的领域；（2）帮助注册会计师更好地了解被审计单位及其环境。 3．沟通的事项可能包括： （1）注册会计师拟如何应对由于舞弊或错误导致的特别风险以及重大错报风险评估水平较高的领域； （2）注册会计师对与审计相关的内部控制采取的方案； （3）在审计中对重要性概念的运用； （4）实施计划的审计程序或评价审计结果需要的专门技术或知识的性质和程度，包括利用注册会计师的专家的工作； （5）当《中国注册会计师审计准则第1504号——在审计报告中沟通关键审计事项》适用时，注册会计师对哪些事项可能需要重点关注因而可能构成关键审计事项所作的初步判断； （6）针对适用的财务报告编制基础或者被审计单位所处的环境、财务状况或活动发生的重大变化对单一报表及披露产生的影响，注册会计师拟采取的应对措施。 4．可能适合与治理层讨论的计划方面的其他事项包括： （1）如果被审计单位设有内部审计，注册会计师和内部审计人员如何以建设性和互补的方式更好地协调和配合工作，包括拟利用内部审计工作,以及拟利用内部审计人员提供直接协助的性质和范围。 （2）治理层对下列问题的看法： ①与被审计单位治理结构中的哪些适当人员沟通；②治理层和管理层之间的责任分配；③被审计单位的目标和战略，以及可能导致重大错报的相关经营风险；④治理层认为审计过程中需要特别关注的事项，以及治理层要求注册会计师追加审计程序的领域；⑤被审计单位与监管机构之间的重要沟通；⑥治理层认为可能会影响财务报表审计的其他事项。 （3）治理层对下列问题的态度、认识和措施： ①被审计单位的内部控制及其在被审计单位中的重要性，包括治理层如何监督内部控制的有效性；②舞弊发生的可能性或如何发现舞弊。 （4）治理层应对会计准则、公司治理实务、交易所上市规则和相关事项变化及这些变化及这些变化对财务报表的总体列报、结构和内容等方面的影响所采取的措施，包括： ①财务报表中信息的相关性、可靠性、可比性和可理解性； ②考虑财务报表是否因包含不相关或有碍正确理解所披露事项的信息而受到不利影响。 （5）治理层对以前与注册会计师沟通作出的反应。 5．尽管与治理层的沟通可以帮助注册会计师计划审计的范围和时间安排，但并不改变注册会计师独自承担制定总体审计策略和具体审计计划（包括获取充分、适当的审计证据所需程序的性质、时间安排和范围）的责任。

（续上表）

项目	内容
审计工作中发现的重大问题	注册会计师应当与治理层沟通审计中发现的下列重大问题： 1. 注册会计师对被审计单位会计实务（包括会计政策、会计估计和财务报表披露）重大方面的质量的看法。 2. 审计工作中遇到的重大困难： （1）在提供审计所需信息时管理层严重拖延或不愿意提供，或者被审计单位的人员不予配合； （2）不合理地要求缩短完成审计工作的时间； （3）为获取充分、适当的审计证据需要付出的努力远远超过预期； （4）无法获取预期的信息； （5）管理层对注册会计师施加的限制； （6）管理层不愿意按照要求对被审计单位持续经营能力进行评估，或不愿意延长评估期间。 3. 已与管理层讨论或需要书面沟通的重大事项，以及注册会计师要求提供的书面声明，除非治理层全部成员参与管理被审计单位。前述重大事项可能包括： （1）影响被审计单位的业务环境，以及可能影响重大错报风险的经营计划和战略； （2）对管理层就会计或审计问题向其他专业人士进行咨询的关注； （3）管理层在首次委托或连续委托注册会计师时，就会计实务、审计准则应用、审计或其他服务费用与注册会计师进行的讨论或书面沟通； （4）当年发生的重大事项或交易； （5）与管理层存在意见分歧的重大事项，但因事实不完整或初步信息造成并在随后通过进一步获取相关事实或信息得以解决的初步意见分歧除外。 4. 影响审计报告形式和内容的情形。 按照相关审计准则的规定，注册会计师应当或可能认为有必要在审计报告中包含更多信息并应当就此与治理层沟通的情形包括： （1）根据《中国注册会计师审计准则第1502号——在审计报告中发表非无保留意见》的规定，注册会计师预期在审计报告中发表非无保留意见； （2）根据《中国注册会计师审计准则第1324号——持续经营》的规定，报告与持续经营相关的重大不确定性； （3）根据《中国注册会计师审计准则第1504号——在审计报告中沟通关键审计事项》的规定，沟通关键审计事项； （4）根据《中国注册会计师审计准则第1503号——在审计报告中增加强调事项段和其他事项段》或其他审计准则的规定，注册会计师认为有必要（或应当）增加强调事项段或其他事项段。 在这些情形下，注册会计师可能认为有必要向治理层提供审计报告的草稿，以便于讨论如何在审计报告中处理这些事项。 5. 审计中出现的、根据职业判断认为对监督财务报告过程相关的所有其他重大事项。 审计中出现的、与治理层履行对财务报告过程的监督职责直接相关的其他重大事项，可能包括已更正的其他信息存在的对事实的重大错报或重大不一致。 沟通审计中发现的重大问题可能包括要求治理层提供进一步信息以完善获取的审计证据。

（续上表）

项目	内容
值得关注的内部控制缺陷	1. 内部控制缺陷和值得关注的内部控制缺陷： （1）内部控制缺陷，是指在下列任一情况下内部控制存在的缺陷： ①某项控制的设计、执行或运行不能及时防止或发现并纠正财务报表错报；②缺少用以及时防止或发现并纠正财务报表错报的必要控制。 （2）值得关注的内部控制缺陷，是指注册会计师根据职业判断，认为足够重要从而值得治理层关注的内部控制的一个缺陷或多个缺陷的组合。 注册会计师应当根据已执行的审计工作，确定是否识别出内部控制缺陷。如果识别出内部控制缺陷，注册会计师应当根据已执行的审计工作，确定该缺陷单独或连同其他缺陷是否构成值得关注的内部控制缺陷。 2. 向治理层和管理层通报内部控制缺陷： （1）注册会计师应当以书面形式及时向治理层通报审计过程中识别出的值得关注的内部控制缺陷； （2）注册会计师还应当及时向相应层级的管理层通报下列内部控制缺陷： ①已向或拟向治理层通报的值得关注的内部控制缺陷，除非在具体情况下不适合直接向管理层通报；②在审计过程中识别出的、其他方尚未向管理层通报而注册会计师根据职业判断认为足够重要从而值得管理层关注的内部控制其他缺陷。 3. 值得关注的内部控制缺陷的书面沟通文件包括的内容： （1）对缺陷的描述以及对其潜在影响的解释； （2）使治理层和管理层能够了解沟通背景的充分信息。 4. 在向治理层和管理层提供信息时，注册会计师应当特别说明的事项： （1）注册会计师执行审计工作的目的是对财务报表发表审计意见； （2）审计工作包括考虑与财务报表编制相关的内部控制，其目的是设计适合具体情况的审计程序，并非对内部控制的有效性发表意见（如果结合财务报表审计对内部控制的有效性发表意见，应当删除“并非对内部控制的有效性发表意见”的措辞）； （3）报告的事项仅限于注册会计师在审计过程中识别出的、认为足够重要从而值得向治理层报告的缺陷。
注册会计师的独立性	1. 对独立性的不利影响，包括因自身利益、自我评价、过度推介、密切关系和外在压力产生的不利影响。 2. 法律法规和职业规范规定的防范措施、被审计单位采取的防范措施，以及会计师事务所内部自身的防范措施。 如果被审计单位是上市实体，注册会计师还应当与治理层沟通下列内容： （1）就审计项目组成员、会计师事务所其他相关人员以及会计师事务所和网络事务所按照相关职业道德要求保持了独立性作出声明； （2）根据职业判断，注册会计师认为会计师事务所、网络事务所与被审计单位之间存在的可能影响独立性的所有关系和其他事项，包括会计师事务所和网络事务所在财务报表涵盖期间为被审计单位和受被审计单位控制的组成部分提供审计、非审计服务的收费总额； （3）为消除对独立性的不利影响或将其降至可接受的水平，已经采取的相关防范措施。

（续上表）

项目	内容
补充事项	注册会计师可能注意到一些补充事项，其不一定与监督财务报告流程有关，但对治理层监督被审计单位的战略方向或与被审计单位受托责任相关的义务很可能是重要的。这些事项可能包括与治理结构或过程有关的重大问题、缺乏适当授权的高级管理层作出的重大决策或行动。如果需要沟通补充事项，注册会计师可以使治理层注意： 1. 识别和沟通这类事项对审计目的而言，只是附带的； 2. 除对财务报表形成审计意见所需实施的审计程序外，没有专门针对这些事项实施其他程序； 3. 没有实施程序来确定是否还存在其他的同类事项。

知识点4 沟通的过程——怎样沟通（★★★）

一、确立沟通过程

（一）基本要求

清楚地沟通注册会计师的责任、计划的审计范围和时间安排以及期望沟通的大致内容，有助于为有效的双向沟通确立基础。

（二）与管理层的沟通

在与治理层沟通某些事项前，注册会计师可能就这些事项与管理层讨论，除非这种做法并不适当。不适合与管理层讨论的事项包括管理层的胜任能力或诚信问题等。如果被审计单位设有内部审计，注册会计师可以在与治理层沟通前与内部审计人员讨论相关事项。

（三）与第三方的沟通

第一，治理层可能希望向第三方（如银行或特定监管机构）提供注册会计师书面沟通文件的副本。在向第三方提供为治理层编制的书面沟通文件时，在书面沟通文件中声明以下内容：书面沟通文件仅为治理层的使用而编制，在适当的情况下也可供集团管理层和集团注册会计师使用，但不应被第三方依赖；注册会计师对第三方不承担责任；书面沟通文件向第三方披露或分发的任何限制。

第二，除非法律法规要求向第三方提供注册会计师与治理层的书面沟通文件的副本，否则注册会计师在向第三方提供前可能需要事先征得治理层同意。

二、沟通的形式

第一，对于审计中发现的重大问题，如果根据职业判断认为采用口头形式沟通不适当，注册会计师应当以书面形式与治理层沟通，但书面沟通不必包括审计过程中的所有事项。

第二，对于审计准则要求的注册会计师的独立性以及值得关注的内部控制缺陷，注册会计师应以书面形式沟通。

第三，对于其他事项，注册会计师可采用口头或书面形式沟通。

除特定事项的重要程度外，沟通的形式可能还受下列因素的影响：

1. 对该事项的讨论是否将包含在审计报告中。例如，在审计报告中沟通关键审计事项时，注册会计师可能认为有必要就确定关键审计事项进行书面沟通。2. 特定事项是否已经得到满意的解决。

3. 管理层是否已事先就该事项进行沟通。4. 被审计单位的规模、经营结构、控制环境和法律结构。5. 在特殊目的财务报表审计中，注册会计师是否还审计被审计单位的通用目的财务报表。6. 法律法规要求。7. 治理层的期望，包括与注册会计师定期会谈或沟通的安排。8. 注册会计师与治理层持续接触和对话的次数。9. 治理结构的成员是否发生了重大变化。

【例1-2020-单选题】下列沟通中，注册会计师应当采用书面形式的是（　　）。

A. 接受委托后，与前任注册会计师的沟通

B. 上市公司审计中，与治理层关于重要审计项目的沟通

C. 上市公司审计中，与治理层关于注册会计师独立性的沟通

D. 接受委托前，与前任注册会计师的沟通

【答案】C

学堂点拨

对于审计准则要求的注册会计师的独立性，注册会计师应当以书面形式与治理层沟通。

三、沟通的时间安排

注册会计师应当及时与治理层沟通。适当的沟通时间安排因业务环境的不同而不同。相关的环境包括事项的重要程度和性质，以及期望治理层采取的行动。例如：

第一，对于计划事项的沟通，通常在审计业务的早期阶段进行。

第二，对于审计中遇到的重大困难，如果治理层能够协助注册会计师克服这些困难，或者这些困难可能导致发表非无保留意见，可能需要尽快沟通。

第三，当《中国注册会计师审计准则第1504号——在审计报告中沟通关键审计事项》适用时，注册会计师可以在讨论审计工作的计划范围及时间安排时沟通对关键审计事项的初步看法，注册会计师在沟通重大审计发现时也可以与治理层进行更加频繁的沟通，以进一步讨论此类事项。

第四，无论何时（如承接一项非审计服务和在总结性讨论中）就对独立性的不利影响和相关防范措施作出了重要判断，就独立性进行沟通都可能是适当的。

第五，沟通审计中发现的问题，包括注册会计师对被审计单位实务质量的看法，也可能作为总结性讨论的一部分。

第六，当同时审计通用目的和特殊目的财务报表时，注册会计师协调沟通的时间安排可能是适当的。

除了沟通事项的重要程度以外，可能与沟通的时间安排相关的其他因素包括：

1. 被审计单位的规模、经营结构、控制环境和法律结构；2. 在规定的时限内沟通特定事项的法定义务；3. 治理层的期望，包括与注册会计师定期会谈或沟通的安排；4. 注册会计师识别出特定事项的时间。

四、沟通过程的充分性

注册会计师应当评价其与治理层之间的双向沟通对实现审计目的是否充分。如果认为双向沟通不充分，注册会计师应当评价其对重大错报风险评估以及获取充分、适当的审计证据的能力的影响，并

采取适当的措施。

（一）有助于评价沟通过程充分性的审计证据

注册会计师不需要设计专门程序以支持其对治理层之间的双向沟通的评价，这种评价可以建立在为其他目的而实施的审计程序所获取的审计证据的基础上。

（二）沟通不充分的应对措施

不充分的双向沟通可能意味着令人不满意的控制环境，影响注册会计师对重大错报风险的评估。同时存在一种风险，即注册会计师可能不能获取充分、适当的审计证据以形成对财务报表的审计意见。

如果注册会计师与治理层之间的双向沟通不充分，并且这种情况得不到解决，注册会计师应采取下列主要措施：

1. 根据审计范围受到的限制发表非无保留意见；
2. 就采取不同措施的后果征询法律意见；
3. 与第三方（监管机构）、被审计单位外部的在治理结构中拥有更高权力的组织或人员（如企业的业主、股东大会中的股东）或对公共部门负责的政府部门进行沟通；
4. 在法律法规允许的情况下解除业务约定。

知识点5 审计工作底稿（★★）

第一，注册会计师应当记录与治理层沟通的重大事项。

第二，如果审计准则要求沟通的事项是以口头形式沟通的，注册会计师应将其包括在审计工作底稿中，并记录沟通的时间和对象；如果审计准则要求沟通的事项是以书面形式沟通的，注册会计师应当保存一份沟通文件的副本，作为审计工作底稿的一部分。

第三，如果治理层全部参与管理，注册会计师还应当记录对沟通的充分性进行考虑的过程，即考虑与负有管理责任人员的沟通能否向所有负有治理责任的人员充分传递应予沟通内容的过程。

【例2-2010-单选题】在与治理层沟通计划的审计范围和时间安排时，下列各项中，A注册会计师通常认为不宜沟通的是（　　）。

A. 重要性的具体金额　　B. 拟如何应对由于舞弊或错误导致的特别风险

C. 对与审计相关的内部控制采取的方案　　D. 拟利用内部审计工作的程度

【答案】A

学堂点拨

在与治理层就计划的审计范围和时间安排进行沟通时，尤其是在治理层部分或全部成员参与管理被审计单位的情况下，注册会计师需要保持职业谨慎，避免损害审计的有效性。注册会计师可以就重要性概念的运用与被审计单位进行沟通，但不应提及重要性的具体金额。

【例3-单选题】在与治理层沟通审计工作中遇到重大事项时，下列各项中，A注册会计师通常认为无须沟通的是（　　）。

A. 管理层在提供审计所需要的信息时出现严重拖延

B. 管理层对审计工作施加限制

C. 审计项目组修改审计时间预算

D. 注册会计师为获取充分、适当的审计证据需要付出的努力远远超过预期

【答案】C

学堂点拨

审计工作中遇到的重大困难，可能包括以下事项：1. 在提供审计所需信息时管理层严重拖延或不愿意提供，或者被审计单位的人员不予配合；2. 不合理地要求缩短完成审计工作的时间；3. 为获取充分、适当的审计证据需要付出的努力远远超过预期；4. 无法获取预期的信息；5. 管理层对注册会计师施加的限制；6. 管理层不愿意按照要求对被审计单位持续经营能力进行评估，或不愿意延长评估期间。

第二节 前任注册会计师和后任注册会计师的沟通

微信扫一扫
习题免费练

知识点提示

前后任注册会计师的沟通分为接受委托前的沟通和接受委托后的沟通。接受委托前的沟通是必要的，接受委托后的沟通是可选择的。两者沟通的前提都是征得被审计单位同意。沟通的内容、沟通的要求以及发现前任注册会计师审计的财务报表可能存在重大错报时的处理需要重点掌握。

知识点1 前任注册会计师与后任注册会计师的含义（针对会计师事务所而言）（★★★）

一、前任注册会计师

前任注册会计师是指已对被审计单位上期财务报表进行审计，但被现任注册会计师接替的其他会计师事务所的注册会计师。接受委托但未完成审计工作，已经或可能与委托人解除业务约定的注册会计师，也视为前任注册会计师。

前任注册会计师通常包含两种情况：1. 已对最近一期财务报表发表了审计意见的某会计师事务所的注册会计师；2. 接受委托但未完成审计工作的某会计师事务所的注册会计师。

【注意】

在实务中，还可能出现委托人在相邻两个会计年度中连续变更多家会计师事务所的情况。在这种情况下，相对于执行本期财务报表审计业务的注册会计师而言，前任注册会计师是指为上期财务报表出具了审计报告的注册会计师，以及之后接受委托对本期财务报表审计但未完成审计工作的所有其他会计师事务所的注册会计师。

需要特别说明的是，如果上期财务报表仅经过代编或审阅，执行代编或审阅业务的注册会计师不能被视为前任注册会计师。

二、后任注册会计师

后任注册会计师是指正在考虑接受委托或已经接受委托，接替前任注册会计师对被审计单位本期财务报表进行审计的注册会计师。如果被审计单位委托注册会计师对已审计财务报表进行重新审计，

正在考虑接受委托或已经接受委托的注册会计师也视为后任注册会计师。

三、对前后任沟通的总体要求

对前后任注册会计师沟通的总体要求是，前后任注册会计师的沟通通常由后任注册会计师主动发起（发起方），但需征得被审计单位的同意（沟通前提）。前后任注册会计师的沟通可以采用书面和口头的方式（沟通方式）。后任注册会计师应当将沟通的情况记录于审计工作底稿（沟通情况的记录）。

前后任注册会计师应当对沟通过程中获知的信息保密。即使未接受委托，后任注册会计师仍应履行保密义务。

【案例】

X股份有限公司2019年财报由ABC会计师事务所审计并出具审计报告。

出报告之前2019年年报由A和B两家会计师事务所审计，但未出具审计报告。2018年的财报由C和D会计师事务所审计，最终由D出具审计报告。

则ABC会计师事务所的前任注册会计师为A、B、D。

知识点2 接受委托前与接受委托后的沟通（★★★）

表 14-3 接受委托前与接受委托后的沟通

项目	接受委托前的沟通	接受委托后的沟通
是否必要程序	是必要程序。 1. 沟通的目的：了解被审计单位更换会计师事务所的原因以及是否存在不应接受此项业务委托的情况，以确定是否接受委托。 2. 接受委托前的沟通是必要的审计程序。 3. 评价沟通结果。后任注册会计师应当对沟通结果进行评价，以确定是否接受委托。	不是必要程序，根据审计工作需要自行决定。
是否需被审计单位同意	必须	必须
沟通内容	1. 是否发现被审计单位管理层存在诚信方面的问题。 2. 前任注册会计师与管理层在重大会计、审计等问题上存在的意见分歧。 3. 前任注册会计师向被审计单位治理层通报的管理层舞弊、违反法律法规行为以及值得关注的内部控制缺陷。 4. 前任注册会计师认为导致被审计单位变更会计师事务所的原因。	可以采用电话询问、举行会谈、致送审计问卷等方式，但最有效、最常用的方式是查阅前任注册会计师的工作底稿。 （后任注册会计师应当征得被审计单位同意，并与前任注册会计师进行沟通。）

（续上表）

项目	接受委托前的沟通	接受委托后的沟通
沟通的要求	1. 后任注册会计师应当提请被审计单位以书面方式允许前任注册会计师对其询问作出充分答复；如果被审计单位不同意前任注册会计师作出答复，或限制答复的范围，后任注册会计师应当向被审计单位询问原因，并考虑是否接受委托。当这种情况出现时，后任注册会计师一般应当拒绝接受委托，除非可以通过其他方式获知必要的事实，或有充分的证据表明被审计单位财务报表的审计风险水平非常低。 2. （1）在被审计单位允许前任注册会计师对后任注册会计师的询问作出充分答复的情况下，前任注册会计师应当根据所了解的事实，对后任注册会计师的合理询问及时作出充分答复。 （2）当有多家会计师事务所正在考虑是否接受被审计单位的委托时，前任注册会计师应在被审计单位明确选定其中的一家会计师事务所作为后任注册会计师之后，才对该后任注册会计师的询问作出答复。 （3）如果受到被审计单位的限制或存在法律诉讼的顾虑，决定不向后任注册会计师作出充分答复，前任注册会计师应当向后任注册会计师表明其答复是有限的，并说明原因。 后任注册会计师应当判断是否存在由被审计单位或潜在法律诉讼引起的答复限制，并考虑这一情况对自己接受业务委托的影响。 （4）如果未得到答复，且没有理由认为变更会计师事务所的原因异常，后任注册会计师需要设法以其他方式与前任注册会计师再次进行沟通。 如果仍得不到答复，后任注册会计师可以致函前任注册会计师，说明如果在适当的时间内得不到答复，将假设不存在专业方面的原因使其拒绝接受委托，并表明拟接受此项业务委托。 【注意】后任注册会计师向前任注册会计师的询问可以采用书面或口头方式进行。通常情况下，后任注册会计师可以通过向前任注册会计师致函的方式进行询问。如果采用口头方式，应当将沟通的情况记录于工作底稿。	在收到后任注册会计师查阅工作底稿的请求并征得被审计单位同意后，前任注册会计师所在的会计师事务所可根据情况自主决定是否允许后任注册会计师查阅相关工作底稿以及确定查阅的内容。 如果前任注册会计师决定向后任注册会计师提供工作底稿，一般可考虑进一步从被审计单位（前审计客户）处获取一份确认函，以便降低在与后任注册会计师进行沟通时发生误解的可能性。 【注意】查阅前任注册会计师工作底稿获取的信息可能影响后任注册会计师实施审计程序的性质、时间和范围，但后任注册会计师应当对自身实施的审计程序和得出的审计结论负责。后任注册会计师不应在审计报告中表明，其审计意见全部或部分地依赖前任注册会计师的审计报告或工作。以下区分两种情形加以阐述。 1. 发生会计师事务所变更的情况。 注册会计师进行财务报表审计时，由于审计意见是针对包括比较数据在内的本期财务报表整体发表的，因此，通常无须在审计报告中特别提及比较数据。查阅前任注册会计师的工作底稿会影响后任注册会计师关于期初余额或会计政策一贯性运用的审计程序的性质、时间、范围的安排，但后任注册会计师应对其实施的审计程序与结论负责。 2. 重新审计业务。 对于重新审计业务，后任注册会计师应当询问前任注册会计师，并考虑在计划审计工作阶段查阅前任注册会计师的审计报告和工作底稿所获取的信息，但是，这些信息并不足以供后任注册会计师形成审计意见。获取充分、适当的审计证据并形成相应的审计意见完全是后任注册会计师的责任。

（续上表）

<table>
<tr><th>项目</th><th>接受委托前的沟通</th><th>接受委托后的沟通</th></tr>
<tr><td>发现前任注册会计师审计的财务报表可能存在重大错报时的处理</td><td colspan="2">1. 安排三方会谈。
后任注册会计师应当提请被审计单位告知前任注册会计师。必要时，后任注册会计师可要求被审计单位安排三方会谈。
2. 无法参加三方会谈的处理。
如果被审计单位拒绝告知前任注册会计师，或前任注册会计师拒绝参加三方会谈，或后任注册会计师对解决问题的方案不满意，后任注册会计师应当考虑对审计报告的影响或解除业务约定。在这种情况下，后任注册会计师应当考虑：（1）这种情况对当前审计业务的潜在影响，并根据具体情况出具恰当的审计报告；（2）是否退出当前审计业务。此外，后任注册会计师可考虑向其法律顾问咨询，以便决定如何采取进一步措施。</td></tr>
</table>

【例–单选题】下列关于前后任注册会计师的沟通问题的表述中，不正确的是（　　）。

A. 后任注册会计师应当将沟通的情况记录于审计工作底稿，以便完整反映审计工作的轨迹

B. 在接受委托前，后任注册会计师与前任注册会计师进行沟通的目的是为了确定是否接受委托

C. 接受委托前的沟通和接受委托后的沟通均是必要的审计程序

D. 如果被审计单位有购买审计意见的行为，后任注册会计师一般应拒绝接受委托，以抑制被审计单位购买审计意见的企图，并保护前任注册会计师的利益

【答案】C

学堂点拨

接受委托前的沟通是必要的，接受委托后的沟通并不是必要的审计程序。

第十五章　注册会计师利用他人的工作

本章思维导图

- 注册会计师利用他人的工作
  - 利用内审工作
    - 内部审计的定义、目标及其与注册会计师审计的关系
    - 确定是否利用、在哪些领域利用以及在多大程度上利用内审
      - 确定是否利用
        - 内审的客观性
        - 内审人员的胜任能力
        - 内审是否采用系统、规范化的方法
      - 利用内部审计工作是否仍然能够使注册会计师充分地参与审计工作
    - 利用内审工作
    - 确定是否利用、在哪些领域利用以及在多大程度上利用内审提供直接协助
      - 不得利用的情形
      - 分配内审人员工作时考虑的因素
      - 具有某些特征的程序，不得利用内审协助
    - 利用内部审计人员提供直接协助
    - 在审计工作底稿记录
      - 利用内审工作
        - 对客观性、胜任能力的评价及是否采用系统规范化方法
        - 利用内审工作的性质范围及决策基础
        - 评价适当性的程序
      - 利用内审协助
        - 客观性、胜任能力
        - 利用内审协助的性质范围及决策基础
        - 复核人员、日期、范围
        - 书面协议
        - 内审人员的工作底稿
  - 利用专家的工作
    - 专家的基本概念
      - 除会计、审计之外领域
      - 内部专家、外部专家
      - 利用专家工作的目标
      - CPA承担独立责任，不因利用专家的工作而减轻责任
    - 确定是否利用专家的工作
      - 可能需要利用的情形
        - 了解被审计单位及其环境
        - 识别和评估重大错报风险
        - 确定总体应对措施
        - 确定进一步审计程序
        - 形成审计意见，评价审计证据充分性和适当性
      - 应考虑因素
      - 确定专家的工作是否足以实现审计目的的程序
    - 评价专家的胜任能力、专业素质和客观性
    - 了解专家的专长领域
    - 与专家达成一致意见
      - 专家工作的性质、范围和目标
      - 注册会计师与专家各自角色和责任
      - 沟通的性质、时间安排和范围
      - 对专家遵守保密规定的要求
    - 评价专家工作的恰当性
      - 实施的特定程序
      - 评价专家工作是否足以实现审计目的的内容

本章知识点精讲

第一节　利用内部审计工作

微信扫一扫
习题免费练

知识点提示

内部审计是内部控制的一部分，了解内部控制是必须的，因此了解内部审计也是必须的。同时利用可信赖的内部审计工作的部分成果，减少不必要的重复劳动，提高审计工作效率。

学习利用内部审计工作的整体思路为：

1. 是否利用内部审计？

2. 多大程度利用内部审计以及利用内部审计需要考虑哪些因素？

3. 如果利用内部审计工作，要判断内部审计工作是否足以实现审计目的以及利用内部审计工作实现审计目的需要考虑哪几个因素。

4. 注册会计师利用了内部审计工作，在内部审计特定工作评价的基础上实施进一步审计程序时应当考虑哪些因素？

知识点1　内部审计的定义、目标

一、内部审计的定义

内部审计是指被审计单位负责执行鉴证和咨询活动，以评价和改进被审计单位的治理、风险管理和内部控制流程有效性的部门、岗位和人员。

内部审计的职能包括检查、评价和监督内部控制的恰当性和有效性。

二、内部审计的目标

被审计单位内部审计目标是由其管理层和治理层确定的，可能包括下列一项或多项活动：

（一）与公司治理有关的活动

内部审计可能评估被审计单位的治理流程是否能够实现下列方面的目标：道德和价值观，绩效管理和问责机制，向组织内的适当范围传达风险和控制信息，以及治理层、注册会计师、内部审计人员和管理层之间的有效沟通。

（二）与风险管理有关的活动

1. 内部审计可能有助于被审计单位识别和评价面临的重大风险，改善风险管理和内部控制（包括财务报告过程的有效性）。

2. 内部审计可能实施程序，以有助于被审计单位发现舞弊情形。

（三）与内部控制有关的活动

1. 评价内部控制。内部审计可能承担复核内部控制、评价内部控制的运行以及对内部控制提出改进建议等方面的特定责任。在这种情况下，内部审计为内部控制提供鉴证。例如，内部审计可能计划并实施测试或其他程序，为管理层和治理层就内部控制的设计、执行和运行有效性提供鉴证，包括与审计相关的内部控制。

2. 检查财务和经营信息。内部审计可能被要求复核用以识别、确认、计量、分类和报告财务和经营信息的方法，并针对个别事项实施专门调查，包括对交易、账户余额和程序进行详细测试。

3．复核经营活动。内部审计可能被要求复核被审计单位经营活动（包括非财务活动）的经济性、效率和效果。

4．复核遵守法律法规的情况。内部审计可能被要求复核被审计单位对法律法规、其他外部要求以及管理层的政策、指令和其他内部要求的遵守情况。

三、内部审计和注册会计师审计的关系

1．注册会计师必须了解被审计单位的内部控制，而内部审计是被审计单位内部控制的一个重要组成部分。

2．内部审计与注册会计师实现各自目标的某些方式是相似的。

3．通过了解与评估内部审计工作，注册会计师利用可信赖的内部审计工作，可以提高审计工作效率。

注册会计师在审计中利用内部审计人员的工作包括：

（1）在获取审计证据的过程中利用内部审计部门、岗位或人员的工作；

（2）在注册会计师的指导、监督和复核下利用内部审计人员提供直接协助。

4．利用内部审计工作不能减轻注册会计师的责任，主要体现在：

（1）注册会计师必须对与财务报表审计有关的所有重大事项独立作出职业判断，而不应完全依赖内部审计工作。

审计过程中涉及的职业判断，如重大错报风险的评估、重要性水平的确定、样本规模的确定、对会计政策和会计估计的评估等，均应当由注册会计师负责执行。

（2）注册会计师也应当对发表的审计意见独立承担责任，其责任不因利用内部审计人员的工作而减轻。

【例1-2018-单选题】下列各项中，注册会计师通常可以利用内审工作的是（　　）。

A．重要性水平的确定　　B．实施控制测试

C．确定细节测试的样本规模　　D．对会计政策恰当性的评估

【答案】B

学堂点拨

审计过程中涉及的职业判断，如重大错报风险的评估、重要性水平的确定、样本规模的确定、对会计政策和会计估计的评估等，均应当由注册会计师负责执行。

【例2-2014-多选题】下列各项审计工作中，注册会计师不能利用内部审计工作的有（　　）。

A．评估重大错报风险　　B．确定重要性水平

C．确定控制测试的样本规模　　D．评估会计政策和会计估计

【答案】ABCD

学堂点拨

本题考查的是利用内部审计工作。通常，审计过程中涉及的职业判断，如重大错报风险的评估、重要性水平的确定、样本规模的确定、对会计政策和会计估计的评估等，均应当由注册会计师负责执行。

知识点2 确定是否利用、在哪些领域利用以及在多大程度上利用内审

注册会计师应当确定：

1. 是否能够利用内部审计的工作；

2. 如果能够利用，在哪些领域利用以及在多大程度上利用；

3. 内部审计的工作是否足以实现审计目的。

注册会计师应当通过评价下列事项，确定是否能够利用内部审计的工作以实现审计目的：

（1）内部审计在被审计单位中的地位，以及相关政策和程序支持内部审计人员客观性的程度；

（2）内部审计人员的胜任能力；

（3）内部审计是否采用系统、规范化的方法（包括质量控制）。

如果存在下列情形之一，注册会计师不得利用内部审计工作：

（1）内部审计在被审计单位的地位以及相关政策和程序不足以支持内部审计人员的客观性；

（2）内部审计人员缺乏足够的胜任能力；

（3）内部审计没有采用系统、规范化的方法（包括质量控制）。

注册会计师应当考虑内部审计已执行和拟执行工作的性质和范围，以及这些工作与注册会计师总体审计策略和具体审计计划的相关性，以作为确定能够利用内部审计工作的领域和程度的基础。

注册会计师应当作出审计业务中的所有重大判断，并防止不当利用内部审计工作。当存在下列情况之一时，注册会计师应当计划较少地利用内部审计工作，而更多地直接执行审计工作：

1. 当在下列方面涉及较多判断时：

（1）计划和实施相关的审计程序；

（2）评价收集的审计证据。

2. 当评估的认定层次重大错报风险较高，需要对识别出的特别风险予以特殊考虑时。

3. 当内部审计在被审计单位中的地位以及相关政策和程序对内部审计人员客观性的支持程度较弱时。

4. 当内部审计人员的胜任能力较低时。

由于注册会计师对发表的审计意见独立承担责任，注册会计师应当评价从总体上而言，在计划的范围内利用内部审计工作是否仍然能够使注册会计师充分地参与审计工作。

当注册会计师按照《中国注册会计师审计准则第1151号——与治理层的沟通》的规定与治理层沟通计划的审计范围和时间安排的总体情况时，应当包括其计划如何利用内部审计工作。

【例3-2019-多选题】下列情况中，注册会计师不得利用内部审计工作的有（　　）。

A. 内部审计没有采用系统、规范化的方法

B. 评估的认定层次的重大错报风险较高

C. 内部审计的地位不足以支持内部审计人员的客观性

D. 计划和实施相关的审计程序涉及较多判断

【答案】AC

学堂点拨

选项B、D，可以较少地利用内部审计工作，并非不得利用。

知识点3 利用内部审计工作

注册会计师应当针对计划利用的内部审计工作整体实施充分的审计程序，以确定其对于实现审计目的是否适当，包括评价下列事项：

1. 内部审计工作是否经过恰当的计划、实施、监督、复核和记录；
2. 内部审计是否获取了充分、适当的证据，以使其能够得出合理的结论；
3. 内部审计得出的结论在具体环境下是否适当，编制的报告与执行工作的结果是否一致。

注册会计师实施审计程序的性质和范围应当与其对以下事项的评价相适应，并应当包括重新执行内部审计的部分工作：

1. 涉及判断的程度；
2. 评估的重大错报风险；
3. 内部审计在被审计单位中的地位以及相关政策和程序支持内部审计人员客观性的程度；
4. 内部审计人员的胜任能力。

知识点4 确定是否利用、在哪些领域利用以及在多大程度上利用内审提供直接协助

当被审计单位存在内部审计，并且注册会计师预期将利用内部审计人员提供直接协助时，注册会计师应当：

1. 确定是否能够利用内部审计人员提供直接协助；
2. 如果能够利用，确定在哪些领域利用以及在多大程度上利用；
3. 如果拟利用内部审计人员提供直接协助，适当地指导、监督和复核其工作。

如果法律法规不禁止利用内部审计人员提供直接协助，并且注册会计师计划利用内部审计人员在审计中提供直接协助，注册会计师应当评价是否存在对内部审计人员客观性的不利影响及其严重程度，以及提供直接协助的内部审计人员的胜任能力。注册会计师在评价是否存在对内部审计人员客观性的不利影响及其严重程度时，应当包括询问内部审计人员可能对其客观性产生不利影响的利益和关系。

当存在下列情形之一时，注册会计师不得利用内部审计人员提供直接协助：

1. 存在对内部审计人员客观性的重大不利影响；
2. 内部审计人员对拟执行的工作缺乏足够的胜任能力。

在确定可能分配给内部审计人员的工作的性质和范围，以及根据具体情况对内部审计人员进行指导、监督和复核的性质、时间安排和范围时，注册会计师应当考虑下列方面：

1. 在计划和实施相关审计程序以及评价收集的审计证据时，涉及判断的程度；
2. 评估的重大错报风险；
3. 针对拟提供直接协助的内部审计人员，注册会计师关于是否存在对其客观性的不利影响及其严重程度的评价结果，以及关于其胜任能力的评价结果。

注册会计师不得利用内部审计人员提供直接协助以实施具有下列特征的程序：

1. 在审计中涉及作出重大判断；
2. 涉及较高的重大错报风险，在实施相关审计程序或评价收集的审计证据时需要作出较多的

判断；

3. 涉及内部审计人员已经参与并且已经或将要由内部审计向管理层或治理层报告的工作；

4. 涉及注册会计师按照规定就内部审计职能，以及利用内部审计工作或利用内部审计人员提供直接协助作出的决策。

在恰当评价是否利用以及在多大程度上利用内部审计人员在审计中提供直接协助后，注册会计师在按照《中国注册会计师审计准则第1151号——与治理层的沟通》的规定与治理层沟通计划的审计范围和时间安排的总体情况时，应当沟通拟利用内部审计人员提供直接协助的性质和范围，以使双方就在业务的具体情形下并未过度利用内部审计人员提供直接协助达成共识。

由于注册会计师对发表的审计意见独立承担责任，注册会计师应当评价在计划的范围内利用内部审计人员提供直接协助，连同对内部审计工作的利用，从总体上而言，是否仍然能够使注册会计师充分地参与审计工作。

知识点5 利用内部审计人员提供直接协助

在利用内部审计人员为审计提供直接协助之前，注册会计师应当：

1. 从拥有相关权限的被审计单位代表人员处获取书面协议，允许内部审计人员遵循注册会计师的指令，并且被审计单位不干涉内部审计人员为注册会计师执行的工作；

2. 从内部审计人员处获取书面协议，表明其将按照注册会计师的指令对特定事项保密，并将对其客观性受到的任何不利影响告知注册会计师。

注册会计师应当按照《中国注册会计师审计准则第1121号——对财务报表审计实施的质量管理》的规定对内部审计人员执行的工作进行指导、监督和复核。在进行指导、监督和复核时：

1. 注册会计师在确定指导、监督和复核的性质、时间安排和范围时应当认识到内部审计人员并不独立于被审计单位，并且指导、监督和复核的性质、时间安排和范围应当恰当应对涉及判断的数量或金额、评估的重大错报风险、拟提供直接协助的内部审计人员客观性和胜任能力的评价结果；

2. 复核程序应当包括由注册会计师检查内部审计人员执行的部分工作所获取的审计证据。

注册会计师对内部审计人员执行的工作的指导、监督和复核应当足以使注册会计师对内部审计人员就其执行的工作已获取充分、适当的审计证据以支持相关审计结论感到满意。

知识点6 在审计工作底稿记录

如果利用内部审计工作，注册会计师应当在审计工作底稿中记录：

1. 对下列事项的评价：

（1）内部审计在被审计单位中的地位、相关政策和程序是否足以支持内部审计人员的客观性；

（2）内部审计人员的胜任能力；

（3）内部审计是否采用系统、规范化的方法（包括质量控制）。

2. 利用内部审计工作的性质和范围以及作出该决策的基础。

3. 注册会计师为评价利用内部审计工作的适当性而实施的审计程序。

如果利用内部审计人员为审计提供直接协助，注册会计师应当在审计工作底稿中记录：

1. 关于是否存在对内部审计人员客观性的不利影响其严重程度的评价，以及关于提供直接协助的内部审计人员的胜任能力的评价；

2．就内部审计人员执行工作的性质和范围作出决策的基础；

3．根据《中国注册会计师审计准则第1131号——审计工作底稿》的规定，所执行工作的复核人员及复核的日期和范围；

4．从拥有相关权限的被审计单位代表人员和内部审计人员处获取的书面协议；

5．在审计业务中提供直接协助的内部审计人员编制的审计工作底稿。

【例4-2018-单选题】在确定利用内部审计人员的工作是否足以实现审计目的时，下列有关注册会计师执行的评价的说法中，错误的是（　　）。

A．注册会计师应当评价内部审计人员的专业胜任能力

B．注册会计师应当评价内部审计人员是否能够符合注册会计师职业道德守则有关客观性的要求

C．注册会计师应当评价内部审计人员在执行工作时是否可能保持应有的职业关注

D．注册会计师应当评价内部审计人员和注册会计师之间是否可能进行有效的沟通

【答案】B

学堂点拨

在确定内部审计人员的工作是否可能足以实现审计目的时，注册会计师应当评价：

1．内部审计的客观性。2．内部审计人员的专业胜任能力。3．内部审计人员在执行工作时是否可能保持应有的职业关注。4．内部审计人员和注册会计师之间是否可能进行有效的沟通。选项B错误。

第二节　利用专家的工作

微信扫一扫
习题免费练

知识点提示

本节涉及的知识点分为：

知识点1：专家的基本概念；

知识点2：确定是否利用专家的工作；

知识点3：评价专家的胜任能力、专业素质和客观性；

知识点4：了解专家的专长领域；

知识点5：与专家达成一致意见；

知识点6：评价专家工作的恰当性。

考情分析

本节内容在客观题、主观题中均可能考查。专家的定义、注册会计师和专家各自的角色与责任、专家是否需要遵守会计师事务所的质量管理政策和程序是常考点。

注册会计师利用专家工作可按照如下图所示的逻辑学习：

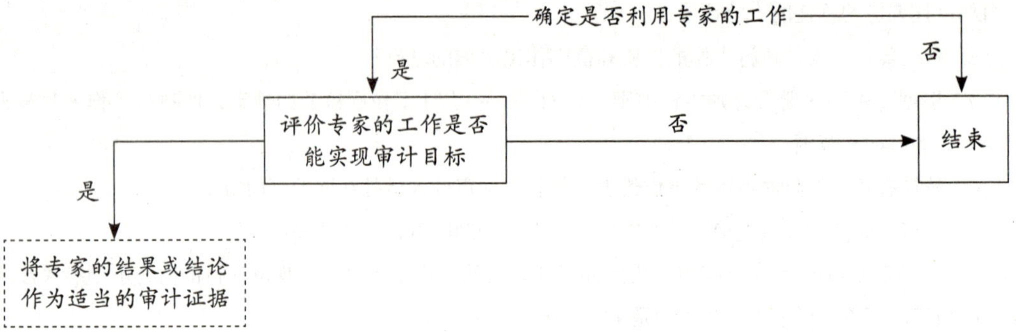

图 15-1 利用专家工作的思路

利用专家工作的整体思路为：

1. 是否利用专家工作？影响决策因素有哪些？

2. 在考虑利用专家的工作时，注册会计师应当评价专家的内容有哪些？

知识点1 专家的基本概念

一、专家的定义

注册会计师的专家，是指除会计、审计之外的某一特定领域中具有专门技能、知识和经验的个人或组织。通常可以是税务师、资产评估师、律师、精算师、IT专家、咨询公司、矿产专家、农牧专家等。

【例1-2019-多选题】下列选项中，可以作为注册会计师专家的有（ ）。

A. 网络所的合伙人或员工　　B. 会计审计领域有专长的个人或者组织

C. 被审计单位的管理层的专家　　D. 会计师事务所的临时员工

【答案】ACD

学堂点拨

专家，即注册会计师的专家，是指在会计或审计以外的某一领域具有专长的个人或组织，并且其工作被注册会计师利用，以协助注册会计师获取充分、适当的审计证据。专家既可能是会计师事务所内部专家（如会计师事务所或其网络事务所的合伙人或员工，包括临时员工），也可能是会计师事务所外部专家。

【例2-2015-单选题】下列不属于注册会计师的专家的是（ ）。

A. 受雇于会计师事务所的帮助评估投资性房地产的资产评估师

B. 就复杂会计问题提供建议的会计师事务所技术部门人员

C. 对与企业重组相关的复杂税务问题进行分析的会计师事务所税务部门人员

D. 对保险合同进行精算的会计师事务所精算部门人员

【答案】B

学堂点拨

注册会计师的专家是指在会计或审计以外领域具有专长的个人或组织，就复杂会计问题提供建议的事务所质量管理部门及人员不属于注册会计师的专家。

二、专家的范围

（一）内部专家

内部专家受雇于事务所，如事务所、网络所的合伙人、员工、临时员工、项目组成员等，需要遵循事务所质量管理准则。

（二）外部专家

外部专家非受雇于事务所，不受事务所质量管理政策和程序的约束。

【例3-2020-单选题】下列人员中，应当遵守注册会计师所在会计师事务所的质量管理政策和程序的是（　　）。

A．注册会计师利用的内部专家

B．来自其他会计师事务所的组成部分注册会计师

C．其工作被用作审计证据的被审计单位管理层的专家

D．为财务报表审计提供直接协助的被审计单位内部审计人员

【答案】A

学堂点拨

内部专家可能是会计师事务所的合伙人或员工（包括临时员工），因此需要遵守所在会计师事务所根据《会计师事务所质量管理准则第5101号——业务质量管理》制定的政策和程序。事务所外部的人员通常不受会计师事务所的质量管理政策和程序的约束。

【例4-2018-单选题】下列有关注册会计师的外部专家的说法中，错误的是（　　）。

A．外部专家不是审计项目组成员

B．外部专家无须遵守注册会计师职业道德守则的要求

C．外部专家的工作底稿通常不构成审计工作底稿

D．外部专家不受会计师事务所质量管理政策和程序的约束

【答案】B

学堂点拨

外部专家需要遵守注册会计师的职业道德守则，比如保密原则、独立性等。

【例5-2013-简答题】指出ABC会计师事务所或其注册会计师的做法是否恰当。如不恰当，简要说明理由。

A注册会计师拟利用会计师事务所聘请的外部信息技术专家，对甲公司的信息系统进行测试。该信息技术专家不是项目组成员，不受ABC会计师事务所质量管理政策和程序的约束。

【答案】恰当。

三、利用专家工作的目标

1．确定是否利用专家的工作。

2．如果利用，专家的工作是否足以实现审计目的。

四、利用专家后责任的承担

1. 注册会计师对发表的审计意见承担独立责任。

2. 这种责任不因利用专家的工作而减轻。

知识点2 确定是否利用专家的工作

一、注册会计师在执行工作时可能需要利用专家工作的情形

1. 了解被审计单位及其环境。

2. 识别和评估重大错报风险。

3. 针对评估的财务报表层次风险，确定并实施总体应对措施。

4. 针对评估的认定层次风险，设计和实施进一步审计程序，包括控制测试和实质性程序。

5. 在对财务报表形成审计意见时，评价已获取的审计证据的充分性和适当性。

二、确定是否利用专家工作时可能考虑的因素

1. 管理层在编制财务报表时是否利用了管理层的专家的工作。

管理层的专家，是指在会计、审计以外的某一领域具有专长的个人或组织，其工作被管理层利用以协助编制财务报表。如果管理层在编制财务报表时利用了管理层的专家的工作，可能意味着编制财务报表具有复杂性，重大错报风险可能增加。

2. 事项的性质和重要性，包括复杂程度。

3. 事项存在的重大错报风险。

4. 应对识别出的风险的预期程序的性质，包括注册会计师对与这些事项相关的专家工作的了解和具有的经验，以及是否可以获得替代性的审计证据。

三、确定专家的工作是否足以实现审计目的的程序

1. 评价专家是否具有实现审计目的的胜任能力、专业素质和客观性。

2. 充分了解专家的专长领域。

3. 与专家就相关重要事项达成一致意见。

4. 评价专家工作的恰当性。

知识点3 评价专家的胜任能力、专业素质和客观性

1. 注册会计师应当评价专家是否具有实现审计目的所必需的胜任能力、专业素质和客观性。

（1）专家的胜任能力与其专长的性质和水平有关。

（2）专家的专业素质与在业务的具体情况下对胜任能力的发挥相关。

影响专业素质发挥的因素包括地理位置（专家所在的国家或地区）、可用的时间和资源等。

（3）专家的客观性与其偏见、利益冲突及其他可能影响其职业判断或商业判断的因素相关。

2. 在评价外部专家的客观性时，注册会计师应当询问可能对外部专家客观性产生不利影响的利益和关系。

内部专家比外部专家更好控制，外部专家的客观性更容易受到不利影响。

知识点4 了解专家的专长领域

注册会计师对专家的专长领域的了解可能包括下列方面：

1. 专家的专长领域是否与审计工作相关；

2. 职业准则或其他准则以及法律法规是否适用；

3. 专家使用哪些假设和方法（包括专家使用的模型，比如市场法或收益法），及其在专家的专长领域是否得到普遍认可，对实现财务报告目的是否适当；

4. 专家使用的内外部数据或信息的性质。

知识点5 与专家达成一致意见

无论是对外部专家还是内部专家，注册会计师都有必要就下列事项与其达成一致意见，并根据需要形成书面协议。

一、专家工作的性质、范围和目标

当就专家工作的性质、范围和目标达成一致意见时，注册会计师通常需要与专家讨论需要遵守的相关技术标准、其他职业准则或行业要求。

二、注册会计师与专家各自角色和责任

注册会计师与专家就各自角色和责任达成的一致意见可能包括下列内容：

1. 由注册会计师还是专家对原始数据实施细节测试；

2. 同意注册会计师与被审计单位或其他人员讨论专家的工作结果或结论，必要时，包括同意注册会计师将专家的工作结果或结论的细节作为注册会计师在审计报告中发表非无保留意见的基础；

3. 将注册会计师对专家工作形成的结论告知专家；

4. 对工作底稿的使用和保管达成一致意见。当专家是项目组的成员时（内部专家），专家的工作底稿是审计工作底稿的一部分。除非协议另作安排，外部专家的工作底稿属于外部专家，不是审计工作底稿的一部分。

三、注册会计师与专家之间的沟通的性质、时间安排和范围

有效的双向沟通有利于将专家工作的性质、时间安排和范围与审计的其他工作整合在一起，也有利于在审计过程中对专家工作的目标进行适当的调整。

明确与专家保持联络的合伙人或员工，以及专家和被审计单位的沟通程序，有助于及时、有效地沟通，特别是在较大的业务项目中。

四、对专家遵守保密规定的要求

适用于注册会计师的相关职业道德要求中的保密条款同样适用于专家，被审计单位也可能要求外部专家同意遵守特定的保密条款。

【例6-2019-单选题】下列各项中，注册会计师无需与其利用的外部专家达成一致意见的是（　　）。

A. 注册会计师和专家各自的角色与责任

B. 注册会计师与专家之间沟通的性质、时间安排和范围

C. 专家工作的性质、范围和目标

D. 对专家遵守会计师事务所质量管理政策和程序的要求

【答案】D

学堂点拨

专家工作的性质、范围和目标可能会随着情况的变化而发生较大的变化，相应地，注册会计师和专家各自的角色与责任、注册会计师和专家沟通的性质、时间安排和范围等也可能因情况的变化而发生较大变化。因此，无论是对外部专家还是内部专家，注册会计师应当就这些事项与其达成一致意见，并根据需要形成书面协议。只有内部专家才需要遵守会计师事务所质量管理政策和程序的要求，外部专家无需就遵守会计师事务所质量管理政策和程序达成一致意见。

【例7-2019-多选题】下列各项中，注册会计师在利用外部专家工作时应当与专家达成一致意见的有（　　）。

A. 注册会计师和专家各自的责任

B. 注册会计师和专家之间沟通的时间安排

C. 注册会计师对专家遵守事务所质量管理政策和程序的要求

D. 专家工作的性质、范围和目标

【答案】ABD

学堂点拨

外部专家不是项目组成员，不受会计师事务所的质量管理政策和程序的约束。

【例8-2013-单选题】下列有关注册会计师利用外部专家工作的说法中，错误的是（　　）。

A. 外部专家需要遵守适用于注册会计师的相关职业道德要求中的保密条款

B. 外部专家不受会计师事务所按照质量管理准则制定的质量管理政策和程序的约束

C. 外部专家的工作底稿是审计工作底稿的一部分

D. 在审计报告中提及外部专家的工作并不减轻注册会计师对审计意见承担的责任

【答案】C

学堂点拨

通常外部专家的工作底稿属于外部专家，不属于审计工作底稿的一部分。

知识点6 评价专家工作的恰当性

一、总体要求

注册会计师为评价专家工作是否足以实现审计目的所实施的审计程序的性质、时间安排和范围受以下因素的影响：

1. 对专家胜任能力、专业素质和客观性的评价；

2. 对专家的专长领域的熟悉程度；

3．专家所执行工作的性质。

二、评价专家工作是否足以实现审计目的所实施的特定程序

1．询问专家。

2．复核专家的工作底稿和报告。

3．实施用于证实的程序，例如：

（1）观察专家的工作；

（2）检查已公布的数据，如来源于信誉高、权威的渠道的统计报告；

（3）向第三方询证相关事项；

（4）执行详细的分析程序；

（5）重新计算。

4．必要时（如当专家的工作结果或结论与其他审计证据不一致时）与具有相关专长的其他专家讨论。

5．与管理层讨论专家的报告。

三、评价专家工作是否足以实现审计目的的内容

1．专家工作涉及使用重要的原始数据的相关性、完整性和准确性。

2．评价专家工作涉及使用重要的假设和方法的相关性和合理性。

3．专家的工作结果或结论的相关性和合理性，以及与其他审计证据的一致性。

四、评价专家工作涉及使用重要的原始数据的相关性、完整性和准确性

1．注册会计师应当实施相应的审计程序，评价专家工作涉及使用重要的原始数据的相关性、完整性和准确性。

2．当专家的工作涉及使用对专家工作具有重要影响的原始数据时，注册会计师可以实施下列程序测试这些数据：

（1）核实数据的来源，包括了解和测试（适用时）针对数据的内部控制以及向专家传送数据的方式（如相关）；

（2）复核数据的完整性和内在一致性。

五、评价专家工作涉及使用重要的假设和方法的相关性和合理性

1．注册会计师应当了解专家选择的假设和方法。此外，还要考虑专家选择的假设和方法与以前期间采用的假设和方法是否一致。

2．如果专家的工作是评价管理层作出会计估计时使用的基础假设和方法（包括模型，如适用），注册会计师实施的程序可能主要是评价专家是否已经充分复核了这些假设和方法。如果专家的工作是形成注册会计师的点估计，或是形成注册会计师用来与管理层的点估计进行比较的范围，注册会计师实施的程序可能主要是评价专家使用的假设和方法（包括专家使用的模型，如适用）。

3．当专家的工作涉及使用重要的假设和方法时，注册会计师评价这些假设和方法需要考虑：

（1）这些假设和方法在专家的专长领域是否得到普遍认可；

（2）这些假设和方法是否与适用的财务报告编制基础的要求相一致；

（3）这些假设和方法是否依赖某些专用模型的应用；

（4）这些假设和方法是否与管理层的假设、方法相一致，如果不一致，差异的原因及影响。

六、评价专家的工作结果或结论的相关性和合理性

1. 专家提交其工作结果或结论的方式是否符合专家所在的职业或行业标准。

2. 专家的工作结果或结论是否得到清楚的表述，包括提及与注册会计师达成一致的目标，执行工作的范围和运用的标准。

3. 专家的工作结果或结论是否基于适当的期间，并考虑期后事项（如相关）。

4. 专家的工作结果或结论在使用方面是否有任何保留、限制或约束，如果有，是否对注册会计师的工作产生影响。

5. 专家的工作结果或结论是否适当考虑了专家遇到的错误或偏差情况。

七、评价结果为不恰当时的措施

1. 如果确定专家的工作不足以实现审计目的，注册会计师应当采取下列措施之一：

（1）就专家拟执行的进一步工作的性质和范围，与专家达成一致意见；

（2）根据具体情况，实施追加的审计程序。

2. 如果注册会计师认为专家的工作不足以实现审计目的，且注册会计师通过实施追加的审计程序（如专家和注册会计师执行进一步工作），或者通过雇用、聘请其他专家仍不能解决问题，则意味着没有获取充分、适当的审计证据，注册会计师有必要发表非无保留意见。

【例9-单选题】注册会计师在评价专家的工作是否足以实现审计目的时，下列各项中，不需评价的是（　　）。

A. 专家工作结果或结论的合理性和相关性

B. 专家工作涉及使用的所有假设和方法的合理性和相关性

C. 专家工作结果或结论与其他审计证据的一致性

D. 专家工作涉及使用的重要原始数据的相关性、完整性和准确性

【答案】B

学堂点拨

不需要评价专家工作涉及使用的所有假设和方法的合理性和相关性，只需评价重要的，选项B正确。注册会计师应当评价专家的工作是否足以实现审计目的，包括：1. 专家的工作结果或结论的相关性和合理性，以及与其他审计证据的一致性；2. 如果专家的工作涉及使用重要的假设和方法，这些假设和方法在具体情况下的相关性和合理性；3. 如果专家的工作涉及使用重要的原始数据，这些原始数据的相关性、完整性和准确性。

第十六章 对集团财务报表审计的特殊考虑

本章思维导图

- 对集团财务报表审计的特殊考虑
  - 与集团财务报表审计有关的概念★
    - 集团
    - 组成部分
    - 重要组成部分
    - 组成部分注册会计师
    - 集团项目合伙人和集团项目组
  - 集团财务报表审计中的责任设定和注册会计师的目标★★
    - 责任设定
    - 注册会计师目标
  - 集团审计业务的承接与保持★★
    - 在承接与保持阶段获取了解
    - 审计范围受到限制
  - 了解集团及其环境、集团组成部分及其环境★★
    - 对集团财务报表重大错报风险的讨论
    - 风险评估
  - 了解组成部分注册会计师★
    - 与集团审计相关的职业道德要求
    - 组成部分注册会计师的专业胜任能力
  - 重要性★★★
    - 集团财务报表整体的重要性
    - 组成部分重要性
    - 明显微小错报的临界值
  - 针对评估的风险采取的应对措施★★★
    - 对重要组成部分需执行的工作
    - 对不重要组成部分需执行的工作
    - 已执行的工作仍不能提供充分、适当审计证据时的处理
    - 参与组成部分注册会计师的工作
  - 合并过程★
  - 与组成部分注册会计师的沟通★
  - 评价审计证据的充分性和适当性★
  - 与集团管理层和治理层的沟通★

本章知识点精讲

第一节　与集团财务报表审计有关的概念

微信扫一扫
习题免费练

知识点提示

本节基于集团财务报表审计的背景，介绍了确定审计目标、业务的承接与保持、了解集团及其环境、集团组成部分及其环境以及了解组成部分注册会计师、针对评估的风险采取的应对措施、评价审计证据的充分性和适当性以及与集团管理层和集团治理层的沟通。其实这就是整个审计的流程。简单地说，这节是基于集团背景，把审计业务流程重新讲了一遍。我们也只需要在原来所学知识的基础上，融入一些集团审计特有的内容，比如集团、组成部分、重要组成部分、集团财务报表、集团审计和集团审计意见、集团项目合伙人和集团项目组、组成部分注册会计师、集团管理层和组成部分管理层、集团层面控制、合并过程等概念。

知识点　与集团财务报表审计有关的概念（★）

一、集团

集团，是指由所有组成部分构成的整体，并且所有组成部分的财务信息包括在集团财务报表中。集团至少拥有一个以上的组成部分。

二、组成部分

组成部分，是指某一实体或某项业务活动，其财务信息由集团或组成部分管理层编制并应包括在集团财务报表中。

三、重要组成部分

重要组成部分，是指集团项目组识别出的具有下列特征之一的组成部分（数量或性质重大）：

1. 单个组成部分对集团具有财务重大性；

2. 由于单个组成部分的特定性质或情况，可能存在导致集团财务报表发生重大错报的特别风险。

学堂点睛

在集团财务报表审计中，注册会计师应当对集团的组成部分按照财务重大性和特定性质或情况进行职业判断，将组成部分划分为重要组成部分和非重要组成部分。注册会计师对于重要组成部分应当实施审计，对于非重要组成部分应当在集团层面实施分析程序。

（一）从财务重大性判断重要组成部分

从财务重大性判断重要组成部分的思路：

1. 集团项目组可以将选定的基准乘以某一百分比，以协助识别对集团具有财务重大性的单个组成部分。

2. 根据集团的性质和具体情况，适当的基准可能包括集团资产、负债、现金流量、利润总额或营业收入。

例如，集团项目组可能认为超过选定基准15%的组成部分是重要组成部分。

（二）从特别风险判断重要组成部分

某些组成部分由于其特定性质或情况，可能存在导致集团财务报表发生重大错报的特别风险，集团项目组可能将其识别为重要组成部分。

例如，某组成部分进行外汇交易，虽然其对集团并不具有财务重大性，但仍使集团面临导致重大错报的特别风险。

【例-单选题】A注册会计师担任D集团的集团财务报表审计项目合伙人。关于D集团的下列组成部分（甲、乙、丙、丁）的描述中，从财务重大性角度判断，可能属于重要组成部分的是（　　）。

A．甲的总资产占D集团的10%

B．乙的营业收入占D集团的11%

C．丙的现金流量占D集团的13%

D．丁的利润总额占D集团的37%

【答案】D

学堂点拨

选项D恰当。注册会计师在判断集团财务报表组成部分财务重大性时，根据集团的性质和具体情况，适当的基准可能包括集团资产、负债、现金流量、利润总额或营业收入，如果超过选定基准15%的组成部分可以判断为重要组成部分。

四、集团财务报表

集团财务报表，是指包括一个以上组成部分财务信息的财务报表。集团财务报表也指没有母公司但处在同一控制下的各组成部分编制的财务信息所汇总生成的财务报表。

五、集团审计和集团审计意见

集团审计，是指对集团财务报表进行的审计。

集团审计意见，是指对集团财务报表发表的审计意见。

六、集团项目合伙人和集团项目组

集团项目合伙人，是指会计师事务所中负责某项集团审计业务及其执行，并代表会计师事务所在对集团财务报表出具的审计报告上签字的合伙人。

集团项目组，是指参与集团审计的，包括集团项目合伙人在内的所有合伙人和员工。

集团项目组负责制定集团总体审计策略，与组成部分注册会计师沟通，针对合并过程执行相关工作，并评价根据审计证据得出的结论，作为形成集团财务报表审计意见的基础。

七、组成部分注册会计师

组成部分注册会计师，是指基于集团审计目的，按照集团项目组的要求，对组成部分财务信息执行相关工作的注册会计师。

基于集团审计目的，集团项目组成员可能按照集团项目组的工作要求，对组成部分财务信息执行相关工作。在这种情况下，该成员也是组成部分注册会计师。

八、集团管理层和组成部分管理层

集团管理层，是指负责编制集团财务报表的管理层。

组成部分管理层，是指负责编制组成部分财务信息的管理层。

九、集团层面控制

集团层面控制，是指集团管理层设计、执行和维护的与集团财务报告相关的控制。

十、合并过程

1. 通过合并、比例合并、权益法或成本法，在集团财务报表中对组成部分财务信息进行确认、计量、列报与披露。

2. 对没有母公司但处在同一控制下的各组成部分编制的财务信息进行汇总。

第二节　集团财务报表审计中的责任设定和注册会计师的目标

知识点　集团财务报表审计中的责任设定和注册会计师的目标（★★）

一、集团项目组对财务报表的责任设定

1. 集团项目组对整个集团财务报表审计工作及审计意见负全部责任，这一责任不因利用组成部分注册会计师的工作而减轻。

2. 组成部分注册会计师基于集团审计目的对组成部分财务信息执行相关工作，并对所有发现的问题、得出的结论或形成的意见负责。

3. 集团项目合伙人及其所在的会计师事务所仍对集团审计意见负有全部责任。

微信扫一扫
习题免费练

二、集团项目合伙人按照职业准则和适用的法律法规的规定，应当确信执行集团审计业务的人员（包括组成部分注册会计师）从整体上具备适当的胜任能力和必要素质

三、对集团财务报表出具的审计报告不应提及组成部分注册会计师

1. 注册会计师对集团财务报表出具的审计报告不应提及组成部分注册会计师，除非法律法规另有规定。

2. 如果法律法规要求在审计报告中提及组成部分注册会计师，审计报告应当指明，这种提及并不减轻集团项目合伙人及其所在的会计师事务所对集团审计意见承担的责任。

3. 如果因未能就组成部分财务信息获取充分、适当的审计证据，导致集团项目组在对集团财务报表出具的审计报告中发表非无保留意见，集团项目组需要在形成保留/否定/无法表示意见的基础部分中说明不能获取充分、适当审计证据的原因。除非法律法规要求在审计报告中提及组成部分注册会计师，并且这样做对充分说明情况是必要的，否则不应提及组成部分注册会计师。

学堂点睛

在对集团财务报表出具审计报告中是否提及组成部分注册会计师，这个问题的背后是法律责任问题，《中国注册会计师审计准则》的观点非常明确。

【例-单选题】ABC会计师事务所指派A注册会计师担任D集团的集团财务报表审计项目合伙人。以下关于A注册会计师和ABC会计师事务所审计D集团财务报表的责任的陈述中，不恰当的是（　）。

A. A注册会计师及ABC会计师事务所对D集团财务报表实施的审计工作、发表的审计意见承担全部责任

B. 如果A注册会计师对D集团财务报表发表了不恰当的审计意见，重要组成部分的注册会计师可能被追究承担相应的连带责任

C. 基于集团审计目的，组成部分注册会计师对组成部分财务信息执行相关工作，并对其所有在审计组成部分财务信息中发现的问题、得出的结论或形成的意见负责

D. 如果组成部分注册会计师对组成部分财务信息执行相关工作得出不恰当审计结论，即使A注册会计师利用了组成部分注册会计师得出的不恰当审计结论，组成部分注册会计师仍然不需要对D集团财务报表审计负责，A注册会计师及ABC会计师事务所对D集团财务报表审计工作以及发表的审计意见负全部责任

【答案】B

学堂点拨

选项B的陈述不恰当。即使A注册会计师利用了组成部分注册会计师对组成部分财务信息审计形成的不恰当审计意见，但是A注册会计师及ABC会计师事务所仍然需要对D集团审计意见承担全部责任。

四、基于集团财务报表审计，注册会计师的目标

在集团财务报表审计中，注册会计师的目标是：

1. 就组成部分注册会计师对组成部分财务信息执行工作的范围、时间安排和发现的问题与组成部分注册会计师进行清晰的沟通；

2. 针对组成部分财务信息和合并过程，获取充分、适当的审计证据，以对集团财务报表是否在所有重大方面按照适用的财务报告编制基础编制发表审计意见。

第三节　集团审计业务的承接与保持

微信扫一扫
习题免费练

知识点　集团审计业务的承接与保持（★★）

一、在承接与保持阶段获取了解

（一）集团项目合伙人评估承接业务的前提基础

1. 集团项目合伙人应当确定是否能够合理预期获取与合并过程和组成部分财务信息相关的充分、适当的审计证据，以作为形成集团审计意见的基础。

2. 集团项目组应当了解集团及其环境、集团组成部分及其环境，以足以识别可能的重要组成部分。

3. 如果组成部分注册会计师对重要组成部分财务信息执行相关工作，集团项目合伙人应当评价

集团项目组参与组成部分注册会计师工作的程度是否足以获取充分、适当的审计证据。

（二）集团项目合伙人拟承接新业务

1．集团项目合伙人如果拟承接新业务，集团项目组可以通过下列途径了解集团及其环境、集团组成部分及其环境：

（1）集团管理层提供的信息；（2）与集团管理层的沟通；（3）如适用，与前任集团项目组、组成部分管理层或组成部分注册会计师的沟通。

2．集团项目组可能需要对下列事项进行了解：

（1）集团结构，包括法律意义上的结构和组织结构；（2）组成部分中对集团重要的业务活动，包括业务活动在何种行业状况、监管环境以及经济和政治环境下发生；（3）对服务机构的利用，包括共享服务中心；（4）对集团层面控制的描述；（5）合并过程的复杂程度；（6）是集团项目合伙人所在的会计师事务所还是网络以外的组成部分注册会计师对组成部分财务信息执行相关工作，以及集团管理层委托多家会计师事务所的理由；（7）集团项目组是否可以不受限制地接触集团治理层和管理层、组成部分治理层和管理层、组成部分信息和组成部分注册会计师，以及是否可以对组成部分财务信息执行必要的工作。

（三）集团项目合伙人连续审计时的考虑

如果是连续审计业务，集团项目组获取充分、适当的审计证据的能力可能受某些方面重大变化的影响，例如：

1．集团组织结构的变化；

2．对集团具有重要影响的组成部分业务活动的变化；

3．集团治理层、管理层或重要组成部分的关键管理人员在构成上的变化；

4．对集团或组成部分管理层诚信和胜任能力的疑虑；

5．集团层面控制的变化；

6．适用的财务报告编制基础的变化。

二、审计范围受到限制

1．如果集团项目合伙人认为由于集团管理层施加的限制，使集团项目组不能获取充分、适当的审计证据，由此产生的影响可能导致对集团财务报表发表无法表示意见，集团项目合伙人应当视具体情况采取下列措施：

（1）如果是新业务，拒绝接受业务委托，如果是连续审计业务，在法律法规允许的情况下，解除业务约定；

（2）如果法律法规禁止注册会计师拒绝接受业务委托，或者注册会计师不能解除业务约定，在可能的范围内对集团财务报表实施审计，并对集团财务报表发表无法表示意见。

2．组成部分审计范围受限。即使接触信息受到限制，集团项目组仍有可能获取充分、适当的审计证据，然而这种可能性随着组成部分对集团重要程度的增加而降低。

（1）如果集团管理层限制集团项目组或组成部分注册会计师接触重要组成部分的信息，则集团项目组将无法获取充分、适当的审计证据。（不可承接）

（2）如果这类限制与不重要的组成部分有关，集团项目组仍有可能获取充分、适当的审计证据，但是受到限制的原因可能影响集团审计意见。（仍可承接）

【例-多选题】ABC会计师事务所拟承接D集团的集团财务报表审计业务。集团项目合伙人在考虑承接业务时，如果认为由于D集团管理层施加的限制，使集团项目组不能获取充分、适当的审计证据，由此产生的影响可能导致对集团财务报表发表无法表示意见，集团项目合伙人采取的下列措施中，恰当的有（　　）。

A. 拒绝接受审计业务委托或解除业务约定

B. 考虑变更审计业务为审阅业务

C. 与前任集团审计项目组沟通

D. 如果法律法规禁止注册会计师拒绝接受业务委托，则对集团财务报表发表无法表示意见

【答案】AD

学堂点拨

选项B不恰当，ABC会计师事务所是拟承接D集团的审计业务，不涉及变更鉴证业务性质的问题；选项C不恰当，ABC会计师事务所拟承接业务中已预期受到D集团管理层的限制，无法与前任集团项目组沟通。

三、业务约定条款

（一）集团项目合伙人与管理层或治理层达成一致意见的业务约定条款

1. 明确适用的财务报告编制基础。

2. 在法律法规允许的范围内，集团项目组与组成部分注册会计师的沟通应当尽可能地不受限制。

3. 组成部分注册会计师与组成部分治理层、组成部分管理层之间进行的重要沟通（包括就值得关注的内部控制缺陷进行的沟通），也应当告知集团项目组。

4. 监管机构与组成部分就财务报告事项进行的重要沟通，应当告知集团项目组。

5. 如果集团项目组认为有必要，应当允许集团项目组接触组成部分信息、组成部分治理层、组成部分管理层和组成部分注册会计师（包括集团项目组需要获取的相关审计工作底稿），以及允许集团项目组或允许其要求组成部分注册会计师对组成部分财务信息执行相关工作。

（二）接受委托后影响集团项目合伙人审计意见的限制

在集团项目合伙人接受委托后，下列方面受到的限制将导致无法获取充分、适当的审计证据，从而可能影响集团审计意见：

1. 集团项目组接触组成部分信息、组成部分治理层和管理层，或组成部分注册会计师（包括集团项目组需要获取的相关审计工作底稿）；

2. 拟对组成部分财务信息执行的工作。在极其特殊的情况下，如果适用的法律法规允许，这些限制可能导致解除业务约定。

第四节　了解集团及其环境、集团组成部分及其环境

知识点　了解集团及其环境、集团组成部分及其环境（★★）

微信扫一扫
习题免费练

集团项目组应当对集团及其环境、集团组成部分及其环境获取充分的了解，以足以：（1）确认或修正最初识别的重要组成部分；（2）评估由于舞弊或错误导致集团财务报表发生重大错报的风险。

集团项目组应当：（1）在业务承接或保持阶段获取信息的基础上，进一步了解集团及其环境、集团组成部分及其环境，包括集团层面控制；（2）了解合并过程，包括集团管理层向组成部分下达的指令。

一、了解集团管理层下达的指令

1．为实现财务信息的一致性和可比性，集团管理层通常对组成部分下达指令。这些指令具体说明了对包括在集团财务报表中的组成部分财务信息的要求。

2．集团管理层下达的指令通常包括：（1）运用的会计政策；（2）适用于集团财务报表的法定和其他披露要求，包括分部的确定和报告、关联方关系及其交易、集团内部交易、未实现内部交易损益以及集团内部往来余额；（3）报告的时间要求。

二、识别舞弊导致的集团财务报表重大错报风险

用以识别由于舞弊导致的集团财务报表重大错报风险所需的信息可能包括：

1．集团管理层对集团财务报表可能存在由于舞弊导致的重大错报风险的评估；

2．集团管理层对集团舞弊风险的识别和应对过程，包括集团管理层识别出的任何特定舞弊风险，或可能存在舞弊风险的账户余额、某类交易或披露；

3．是否有特定组成部分可能存在舞弊风险；

4．集团治理层如何监督集团管理层识别和应对集团舞弊风险的过程，以及集团管理层为降低集团舞弊风险而建立的控制；

5．就集团项目组对是否知悉任何影响组成部分或集团的舞弊事实、舞弊嫌疑或舞弊指控的询问，集团治理层、管理层和内部审计人员（如适用，还包括组成部分管理层、组成部分注册会计师和其他人员）作出的答复。

三、对集团财务报表重大错报风险（包括舞弊风险）的讨论

项目组关键成员需要讨论由于舞弊或错误导致被审计单位财务报表发生重大错报的可能性，并特别强调舞弊导致的风险。在集团审计中，参与讨论的成员还可能包括组成部分注册会计师。

讨论可以提供下列机会：

1．分享对组成部分及其环境的了解，包括对集团层面控制的了解。

2．交流有关组成部分或集团的经营风险的信息。

3．交流对下列有关舞弊问题的看法：

（1）集团财务报表可能如何以及在何处易于发生由于舞弊或错误导致的重大错报；

（2）集团管理层和组成部分管理层如何编制并隐瞒虚假财务报告；

（3）组成部分的资产可能如何被侵占。

4. 识别集团管理层或组成部分管理层可能倾向或有意操纵利润导致虚假财务报告而采取的惯常手段，例如，采用与适用的财务报告编制基础的规定不符的收入确认政策以操纵收入。

5. 考虑已知的、对集团产生影响的外部和内部因素。

6. 考虑集团或组成部分管理层可能凌驾于控制之上的风险。

7. 考虑是否基于集团财务报表编制目的而采用统一的会计政策编制组成部分财务信息，如果未采用统一的会计政策，如何识别和调整会计政策差异。

8. 讨论识别出的组成部分的舞弊，或显示组成部分存在舞弊的信息。

9. 分享可能显示违反法律法规的信息（如有关商业贿赂或不适当的转移定价的信息）。

四、风险评估

1. 了解的目的：

（1）确认或修正最初识别的重要组成部分。

（2）评估由于舞弊或错误导致集团财务报表发生重大错报的风险。

2. 集团项目组可以基于下列信息，在集团层面评估集团财务报表重大错报风险：

（1）在了解集团及其环境、集团组成部分及其环境和合并过程时获取的信息，包括在评价集团层面控制以及与合并过程相关的控制的设计和执行时获取的审计证据；

（2）从组成部分注册会计师获取的信息。

3. 在了解集团及其环境、集团组成部分及其环境的基础上，集团项目组应当制定集团总体审计策略和具体审计计划。集团项目合伙人应当复核集团总体审计策略和具体审计计划。

集团项目合伙人对集团总体审计策略和具体审计计划的复核，是其履行集团审计业务指导责任的重要内容。

【例–单选题】ABC会计师事务所负责审计D集团2018年的集团财务报表。在实施风险评估程序时，集团项目组对集团及其环境、集团组成部分及其环境获取充分的了解，其目的不包括（　　）。

A. 确认承接业务时识别的重要组成部分

B. 修正承接业务时识别的重要组成部分

C. 评估员工舞弊的可能性和金额的重大性

D. 评估由于舞弊或错误导致集团财务报表发生重大错报的风险

【答案】C

学堂点拨

选项C不恰当。集团财务报表审计的目的不是为了查出员工舞弊。在实施风险评估程序时，集团项目组应当对集团及其环境、集团组成部分及其环境获取充分的了解，其目的为：1. 确认或修正最初识别的重要组成部分；2. 评估由于舞弊或错误导致集团财务报表发生重大错报的风险。

第五节　了解组成部分注册会计师

微信扫一扫
习题免费练

知识点　了解组成部分注册会计师（★）

一、总体要求

只有当基于集团审计目的，计划要求由组成部分注册会计师执行组成部分财务信息的相关工作时，集团项目组才需要了解组成部分注册会计师。例如，如果集团项目组计划仅在集团层面对某些组成部分实施分析程序，就无须了解这些组成部分注册会计师（用不上就不了解）。

如果计划要求组成部分注册会计师执行组成部分财务信息的相关工作，集团项目组应当了解下列事项：

1. 组成部分注册会计师是否了解并将遵守与集团审计相关的职业道德要求，特别是独立性要求；

2. 组成部分注册会计师是否具备专业胜任能力；

3. 集团项目组参与组成部分注册会计师工作的程度是否足以获取充分、适当的审计证据；

4. 组成部分注册会计师是否处于积极的监管环境中。

二、与集团审计相关的职业道德要求

集团项目组需要了解组成部分注册会计师是否了解并将遵守与集团审计相关的职业道德要求，组成部分注册会计师了解和遵守的程度是否足以使其履行其在集团审计中承担的责任。

三、组成部分注册会计师的专业胜任能力

集团项目组对组成部分注册会计师的专业胜任能力的了解可能包括下列方面：

1. 组成部分注册会计师是否对适用于集团审计的审计准则和其他职业准则有充分的了解，以足以履行其在集团审计中的责任；

2. 组成部分注册会计师是否拥有对特定组成部分财务信息执行相关工作所必需的专门技能；

3. 如果相关，组成部分注册会计师是否对适用的财务报告编制基础有充分的了解。

四、利用对组成部分注册会计师的了解

如果组成部分注册会计师不符合与集团审计相关的独立性要求，或集团项目组对下列事项存有重大疑虑：1. 组成部分注册会计师是否了解并将遵守与集团审计相关的职业道德要求；2. 组成部分注册会计师是否具备专业胜任能力；3. 集团项目组参与组成部分注册会计师工作的程度是否足以获取充分、适当的审计证据，集团项目组应当就组成部分财务信息亲自获取充分、适当的审计证据，而不应要求组成部分注册会计师对组成部分财务信息执行相关工作。

如果组成部分注册会计师不符合与集团审计相关的独立性要求，集团项目组不能通过参与组成部分注册会计师的工作、实施追加的风险评估程序或对组成部分财务信息实施进一步审计程序，消除组成部分注册会计师不具有独立性的影响。

但是，集团项目组可以通过参与组成部分注册会计师的工作、实施追加的风险评估程序或对组成部分财务信息实施进一步审计程序，消除对组成部分注册会计师专业胜任能力的并非重大的疑虑（如认为其缺乏行业专门知识），或消除组成部分注册会计师未处于积极有效的监管环境中的影响。

【例-2018-单选题】在审计集团财务报表时，下列情形中，导致集团项目组无法利用组成部分注

册会计师工作的是（ ）。

A．组成部分注册会计师未处于积极有效监管环境中

B．组成部分注册会计师不符合与集团审计相关的独立性要求

C．集团项目组对组成部分注册会计师的专业胜任能力存有并非重大的疑虑

D．组成部分注册会计师无法向集团项目组提供所有审计工作底稿

【答案】B

学堂点拨

选项B，如果组成部分注册会计师不符合与集团审计相关的独立性要求，集团项目组不能通过参与组成部分注册会计师的工作、实施追加的风险评估程序或对组成部分财务信息实施进一步审计程序，消除组成部分注册会计师不具有独立性的影响。

第六节 重要性

知识点 重要性（★★★）

微信扫一扫
习题免费练

一、集团财务报表整体的重要性

在制定集团总体审计策略时，集团项目组确定集团财务报表整体的重要性。

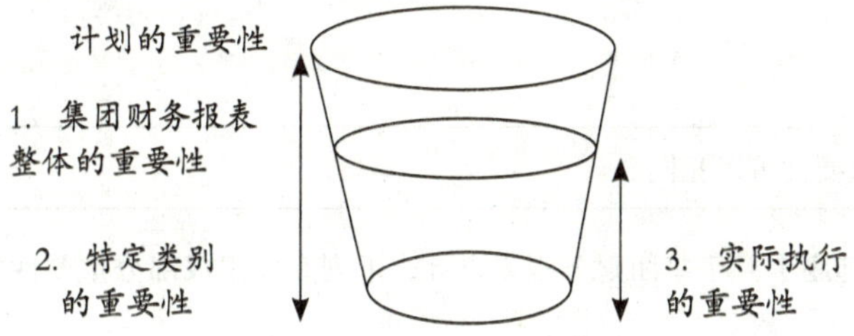

图 16-1 确定集团财务报表整体的重要性

二、适用于特定类别交易、账户余额或披露的一个或多个重要性水平

根据集团的特定情况，如果集团财务报表中存在特定类别的交易、账户余额或披露，其发生的错报金额低于集团财务报表整体的重要性，但合理预期将影响财务报表使用者依据集团财务报表作出的经济决策，则确定适用于这些交易、账户余额或披露的一个或多个重要性水平。

三、组成部分重要性

1．如果组成部分注册会计师对组成部分财务信息实施审计或审阅，集团项目组应当基于集团审计目的，为这些组成部分确定组成部分重要性。

2．为将未更正和未发现错报的汇总数超过集团财务报表整体的重要性的可能性降至适当的低水平，集团项目组应当将组成部分重要性设定为低于集团财务报表整体的重要性。

3．针对不同的组成部分确定的重要性可能有所不同。在确定组成部分重要性时，无须采用将集团财务报表整体重要性按比例分配的方式，因此，对不同组成部分确定的重要性的汇总数，有可能高

于集团财务报表整体重要性。

4. 在制定组成部分总体审计策略时，需要使用组成部分的重要性。

（1）组成部分注册会计师需要使用组成部分重要性，评价识别出的未更正错报单独或汇总起来是否重大。

（2）在审计组成部分财务信息时，组成部分注册会计师需要确定组成部分层面实际执行的重要性。这对于将组成部分财务信息中未更正和未发现错报的汇总数超过组成部分重要性的可能性降至适当的低水平是必要的。

（3）实务中，集团项目组可能按这一较低的水平确定组成部分的重要性。

（4）组成部分注册会计师需要使用组成部分重要性，评估组成部分财务信息的重大错报风险，针对评估的风险设计进一步审计程序，以及评价识别出的错报单独或汇总起来是否重大。

（5）如果基于集团审计目的，由组成部分注册会计师对组成部分财务信息执行审计工作，集团项目组应当评价在组成部分层面确定的实际执行的重要性的适当性。

【例1-2020-单选题】对于集团财务报表审计，下列有关组成部分重要性的说法中，错误的是（　　）。

A. 不同组成部分的组成部分重要性应当不同

B. 组成部分重要性应当由集团项目组确定

C. 组成部分重要性应当小于集团财务报表整体的重要性

D. 并非所有组成部分都需要组成部分重要性

【答案】A

学堂点拨

不同组成部分重要性可以相同。

【例2-2020-单选题】对于集团财务报表审计，下列有关组成部分重要性的说法中，错误的是（　　）。

A. 不同组成部分的组成部分重要性可以相同

B. 集团项目组应当评价组成部分注册会计师确定的组成部分重要性是否适当

C. 并非所有组成部分都需要组成部分重要性

D. 组成部分重要性应当小于集团财务报表整体的重要性

【答案】B

学堂点拨

如果组成部分注册会计师对组成部分财务信息实施审计或审阅，集团项目组应当基于集团审计目的，为这些组成部分确定组成部分重要性。如果由组成部分注册会计师确定实际执行的重要性，集团项目组才需要评价确定的重要性是否恰当。

四、明显微小错报的临界值

注册会计师需要设定临界值，不能将超过该临界值的错报视为对集团财务报表明显微小的错报。组成部分注册会计师需要将在组成部分财务信息中识别出的超过临界值的错报通报给集团项目组。

第七节 针对评估的风险采取的应对措施

微信扫一扫
习题免费练

知识点 针对评估的风险采取的应对措施（★★★）

一、总体要求

对于组成部分财务信息，集团项目组应当确定由其亲自执行或由组成部分注册会计师代为执行的相关工作的类型。集团项目组还应当确定参与组成部分注册会计师工作的性质、时间安排和范围。

二、集团项目组确定对组成部分财务信息拟执行工作的类型以及参与工作程度的影响因素

集团项目组确定对组成部分财务信息拟执行工作的类型以及参与组成部分注册会计师工作的程度，受下列因素影响：

1. 组成部分的重要程度；
2. 识别出的导致集团财务报表发生重大错报的特别风险；
3. 对集团层面控制的设计的评价，以及其是否得到执行的判断；
4. 集团项目组对组成部分注册会计师的了解。

如果预期集团层面控制运行有效，或者仅实施实质性程序不能提供认定层次的充分、适当的审计证据，集团项目组应当测试或要求组成部分注册会计师测试这些控制运行的有效性。

【例1-2020-多选题】对于集团财务报表审计，下列各项因素中，集团项目组在确定对组成部分财务信息拟执行的工作类型以及参与组成部注册会计师工作的程度时，需考虑的因素有（　　）。

A. 组成部分的重要程度

B. 是否识别出导致集团财务报表发生重大错报的特别风险

C. 集团项目组对组成部分注册会计师的了解

D. 对集团层面控制的设计的评价，以及其是否得到执行的判断

【答案】ABCD

学堂点拨

集团项目组确定对组成部分财务信息拟执行工作的类型以及参与组成部分注册会计师工作的程度，受下列因素影响：

1. 组成部分的重要程度；
2. 识别出的导致集团财务报表发生重大错报的特别风险；
3. 对集团层面控制的设计的评价，以及其是否得到执行的判断；
4. 集团项目组对组成部分注册会计师的了解。

三、对具有财务重大性的重要组成部分需执行的工作

利用组成部分的重要性审计该组成部分。

四、对特别风险的组成部分需执行的工作

1. 对由于其特定性质或情况，可能存在导致集团财务报表发生重大错报的特别风险的重要组成部分，集团项目组或代表集团项目组的组成部分注册会计师应当执行下列一项或多项工作：

（1）使用组成部分重要性对组成部分财务信息实施审计；

（2）针对与可能导致集团财务报表发生重大错报的特别风险相关的一个或多个账户余额、一类或多类交易或披露事项实施审计；

（3）针对可能导致集团财务报表发生重大错报的特别风险实施特定的审计程序。

2．由于某一组成部分的特定性质或情况，该组成部分可能存在导致集团财务报表发生重大错报的特别风险，集团项目组可能将该组成部分识别为重要组成部分。在这种情况下，集团项目组可能能够识别出受到可能存在的特别风险影响的账户余额、某类交易或披露，并可能决定仅对这些账户余额、交易或披露实施审计，或要求组成部分注册会计师仅对这些账户余额、交易或披露实施审计。

例如，某组成部分进行外汇交易，虽然其对集团并不具有财务重大性，但可能存在导致集团财务报表发生重大错报的特别风险，集团项目组将该组成部分识别为重要组成部分，对该组成部分财务信息执行的工作可能仅限于受外汇交易影响的账户余额、交易和披露的审计。

如果集团项目组要求组成部分注册会计师仅针对一个或多个特定类别的账户余额、一类或多类交易或披露实施审计，在与组成部分注册会计师沟通时，集团项目组需要考虑多数财务报表项目是相互关联的这一事实。

3．集团项目组可以设计审计程序，应对导致集团财务报表发生重大错报的特别风险。例如，如果可能存在存货过时的特别风险，对于持有大量过时存货的组成部分，集团项目组可以针对存货计价实施或要求组成部分注册会计师实施指定的审计程序。

【例2-单选题】ABC会计师事务所负责审计D集团2018年的集团财务报表。对于存在特别风险的重要组成部分，集团项目组或代表集团项目组的组成部分注册会计师应当执行下列一项或多项工作。其中，不恰当的是（　　）。

A．使用组成部分重要性对组成部分财务信息实施审计

B．使用集团层面财务报表重要性对组成部分财务信息实施审计

C．针对可能导致集团财务报表发生重大错报的特别风险实施特定的审计程序

D．针对与可能导致集团财务报表发生重大错报的特别风险相关的一个或多个账户余额、一类或多类交易或披露事项实施审计

【答案】B

学堂点拨

选项B不恰当。集团项目组应当使用组成部分重要性对组成部分财务信息实施审计。

五、对不重要的组成部分所需执行的工作

对于不重要的组成部分，集团项目组应当在集团层面实施分析程序。

实施分析程序的结果，可以佐证集团项目组得出的结论，即汇总的不重要的组成部分的财务信息不存在特别风险。

六、已执行的工作仍不能提供充分、适当审计证据时的处理

集团项目组应当选择某些不重要的组成部分（重要的都审计了），并对已选择的组成部分财务信息亲自执行或由代表集团项目组的组成部分注册会计师执行下列一项或多项工作：

1．使用组成部分重要性对组成部分财务信息实施审计；

2. 对一个或多个账户余额、一类或多类交易或披露实施审计；

3. 使用组成部分重要性对组成部分财务信息实施审阅；

4. 实施特定程序。

集团项目组应当在一段时间之后更换所选择的组成部分。

【例3-2020-多选题】对于集团财务报表审计，下列工作类型中，不适用于重要组成部分的是（　　）。

A. 使用组成部分重要性对组成部分财务信息实施审阅

B. 对一个或多个账户余额、一类或多类交易或披露实施审计

C. 使用组成部分重要性对组成部分财务信息实施审计

D. 实施特定的审计程序

【答案】A

学堂点拨

对由于其特定性质或情况，可能存在导致集团财务报表发生重大错报的特别风险的重要组成部分，集团项目组或代表集团项目组的组成部分注册会计师应当执行下列一项或多项工作：1. 使用组成部分重要性对组成部分财务信息实施审计；2. 针对与可能导致集团财务报表发生重大错报的特别风险相关的一个或多个账户余额、一类或多类交易或披露事项实施审计；3. 针对可能导致集团财务报表发生重大错报的特别风险实施特定的审计程序。

七、参与组成部分注册会计师的工作

（一）总体要求

如果组成部分注册会计师对重要组成部分财务信息执行审计，集团项目组应当参与组成部分注册会计师实施的风险评估程序，以识别导致集团财务报表发生重大错报的特别风险。

集团项目组参与的性质、时间安排和范围受其对组成部分注册会计师所了解情况的影响，但至少应当包括：

1. 与组成部分注册会计师或组成部分管理层讨论对集团而言重要的组成部分业务活动；

2. 与组成部分注册会计师讨论由于舞弊或错误导致组成部分财务信息发生重大错报的可能性；

3. 复核组成部分注册会计师对识别出的导致集团财务报表发生重大错报的特别风险形成的审计工作底稿。

（二）集团项目组拟实施的进一步审计程序

如果在由组成部分注册会计师执行相关工作的组成部分内，识别出导致集团财务报表发生重大错报的特别风险，集团项目组应当评价针对识别出的特别风险拟实施的进一步审计程序的恰当性。根据对组成部分注册会计师的了解，集团项目组应当确定是否有必要参与进一步审计程序。（程度取决于：组成部分的重要程度，识别出的特别风险，对组成部分会计师的了解。）

（三）如果组成部分是不重要的组成部分

如果组成部分是不重要的组成部分，集团项目组参与组成部分注册会计师工作的性质、时间安排和范围，将根据集团项目组对组成部分注册会计师的了解的不同而不同。而该组成部分不是重要组成部分这一事实，成为次要考虑的因素。

（四）集团项目组参与组成部分注册会计师工作的方式取决于对组成部分注册会计师的了解

这些方式包括：

1. 与组成部分管理层或组成部分注册会计师会谈，获取对组成部分及其环境的了解；

2. 复核组成部分注册会计师的总体审计策略和具体审计计划；

3. 实施风险评估程序，识别和评估组成部分层面的重大错报风险，集团项目组可以单独或与组成部分注册会计师共同实施这类程序；

4. 设计和实施进一步审计程序，集团项目组可以单独或与组成部分注册会计师共同设计和实施这类程序；

5. 参加组成部分注册会计师与组成部分管理层的总结会议和其他重要会议；

6. 复核组成部分注册会计师的审计工作底稿的其他相关部分。

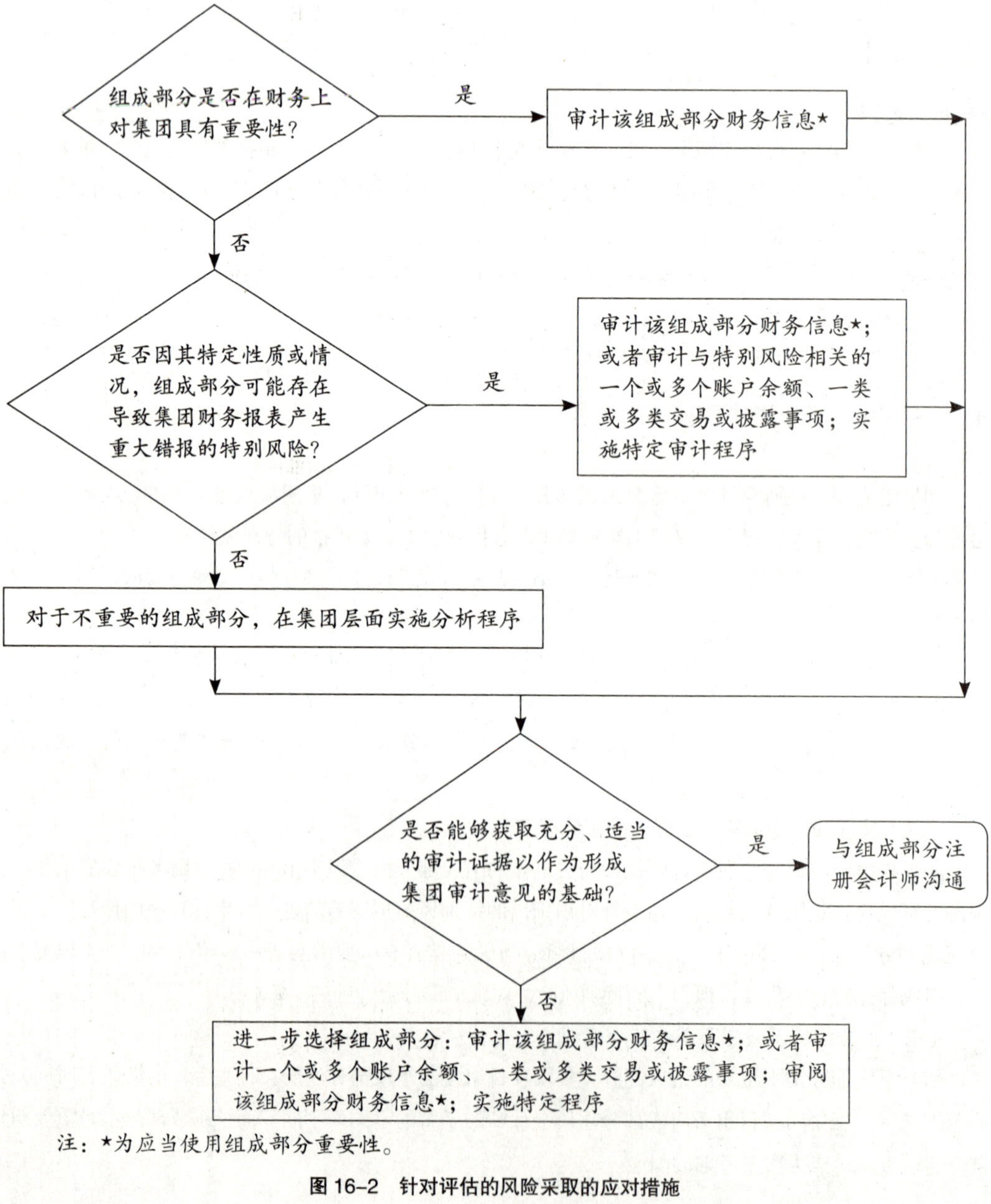

注：★为应当使用组成部分重要性。

图 16-2 针对评估的风险采取的应对措施

【例4-简答题】ABC会计师事务所拟承接D集团2018年的集团财务报表审计业务，同时拟指派A注册会计师为D集团项目合伙人。相关资料如下：

D集团持有合营企业40%的股权，2018年度按权益法核算确认的投资收益占当年审计前利润总额的30%。合营企业2018年度财务报表由其他注册会计师审计。

要求：如果A注册会计师拟参与其他注册会计师对合营企业的风险评估工作，指出通常应当实施哪些审计程序。

【答案】集团项目组应当实施下列程序：

1. 与组成部分注册会计师或组成部分管理层讨论对集团而言重要的组成部分业务活动；

2. 与组成部分注册会计师讨论由于错误或舞弊导致组成部分财务信息发生重大错报的可能性；

3. 复核组成部分注册会计师对已识别出的导致集团财务报表发生重大错报的特别风险形成的审计工作底稿。

第八节 合并过程

微信扫一扫
习题免费练

知识点 针对合并过程设计和实施进一步审计程序（★★）

一、集团项目组应当针对合并过程设计和实施进一步审计程序，以应对评估的、由合并过程导致的集团财务报表发生重大错报的风险

（一）评价要求

集团项目组应当评价合并调整和重分类事项的适当性、完整性和准确性，并评价是否存在舞弊风险因素或可能存在管理层偏向的迹象。

（二）评价内容

集团项目组对合并调整和重分类事项的适当性、完整性和准确性的以下内容进行评价：

1. 评价重大调整是否恰当反映了相关事项和交易；

2. 确定重大调整是否得到集团管理层和组成部分管理层（如适用）的正确计算、处理和授权；

3. 确定重大调整是否有适当的证据支持并得到充分的记录；

4. 检查集团内部交易、未实现内部交易损益以及集团内部往来余额是否核对一致并抵销。

二、集团项目组评价是否已经适当调整不恰当事项

1. 如果组成部分财务信息没有按照集团财务报表采用的会计政策编制，集团项目组应当评价组成部分财务信息是否已得到适当调整，以满足编制和列报集团财务报表的要求。集团项目组应当确定，组成部分注册会计师上报的财务信息是否就是包括在集团财务报表中的财务信息。

2. 如果集团财务报表包括的组成部分财务报表的报告期末不同于集团财务报表，集团项目组应当评价是否已按照适用的财务报告编制基础对这些财务报表作出恰当调整。

第九节　与组成部分注册会计师的沟通

知识点　与组成部分注册会计师的沟通（★）

微信扫一扫
习题免费练

一、集团项目组向组成部分注册会计师沟通

1．在组成部分注册会计师知悉集团项目组将利用其工作的前提下，要求组成部分注册会计师确认其将配合集团项目组的工作。

2．与集团审计相关的职业道德要求，特别是独立性要求。

3．在对组成部分财务信息实施审计或审阅的情况下，组成部分的重要性和针对特定类别的交易、账户余额或披露采用的一个或多个重要性水平（如适用）以及临界值，超过临界值的错报不能视为对集团财务报表明显微小的错报。

4．识别出的与组成部分注册会计师工作相关的、由于舞弊或错误导致集团财务报表发生重大错报的特别风险。

5．集团管理层编制的关联方清单和集团项目组知悉的任何其他关联方。

二、组成部分注册会计师向集团项目组沟通

1．组成部分注册会计师是否已遵守与集团审计相关的职业道德要求，包括对独立性和专业胜任能力的要求。

2．组成部分注册会计师是否已遵守集团项目组的要求。

3．指出作为组成部分注册会计师出具报告对象的组成部分财务信息。

4．因违反法律法规而可能导致集团财务报表发生重大错报的信息。

5．组成部分财务信息中未更正错报的清单（清单不必包括低于集团项目组通报的临界值且明显微小的错报）。

6．表明可能存在管理层偏向的迹象。

7．描述识别出的组成部分层面值得关注的内部控制缺陷。

8．组成部分注册会计师向组成部分治理层已通报或拟通报的其他重大事项，包括涉及组成部分管理层、在组成部分层面内部控制中承担重要职责的员工以及其他人员（在舞弊行为导致组成部分财务信息出现重大错报的情况下）的舞弊或舞弊嫌疑。

9．可能与集团审计相关或者组成部分注册会计师期望集团项目组加以关注的其他事项，包括在组成部分注册会计师要求组成部分管理层提供的书面声明中指出的例外事项。

10．组成部分注册会计师的总体发现、得出的结论和形成的意见。

在配合集团项目组时，如果法律法规未予禁止，组成部分注册会计师可以允许集团项目组接触相关审计工作底稿。

【例-2020-多选题】对于集团财务报表审计，下列各项中，集团项目组应当要求组成部分注册会计师沟通的有（　　）。

A．表明可能存在组成部分管理层偏向的迹象

B．组成部分注册会计师的总体发现、得出的结论和形成的意见

C. 组成部分层面的值得关注的内部控制缺陷

D. 组成部分注册会计师识别出的已得到更正的重大错报

【答案】ABC

学堂点拨

集团项目组应当要求组成部分注册会计师沟通与得出集团审计结论相关的事项。沟通的内容应当包括组成部分财务信息中未更正错报的清单（清单不必包括低于集团项目组通报的临界值且明显微小的错报），而不是已更正的重大错报。

三、评价与组成部分注册会计师的沟通

集团项目组应当评价与组成部分注册会计师的沟通。集团项目组应当：

1. 与组成部分注册会计师、组成部分管理层或集团管理层（如适用）讨论在评价过程中发现的重大事项；

2. 确定是否有必要复核组成部分注册会计师审计工作底稿的相关部分。

如果认为组成部分注册会计师的工作不充分，集团项目组应当确定需要实施哪些追加的程序，以及这些程序是由组成部分注册会计师还是由集团项目组实施。

第十节 评价审计证据的充分性和适当性

微信扫一扫
习题免费练

知识点 评价审计证据的充分性和适当性（★）

1. 集团项目组应当评价，通过对合并过程实施的审计程序以及由集团项目组和组成部分注册会计师对组成部分财务信息执行的工作，是否已获取充分、适当的审计证据，作为形成集团审计意见的基础。

2. 如果认为未能获取充分、适当的审计证据作为形成集团审计意见的基础，集团项目组可以要求组成部分注册会计师对组成部分财务信息实施追加的程序。如果不可行，集团项目组可以直接对组成部分财务信息实施程序。

3. 集团项目合伙人应当评价未更正错报和未能获取充分、适当的审计证据的情况下对集团审计意见的影响。

4. 集团项目合伙人对错报的汇总影响的评价，能够使其确定集团财务报表整体是否存在重大错报。

第十一节　与集团管理层和集团治理层的沟通

微信扫一扫
习题免费练

知识点　与集团管理层和集团治理层的沟通（★）

一、与集团管理层的沟通

确定哪些识别出的内部控制缺陷需要向集团管理层和治理层通报，集团项目组应当考虑：

1. 集团项目组识别出的集团层面内部控制缺陷；
2. 集团项目组识别出的组成部分层面内部控制缺陷；
3. 组成部分注册会计师提请集团项目组关注的内部控制缺陷。

因法律法规要求或其他原因，组成部分注册会计师可能需要对组成部分财务报表发表审计意见。在这种情况下，集团项目组应当要求集团管理层告知组成部分管理层其尚未知悉的、集团项目组注意到的可能对组成部分财务报表产生重要影响的事项。

如果集团管理层拒绝向组成部分管理层通报该事项，集团项目组应当与集团治理层进行讨论。

如果该事项仍未得到解决，集团项目组在遵守法律法规和职业准则有关保密要求的前提下，应当考虑是否建议组成部分注册会计师在该事项得到解决之前，不对组成部分财务报表出具审计报告。

二、与集团治理层的沟通

集团项目组还应当与集团治理层沟通下列事项：

1. 对组成部分财务信息拟执行工作的类型的概述；
2. 在组成部分注册会计师对重要组成部分财务信息拟执行的工作中，集团项目组计划参与其工作的性质的概述；
3. 对组成部分注册会计师的工作作出的评价，引起集团项目组对其工作质量产生疑虑的情形；
4. 集团审计受到的限制，如集团项目组接触某些信息受到的限制；
5. 涉及集团管理层、组成部分管理层、在集团层面控制中承担重要职责的员工以及其他人员（在舞弊行为导致集团财务报表出现重大错报的情况下）的舞弊或舞弊嫌疑。

【例1–单选题】在考虑组成部分注册会计师的工作时，下列有关说法正确的是（　　）。

A. 组成部分注册会计师是集团项目组成员以外负责对集团组成部分财务信息执行相关工作的其他注册会计师

B. 组成部分均具备法人资格

C. 为保持独立性，集团项目组不应当参与组成部分注册会计师的工作

D. 集团项目组通常会根据组成部分的性质、特定的环境或组成部分在金额上对整体财务报表影响的程度，来判断某一组成部分是否为重要的组成部分

【答案】D

学堂点拨

组成部分注册会计师，是指基于集团审计目的，按照集团项目组的要求，对组成部分财务信息执行相关工作的注册会计师，选项A错误；组成部分可能具备法人资格，也可能不具备法人资格，因此选项B不正确；为获取充分、适当的审计证据以将被审计单位集团财务报表的审计风险降至可接受的低水平，集团项目组应当考虑是否参与组成部分注册会计师的工作，选项C不正确。

【例2-多选题】下列有关集团财务报表审计的说法中，正确的有（　　）。

A. 组成部分注册会计师基于集团审计目的对组成部分财务信息执行相关工作，并对所有发现的问题、得出的结论和形成的意见负责

B. 注册会计师对集团财务报表出具的审计报告应提及组成部分注册会计师

C. 对于不重要的组成部分，集团项目组应当在集团层面实施分析程序

D. 如果集团管理层拒绝向组成部分管理层通报被识别出的舞弊事项，集团项目组应当与集团治理层进行讨论

【答案】ACD

学堂点拨

选项B，注册会计师对集团财务报表出具的审计报告不应提及组成部分注册会计师，除非法律法规另有规定。

第十七章　其他特殊项目的审计

本章思维导图

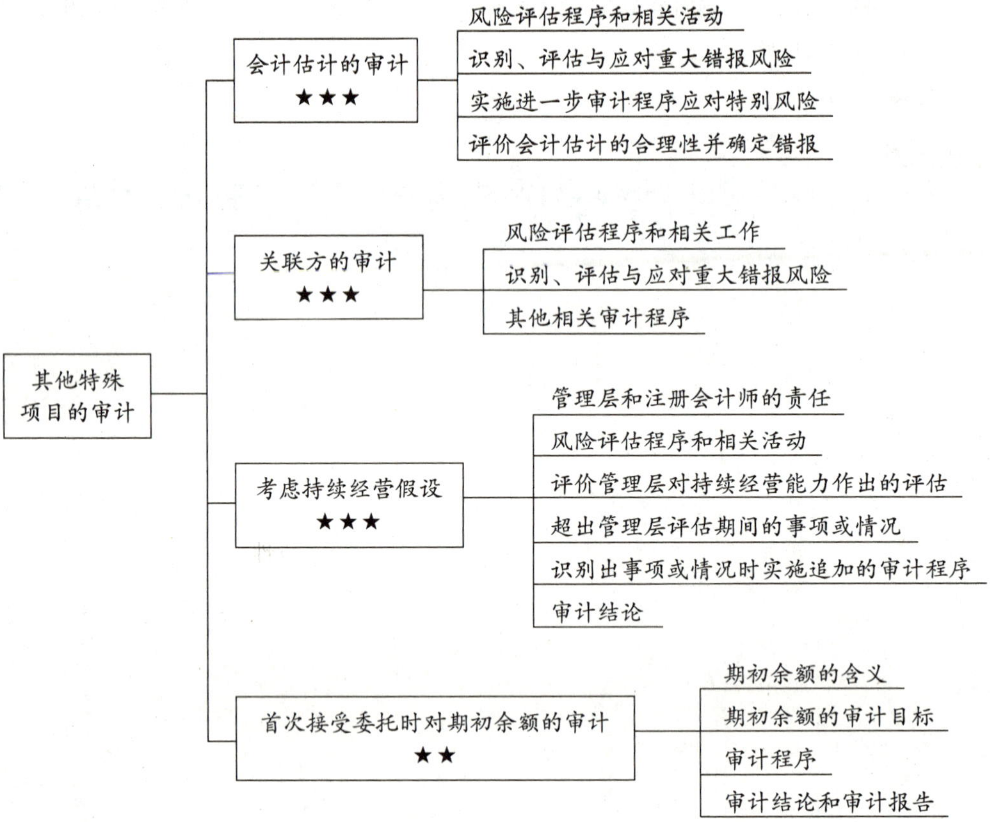

本章知识点精讲

第一节　会计估计的审计

微信扫一扫
习题免费练

知识点提示

对于会计估计的审计，本节依然按照从审计目标，到风险评估，最后进行风险应对的顺序进行阐述。

知识点1　会计估计的性质和审计目标（★）

一、会计估计的性质

（一）概念

会计估计是指在缺乏精确计量手段的情况下，采用的某项金额的近似值，其中可能涉及公允价值计量。

（二）类型

1. 存在估计不确定性时以公允价值计量的金额（简称公允价值会计估计）。

2. 其他需要估计的金额。

除公允价值会计估计外，其他可能需要作出会计估计的例子有：坏账准备；存货跌价准备；产品质量保证义务；折旧方法或资产预计使用寿命等。

学堂点睛

1. 会计估计导致的重大错报风险可能属于特别风险，因此注册会计师应当确定会计估计的重大错报风险是否属于特别风险。

2. 会计估计的结果与财务报表中原来已确认或披露的金额存在差异，并不必然表明财务报表存在错报。

二、会计估计的审计目标

注册会计师审计会计估计的目标是获取充分、适当的审计证据以确定：

1. 根据适用的财务报告编制基础，财务报表中确认或披露的会计估计是否合理；

2. 根据适用的财务报告编制基础，财务报表中的相关披露是否充分。

知识点2 会计估计的风险评估程序和相关活动（★★★）

一、了解适用的财务报告编制基础的要求（大部分情况；规范性）

了解适用的财务报告编制基础的要求，有助于确定该编制基础是否：

1. 规定了会计估计的确认条件或计量方法；

2. 明确了某些允许或要求采用公允价值计量的条件；

3. 明确了要求作出或允许作出的披露。

二、了解管理层如何识别是否需要作出会计估计（少量的情况；完整性）

（一）目的

会计估计（特别是与负债相关的）完整性，通常是注册会计师考虑的重要因素。

（二）方法

通过询问下列问题（新情况），了解管理层如何识别需要作出会计估计的情形：

1. 被审计单位是否已从事可能需要作出会计估计的新型交易；

2. 需要作出会计估计的交易的条款是否已改变；

3. 由于适用的财务报告编制基础的要求或其他规定的变化，与会计估计相关的会计政策是否已经相应变化；

4. 可能要求管理层修改或作出新会计估计的外部监管变化或其他不受管理层控制的变化是否已经发生；

5. 是否已经发生可能需要作出新估计或修改现有估计的新情况或事项。

（三）结论

如果注册会计师识别出一些要作出会计估计的需要，但管理层没有识别出，应确定被审计单位的风险评估过程的内部控制是否存在缺陷。

三、了解管理层如何作出会计估计

注册会计师应当从六个方面了解管理层作出会计估计的方法和依据（重点掌握）：

1. 用以作出会计估计的方法，包括模型（如适用）；
2. 相关控制；
3. 管理层是否利用管理层的专家的工作；
4. 会计估计所依据的假设；
5. 用以作出会计估计的方法是否已经发生或应当发生不同于上期的变化，以及变化的原因；
6. 管理层是否评估以及如何评估估计不确定性的影响。

注册会计师应当复核上期财务报表中会计估计的结果，或者复核管理层在本期财务报表中对上期会计估计作出的后续重新估计（如适用）。在确定复核的性质和范围时，注册会计师应当考虑会计估计的性质，以及复核时获取的信息是否可能与识别和评估本期财务报表中会计估计的重大错报风险相关。但是，注册会计师复核的目的不是质疑上期依据当时可获得的信息而作出的判断。

知识点3 识别和评估会计估计的重大错报风险（★★★）

一、在评估重大错报风险时，注册会计师应考虑的事项

1. 会计估计的实际的或预期的重要程度。
2. 会计估计的记录金额（即管理层的点估计）与注册会计师预期应记录金额的差异。
3. 管理层在作出会计估计时是否利用管理层的专家的工作。
4. 对上期会计估计进行复核的结果。

二、关注点

1. 评价与会计估计相关的估计不确定性的程度。
2. 判断与会计估计相关的估计不确定性的程度是否会导致特别风险。

三、评价与会计估计相关的估计不确定性的程度是否会导致特别风险

与会计估计相关的估计不确定性的程度受下列因素的影响：

1. 会计估计对判断的依赖程度；
2. 会计估计对假设变化的敏感性；
3. 是否存在可以降低估计不确定性的经认可的计量技术（当然，作为输入数据的假设，其主观程度仍可导致估计不确定性）；
4. 预测期的长度和从过去事项得出的数据对预测未来事项的相关性；
5. 是否能够从外部来源获得可靠数据；
6. 会计估计依据可观察到的或不可观察到的输入数据的程度。

四、高度估计不确定性和特别风险

可能存在高度估计不确定性的会计估计的例子很多，比如：

1. 高度依赖判断的会计估计；
2. 未采用经认可的计量技术计算的会计估计；

3. 注册会计师对上期财务报表中类似会计估计进行复核的结果表明最初会计估计与实际结果之间存在很大差异，在这种情况下管理层作出的会计估计；

4. 采用高度专业化的、由被审计单位自主开发的模型，或在缺乏可观察到的输入数据的情况下作出的公允价值会计估计。

知识点4 应对评估的重大错报风险（★★★）

一、审计的目标

基于评估的重大错报风险，注册会计师应当确定：

1. 管理层是否恰当运用与会计估计相关的适用的财务报告编制基础的规定；

2. 作出会计估计的方法是否恰当，并得到一贯运用，以及会计估计或作出会计估计的方法不同于上期的变化是否适合于具体情况。

二、审计程序

在应对评估的重大错报风险时，注册会计师应当考虑会计估计的性质，并实施下列一项或多项程序：

1. 确定截至审计报告日发生的事项是否提供有关会计估计的审计证据。例如，期后不久出售存货，可能提供有关其可变现净值估计的审计证据。

2. 测试管理层如何作出会计估计以及会计估计所依据的数据。

3. 测试与管理层如何作出会计估计相关的控制的运行有效性，并实施恰当的实质性程序。

（1）测试数据的对应措施。

（2）评价计量方法、评价模型的使用和评价管理层使用的假设。

4. 作出注册会计师的点估计或区间估计，以评价管理层的点估计。

注册会计师的点估计或区间估计，是指从审计证据中得出的、用于评价管理层点估计的金额或金额区间。

（1）如使用有别于管理层的假设或方法，注册会计师应充分了解管理层的假设或方法，以确定注册会计师在作出点估计或区间估计时已考虑了相关变量，并评价与管理层的点估计存在的任何重大差异。

（2）如认为使用区间估计是恰当的，注册会计师应当基于可获得的审计证据来缩小区间估计，直至该区间估计范围内的所有结果均可被视为合理。

如果注册会计师的区间估计范围足够小，以至于能够确定会计估计是否存在错报，它就是有用和有效的。

当区间估计的区间已缩小至等于或低于实际执行的重要性时，该区间估计对于评价管理层的点估计是适当的。

下列方法可以将区间估计的区间缩小至某一区域，使该区域内所有结果视为合理的：

①从区间估计中剔除注册会计师认为不可能发生的极端结果；

②根据可获得的审计证据，继续缩小区间估计直至注册会计师认为该区间估计内的所有结果均被视为是合理的。

【例1-2019-单选题】下列有关注册会计师作出区间估计以评价管理层的点估计的说法中，错误的是（　　）。

A．注册会计师作出区间估计时可以使用与管理层不同的假设

B．在极其特殊的情况下，注册会计师可能缩小区间估计直至审计证据指向点估计

C．如果注册会计师难以将区间估计的区间缩小至低于实际执行的重要性，可能意味着与会计估计相关的估计不确定性可能导致特别风险

D．注册会计师作出的区间估计需要包括所有可能的结果

【答案】D

学堂点拨

注册会计师作出的区间估计需要包括所有合理的结果，而非所有可能的结果。

知识点5　实施进一步实质性程序以应对特别风险（★★★）

一、关注点

在审计导致特别风险的会计估计时，注册会计师在实施进一步实质性程序时需要重点评价：

1．管理层是如何评估估计不确定性对会计估计的影响，以及这种不确定性对财务报表中会计估计的确认的恰当性可能产生的影响；

2．相关披露的充分性。

二、实施进一步实质性程序以应对特别风险

（一）估计不确定性

1．评价管理层如何考虑替代性的假设或结果，以及拒绝采纳的原因，或者在管理层没有考虑替代性的假设或结果的情况下，评价管理层在作出会计估计时如何处理估计不确定性。

2．评价管理层使用的重大假设是否合理。

3．当管理层实施特定措施的意图和能力与其使用的重大假设的合理性或对适用的财务报告编制基础的恰当应用相关时，评价这些意图和能力。

（二）作出区间估计

如果根据职业判断认为管理层没有适当处理估计不确定性对导致特别风险的会计估计的影响，注册会计师应当在必要时作出用于评价会计估计合理性的区间估计。针对管理层没有适当处理特别风险的会计估计，注册会计师应当作出区间估计的情形：

1．通过评价管理层如何处理估计不确定性的影响不能获取充分、适当的审计证据；

2．有必要进一步分析与会计估计相关的估计不确定性的程度；

3．不大可能通过如复核截至审计报告日发生的事项等审计程序获得其他审计证据；

4．可能有迹象表明管理层在作出会计估计时存在管理层偏向。

（三）确认和计量的标准

1．管理层对会计估计在财务报表中予以确认或不予确认的决策。

2．作出会计估计所选择的计量基础。

三、其他相关审计程序

（一）关注与会计估计相关的披露

注册会计师应当获取充分、适当的审计证据，以确定与会计估计相关的财务报表披露是否符合适用的财务报告编制基础的规定。对导致特别风险的会计估计，注册会计师还应当评价在适用的财务报告编制基础下，财务报表对估计不确定性的披露的充分性。

1. 按照适用的财务报告编制基础作出的披露。

2. 披露导致特别风险的会计估计的估计不确定性。

（二）识别可能存在管理层偏向的迹象

1. 管理层偏向的定义

管理层偏向是指管理层在编制和列报信息时缺乏中立性。

2. 识别管理层偏向的总体要求

注册会计师应当复核管理层在作出会计估计时的判断和决策，以识别是否可能存在管理层偏向的迹象。

3. 管理层偏向迹象的内容（例子）

（1）管理层主观地认为环境已经发生变化，并相应地改变会计估计或估计方法。（2）针对公允价值会计估计，被审计单位的自有假设与可观察到的市场假设不一致，但仍使用被审计单位的自有假设。（3）管理层选择或作出重大假设以产生有利于管理层目标的点估计。（4）选择带有乐观或悲观倾向的点估计。

（三）获取书面声明

注册会计师应向管理层和治理层（如适用）获取书面声明，以确定其是否认为在作出会计估计时使用的重大假设是合理的。

【例2-2019-单选题】下列各项中，通常不能应对与会计估计相关的重大错报风险的是（　　）。

A．复核上期财务报表中会计估计的结果

B．测试管理层在作出会计估计时采用的关键假设

C．确定截至审计报告日发生的事项是否提供有关会计估计的审计证据

D．测试与管理层如何作出会计估计相关的控制的运行有效性

【答案】A

学堂点拨

在应对评估的重大错报风险时，注册会计师应当考虑会计估计的性质，并实施下列一项或多项程序：

1. 确定截至审计报告日发生的事项是否提供有关会计估计的审计证据；

2. 测试管理层如何作出会计估计以及会计估计所依据的数据；

3. 测试与管理层如何作出会计估计相关的控制的运行有效性，并实施恰当的实质性程序；

4. 作出注册会计师的点估计或区间估计，以评价管理层的点估计。

选项A，复核上期财务报表中会计估计的结果属于风险评估程序和相关活动的内容。

知识点6 评价会计估计的合理性并确定错报（★★★）

1．点估计：当审计证据支持点估计时，注册会计师的点估计与管理层的点估计之间的差异构成错报。

2．区间估计：当注册会计师认为使用其区间估计能够获取充分、适当的审计证据时，则在注册会计师区间估计之外的管理层点估计得不到审计证据的支持。相应的错报不小于管理层点估计与注册会计师区间估计之间的最小差异。

3．当管理层根据其对环境变化的主观判断而改变某项会计估计，或改变上期作出会计估计的方法时，注册会计师可能认为会计估计被管理层随意改变而产生错报，或者将其视为可能存在管理层偏向的迹象。

【例3-多选题】下列与会计估计审计相关的说法中，不正确的有（　　）。

A．会计估计的完整性，通常是注册会计师考虑的重要因素

B．会计估计的真实性，通常是注册会计师考虑的重要因素

C．注册会计师应根据职业判断确定识别出的具有高度估计不确定性的会计估计是否会导致特别风险

D．当审计证据支持点估计时，注册会计师的点估计与管理层的点估计之间的差异并不构成错报

【答案】BD

学堂点拨

选项B，会计估计的完整性，通常是注册会计师考虑的重要因素。选项D，当审计证据支持点估计时，注册会计师的点估计与管理层的点估计之间的差异构成错报。

第二节　关联方的审计

微信扫一扫
习题免费练

知识点提示

对于关联方的审计，本节也是按照从审计目标，到风险评估，最后进行风险应对的顺序阐述。

知识点1 注册会计师对关联方及其交易的责任（★）

一、适用的财务报告编制基础对关联方作出规定的情况下

注册会计师有责任实施审计程序，以识别、评估和应对被审计单位未能按照适用的财务报告编制基础对关联方关系及其交易进行恰当会计处理或披露导致的重大错报风险。

二、适用的财务报告编制基础对关联方作出很少的规定或没有作出规定的情况下

注册会计师仍然需要了解被审计单位的关联方关系及其交易，以足以确定财务报表是否实现公允反映。

三、审计固有限制导致不能避免未被发现的风险

由于审计的固有限制，即使注册会计师按照审计准则的规定恰当计划和实施了审计工作，也不可避免地存在财务报表中的某些重大错报未被发现的风险。

四、由于下列原因，审计的固有限制对注册会计师发现重大错报能力的潜在影响会加大

1. 管理层可能未能识别出所有关联方关系及其交易，特别是在适用的财务报告编制基础没有对关联方作出规定时。

2. 关联方关系可能为管理层的串通舞弊、隐瞒或操纵行为提供更多机会。

五、保持职业怀疑的必要性

由于存在未披露关联方关系及其交易的可能性，注册会计师在计划和实施与关联方关系及其交易有关的审计工作时，保持职业怀疑尤为重要。

知识点2 注册会计师审计关联方及其交易的目标（★★）

1. 无论适用的财务报告编制基础是否对关联方作出规定，充分了解关联方关系及其交易，以便能够确认由此产生的、与识别和评估由于舞弊导致的重大错报风险相关的舞弊风险因素；根据获取的审计证据，就财务报表受到关联方关系及其交易的影响而言，确定财务报表是否实现公允反映。

2. 如果适用的财务报告编制基础对关联方作出规定，获取充分、适当的审计证据，确定关联方关系及其交易是否已按照适用的财务报告编制基础得到恰当识别、会计处理和披露。

知识点3 风险评估程序和相关工作（★★★）

注册会计师在审计过程中应当实施风险评估程序和相关工作，以获取与识别关联方关系及其交易相关的重大错报风险的信息。

一、项目组内部的讨论

1. 关联方关系及其交易的性质和范围。

2. 强调在整个审计过程中对关联方关系及其交易导致的潜在重大错报风险保持职业怀疑的重要性。

3. 可能显示管理层以前未识别或未向注册会计师披露的关联方关系或关联方交易的情形或状况。

4. 可能显示存在关联方关系或关联方交易的记录或文件。

5. 管理层和治理层对关联方关系及其交易进行识别、恰当会计处理和披露的重视程度，以及管理层凌驾于相关控制之上的风险。

二、询问管理层

1. 关联方的名称和特征，包括关联方自上期以来发生的变化。

2. 被审计单位和关联方之间关系的性质。

3. 被审计单位在本期是否与关联方发生交易。

实施这些程序和活动旨在获得被审计单位的下列信息：

1. 所有权和治理结构；

2. 正在实施和计划实施的投资的类型；

3. 组织结构和筹资方式。

三、与关联方关系及其交易相关的控制

（一）了解的内容

1. 按照适用的财务报告编制基础，对关联方关系及其交易进行识别、会计处理和披露。2. 授权和批准重大关联方交易和安排。3. 授权和批准超出正常经营过程的重大交易和安排。

（二）知悉关联方关系及其交易以及相关控制的人员

1. 治理层成员。2. 负责生成、处理或记录超出正常经营过程的重大交易的人员，以及对其进行监督或监控的人员。3. 内部审计人员。4. 内部法律顾问。5. 负责道德事务的人员。

（三）可能表明不存在相关控制或控制存在缺陷的情形

1. 管理层对识别和披露关联方关系及其交易的重视程度较低。2. 缺乏治理层的适当监督。3. 由于披露关联方可能会泄露管理层认为敏感的某些信息（如关联方交易涉及管理层家庭成员），管理层有意忽视相关控制。4. 管理层未能充分了解适用的财务报告编制基础对关联方的有关规定。5. 适用的财务报告编制基础没有对关联方披露作出规定。

（四）管理层凌驾于控制之上利用关联方交易实施舞弊的情形

1. 虚构关联方交易条款，以对交易的商业理由作出不实表述。2. 采用欺诈方式，安排与管理层或其他人员之间按照显著高于或低于市价的金额进行资产转让交易。3. 与关联方（如特殊目的实体）从事复杂的交易，以使被审计单位财务状况或经营成果存在不实表述。

知识点4 识别和评估重大错报风险（★★）

一、总体要求

根据《中国注册会计师审计准则第1211号——通过了解被审计单位及其环境识别和评估重大错报风险》的规定，注册会计师应当识别和评估关联方关系及其交易导致的重大错报风险，并确定这些风险是否为特别风险。

二、关联方关系及其交易可能导致的重大错报风险

（一）超出被审计单位正常经营过程的重大关联方交易导致的重大错报风险

如果被审计单位开展超出正常经营过程的重大关联方交易，并且关联方作为交易的一方直接影响该交易，或通过中间机构间接影响该交易，或为配合被审计单位管理层特定目的开展该交易，则很可能表明存在舞弊风险因素。因此，注册会计师应当将识别出的、超出被审计单位正常经营过程的重大关联方交易导致的风险确定为特别风险。

（二）存在具有支配性影响的关联方导致的重大错报风险

注册会计师在识别和评估由于舞弊导致的重大错报风险时应当考虑以下对关联方施加的支配性影响的情形：

1. 关联方否决管理层或治理层作出的重大经营决策。

2. 重大交易需经关联方的最终批准。

3. 日常经营（采购、销售或技术支持）高度依赖关联方或关联方提供的资金支持。

4. 对关联方提出的业务建议，管理层和治理层未曾或很少进行讨论即获得通过。

5. 对涉及关联方（或与关联方关系密切的家庭成员）的交易，管理层和治理层极少进行独立复核和批准。

6. 管理层或治理层成员由关联方选定，独立董事实质上不独立，或者与关联方存在密切关系。

7. 存在实际控制人、控股股东或者单一大股东，并利用其影响力凌驾于被审计单位内部控制之上，或使被审计单位管理层在作出决策时只关注单方面的利益，且相关决策在治理层（如董事会）缺乏充分的讨论。

如果存在能够对被审计单位或其管理层、治理层施加支配性影响的关联方，并同时出现其他风险因素，可能表明被审计单位存在由于舞弊导致的特别风险。例如：

1. 异常频繁地变更高级管理人员或专业顾问（例如，法律或财务顾问等），可能表明被审计单位为关联方谋取利益而从事不道德或虚假的交易。

2. 通过中间机构开展的重大交易，且难以判断通过中间机构开展该交易的必要性以及交易是否具有合理的商业理由，这可能表明关联方或被审计单位出于舞弊目的，通过控制这些中间机构从交易中获利。

3. 有证据显示关联方过度干涉或关注会计政策的选择或重大会计估计的作出，可能表明存在虚假财务报告。

（三）管理层未能识别出或未向注册会计师披露的关联方关系或重大关联方交易导致的重大错报风险

在某些情况下，管理层未能识别出或未向注册会计师披露某些关联方关系或重大关联方交易可能是无意的。在这种情况下，财务报表很可能存在因管理层缺乏足够的胜任能力而导致的重大错报风险。但是，在其他大多数情况下，管理层不向注册会计师披露某些关联方关系或重大关联方交易可能是有意的。例如，管理层出于粉饰财务报表的目的，精心策划和实施某项重大关联方交易，并有意不在财务报表中作出披露。在注册会计师实施审计时，管理层与关联方串通向注册会计师提供虚假陈述，蓄意隐瞒交易对方是关联方的事实。 在这种情况下，财务报表存在因管理层舞弊而导致的重大错报风险。

（四）管理层披露关联方交易是公平交易时可能存在的重大错报风险

公平交易，是指按照互不关联、各自独立行事且追求自身利益最大化的、自愿的买卖双方达成的条款和条件进行的交易。《企业会计准则第36号——关联方披露》要求企业只有在提供确凿证据的情况下才能披露关联方交易是公平交易。实务中，某些被审计单位对公平交易的理解存在误区，简单认为如果交易价格是按照类似公平交易的价格执行，该项交易就是公平交易，而忽略了该项交易的其他条款和条件（如信用条款、对产品的质量要求等）是否与独立各方之间通常达成的交易条款相同。另外，一些被审计单位可能出于误导财务报表使用者的目的，有意忽略交易价格之外的其他条款，并披露关联方交易是公平交易。

在上述两种情况下，如果管理层认定并披露关联方交易是公平交易，就可能存在重大错报风险。

（五）管理层未能按照适用的财务报告编制基础对特定关联方关系及其交易进行恰当会计处理和披露导致的重大错报风险

导致管理层未能按照适用的财务报告编制基础对特定关联方关系及其交易进行恰当会计处理和披露的原因很多，除了被审计单位管理层不熟悉相关财务报告编制基础外，更多的可能是为了粉饰财务报表。例如，被审计单位以明显高于公允市价的价格向其控股股东出售不动产，并将其作为一笔产生损益的交易进行会计处理，而这项交易可能实质上是一项正常经营性交易和权益性交易的组合，高出公允市价的部分可能实质上构成了权益性交易。在这种情况下，关联方交易的经济实质可能没有在财务报表中恰当反映，从而导致财务报表存在重大错报风险。

知识点5 针对重大错报风险的应对措施（★★★）

一、总体要求

针对评估的与关联方关系及其交易相关的重大错报风险，注册会计师应当设计和实施进一步审计程序，以获取充分、适当的审计证据。

二、进一步审计程序的内容

（一）应对超出被审计单位正常经营过程的重大关联方交易导致的重大错报风险

对于识别出的超出正常经营过程的重大关联方交易，注册会计师应当：

1. 检查相关合同或协议（如有）。

如果检查相关合同或协议，注册会计师应当评价：

（1）交易的商业理由（或缺乏商业理由）是否表明被审计单位从事交易的目的可能是为了对财务信息作出虚假报告或为了隐瞒侵占资产的行为；

（2）交易条款是否与管理层的解释一致；

（3）关联方交易是否已按照适用的财务报告编制基础得到恰当会计处理和披露。

2. 获取交易已经恰当授权和批准的审计证据。

（1）超出正常经营过程交易的授权和批准。

如果超出正常经营过程的重大关联方交易经管理层、治理层或股东（如适用）授权和批准，可以为注册会计师提供审计证据，表明该项交易已在被审计单位内部的适当层面进行了考虑，并在财务报表中恰当披露了交易的条款和条件。

（2）存在未经授权和批准的交易。

如果存在未经授权和批准的这类交易，且注册会计师与管理层或治理层进行讨论后仍未获取合理解释，则可能表明存在由于舞弊或错误导致的重大错报风险。在这种情况下，注册会计师可能需要对其他类似性质的交易保持警觉。

（3）是否存在与关联方串通舞弊的交易。

授权和批准本身不足以就是否不存在由于舞弊或错误导致的重大错报风险得出结论，原因在于如果被审计单位与关联方串通舞弊或关联方对被审计单位具有支配性影响，被审计单位与授权和批准相关的控制可能是无效的。

（二）应对存在具有支配性影响的关联方导致的重大错报风险

注册会计师可以实施下列审计程序：

1. 询问管理层和治理层并与之讨论；

2. 询问关联方；

3. 检查与关联方之间的重要合同；

4. 通过互联网或某些外部商业信息数据库，进行适当的背景调查；

5. 如果被审计单位保留了员工的举报报告，查阅该报告。

（三）应对管理层未能识别出或未向注册会计师披露的关联方关系或重大关联方交易导致的重大错报风险

1. 如果注册会计师认为必要且可行，可以考虑实施的程序包括：

（1）访谈被审计单位的控股股东、实际控制人、治理层以及关键管理人员等，必要时就访谈内容获取上述人员的书面确认或执行函证程序。

（2）以被审计单位控股股东、实际控制人、治理层以及关键管理人员为起点，通过互联网查询或第三方商业信息服务机构实施背景调查，用以识别与这些个人或机构有关联方关系或受其控制的实体，评估这些实体与被审计单位的关系。

如果认为必要且可行，注册会计师也可以考虑将上述访谈和背景调查扩大至其他主要股东及其他相关人员。

（3）运用数据分析工具，设置特定分析条件对被审计单位的交易信息进行分析，识别是否存在管理层未向注册会计师披露的关联方关系和交易，例如：①识别被审计单位与并非客户或供应商的实体之间的大额资金往来、在月初和月末发生的大额资金收付等；②识别交易规模、频率等明显异于被审计单位通常的交易规模或频率的事项，如交易异常频繁，或交易虽不频繁，但单次交易金额重大的事项；③识别在会计记录中首次出现的交易对方，检查其是否包含在管理层提供的当期新增客户或供应商名单中。

（4）亲自获取被审计单位的企业信用报告，关注企业信用报告内容的完整性，检查企业信用报告中显示的内容，包括对外担保等，是否已经完整包含在被审计单位管理层披露的信息中。

（5）检查被审计单位银行对账单中与疑似关联方的大额资金往来交易，关注对账单中是否存在异常的资金流动，关注资金或商业汇票往来是否以真实、合理的交易为基础。

（6）识别被审计单位银行对账单中与实际控制人、控股股东或高级管理人员的大额资金往来交易，关注是否存在异常的资金流动，关注资金往来是否以真实、合理的交易为基础。如果评估认为这些大额资金往来性质异常，注册会计师还可以要求实际控制人、控股股东或高级管理人员提供其自身的银行对账单，并检查其中与被审计单位之间的资金往来。

（7）在获得被审计单位授权后，向为被审计单位提供过税务和咨询服务的有关人员询问其对关联方的了解。

（8）在获得被审计单位授权后，通过律师或其他调查机构获取被审计单位的诉讼信息，关注其中是否存在涉及由于被审计单位对外提供担保而引起的诉讼以及诉讼的内容、性质，评价相关对外担保是否涉及关联方，如果涉及关联方，关联方关系和交易是否已在财务报表中恰当披露。

2. 如果注册会计师识别出重大异常情况，使其对某些供应商、客户或其他交易对方是否为被审计单位关联方存有重大疑虑，注册会计师还可以考虑实施以下程序：

（1）针对交易对方实施背景调查，将其股东情况、注册时间、注册地址、办公地址、网站地址、邮箱域名、注册登记的联系人及其电话和邮箱等信息与被审计单位的相关信息进行比对；并将交易对方的法定代表人、董事、高级管理人员与被审计单位实际控制人、董事、监事、高级管理人员的名单进行比对，考虑交易对方的日常经营范围和规模是否与相关交易相匹配。

（2）查询交易对方在报告期内或邻近报告期末的股权架构的变动情况，在必要且可行的情况下，考虑是否需要逐级向上追溯至其实际控制人，将查询结果与被审计单位实际控制人、董事、监事、高级管理人员的名单进行比对。

（3）获取管理层提供的当期新增客户和供应商清单，考虑被审计单位与客户和供应商的首次交易时间是否与客户和供应商的注册成立时间重合或接近，以考虑客户和供应商是否仅为与被审计单位开展交易而设立，并考虑客户和供应商是否可能与被审计单位存在关联方关系。

（4）询问直接参与交易的基层员工，以了解相关交易的执行情况是否与被审计单位管理层提供的信息一致。

（5）实施函证和实地走访，包括观察交易对方的经营场所、货物进出情况，现场询问相关人员，以了解该交易对方与被审计单位的交易详情。例如，询问交易对方的业务人员，了解交易对方与被审计单位开展业务的商业理由，是否与被审计单位存在关联方关系，日常的主营业务、员工人数和规模等是否与被审计单位开展的业务相匹配等。

（6）利用其他专业人士或机构的工作，如反舞弊专家、信用调查机构或律师的协助。

（四）应对管理层披露关联方交易是公平交易时可能存在的重大错报风险

如果管理层认定关联方交易是按照等同于公平交易中通行的条款执行的，则管理层在编制财务报表时需要证实这项认定。

管理层用于支持这项认定的措施可能包括：

1. 将关联方交易条款与相同或类似的非关联方交易的条款进行比较；

2. 聘请外部专家确定交易的市场价格，并确认交易的条款和条件；

3. 将关联方交易条款与公开市场进行的类似交易的条款进行比较。

（五）应对管理层未能按照适用的财务报告编制基础对特定关联方关系及其交易进行恰当会计处理和披露导致的重大错报风险

1. 当按照《中国注册会计师审计准则第1501号——对财务报表形成审计意见和出具审计报告》的规定对财务报表形成审计意见时，应当评价：

（1）识别出的关联方关系及其交易是否已按照适用的财务报告编制基础得到恰当会计处理和披露。

（2）关联方关系及其交易是否导致财务报表未实现公允反映。

2. 对财务报表使用者而言，某项交易的重要程度，可能不仅取决于所记录的交易金额，还取决于其他特定因素，如关联方关系的性质。

3. 注册会计师按照适用的财务报告编制基础的规定评价被审计单位对关联方关系及其交易的披露，需要考虑被审计单位是否已对关联方关系及其交易进行了恰当汇总和列报，以使披露具有可理解性。

当存在下列情形之一时，表明管理层对关联方交易的披露可能不具有可理解性：

（1）关联方交易的商业理由以及交易对财务报表的影响披露不清楚，或存在错报。

（2）未适当披露为理解关联方交易所必需的关键条款、条件或其他要素。

三、其他相关审计程序

（一）获取书面声明

如果适用的财务报告编制基础对关联方作出规定，注册会计师应当向管理层和治理层（如适用）获取下列书面声明：

1. 已经向注册会计师披露了全部已知的关联方名称和特征、关联方关系及其交易；

2. 已经按照适用的财务报告编制基础的规定，对关联方关系及其交易进行了恰当的会计处理和披露。

（二）与治理层沟通

除非治理层全部成员参与管理被审计单位，注册会计师应当与治理层沟通审计工作中发现的与关联方相关的重大事项。

第三节 持续经营假设的审计

微信扫一扫
习题免费练

知识点提示

管理层的责任是对持续经营能力作出评估，注册会计师的责任是就管理层在编制和列报财务报表时运用持续经营假设的适当性获取充分、适当的审计证据，并就持续经营能力是否存在重大不确定性得出结论。

在就持续经营假设计划审计工作和实施风险评估程序时，注册会计师应当：

1. 考虑是否存在可能导致对持续经营能力产生重大疑虑的事项或情况及相关的经营风险；

2. 评价管理层对持续经营能力作出的评估（有评估，则讨论，没评估，则询问）；

3. 考虑已识别的事项或情况对重大错报风险评估的影响。

除询问管理层外，注册会计师没有责任实施其他任何审计程序，以识别超出管理层评估期间（资产负债表日起的12个月）并可能导致对被审计单位持续经营能力产生重大疑虑的事项或情况。

如果识别出可能导致对持续经营能力产生重大疑虑的事项或情况，注册会计师应当通过实施追加的审计程序（包括考虑缓解因素），获取充分、适当的审计证据，以确定是否存在重大不确定性。这些程序需要熟悉。

本节另外一个重点是考虑持续经营假设对审计报告的影响：

1. 持续经营假设适当，但存在重大不确定性

（1）如果财务报表已作出充分披露，出具无保留意见审计报告并增加以“与持续经营假设相关的重大不确定性”为标题的单独部分。

（2）当存在多项对财务报表整体具有重要影响的重大不确定性，出具无法表示意见审计报告。

（3）如果财务报表未作出充分披露，出具保留意见或否定意见审计报告。

2. 运用持续经营假设不适当

（1）不适当仍然使用，出具否定意见审计报告。

（2）采用适当的替代基础编制财务报表，发表无保留意见（必要时加强调事项段）。

知识点1 管理层和注册会计师对考虑持续经营假设的责任（★★）

一、管理层的责任和注册会计师的责任

（一）持续经营假设的定义

持续经营假设是指被审计单位在编制财务报表时，假设其经营活动在可预见的将来会继续下去，不拟也不必终止经营或破产清算。可以在正常的经营过程中变现资产、清偿债务。是否以持续经营假设为基础编制财务报表，对会计确认、计量和列报将产生很大影响。

（二）管理层的责任和注册会计师的责任

1. 管理层的责任

管理层需要在编制财务报表时评估持续经营能力，无论财务报告编制基础是否对此作出明确要求。

2. 注册会计师的责任

（1）在执行财务报表审计业务时，注册会计师的责任是就管理层在编制和列报财务报表时运用持续经营假设的适当性获取充分、适当的审计证据，并就持续经营能力是否存在重大不确定性得出结论。

（2）即使编制财务报表时采用的财务报告编制基础没有明确要求管理层对持续经营能力作出专门评估，注册会计师的这种责任仍然存在。

（3）由于审计的固有限制对注册会计师发现持续经营能力重大错报的潜在影响会加大，注册会计师不能对某些未来事项或情况（如被审计单位不再持续经营）作出预测，如果注册会计师未在审计报告中提及持续经营的不确定性，不能被视为对被审计单位持续经营能力的保证。

二、注册会计师执行持续经营能力审计的整体思路

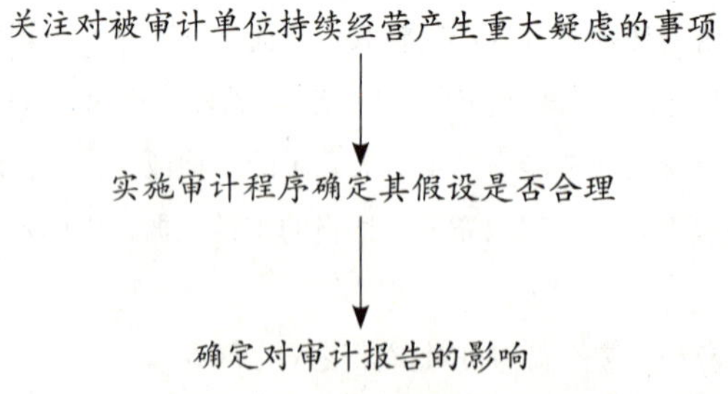

图 17-1 注册会计师执行持续经营能力审计的整体思路

知识点2 风险评估程序和评价（★★）

在计划审计工作和实施风险评估程序时，注册会计师应当：

1. 考虑是否存在可能导致对持续经营能力产生重大疑虑的事项或情况及相关的经营风险；

2. 评价管理层对持续经营能力作出的评估；（有评估，则评价；没评估，则询问）

3. 考虑已识别的事项或情况对重大错报风险评估的影响。

一、考虑是否存在可能导致对持续经营能力产生重大疑虑的事项或情况及相关的经营风险

被审计单位在财务、经营以及其他方面存在的某些事项或情况可能导致经营风险，这些事项或情况单独或连同其他事项或情况可能导致对持续经营假设产生重大疑虑。

（一）财务方面

1. 净资产为负或营运资金出现负数。2. 定期借款即将到期，但预期不能展期或偿还，或过度依赖短期借款为长期资产筹资。3. 存在债权人撤销财务支持的迹象。4. 历史财务报表或预测性财务报表表明经营活动产生的现金流量净额为负数。5. 关键财务比率不佳。6. 发生重大经营亏损或用以产生现金流量的资产的价值出现大幅下跌。7. 拖欠或停止发放股利。8. 在到期日无法偿还债务。9. 无法履行借款合同的条款。10. 与供应商由赊购变为货到付款。11. 无法获得开发必要的新产品或进行其他必要的投资所需的资金。

（二）经营方面

1. 管理层计划清算被审计单位或终止经营。2. 关键管理人员离职且无人替代。3. 失去主要市场、关键客户、特许权、执照或主要供应商。4. 出现用工困难问题。5. 重要供应短缺。6. 出现非常成功的竞争者。

（三）其他方面

1. 违反有关资本或其他法定要求。2. 未决诉讼或监管程序，可能导致其无法支付索赔金额。3. 法律法规或政府政策的变化预期会产生不利影响。4. 对发生的灾害未购买保险或保额不足。

注册会计师就可能导致对持续经营能力产生重大疑虑的事项或情况以及相关经营风险的关注应当贯穿于审计工作的始终。

如果被审计单位存在资不抵债、无法偿还到期债务等事项或情况，这可能表明被审计单位存在因持续经营问题导致的重大错报风险，该项风险与财务报表整体广泛相关，从而影响多项认定。

二、评价管理层对持续经营能力作出的评估

管理层应当定期对其持续经营能力作出分析和判断，确定以持续经营假设为基础编制财务报表的适当性。

（一）管理层评估涵盖的期间

持续经营假设是指被审计单位在编制财务报表时，假定其经营活动在可预见的将来会继续下去，而可预见的将来通常是指资产负债表日后12个月。因此，管理层对持续经营能力的合理评估期间应是自资产负债表日起的下一个会计期间。如果评估期间少于资产负债表日起的12个月，注册会计师应当提请管理层将评估期间延伸至12个月。

（二）关注管理层的评估及支持性分析

1. 纠正管理层缺乏分析的错误不是注册会计师的责任。在某些情况下，管理层缺乏详细分析以支持其评估，可能不妨碍注册会计师确定管理层运用持续经营假设是否适合具体情况。在其他情况下，注册会计师评价管理层对被审计单位持续经营能力所作的评估，可能包括评价管理层作出评估时

遵循的程序、评估依据的假设、管理层的未来应对计划以及管理层的计划在当前情况下是否可行。2．在评价管理层作出的评估时，注册会计师应当考虑管理层作出评估的过程、依据的假设以及应对计划。

（三）考虑管理层作出评估时遵循的程序，关注以下方面

1．管理层如何识别可能导致对其持续经营能力产生重大疑虑的事项或情况，以及对相关事项或结果的预测；2．拟采取的改善措施和计划；3．最终的评估结果。

（四）在考虑管理层作出评估所依据的假设时，应特别关注以下方面

1．对预测性信息具有重大影响的假设；2．特别敏感的或容易发生变动的假设；3．与历史趋势不一致的假设。

（五）超出管理层评估期间的事项或情况

1．注册会计师应当询问管理层是否知悉超出评估期间的、可能导致对持续经营能力产生重大疑虑的事项或情况。2．考虑更远期间发生的事项或状况时，只有持续经营迹象达到重大时，注册会计师才需要考虑采取进一步措施，并提请管理层评价这些事件或情况对其评估被审计单位持续经营能力的潜在重要性。在这种情况下，注册会计师应当通过实施追加的审计程序，获取充分、适当的审计证据，以确定是否存在重大不确定性。3．除询问管理层外，注册会计师没有责任实施其他任何审计程序，以识别超出管理层评估期间并可能导致对被审计单位持续经营能力产生重大疑虑的事项或情况。

【例1-2009-单选题】在确定管理层评估持续经营能力的适当性时，下列判断中正确的是（　　）。

A．管理层评估持续经营能力的期间不得少于自资产负债表日起的6个月

B．如果甲公司具有良好的盈利能力和外部资金支持，管理层无须针对持续经营能力作出评估

C．如果存在超出评估期间但可能对持续经营能力产生疑虑的事项，管理层没有义务确定其潜在的影响

D．管理层对持续经营能力作出评估时考虑的信息，应当包括注册会计师实施审计程序获取的信息

【答案】D

学堂点拨

选项A不正确，管理层评估持续经营能力的期间应该是不得少于自资产负债表日起的12个月；选项B不正确，如果被审计单位具有良好的盈利记录并很容易获得外部资金支持，管理层可能无须详细分析就能对持续经营能力作出评估，所以选项B说得太绝对；选项C不正确，只有当存在充分证据表明超出评估期间的有关事项或情况对被审计单位的持续经营能力具有重大影响时，注册会计师才有必要采取进一步措施。在实务中，注册会计师可以提请管理层对超出评估期间的有关事项或情况的潜在重大影响作出说明。

知识点3　识别出事项或情况时实施追加的审计程序（★★★）

如果识别出可能导致对持续经营能力产生重大疑虑的事项或情况，注册会计师应当通过实施追加的审计程序（包括考虑缓解因素），获取充分、适当的审计证据，以确定是否存在重大不确定性。这

些程序应当包括：

1．如果管理层尚未对被审计单位持续经营能力作出评估，提请其进行评估；

2．评价管理层与持续经营能力评估相关的未来应对计划，这些计划的结果是否可能改善目前的状况，以及管理层的计划对于具体情况是否可行；

3．如果被审计单位已编制现金流量预测，且对预测的分析是评价管理层未来应对计划时所考虑的事项或情况的未来结果的重要因素，评价用于编制预测的基础数据的可靠性，并确定预测所基于的假设是否具有充分的支持；

4．考虑自管理层作出评估后是否存在其他可获得的事实或信息；

5．要求管理层和治理层（如适用）提供有关未来应对计划及其可行性的书面声明。

【注意】

如果合理预期不存在其他充分、适当的审计证据，注册会计师应当就对财务报表有重大影响的事项向管理层和治理层（如适用）获取书面声明："在财务报表日起的12个月内，管理层和治理层（如适用）没有申请破产保护的计划。"

【例2-2020-多选题】如果识别出可能导致对被审计单位持续经营能力产生重大疑虑的事项或情况，注册会计师应当实施追加的审计程序，以确定是否存在重大不确定性。下列各项审计程序中，注册会计师应当实施的有（　　）。

A．要求管理层提供有关未来应对计划及其可行性的书面声明

B．评价与管理层评估持续经营能力相关的内部控制是否运行有效

C．如果管理层未对被审计单位持续经营能力作出评估，提请管理层进行评估

D．考虑自管理层作出评估后是否存在其他可获得的事实或信息

【答案】ACD

学堂点拨

如果识别出可能导致对持续经营能力产生重大疑虑的事项或情况，注册会计师应当通过实施追加的审计程序，获取充分、适当的审计证据，以确定是否存在重大不确定性。这些程序应当包括：1．如果管理层尚未对被审计单位持续经营能力作出评估，提请其进行评估。2．评价管理层与持续经营能力评估相关的未来应对计划。3．如果被审计单位已编制现金流量预测，且对预测的分析是评价管理层未来应对计划时所考虑的事项或情况的未来结果的重要因素，评价用于编制预测的基础数据的可靠性，并确定预测所基于的假设是否具有充分的支持。4．考虑自管理层作出评估后是否存在其他可获得的事实或信息。5．要求管理层和治理层（如适用）提供有关未来应对计划及其可行性的书面声明。

知识点4 审计结论与报告（★★★）

一、持续经营假设适当，但存在重大不确定性

（一）出具无保留意见并增加以"与持续经营相关的重大不确定性"为标题的单独部分

如果财务报表已作出充分披露，注册会计师应当发表无保留意见，并在审计报告中增加以"与持

续经营相关的重大不确定性”为标题的单独部分，以：

1．提醒财务报表使用者关注财务报表附注中对所述事项的披露；

2．说明这些事项或情况表明存在可能导致对被审计单位持续经营能力产生重大疑虑的重大不确定性，并说明该事项并不影响发表的审计意见。

（二）出具无法表示意见审计报告的情形

当存在多项对财务报表整体具有重要影响的重大不确定性时，在极少数情况下，注册会计师可能认为发表无法表示意见是适当的。

（三）出具保留意见或否定意见审计报告的情形

如果财务报表未作出充分披露，注册会计师应当恰当发表保留意见或否定意见。

二、运用持续经营假设不适当

（一）出具否定意见审计报告的情形

如果财务报表按照持续经营基础编制，而注册会计师运用职业判断认为管理层在编制财务报表时运用持续经营假设是不适当的，则无论财务报表对管理层运用持续经营假设的不适当性是否作出披露，注册会计师均应发表否定意见。

（二）采用替代基础编制财务报表发表无保留意见

1．如果在具体情况下运用持续经营假设是不适当的，但管理层被要求或自愿选择编制财务报表，则可以采用替代基础（如清算基础）编制财务报表。

2．注册会计师可以对财务报表进行审计，前提是注册会计师确定替代基础在具体情况下是可接受的编制基础。

3．如果财务报表对此作出了充分披露，注册会计师可以发表无保留意见，但也可能认为在审计报告中增加强调事项段是适当或必要的，以提醒财务报表使用者注意替代基础及其使用理由。

【例3–多选题】根据对被审计单位持续经营能力的审计结论，注册会计师在判断应出具何种类型的审计报告时，下列说法中，正确的有（　　）。

A．如果被审计单位运用持续经营假设适当但存在重大不确定性，且财务报表附注已作充分披露，应当发表无保留意见，并在审计报告中增加以“与持续经营相关的重大不确定性”为标题的单独部分

B．如果存在多项对财务报表整体具有重要影响的重大不确定性，且财务报表附注已作充分披露，在极少数情况下，可能认为发表无法表示意见是适当的

C．如果存在可能导致对被审计单位持续经营能力产生重大疑虑的事项和情况，且财务报表附注未作充分披露，应当发表保留意见

D．如果管理层编制财务报表时运用持续经营假设不适当，应当发表否定意见

【答案】ABD

学堂点拨

如果存在可能导致对被审计单位持续经营能力产生重大疑虑的事项和情况，且财务报表附注未作充分披露，应当发表保留意见或否定意见。

三、严重拖延对财务报表的批准

1. 如果管理层或治理层在财务报表日后严重拖延对财务报表的批准，注册会计师应当询问拖延的原因。

2. 如果认为拖延可能涉及与持续经营评估相关的事项或情况，注册会计师有必要实施前述识别出可能导致对持续经营能力产生重大疑虑的事项或情况时追加的审计程序，并就存在的重大不确定性考虑对审计结论的影响。

知识点5 与治理层的沟通

注册会计师应当与治理层就识别出的可能导致对被审计单位持续经营能力产生重大疑虑的事项或情况进行沟通，除非治理层全部成员参与管理被审计单位。

与治理层的沟通应当包括下列方面：

1. 这些事项或情况是否构成重大不确定性；
2. 管理层在编制财务报表时运用持续经营假设是否适当；
3. 财务报表中的相关披露是否充分；
4. 对审计报告的影响（如适用）。

【例4-2020-多选题】针对识别出的可能导致对被审计单位持续经营能力产生重大疑虑的事项或情况，假定治理层不参与管理被审计单位，下列各项中，注册会计师应当与治理层沟通的有（　　）。

A. 这些事项或情况是否构成关键审计事项

B. 注册会计师对这些事项或情况实施的审计程序及其结果

C. 这些事项或情况是否构成重大不确定性

D. 财务报表中的相关披露是否充分

【答案】CD

学堂点拨

注册会计师应当与治理层就识别出的可能导致对被审计单位持续经营能力产生重大疑虑的事项或情况进行沟通，除非治理层全部成员参与管理被审计单位。与治理层的沟通应当包括下列方面：1. 这些事项或情况是否构成重大不确定性；2. 管理层在编制财务报表时运用持续经营假设是否适当；3. 财务报表中的相关披露是否充分；4. 对审计报告的影响（如适用）。

【例5-2019-单选题】如果注册会计师识别出可能导致对被审计单位持续经营能力产生重大疑虑的事项或情况，下列说法中，错误的是（　　）。

A. 注册会计师应当通过实施追加的审计程序，以确定这些事项或情况是否存在重大不确定性

B. 注册会计师应当考虑自管理层对持续经营能力作出评估后是否存在其他可获得的事实或信息

C. 注册会计师应当评价管理层与持续经营能力评估相关的未来应对计划对具体情况是否可行

D. 注册会计师应当根据对这些事项或情况是否存在重大不确定性的评估结果，确定是否与治理层沟通

【答案】D

第四节　首次接受委托时对期初余额的审计

微信扫一扫
习题免费练

知识点提示

注册会计师对财务报表进行审计，是对被审计单位所审期间财务报表发表审计意见，一般无须专门对期初余额发表审计意见，但因为期初余额是本期财务报表的基础，所以要对期初余额实施适当的审计程序。

期初余额的两大审计目标为：

1. 期初余额是否含有对本期财务报表产生重大影响的错报；
2. 期初余额反映的恰当的会计政策是否在本期财务报表中得到一贯运用，或会计政策的变更是否已按照适用的财务报告编制基础作出恰当的会计处理和充分的列报与披露。

对期初余额的审计程序围绕两个审计目标展开，关注上期期末余额是否已正确结转至本期，或在适当的情况下已作出重新表述以及是否反映对恰当会计政策的运用。

以下四种情况下，期初余额对审计报告产生的影响需要掌握：

1. 不能获取有关期初余额的充分、适当的审计证据；
2. 期初余额存在对本期财务报表产生重大影响的错报；
3. 期初余额相关的会计政策未能在本期得到一贯运用，或者会计政策的变更未能得到恰当的会计处理或适当的列报与披露；
4. 前任注册会计师对上期财务报表发表了非无保留意见。

知识点1　期初余额的含义（★）

一、期初余额的含义

广义的期初余额与狭义的期初余额：

1. 广义：（1）首次接受委托；（2）连续审计。

2. 狭义：（1）会计师事务所在被审计单位财务报表首次接受审计时，接受委托；（2）被审计单位上期财务报表由前任注册会计师审计的情况下，接受委托。

首次接受委托：
- 注册会计师首次接受审计
- 被审计单位更换注册会计师

图 17-2　接受委托的情况

二、期初余额的理解要点

1. 是期初已存在的账户余额。
2. 反映了以前期间的交易和上期采用的会计政策的结果。
3. 与注册会计师首次接受委托相联系。

学堂点睛

注册会计师对财务报表进行审计，是对被审计单位所审期间财务报表发表审计意见，一般无须专门对期初余额发表审计意见，但因为期初余额是本期财务报表的基础，所以要对期初余额实施适当的审计程序。（一方面，注册会计师应当保持应有的职业谨慎，充分考虑期初余额对所审计财务报表的影响；另一方面，注册会计师对期初余额的审计，应该遵循适度原则。）

【例1-2020-多选题】下列有关首次审计业务的期初余额审计的说法中，正确的有（　　）。

A．如果前任注册会计师对上期财务报表发表了非无保留意见，注册会计师在评估本期财务报表重大错报风险时，应当评价导致对上期财务报表发表非无保留意见的事项的影响

B．为确定期初余额是否含有对本期财务报表产生重大影响的错报，注册会计师应当确定适用于期初余额的重要性水平

C．即使上期财务报表未经审计，注册会计师也无需专门对期初余额发表审计意见

D．查阅前任注册会计师审计工作底稿获取的信息可能影响后任注册会计师对期初余额实施审计程序的范围

【答案】ACD

学堂点拨

选项B，因为我们不单独对期初余额发表意见，而是对本期财务报表发表意见，所以无需确定适用于期初余额的重要性水平。

知识点2 期初余额的审计目标（★★）

在执行首次审计业务时，注册会计师针对期初余额的目标是，获取充分、适当的审计证据以确定：

1．期初余额是否含有对本期财务报表产生重大影响的错报；

2．期初余额反映的恰当的会计政策是否在本期财务报表中得到一贯运用，或会计政策的变更是否已按照适用的财务报告编制基础作出恰当的会计处理和充分的列报与披露。

一、确定期初余额是否含有对本期财务报表产生重大影响的错报

1．确定期初余额是否存在对本期财务报表产生重大影响的错报，主要是判断期初余额的错报对本期财务报表使用者进行决策的影响程度，是否足以改变或影响其判断。

2．如果期初余额存在对本期财务报表产生重大影响的错报，则注册会计师在审计中必须对此提出恰当的审计调整或披露建议。

3．如果期初余额不存在对本期财务报表产生重大影响的错报，则注册会计师无须对此予以特别关注和处理。

二、确定期初余额反映的恰当的会计政策是否在本期财务报表中得到一贯运用，或会计政策的变更是否已按照适用的财务报告编制基础作出恰当的会计处理和充分的列报

与披露

（一）可以变更会计政策的情形

在满足下列条件之一的情形下，可以变更会计政策：

1. 法律、行政法规或者国家统一的会计制度等要求变更会计政策；

2. 会计政策变更能够提供更可靠、更相关的会计信息。

（二）变更会计政策后的追溯调整

将会计政策变更累积影响数调整列报前期最早期初留存收益，其他相关项目的期初余额和列报前期披露的其他比较数据也应当一并调整，但确定该项会计政策变更累积影响数不切实可行的情况除外。

【例2-2018-单选题】首次接受委托对期初余额进行审计，注册会计师首先要考虑的是（　　）。

A. 为期初余额确定财务报表整体的重要性和实际执行的重要性

B. 期初余额反映的恰当的会计政策是否在本期财务报表中得到一贯运用

C. 查阅前任注册会计师的工作底稿

D. 评价期初余额是否含有对上期财务报表产生重大影响的错报

【答案】B

学堂点拨

如《中国注册会计师审计准则第1331号——首次审计业务涉及的期初余额》指南：注册会计师对被审计单位财务报表期初余额进行审计，首先应当关注其所选择的会计政策是否恰当和是否被一贯运用，这也是为了使企业会计信息质量达到口径一致、相互可比的要求。

知识点3 针对期初余额的审计程序（★★）

一、决定期初余额需要实施的审计程序的性质和范围的事项

注册会计师对期初余额需要实施的审计程序的性质和范围取决于下列事项：

1. 被审计单位运用的会计政策；

2. 账户余额、各类交易和披露的性质以及本期财务报表存在的重大错报风险；

3. 期初余额相对于本期财务报表的重要程度；

4. 上期财务报表是否经过审计，如果经过审计，前任注册会计师的意见是否为非无保留意见。

二、对期初余额的审计程序

（一）确定上期期末余额是否已正确结转至本期，或在适当的情况下已作出重新表述

1. 上期期末余额已正确结转至本期。

2. 上期期末余额通常应直接结转至本期。某些情形下，上期期末余额不应直接结转至本期，而应当作出重新表述。

（二）确定期初余额是否反映对恰当会计政策的运用

1. 了解、分析被审计单位所选用的会计政策是否恰当，是否符合适用的财务报告编制基础的要求，按照所选用会计政策对被审计单位发生的交易或事项进行处理，是否能够提供可靠、相关的会计信息。

2. 如果认定被审计单位所选用的会计政策恰当，应确认该会计政策是否在每一会计期间和前后

各期得到一贯执行，有无变更。

3. 如果发现会计政策发生变更，应确定其变更理由是否充分，是否按规定予以变更，或者由于具体情况发生变化，会计政策变更能够提供更可靠、更相关的会计信息，并关注被审计单位是否已经按照适用的财务报告编制基础的要求，对会计政策变更作出适当的会计处理和充分披露。

4. 如果被审计单位上期适用的会计政策不恰当或与本期不一致，注册会计师在实施期初余额审计时应提请被审计单位进行调整或予以披露。

（三）实施一项或多项审计程序

1. 如果上期财务报表已经审计，注册会计师需要考虑以下三个方面的事项以获取对期初余额的审计证据：

（1）查阅前任注册会计师的工作底稿；

（2）考虑前任注册会计师的独立性和专业胜任能力；

（3）与前任注册会计师沟通时的考虑。

2. 评价本期实施的审计程序是否提供了有关期初余额的审计证据。

3. 实施其他专门的审计程序，以获取有关期初余额的审计证据：

（1）对流动资产和流动负债的审计程序；

（2）对非流动资产和非流动负债的审计程序。

三、实施其他专门的审计程序，获取期初余额的审计证据

（一）对流动资产和流动负债的审计程序

对流动资产和流动负债，通常可以通过本期实施的审计程序获取部分审计证据。期初流动资产和流动负债在本期的交易事项中通常会有所反映，因此，通过本期实施的审计程序有时可以印证期初流动资产和流动负债的存在与金额。

例如，本期应收账款的收回（或应付账款的支付）为其在期初的存在、权利和义务、完整性和准确性、计价和分摊提供了部分审计证据。没有收回的应收账款与本期新增应收账款相比，无非是账龄增加了1年而已，可以作为函证的重点。审计程序并无实质性区别。

存货是个特例。特在哪里？它是流动资产中几乎唯一（货币资金中的库存现金也是）的一个实物资产。实物资产必须监盘，而期初存货到期末时基本不复存在（领用、加工或销售）。

因为审计委托时间滞后，注册会计师可能未能对上期期末存货实施监盘，本期对存货的期末余额实施的审计程序，几乎无法提供有关期初持有存货的审计证据。因此，注册会计师有必要实施追加的审计程序。

下列一项或多项审计程序可能提供有关期初存货余额的充分、适当的审计证据（记忆）：

1. 监盘当前的存货数量并调节至期初存货数量；

2. 对期初存货项目的计价实施审计程序；

3. 对毛利和存货截止实施审计程序。

（二）对非流动资产和非流动负债的审计程序

非流动性项目比较稳定，变动较少，通常检查形成期初余额的会计记录和其他信息。在某些情况下，注册会计师可向第三方函证期初余额，或实施追加的审计程序。

【例3-2017-多选题】下列有关注册会计师首次接受委托时就期初余额获取审计证据的说法中，正确的有（　　）。

A. 对非流动资产和非流动负债，注册会计师可以通过检查形成期初余额的会计记录和其他信息获取有关期初余额的审计证据

B. 对流动资产和流动负债，注册会计师可以通过本期实施的审计程序获取有关期初余额的审计证据

C. 注册会计师可以通过向第三方函证获取有关期初余额的审计证据

D. 如果上期财务报表已经审计，注册会计师可以通过查阅前任注册会计师的审计工作底稿获取有关期初余额的审计证据

【答案】ABCD

学堂点拨

对非流动资产和非流动负债，注册会计师可以通过检查形成期初余额的会计记录和其他信息获取审计证据（选项A正确）；对流动资产和流动负债，注册会计师可以通过本期实施的审计程序获取部分审计证据（选项B正确）；在某些情况下，注册会计师还可以通过向第三方函证获取有关期初余额（如长期借款和长期股权投资的期初余额）的部分审计证据（选项C正确）；如果上期财务报表已经审计，查阅前任注册会计师的审计工作底稿，以获取有关期初余额的审计证据（选项D正确）。

【例4-2014-单选题】甲公司2012年度财务报表已经XYZ会计师事务所的X注册会计师审计。ABC会计师事务所的A注册会计师负责审计甲公司2013年度财务报表。下列有关期初余额审计的说法中，错误的是（　　）。

A. A注册会计师应当阅读甲公司2012年度财务报表和相关披露，以及X注册会计师出具的审计报告

B. 为确定期初余额是否含有对本期财务报表产生重大影响的错报，A注册会计师需要确定适用于期初余额的重要性水平

C. A注册会计师评估认为X注册会计师具备审计甲公司需要的独立性和专业胜任能力，因此，可能通过查阅2012年度审计工作底稿，获取关于非流动资产期初余额的充分、适当的审计证据

D. A注册会计师未能对2012年12月31日的存货实施监盘，因此，除对存货的期末余额实施审计程序，有必要对存货期初余额实施追加的审计程序

【答案】B

学堂点拨

注册会计师首次接受委托时，需要获取充分、适当的审计证据以确定期初余额是否含有对本期财务报表产生重大影响的错报，但不需要对其发表审计意见，也无须确定适用于期初余额的重要性水平。

知识点4 审计结论和审计报告（★★）

一、总体要求

在对期初余额实施审计程序后，注册会计师应当分析已获取的审计证据，区分不同情况形成对被审计单位期初余额的审计结论，在此基础上确定其对本期财务报表出具审计报告的影响。

二、对具体情形的判断

（一）审计后不能获取有关期初余额的充分、适当的审计证据

如果不能针对期初余额获取充分、适当的审计证据，注册会计师需要在审计报告中发表下列类型之一的非无保留意见：

1. 发表适合具体情况的保留意见或无法表示意见；

2. 除非法律法规禁止，对经营成果和现金流量（如相关）发表保留意见或无法表示意见，而对财务状况发表无保留意见。

（二）期初余额存在对本期财务报表产生重大影响的错报

1. 如果期初余额存在对本期财务报表产生重大影响的错报，注册会计师应当告知管理层。

2. 如果上期财务报表由前任注册会计师审计，注册会计师还应当考虑提请管理层告知前任注册会计师。

3. 如果错报的影响未能得到正确的会计处理和恰当的列报，注册会计师应当对财务报表发表保留意见或否定意见。

（三）会计政策变更对审计报告的影响

如果认为按照适用的财务报告编制基础与期初余额相关的会计政策未能在本期得到一贯运用，或者会计政策的变更未能得到恰当的会计处理或适当的列报与披露，注册会计师应当对财务报表发表保留意见或否定意见。

（四）前任注册会计师对上期财务报表发表了非无保留意见

1. 如果前任注册会计师对上期财务报表发表了非无保留意见，导致出具非标准审计报告的事项对本期财务报表仍然相关和重大，注册会计师应当对本期财务报表发表非无保留意见。

2. 前任注册会计师对上期财务报表发表了非无保留意见，导致前任注册会计师发表非无保留意见的事项可能与对本期财务报表发表的意见既不相关也不重大，则注册会计师在本期审计时无须因此而发表非无保留意见。

3. 前任注册会计师对上期财务报表发表了非无保留意见，如果该重大事项在本期仍然存在并且对本期财务报表的影响仍然重大，而被审计单位继续坚持不在本期财务报表附注中予以披露，则注册会计师在本期审计时仍需因此而发表非无保留意见。

第五编 完成审计工作与出具审计报告

第十八章　完成审计工作

本章思维导图

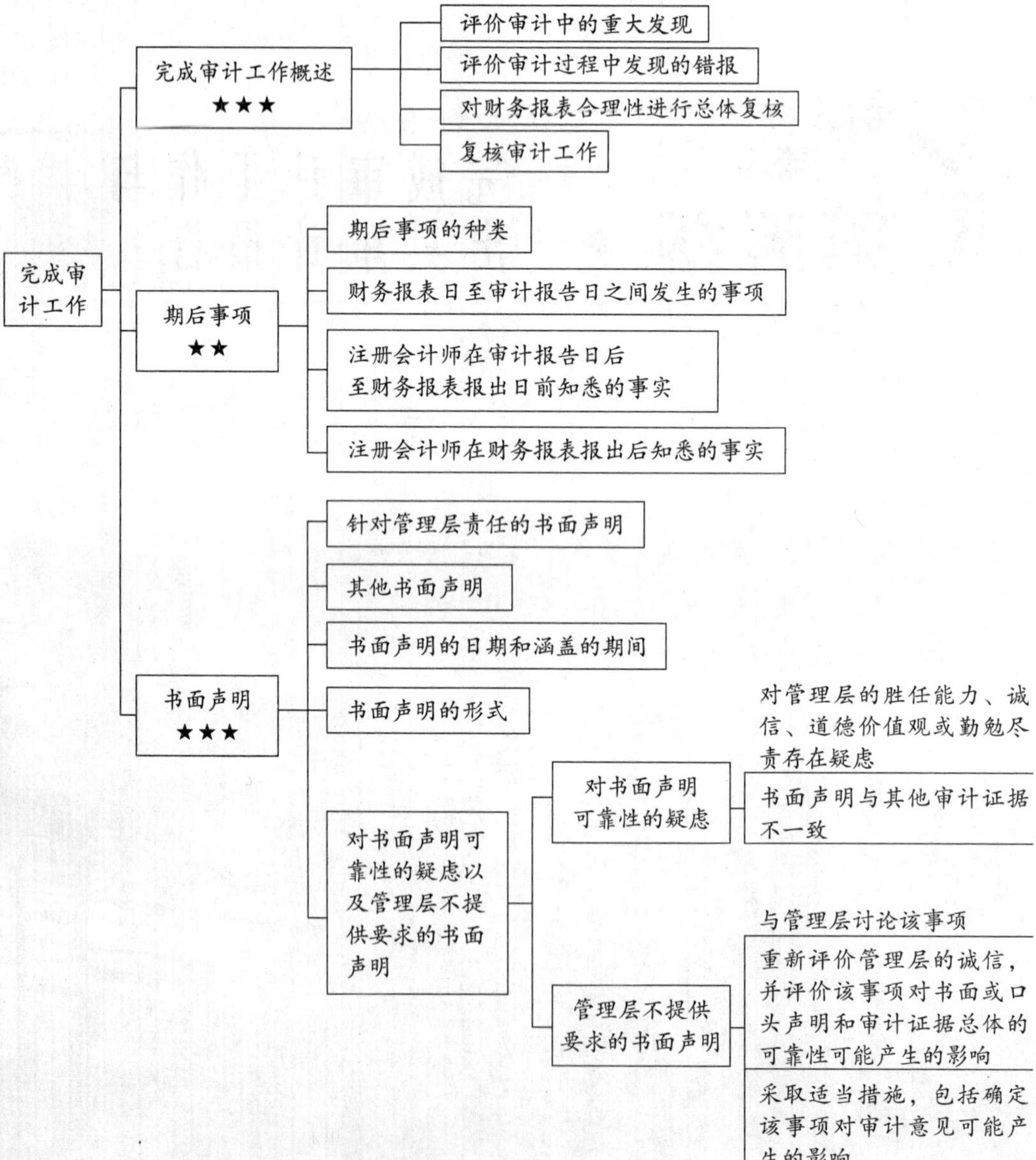

本章知识点精讲

微信扫一扫
习题免费练

第一节 完成审计工作概述

知识点提示

在审计完成阶段，注册会计师需要对重要性水平进行重新确定，并与未更正错报进行比较。但要注意，某些错报尽管低于财务报表整体的重要性，但将某些错报单独或连同在审计过程中累积的其他错报一并考虑时，注册会计师也可能将这些错报评价为重大错报。

审计项目的复核包括对财务报表总体合理性进行总体复核以及对审计工作底稿的复核。对审计工作底稿的复核分为两个层次：1. 项目组内部复核；2. 独立的项目质量复核。

知识点1 评价审计中的重大发现（★★★）

重大发现涉及会计政策的选择、运用和一贯性的重大事项，包括相关的信息披露。

注册会计师在审计计划阶段对重要性的判断，与其在评估审计差异时对重要性的判断可能是不同的。如果在审计完成阶段修订后的重要性水平明显低于在计划阶段确定的重要性水平，注册会计师应重新评估已经获得的审计证据的充分性和适当性。

知识点2 评价审计过程中发现的错报（★★★）

一、错报的沟通与更正

1. 除非法律法规禁止，注册会计师应当及时将审计过程中累积的所有错报（即超过明显微小错报临界值的所有错报）与适当层级的管理层进行沟通。

2. 法律法规可能限制注册会计师向管理层或被审计单位内部的其他人员通报某些错报。此时，注册会计师可以考虑征询法律意见。

3. 管理层更正所有错报（包括注册会计师通报的错报），能够保持会计账簿和记录的准确性，降低由于与本期相关的、非重大的且尚未更正的错报的累积影响而导致未来期间财务报表出现重大错报的风险。

4. 注册会计师对管理层不更正错报的理由的理解，可能影响其对被审计单位会计实务质量的考虑。

二、评价未更正的错报

（一）未更正错报

未更正错报，是指注册会计师在审计过程中累积的且被审计单位未予更正的错报。

1. 在评价未更正错报的影响之前，注册会计师可能有必要依据实际的财务结果对重要性作出修改。

2. 如果注册会计师对重要性或重要性水平（如适用）进行的重新评价导致需要确定较低的金额，则应重新考虑实际执行的重要性和进一步审计程序的性质、时间安排和范围的适当性，以获取充分、适当的审计证据，作为发表审计意见的基础。

例如，注册会计师在审计计划阶段确定的财务报表整体的重要性为100万元（经常性业务的税前利润2000万元×5%），实际执行的重要性为50万元。在审计过程中注册会计师发现若干项重大错报，管理层已同意调整，合计调减税前利润800万元。在评价未更正错报前，注册会计师需要用调整后的税前利润1200万元，重新计算财务报表整体的重要性（60万元）和实际执行的重要性（30万元）。在这种情况下，注册会计师需要考虑几个方面的问题：（1）发现的重大错报800万元远远超出计划阶段确定的财务报表整体的重要性（100万元），表明存在比可接受的低风险水平更大的风险，注册会计师需要重新考虑对重大错报风险的评估及其应对；（2）基于调整后的财务报表整体的重要性和实际执行的重要性，已经实施的审计程序是否充分（例如，实际执行的重要性降低可能意味着在采用审计抽样实施细节测试时需要增加样本量）；（3）注册会计师应当用调整后的财务报表整体的重要性60万元评价未更正错报是否重大。

（二）单项错报

注册会计师需要考虑每一单项错报，以评价其对相关类别的交易、账户余额或披露的影响，包括评价该项错报是否超过特定类别的交易、账户余额或披露的重要性水平（如适用）。

1．如果注册会计师认为某一单项错报是重大的，则该项错报不太可能被其他错报抵销。

例如，如果收入存在重大高估，即使这项错报对收益的影响完全可被相同金额的费用高估所抵销，注册会计师仍认为财务报表整体存在重大错报。

2．对于同一账户余额或同一类别的交易内部的错报，这种抵销可能是适当的。

3．在得出抵销非重大错报是适当的这一结论之前，需要考虑可能存在其他未被发现的错报的风险。

（三）分类错报

确定分类错报的影响：

1．确定一项分类错报是否重大，需要进行定性评估。例如，分类错报对负债或其他合同条款的影响，对单个财务报表项目或小计数的影响，以及对关键比率的影响。

2．即使分类错报超过了在评价其他错报时运用的重要性水平，注册会计师可能仍然认为该分类错报对财务报表整体不产生重大影响。例如，如果资产负债表项目之间的分类错报金额相对于所影响的资产负债表项目金额较小，并且对利润表或所有关键比率不产生影响，注册会计师可以认为这种分类错报对财务报表整体不产生重大影响。

（四）低于财务报表整体重要性的错报

即使某些错报低于财务报表整体的重要性，但因与这些错报相关的某些情况，在将其单独或连同在审计过程中累积的其他错报一并考虑时，注册会计师也可能将这些错报评价为重大错报。

可能影响评价的情况包括：

1．错报对遵守监管要求的影响程度。

2．错报对遵守债务合同或其他合同条款的影响程度。

3．错报与会计政策的不正确选择或运用相关，这些会计政策的不正确选择或运用对当期财务报表不产生重大影响，但可能对未来期间财务报表产生重大影响。

4．错报掩盖收益的变化或其他趋势的程度（尤其是在结合宏观经济背景和行业状况进行考虑时）。

5．错报对用于评价被审计单位财务状况、经营成果或现金流量的有关比率的影响程度。

6. 错报对财务报表中列报的分部信息的影响程度。例如，错报事项对某一分部或对被审计单位的经营或盈利能力有重大影响的其他组成部分的重要程度。

7. 错报对增加管理层薪酬的影响程度。例如，管理层通过达到有关奖金或其他激励政策规定的要求以增加薪酬。

8. 相对于注册会计师所了解的以前向财务报表使用者传达的信息（如盈利预测），错报是重大的。

9. 错报对涉及特定机构或人员的项目的相关程度。例如，与被审计单位发生交易的外部机构或人员是否与管理层成员有关联关系。

10. 错报涉及对某些信息的遗漏，尽管适用的财务报告编制基础未对这些信息作出明确规定，但是注册会计师根据职业判断认为这些信息对财务报表使用者了解被审计单位的财务状况、经营成果或现金流量是重要的。

11. 错报对其他信息（如包含在“管理层讨论与分析”或“经营与财务回顾”中的信息）的影响程度，这些信息与已审计财务报表一同披露，并被合理预期可能影响财务报表使用者作出的经济决策。

三、书面声明

1. 注册会计师应该要求管理层和治理层（如适用）提供书面声明，说明其是否认为未更正错报单独或汇总起来对财务报表整体影响不重大。这些错报项目的概要应当包含在书面声明中或附在其后。

2. 由于编制财务报表要求管理层和治理层（如适用）调整财务报表以更正重大错报，注册会计师需要要求其提供有关未更正错报的书面声明。

知识点3 复核审计工作（★★★）

对审计工作的复核包括项目组内部复核和作为会计师事务所业务质量管理措施而执行的项目质量复核（如适用）。

一、项目组内部复核

1. 复核人员。

《会计师事务所质量管理准则第5101号——业务质量管理》规定，会计师事务所针对业务执行的质量目标应当包括由经验较为丰富的项目组成员对经验较为缺乏的项目组成员的工作进行指导、监督和复核。会计师事务所应当基于这一质量目标，确定有关复核的政策和程序。

2. 复核范围。

执行复核时，复核人员需要考虑的事项包括：

（1）审计工作是否已按照职业准则和适用的法律法规的规定执行；（2）重大事项是否已提请进一步考虑；（3）相关事项是否已进行适当咨询，由此形成的结论是否已得到记录和执行；（4）是否需要修改已执行审计工作的性质、时间安排和范围；（5）已执行的审计工作是否支持形成的结论，并已得到适当记录；（6）获取的审计证据是否充分、适当；（7）审计程序的目标是否已实现。

3. 复核时间。

审计项目复核贯穿审计全过程，随着审计工作的开展，复核人员在审计计划阶段、执行阶段和完成阶段及时复核相应的工作底稿。

4. 项目合伙人复核。

根据审计准则的规定：项目合伙人应当对管理和实现审计项目的高质量承担总体责任。项目合伙人应当在审计过程中的适当时点复核审计工作底稿，包括与下列方面相关的工作底稿：

（1）重大事项；

（2）重大判断，包括与在审计中遇到的困难或有争议事项相关的判断，以及得出的结论；

（3）根据项目合伙人的职业判断，与项目合伙人的职责有关的其他事项。在审计报告日或审计报告日之前，项目合伙人应当通过复核审计工作底稿与项目组讨论，确信已获取充分、适当的审计证据，支持得出的结论和拟出具的审计报告。此外，项目合伙人应当在签署审计报告前复核财务报表、审计报告以及相关的审计工作底稿，包括对关键审计事项的描述（如适用），项目合伙人应当在与管理层、治理层或相关监管机构签署正式书面沟通文件之前对其进行复核。《中国注册会计师审计准则第1131号——审计工作底稿》要求项目合伙人记录复核的范围和时间。

二、项目质量复核

根据《会计师事务所质量管理准则第5101号——业务质量管理》的规定，会计师事务所应当就项目质量复核制定政策和程序，并对上市实体财务报表审计业务、法律法规要求实施项目质量复核的审计业务或其他业务，以及会计师事务所认为，为应对一项或多项质量风险，有必要实施项目质量复核的审计业务或其他业务实施项目质量复核。第二十一章第二节将对项目质量复核进行全面阐述。

第二节　期后事项

微信扫一扫
习题免费练

知识点提示

期后事项是指财务报表日至审计报告日之间发生的事项以及注册会计师在审计报告日后知悉的事实。第一时段期后事项为资产负债表日到审计报告日，第二时段期后事项是审计报告日到财务报表报出日，第三时段期后事项是财务报表报出日之后。注册会计师对于第一时段的期后事项负有主动识别义务，应当设计专门的审计程序来识别这些期后事项，并根据这些事项的性质判断其对财务报表的影响，进而确定是进行调整还是披露；对于第二时段的期后事项是被动识别义务，考虑知悉事实对财务报表的影响；对于第三时段的期后事项是被动识别义务，注册会计师没有义务针对财务报表实施任何审计程序。对于第二时段和第三时段知悉了某事实所采取的审计程序需要掌握。

知识点1　期后事项的含义与种类（区分“发生”与“知悉”）（★★）

一、期后事项的含义

期后事项是指财务报表日至审计报告日之间发生的事项，以及注册会计师在审计报告日后知悉的事实。

【区分概念】资产负债表日后事项：资产负债表日后事项是指自年度资产负债表日至财务会计报告批准报告日之间发生的需要调整或说明的事项。

学堂点睛

第一，审计报告的日期不应早于注册会计师获取充分、适当的审计证据的日期（包括管理层认可对财务报表的责任且已批准财务报表的证据）。

注册会计师在确定审计报告日期时，应当确信已获取下列审计证据：1. 构成整套财务报表的所有报表已编制完成；2. 被审计单位的董事会、管理层或类似机构已经认可其对财务报表负责。

第二，财务报告批准报出以后、实际报出之前又发生与财务报表日后事项有关的事项，并由此影响财务报告对外公布日期的，应以董事会或类似机构再次批准财务报告对外公布的日期为截止日期。

二、期后事项的种类

表 18-1 期后事项的种类

财务报表日后调整事项	财务报表日后非调整事项
1. 财务报表日后诉讼案件结案。 2. 财务报表日后取得确凿证据，表明某项资产在财务报表日已发生减值或需要调整已确认的减值。 3. 财务报表日后进一步确定了财务报表日前购入资产的成本或售出资产的收入。 4. 财务报表日后发现了财务报表舞弊或差错。	1. 财务报表日后发生重大诉讼、仲裁、承诺。 2. 财务报表日后资产价格、税收政策、外汇汇率发生重大变化。 3. 财务报表日后因自然灾害导致资产发生重大损失。 4. 财务报表日后发行股票和债券以及其他巨额举债。 5. 财务报表日后资本公积转增资本。 6. 财务报表日后发生巨额亏损。 7. 财务报表日后发生企业合并或处置子公司。 8. 财务报表日后企业利润分配方案中拟分配的以及经审议批准宣告发放的股利或利润。

（一）种类

1. 调整事项。财务报表日已经存在的情况提供证据的事项，即对财务报表日已经存在的情况提供了新的或进一步证据的事项，这类事项影响财务报表金额，需要提请被审计单位管理层调整财务报表以及相关的披露信息。

2. 非调整事项。财务报表日后发生的情况提供证据的事项，即表明财务报表日后发生的情况的事项。这类事项虽然不影响财务报表金额，但可能影响对财务报表的正确理解，需提请被审计单位管理层在财务报表附注中作适当的披露。

下面举例说明期后事项的类别。

（1）若被审计单位的客户甲公司2020年12月31日出现财务危机，预计对其应收账款将有50%无法收回，故按50%的比例计提坏账准备。2021年3月被审计单位接到通知，甲公司已被宣告破产清算，被审计单位估计有70%的债权无法收回。

（2）2020年12月31日甲公司财务状况良好，被审计单位预计对其应收账款可按时收回；甲公司2021年2月发生重大火灾，3月得知甲公司50%的应收账款无法收回。

上述事项中，（1）属于期后调整事项；（2）属于期后非调整事项。

那么，为什么期后调整事项需要调整财务报表而期后非调整事项只需在报表附注中披露呢？我们仍以上例来进行说明。

事项（1）中，导致被审计单位2020年度应收账款无法收回的事实是甲公司财务状况恶化，该事实在财务报表日已经存在，甲公司被宣告破产只是证实了财务报表日财务状况恶化的情况，因此该事项属于调整事项；事项（2）中，导致被审计单位2020年度应收账款损失的因素是火灾，应收账款发生损失这一事实在财务报表日以后才发生，因此甲公司发生火灾导致甲公司应收款项发生坏账的事项属于非调整事项，所以不应调整2020年财务报表的数据，但若该损失对被审计单位有重大影响，注册会计师应提请该被审计单位在2020年报表附注中披露。

（二）财务报表日后调整事项（掌握调整方法）

1. 财务报表日后诉讼案件结案，法院判决证实了企业在财务报表日已经存在现时义务，需要调整原先确认的与该诉讼案件相关的预计负债，或确认一项新负债。

2. 财务报表日后取得确凿证据，表明某项资产在财务报表日发生了减值或者需要调整该项资产原先确认的减值金额。

例如：被审计单位原先对某库存商品未计提存货跌价准备，在财务报表日后不久的销售情况显示其可变现净额低于库存商品期末成本，表明该库存商品在财务报表日发生了减值，需要在被审计的财务报表中补记该项存货的跌价准备。

又如：财务报表日被审计单位认为可以收回的大额应收款项，因财务报表日后债务人突然破产而无法收回。在这种情况下，债务人财务状况显然早已恶化，所以注册会计师应考虑提请被审计单位计提坏账准备或者增加计提坏账准备，调整财务报表有关项目的金额。

3. 财务报表日后进一步确定了财务报表日前购入资产的成本或售出资产的收入。

例如，被审计单位在财务报表日前购入一项固定资产，并投入使用。由于购入时尚未确定准确的购买价款，故先以估计的价格加上其达到预定可使用状态前所发生的可归属于该项固定资产的运输费、装卸费、安装费和专业人员服务费等进行暂估入账，并按规定计提固定资产折旧。如果在财务报表日后商定了购买价款，取得了采购发票，被审计单位就应该据此调整该固定资产原价。

4. 财务报表日后发现了财务报表舞弊或差错。

利用期后事项审计以确认被审计单位财务报表所列金额时，应对财务报表日已经存在的事项和财务报表日后出现的事项严加区分，不能混淆。如果确认发生变化的事项直到财务报表日后才发生，就不应将财务报表日后的信息并入财务报表本身中去。

知识点2 注册会计师对不同时段期后事项的责任划分（★★★）

（说明：假设ABC会计师事务所审计X公司的2020年财务报表，2021年3月5日为审计报告日，2021年3月15日为财务报表报出日。）

一、期后事项的划分

期后事项可以按时段划分为三个时段：

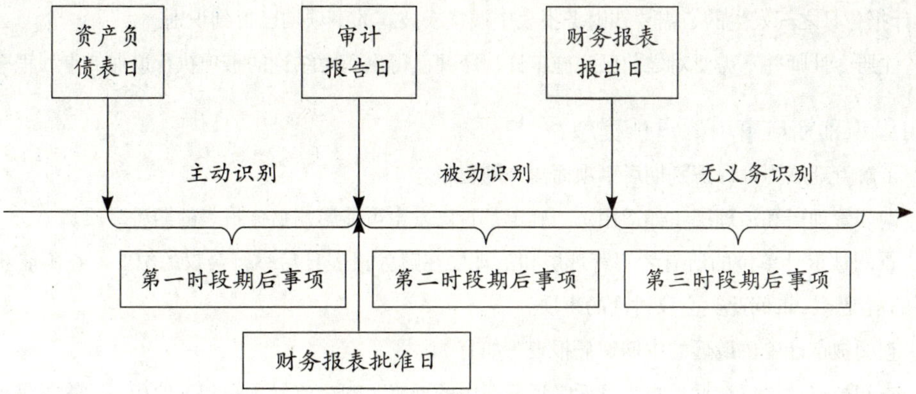

图 18-1 期后事项分段示意图

上图中，财务报表日是指财务报表涵盖的最近期间的截止日期；财务报表批准日是指构成整套财务报表的所有报表（包括相关附注）已编制完成，并且被审计单位的董事会、管理层或类似机构已经认可其对财务报表负债的日期；财务报表报出日是指被审计单位对外披露已审计财务报表的日期。审计报告日通常与财务报表批准日是相同的日期。

二、各时段期后事项责任划分

表 18-2 各时段期后事项责任划分

期后事项时段	起止日期	责任定位	责任的具体体现 （注册会计师针对X公司发生在2021年3月5日前的事项）
第一时段（发生事项）	2020年12月31日—2021年3月5日	主动识别（负有主动识别的义务）	应当设计专门的审计程序来识别这些期后事项，并根据这些事项的性质判断其对财务报表的影响，进而确定是进行调整还是披露。
第二时段（知悉事实）	2021年3月5日—2021年3月15日	被动识别（考虑知悉事实对财务报表的影响）	1. 在审计报告日后至财务报表报出日前，如果知悉了某事实，且若在审计报告日知悉可能导致修改审计报告，注册会计师应当与管理层和治理层讨论该事项。 2. 确定财务报表是否需要修改。 3. 如果需要修改，询问管理层将如何在财务报表中处理该事项。
第三时段（知悉事实）	2021年3月15日后	没有义务识别（没有义务针对财务报表实施任何审计程序）	1. 与管理层和治理层讨论该事项。 2. 确定财务报表是否需要修改。 3. 如果需要修改，询问管理层将如何在财务报表中处理该事项。

知识点3 财务报表日至审计报告日之间发生的事项（★★）

一、主动识别第一时段期后事项

1. 注册会计师应当设计和实施审计程序，获取充分、适当的审计证据，以确定所有在财务报表日至审计报告日之间发生的、需要在财务报表中调整或披露的事项均已得到识别。

2. 注册会计师并不需要对之前已实施审计程序并已得出满意结论的事项执行追加的审计程序。

二、用以识别期后事项的审计程序

1. 了解管理层为确保识别期后事项而建立的程序。

2. 询问管理层和治理层（如适用），确定是否已发生可能影响财务报表的期后事项。

3. 查阅被审计单位的所有者、管理层和治理层在财务报表日后举行会议的纪要，在不能获取会议纪要的情况下，询问此类会议讨论的事项。

4. 查阅被审计单位最近的中期财务报表（如有）。

5. 查阅被审计单位在财务报表日后最近期间内的预算、现金流量预测和其他相关的管理报告。

6. 就诉讼和索赔事项询问被审计单位的法律顾问，或扩大之前口头或书面查询的范围。

7. 考虑是否有必要获取涵盖特定期后事项的书面声明以支持其他审计证据，从而获取充分、适当的审计证据。

三、知悉对财务报表有重大影响的期后事项时的考虑

1. 如果注册会计师识别出对财务报表有重大影响的第一时段期后事项，应当确定这些事项是否按照适用的财务报告编制基础的规定在财务报表中得到恰当反映。

2. 如果所知悉的期后事项属于调整事项，注册会计师应当考虑被审计单位是否已对财务报表作出适当的调整。如果所知悉的期后事项属于非调整事项，注册会计师应当考虑被审计单位是否在财务报表附注中予以充分披露。

知识点4 注册会计师在审计报告日后至财务报表报出日前知悉的事实（★★）

一、被动识别第二时段期后事项

1. 在审计报告日后，注册会计师没有义务针对财务报表实施任何审计程序。在这一阶段，财务报表并未报出，管理层有责任将发现的可能影响财务报表的事实告知注册会计师。注册会计师还可能从媒体报道、举报信或者证券监管部门告知等途径获悉影响财务报表的期后事项。

2. 如果注册会计师在审计报告日后至财务报表报出日前知悉了某事实，且若在审计报告日知悉可能导致修改审计报告，注册会计师应当采取以下措施：

（1）与管理层和治理层（如适用）讨论该事项；

（2）确定财务报表是否需要修改；

（3）如果需要修改，询问管理层将如何在财务报表中处理该事项。

二、知悉第二时段期后事项时的考虑

（一）管理层修改财务报表时的处理

注册会计师应根据具体情况对有关修改实施必要的审计程序，同时，除非下文述及的特殊情况适用，应将用以识别期后事项的上述审计程序（七个程序）延伸至新的审计报告日，并针对修改后的财务报表出具新的审计报告。

特殊情况（有限延伸）是，如管理层对财务报表的修改仅限于期后事项的影响，董事会、管理层也仅对修改进行批准，注册会计师可仅针对有关修改将用以识别期后事项的上述审计程序延伸至新的审计报告日。在这种情况下，应选用下列处理方式之一：

1．修改审计报告，针对修改部分增加补充报告日期。

其中，原审计报告日期表明审计工作何时完成；补充报告日期表明原审计报告日之后实施的审计程序仅针对财务报表的后续修改。补充报告日期的示例如下：

“除附注×所述事项的日期为（仅针对附注×所述修改的审计程序完成日期）之外，（原审计报告日）”。

2．出具新的或经修改的审计报告，在强调事项段或其他事项段中说明注册会计师对期后事项实施的审计程序仅限于财务报表相关附注所述的修改。

（二）管理层不修改财务报表且审计报告未提交时的处理

如果认为管理层应当修改财务报表而没有修改，并且审计报告尚未提交给被审计单位，注册会计师应当发表非无保留意见，然后再提交审计报告。

（三）管理层不修改财务报表且审计报告已提交时的处理

1．如果认为管理层应当修改财务报表而没有修改，并且审计报告已经提交给被审计单位，注册会计师应当通知管理层和治理层在财务报表作出必要修改前不要向第三方报出。

2．如果财务报表在未经必要修改的情况下仍被报出，注册会计师应当采取适当措施，以设法防止财务报表使用者信赖该审计报告。

学堂点睛

表 18-3 第二时段被动识别的四种情况

修改报表	正常延伸，有限延伸（补充报告日期，强调或其他事项段）
不修改报表且报告未提交	发表非无保留意见
不修改报表且报告已提交	要求不公布报告
不修改报表且报告已公布	采取措施防止使用者信赖报告

知识点5 注册会计师在财务报表报出后知悉的事实（★★）

一、没有义务识别第三时段的期后事项

1．注册会计师没有义务针对第三时段期后事项实施任何审计程序。

2．如果注册会计师在财务报表报出后知悉了某事实，且若在审计报告日知悉可能导致修改审计报告，注册会计师应当采取以下措施：

（1）与管理层和治理层（如适用）讨论该事项；

（2）确定财务报表是否需要修改；

（3）如果需要修改，询问管理层将如何在财务报表中处理该事项。

二、知悉第三时段期后事项时的考虑

（一）管理层修改财务报表时的处理

如果管理层修改了财务报表，注册会计师应当采取如下必要的措施：

1. 根据具体情况对有关修改实施必要的审计程序。例如查阅法院判决文件、复核会计处理或披露事项，确定对财务报表的修改是否恰当。

2. 复核管理层采取的措施能否确保所有收到原财务报表和审计报告的人士了解这一情况。

3. 延伸实施审计程序，并针对修改后的财务报表出具新的审计报告。除非特殊情形（有限延伸），将用以识别期后事项的第一时段的审计程序延伸至新的审计报告日，并针对修改后的财务报表出具新的审计报告。

4. 在特殊情况（有限延伸）下，修改审计报告或提供新的审计报告。

（二）管理层未采取任何行动时的处理

1. 如果管理层没有采取必要措施确保所有收到原财务报表的人士了解这一情况，也没有在注册会计师认为需要修改的情况下修改财务报表，注册会计师应当通知管理层和治理层（除非治理层全部成员参与管理被审计单位），注册会计师将设法防止财务报表使用者信赖该审计报告。

2. 如果注册会计师已经通知管理层或治理层，而管理层或治理层没有采取必要措施，注册会计师应当采取适当措施，以设法防止财务报表使用者信赖该审计报告。

【例1-2017-多选题】下列有关期后事项审计的说法中，正确的有（　　）。

A. 注册会计师应当恰当应对在审计报告日后知悉的、且如果在审计报告日知悉可能导致注册会计师修改审计报告的事实

B. 在财务报表发出后，注册会计师没有义务针对财务报表实施任何审计程序

C. 注册会计师应当要求管理层提供书面声明，确认所有在财务报表日后发生的、按照适用的财务报告编制基础的规定应予调整或披露的事项均已得到调整或披露

D. 注册会计师应当设计和实施审计程序，获取充分、适当的审计证据，以确定所有在财务报表日至财务报表报出日之间发生的、需要在财务报表中调整或披露的事项均已得到识别

【答案】ABC

学堂点拨

选项D中，注册会计师应当设计和实施审计程序，获取充分、适当的审计证据，以确定所有在财务报表日至审计报告日之间发生的、需要在财务报表中调整或披露的事项均已得到识别。

【例2-2012-多选题】下列有关期后事项审计的说法中，正确的有（　　）。

A. 期后事项是指财务报表日至财务报表报出日之间发生的事项

B. 期后事项是指财务报表日至审计报告日之间发生的事项，以及注册会计师在审计报告日后知悉的事实

C. 注册会计师仅需主动识别财务报表日至审计报告日之间发生的期后事项

D. 审计报告日后，如果注册会计师知悉某项若在审计报告日知悉将导致修改审计报告的事实，且管理层已就此修改了财务报表，应当对修改后的财务报表实施必要的审计程序，出具新的或经修改的审计报告

【答案】BCD

学堂点拨

选项A中，期后事项是指财务报表日至审计报告日之间发生的事项，以及注册会计师在审计报告日后知悉的事实。

学堂点睛

表 18-4 注册会计师在各时段期后事项的责任、措施及处理

时段	注册会计师的责任	采取的措施及处理
第一时段 财务报表日至审计报告日	主动识别责任并建议修改报表	如果没有得到恰当的处理，出具保留意见或否定意见。
第二时段 审计报告日至财务报表公布日	被动识别责任并建议修改报表	若同意修改，正常延伸或有限延伸。
		若拒绝修改，但报告尚未提交，则出具保留或否定意见的审计报告。
		若拒绝修改，且报告已提交：1. 阻止报出；2. 仍然报出，采取措施防止报表使用人信赖报告。
第三时段 财务报表公布日后	没有义务识别并建议修改报表	若同意修改，正常延伸或有限延伸。
		若拒绝修改报表，采取措施防止报表使用人信赖报告。

第三节 书面声明

微信扫一扫
习题免费练

知识点1 书面声明的含义与特征（正面证明弱，反面证明强）（★★）

一、书面声明的含义

1. 书面声明是指管理层向注册会计师提供的书面陈述，用以确认某些事项或支持其他审计证据。

2. 书面声明不包括财务报表及其认定，以及支持性账簿和相关记录。

二、书面声明的特征

1. 书面声明是注册会计师在财务报表审计中需要获取的必要信息，是审计证据的重要来源。

2. 在很多情况下，要求管理层提供书面声明而非口头声明，可以促使管理层更加认真地考虑声明所涉及的事项，从而提高声明的质量。

3. 尽管书面声明提供必要的审计证据，但其本身并不为所涉及的任何事项提供充分、适当的审计证据。

4. 管理层已提供可靠书面声明的事实，并不影响注册会计师就管理层责任履行情况或具体认定获取的其他审计证据的性质和范围。

知识点2 基本书面声明——针对管理层责任的书面声明（★★★）

一、基本书面声明与其他书面声明

1. 基本书面声明主要是指审计准则要求的针对财务报表编制的书面声明，目的是确认管理层对财务报表编制责任的履行。

2. 其他书面声明可能是对基本书面声明的补充，但不构成其组成部分。

二、基本书面声明

1. 针对提供的信息和交易的完整性，要求管理层就下列事项提供书面声明：

（1）按照审计业务约定条款，已向注册会计师提供所有相关信息，并允许注册会计师不受限制地接触所有相关信息以及被审计单位内部人员和其他相关人员；

（2）所有交易均已记录并反映在财务报表中。

2. 针对财务报表的编制，注册会计师应当要求管理层提供书面声明。如果未获取书面声明，在审计过程中获取的有关管理层已履行这些责任的其他审计证据是不充分的。

3. 存在下列情况时，可能要求管理层在书面声明中再次确认对自身责任的认可与理解：

（1）代表被审计单位签订审计业务约定条款的人员不再承担相关责任；

（2）审计业务约定条款是在以前年度签订的；

（3）有迹象表明管理层误解了其责任；

（4）情况的改变需要管理层再次确认其责任。

三、其他书面声明

（一）关于财务报表的额外书面声明

1. 会计政策的选择和运用是否适当。

2. 是否按照适用的财务报告编制基础对下列事项（如相关）进行了确认、计量、列报或披露：

（1）可能影响资产和负债账面价值或分类的计划或意图；

（2）负债（包括实际负债和或有负债）；

（3）资产的所有权或控制权，资产的留置权或其他物权，用于担保的抵押资产；

（4）可能影响财务报表的法律法规及合同（包括违反法律法规及合同的行为）。

（二）与向注册会计师提供信息有关的内部控制缺陷的额外书面声明

除了针对管理层提供的信息和交易的完整性的书面声明外，注册会计师可能认为有必要要求管理层提供书面声明，确认其已将注意到的所有内部控制缺陷向注册会计师通报。

（三）有关财务报表特定认定的书面声明

1. 投资意图的书面声明

例如，如果管理层的意图对投资的计价基础非常重要，但若不能从管理层获取有关该项投资意图的书面声明，注册会计师就不可能获取充分、适当的审计证据。

2. 书面声明局限性

尽管投资意图等书面声明能够提供必要的审计证据，但其本身并不能为财务报表特定认定提供充分、适当的审计证据。

知识点3 书面声明的日期和涵盖的期间（★★）

一、书面声明的日期

1．书面声明的日期应当尽量接近对财务报表出具审计报告的日期，但不得在审计报告日后。

2．书面声明应当涵盖审计报告针对的所有财务报表和期间。

二、管理层签署书面声明与注册会计师签署审计报告的时间关系

1．由于书面声明是必要的审计证据，在管理层签署书面声明前，注册会计师不能发表审计意见，也不能签署审计报告。

2．由于注册会计师关注截至审计报告日发生的、可能需要在财务报表中作出相应调整或披露的事项，书面声明的日期应当尽量接近对财务报表出具审计报告的日期，但不得在其之后。

3．在某些情况下，管理层需要再次确认以前期间作出的书面声明是否依然适当，需要更新以前期间所作的书面声明。更新后的书面声明需要表明以前期间所作的声明是否发生了变化，以及发生了什么变化（如有）。

4．在审计实务中，可能会出现在审计报告中提及的所有期间内，现任管理层均尚未就任的情形，现任管理层可能由此声称无法就审计报告中提及的所有期间提供部分或全部书面声明。然而，这一事实并不能减轻现任管理层对财务报表整体的责任。相应地，注册会计师仍然需要向现任管理层获取涵盖整个相关期间的书面声明。

【例1-2018-单选题】下列有关书面声明日期的说法中，错误的是（　　）。

A．书面声明的日期不得晚于审计报告日　　B．书面声明的日期不得早于财务报表报出日

C．书面声明的日期可以早于审计报告日　　D．书面声明的日期可以和审计报告日是同一天

【答案】B

学堂点拨

书面声明的日期不得晚于审计报告日，在财务报表报出日之前。

知识点4 书面声明的形式（★）

书面声明应以声明书的的形式致送注册会计师。

参考格式：

（致注册会计师）：

本声明书是针对你们审计ABC公司截至2019年12月31日的年度财务报表而提供的。审计的目的是对财务报表发表意见，以确定财务报表是否在所有重大方面已按照企业会计准则的规定编制，并实现公允反映。

尽我们所知，并在作出了必要的查询和了解后，我们确认：

一、财务报表

（一）我们已履行［插入日期］签署的审计业务约定书中提及的责任，即根据企业会计准则的规定编制财务报表，并对财务报表进行公允反映。

（二）在作出会计估计时使用的重大假设（包括与公允价值计量相关的假设）是合理的。

（三）已按照企业会计准则的规定对关联方关系及其交易作出了恰当的会计处理和披露。

（四）根据企业会计准则的规定，所有需要调整或披露的资产负债表日后事项都已得到调整或披露。

（五）未更正错报，无论是单独还是汇总起来，对财务报表整体的影响均不重大。未更正错报汇总表附在本声明书后。

（六）［插入注册会计师可能认为适当的其他任何事项］。

二、提供的信息

（一）我们已向你们提供下列工作条件：

1. 允许接触我们注意到的、与财务报表编制相关的所有信息（如记录、文件和其他事项）；

2. 提供你们基于审计目的要求我们提供的其他信息（包括会议记录）；

3. 允许在获取审计证据时不受限制地接触你们认为必要的本公司内部人员和其他相关人员。

（二）所有交易均已记录并反映在财务报表中。

（三）我们已向你们披露了由于舞弊可能导致的财务报表重大错报风险的评估结果。

（四）我们已向你们披露了我们注意到的、可能影响本公司的与舞弊或舞弊嫌疑相关的所有信息，这些信息涉及本公司的：

1. 管理层；

2. 在内部控制中承担重要职责的员工；

3. 其他人员（在舞弊行为导致财务报表重大错报的情况下）。

（五）我们已向你们披露了从现任和前任员工、分析师、监管机构等方面获知的、影响财务报表的舞弊指控或舞弊嫌疑的所有信息。

（六）我们已向你们披露了所有已知的、在编制财务报表时应当考虑其影响的违反或涉嫌违反法律法规的行为。

（七）我们已向你们披露了我们注意到的关联方的名称和特征、所有关联方关系及其交易。

（八）［插入注册会计师可能认为必要的其他任何事项］。

附：未更正错报汇总表

ABC公司　　ABC公司管理层

（盖章）　　（签名并盖章）

中国××市　　二〇二〇年×月×日

【例2-2020-单选题】下列各项中，注册会计师可以不向被审计单位管理层和治理层获取书面声明的是（　　）。

A. 管理层认可其设计、执行和维护内部控制以防止和发现舞弊的责任

B. 管理层已向注册会计师通报了财务报表日至审计报告日之间发生的所有期后事项

C. 被审计单位已向注册会计师披露了所有已知悉的、且在编制财务报表时应当考虑其影响的违反法律法规行为

D. 未更正错报单独或汇总起来对财务报表整体的影响不重大

【答案】B

学堂点拨

注册会计师应当就管理层和治理层认可其设计、执行和维护内部控制以防止和发现舞弊的责任向管理层和治理层（如适用）获取书面声明（选项A）；注册会计师应当要求管理层和治理层（如适用）提供书面声明，以表明被审计单位已向注册会计师披露了所有知悉的、且在编制财务报表时应当考虑其影响的违反法律法规行为或怀疑存在的违反法律法规行为（选项C）；注册会计师应当要求管理层和治理层（如适用）提供书面声明，说明其是否认为未更正错报单独或汇总起来对财务报表整体的影响不重大（选项D）。B选项应改为“根据企业会计准则的规定，所有需要调整或披露的资产负债表日后事项都已得到调整或披露”。

知识点5 对书面声明可靠性的疑虑以及管理层不提供要求的书面声明（★★）

一、对书面声明可靠性的疑虑

（一）对管理层的胜任能力、诚信、道德价值观或勤勉尽责存在疑虑

1. 如果对管理层的胜任能力、诚信、道德价值观或勤勉尽责存在疑虑，或者对管理层在这些方面的承诺或贯彻执行存在疑虑，注册会计师应当确定这些疑虑对书面或口头声明和审计证据总体的可靠性可能产生的影响。

2. 注册会计师可能认为，管理层在财务报表中作出不实陈述的风险很大，以至于审计工作无法进行。

3. 在这种情况下，除非治理层采取适当的纠正措施，否则注册会计师可能需要考虑解除业务约定。

4. 很多时候，治理层采取的纠正措施可能并不足以使注册会计师发表无保留意见。

（二）书面声明与其他审计证据不一致

1. 如果书面声明与其他审计证据不一致，注册会计师应当实施审计程序以设法解决这些问题。

2. 注册会计师可能需要考虑风险评估结果是否仍然适当，如果认为不适当，注册会计师需要修正风险评估结果，并确定进一步审计程序的性质、时间安排和范围，以应对评估的风险。

3. 如果问题仍未解决，注册会计师应当重新考虑对管理层的胜任能力、诚信、道德价值观或勤勉尽责的评估，或者重新考虑对管理层在这些方面的承诺或贯彻执行的评估，并确定书面声明与其他审计证据的不一致对书面或口头声明和审计证据总体的可靠性可能产生的影响。

4. 如果认为书面声明不可靠，注册会计师应当采取适当措施，包括确定其对审计意见可能产生的影响。

二、管理层不提供要求的书面声明

如果管理层不提供要求的一项或多项书面声明，注册会计师应当：

1. 与管理层讨论该事项；2. 重新评价管理层的诚信，并评价该事项对书面或口头声明和审计证据总体的可靠性可能产生的影响；3. 采取适当措施，包括确定该事项对审计意见可能产生的影响。

三、发表无法表示意见的情形

如果存在下列情形之一，注册会计师应当对财务报表发表无法表示意见：

1．注册会计师对管理层的诚信产生重大疑虑，以至于认为其作出的书面声明不可靠；

2．管理层不提供审计准则要求的书面声明。

【例3-多选题】下列各项中，应当列入书面声明的有（　　）。

A．管理层认为，在作出会计估计时使用的重大假设是合理的

B．被审计单位已向注册会计师披露了所有已知的、在编制财务报表时应当考虑其影响的违反或涉嫌违反法律法规的行为

C．在审计单位已按照适用的财务报告编制基础的规定对所有需要调整或披露的资产负债表日后事项作出调整或披露

D．被审计单位已向注册会计师披露了全部已知的关联方名称

【答案】ABCD

学堂点拨

以上选项均为书面声明应包含内容。

第十九章　审计报告

本章思维导图

- 审计报告
  - 审计报告概述 ★
    - 审计报告的含义
    - 审计报告的作用
  - 审计意见的形成 ★★★
    - 得出审计结论时考虑的领域
    - 审计意见的类型
  - 审计报告的基本内容 ★
  - 审计报告 ★★★
    - 无保留意见
    - 保留意见
    - 否定意见
    - 无法表示意见
    - 关键审计事项
    - 强调事项段
    - 其他事项段
  - 比较信息 ★
    - 对应数据对审计报告的影响
    - 比较财务报表对审计报告的影响
  - 注册会计师对其他信息的责任 ★
    - 对其他信息的理解
    - 注册会计师对不同情况其他信息的应对
    - 审计报告中对其他信息的要求

本章知识点精讲

第一节　审计报告概述

知识点提示

注册会计师应当根据审计证据得出的结论，对财务报表形成审计意见，并通过书面报告的形式清楚地表达审计意见。无保留意见，是指当注册会计师认为财务报表在所有重大方面按照适用的财务报告编制基础编制并实现公允反映时发表的审计意见。非无保留意见，是指对财务报表发表的保留意见、否定意见或无法表示意见。

知识点1　审计报告概述（★）

一、审计报告的含义

审计报告是指注册会计师根据审计准则的规定，在执行审计工作的基础上，对财务报表发表审计意见的书面文件。

微信扫一扫
习题免费练

二、审计报告的作用

（一）鉴证作用

1. 注册会计师签发的审计报告，不同于政府审计和内部审计的审计报告，是以超然独立的第三方身份，对被审计单位财务报表的合法性、公允性发表意见。2. 注册会计师签发的审计意见，具有鉴证作用，得到了政府、投资者和其他利益相关者的普遍认可。3. 政府有关部门了解、掌握企业的财务状况和经营成果的主要依据是企业提供的财务报表，财务报表是否合法、公允，主要依据注册会计师的审计报告作出判断。4. 企业的投资者主要依据注册会计师的审计报告来判断被投资企业的财务报表是否公允地反映了财务状况和经营成果，以进行投资决策等。

（二）保护作用

1. 注册会计师通过审计，可以对被审计单位财务报表出具不同类型审计意见的审计报告，以提高或降低财务报表使用者对财务报表的信赖程度。2. 审计报告能够在一定程度上对被审计单位的财产所有者、债权人和股东的权益及企业利害关系人的利益起到保护作用。3. 投资者根据注册会计师的审计报告作出投资决策，可以降低其投资风险。

（三）证明作用

1. 审计报告是对注册会计师审计任务完成情况及其结果所作的总结，它可以表明审计工作的质量并明确注册会计师的审计责任。2. 审计报告可以对审计工作质量和注册会计师的审计责任起证明作用。3. 通过审计报告，可以证明注册会计师在审计过程中是否实施了必要的审计程序，是否以获取的审计证据为依据发表审计意见，发表的审计意见是否与被审计单位的实际情况相一致，审计工作的质量是否符合要求。4. 通过审计报告，可以证明注册会计师对审计责任的履行情况。

三、与审计报告相关的概念

表 19-1 审计报告相关的概念

序号	相关概念	内容解释
1	财务报表	是指整套通用目的财务报表，包括相关附注。相关附注通常包括重要会计政策概要和其他解释性信息。适用的财务报告编制基础的规定决定了财务报表的形式和内容，以及整套财务报表的构成。
2	通用目的财务报表	是指按照通用目的编制基础编制的财务报表。
3	通用目的编制基础	是指旨在满足广大财务报表使用者共同的财务信息需求的财务报告编制基础。
4	审计报告	是指注册会计师根据审计准则的规定，在执行审计工作的基础上，对财务报表发表审计意见的书面文件。
5	无保留意见	是指当注册会计师认为财务报表在所有重大方面按照适用的财务报告编制基础编制并实现公允反映时发表的审计意见。
6	非无保留意见	是指保留意见、否定意见或无法表示意见。
7	广泛性	是描述错报影响的术语，用以说明错报对财务报表的影响，或者由于无法获取充分、适当的审计证据而未发现的错报（如存在）对财务报表可能产生的影响。根据注册会计师的判断，对财务报表的影响具有广泛性的情形包括：1. 不限于对财务报表的特定要素、账户或项目产生影响；2. 虽然仅对财务报表的特定要素、账户或项目产生影响，但这些要素、账户或项目是或可能是财务报表的主要组成部分；3. 当与披露相关时，产生的影响对财务报表使用者理解财务报表至关重要。
8	强调事项段	是指审计报告中含有的一个段落，该段落提及已在财务报表中恰当列报或披露的事项，根据注册会计师的职业判断，该事项对财务报表使用者理解财务报表至关重要。
9	其他事项段	是指审计报告中含有的一个段落，该段落提及未在财务报表中列报或披露的事项，根据注册会计师的职业判断，该事项与财务报表使用者理解审计工作、注册会计师的责任或审计报告相关。
10	关键审计事项	是指注册会计师根据职业判断认为对当期财务报表审计最为重要的事项。在审计报告中沟通关键审计事项，可以提高已执行审计工作的透明度，从而提高审计报告的决策相关性和有用性。

知识点2 审计意见的形成（★★★）

一、得出审计结论时考虑的领域

在得出结论时，注册会计师应当考虑下列方面：

1. 按照《中国注册会计师审计准则第1231号——针对评估的重大错报风险采取的应对措施》的规定，是否已获取充分、适当的审计证据。

2. 按照《中国注册会计师审计准则第1251号——评价审计过程中识别出的错报》的规定，未更正错报单独或汇总起来是否构成重大错报。

在确定时，注册会计师应当考虑：

（1）相对特定类别的交易、账户余额或披露以及财务报表整体而言，错报的金额和性质以及错报发生的特定环境；（2）与以前期间相关的未更正错报对相关类别的交易、账户余额或披露以及财务报表整体的影响。

3．评价财务报表是否在所有重大方面按照适用的财务报告编制基础编制。

注册会计师应当依据适用的财务报告编制基础特别评价下列内容：

（1）财务报表是否充分披露了选择和运用的重要会计政策。（2）选择和运用的会计政策是否符合适用的财务报告编制基础，并适合被审计单位的具体情况。（3）管理层作出的会计估计是否合理。（4）财务报表列报的信息是否具有相关性、可靠性、可比性和可理解性。（5）财务报表是否作出充分披露，使财务报表预期使用者能够理解重大交易和事项对财务报表所传递的信息的影响。（6）财务报表使用的术语（包括每一财务报表的标题）是否适当。

4．评价财务报表是否实现公允反映。

5．评价财务报表是否恰当提及或说明适用的财务报告编制基础。

在某些情况下，财务报表可能声明按照两个财务报告编制基础（如某一国家或地区的财务报告编制基础和国际财务报告准则）编制。这可能是因为管理层被要求或自愿选择同时按照两个编制基础的规定编制财务报表，在这种情况下，两个财务报告编制基础都是适用的财务报告编制基础。只有当财务报表分别符合每个财务报告编制基础的所有要求时，声明财务报表按照这两个编制基础编制才是恰当的。财务报表需要同时符合两个编制基础的要求并且不需要调节，才能被视为按照两个财务报告编制基础编制。

二、审计意见的类型

- 审计报告
  - 无保留意见
  - 非无保留意见
    - 保留意见
    - 否定意见
    - 无法表示意见

图 19–1 审计意见的类型

（一）无保留意见的审计报告

无保留意见，是指当注册会计师认为财务报表在所有重大方面按照适用的财务报告编制基础编制并实现公允反映时发表的审计意见。如果认为财务报表在所有重大方面按照适用的财务报告编制基础编制并实现公允反映，注册会计师应当发表无保留意见。

（二）非无保留意见的审计报告

非无保留意见的审计报告包括保留意见的审计报告、否定意见的审计报告和无法表示意见的审计报告。

当存在下列情形之一时，注册会计师应当按照《中国注册会计师审计准则第1502号——在审计报告中发表非无保留意见》的规定，在审计报告中发表非无保留意见：

1．根据获取的审计证据，得出财务报表整体存在重大错报的结论；2．无法获取充分、适当的审计证据，不能得出财务报表整体不存在重大错报的结论。

微信扫一扫
习题免费练

第二节 审计报告的基本内容

知识点提示

根据2017年年底修订的《中国注册会计师审计准则第1501号——对财务报表形成审计意见和出具审计报告》，修订后审计报告包括下列要素：1．标题；2．收件人；3．审计意见；4．形成审计意见的基础；5．管理层对财务报表的责任；6．注册会计师对财务报表审计的责任；7．按照相关法律法规的要求报告的事项（如适用）；8．注册会计师的签名和盖章；9．会计师事务所的名称、地址和盖章；10．报告日期。大家可以结合一份无保留意见的审计报告来理解这10个基本要素。

审计报告日不应早于注册会计师获取充分、适当的审计证据（包括管理层认可对财务报表的责任且已批准财务报表的证据），并在此基础上对财务报表形成审计意见的日期。

知识点1 审计报告的十大要素（★★）

无保留意见审计报告的十大要素（根据最新准则修订）

审计报告应当包括下列要素：1．标题；2．收件人；3．审计意见；4．形成审计意见的基础；5．管理层对财务报表的责任；6．注册会计师对财务报表审计的责任；7．按照相关法律法规的要求报告的事项（如适用）；8．注册会计师的签名和盖章；9．会计师事务所的名称、地址和盖章；10．报告日期。

参考格式：对按照《企业会计准则》编制的财务报表出具的无保留意见审计报告。

审计报告

ABC股份有限公司全体股东：

一、对财务报表出具的审计报告

（一）审计意见

我们审计了ABC股份有限公司（以下简称“ABC公司”）财务报表，包括20×0年12月31日的资产负债表，20×0年度的利润表、现金流量表、股东权益变动表以及相关财务报表附注。

我们认为，后附的财务报表在所有重大方面按照企业会计准则的规定编制，公允反映了ABC公司20×0年12月31日的财务状况以及20×0年度的经营成果和现金流量。

（二）形成审计意见的基础

我们按照中国注册会计师审计准则的规定执行了审计工作。审计报告的“注册会计师对财务报表审计的责任”部分进一步阐述了我们在这些准则下的责任。按照中国注册会计师职业道德守则，我们独立于ABC公司，并履行了职业道德方面的其他责任。我们相信，我们获取的审计证据是充分、适当的，为发表审计意见提供了基础。

（三）关键审计事项（不是十大要素之一）

关键审计事项是根据我们的职业判断，认为对本期财务报表审计最为重要的事项。这些事项是在对财务报表整体进行审计并形成意见的背景下进行处理的，我们不对这些事项提供单独的意见。

（按照《中国注册会计师审计准则第1504号——在审计报告中沟通关键审计事项》的规定描述每一关键审计事项。）

（四）管理层和治理层对财务报表的责任

管理层负责按照企业会计准则的规定编制财务报表，使其实现公允反映，并设计、执行和维护必要的内部控制，以使财务报表不存在由于舞弊或错误导致的重大错报。

在编制财务报表时，管理层负责评估ABC公司的持续经营能力，披露与持续经营相关的事项（如适用），并运用持续经营假设，除非计划清算ABC公司、停止营运或别无其他现实的选择。

治理层负责监督ABC公司的财务报告过程。

（五）注册会计师对财务报表审计的责任

我们的目标是对财务报表整体是否不存在由于舞弊或错误导致的重大错报获取合理保证，并出具包含审计意见的审计报告。合理保证是高水平的保证，但并不能保证按照审计准则执行的审计在某一重大错报存在时总能发现。错报可能由于舞弊或错误导致，如果合理预期错报单独或汇总起来可能影响财务报表使用者依据财务报表作出的经济决策，则通常认为错报是重大的。

在按照审计准则执行审计的过程中，我们运用了职业判断，保持了职业怀疑。我们同时：

……（略）

我们与治理层就计划的审计范围、时间安排和重大审计发现（包括我们在审计中识别的值得关注的内部控制缺陷）等事项进行沟通。

我们还就遵守关于独立性的相关职业道德要求向治理层提供声明，并就可能被合理认为影响我们独立性的所有关系和其他事项，以及相关的防范措施（如适用）与治理层进行沟通。

从与治理层沟通的事项中，我们确定哪些事项对本期财务报表审计最为重要，因而构成关键审计事项。我们在审计报告中描述这些事项，除非法律法规禁止公开披露这些事项，或在极其罕见的情形下，如果合理预期在审计报告中沟通某事项造成的负面后果超过在公众利益方面产生的益处，我们确定不应在审计报告中沟通该事项。

二、按照相关法律法规的要求报告的事项

［本部分的格式和内容，取决于法律法规对其他报告责任的性质的规定。法律法规规范的事项（其他报告责任）应当在本部分处理，除非其他报告责任与审计准则所要求的报告责任涉及相同的主题。如果涉及相同的主题，其他报告责任可以在审计准则所要求的同一报告要素部分中列示。当其他报告责任和审计准则规定的报告责任涉及同一主题，并且审计报告中的措辞能够将其他报告责任与审计准则规定的责任予以清楚地区分（如差异存在）时，允许将两者合并列示（即包含在“对财务报表出具的审计报告”部分中，并使用适当的副标题）。］

××会计师事务所	中国注册会计师：×××（项目合伙人）
（盖章）	（签名并盖章）
	中国注册会计师：×××
	（签名并盖章）
中国××市	二○×一年×月×日（报告日期）

【例-多选题】在审计报告中，注册会计师对财务报表审计的责任段应当说明的内容有（　）。

A. 我们的目标是对财务报表整体是否不存在由于舞弊或错误导致的重大错报获取合理保证，并出具包含审计意见的审计报告

B. 在按照审计准则执行审计的过程中，我们运用了职业判断，保持了职业怀疑

C. 按照《企业会计准则》的规定编制财务报表，并使其实现公允反映

D. 注册会计师审计的目的同时包括对内部控制的有效性发表审计意见

【答案】AB

学堂点拨

选项C属于管理层职责，不属于注册会计师审计责任。选项D不正确，注册会计师在进行风险评估时需要考虑与财务报表编制和公允列报相关的内部控制，以设计恰当的审计程序，但目的并非对内部控制的有效性发表意见。

知识点2 审计报告的日期（★★★）

1. 审计报告日不应早于注册会计师获取充分、适当的审计证据（包括管理层认可对财务报表的责任且已批准财务报表的证据），并在此基础上对财务报表形成审计意见的日期。

2. 确定审计报告日期应考虑的条件

（1）构成整套财务报表的所有报表（包括相关附注）已编制完成。

（2）被审计单位的董事会、管理层或类似机构已经认可其对财务报表负责。

（3）审计报告日期的确定：

①注册会计师在正式签署审计报告前，通常把审计报告草稿和已审计财务报表草稿一同提交给管理层；②如果管理层批准并签署已审计财务报表，注册会计师即可签署审计报告；③注册会计师签署审计报告的日期通常与管理层签署已审计财务报表的日期为同一天，或晚于管理层签署已审计财务报表的日期。

第三节 在审计报告中沟通关键审计事项

微信扫一扫
习题免费练

知识点提示

《中国注册会计师审计准则第1504号——在审计报告中沟通关键审计事项》要求注册会计师在上市实体整套通用目的财务报表审计报告中增加关键审计事项部分，用于沟通关键审计事项，除非法律法规另有规定，当对财务报表发表无法表示意见时，注册会计师不得在审计报告中包含关键审计事项部分。

关键审计事项，是指注册会计师根据职业判断认为对当期财务报表审计最为重要的事项。在审计

报告中沟通关键审计事项，旨在通过提高已执行审计工作的透明度增加审计报告的沟通价值。沟通关键审计事项还能够帮助财务报表预期使用者了解被审计单位，以及已审计财务报表中涉及重大管理层判断的领域，并能够为财务报表预期使用者就与被审计单位、已审计财务报表或已执行审计工作相关的事项进一步与管理层和治理层沟通提供基础。

知识点1 确定关键审计事项的决策框架（★★）

根据关键审计事项的定义，注册会计师在确定关键审计事项时，需要遵循以下决策框架：

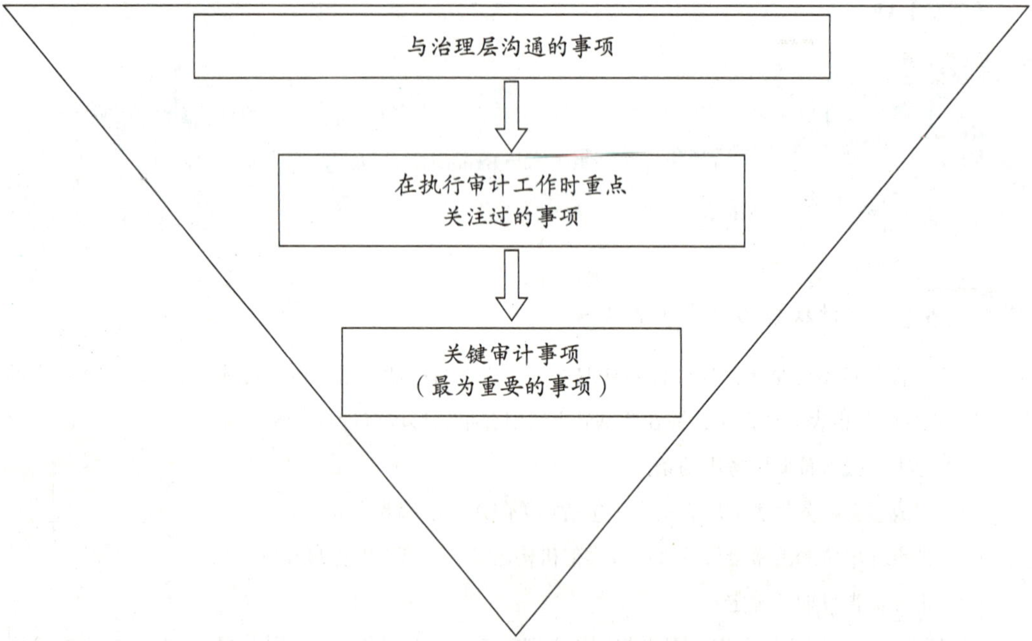

图 19-2 关键审计事项的决策框架

一、以“与治理层沟通过的事项”为起点选择关键审计事项

《中国注册会计师审计准则第1151号——与治理层的沟通》要求注册会计师与被审计单位治理层沟通审计过程中的重大发现，包括注册会计师对被审计单位的重要会计政策、会计估计和财务报表披露等会计实务的看法，审计过程中遇到的重大困难，已与治理层讨论或需要书面沟通的重大事项等，以便治理层履行其监督财务报告过程的职责。对财务报表和审计报告使用者信息需求的调查结果表明，他们对这些事项感兴趣，并且呼吁增加这些沟通的透明度。因此，应从与治理层沟通事项中选取关键审计事项。

二、从“与治理层沟通过的事项”中选出“在执行审计工作时重点关注过的事项”

注册会计师重点关注过的领域通常与财务报表中复杂、重大的管理层判断领域相关，因而通常涉及困难或复杂的注册会计师职业判断。相应地，重点关注过的事项通常影响注册会计师的总体审计策略以及对这些事项分配的审计资源和审计工作力度。这些影响可能包括高级审计人员参与审计业务的程度，或者注册会计师的专家或在会计、审计的特殊领域具有专长的人员（包括会计师事务所聘请或雇用的人员）对这些领域的参与等。

注册会计师在确定哪些事项属于重点关注过的事项时，需要特别考虑下列几方面：

（一）评估的重大错报风险较高的领域或识别出的特别风险

《中国注册会计师审计准则第1151号——与治理层的沟通》要求注册会计师与治理层沟通识别出的特别风险。根据审计准则中的定义，特别风险是指注册会计师识别和评估的、根据判断认为需要特别考虑的重大错报风险。评估的重大错报风险较高的领域或识别出的特别风险，通常需要注册会计师在审计中投放更多的审计资源予以应对。因此，注册会计师在确定的重点关注过的事项时需要特别考虑该方面。

（二）与财务报表中涉及重大管理层判断（包括被认为具有高度估计不确定性的会计估计）的领域相关的重大审计判断

财务报表中复杂、重大的管理层判断领域，通常涉及困难、复杂的审计判断，并且可能同时需要管理层的专家和注册会计师的专家的参与。

（三）本期重大交易或事项对审计的影响

对财务报表或审计工作具有重大影响的事项或交易可能属于重点关注领域，并可能被识别为特别风险。

例如，在审计过程中的各个阶段，注册会计师可能已与管理层和治理层就重大关联方交易或超出被审计单位正常经营过程之外的重大交易，或在其他方面显得异常的交易对财务报表的影响进行了大量讨论。管理层可能已就这些交易的确认、计量、列报或披露作出困难或复杂的判断，这些判断可能已对注册会计师的总体审计策略产生重大影响。经济、会计、法规、行业或其他方面的重大变化可能影响管理层的假设或判断，也可能影响注册会计师的总体审计方法，并导致某一事项需要重点关注。

三、从“在执行审计工作时重点关注过的事项”中确定对本期财务报表审计“最为重要的事项”，从而构成关键审计事项

在确定某一与治理层沟通过的事项的相对重要程度以及该事项是否构成关键审计事项时，下列考虑也可能是相关的：

1. 该事项对预期使用者理解财务报表整体的重要程度，尤其是对财务报表的重要性。

2. 与该事项相关的会计政策的性质或者与同行业其他实体相比，管理层在选择适当的会计政策时涉及的复杂程度或主观程度。

3. 从定性和定量方面考虑，与该事项相关的由于舞弊或错误导致的已更正错报和累积未更正错报（如有）的性质和重要程度。

4. 为应对该事项所需要付出的审计努力的性质和程度，包括：

（1）为应对该事项而实施审计程序或评价这些审计程序的结果（如有）在多大程度上需要特殊的知识或技能；

（2）就该事项在项目组之外进行咨询的性质。

5. 在实施审计程序、评价实施审计程序的结果、获取相关和可靠的审计证据以作为发表审计意见的基础时，注册会计师遇到的困难的性质和严重程度，尤其是当注册会计师的判断变得更加主观时。

6. 识别出的与该事项相关的控制缺陷的严重程度。

7. 该事项是否涉及数项可区分但又相互关联的审计考虑。

例如，长期合同的收入确认、诉讼或其他或有事项等方面，可能需要重点关注，并且可能影响其他会计估计。

从需要重点关注的事项中，确定哪些事项以及多少事项对本期财务报表审计最为重要属于职业判断问题。“最为重要的事项”并不意味着只有一项。需要在审计报告中包含的关键审计事项的数量可能受被审计单位规模和复杂程度、业务和经营环境的性质，以及审计业务具体事实和情况的影响。

总体来说，最初确定为关键审计事项的事项越多，注册会计师越需要重新考虑每一事项是否符合关键审计事项的定义。

对关键审计事项作冗长的列举可能与这些事项是审计中最为重要的事项这一概念相抵触。

知识点2 在审计报告中沟通关键审计事项（★★）

一、在审计报告中单设关键审计事项部分

为能够突出关键审计事项，同时向财务报表预期使用者展示项目特定信息在其眼中的价值，注册会计师应当在审计报告中单设一部分，以“关键审计事项”为标题，并在该部分使用恰当的子标题逐项描述关键审计事项。

关键审计事项部分的引言应当同时说明下列事项：

1. 关键审计事项是注册会计师根据职业判断，认为对本期财务报表审计最为重要的事项；

2. 关键审计事项的应对以对财务报表整体进行审计并形成审计意见为背景，注册会计师对财务报表整体形成审计意见，而不对关键审计事项单独发表意见。

学堂点睛

仅有的关键审计事项是导致非保留意见的事项、可能导致对被审计单位持续经营能力产生重大疑虑的事项或情况存在重大不确定性等，虽然符合关键审计事项的定义，但这些事项在审计报告中专门的部分披露，不在关键审计事项部分披露。

进一步说，在关键审计事项部分披露的关键审计事项必须是已经得到满意解决的事项，既不存在审计范围受到限制，也不存在注册会计师与被审计单位管理层意见分歧的情况。

二、描述单一关键审计事项

为帮助财务报表使用者了解注册会计师确定的关键审计事项，注册会计师应当在审计报告中逐项描述每一关键审计事项，并同时说明下列方面：

1. 该事项被认定为审计中最为重要的事项之一，因而被确定为关键审计事项的原因；

2. 该事项在审计中是如何应对的。

注册会计师可以描述下列要素：

1. 审计应对措施或审计方法中，与该事项最为相关或对评估的重大错报风险最有针对性的方面；2. 对已实施审计程序的简要概述；3. 实施审计程序的结果；4. 对该事项作出的主要看法。

注册会计师可能需要注意用于描述关键审计事项的语言，使之：

1. 不暗示注册会计师在对财务报表形成审计意见时尚未恰当解决该事项；2. 将该事项与被审计

单位的具体情形紧密相扣，避免使用通用或标准化的语言；3. 考虑该事项在相关财务报表披露（如有）中是如何处理的；4. 不包含或暗示对财务报表单一要素单独发表的意见。

学堂点睛

对某项关键审计事项的描述是否充分属于职业判断问题。

对关键审计事项进行描述的目的在于提供一种简明、不偏颇的解释，以使预期使用者能够了解为何该事项是对审计最为重要的事项之一，以及这些事项是如何在审计中加以应对的。

注册会计师以一种简明且可理解的形式提供有用的信息，而不应成为被审计单位原始信息的提供者。原始信息是指与被审计单位相关、尚未由被审计单位公布（例如未包含在财务报表中、未包含在审计报告日可获取的其他信息或者管理层和治理层的其他口头及书面沟通中，如财务信息的初步公告或投资者简报）的信息。这些信息是被审计单位管理层和治理层的责任。

在描述关键审计事项时，注册会计师需要避免不恰当地提供与被审计单位相关的原始信息。对关键审计事项的描述通常不构成有关被审计单位的原始信息，如果确定这些信息是必要的，注册会计师可以鼓励管理层或治理层披露进一步的信息，而不是在审计报告中提供原始信息。

关键审计事项参考格式：

关键审计事项——商誉的减值测试

相关信息披露详见财务报表附注——××

（一）事项描述

截至20×0年12月31日，集团因收购Y公司而确认了×万元的商誉。贵公司管理层于每年年末对商誉进行减值测试。本年度，Y公司产生了经营损失，该商誉出现减值迹象。

报告期末，集团管理层对Y公司的商誉进行了减值测试，以评价该项商誉是否存在减值。管理层采用现金流预测模型来计算商誉的可收回金额，并将其与商誉的账面价值相比较。该模型所使用的折现率、预计现金流，特别是未来收入增长率等关键指标需要作出重大的管理层判断。通过测试，管理层得出商誉没有减值的结论。

（二）实施的审计程序

我们针对管理层减值测试所实施的审计程序包括：

1. 对管理层的估值方法予以了评估；

2. 基于我们对相关行业的了解，我们质疑了管理层假设的合理性，如收入增长率、折现率等；

3. 检查录入数据与支持证据的一致性，例如，已批准的预算以及考虑这些预算的合理性。

（三）实施审计程序的结果

我们认为，基于目前所获取的信息，管理层在对商誉减值测试所使用的假设是合理的，相关信息在财务报表附注——××中所作出的披露是适当的。

关键审计事项——研发费用资本化

相关信息披露详见财务报表附注——××

（一）事项描述

公司开发了大量的系统运行软件以及业务相关技术，并正在进一步开发其他技术以提高效率和产能。本年度，公司资本化的研发费用为×万元。

由于资本化的研发费用金额较大，且评估其是否达到企业会计准则规定的资本化标准涉及重大的管理层判断（特别是以下领域），因此该领域是关键审计事项。

1. 项目的技术可行性。

2. 项目产生足够未来经济利益的可能性。

我们尤其注意到公司目前正在投资开发新技术以满足其未来发展的需要，因此我们重点关注了这些在建项目的未来经济利益是否能够支撑资本化金额，这些项目包括：

1. 为提高公司开发、运营和拓展能力重建其技术平台的项目，如能够投入使用，其经济利益需要在较长的期限内实现，因此涉及更多判断；

2. 由于某些开发技术的创新性而使其未来经济利益涉及重大判断的项目。

鉴于新软件和系统的开发，我们也关注了已经资本化的现有软件及系统的账面余额是否发生减值。

（二）实施的审计程序及结果

我们获取了本年度资本化的研发费用的明细表，并将其调节至总账中记录的金额，未发现重大异常。

我们测试了资本化金额超过×万元的所有项目和剩余样本中抽取的金额较小的项目，具体如下：

1. 我们获取了管理层就这些项目进行资本化的原因作出的解释，包括项目的技术可行性以及项目产生足够未来经济利益的可能性等方面。我们还与负责各选定项目的项目开发经理进行访谈，以印证上述解释并了解具体项目，从而使我们能够独立评估这些项目是否满足企业会计准则规定的资本化条件。我们发现项目经理给出的解释与我们从管理层获得的解释，以及我们对业务发展的理解一致，并认可管理层得出的这些支出满足资本化条件的评价。

2. 我们询问了管理层及相关项目经理，新软件和系统的开发是否代替了资产负债表中任何现有资产或使其减值。除财务报表附注××所披露的×万元的减值准备外，我们未发现进一步的减值迹象。我们还根据我们对于新建项目及现有项目的了解，考虑是否存在任何项目中的软件因受开发活动的影响而停止使用或减少使用年限。我们未发现重大异常。

3. 为确定支出是否可直接归属于各个项目，我们获取了单个项目耗用工时的清单，抽查了项目记录的某些工时数，并与相关项目经理讨论以了解项目，确认所测试的员工的确参与了项目，并确定这些员工所执行工作的性质。我们通过将耗用工时清单中某位员工的总工时数与其标准费率相乘来确认记录的工时工资与资本化的金额相一致。

4. 我们还按照相当于公司技术开发小组平均工资的每小时费率对上述的标准小时费率进行了调节。我们认为所用费率能恰当反映内部开发员工的薪酬水平，未发现重大异常。

……

知识点3 不在审计报告中沟通关键审计事项的情形（★★）

除非存在下列情形之一，注册会计师应当在审计报告中逐项描述关键审计事项：

1. 法律法规禁止公开披露某事项；

2. 在极少数的情况下，如果合理预期在审计报告中沟通某事项造成的负面后果超过产生的公众利益方面的益处，注册会计师确定不应在审计报告中沟通该事项。

知识点4 就关键审计事项与治理层沟通（★）

注册会计师就下列方面与治理层沟通：

1. 注册会计师确定的关键审计事项；

2. 根据被审计单位和审计业务的具体情况，注册会计师确定不存在需要在审计报告中沟通的关键审计事项（如适用）。

第四节　非无保留意见审计报告与在审计报告中增加事项段

知识点提示

非无保留意见包括保留意见、否定意见和无法表示意见。保留意见与错报或无法获取充分适当的审计证据相关；否定意见与错报相关；无法表示意见与无法获取充分适当的审计证据相关。

区分在财务报表存在重大错报时到底是出具保留意见还是否定意见，以及在无法获取充分、适当的审计证据时到底出具保留意见还是无法表示意见，主要看这些事项对财务报表可能产生的影响是否广泛，同时，保留意见、否定意见和无法表示意见的格式和内容需要大家根据相关举例记忆掌握。

审计报告的强调事项段是指审计报告中含有的一个段落，该段落提及已在财务报表中恰当列报或披露的事项，根据注册会计师的职业判断，该事项对财务报表使用者理解财务报表至关重要。其他事项段是指审计报告中含有的一个段落，该段落提及未在财务报表中列报或披露的事项，根据注册会计师的职业判断，该事项与财务报表使用者理解审计工作、注册会计师责任或审计报告相关。所以强调事项段和其他事项段最重要的区别是该事项是否已经在财务报表中恰当列报或披露，同时，需要增加强调事项段和其他事项段的具体情形需要掌握。

知识点1 非无保留意见的审计报告（★★）

微信扫一扫
习题免费练

一、非无保留意见的含义

非无保留意见，是指对财务报表发表的保留意见、否定意见或无法表示意见。当存在下列情形之一时，注册会计师应当在审计报告中发表非无保留意见。

1. 根据获取的审计证据，得出财务报表整体存在重大错报的结论。

2. 无法获取充分、适当的审计证据，不能得出财务报表整体不存在重大错报的结论。

如果注册会计师能够通过实施替代程序获取充分、适当的审计证据，则无法实施特定的程序并不构成对审计范围的限制。

下列情形可能导致注册会计师无法获取充分、适当的审计证据（也称为审计范围受到限制）：（1）超出被审计单位控制的情形；（2）与注册会计师工作的性质或时间安排相关的情形；（3）管理层对审计范围施加限制的情形。

条件：
1. 报表存在重大错报⟹保留或否定
2. 审计范围受限⟹保留或无法表示

图 19-3　管理层施加限制的条件

二、确定非无保留意见的类型

注册会计师确定恰当的非无保留意见类型，取决于下列事项：1. 导致非无保留意见的事项的性质，是财务报表存在重大错报，还是在无法获取充分、适当的审计证据的情况下，财务报表可能存在重大错报；2. 注册会计师就导致非无保留意见的事项对财务报表产生或可能产生影响的广泛性作出的判断。

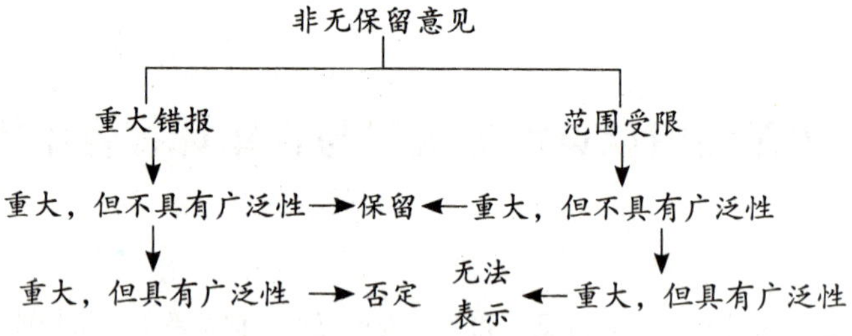

图 19-4 非无保留意见的类型

表 19-2 导致非无保留意见的情形

导致发生非无保留意见的事项的性质	这些事项对财务报表产生或可能产生影响的广泛性	
	重大但不具有广泛性	重大且具有广泛性
财务报表存在重大错报	保留意见	否定意见
无法获取充分、适当的审计证据	保留意见	无法表示意见

三、判断“广泛性”的情形

1. 不限于对财务报表的特定要素、账户或项目产生影响。

2. 虽然仅对财务报表的特定要素、账户或项目产生影响，但这些要素、账户或项目是或可能是财务报表的主要组成部分。

3. 当与披露相关时，产生的影响对财务报表使用者理解财务报表至关重要。

四、关于审计报告意见类型的再进一步讨论

（一）加强调段的情况下，意见段内容有几种？

两种，无保留和保留。注意，在保留意见的审计报告中增加强调事项段的情形，不能对同一事项既发表保留意见又在强调事项段中进行说明。同时，对于应当出具保留意见的报告，不能以强调事项段来代替。

（二）发现的错报，假如同是资产类的错报，是否可以相抵减？

1. 相同项目的情况：

（1）如果应收账款中，错把对A的应收账款记成对B的应收账款，假如不影响坏账的计提，这种情况下，可以不视为错报。

（2）如果企业虚拟一笔销售确认为应收账款A，同时将应收账款B推迟确认销售，由此导致高估应收账款A，低估应收账款B，此时不可以将A、B相互抵销。

2. 不同项目的情况：

比如：错把银行存款记入其他应收款，金额重大，此时，不能相互抵销，也无须按照绝对值

相加。

又如：发出商品未确认收入，但实际上符合收入确认条件。则应当确认收入，结转成本。此时，该情况虽然是产生于同一个事项，但是，我们需要考虑的是财务报表中会计科目的最大影响金额，而不是将应收的低估与存货的高估相抵后进行考虑。

再如：存在多个项目错报，是由互不相关的原因引起，有高估有低估，此时不可以相互抵销来考虑。

（三）错报多大应当出具否定意见报告？

根据重要性水平的选择可以看到，实际上，一个企业的规模越大，往往重要性水平的相对比率越小（尽管绝对值越大），那么报表使用者对重大且广泛的错报判断标准也就越严格。

比如一个资产1000亿元的企业，重要性水平可能仅仅为5000万元～8000万元，此时，对于非常重大且广泛错报的标准，往往可能是10亿元左右，仅仅为资产总额的1%。

但一个小企业，比如1000万元的企业，其重大且广泛错报的标准，可能是200万元，达到总额的20%。

学堂点睛

第一，在承接审计业务后，如果注意到管理层对审计范围施加了限制，且认为这些限制可能导致对财务报表发表保留意见或无法表示意见，注册会计师应当要求管理层消除这些限制。如果管理层拒绝消除限制，除非治理层全部成员参与管理被审计单位，注册会计师应当就此事项与治理层沟通，并确定能否实施替代程序以获取充分、适当的审计证据。

如果受到的限制产生的影响重大且具有广泛性，应当在可行时解除业务约定，如果在出具审计报告之前解除业务约定被禁止或不可行，应当发表无法表示意见。注册会计师可能认为需要在审计报告中增加其他事项段（解释不能解约的原因）。

第二，如果认为有必要对财务报表整体发表否定意见或无法表示意见，注册会计师不应在同一审计报告中对按照相同财务报告编制基础编制的单一财务报表或者财务报表特定要素、账户或项目发表无保留意见。

表 19-3　判断非无保留意见的依据归纳

情形	意见类型	判断意见类型的依据
1	保留意见	1. 在获取充分、适当的审计证据后，注册会计师认为错报单独或汇总起来对财务报表影响重大，但不具有广泛性。 2. 注册会计师无法获取充分、适当的审计证据以作为形式审计意见的基础，但认为未发现的错报（如存在）对财务报表可能产生的影响性大，但不具有广泛性。
2	否定意见	在获取充分、适当的审计证据后，如果认为错报单独或汇总起来对财务报表的影响重大且具有广泛性。
3	无法表示意见	如果无法获充分、适当的审计证据以作为形式审计意见的基础，但认为未发现的错报对财务报表可能产生的影响重大且具有广泛性。

五、非无保留意见的审计报告的参考格式

【相关举例1】保留意见

ABC股份有限公司全体股东：

一、对财务报表出具的审计报告

（一）保留意见

我们审计了ABC股份有限公司（以下简称“ABC公司”）财务报表，包括20×0年12月31日的资产负债表，20×0年度的利润表、现金流量表、股东权益变动表以及相关财务报表附注。

我们认为，除“形成保留意见的基础”部分所述事项产生的影响外，后附的财务报表在所有重大方面按照企业会计准则的规定编制，公允地反映了ABC公司20×0年12月31日的财务状况以及20×0年度的经营成果和现金流量。

（二）形成保留意见的基础

ABC公司20×0年12月31日资产负债表中存货的列示金额为×元。管理层根据成本对存货进行计量，而没有根据成本与可变现净值孰低的原则进行计量，这不符合企业会计准则的规定。ABC公司的会计记录显示，如果管理层以成本与可变现净值孰低来计量存货，存货列示金额将减少×元。相应地，资产减值损失将增加×元，所得税、净利润和股东权益将分别减少×元、×元和×元。

我们按照中国注册会计师审计准则的规定执行了审计工作。审计报告中的“注册会计师对财务报表审计的责任”部分进一步阐述了我们在这些准则下的责任。按照中国注册会计师职业道德守则，我们独立于ABC公司，并履行了职业道德方面的其他责任。我们相信，我们获取的审计证据是充分、适当的，为发表保留意见提供了基础。

……

【相关举例2】无法表示意见

ABC股份有限公司全体股东：

一、对财务报表出具的审计报告

（一）无法表示意见

我们接受委托，审计ABC股份有限公司（以下简称“ABC公司”）财务报表，包括20×0年12月31日的资产负债表，20×0年度的利润表、现金流量表、股东权益变动表以及相关财务报表附注。

我们不对后附的ABC公司财务报表发表审计意见。由于“形成无法表示意见的基础”部分所述事项的重要性，我们无法获取充分、适当的审计证据以作为对财务报表发表审计意见的基础。

（二）形成无法表示意见的基础

我们于20×1年1月接受ABC公司的审计委托，因而未能对ABC公司20×0年年初金额为×元的存货和年末金额为×元的存货实施监盘程序。此外，我们也无法实施替代审计程序获取充分、适当的审计证据……

知识点2 审计报告的强调事项段（★★★）

一、强调事项段的含义

审计报告的强调事项段是指审计报告中含有的一个段落，该段落提及已在财务报表中恰当列报或披露的事项，根据注册会计师的职业判断，该事项对财务报表使用者理解财务报表至关重要。

二、增加强调事项段的情形

如果认为有必要提醒财务报表使用者关注已在财务报表中列报或披露，且根据职业判断认为对财务报表使用者理解财务报表至关重要的事项，在同时满足下列条件时，注册会计师应当在审计报告中增加强调事项段。

1. 按照《中国注册会计师审计准则第1502号——在审计报告中发表非无保留意见》的规定，该事项不会导致注册会计师发表非无保留意见。

2. 当《中国注册会计师审计准则第1504号——在审计报告中沟通关键审计事项》适用时，该事项未被确定为在审计报告中沟通的关键审计事项。

某一事项可能不符合《中国注册会计师审计准则第1504号——在审计报告中沟通关键审计事项》的规定，因而未被确定为关键审计事项（即该事项未被重点关注过），但根据注册会计师的判断，其对财务报表使用者理解财务报表至关重要（例如期后事项）。如果注册会计师认为有必要提请财务报表使用者关注该事项，根据审计准则的规定，该事项将包含在审计报告的强调事项段中。

某些审计准则对特定情况下在审计报告中增加强调事项段提出具体要求。这些情形包括：

（1）法律法规规定的财务报告编制基础不可接受，但其是由法律或法规作出的规定；（2）提醒财务报表使用者注意财务报表按照特殊目的编制基础编制；（3）注册会计师在审计报告日后知悉了某些事实（即期后事项），并且出具了新的审计报告或修改了审计报告。

除上述审计准则要求增加强调事项的情形外，注册会计师可能认为需要增加强调事项段的情形举例如下：

1. 异常诉讼或监管行动的未来结果存在不确定性。

2. 在财务报表日至审计报告日之间发生的重大期后事项。

3. 在允许的情况下，提前应用对财务报表有重大影响的新会计准则。

4. 存在已经或持续对被审计单位财务状况产生重大影响的特大灾难。

三、使用强调事项段的说明

过于广泛地使用强调事项段，可能会降低注册会计师对强调事项所作沟通的有效性。

四、在审计报告中增加强调事项段时注册会计师采取的措施

如果在审计报告中增加强调事项段，注册会计师应当采取下列措施：

1. 将强调事项段作为单独的一部分置于审计报告中，并使用包含“强调事项”这一术语的适当标题；

2. 明确提及被强调事项以及相关披露的位置，以便能够在财务报表中找到对该事项的详细描述；

3. 指出审计意见没有因该强调事项而改变。

五、增加强调事项段不能代替的情形

1. 根据审计业务的具体情况，注册会计师需要发表保留意见、否定意见或无法表示意见。

2. 适用的财务报告编制基础要求管理层在财务报表中作出的披露。

3. 按照准则的规定，当可能导致对被审计单位持续经营能力产生重大疑虑的事项或情况存在重大不确定性时作出的报告。

【相关举例3】强调事项段

（一）保留意见

（二）形成保留意见的基础

（三）强调事项——火灾的影响

我们提醒财务报表使用者关注，财务报表附注×描述了火灾对ABC公司的生产设备造成的影响。本段内容不影响已发表的审计意见。

……

【例-单选题】下列情形中，注册会计师应在审计报告中增加强调事项段的是（ ）。

A．被审计单位存在重大的未决诉讼，已在财务报表中作出了正确的会计处理和恰当的披露

B．被审计单位针对存在的重大或有负债，拒绝在财务报表中作出恰当披露

C．被审期间取得的100万元营业收入在审计报告日前被退回，被审计单位已按照相关会计准则调整了财务报表，并进行了恰当披露

D．审计报告日前，被审计单位存放辅料的一间小型仓库失火，将会给企业带来一定损失，但不会对持续经营构成影响，同时已在财务报表附注中进行了披露

【答案】A

学堂点拨

选项B应出具保留或否定意见；选项C、D应出具无保留意见。

知识点3 其他事项段（★★★）

一、其他事项段的含义

其他事项段是指审计报告中含有的一个段落，该段落提及未在财务报表中列报或披露的事项，根据注册会计师的职业判断，该事项与财务报表使用者理解审计工作、注册会计师责任或审计报告相关。

二、需要增加其他事项段的情形

如果认为有必要沟通虽然未在财务报表中列报或披露，但根据职业判断认为与财务报表使用者理解审计工作、注册会计师的责任或审计报告相关的事项，在同时满足下列条件时，注册会计师应当在审计报告中增加其他事项段：

1．未被法律法规禁止；

2．当《中国注册会计师审计准则第1504号——在审计报告中沟通关键审计事项》适用时，该事项未被确定为在审计报告中沟通的关键审计事项。

具体讲，需要在审计报告中增加其他事项段的情形包括：

（1）与使用者理解审计工作相关的情形；（2）与使用者理解注册会计师的责任或审计报告相关的情形；（3）对两套以上财务报表出具审计报告的情形；（4）限制审计报告分发和使用的情形。

三、与治理层的沟通

1．如果拟在审计报告中增加强调事项段或其他事项段，注册会计师应当就该事项和拟使用的措

辞与治理层沟通。

2．与治理层的沟通能使治理层了解注册会计师拟在审计报告中所强调的特定事项的性质，并在必要时为治理层提供向注册会计师作出进一步澄清的机会。

3．对于连续审计业务，当某一特定事项在每期审计报告中的其他事项段中重复出现时，除非法律法规另有规定，注册会计师可能认为没有必要在每次审计业务中重复沟通。

【相关举例4】其他事项段

（一）审计意见

（二）形成审计意见的基础

（三）其他事项

20×0年12月31日的资产负债表，20×0年度的利润表、现金流量表和股东权益变动表以及财务报表附注由其他会计师事务所审计，并于20×1年3月31日发表了无保留意见。

……

微信扫一扫
习题免费练

第五节 比较信息

知识点提示

比较信息，是指包含于财务报表中的、符合适用的财务报告编制基础的、与一个或多个以前期间相关的金额和披露，包括对应数据和比较财务报表。对比较信息的学习思路依旧是按照注册会计师对比较信息的审计目标、对比较信息的审计程序以及比较信息对审计报告的影响的逻辑来学习。

知识点1 比较信息的含义（★）

比较信息，是指包含于财务报表中的、符合适用的财务报告编制基础的、与一个或多个以前期间相关的金额和披露，包括对应数据和比较财务报表。

对应数据，是指作为本期财务报表组成部分的上期金额和相关披露，这些金额和披露只能和与本期相关的金额和披露（称为“本期数据”）联系起来阅读。

比较财务报表，是指为了与本期财务报表相比较而包含的上期金额和相关披露。

学堂点睛

对于对应数据，审计意见仅提及本期；对于比较财务报表，审计意见提及列报的财务报表所属的各期。

审计准则的要求：

1．注册会计师在对财务报表发表审计意见时，应当考虑比较信息对审计意见的影响。

2．注册会计师对比较信息的审计目标：

（1）获取充分、适当的审计证据，确定在财务报表中包含的比较信息是否在所有重大方面按照适用的财务报告编制基础有关比较信息的要求进行列报；

（2）财务报表中列报的比较信息的性质取决于使用的财务报告编制基础的要求。

知识点2 对比较信息审计程序（★）

一、一般审计程序

注册会计师应当确定财务报表中是否包括适用的财务报告编制基础要求的比较信息，以及比较信息是否得到恰当分类。注册会计师应当评价：

1. 比较信息是否与上期财务报表列报的金额和相关披露一致，如果必要，比较信息是否已经重述。

2. 在比较信息中反映的会计政策是否与本期采用的会计政策一致，如果会计政策已发生变更，这些变更是否得到恰当处理并得到充分列报与披露。

二、注意到比较信息可能存在重大错报时的审计要求

1. 在实施本期审计时，如果注意到比较信息可能存在重大错报，注册会计师应当根据实际情况追加必要的审计程序，获取充分、适当的审计证据，以确定是否存在重大错报。

本期财务报表中的比较信息出现重大错报的情形通常包括：

（1）上期财务报表存在重大错报，该财务报表虽经审计，但注册会计师因未发现而未在针对上期财务报表出具的审计报告中对该事项发表非无保留意见，本期财务报表中的比较信息未作更正。（2）上期财务报表存在重大错报，该财务报表未经注册会计师审计，比较信息未作更正。（3）上期财务报表不存在重大错报，但比较信息与上期财务报表存在重大不一致，由此导致重大错报。（4）上期财务报表不存在重大错报，但在某些特殊情形下，比较信息未按照会计准则和相关会计制度的要求恰当重述。

2. 如果上期财务报表已经审计，注册会计师还应当遵守《中国注册会计师审计准则第1332号——期后事项》的相关规定。如果上期财务报表已经得到更正，注册会计师应当确定比较信息与更正后的财务报表是否一致。

注册会计师在对本期财务报表进行审计时，可能注意到影响上期财务报表的重大错报，而以前未就该重大错报出具非无保留意见的审计报告。注册会计师应当考虑是否需要修改上期财务报表，并与管理层讨论，同时根据具体情况采取适当措施。

（1）如果上期财务报表未经更正，也未重新出具审计报告，且比较数据未经恰当重述和充分披露，注册会计师应当对本期财务报表出具非无保留意见的审计报告，说明比较数据对本期财务报表的影响。（2）如果上期财务报表已经更正，并已重新出具审计报告，注册会计师应当获取充分、适当的审计证据，以确定比较信息与更正的财务报表是否一致。

三、获取书面声明（★）

注册会计师应当获取与审计意见中提及的所有期间相关的书面声明。对于管理层作出的、更正上期财务报表中影响比较信息的重大错报的任何重述，注册会计师还应当获取特定书面声明。

针对财务报表的编制，注册会计师应当要求管理层提供书面声明，确认其根据审计业务约定条款，履行了按照适用的财务报告编制基础编制财务报表并使其实现公允反映（如适用）的责任。书面声明应当涵盖审计报告针对的所有财务报表和期间。

在比较财务报表的情形下，由于管理层需要再次确认其以前作出的与上期相关的书面声明仍然适

当，注册会计师需要要求管理层提供与审计意见所提及的所有期间相关的书面声明。

在对应数据的情形下，由于审计意见针对包括对应数据的本期财务报表，注册会计师需要要求管理层仅就本期财务报表提供书面声明。

知识点3 对应数据对审计报告的影响（★★）

表 19-4 对应数据对审计报告的影响

情形描述	审计报告的处理
总体要求	由于审计意见是针对包括对应数据的本期财务报表整体，当财务报表中列报对应数据时，除下列情形外，审计意见不应提及对应数据： 1．导致对上期财务报表发表非无保留意见的事项在本期仍未解决。 如果以前针对上期财务报表发表了保留意见、无法表示意见或否定意见，且导致非无保留意见的事项仍未解决，注册会计师应当对本期财务报表发表非无保留意见。 2．上期财务报表存在重大错报，而以前对该财务报表发表了无保留意见，且对应数据未经适当重述或恰当披露。 如果注册会计师已经获取上期财务报表存在重大错报的审计证据，而以前对该财务报表发表了无保留意见，且对应数据未经适当重述或恰当披露，注册会计师应当就包括在财务报表中的对应数据，在审计报告中对本期财务报表发表保留意见或否定意见。 如果存在错报的上期财务报表尚未更正，并且没有重新出具审计报告，但对应数据已在本期财务报表中得到适当重述或恰当披露。此时，注册会计师可以在审计报告中增加强调事项段，以描述这一情况，并提及详细描述该事项的相关披露在财务报表中的位置。
上期财务报表已由前任注册会计师审计	如果上期财务报表已由前任注册会计师审计，注册会计师在审计报告中可以提及前任注册会计师对对应数据出具的审计报告。 当注册会计师决定提及时，应当在审计报告的其他事项段中说明：1．上期财务报表已由前任注册会计师审计；2．前任注册会计师发表的意见的类型（如果是非无保留意见，还应当说明发表非无保留意见的理由）；3．前任注册会计师出具的审计报告的日期。
上期财务报表未经审计	如果上期财务报表未经审计，注册会计师应当在审计报告的其他事项段中说明对应据未经审计。但这种说明并不减轻注册会计师获取充分、适当的审计证据，以确定期初余额不含有对本期财务报表产生重大影响的错报的责任。 当上期财务报表未经审计时，注册会计师应当按照《中国注册会计师审计准则第1331号——首次审计业务涉及的期初余额》的规定，对本期期初余额实施恰当的审计程序，获取充分、适当的审计证据，以确定期初余额不存在重大错报。尽管如此，针对期初余额实施的审计程序的范围往往要小于针对当期余额和发生额实施的审计程序的范围，并且，客观地说，针对期初余额实施某些审计程序的难度往往要大一些，而效果却要差一些。为使财务报表使用者以谨慎的态度利用对应数据作出决策，避免加重注册会计师的责任，降低注册会计师的执业风险，如果上期财务报表未经审计，注册会计师应当在审计报告的其他事项段中予以说明。

【相关举例5】对应数据保留意见

（一）保留意见

我们审计了ABC股份有限公司（以下简称“ABC公司”）财务报表，包括20×1年12月31日的资产负债表和20×1年度的利润表、现金流量表、股东权益变动表以及相关财务报表附注。

我们认为，除“形成保留意见的基础”部分所述事项产生的影响外，后附的财务报表在所有重大方面按照企业会计准则的规定编制，公允反映了ABC公司20×1年12月31日的财务状况以及20×1年度的经营成果和现金流量。

（二）形成保留意见的基础

如财务报表附注×所述，ABC公司未按照企业会计准则的规定对房屋建筑物和机器设备计提折旧。这项决定是管理层在上一会计年度开始时作出的，导致我们对该年度财务报表发表了保留意见。如果按照房屋建筑物5%和机器设备20%的年折旧率计提折旧，20×1年度和20×0年度的当年亏损将分别增加×元和×元，20×1年年末和20×0年年末的房屋建筑物和机器设备的净值将因累计折旧而减少×元和×元，并且20×1年年末和20×0年年末的累计亏损将分别增加×元和×元。

我们按照中国注册会计师审计准则的规定执行了审计工作。审计报告的“注册会计师对财务报表审计的责任”部分进一步阐述了我们在这些准则下的责任。按照中国注册会计师职业道德守则，我们独立于ABC公司，并履行了职业道德方面的其他责任。我们相信，我们获取的审计证据是充分、适当的，为发表保留意见提供了基础。

【相关举例6】对应数据保留意见

ABC股份有限公司全体股东：

一、对财务报表出具的审计报告

（一）保留意见

我们审计了ABC股份有限公司（以下简称“ABC公司”）财务报表，包括20×1年12月31日的资产负债表，20×1年度的利润表、现金流量表、股东权益变动表以及相关财务报表附注。

我们认为，除对“形成保留意见的基础”部分所述事项的对应数据可能产生的影响外，后附的财务报表在所有重大方面按照企业会计准则的规定编制，公允反映了ABC公司20×1年12月31日的财务状况以及20×1年度的经营成果和现金流量。

（二）形成保留意见的基础

由于我们在20×1年年末接受ABC公司的委托，我们无法对20×1年年初的存货实施监盘，也不能实施替代程序确定存货的数量。鉴于年初存货影响经营成果的确定，我们不能确定是否应对20×1年度的经营成果和年初留存收益作出必要的调整。因此，我们对20×1年度的财务报表发表了保留意见。由于该事项对本期数据和对应数据的可比性存在影响或可能存在影响，我们对本期财务报表发表了保留意见。

我们按照中国注册会计师审计准则的规定执行了审计工作。审计报告的“注册会计师对财务报表审计的责任”部分进一步阐述了我们在这些准则下的责任。按照中国注册会计师职业道德守则，我们独立于ABC公司，并履行了职业道德方面的其他责任。我们相信，我们获取的审计证据是充分、适当的，为发表保留意见提供了基础。

（三）其他事项

20×0年12月31日的资产负债表，20×0年度的利润表、现金流量表和股东权益变动表以及财务报表附注由其他会计师事务所审计，并于20×1年3月31日发表了无保留意见。

知识点4 比较财务报表对审计报告的影响（★★）

表19-5 财务报表对审计报告的影响

情形描述	审计报告的处理
总体要求	当列报比较财务报表时，审计意见应当提及列报财务报表所属的各期，以及发表的审计意见涵盖的各期。
对上期财务报表发表的意见与以前发表的意见不同	当因本期审计而对上期财务报表发表审计意见时，如果对上期财务报表发表的意见与以前发表的意见不同，注册会计师应当在其他事项段中披露导致不同意见的实质性原因。
认为存在影响上期财务报表的重大错报，且前任出具了无保留意见	如果上期财务报表已经更正，且前任注册会计师同意对更正后的上期财务报表出具新的审计报告，注册会计师应当仅对本期财务报表出具审计报告。
	前任注册会计师可能无法或不愿对上期财务报表重新出具审计报告。注册会计师可以在审计报告中增加其他事项段，指出前任注册会计师对更正前的上期财务报表出具了报告。
上期财务报表已由前任注册会计师审计（与对应数据相同）	如果上期财务报表已由前任注册会计师审计，除非前任注册会计师对上期财务报表出具的审计报告与财务报表一同对外提供，注册会计师除对本期财务报表发表意见外，还应当增加其他事项段。
上期财务报表未经审计	如果上期财务报表未经审计，注册会计师应当在其他事项段中说明比较财务报表未经审计。但这种说明并不减轻注册会计师获取充分、适当的审计证据，以确定期初余额不含有对本期财务报表产生重大影响的错报的责任。

【例-多选题】下列可以在审计报告的其他事项段中提及对应数据的情形有（　　）。

A．导致对上期财务报表发表非无保留意见的事项在本期尚未解决，仍对本期财务报表产生重大影响

B．上期财务报表已由前任注册会计师审计

C．上期财务报表存在重大错报，对应数据已在本期财务报表中得到适当重述或恰当披露

D．上期财务报表未经审计

【答案】BD

学堂点拨

选项A、C均为在审计报告中增加强调事项段来描述的情况。

第六节　注册会计师对其他信息的责任

微信扫一扫
习题免费练

知识点提示

在被审计单位年度报告中，除包含财务报表和审计报告外，还通常包括实体的发展、未来前景、风险和不确定事项、治理层声明以及包含治理事项的报告等信息，这些财务信息和非财务信息被称为其他信息。

虽然注册会计师对财务报表发表的审计意见不涵盖其他信息，但是注册会计师应当阅读和考虑其他信息，主要是由于如果其他信息与财务报表或者与注册会计师在审计中了解到的情况存在重大不一致，可能表明财务报表或其他信息存在重大错报，两者均会损害财务报表和审计报告的可信性。此类重大错报也可能不恰当地影响审计报告使用者的经济决策。

知识点1　获取其他信息（★）

一、年度报告

年度报告，是指管理层或治理层根据法律法规的规定或惯例，一般以年度为基础编制的、旨在向所有者（或类似的利益相关方）提供实体经营情况和财务业绩及财务状况（财务业绩及财务状况反映于财务报表）信息的一个文件或系列文件组合。一份年度报告包含或随附财务报表和审计报告，通常包括实体的发展，未来前景、风险和不确定事项，治理层声明，以及包含治理事项的报告等信息。

年度报告可能以纸质形式提供给使用者，也可能以电子形式，包括载于被审计单位网站的形式提供给使用者。

二、其他信息

其他信息，是指在被审计单位年度报告中包含的除财务报表和审计报告以外的财务信息和非财务信息。

其他信息的错报，是指对其他信息作出的不正确陈述或其他信息具有误导性，包括遗漏或掩饰对恰当理解其他信息披露的事项必要的信息。例如，其他信息声称说明了管理层使用的关键业绩指标，则遗漏某项管理层使用的关键业绩指标可能表明其他信息未经正确陈述或具有误导性。

表 19-6　年度报告与独立文件的相关内容

年度报告	1. 董事会报告。
	2. 公司董事会、监事会及董事、监事、高级管理人员保证年度报告内容的真实、准确、完整，不存在虚假记载、误导性陈述或重大遗漏，并承担个别和连带法律责任的声明。
	3. 公司治理情况说明。
	4. 内部控制自我评价报告。

（续上表）

独立文件	1. 单独的行业或监管报告（如资本充足率报告），如可能由银行、保险和养老金行业编制的报告。
	2. 公司社会责任报告。
	3. 可持续发展报告。
	4. 多元化和平等机会报告。
	5. 产品责任报告。
	6. 劳工做法和工作条件报告。

如果治理层需要在被审计单位发布其他信息前批准其他信息，其他信息的最终版本应为治理层已经批准的用于发布的版本。

如果使用者只能通过被审计单位的网站获取其他信息，注册会计师应当根据审计准则对其执行程序的相关文件是从被审计单位获取的，而不是直接从被审计单位获取的其他信息的版本。

知识点2 阅读并考虑其他信息（★★）

表 19-7 阅读并考虑其他信息的相关内容

阅读到的其他信息的情形	举例	阅读其他信息的要求
1. 其他信息中，有部分内容（金额或其他项目）与财务报表中的金额或其他项目相一致，或对其进行概括，或为其提供更详细的信息。	1. 包含了财务报表摘录的表格、图表或图形。 2. 对财务报表中列示的余额或账户提供进一步细节的披露（例如“2019年度的收入，由来自产品X的×万元和来自产品Y的×万元组成”）。 3. 对财务结果的描述，例如“2019年度研究和开发费用合计数是×万元”。	在阅读时，注册会计师应当考虑这些其他信息和财务报表之间是否存在重大不一致。作为考虑的基础，注册会计师应当将这类其他信息中选取的金额或其他项目与财务报表中的相应金额或其他项目进行比较，以评价其一致性。
2. 注册会计师在审计财务报表过程中，已经针对其了解到一些情况。	1. 对产量的披露，或者按地理区域汇总产量的表格。 2. 对“公司本年度新推出产品X和产品Y”的声明。 3. 对被审计单位主要经营地点的概括，例如“被审计单位的主要经营中心在X国，同时在Y国和Z国也有经营场所”。	在阅读时，注册会计师应当考虑其与在审计中了解到的情况是否存在重大不一致。
3. 与财务报表或注册会计师在审计中了解到的情况不相关。	其他信息可能包括对被审计单位温室气体排放情况的陈述。	注册会计师应当对与财务报表或在审计中了解到的情况不相关的其他信息中似乎存在重大错报的迹象保持警觉。

知识点3 当似乎存在重大不一致或其他信息似乎存在重大错报时的应对（★）

如果注册会计师识别出似乎存在重大不一致，或者知悉其他信息似乎存在重大错报，注册会计师应当与管理层讨论该事项，必要时，实施其他程序以确定：

1．其他信息是否存在重大错报；2．财务报表是否存在重大错报；3．注册会计师对被审计单位及其环境的了解是否需要更新。

知识点4 当注册会计师认为其他信息存在重大错报时的应对（★★）

表 19-8　认为其他信息存在重大错报时的应对措施

<table>
<tr><td rowspan="2">其他信息存在重大错报</td><td>管理层同意作出更正</td><td>注册会计师应当确定更正已经完成。</td></tr>
<tr><td>管理层拒绝作出更正</td><td>注册会计师应当就该事项与治理层进行沟通，并要求作出更正。</td></tr>
<tr><td rowspan="2">审计报告日前获取的其他信息存在重大错报，且在与治理层沟通后仍未更正</td><td colspan="2">考虑对审计报告的影响，并与治理层进行沟通。注册会计师可在审计报告中指明其他信息存在重大错报。
（在少数情况下，当拒绝更正其他信息的重大错报导致对管理层和治理层的诚信产生怀疑，进而质疑审计证据总体上的可靠性时，对财务报表发表无法表示意见可能是恰当的。）</td></tr>
<tr><td colspan="2">在相关法律法规允许的情况下，解除业务约定。
（当拒绝更正其他信息的重大错报导致对管理层和治理层的诚信产生怀疑，进而质疑审计过程中从其获取声明的可靠性时，解除业务约定可能是适当的。）</td></tr>
<tr><td rowspan="2">审计报告日后获取的其他信息存在重大错报</td><td>如果其他信息得以更正</td><td>注册会计师应当根据具体情形实施必要的程序，包括确定更正已经完成，也可能包括复核管理层为与收到其他信息（如果之前已经公告）的人士沟通并告知其修改而采取的步骤。</td></tr>
<tr><td>如果与治理层沟通后其他信息未得到更正</td><td>注册会计师应当考虑其法律权利和义务，并采取恰当的措施，以提醒审计报告使用者恰当关注未更正的重大错报。
在法律法规允许的情况下，注册会计师可能采取的、设法提醒审计报告使用者适当关注未更正错报的措施包括，例如：
1．向管理层提供一份新的或修改后的审计报告，其中指出其他信息的重大错报。同时要求管理层将该新的或修改后的审计报告提供给审计报告使用者。在此过程中，注册会计师可能需要基于审计准则和适用的法律法规的要求，考虑对新的或修改后的审计报告的日期产生的影响。注册会计师也可以复核管理层采取的、向这些使用者提供新的或修改后的审计报告的步骤。
2．提醒审计报告使用者关注其他信息的重大错报，例如在股东大会上通报该事项。
3．与监管机构或相关职业团体沟通未更正的重大错报。
4．考虑对持续承接业务的影响。</td></tr>
</table>

知识点5 当财务报表存在重大错报或注册会计师对被审计单位及其环境的了解需要更新时的应对（★）

如果注册会计师认为财务报表存在重大错报，或者注册会计师对被审计单位及其环境的了解需要更新，注册会计师应当根据其他审计准则作出恰当应对。例如：

1. 注册会计师对被审计单位及其环境的了解，可能表明需要修改注册会计师对风险的评估;

2. 注册会计师评价已识别的错报对审计的影响和未更正错报（如有）对财务报表的影响的责任；

3. 注册会计师关于期后事项的责任。

知识点6 以“其他信息”为标题的段落（★）

如果在审计报告日存在下列两种情况之一，审计报告应当包括一个单独部分，以“其他信息”为标题：

1. 对于上市实体财务报表审计，注册会计师已获取或预期将获取其他信息；2. 对于上市实体以外其他被审计单位的财务报表审计，注册会计师已获取部分或全部其他信息。

当注册会计师对财务报表发表无法表示意见时，提供审计的进一步详细情况，包括其他信息，可能会使财务报表整体的无法表示意见显得逊色，因此，无法表示意见的审计报告不包括其他信息部分。

参考格式：当注册会计师在审计报告日前已获取所有其他信息，且未识别出其他信息存在重大错报时，适用于任何被审计单位，无论是上市实体还是非上市实体的无保留意见审计报告。

审计报告

一、对财务报表出具的审计报告

（一）审计意见（略）

（二）形成审计意见的基础（略）

（三）关键审计事项（略）

（四）其他信息

管理层对其他信息负责。其他信息包括（×报告中涵盖的信息但不包括财务报表和我们的审计报告）。

我们对财务报表发表的审计意见并不涵盖其他信息，我们也不对其他信息发表任何形式的鉴证结论。

结合我们对财务报表的审计，我们的责任是阅读其他信息，在此过程中，考虑其他信息是否与财务报表或我们在审计过程中了解到的情况存在重大不一致或者似乎存在重大错报。基于我们已经执行的工作，如果我们确定其他信息存在重大错报，我们应当报告该事实。在这方面，我们无任何事项需要报告。

……

第六编 企业内部控制审计

第二十章　企业内部控制审计

本章思维导图

- 企业内部控制审计
  - 企业层面控制的测试★★★
    - 与控制环境相关的控制
    - 针对管理层和治理层凌驾于内部控制之上的风险而设计的控制
    - 被审计单位的风险评估过程
    - 对内部信息传递和期末财务报告流程的控制
    - 对控制有效性的内部监督和内部控制评价
    - 集中化的处理和控制
    - 监督经营成果的控制
    - 针对重大经营控制及风险管理实务的政策
  - 业务流程、应用系统或交易层面的控制的测试★★★
    - 了解企业经营活动和业务流程
    - 识别可能发生错报的环节
    - 识别和了解相关控制
  - 信息系统控制的测试★★★
    - 信息技术一般控制测试
    - 信息技术应用控制测试
    - 信息技术应用控制与信息技术一般控制之间的关系
  - 内部控制缺陷评价★★★
    - 控制缺陷的分类
      - 按缺陷性质分类
        - 设计缺陷
        - 运行缺陷
      - 按缺陷严重程度分类
        - 重大缺陷
        - 重要缺陷
        - 一般缺陷
    - 评价控制缺陷的严重程度
      - 控制不能防止或发现并纠正账户或列报发生错报的可能性的大小
      - 因一项或多项控制缺陷导致的潜在错报的金额大小
    - 内部控制缺陷整改
  - 出具审计报告★★★
    - 形成审计意见
    - 审计报告类型
    - 强调事项、非财务报告内部控制重大缺陷

本章知识点精讲

微信扫一扫
习题免费练

第一节 内部控制审计的概念

知识点提示

2002年7月，美国国会通过《萨班斯法案》，其中404款要求发行者管理层对其内部控制进行自我评估，并要求出具报告。

2004年3月，美国公众公司会计监督委员会（PCAOB）发布第2号审计准则《与财务报表审计一同实施的财务报告内部控制审计》，为CPA执业提供可操作性的标准。

2006年10月，美国公众公司会计监督委员会提出新的第5号审计准则，取代2号准则。

2008年7月，我国财政部会同证监会等五部门发布《企业内部控制基本规范》。

2010年4月26日，财政部会同证监会等五部门发布内部控制应用指引、评价指引、审计指引，规定境内外同时上市的公司必须施行。财政部和证监会办公厅2012年8月14日发布《关于2012年主板上市公司分类分批实施企业内部控制规范体系的通知》，扩大到上交所、深交所主板上市公司。

目前各大指引要求在上交所、深交所主板上市的公司应当对本企业内部控制的有效性进行自我评价，披露年度自我评价报告，同时聘请具有证券期货业务资格的会计师事务所依照相关审计标准对其财务报告内部控制的有效性进行审计，出具审计报告。在此基础上，择机在中小企业和创业板上市公司施行，同时鼓励非上市大中型企业提前执行。

内部控制审计的范围需要区分财务报告内部控制与非财务报告内部控制。针对财务报告内部控制，注册会计师对其有效性发表审计意见；针对非财务报告内部控制，注册会计师针对内部控制审计过程中注意到的非财务报告内部控制的重大缺陷，在内部控制审计报告中增加“非财务报告内部控制重大缺陷描述段”予以披露。

内部控制审计基准日，是指注册会计师评价内部控制在某一时日是否有效所涉及的基准日，也是被审计单位评价基准日，即最近一个会计期间截止日。注册会计师对特定基准日内部控制的有效性发表意见，并不意味着注册会计师只测试基准日这一天的内部控制，而是需要考察足够长一段时间内部控制设计和运行的情况。

知识点1 内部控制审计相关概念（★）

一、内部控制相关概念

（一）内部控制审计定义

内部控制审计，是指会计师事务所接受委托，对特定基准日内部控制设计与运行的有效性进行审计。

（二）内部控制的目标

内部控制的目标合理保证企业经营管理合法合规、资产安全、财务报告及相关信息真实完整，提高经营效率和效果，促进企业实现发展战略，具体分为：

1. 财务报告的可靠性，这一目标与管理层履行财务报告编制责任密切相关；

2. 经营的效率和效果，即经济有效地使用企业资源，以最优方式实现企业的目标；

3. 在所有经营活动中遵守法律法规的要求，即在法律法规的框架下从事经营活动。

二、内部控制审计相关概念

（一）内部控制的实施

内部控制是由企业董事会、监事会、经理层和全体员工实施的、旨在实现控制目标的过程。

（二）内部控制审计意见覆盖的范围

1. 针对财务报告内部控制，注册会计师对其有效性发表审计意见。

2. 针对非财务报告内部控制，注册会计师针对内部控制审计过程中注意到的非财务报告内部控制的重大缺陷，在内部控制审计报告中增加“非财务报告内部控制重大缺陷描述段”予以披露。

注册会计师执行的内部控制审计严格限定在财务报告内部控制审计。

（三）财务报告内部控制

财务报告内部控制，是指公司的董事会、监事会、经理层及全体员工实施的旨在合理保证财务报告及相关信息真实、完整而设计和运行的内部控制，以及用于保护资产安全的内部控制中与财务报告可靠性目标相关的控制。

表 20-1　财务报告内部控制的内容

项目	财务报告内部控制	举例
企业层面的内部控制	1. 与控制环境相关的控制	对诚信和道德价值沟通和落实、对胜任能力的重视、治理层的参与程度、管理层的理念和经营风格、组织结构、职权与责任的分配、人力资源政策与实务。
	2. 针对管理层和治理层凌驾于内部控制之上的风险而设计的内部控制	针对重大非常规交易的控制、针对关联方交易的控制、减弱伪造或不恰当操作财务结果的动机和压力的控制。
	3. 被审计单位的风险评估过程	如何识别经营风险、估计其重要性、评估其发生的可能性、采取措施应对和管理风险及其结果。
	4. 对内部信息传递和期末财务报告流程的控制	与会计政策选择和运用的程序、调整分录和合并分录的编制和批准、编制财务报表的。
	5. 对控制有效性的内部监督和内部控制评价	监督其他控制的控制。
	6. 集中化的处理和控制、监控经营成果的控制，以及重大经营控制和风险管理实务的政策	共享的服务环境。
业务流程、应用系统或交易层面的内部控制	1. 授权与审批	企业在处理经济业务时，必须经过授权批准以进行控制。
	2. 信息技术应用控制	在业务流程层面运行的人工或自动化程序，与用于生成、记录、处理、报告交易或其他财务数据的程序相关。
	3. 实物控制	保护资产的实物安全、对接触计算机程序和数据文档设置授权、定期盘点并将盘点记录与控制记录相核对。
	4. 复核与条件	企业对财务工作、会计工作的监督复核。

（四）非财务报告内部控制

非财务报告内部控制，是指除财务报告内部控制之外的其他控制，通常是指为了合理保证经营的效率效果、遵守法律法规、实现发展战略而设计和运行的控制，以及用于保护资产安全的内部控制中与财务报告可靠性目标无关的控制。

（五）基准日

1. 基准日的含义

内部控制审计基准日，是指注册会计师评价内部控制在某一时日是否有效所涉及的基准日，也是被审计单位评价基准日，即最近一个会计期间截止日。

2. 基准日概念辨析

（1）注册会计师对特定基准日内部控制的有效性发表意见，并不意味着注册会计师只测试基准日这一天的内部控制，而是需要考察足够长一段时间内部控制设计和运行的情况。对控制有效性的测试涵盖的期间越长，提供的控制有效性的审计证据越多。

（2）单就内部控制审计业务而言，注册会计师应当获取内部控制在基准日之前一段足够长的期间内有效运行的审计证据。在整合审计中，控制测试所涵盖的期间应当尽量与财务报表审计中拟信赖内部控制的期间保持一致。

【拓展】整合审计，即同时对财务报表的合法性公允性、内部控制的有效性发表意见。

知识点2 内部控制审计与财务报表审计的辨析（★★）

一、两者共同点

两者的共同点包括以下几个方面：两者都采用风险导向审计方法；两者运用的重要性水平相同。由于内部控制的目标是合理保证财务报告及相关信息的真实、完整，因此对于同一财务报表，在两种审计中运用的重要性水平应当相同；两者识别的重要账户、列报及其相关认定相同；两者了解和测试内部控制设计和运行有效性的基本方法相同，都可能实施询问、观察、检查以及重新执行等程序。

二、两者区别

（一）两者侧重不同

财务报表审计是对财务报表进行审计，重在审计“结果”（是否存在错报），而内部控制审计是对保证财务报表质量的内部控制的有效性进行审计，重在审计“过程”（内部控制无效并不一定有错报）。

（二）两者对内部控制进行了解和测试的目的不同

在财务报表审计中，了解内部控制是为了识别、评估重大错报风险，控制测试是为了应对重大错报风险，据此确定实质性程序的性质、时间安排和范围，并获取相关的审计证据，以支持对财务报表发表的审计意见；在内部控制审计，了解和测试内部控制是为了对内部控制的有效性发表审计意见。

（三）两者测试内部控制运行有效性的范围要求不同

在财务报表审计中，针对评估的认定层次重大错报风险，注册会计师可能选择采用实质性方案或综合性方案，如果采用实质性方案，注册会计师可以不测试内部控制的运行有效性；在内部控制审计中，注册会计师应当针对所有重要账户和列报的每一个相关认定获取控制设计和运行有效性的审计证据，以便对内部控制整体的有效性发表审计意见。

（四）两者内部控制测试的期间要求不同

在财务报表审计中，如果注册会计师选择综合性方案，需要获取内部控制在整个拟信赖期间运行有效的审计证据；在内部控制审计中，注册会计师对于基准日的内部控制运行有效性发表意见，则仅需要对内部控制在基准日前足够长的时间（可能短于整个审计期间）内的运行有效性获取审计证据。

（五）两者对控制缺陷的评价要求不同

在财务报表审计中，注册会计师需要确定识别出的内部控制缺陷单独或连同其他缺陷是否构成值得关注的内部控制缺陷；在内部控制审计中，注册会计师应当评价识别出的内部控制缺陷是否构成一般缺陷、重要缺陷或重大缺陷。

（六）审计报告的形式和内容以及所包括的意见类型不同

财务报表审计意见包括无保留意见、保留意见、否定意见和无法表示意见四种类型；企业内部控制审计意见包括无保留意见、否定意见和无法表示意见三种类型。

【例-2017-多选题】下列有关财务报表审计与内部控制审计的共同点的说法中，正确的有（　　）。

A．两者识别的重要账户、列报及其相关认定相同

B．两者的审计报告意见类型相同

C．两者了解和测试内部控制设计和运行有效性的审计程序类型相同

D．两者测试内部控制运行有效性的范围相同

【答案】AC

学堂点拨

选项B，企业内部控制审计意见包括无保留、否定和无法表示意见三种类型，没有保留意见。选项D，在财务报表审计中，如果预期不信赖内部控制，可以不实施内部控制测试，不测试内部控制的有效性；在内部控制审计中，注册会师应当针对所有重要账户和列报的每一个相关认定获取控制设计运行有效性的审计证据，以便对内部控制整体的有效性发表审计意见。

知识点3　整合审计（★★）

内部控制审计和财务报表审计虽然在具体目标、保证程度、评价要求、报告类型等方面存在实质性差异，但是，两者也存在多方面的联系，例如，两者都采用风险导向审计模式，均需要识别重点账户、重要类别的交易等重点审计领域。在技术层面和审计实务中，两者审计模式、程序、方法等存在着共同之处，风险识别、评估和应对等大量工作内容相近，有很多的基础工作可以共享，在一项审计工作中发现的问题还可以为另一项审计工作提供线索和思路。因此，为提高审计效果和效率，注册师可以单独进行内部控制审计，也可以将内部控制审计和财务报表审计整合进行（以下简称“整合审计”）。

第二节 计划审计工作

微信扫一扫
习题免费练

知识点提示

合理地计划内部控制审计工作，有助于注册会计师关注重点审计领域、及时发现和解决潜在问题、恰当地组织和管理内部控制审计工作。同时，还可以帮助注册会计师对项目组成员进行恰当的分工、指导、监督和复核，协调其他注册会计师和外部专家的工作。

注册会计师应当采用自上而下的方法选择拟测试的控制。自上而下的方法始于财务报表层次，以注册会计师对财务报告内部控制整体风险的了解开始，然后，将关注重点放在企业层面的控制上，并将工作逐渐下移至重要账户、列报及其相关认定。随后，确认其对被审计单位业务流程中风险的了解，并选择能足以应对评估的每个相关认定的重大错报风险的控制进行测试。

知识点1 计划审计工作时应当考虑的事项（★★）

一、与企业相关的风险

了解企业面临的风险可以帮助识别重大错报风险，继而帮助注册会计师识别重要账户、重要列报和相关认定以及识别重大业务流程，对内部控制审计的重大风险形成初步评价。

二、相关法律法规和行业概况

在整合审计中，注册会计师应当重点关注可能直接影响财务报表金额与披露的法律法规，如税法、高度监管行业的监管法规（如适用）等。另外，注册会计师应了解行业因素以确定其对被审计单位经营环境的影响（竞争环境、与客户及供应商的关系、技术的发展）。

三、企业组织结构、经营特点和资本结构等相关重要事项

注册会计师应当了解：

1. 被审计单位的股权结构、企业的实际控制人及关联方；
2. 企业的子公司、合营公司、联营公司以及财务报表合并范围；
3. 企业的组织机构、治理结构，业务及区域的分部设置和管理架构；
4. 企业的负债结构和主要条款，包括资产负债表外的筹资安排等。

注册会计师了解企业的这些情况，以便评价企业是否存在重大的、可能引起财务报表重大错报的非常规业务和关联交易，是否构成财务报表重大错报风险，以及相关的内部控制是否可能存在重大缺陷。

四、企业内部控制最近发生变化的程度

注册会计师应当了解被审计单位本期内部控制发生的变化以及变化的程度，从而相应地调整审计计划。这些变化包括新增的业务流程、原有业务流程的更新、内部控制执行人的变更等。

五、与企业沟通过的内部控制缺陷

注册会计师应当了解被审计单位对以前年度审计中发现的内部控制缺陷所采取的改进措施及改进结果，并相应适当地调整本年的内部控制审计计划。

如果以前年度发现的内部控制缺陷未得到有效整改，则注册会计师需要评价这些缺陷对当期的内

部控制审计意见的影响。

六、重要性、风险等与确定内部控制重大缺陷相关的因素

注册会计师应当更多地关注内部控制审计的高风险领域，而没有必要测试那些即使有缺陷也不可能导致财务报表重大错报的控制。

通常，对企业整体风险的评估和把握由富有经验的项目组成员完成。风险评估结果的变化将体现在具体审计步骤及关注点的变化中。

七、对内部控制有效性的初步判断

注册会计师综合上述考虑以及借鉴以前年度的审计经验，形成对企业内部控制有效性的初步判断。

对于内部控制可能存在重大缺陷的领域，注册会计师应给予充分的关注，具体表现在：

1. 对相关的内部控制亲自进行测试而非利用他人工作；2. 在接近内部控制评价基准日的时间测试内部控制；3. 选择更多的子公司或业务部门进行测试；4. 增加相关内部控制的控制测试量等。

八、可获取的、与内部控制有效性相关的证据的类型和范围

注册会计师应当了解可获取的、与内部控制有效性相关的证据的类型和范围。注册会计师应当对可获取的审计证据的充分性和适当性进行评价，以更好地计划内部控制测试的时间、性质和范围。内部控制的特定领域存在重大缺陷的风险越高，注册会计师所需获取的审计证据的客观性、可靠性就越强。

知识点2 总体审计策略和具体审计计划（★）

一、总体审计策略

（一）确定审计业务的特征，以界定审计范围

注册会计师通常需要考虑下列方面：

1. 被审计单位采用的内部控制标准；2. 预期审计工作涵盖的范围，包括涵盖的组成部分的数量及所在地点。内部控制审计范围应当包括被审计单位在基准日或在此之前收购的实体，以及在基准日作为终止经营进行会计处理的业务，对于按照权益法核算的投资，审计的范围应当包括针对权益法下相关会计处理而实施的控制，但通常不包括对权益法下被投资方的控制；3. 拟审计的经营分部的性质，包括是否需要具备专门知识；4. 注册会计师对被审计单位内部控制评价工作的了解以及拟利用被审计单位内部相关人员工作的程度；5. 被审计单位使用服务机构的情况，以及注册会计师如何取得有关服务机构内部控制设计和运行有效性的证据；6. 对利用在以前审计工作中或财务报表审计工作中获取的审计证据的预期；7. 信息技术对审计程序的影响。

（二）明确审计业务的报告目标，以计划审计的时间安排和所需沟通的性质

注册会计师通常需要考虑下列方面：

1. 被审计单位对外公布内部控制审计报告的时间安排；2. 注册会计师与管理层和治理层讨论内部控制审计工作的性质、时间安排和范围；3. 注册会计师与管理层和治理层讨论注册会计师拟出具的报告的类型和时间安排以及沟通的其他事项，包括审计报告、管理建议书和向治理层通报的其他事项；4. 注册会计师与管理层讨论预期就整个审计业务中对审计工作的进展进行的沟通；5. 项目组成

员之间沟通的预期性质和时间安排；6．预期是否需要和第三方进行其他沟通。

（三）根据职业判断，考虑用以指导项目组工作方向的重要因素

注册会计师通常需要考虑下列方面：

1．财务报表整体的重要性和实际执行的重要性；2．初步识别的可能存在较高重大错报风险的领域；3．评估的财务报表层次的重大错报风险对指导、监督和复核的影响；4．被审计单位经营活动或内部控制最近发生变化的程度；5．与被审计单位沟通过的内部控制缺陷；6．有关管理层对设计、执行和维护健全的内部控制重视程度的证据，包括有关这些控制得以适当记录的证据；7．注册会计师对内部控制有效性的初步判断和对内部控制重大缺陷的初步识别；8．可获取的、与内部控制有效性相关的证据的类型和范围；9．与评价财务报表发生重大错报的可能性和内部控制有效性相关的公开信息。

（四）考虑初步业务活动的结果，并考虑对被审计单位执行其他业务时获得的经验是否与内部控制审计业务相关

注册会计师通常需要考虑下列方面：

1．注册会计师在执行其他业务时对被审计单位财务报告内部控制的了解；2．影响被审计单位所处行业的事项，如行业财务报告惯例、经济状况和技术革新等；3．与被审计单位相关的法律法规和监管环境；4．与被审计单位经营相关的事项，包括组织结构、经营特征和资本结构；5．被审计单位经营活动的复杂程度以及被审计单位相关的风险；6．以前审计中对内部控制运行有效性评价的结果，包括识别出的缺陷的性质和应对措施；7．影响被审计单位的重大业务发展变化，包括信息技术和业务流程的变化，关键管理人员变化，以及收购、兼并和处置。

（五）确定执行业务所需资源的性质、时间安排和范围

制定总体审计策略的过程有助于注册会计师结合风险评估程序的结果确定下列事项：

1．向具体审计领域分配资源的类别和数量；2．何时分配这些资源；3．如何管理、指导和监督这些资源。

例如项目组成员的选择，对项目组成员审计工作的分派以及项目时间预算等。

二、具体审计计划

具体审计计划比总体审计策略更加详细，内容包括项目组成员拟实施的审计程序的性质、时间安排和范围。计划这些审计程序，会随着具体审计计划的制定逐步深入，并贯穿于审计的整个过程。注册会计师应当在具体审计计划中体现下列内容：

1．了解和识别内部控制的程序的性质、时间安排和范围；2．测试控制设计有效性的程序的性质、时间安排和范围；3．测试控制运行有效性的程序的性质、时间安排和范围。

在计划和实施内部控制审计工作时，注册会计师应当考虑财务报表审计中对舞弊风险的评估结果。在识别和测试企业层面控制以及选择其他控制进行测试时，注册会计师应当评价被审计单位的内部控制是否足以应对识别出的、由于舞弊导致的重大错报风险，并评价为应对管理层和治理层凌驾于控制之上的风险而设计的控制。

如果在内部控制审计中识别出旨在防止或发现并纠正舞弊的控制存在缺陷，注册会计师应当按照《中国注册会计师审计准则第1141号——财务报表审计中与舞弊相关的责任》的规定，在财务报表审计中制定重大错报风险的应对方案时考虑这些缺陷。

三 、对应对舞弊风险的考虑

在计划和实施内部控制审计工作时，注册会计师应当考虑财务报表审计中对舞弊风险的评估结果。在识别和测试企业层面控制以及选择其他控制进行测试时，注册会计师应当评价被审计单位的内部控制是否足以应对识别出的、由于舞弊导致的重大错报风险，并评价为应对管理层和治理层凌驾于控制之上的风险而设计的控制。

如果在内部控制审计中识别出旨在防止或发现并纠正舞弊的控制存在缺陷，注册会计师应当按照《中国注册会计师审计准则第1141号——财务报表审计中与舞弊相关的责任》的规定，在财务报表审计中制定重大错报风险的应对方案时考虑这些缺陷。

第三节　自上而下的方法

微信扫一扫
习题免费练

知识点提示

注册会计师应当采用自上而下的方法选择拟测试的控制。自上而下的方法始于财务报表层次，以注册会计师对财务报告内部控制整体风险的了解开始，然后，将关注重点放在企业层面的控制上，并将工作逐渐下移至重要账户、列报及其相关认定。最后，确认其对被审计单位业务流程中风险的了解，并选择足以应对评估的每个相关认定的重大错报风险的控制进行测试。

自上而下的方法分为下列步骤：

1. 从财务报表层次初步了解内部控制整体风险；2. 识别、了解和测试企业层面控制；3. 识别重要账户、列报及其相关认定；4. 了解潜在错报的来源并识别相应的控制；5. 选择拟测试的控制。

知识点　自上而下的测试方法（★★）

一、识别、了解和测试企业层面控制

（一）企业层面控制

企业的内部控制分为企业层面控制和业务流程、应用系统或交易层面的控制两个层面。

企业层面的控制通常为应对企业财务报表整体层面的风险而设计，或作为其他控制运行的“基础设施”，通常在比业务流程更高的层面上乃至整个企业范围内运行，其作用比较广泛，通常不局限于某个具体认定。

业务流程、应用系统或交易层面的控制为应对交易和账户余额认定的重大错报风险而设计，通常在业务流程内的交易或账户余额层面上运行，其作用通常能够对应到具体某类交易和账户余额的具体认定。

（二）企业层面控制对其他控制及其测试的影响

不同的企业层面控制在性质和精确度上存在差异，注册会计师对企业层面控制的评价可能增加或减少本应对其他控制所进行的测试。

1. 某些企业层面控制，例如某些与控制环境相关的控制，对重大错报是否能被及时防止或发现的可能性有重要影响，虽然这种影响是间接的，但这些控制可能影响注册会计师拟测试的其他控制及

其对其他控制所执行程序的性质、时间安排和范围。

2. 某些企业层面控制能够监督其他控制的有效性，管理层设计这些控制可能是为了识别其他控制可能出现的失效情况，但并非精确到足以及时防止或发现相关认定的重大错报。当这些控制运行有效时，注册会计师可以减少原本拟对其他控制的有效性进行的测试。

例如被审计单位的财务总监定期审阅经营收入的详细月度分析报告。由于这个控制没有足够的精确度以及时防止或发现某个财务报表相关认定的重大错报，所以这个控制不可以完全替代注册会计师对其他控制的测试，但是，如果这个控制有效，可能可以使注册会计师修改其原本拟对其他控制所进行的测试程序。

3. 某些企业层面控制本身能精确到足以及时防止或发现一个或多个相关认定中存在的重大错报。如果一项企业层面控制足以应对已评估的重大错报风险，注册会计师可能可以不必测试与该风险相关的其他控制。

例如甲集团详细复核旗下子公司余额调节表的企业层面控制就足够精准，使得注册会计师无须再测试业务流程层面控制（子公司每月编制余额调节表的内部控制）。

二、识别重要账户、列报及其相关认定

（一）重要账户、列报及相关认定的含义

1. 注册会计师在确定重要性水平之后，应当识别重要账户、列报及其相关认定。

2. 某账户或列报可能存在一个错报，该错报单独或连同其他错报将导致财务报表发生重大错报，则该账户或列报为重要账户或列报。

3. 如果某财务报表认定可能存在一个或多个错报，这些错报将导致财务报表发生重大错报，则该认定为相关认定。

4. 在识别重要账户、列报及其相关认定时，注册会计师不应考虑控制的影响，因为内部控制审计的目标本身就是评价控制的有效性。

（二）识别要求

1. 在识别重要账户、列报及其相关认定时，注册会计师应当从定性和定量两个方面作出评价。

定性方面：

主要考虑固有风险和舞弊风险。

定量方面：

（1）超过财务报表整体重要性的账户，通常被认定为重要账户；（2）一个账户或列报的金额超过财务报表整体重要性，不必然表明其属于重要账户或列报。

2. 在识别重要账户、列报及其相关认定时，注册会计师还应当确定重大错报的可能来源。

3. 如果某账户或列报的各组成部分存在的风险差异较大，被审计单位可能需要采用不同的控制以应对这些风险，注册会计师应当分别予以考虑。

4. 在识别重要账户、列报及其相关认定时，注册会计师不应考虑控制的影响，因为内部控制审计的目标本身就是评价控制的有效性。

5. 以前年度审计中了解到的情况影响注册会计师对固有风险的评估，因而应当在确定重要账户、列报及其相关认定时加以考虑。

6．在内部控制审计中，注册会计师在识别重要账户、列报及其相关认定时应当评价的风险因素，与财务报表审计中考虑的因素相同，因此，在这两种审计中识别的重要账户、列报及其相关认定应当相同。

例如A公司的年度管理费用总额为1亿元，已知年度管理费用的核算比较简单，错误或舞弊导致管理费用发生重大错报的固有风险很低。在以前年度审计中从未发现管理费用存在错报，也从未发现过相关控制缺陷。注册会计师确定的财务报表整体重要性金额为2000万元。根据以上信息，注册会计师确定管理费用账户属于重要账户，然而，对于该账户，只有完整性和发生认定可能导致财务报表发生重大错报的风险，因此，注册会计师将这两项认定确定为相关认定。

【例1-2019-单选题】注册会计师执行内部控制审计时，下列有关识别重要账户、列报及其相关认定的说法中，错误的是（　　）。

A．在识别重要账户、列报及其相关认定时，注册会计师不需要确定重大错报的可能来源

B．超过财务报表整体重要性的账户未必是重要账户

C．低于实际执行重要性，但存在舞弊风险的账户，应当确定为重要账户

D．在识别重要账户、列报及其相关认定时，注册会计师不应考虑控制的影响

【答案】A

学堂点拨

在识别重要账户、列报及其相关认定时，注册会计师应当确定重大错报的可能来源。注册会计师可以通过考虑在特定的重要账户或列报中错报可能发生的领域和原因，确定重大错报的可能来源。

【例2-2017-单选题】注册会计师执行内部控制审计时，下列有关识别重要账户、列报及其相关认定的说法中，错误的是（）。

A．注册会计师应当从定性和定量两个方面识别重要账户、列报及其相关认定

B．注册会计师通常将超过报表整体重要性的账户认定为重要账户

C．在确定重要账户、列报及其相关认定时，注册会计师应当考虑控制的影响

D．在识别重要账户、列报及其相关认定时，注册会计师应当确定重大错报的可能来源

【答案】C

学堂点拨

在识别重要账户、列报及其相关认定时，注册会计师不应考虑控制的影响，因为内部控制审计的目标本身就是评价控制的有效性。

三、了解潜在错报的来源并识别相应的控制

（一）了解潜在错报的来源

注册会计师应当实现下列目标，以进一步了解潜在错报的来源，并为选择拟测试的控制奠定基础：

1．了解与相关认定有关的交易的处理流程，包括这些交易如何生成、批准、处理及记录；

2．验证注册会计师识别出的业务流程中可能发生重大错报（包括由于舞弊导致的错报）的环节；

3．识别被审计单位用于应对这些错报或潜在错报的控制；

4. 识别被审计单位用于及时防止或发现并纠正未经授权的、导致重大错报的资产取得、使用或处置的控制。

注册会计师应当亲自执行能够实现上述目标的程序，或对提供直接帮助的人员的工作进行督导。

（二）实施穿行测试

穿行测试通常是实现上述目标和评价控制设计的有效性以及确定控制是否得到执行的有效方法。穿行测试是指追踪某笔交易从发生到最终被反映在财务报表中的整个处理过程。

在某些特定情况下，注册会计师一般会实施穿行测试，这些情况包括：

1. 存在较高固有风险的复杂领域；2. 以前年度审计中识别出的缺陷（需要考虑缺陷的严重程度）；3. 由于引入新的人员、新的系统、收购和采取新的会计政策而导致流程发生重大变化。

如注册会计师首次接受委托执行内部控制审计，通常预期会对重要流程实施穿行测试（在实施穿行测试时，可以利用他人的工作）。

穿行测试涵盖交易生成、授权、记录、处理和报告整个过程，以及识别出的重要流程中的控制，包括针对舞弊风险的控制。

一般而言，对每个重要流程，选取一笔交易或事项实施穿行测试即可。如果被审计单位采用集中化的系统为多个组成部分执行重要流程，则可能不必在每个重要的经营场所或业务单位选取一笔交易或事项实施穿行测试。

注册会计师在实施穿行测试时往往综合运用询问、观察、检查相关文件记录和重新执行。

穿行测试是一种评估设计有效性的有效方法。

四、选择拟测试的控制

（一）选择拟测试控制的基本要求

1. 注册会计师应当针对每一相关认定获取控制有效性的审计证据，以便对内部控制整体的有效性发表意见，但没有责任对单项控制的有效性发表意见。

2. 注册会计师没有必要测试与某项相关认定有关的所有控制。

3. 在确定是否测试某项控制时，注册会计师应当考虑该项控制单独或连同其他控制，是否足以应对评估的某项相关认定的错报风险。

（二）选择拟测试的控制的考虑因素

注册会计师在选取拟测试的控制时，通常不会选取整个流程中的所有控制，而是选择关键控制，即能够为一个或多个重要账户或列报的一个或多个相关认定提供最有效果或最有效率的证据的控制。每个重要账户、认定或重大错报风险至少应当有一个对应的关键控制。

在选择关键控制时，注册会计师要考虑：

1. 哪些控制是不可缺少的；2. 哪些控制直接针对相关认定；3. 哪些控制可以应对错误或舞弊导致的重大错报风险；4. 控制的运行是否足够精确。

选取关键控制需要注册会计师作出职业判断。注册会计师无须测试那些即使有缺陷也合理预期不会导致财务报表重大错报的控制。

在采用自上而下的方法执行内部控制审计时，如果识别并选取了能够充分应对重大错报风险的控制，则不需要再测试针对同样认定的其他控制。注册会计师在考虑是否有必要测试业务流程、应用系统或交易层面的控制之前，首先要考虑测试那些与重要账户的认定相关的企业层面控制的有效性。如果企业层面控制是有效的且得到精确执行，能够及时防止或发现并纠正影响一个或多个认定的重大错报，注册会计师可能不必就所有流程、交易或应用层面的控制的运行有效性获取审计证据。

企业管理层在执行内部控制自我评价时选择测试的控制，可能多于注册会计师认为为了评价内部控制的有效性有必要测试的控制。管理层的这种决定，不影响注册会计师的控制测试决策，注册会计师只需要测试那些对形成内部控制审计意见有重大影响的控制。

【例3-2018-单选题】在执行内部控制审计时，下列有关注册会计师选择拟测试的控制的说法中，错误的是（　　）。

A. 注册会计师应当选择测试对形成内部控制审计意见有重大影响的控制

B. 注册会计师无须测试即使有缺陷也合理预期不会导致财务报表重大错报的控制

C. 注册会计师通常选择能够为一个或多个重要账户或列报的一个或多个相关认定提供最有效果或最有效率的证据进行测试

D. 注册会计师选择拟测试的控制，应当涵盖企业管理层在执行内部控制自我评价时测试的控制

【答案】D

学堂点拨

选项D，企业管理层在执行内部控制自我评价时选择测试的控制的范围是可能多于注册会计师认为为了评价内部控制的有效性有必要测试的控制。

第四节　测试控制的有效性

微信扫一扫
习题免费练

知识点提示

内部控制的有效性包括内部控制设计的有效性和内部控制运行的有效性。注册会计师应当测试控制设计的有效性。如果某项控制由拥有有效执行控制所需的授权和专业胜任能力的人员按规定的程序和要求执行，能够实现控制目标，从而有效地防止或发现并纠正可能导致财务报表发生重大错报的错误或舞弊，则表明该项控制的设计是有效的。

按照自上而下的测试方法，又进一步分为企业层面控制的测试和业务流程、应用系统或交易层面的控制的测试。

知识点　测试内部控制的有效性（★★）

一、内部控制的有效性

如果被审计单位利用第三方的帮助完成一些财务报告工作，注册会计师在评价负责财务报告及相关控制的人员的专业胜任能力时，可以一并考虑第三方的专业胜任能力。

注册会计师获取的有关控制运行有效性的审计证据包括：

1．控制在所审计期间的相关时点是如何运行的；2．控制是否得到一贯执行；3．控制由谁或以何种方式执行。

二、与控制相关的风险

与控制相关的风险包括一项控制可能无效的风险，以及如果该控制无效，可能导致重大缺陷的风险。与控制相关的风险越高，注册会计师需要获取的审计证据就越多。

下列因素影响与某项控制相关的风险：

1．该项控制拟防止或发现并纠正的错报的性质和重要程度；2．相关账户、列报及其认定的固有风险；3．交易的数量和性质是否发生变化，进而可能对该项控制设计或运行的有效性产生不利影响；4．相关账户或列报是否曾经出现错报；5．企业层面控制（特别是监督其他控制的控制）的有效性；6．该项控制的性质及其执行频率；7．该项控制对其他控制（如控制环境或信息技术一般控制）有效性的依赖程度；8．执行该项控制或监督该项控制执行的人员的专业胜任能力，以及其中的关键人员是否发生变化；9．该项控制是人工控制还是自动化控制；10．该项控制的复杂程度，以及在运行过程中依赖判断的程度。

在连续审计中，影响与控制相关的风险的因素除上述因素外，还包括：

1．以前审计所执行的审计程序的性质、时间安排和范围；2．以前审计控制测试的结果；3．自上次审计以来控制或流程是否发生变化。

三、测试控制有效性的程序的性质

测试控制有效性的审计程序类型包括询问、观察、检查和重新执行。以下分别对四种审计程序类型予以说明。

（一）询问

注册会计师通过与被审计单位有关人员进行讨论可以取得与内部控制相关的信息。

但是，仅实施询问程序不能为某一特定控制的有效性提供充分、适当的证据。注册会计师还需要获取其他信息以印证询问所取得的信息，包括被审计单位其他人员的佐证，控制执行时所使用的报告、手册或其他文件等。

虽然询问是一种有用的手段，但它必须与其他测试手段结合使用才能发挥作用。

（二）观察

1．观察是测试运行不留下书面记录的控制的有效方法。

例如，对于与职责分离相关的控制，注册会计师需要获得第一手证据，不仅通过询问取得关于责任分工的信息，而且通过实地观察，证实责任分工控制是按规定执行的。

2．观察也可运用于测试对实物的控制。

例如查看仓库门是否锁好，或空白支票是否妥善保管。通常情况下，注册会计师通过观察直接获取的证据比间接获取的证据更可靠。

3．观察可以提供执行有关过程或程序的审计证据，但观察所提供的审计证据仅限于观察发生的时点，而且被观察人员的行为可能因被观察而受到影响，这也会使观察提供的审计证据受到限制。

例如注册会计师可以通过观察处理现金收款的过程以对现金收款的控制进行测试，但是由于观察只针对某一时点，因此注册会计师需要结合运用询问以及检查相关的文件，以获得更多对于某一段时期内部控制运行有效性的证据。

（三）检查

1. 检查通常用于确认控制是否得以执行。

例如对偏差报告进行调查与跟进这一控制，负责调查和跟进的人员在偏差报告中添加的书面说明、管理人员审核时留下的记号，或其他标记都可以作为控制得到执行的证据。注册会计师需要检查显示控制得以执行的、可以合理预期其存在的证据。缺乏证据可能表示控制没有按规定运行，注册会计师需要执行进一步程序以确定事实上是否存在有效的控制。

2. 检查记录和文件可以提供可靠程度不同的审计证据，审计证据的可靠性取决于记录或文件的性质和来源，而在检查内部记录和文件时，其可靠性则取决于生成该记录或文件的内部控制的有效性。

例如被审计单位通过定期复核账龄分析表应对应收账款计价认定错报，如果账龄分析表不准确或不完整，就会影响控制的有效性。

3. 在有些情况下，存在书面证据不一定表明控制一定有效。

例如凭证审核是一种常见的控制，但是看到签名不一定能证明审核人员认真审核了凭证，审核人员可能只粗略浏览凭证，甚至未审核而直接签名。因此通过检查凭证签名获得的审计证据的质量可能不具有说服力。

（四）重新执行

重新执行的目的是评价控制的有效性而不是测试特定交易或余额的存在或准确性，即定性而非定量，因此一般不必选取大量的项目，也不必特意选取金额重大的项目进行测试。

例如，测试管理层审核银行余额调节表这一控制时，根据测试目的，注册会计师可以检查银行余额调节表是否存在，浏览调节事项是否得到适当处理，以及检查调节表上是否有编制者和审批者的签字。如果需要更多的审计证据，例如发现调节表上有非正常项目时，可以考虑重新执行调节过程以确定控制是否有效。重新执行通常包括重新执行审核者实施的步骤，如将调节表上的金额与相关支持性文件进行核对，查看与非正常调节项目相关的支持性文件及对有关调节事项做进一步调查等。如果注册会计师认为银行调节表编制不当但审核者仍然签名，就需要跟进了解为什么在这种情况下审核者仍然认可调节表，以便决定这种审核是否有效。

四、控制测试的时间安排

（一）控制测试时间的选择

为了获取充分、适当的审计证据，注册会计师应当在下列两个因素之间作出平衡，以确定测试的时间：

1. 尽量在接近基准日实施测试；

2. 实施的测试需要涵盖足够长的期间。

（二）控制测试时间安排方案

在整合审计中测试控制在整个会计年度的运行有效性时：

1. 注册会计师可以进行期中测试，然后对剩余期间实施前推测试；

2. 将样本分成两部分，一部分在期中测试，剩余部分在临近年末的期间测试。

（三）针对剩余期间控制运行有效性获取审计证据

注册会计师执行内部控制审计业务旨在对基准日内部控制有效性出具报告。如果已获取有关控制在期中运行有效性的审计证据，注册会计师应当确定还需要获取哪些补充审计证据，以证实剩余期间控制的运行情况。

在将期中测试结果前推至基准日时，注册会计师应当考虑下列因素以确定需获取的补充审计证据：

1. 基准日之前测试的特定控制，包括与控制相关的风险、控制的性质和测试的结果；2. 期中获取的有关审计证据的充分性和适当性；3. 剩余期间的长短；4. 期中测试之后，内部控制发生重大变化的可能性；5. 注册会计师基于对控制的依赖程度拟减少进一步实质性程序的程度（仅适用于整合审计）；6. 控制环境。

（四）自动化控制的控制测试

自动化控制一旦被证明其运行有效，通常不会发生运行故障或质量下降的情况，前提是存在适当且持续有效的信息技术一般控制。

如果信息技术一般控制有效且关键的自动化控制未发生任何变化，注册会计师就不需要对该自动化控制实施前推测试，但是，如果注册会计师在期中对重要的信息技术一般控制实施了测试，则通常还需要对其实施前推程序（证明一般控制持续有效）。

【例-2019-单选题】对于内部控制审计业务，下列有关控制测试的时间安排的说法中，错误的是（　　）。

A．注册会计师应当获取内部控制在基准日之前一段足够长的期间内有效运行的审计证据

B．注册会计师对控制有效性测试的实施越接近基准日，提供的控制有效性的审计证据越有力

C．如果被审计单位在所审计年度内对控制作出改变，注册会计师应当对新的控制和被取代的控制分别实施控制测试

D．如果已获取有关控制在期中运行有效性的审计证据，注册会计师应当获取补充证据，将期中测试结果前推至基准日

【答案】C

学堂点拨

如果被审计单位为了提高控制效果和效率或整改控制缺陷而对控制作出改变，注册会计师应当考虑这些变化并适当予以记录。如果注册会计师认为新的控制能够满足控制的相关目标，而且新控制已运行足够长的时间，足以使注册会计师通过实施控制测试评估其设计和运行的有效性，则注册会计师不再需要测试被取代的控制的设计和运行有效性、但是如果被取代的控制的运行有效性对注册会计师执行财务报表审计时的控制风险评估具有重要影响，注册会计师应当适当地测试这些被取代的控制的设计和运行的有效性。

五、控制测试的范围

注册会计师在测试控制的运行有效性时，应当在考虑与控制相关的风险的基础上，确定测试的范围（样本规模）。注册会计师确定的测试范围，应当足以使其能够获取充分、适当的审计证据，为基准日内部控制是否不存在重大缺陷提供合理保证。

（一）测试人工控制的最小样本规模

在测试人工控制时，如果采用检查或重新执行程序，注册会计师测试的最小样本规模区间参见表20-2。

表 20-2　测试人工控制的最小样本规模区间

控制运行频率	控制运行的总次数	测试的最小样本规模区间
每年1次	1	1
每季1次	4	2
每月1次	12	2～5
每周1次	52	5～15
每天1次	250	20～40
每天多次	大于250次	25～60

在下列情况下，注册会计师可以使用表20-2中测试的最小样本规模区间的最低值：

1．与账户及其认定相关的固有风险和舞弊风险为低水平；2．是日常控制，执行时需要的判断很少；3．从穿行测试得出的结论和以前年度审计的结果表明未发现控制缺陷；4．管理层针对该项控制的测试结果表明未发现控制缺陷；5．存在有效的补偿性控制，且管理层针对补偿性控制的测试结果为运行有效；6．根据对控制的性质以及内部审计人员客观性和胜任能力的考虑，注册会计师拟更多地利用他人的工作。

在作出使用表20-2中测试的最小样本规模区间最低值的判断时，上述条件无须全部具备。

【案例】某公司存在一项每月运行1次的控制，如某一员工对50个银行账户每月编制银行余额调节表。

1．计算控制每年运行的总次数，12×50＝600。

2．根据总次数选择表20-2中对应的部分，应为大于250次，每天多次，样本规模应为25～60。

3．如果由多个人员执行同一控制，应当分别确定总体，针对每个人员确定样本规模。如果由2个人执行600次控制，样本规模应为25，即应针对每个人测试25次，一共50个样本。

4．在确定控制运行的总次数时，还要注意拟测试的控制是否是同质的，能否作为一个总体。在本例中，如果由统一的财务主管复核每个人编制的银行余额调节表，通过了解和评价财务主管的复核控制，可以保证经复核的控制是同质的，则可以将两个人执行的控制作为一个总体。

（二）测试自动化应用控制的最小样本规模

信息技术处理具有内在一贯性，除非系统发生变动，一项自动化应用控制应当一贯运行。对于一项自动化应用控制，一旦确定被审计单位正在执行该控制，注册会计师通常无须扩大控制测试的范围，但需要考虑执行下列测试以确定该控制持续有效运行：

1．测试与该应用控制有关的一般控制的运行有效性；2．确定系统是否发生变动，如果发生变动，是否存在适当的系统变动控制；3．确定对交易的处理是否使用授权批准的软件版本。

（三）发现偏差时的处理

1．由于有效的内部控制不能为实现控制目标提供绝对保证，单项控制并非一定要毫无偏差地运行，才被认为有效。2．注册会计师应当考虑偏差的原因及性质，如果发现的控制偏差是系统性偏差或人为有意造成的偏差，注册会计师应当考虑舞弊的可能迹象以及对审计方案的影响。3．当测试发现一项控制偏差，且该偏差不是系统性偏差时，注册会计师可以扩大样本规模进行测试。如果测试后再次发现偏差，则注册会计师可以得出该控制无效的结论；如果扩大样本规模没有再次发现偏差，则注册会计师可以得出控制有效的结论。

第五节 企业层面控制的测试

微信扫一扫
习题免费练

知识点 企业层面控制的测试（★★★）

一、企业层面控制的含义

1. 企业层面的控制通常为应对企业财务报表整体层面的风险而设计，通常在比业务流程更高的层面上乃至整个企业范围内运行。

2. 作用比较广泛，通常不局限于某个具体认定。

二、企业层面控制的内容

（一）与控制环境相关的控制

在了解和测试控制环境时，注册会计师需要考虑的方面主要包括：

1. 管理层的理念和经营风格；

2. 是否营造并保持了诚信和合乎道德的文化；

3. 是否了解并监督财务报告过程和内部控制。

在进行内部控制审计时，注册会计师可以首先了解控制环境的各个要素，在此过程中注册会计师应当考虑其是否得到执行。在了解的基础上，注册会计师可以选择那些对财务报告内部控制有效性的结论产生重要影响的企业层面控制进行测试。

（二）针对管理层和治理层凌驾于控制之上的风险而设计的控制

一般而言，针对凌驾风险采用的控制可以包括但不限于：

1. 针对重大的异常交易（尤其是那些导致会计分录延迟或异常的交易）的控制；

2. 针对关联方交易的控制；

3. 与管理层的重大估计相关的控制；

4. 能够减弱管理层伪造或不恰当操纵财务结果的动机及压力的控制；

对于能够减弱管理层伪造或不恰当操纵财务结果的动机及压力的控制，注册会计师一般可以（但不限于）考虑下列流程及相关控制：

（1）薪酬委员会（或类似机构）在公司制定薪酬及激励过程中的角色，以及其薪酬激励是否通过该委员会的研究及审批，以确保激励部分不会过高从而增加人为错报的风险；

（2）管理层每年制定的预算是否基于实际经营状况并且通过合理的分析而编制，以确保年度预算不会过于进取或保守从而增加人为错报的风险；

（3）内部审计部门是否会关注因管理层动机或压力而导致的错报风险，并且定期进行检查，查找被审计单位是否存在人为调整财务业绩的情况。

5. 建立内部举报投诉制度。

（三）被审计单位的风险评估过程

风险评估过程包括识别与财务报告相关的经营风险，以及针对这些风险所采取的措施。被审计单位需要有充分的内部控制去识别来自外部环境的风险，充分且适当的风险评估过程应当包括对重大风险的估计，对风险发生可能性的评定以及确定应对方法。

（四）对内部信息传递和期末财务报告流程的控制

财务报告流程的内部控制可以确保管理层按照适当的会计准则编制合理、可靠的财务报告，以对外进行报告。

期末财务报告流程包括：

1. 将交易总额登入总分类账的程序；2. 与会计政策的选择和运用相关的程序；3. 总分类账中会计分录的编制、批准等处理程序；4. 对财务报表进行调整的程序；5. 编制财务报表的程序。

注册会计师应当从下列方面评价期末财务报告流程：

1. 被审计单位财务报表的编制流程，包括输入、处理及输出；2. 期末财务报告流程中运用信息技术的程度；3. 管理层中参与期末财务报告流程的人员；4. 纳入财务报表编制范围的组成部分；5. 调整分录及合并分录的类型；6. 管理层和治理层对期末财务报告流程进行监督的性质及范围。

由于期末财务报告流程通常发生在管理层评价日之后，注册会计师一般只能在该日之后测试相关控制。

（五）对控制有效性的内部监督（即监督其他控制的控制）和内部控制评价

管理层的一项重要职责就是持续不断地建立和维护控制。管理层对控制的监督包括考虑控制是否按计划运行，以及控制是否根据情况的变化作出恰当修改。控制监督可以在企业层面或业务流程层面上实施。对于企业或业务流程层面的监督可以通过持续的监督和管理活动、审计委员会或内部审计部门的活动，以及自我评价的方式等来实现。

在对被审计单位对控制有效性的内部监督进行了解和对其有效性进行测试时，注册会计师还可以特别考虑如下因素：

1. 管理层是否定期地将会计系统中记录的数额与实物资产进行核对；

2. 管理层是否为保证内部审计活动的有效性而建立了相应的控制；

3. 管理层是否建立了相关的控制以保证自我评价或定期的系统评价的有效性；

4. 管理层是否建立了相关的控制以保证监督性控制能够在一个集中的地点有效进行，如共享服务中心等。

（六）集中化的处理和控制（包括共享的服务环境）

1. 采用集中化管理可以降低各个下属单位或分部负责人对该单位或分部财务报表的影响，并且可能会使财务报表相关的内部控制更为有效，所以集中化的财务管理可能有助于降低财务报表错报的风险。

2. 特定服务对象单位与财务报表相关的风险越大，注册会计师在进行内部控制测试过程中可能更需要到共享服务中心或其服务对象单位测试与特定服务对象单位相关的内部控制。

3. 注册会计师可以考虑在较早的阶段执行对共享服务中心内部控制的有效性测试。

4. 注册会计师还可以关注共享服务中心与财务报表相关的信息技术系统。

（七）监督经营成果的控制

监督经营成果的控制可以视为所有监督性内部控制的一种。一般而言，管理层对于各个单位或业务部门经营情况的监控是企业层面的主要内部控制之一。

注册会计师在了解和测试与监督经营成果相关的企业层面的内部控制时可以考虑的因素包括（但不限于）：

1. 管理层是否定期将经营成果与预算进行对比分析及复核，以分析财务资料是否存在异常情况；

2. 是否定期编制主要经营指标并对这些指标进行审阅及分析，以分析财务资料是否存在异常情况；

3. 是否定期更新经营预测，并且与期末的实际经营结果进行对比分析。

此外，监督经营成果的控制还可能包括在控制环境以及风险评估流程方面的监控，具体包括（但不限于）：

1. 对客户投诉报告的复核及分析，以查找被审计单位的各个下属单位或业务部门是否存在违规、不合法或管理不善的情况；

2. 对违反被审计单位政策或守则行为的处理的复核；

3. 对与员工报酬或晋升相关的员工业绩评价流程的复核，以确定企业内部公平及平衡的奖惩制度的执行；

4. 对企业记录的财务报表编制流程中存在的主要风险的复核，以考虑企业内部及外部存在的可能导致财务报表错报的重大风险是否已经被清楚地反映。

在了解监督经营成果相关的控制时，注册会计师可以从性质上分析这些监督经营成果的控制是否有足够的精确程度以取代对业务流程、应用系统或交易层面的控制的测试。

例如，如果管理层对财务报表的定期复核缺乏足够的精确度，注册会计师可能需要对被审计单位的财务报表编制流程中的内部控制进行测试，但是，如果这些监督经营成果的内部控制是有效的，注册会计师可以考虑减少对其他控制的测试。

（八）针对重大经营控制及风险管理实务的政策

保持良好的内部控制的企业通常针对重大经营控制及风险管理实务采用相应的内部控制政策，在对内部控制进行审计时，注册会计师在这方面可以考虑的主要因素包括（但不限于）：

1. 企业是否建立了重大风险预警机制，明确界定哪些风险是重大风险，哪些事项一旦出现必须启动应急处理机制。应急预案、预警机制等相关的政策和方案应非常明确地传达到相关人员，一旦出现紧急情况，企业能够在第一时间作出反应，将损失降到最低；

2. 企业是否建立了突发事件应急处理机制，确保突发事件得到及时妥善处理。注册会计师可以关注突发事件应急管理机制，例如，事前的预防、发生突发事件的应急处理、事后相关措施的改进。

【例–多选题】各项中，属于企业层面控制的有（　　）。

A. 与控制环境相关的控制

B. 针对管理层和治理层凌驾于控制之上的风险而设计的控制

C. 对内部信息传递和期末财务报告流程的控制

D. 为应对交易和账户余额认定的重大错报风险而设计的控制

【答案】ABC

学堂点拨

选项D属于业务流程、应用系统或交易层面的控制。

第六节 业务流程、应用系统或交易层面的控制的测试

知识点 业务流程、应用系统或交易层面的控制的测试（★★★）

微信扫一扫
习题免费练

在内部控制审计中，注册会计师需要在初步计划审计工作时识别被审计单位财务报表中的重要账户、列报及其相关认定。对相关认定获取有关控制有效性的审计证据包括与认定直接相关的企业层面控制和流程、交易和应用层面控制有效性的审计证据。

一、了解企业经营活动和业务流程

在实务中，通常可以将被审计单位的整个经营活动划分为几个重要的业务循环（又称“业务流程”），有助于注册会计师更有效地了解和评估重要业务流程及相关控制。通常，对制造业企业，可以划分为销售与收款循环、采购与付款循环、存货与生产循环、工资与人员循环、筹资与投资循环等。

在了解业务流程前，注册会计师还需要考虑以下事项：

1. 该业务流程中的交易所影响的重要账户及其相关认定；

2. 注册会计师已经识别的有关这些重要账户及其相关认定的经营风险和财务报表重大错报风险；

3. 交易生成、记录、处理和报告的过程以及相关的信息技术处理系统。

（1）注册会计师可以通过检查被审计单位的手册和其他书面指引获得有关信息，还可以通过询问和观察来获得全面的了解。

（2）向负责处理具体业务人员的上级进行询问通常更加有效，因为这些人员很可能对分管的整个业务流程十分熟悉。

（3）注册会计师可以检查并在适当的情况下保存部分被审计单位文件（如流程图、程序手册、职责描述、文件、表格等）的复印件，可以考虑在图表及流程图上加入自己的文字表述。

二、识别可能发生错报的环节

1. 注册会计师需要了解和确认被审计单位应在哪些环节设置控制，以防止或发现并纠正各重要业务流程可能发生的错报。

2. 注册会计师所关注的控制，是那些能通过防止错报的发生，或者通过发现和纠正已有错报，从而确保每个流程中业务活动能够顺利运转的人工或自动化控制程序。

3. 注册会计师通过设计一系列关于控制目标是否实现的问题，从而确认某项业务流程中需要加以控制的环节。

表 20-3 销售交易中的控制目标示例

控制目标是否实现	相关认定
怎样确保没有记录虚构或重复的销售？	发生
怎样确保所有的销售和收款均已记录？	完整性
怎样保证货物运送给正确的收货人？	发生
怎样保证发货单据只有在实际发货时才开具？	发生
怎样保证发票正确反映了发货的数量？	准确性

为实现某项审计目标而设计问题的数量，取决于下列因素：

（1）业务流程的复杂程度；

（2）业务流程中发生错报而未能被发现的概率；

（3）是否存在一种具有实效的总体控制来实现控制目标。例如，将仓库的发货日志中记录的发货数量与销售日记账中登记的数量定期进行核对调节，这一控制可以同时实现发生、完整性、截止等多个控制目标。

三、识别和了解相关控制

通过对被审计单位的了解，包括对被审计单位企业层面控制的了解，以及在上述程序中对重要业务流程的了解，注册会计师需要进一步了解流程、交易和应用层面的控制。针对业务流程中容易发生错报的环节，注册会计师应当确定：

1. 被审计单位是否建立了有效的控制，以防止或发现并纠正这些错报；

2. 被审计单位是否遗漏了必要的控制；

3. 是否识别了可以最有效测试的控制。

（1）控制的类型包括预防性控制和检查性控制。

①预防性控制（详见表20-4）。

表 20-4　预防性控制的描述与错报

对控制的描述	拟防止的错报
计算机程度自动生成收货报告，同时更新采购档案。	防止出现购货漏记账的情况。
在更新采购档案之前必须先有收货报告。	防止记录未收到货物的采购交易。
销货发票上的价格根据价格清单上的信息确定。	防止销货计价错误。
计算机将各凭证上的账户号码与会计科目表对比，然后进行一系列的逻辑测试。	防止出现分类错报。

②检查性控制（详见表20-5）。

表 20-5　检查性控制的描述与错报

对控制的描述	控制预算查出的错报
定期编制银行存款余额调节表，跟踪调查调节项目。	在对其他项目进行审核的同时，查找银收企未收项目、银付企未付项目或虚构入账的不真实的银行收支项目，未及时入账或未正确汇总分类的银行收支项目。
计算机每天比较运出货物的数量和开票数量。如果发现差异，产生报告，由开票主管复核和追查。	查找没有开票和记录的出库货物，以及与真实发货无关的发票。
每季度复核应收账款贷方余额并找出原因。	查找没有记录的发票和销售与现金收入中的分类错误。

如果确信存在以下情况，那么就可以将检查性控制作为一个主要的手段，来合理保证某特定认定发生重大错报的可能性较小：

a. 控制所检查的数据是完整、可靠的；b. 控制对于发现重大错报足够敏感；c. 发现的所有重大错报都将被纠正。

【例-2017-单选题】下列各项中，属于预防性控制的是（　　）。

A. 财务主管定期盘点现金和有价证券

B. 董事会复核并批准由管理层编制的财务报表

C. 由不同的员工负责职工薪酬档案的维护和职工薪酬的计算

D. 管理层分析评价实际业绩与预算的差异，并针对超过规定金额的差异调查原因

【答案】C

学堂点拨

选项A、B、D是检查性控制。

（2）识别和了解控制采用的主要方法是，询问被审计单位各级别的负责人员。应首先询问级别较高的人员，再询问级别较低的人员从级别较低人员处获取的信息，应向级别较高的人员核实其完整性。

（3）注册会计师并不需要了解与每一控制目标相关的所有控制。控制与认定直接或间接相关，关系越间接，控制对防止或发现并纠正认定错报的效果越小，注册会计师应考虑识别和了解与认定关系更直接、更有效的控制。

例如，将实际发货数量与开票数量进行核对调节的程序，比复核毛利率或进行实际销售和预算销售的比较更能发现未开票的发货，因此注册会计师应重点考虑和识别该项控制。

（4）如果在之后的穿行测试中，注册会计师发现已识别的控制实际并未得到执行，则应当重新针对该项控制目标识别是否存在其他的控制。

四、记录相关控制

针对被审计单位已设置的控制，注册会计师应将其记录于工作底稿，同时记录由谁执行该控制。

第七节　信息系统控制的测试

微信扫一扫
习题免费练

知识点　信息系统控制的测试（★★★）

在信息技术环境下，手工控制的基本原理与方式在信息环境下并不会发生实质性的改变，注册会计师仍需要按照标准执行相关的审计程序，而对于自动控制，就需要从信息技术一般控制审计与信息技术应用控制审计两方面进行考虑。

一、信息技术一般控制测试

信息技术一般控制包括程序开发、程序变更、程序和数据访问以及计算机运行四个方面。

二、信息技术应用控制测试

信息技术应用控制一般要经过输入、处理及输出等环节，与手工控制一样，自动系统控制同样关注信息处理目标的四个要素：完整性、准确性、经过授权和访问限制。

所有的自动应用控制都会有一个手工控制与之相对应。因此，理论上，在测试时，每个自动系统控制都要与其对应的手工控制一起进行测试，才能得到控制是否可信赖的结论。

三、信息技术应用控制与信息技术一般控制之间的关系

1. 许多应用系统中包含很多编辑检查来帮助确保录入数据的准确性。编辑检查可能包括格式检查（如日期格式或数字格式）、存在性检查（如客户编码存在于客户主数据文档之中），或合理性检查（如最大支付金额）。

2. 如果带有关键的编辑检查功能的应用系统所依赖的计算机环境存在信息技术一般控制的缺陷，注册会计师可能就不能信赖上述编辑检查功能按设计发挥作用。

第八节　内部控制缺陷评价

微信扫一扫
习题免费练

内部控制存在的缺陷包括设计缺陷和运行缺陷。注册会计师应当评价其识别的各项控制缺陷的严重程度，以确定这些缺陷单独或组合起来是否构成内部控制的重大缺陷，但是，在计划和实施审计工作时，不要求注册会计师寻找单独或组合起来不构成重大缺陷的控制缺陷。

如果被审计单位在基准日前对存在缺陷的控制进行了整改，整改后的控制需要运行足够长的时间，才能使注册会计师得出其是否有效的审计结论。注册会计师应当根据控制的性质和与控制相关的风险，合理运用职业判断，确定整改后控制运行的最短期间（或整改后控制的最少运行次数）以及最少测试数量。

知识点1　控制缺陷的分类（★★★）

一、按缺陷性质分类

内部控制存在的缺陷按性质分类包括设计缺陷和运行缺陷。

（一）设计缺陷

设计缺陷是指缺少为实现控制目标所必需的控制，或现有控制设计不适当，即使正常运行也难以实现预期的控制目标。

（二）运行缺陷

运行缺陷是指现存设计适当的控制没有按设计意图运行，或执行人员没有获得必要授权或缺乏胜任能力，无法有效地实施内部控制。

二、按缺陷严重程度分类

内部控制存在的缺陷，按其严重程度分为重大缺陷、重要缺陷和一般缺陷。

（一）重大缺陷

重大缺陷是内部控制中存在的、可能导致不能及时防止或发现并纠正财务报表出现重大错报的一项控制缺陷或多项控制缺陷的组合。

（二）重要缺陷

重要缺陷是内部控制中存在的、其严重程度不如重大缺陷但足以引起负责监督被审计单位财务报告的人员（如审计委员会或类似机构）关注的一项控制缺陷或多项控制缺陷的组合。

（三）一般缺陷

一般缺陷是内部控制中存在的、除重大缺陷和重要缺陷之外的控制缺陷。

知识点2 评价控制缺陷的严重程度（★★★）

一、对注册会计师的要求

1. 注册会计师应当评价其识别的各项控制缺陷的严重程度，以确定这些缺陷单独或组合起来，是否构成内部控制的重大缺陷。

2. 在计划和实施审计工作时，不要求注册会计师寻找单独或组合起来不构成重大缺陷的控制缺陷。

二、控制缺陷严重程度的影响因素

（一）控制不能防止或发现并纠正账户或列报发生错报的可能性的大小

1. 控制缺陷的严重程度与错报是否发生无关，而取决于控制不能防止或发现并纠正错报的可能性的大小。

2. 评价控制缺陷是否可能导致错报时，注册会计师无须将错报发生的概率量化为某特定的百分比或区间。

3. 注册会计师应当确定，对于同一重要账户、列报及其相关认定或内部控制要素产生影响的各项控制缺陷，组合起来是否构成重大缺陷。

在评价一项控制缺陷或多项控制缺陷的组合是否可能导致账户或列报发生错报时，注册会计师应当考虑的风险因素包括：

（1）所涉及的账户、列报及其相关认定的性质；（2）相关资产或负债易于发生损失或舞弊的可能性；（3）确定相关金额时所需判断的主观程度、复杂程度和范围；（4）该项控制与其他控制的相互作用或关系；（5）控制缺陷之间的相互作用；（6）控制缺陷在未来可能产生的影响。

（二）因一项或多项控制缺陷导致的潜在错报的金额大小

1. 在评价因一项或多项控制缺陷导致的潜在错报的金额大小时，注册会计师应当考虑的因素包括：（1）受控制缺陷影响的财务报表金额或交易总额；（2）在本期或预计的未来期间受控制缺陷影响的账户余额或各类交易涉及的交易量。

2. 在评价潜在错报的金额大小时，账户余额或交易总额的最大多报金额通常是已记录的金额，但其最大少报金额可能超过已记录的金额。

三、对补偿性控制的考虑

1. 在确定一项控制缺陷或多项控制缺陷的组合是否构成重大缺陷时，注册会计师应当评价补偿性控制的影响。

2. 在评价补偿性控制是否能够弥补控制缺陷时，注册会计师应当考虑补偿性控制是否有足够的精确度以防止或发现并纠正可能发生的重大错报。

四、控制缺陷评价流程——四大步三小步测试法

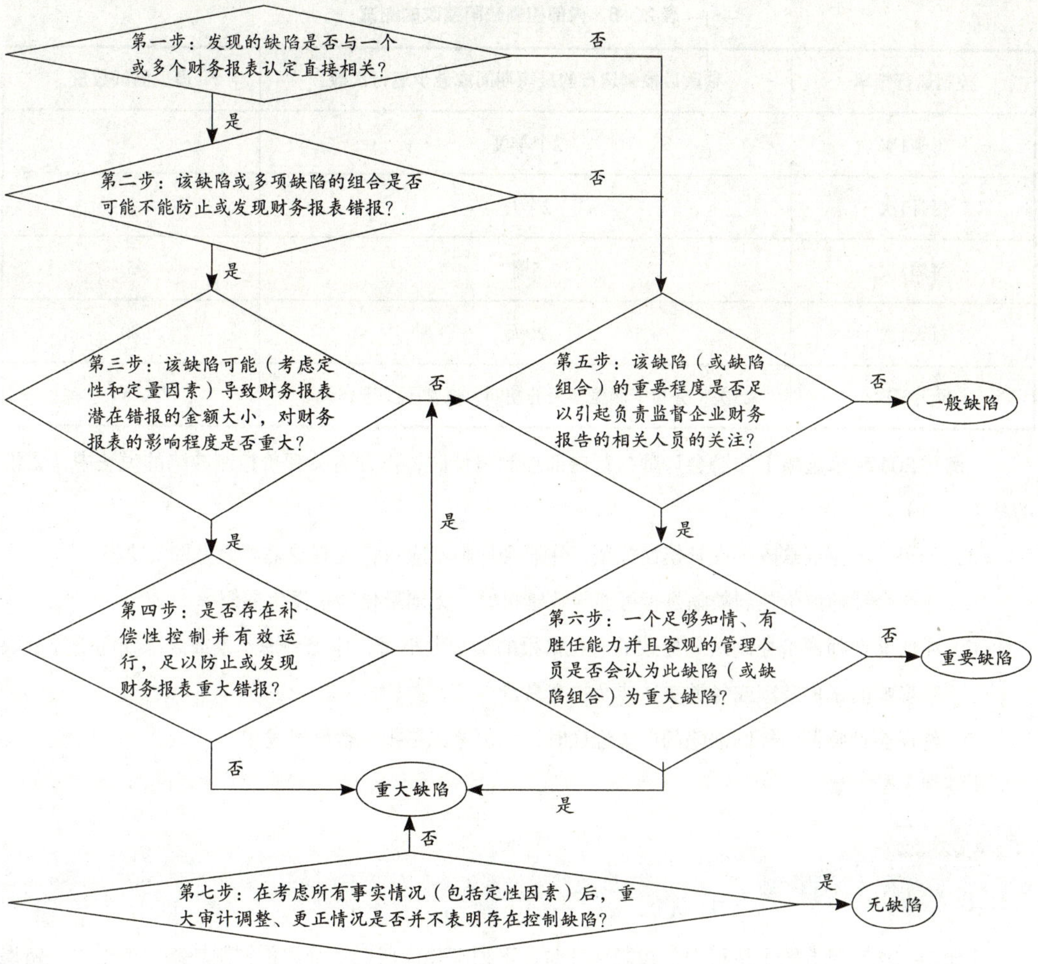

图 20-1 控制缺陷评价流程

知识点3 内部控制缺陷整改

一、内部控制缺陷整改及评价

1. 如果被审计单位在基准日前对存在缺陷的控制进行整改，整改后的控制需要运行足够长的时间，才能使注册会计师得出其是否有效的审计结论。

2. 如果被审计单位在基准日前对存在重大缺陷的内部控制进行了整改，但新控制尚没有运行足够长的时间，注册会计师应当将其视为内部控制在基准日存在重大缺陷。

二、内部控制缺陷整改的测试

注册会计师应当根据控制的性质和与控制相关的风险，合理运用职业判断，确定整改后控制运行

的最短期间（或整改后控制的最少运行次数）以及最少测试数量。

表 20-6 内部控制缺陷整改的测试

控制运行频率	整改后控制运行的最短期间或最少运行次数	最少测试数量
每季1次	2个季度	2
每月1次	2个月	2
每周1次	5周	5
每天1次	20天	20
每天多次	25次（分布于涵盖多天的期间，通常不少于15天）	25

【例1-2017-单选题】注册会计师执行内部控制审计时，下列有关评价控制缺陷的说法中，错误的是（　　）。

A．如果一项控制缺陷存在补偿性控制，注册会计师不应将该控制缺陷评价为重大缺陷

B．注册会计师评价控制缺陷是否可能导致错报时，无须量化错报发生的概率

C．注册会计师评价控制缺陷导致的潜在错报的金额大小时，应当考虑本期或未来期间受控制缺陷影响的账户余额或各类交易涉及的交易量

D．注册会计师评价控制缺陷的严重程度时，无须考虑错报是否已经发生

【答案】A

学堂点拨

即使存在补偿性控制，在满足一定的条件下也有可能评估为重大缺陷。

【例2-2019-单选题】执行内部控制审计时，下列有关注册会计师评价控制缺陷的说法中，错误的是（　　）。

A．在评价控制缺陷的严重程度时，注册会计师无须考虑错报是否发生

B．在评价一项控制缺陷或多项控制缺陷组合是否构成重大缺陷时，注册会计师应当考虑补偿性控制的影响

C．在评价控制缺陷是否可能导致错报时，注册会计师无须量化错报发生的概率

D．如果被审计单位在基准日完成了对所有存在缺陷的内部控制的整改，注册会计师可以评价认为内部控制在基准日运行有效

【答案】D

学堂点拨

如果被审计单位在基准日前对存在缺陷的控制进行了整改，整改后的控制需要运行足够长的时间，才能使注册会计师得出其是否有效的审计结论。

第九节 出具审计报告

微信扫一扫
习题免费练

注册会计师应当对获取的证据进行评价，形成对内部控制有效性的意见。注册会计师应当评价从各种来源获取的审计证据，包括对控制的测试结果、财务报表审计中发现的错报以及已识别的所有控制缺陷，形成对内部控制有效性的意见。

注册会计师在完成内部控制审计工作后，应当出具内部控制审计报告。审计意见类型包括无保留意见的内部控制审计报告和非无保留意见的内部控制审计报告。注意两种报告的范例。

知识点1 形成审计意见（★★★）

1. 会计师应当评价从各种来源获取的审计证据，形成对内部控制有效性的意见。

2. 在评价审计证据时，注册会计师应当查阅本年度涉及内部控制的内部审计报告或类似报告，并评价这些报告中指出的控制缺陷。

3. 只有在审计范围没有受到限制时，注册会计师才能对内部控制的有效性形成意见。如果审计范围受到限制，注册会计师需要解除业务约定或出具无法表示意见的内部控制审计报告。

4. 在对内部控制的有效性形成意见后，注册会计师应当评价企业内部控制评价报告对相关法律法规规定的要素的列报是否完整和恰当。

5. 在整合审计中，注册会计师在完成内部控制审计和财务报表审计后，应当分别对内部控制和财务报表出具审计报告，并签署相同的日期。

根据中国证监会《上市公司实施企业内部控制规范体系监管问题解答》的规定，公开发行证券的公司在年度报告中应披露的财务报告内部控制评价报告应包括以下内容：

（1）公司董事会关于建立健全和有效实施财务报告内部控制是公司董事会的责任，并就公司财务报告内部控制评价报告真实性作出的声明；

（2）财务报告内部控制评价的依据；

（3）根据自我评价情况，认定于评价基准日存在的财务报告内部控制重大缺陷情况；

（4）对发现的重大缺陷已采取或拟采取的整改措施的说明；

（5）公司董事会对评价基准日财务报告内部控制有效性的自我评价结论；

（6）在财务报告内部控制自我评价过程中关注到的非财务报告内部控制重大缺陷情况。

知识点2 审计报告类型（★★★）

注册会计师在完成内部控制审计工作后，应当出具内部控制审计报告。注册会计师需要在审计报告中清楚地表达对内部控制有效性的意见，并对出具的审计报告负责。在整合审计中，注册会计师在完成内部控制审计和财务报表审计后，应当分别对内部控制和财务报表出具审计报告，并签署相同的日期。

内部控制审计报告的意见类型包括无保留意见、否定意见、无法表示意见、增加强调事项段、增加非财务报告内部控制重大缺陷描述段。

知识点3 无保留意见内部控制审计报告（★★★）

一、适用情形

如果符合下列所有条件，注册会计师应当对内部控制出具无保留意见的内部控制审计报告：

1. 在基准日，被审计单位按照适用的内部控制标准的要求，在所有重大方面保持了有效的内部控制；

2. 注册会计师已经按照《企业内部控制审计指引》的要求计划和实施审计工作，在审计过程中未受到限制。

二、内部控制审计报告要素

1. 标题。2. 收件人。3. 引言段。4. 企业对内部控制的责任段。5. 注册会计师的责任段。6. 内部控制固有局限性的说明段。7. 财务报告内部控制审计意见段。8. 非财务报告内部控制重大缺陷描述段。9.注册会计师的签名和盖章。10.会计师事务所的名称、地址及盖章。11. 报告日期。

三、无保留意见内部审计报告示例

内部控制审计报告

××股份有限公司全体股东：

按照《企业内部控制审计指引》及中国注册会计师执业准则的相关要求，我们审计了××股份有限公司（以下简称“××公司”）××年×月×日的财务报告内部控制的有效性。

一、企业对内部控制的责任

按照《企业内部控制基本规范》《企业内部控制应用指引》《企业内部控制评价指引》的规定，建立健全和有效实施内部控制，并评价其有效性是××公司董事会的责任。

二、注册会计师的责任

我们的责任是在实施审计工作的基础上对财务报告内部控制的有效性发表审计意见，并对注意到的非财务报告内部控制的重大缺陷进行披露。

三、内部控制的固有局限性

内部控制具有固有局限性，存在不能防止和发现错报的可能性。此外，由于情况的变化可能导致内部控制变得不恰当，或对控制政策和程序遵循的程度降低，根据内部控制审计结果推测未来内部控制的有效性具有一定风险。

四、财务报告内部控制审计意见

我们认为，××公司于××年×月×日按照《企业内部控制基本规范》和相关规定在所有重大方面保持了有效的财务报告内部控制。

××会计师事务所　　　　　　中国注册会计师：×××

（盖章）　　　　　　（签名并盖章）

中国注册会计师：×××

（签名并盖章）

中国××市　　　　　　××年×月×日

知识点4 否定意见内部控制审计报告（★★★）

一、否定意见的内部控制审计

（一）否定意见审计报告适用情形

如果认为内部控制存在一项或多项重大缺陷，除非审计范围受到限制，注册会计师应当对内部控制发表否定意见。

（二）否定意见审计报告包含内容

1．除包含内部控制审计报告要素外，否定意见的内部控制审计报告还应当包括重大缺陷的定义、重大缺陷的性质及其对内部控制的影响程度。

2．如果重大缺陷尚未包含在企业内部控制评价报告中，注册会计师应当在内部控制审计报告中说明重大缺陷已经识别，但没有包含在企业内部控制评价报告中。

3．如果企业内部控制评价报告中包含了重大缺陷，但注册会计师认为这些重大缺陷未在所有重大方面得到公允反映，注册会计师应当在内部控制审计报告中说明这一结论，并公允表达有关重大缺陷的必要信息。

【注意】注册会计师还应当就这些情况以书面形式与治理层沟通。

（三）对财务报表审计意见的影响

1．如果拟对内部控制的有效性发表否定意见，在财务报表审计中，注册会计师不应依赖存在重大缺陷的控制，需要实施实质性程序确定与该控制相关的账户是否存在重大错报。

2．如果实施实质性程序的结果表明该账户不存在重大错报，注册会计师可以对财务报表发表无保留意见。在这种情况下，注册会计师应当确定该意见对财务报表审计意见的影响，并在内部控制审计报告中予以说明。

3．如果对财务报表发表的审计意见未受影响，注册会计师应当在内部控制审计报告的导致否定意见的事项段中增加以下类似说明："在××公司××年财务报表审计中，我们已经考虑了上述重大缺陷对审计程序的性质、时间安排和范围的影响。本报告并未对我们在××年×月×日对×公司××年财务报表出具的审计报告产生影响。"这一说明对于保证审计报告使用者理解注册会计师为何对财务报表发表无保留意见非常重要。

4．如果对财务报表发表的审计意见受到影响，注册会计师应当在内部控制审计报告的导致否定意见的事项段中增加以下类似说明："在××公司××年财务报表审计中，我们已经考虑了上述重大缺陷对审计程序的性质、时间安排和范围的影响。"

二、导致否定意见的事项

重大缺陷是内部控制中存在的、可能导致不能及时防止或发现并纠正财务报表出现重大错报的一项控制缺陷或多项控制缺陷的组合。

【注意】指出注册会计师已识别出的重大缺陷，并说明重大缺陷的性质及其对财务报告内部控制的影响程度。

有效的内部控制能够为财务报告及相关信息的真实完整提供合理保证，而上述重大缺陷使××公司内部控制失去这一功能。

××公司管理层已识别出上述重大缺陷，并将其包含在企业内部控制评价报告中。上述缺陷在所有重大方面得到公允反映。

在××公司××年财务报表审计中，我们已经考虑了上述重大缺陷对审计程序的性质、时间安排和范围的影响。本报告并未对我们在××年×月×日对×公司××年财务报表出具的审计报告产生影响。

三、财务报告内部控制审计意见

我们认为，由于存在上述重大缺陷及其对实现控制目标的影响，××公司于××年×月×日未能按照《企业内部控制基本规范》和相关规定在所有重大方面保持有效的财务报告内部控制。

知识点5 无法表示意见内部控制审计报告（★★）

一、无法表示意见审计报告适用情形

1. 注册会计师只有实施了必要的审计程序，才能对内部控制的有效性发表意见。如果审计范围受到限制，注册会计师应当解除业务约定或出具无法表示意见的内部控制审计报告。

2. 如果法律法规的相关豁免规定允许被审计单位不将某些实体纳入内部控制的评价范围，注册会计师可以不将这些实体纳入内部控制审计的范围。这种情况不构成审计范围受到限制，但注册会计师应当在内部控制审计报告中增加强调事项段或者在注册会计师的责任段中，就这些实体未被纳入评价范围和内部控制审计范围这一情况，作出与被审计单位类似的恰当陈述。注册会计师应当评价相关豁免是否符合法律法规的规定，以及被审计单位针对该项豁免作出的陈述是否适当。如果认为被审计单位有关该项豁免的陈述不恰当，注册会计师应当提请其作出适当修改。如果被审计单位未作出恰当的修改，注册会计师应当在内部控制审计报告的强调事项段中说明被审计单位的陈述需要修改的理由。

二、发表无法表示意见的要求

1. 在出具无法表示意见的内部控制审计报告时，注册会计师应当在内部控制审计报告中指明审计范围受到限制，无法对内部控制的有效性发表意见，并单设段落说明无法表示意见的实质性理由。

2. 注册会计师不应在内部控制审计报告中指明所执行的程序，也不应描述内部控制审计的特征，以避免对无法表示意见的误解。

3. 如果在已执行的有限程序中发现内部控制存在重大缺陷，注册会计师应当在内部控制审计报告中对重大缺陷作出详细说明。

4. 只要认为审计范围受到限制将导致无法获取发表审计意见所需的充分、适当的审计证据，注册会计师不必执行任何其他工作即可对内部控制出具无法表示意见的内部控制审计报告。在这种情况下，内部控制审计报告的日期应为注册会计师已就该报告中陈述的内容获取充分、适当的审计证据的日期。

5. 在因审计范围受到限制而无法表示意见时，注册会计师应当就未能完成整个内部控制审计工作的情况，以书面形式与管理层和治理层进行沟通。

三、无法表示意见审计报告示例

内部控制审计报告

××股份有限公司全体股东：

我们接受委托，对××股份有限公司（以下简称“××公司”）××年×月×日的财务报告内部控制进行审计。

一、企业对内部控制的责任（略）

二、内部控制的固有局限性（略）

三、导致无法表示意见的事项

（描述审计范围受到限制的具体情况。）

四、财务报告内部控制审计意见

由于审计范围受到上述限制，我们未能实施必要的审计程序以获取发表意见所需的充分、适当证据，因此，我们无法对××公司财务报告内部控制的有效性发表意见。

五、识别的财务报告内部控制重大缺陷

（如在审计范围受到限制前，执行有限程序未能识别出重大缺陷，则应删除本段。）

重大缺陷是内部控制中存在的、可能导致不能及时防止或发现并纠正财务报表出现重大错报的一项控制缺陷或多项控制缺陷的组合。

尽管我们无法对××公司财务报告内部控制的有效性发表意见，但在我们实施的有限程序的过程中，发现了以下重大缺陷：

（指出注册会计师已识别出的重大缺陷，并说明重大缺陷的性质及其对财务报告内部控制的影响程度。）

有效的内部控制能够为财务报告及相关信息的真实完整提供合理保证，而上述重大缺陷使××公司内部控制失去这一功能。

……

知识点6 强调事项（★★）

一、总体要求

1．如果认为内部控制虽然不存在重大缺陷，但仍有一项或多项重大事项需要提请内部控制审计报告使用者注意，注册会计师应当在内部控制审计报告中增加强调事项段予以说明。

2．注册会计师应当在强调事项段中指明，该段内容仅用于提醒内部控制审计报告使用者关注，并不影响对内部控制发表的审计意见。

二、适用情形

如果存在下列情况，注册会计师应当考虑在内部控制审计报告中增加强调事项段：

1．如果确定企业内部控制评价报告对要素的列报不完整或不恰当，注册会计师应当在内部控制审计报告中增加强调事项段，说明这一情况并解释得出该结论的理由；

2．如果注册会计师知悉在基准日并不存在，但在期后期间发生的事项，且这类期后事项对内部控制有重大影响，注册会计师应当在内部控制审计报告中增加强调事项段，描述该事项及其影响，或提醒内部控制审计报告使用者关注企业内部控制评价报告中披露的该事项及其影响；

3．如果法律法规的相关豁免规定允许被审计单位不将某些实体纳入内部控制的评价范围，注册会计师可以不将这些实体纳入内部控制审计的范围，这种情况不构成审计范围受到限制，但应当在内部控制审计报告中增加强调事项段，或者在注册会计师的责任段中作出恰当陈述。

三、强调事项

我们提醒内部控制审计报告使用者关注，2020年X公司通过重大重组发行股份购买了Y公司，并将其纳入了2020年度财务报表合并范围。按照中国证券监督管理委员会发布的《上市公司实施企业内部控制规范体系监管问题解答》的相关豁免规定，X公司在对财务报告内部控制于2020年12月31日的有效性进行评价时，未将被收购公司的财务报告内部控制包括在评价范围内。同样地，按照《企业内部控制审计指引实施意见》的相关指引，我们对公司财务报告内部控制执行审计工作时，也未将被收购公司的财务报告内部控制包括在审计范围内。

【例1-2017-多选题】下列情形中，注册会计师应当在内部控制审计报告增加强调事项段予以说明的有（　　）。

A．被审计单位的企业内部控制评价报告要素列报不完整

B．注册会计师知悉在基准日并不存在，但在期后期间发生的事项，且这类期后事项对财务报告的内部控制有重大影响

C．被审计单位在基准日前对存在的财务报告内部控制重大缺陷进行了整改且运行了足够长的时间

D．被审计单位存在财务报告内部控制重要缺陷

【答案】AB

学堂点拨

如果存在下列情况，注册会计师应当考虑在内部控制审计报告中增加强调事项段：1．如果确定企业内部控制评价报告对要素的列报不完整或不恰当，注册会计师应当在内部控制审计报告中增加强调事项段，说明这一情况并解释得出该结论的理由；2．如果注册会计师知悉在基准日并不存在，但在期后期间发生的事项，且这类期后事项对内部控制有重大影响，注册会计师应当在内部控制审计报告中增加强调事项段，描述该事项及其影响，或提醒内部控制审计报告使用者关注企业内部控制评价报告中披露的该事项及其影响。

【例2-2020-多选题】下列情形中，注册会计师应当考虑在内部控制审计报告中增加强调事项段的有（　　）。

A．被审计单位的企业内部控制评价报告的要素的列报不完整

B．被审计单位存在非财务报告内部控制重大缺陷

C．注册会计师知悉在基准日并不存在、但在期后期间发生的事项，且这类期后事项对内部控制有重大影响

D．上一年度存在的内部控制重大缺陷在本年度已得到整改

【答案】AC

学堂点拨

选项A和选项C正确；选项B，被审计单位存在非财务报告内部控制重大缺陷，应在内部控制审计报告中增加非财务报告内部控制重大缺陷描述段；选项D，上一年度存在的内部控制重大缺陷在本年度已得到整改，不需要添加强调事项段说明。

【例3-2018-多选题】在执行内部控制审计时，如果审计范围受到限制，导致注册会计师无法获取充分、适当的审计证据，下列做法中，正确的有（　　）。

A．在内部控制审计报告中指明已执行的有限程序

B．出具无法表示意见的内部控制审计报告

C．在内部控制审计报告中对在已执行的有限程序中发现的内部控制重大缺陷进行详细说明

D．在内部控制审计报告中指明审计范围受到限制

【答案】BCD

学堂点拨

选项A，注册会计师不应在内部控制审计报告中指明所执行的程序，也不应描述内部控制审计的特征，以避免对无法表示意见的误解，如果在已执行的有限程序中发现内部控制存在重大缺陷，注册会计师应当在内部控制审计报告中对重大缺陷作出详细说明。

知识点7　非财务报告内部控制重大缺陷（★★）

一、总体要求

1．对于审计过程中注意到的非财务报告内部控制缺陷，如果发现某项或某些控制对企业发展战略、法规遵循、经营的效率效果等控制目标的实现有重大不利影响，确定该项非财务报告内部控制缺陷为重大缺陷的，注册会计师应当以书面形式与企业董事会和经理层沟通，提醒企业加以改进。

2．在内部控制审计报告中增加非财务报告内部控制重大缺陷描述段，对重大缺陷的性质及其对实现相关控制目标的影响程度进行披露，提示内部控制审计报告使用者注意相关风险，但无须对其发表审计意见。

二、非财务报告内部控制重大缺陷

在内部控制审计过程中，我们注意到X公司的非财务报告内部控制存在重大缺陷。

X公司在安全管理方面存在重大缺陷，尤其是危险化学品的安全管理措施执行不到位，导致其控股子公司Y公司于20×8年×月×日发生煤气泄漏事故，造成经济损失。X公司管理层正在对前述事项进行相应整改。

由于存在上述重大缺陷，我们提醒本报告使用者注意相关风险。需要指出的是，我们并不对X公司的非财务报告内部控制发表意见或提供保证。本段内容不影响对财务报告内部控制有效性发表的审计意见。

第七编 质量管理

第二十一章　会计师事务所业务质量管理

本章思维导图

- 会计师事务所业务质量管理
  - 会计师事务所质量管理体系 ★★
    - 质量管理体系的目标
    - 质量管理体系的总体要求
    - 质量管理体系要素
    - 会计师事务所的风险评估程序
    - 治理和领导层
    - 相关职业道德要求
    - 客户关系和具体业务的接受与保持
    - 业务执行
    - 资源
    - 信息与沟通
    - 监控和整改程序
    - 评价质量管理体系
    - 对质量管理体系的记录
  - 项目质量复核 ★★★
    - 项目质量复核人员的委派和资质要求
    - 项目质量复核的实施
    - 与项目质量复核相关的工作底稿
  - 对财务报表审计实施的质量管理 ★★
    - 审计项目合伙人管理
    - 相关职业道德要求
    - 客户关系和审计业务的接受与保持
    - 业务资源
    - 业务执行
    - 监控与整改
    - 审计工作底稿

本章知识点精讲

第一节 会计师事务所质量管理体系

知识点提示

本节主要探讨会计师事务所质量管理体系的目标、总体要求和组成要素，以及会计师事务所对质量管理体系的评价和记录要求。

微信扫一扫
习题免费练

知识点1 质量管理体系的目标、总体要求和组成要素（★★）

一、质量管理体系的目标

质量管理体系是会计师事务所为实施质量管理而设计、实施和运行的系统，其目标是在以下两个方面提供合理保证：

1. 会计师事务所及其人员按照适用的法律法规和职业准则的规定履行职责，并根据这些规定执行业务；

2. 会计师事务所和项目合伙人出具适合具体情况的业务报告。

二、质量管理体系的总体要求

会计师事务所质量管理体系应当满足以下总体要求：

1. 在全所范围内统一设计、实施和运行。

会计师事务所应当在全所范围内（包括分所或分部）统一设计、实施和运行质量管理体系，实现人事、财务、业务、技术标准和信息管理五方面的统一管理；如果会计师事务所通过合并、新设等方式成立分所（或分部），应当将该分所（或分部）纳入质量管理体系中统一实施质量管理。

2. 风险导向的思路。

会计师事务所在设计、实施和运行质量管理体系时，应当采用风险导向的思路。按照风险导向的思路，会计师事务所应当采取以下三个步骤：

（1）针对质量管理体系的各个要素设定质量目标。

（2）识别和评估质量风险。

（3）设计和采取应对措施以应对质量风险。

3. 根据本事务所及其业务的性质和具体情况“量身定制”。

会计师事务所应当实事求是，根据本事务所及其业务的性质和具体情况“量身定制”适合本事务所的质量管理体系，而不应当机械执行会计师事务所质量管理准则，也不应当盲目地“照搬照抄”其他事务所的政策和程序。例如，如果一个会计师事务所规模较大，组织结构较为复杂，业务类型较多，并且执行上市实体审计业务，则该事务所可能需要更加复杂和规范的质量管理体系和支持性工作记录。

4. 不断优化和完善。

质量管理体系应当是动态的，而不是一成不变的。实务中，会计师事务所应当根据本所及其业务在性质和具体情况方面的变化，对质量管理体系的设计、实施和运行进行动态调整。

三、质量管理体系的组成要素

会计师事务所质量管理体系应当包括针对下列八个要素制定的政策和程序：

1. 会计师事务所的风险评估程序；
2. 治理和领导层；
3. 相关职业道德要求；
4. 客户关系和具体业务的接受与保持；
5. 业务执行；
6. 资源；
7. 信息与沟通；
8. 监控和整改程序。

知识点2 会计师事务所的风险评估程序（★）

按照风险导向的思路，会计师事务所应当设计和实施风险评估程序，以设定质量目标、识别和评估质量风险，并设计和采取应对措施以应对质量风险。

一、识别和评估质量风险并采取应对措施

会计师事务所在识别和评估质量风险时，应当了解可能对实现质量目标产生不利影响的事项或情况，包括相关人员的作为或不作为。这些事项或情况包括下列方面：

1. 会计师事务所的性质和具体情况，具体包括：

（1）会计师事务所的复杂程度和经营特征；

（2）会计师事务所在战略和运营方面的决策与行动、业务流程及业务模式；

（3）会计师事务所领导层的特征和管理风格；

（4）会计师事务所的资源，包括其拥有的内部资源和可获得的外部资源；

（5）法律法规、职业准则的规定；

（6）会计师事务所运营所处的环境；

（7）会计师事务所所在网络向其成员组织统一提出的要求或统一提供的服务的性质和范围（如适用）。

2. 会计师事务所业务的性质和具体情况，具体如下：

（1）会计师事务所执行业务的类型和出具报告的类型（例如，所执行业务的类型是否是审计等要求提供保证程度较高的业务）；

（2）业务执行对象的实体类型（例如，业务执行对象是否为上市公司）。

在了解上述事项或情况的基础上，会计师事务所应当考虑这些事项或情况可能对实现质量目标产生哪些不利影响，以及不利影响的程度。会计师事务所应当根据质量风险的评估结果及得出该评估结果的理由设计和采取应对措施，以应对质量风险。

二、对风险评估程序的动态调整

实务中，会计师事务所或其业务的性质和具体情况可能发生变化。会计师事务所应当制定政策和程序，以识别这些变化。如果识别出变化，会计师事务所应当考虑调整之前实施风险评估程序的结果，并在适当时采取下列措施：

1. 设定额外的质量目标或调整之前设定的额外质量目标；

2. 识别和评估额外的质量风险、调整之前评估的质量风险或重新评估质量风险；

3. 设计和采取额外的应对措施，或调整已采取的应对措施。

知识点3 治理和领导层（★★★）

会计师事务所治理和领导层在全所范围内营造一种“质量至上”的文化氛围，能够为会计师事务所质量管理设定良好的“高层基调”，将对质量管理体系的设计、实施和运行产生广泛和积极的影响。

一、相关质量目标

针对治理和领导层，会计师事务所应当设定下列质量目标。

1. 会计师事务所在全所范围内形成一种“质量至上”的文化，树立质量意识。这种“质量至上”的文化应当认可并强调以下方面：

（1）会计师事务所及其人员有责任持续高质量地执行业务，从而更好地服务于公众利益；

（2）会计师事务所人员树立正确的职业价值观、职业道德和职业态度，对于持续高质量地执行业务至关重要；

（3）会计师事务所所有人员都对其执行业务的质量承担责任，或者对其在质量管理体系中所执行工作的质量承担责任，并且这些人员的行为应当得当；

（4）会计师事务所的所有战略决策和行动，都应当坚持质量优先，都不能以牺牲质量为代价。

2. 会计师事务所的领导层对质量负责，并通过实际行动展示出其对质量的重视。

3. 会计师事务所领导层向会计师事务所人员传递“质量至上”的执业理念，培育以质量为导向的文化。

4. 会计师事务所的组织结构以及对相关人员角色、职责、权限的分配是恰当的，能够满足质量管理体系设计、实施和运行的需要。

5. 会计师事务所的资源（包括财务资源）需求得到恰当的计划，并且资源的取得和分配能够为会计师事务所持续高质量地执行业务提供保障。

二、会计师事务所质量管理领导层

会计师事务所应当在其质量管理体系中设定以下三种角色，以保障该体系能够得以恰当地设计、实施和运行：

1. 会计师事务所主要负责人（如首席合伙人、主任会计师或者同等职位的人员）应当对质量管理体系承担最终责任；

2. 会计师事务所应当指定专门的合伙人（或类似职位的人员）对质量管理体系的运行承担责任；

3．会计师事务所应当指定专门的合伙人（或类似职位的人员）对质量管理体系特定方面的运行承担责任。例如，会计师事务所可以指定专门的合伙人对相关职业道德要求、监控和整改等特定方面的运行承担责任。

会计师事务所应当确保上述三类人员同时满足下列条件：

1．具备适当的知识、经验和资质；

2．在会计师事务所内具有履行其责任所需要的权威性和影响力；

3．具有充足的时间和资源履行其责任；

4．充分理解其应负的责任并接受对这些责任履行情况的问责。

三、合伙人管理

会计师事务所的组织形式通常采用特殊普通合伙制，也有一些会计师事务所采用普通合伙制或有限责任公司制。本章所称的合伙人是一种统称，是指在提供专业服务方面有权代表会计师事务所的人员，在非合伙制的会计师事务所中，是指处于同等职位的人员。每一个合伙人的执业质量，以及其对执业质量的重视和追求，对会计师事务所的整体质量和声誉都至关重要。因此，会计师事务所有必要加强对合伙人晋升、培训、考核、分配、转入、退出的管理，体现以质量为导向的文化，确保合伙人能够按照质量管理体系的要求，切实履行其在质量管理方面的责任，防范执业风险。

会计师事务所应当加强对其员工（包括外部转入人员）晋升合伙人的管理，在晋升时，应当综合考虑拟晋升人员的执业理念、职业价值观、职业道德、专业胜任能力和执业诚信记录，建立以质量为导向的晋升机制，不得以承接和执行业务的收入或利润作为晋升合伙人的首要指标。会计师事务所应当针对合伙人的晋升建立和实施质量一票否决制度，例如，会计师事务所可以制定政策和程序，要求近三年内执业曾经出现重大质量问题的人员，不得晋升合伙人。

会计师事务所应当在全所范围内统一进行合伙人考核和收益分配。在进行考核和收益分配时，应当综合考虑合伙人的执业质量、管理能力、经营业绩、社会声誉等指标，不得以承接和执行业务的收入或利润作为首要指标，不应直接或变相以分所、部门、合伙人所在团队作为利润中心进行收益分配。这样做是为了避免会计师事务所过于强调商业利益，而忽视执业质量。

知识点4 相关职业道德要求（★★）

注册会计师行业的宗旨是维护公众利益，围绕这一宗旨，注册会计师必须不断提高自身的职业道德水平，会计师事务所也必须制定相关政策和程序，对本所执业人员的职业道德水平给予充分关注并积极加强管理。

一、相关质量目标

为确保会计师事务所执业人员按照相关职业道德要求（包括独立性要求）履行职责，会计师事务所应当设定下列质量目标：

1．会计师事务所及其人员充分了解相关职业道德要求，并严格按照这些职业道德要求履行职责；

2．受相关职业道德要求约束的其他组织或人员（例如网络事务所及其人员），充分了解与其相关的职业道德要求，并严格按照这些职业道德要求履行职责。

为此，会计师事务所应当制定下列政策和程序：

1. 识别、评价和应对对遵守相关职业道德要求的不利影响；

2. 识别、沟通、评价和报告任何违反相关职业道德要求的情况，并针对这些情况的原因和后果及时作出适当应对；

3. 至少每年一次向所有需要按照相关职业道德要求保持独立性的人员获取其已遵守独立性要求的书面确认。

二、关键审计合伙人轮换机制

对于公众利益实体审计客户，关键审计合伙人应当严格遵守轮换要求。会计师事务所应当对本所关键审计合伙人轮换情况进行监督和管理。关于关键审计合伙人轮换的具体要求，请参照教材第二十三章第五节“与审计客户长期存在业务关系”。

会计师事务所应当按照相关职业道德要求，建立并完善与公众利益实体审计业务有关的关键审计合伙人轮换机制，明确轮换要求，确保做到实质性轮换，防止流于形式。针对公众利益实体审计业务，会计师事务所应当对关键审计合伙人的轮换情况进行实时监控，通过建立关键审计合伙人服务年限清单等方式，管理关键审计合伙人相关信息，每年对轮换情况实施复核，并在全所范围内统一进行轮换。

会计师事务所应当完善利益分配机制，保证全所的人力资源和客户资源实现一体化统筹管理。会计师事务所应当定期评价利益分配机制的设计和执行情况。这样做是为了避免某合伙人或项目组的利益与特定客户长期直接挂钩，从而影响其独立性。

知识点5 客户关系和具体业务的接受与保持（★★★）

一、相关质量目标

会计师事务所在作出是否承接与保持某项客户关系和具体业务的决策时，应当“知己知彼”。所谓“知彼”，是指这种决策应当建立在对客户及其管理层和治理层充分了解的基础之上；所谓“知己”，是指应当充分了解本所自己的专业胜任能力，包括遵守法律法规和相关职业道德要求的情况。基于“质量至上”的原则，会计师事务所在作出相关决策时，应当优先考虑的是质量方面的因素，而非商业利益。因此，针对客户关系和具体业务的接受与保持，会计师事务所应当设定下列质量目标：

1. 会计师事务所就是否接受或保持某项客户关系或具体业务所作出的判断是适当的，充分考虑了以下方面：

（1）会计师事务所是否针对业务的性质和具体情况以及客户（包括客户的管理层和治理层）的诚信和道德价值观获取了足以支持上述判断的充分信息；

（2）会计师事务所是否具备按照适用的法律法规和职业准则的规定执行业务的能力。

2. 会计师事务所在财务和运营方面对优先事项的安排，并不会导致对是否接受或保持客户关系或具体业务作出不恰当的判断。

会计师事务所应当制定相关政策和程序以应对以下情形：

1. 会计师事务所在接受或保持某一客户关系或具体业务后知悉了某些信息，而这些信息如果在接受或保持该客户关系或具体业务之前知悉，将会导致其拒绝接受该客户关系或业务；

2. 根据法律法规的规定，会计师事务所有义务接受某项客户关系或具体业务。

二、树立风险意识

会计师事务所应当在客户关系和具体业务的接受与保持方面树立风险意识，确保对拟承接项目的风险评估真实、到位，并制定相关政策和程序，在全所范围内统一决策，在决策时，会计师事务所应当充分考虑相关职业道德要求、管理层和治理层的诚信状况、业务风险以及是否具备执行业务所必需的时间和资源，审慎作出承接与保持的决策。

对于会计师事务所认定存在高风险的业务，应当设计和实施专门的质量管理程序，如加强与前任注册会计师的沟通、与相关监管机构沟通、访谈拟承接客户以了解有关情况、加强内部质量复核等，并经质量管理主管合伙人（或类似职位的人员）或其授权的人员审批。

知识点6 业务执行（★★★）

会计师事务所的整体质量，是由每个项目组实际执行业务的质量决定的。每个项目组的质量，都会直接影响会计师事务所整体的质量。因此，会计师事务所有必要在项目层面实施质量管理。

一、相关质量目标

针对业务执行，会计师事务所应当设定下列质量目标：

1. 项目组了解并履行其与所执行业务相关的责任，包括项目合伙人对项目管理和项目质量承担总体责任，并充分、适当地参与项目全过程；

2. 对项目组进行的指导和监督以及对项目组已执行的工作进行的复核是恰当的，并且由经验较为丰富的项目组成员对经验较为缺乏的项目组成员的工作进行指导、监督和复核；

3. 项目组恰当运用职业判断并保持职业怀疑；

4. 项目组对困难或有争议的事项进行了咨询，并已按照达成的一致意见执行业务；

5. 项目组内部、项目组与项目质量复核人员之间（如适用），以及项目组与会计师事务所内负责执行质量管理体系相关活动的人员之间存在的意见分歧，能够得到会计师事务所的关注并予以解决；

6. 业务工作底稿能够在业务报告日之后及时得到整理，并得到妥善的保存和维护，以遵守法律法规、相关职业道德要求和其他职业准则的规定，并满足会计师事务所自身的需要。

二、对项目合伙人的要求

项目合伙人，是指会计师事务所中负责某项业务及其执行，并代表会计师事务所在出具的报告上签字的合伙人。

会计师事务所应当制定政策和程序，在全所范围内统一委派具有足够专业胜任能力、时间，并且无不良执业诚信记录的项目合伙人执行业务。其中，对专业胜任能力的评价应当包括下列方面：

1. 是否充分了解相关法律法规和监管要求；

2. 是否能够熟练掌握和运用相关职业准则的规定；

3. 是否充分了解客户所在行业的业务特点、发展趋势、重大风险，以及该行业对信息技术的运用情况等。

会计师事务所应当按照质量管理体系的要求，对项目合伙人的委派进行复核。

三、项目组内部复核

项目组内部复核，是指在项目组内部实施的复核。会计师事务所应当制定与内部复核相关的政策和程序，对内部复核层级、各层级的复核范围、执行复核的具体要求以及对复核记录要求等作出规定。

四、项目质量复核

项目质量复核，是指在报告日或报告日之前，项目质量复核人员对项目组作出的重大判断及据此得出的结论作出的客观评价。

项目质量复核人员，是指会计师事务所中实施项目质量复核的合伙人或其他类似职位的人员，或者由会计师事务所委派实施项目质量复核的外部人员。

会计师事务所应当就项目质量复核制定政策和程序，并对下列业务实施项目质量复核：

1. 上市实体财务报表审计业务；

2. 法律法规要求实施项目质量复核的审计业务或其他业务；

3. 会计师事务所认为，为应对一项或多项质量风险，有必要实施项目质量复核的审计业务或其他业务。

项目质量复核不同于项目组内部复核，二者主要区别如下：

1. 复核的主体不同。项目质量复核是由独立于项目组的项目质量复核人员执行；项目组内部复核是由项目组内部人员执行的复核，通常包括多个复核层级。

2. 适用的业务范围不同。项目质量复核仅适用于上市实体财务报表审计业务、法律法规要求实施项目质量复核的审计业务或其他业务，以及会计师事务所政策和程序要求实施项目质量复核的审计业务或其他业务；项目组内部复核适用于所有业务。

3. 复核的内容不同。项目质量复核主要聚焦于复核两个方面的内容：

（1）项目组作出的重大判断；

（2）根据重大判断得出的结论；项目组内部复核的内容比较宽泛，涉及项目的各个方面。

五、意见分歧

在业务执行中，时常可能出现项目组内部、项目组与被咨询者之间以及项目合伙人与项目质量复核人员之间的意见分歧。会计师事务所应当制定与解决意见分歧相关的政策和程序，包括下列方面：

1. 明确要求项目合伙人和项目质量复核人员（如有）复核并评价项目组是否已就疑难问题或涉及意见分歧的事项进行适当咨询，以及咨询得出的结论是否得到执行。

2. 明确要求在业务工作底稿中适当记录意见分歧的解决过程和结论。如果项目质量复核人员（如有）、项目组成员以外的其他人员参与形成业务报告中的专业意见，也应当在业务工作底稿中作出适当记录。

3. 确保所执行的项目在意见分歧解决后才能出具业务报告。

六、出具业务报告

业务报告在出具前，应当经项目合伙人、项目质量复核人员（如有）复核确认，确保其内容、格式符合职业准则的规定，并由项目合伙人及其他适当的人员（如适用）签署。会计师事务所应当加强对业务报告签发过程的控制，委派专门人员负责对报告的签章进行严格管理。

七、投诉和指控

会计师事务所应当制定政策和程序，以接收、调查、解决由于未能按照适用的法律法规、职业准则的要求执行业务，或由于未能遵守会计师事务所制定的政策和程序，而引发的投诉和指控。

知识点7 资源（★）

会计师事务所的资源是一个宽泛的概念，既包括财务资源等各种有形资源，也包括人力资源、知识资源和技术资源。从某种意义上说，人力资源、知识资源和技术资源，与会计师事务所的整体质量具有更高的相关性。

一、相关质量目标

会计师事务所应当设定下列质量目标，以及时且适当地获取、开发、利用、维护和分配资源，支持质量管理体系的设计、实施和运行：

1. 会计师事务所招聘、培养和留住在下列方面具备胜任能力的人员：

（1）具备与会计师事务所执行的业务相关的知识和经验，能够持续高质量地执行业务；

（2）执行与质量管理体系运行相关的活动或承担与质量管理体系相关的责任。

2. 会计师事务所人员通过其行为展示出对质量的重视，不断培养和保持适当的胜任能力以履行其职责。会计师事务所通过及时的业绩评价、薪酬调整、晋升和其他奖惩措施对这些人员进行问责或认可。

3. 当会计师事务所在质量管理体系的运行方面缺乏充分、适当的人员时，能够从外部（如网络、网络事务所或服务提供商）获取必要的人力资源支持。

4. 会计师事务所为每项业务分派具有适当胜任能力的项目合伙人和其他项目组成员，并保证其有充足的时间持续高质量地执行业务。

5. 会计师事务所分派具有适当胜任能力的人员执行质量管理体系内的各项活动，并保证其有充足的时间执行这些活动。

6. 会计师事务所获取、开发、维护、利用适当的技术资源，以支持质量管理体系的运行和业务的执行。

7. 会计师事务所获取、开发、维护、利用适当的知识资源，为质量管理体系的运行和高质量业务的持续执行提供支持，并且这些知识资源符合相关法律法规和职业准则的规定。

8. 结合上述第4项至第7项所述的质量目标，从服务提供商获取的人力资源、技术资源或知识资源能够适用于质量管理体系的运行和业务的执行。

二、与资源相关的政策和程序

对会计师事务所来说，从业人员的专业知识和技能水平，以及在时间上的投入，对执业质量至关重要。因此，会计师事务所需要投入足够资源，建立与下列方面相关的政策和程序：

1. 组建一支专业性强、经验丰富、运作规范的质量管理体系团队，以维持质量管理体系的日常运行；

2．与专业技术支持相关的政策和程序，配备具备相应专业胜任能力、时间和权威性的技术支持人员，确保相关业务能够获得必要的专业技术支持；

3．完善的工时管理系统，确保相关人员投入足够的时间执行业务，并为业绩评价提供依据；

4．与业务操作规程、业务软件等有关的指引，把职业准则的要求从实质上执行到位，确保执业人员恰当记录判断过程、程序执行情况及得出的结论。

知识点8 信息与沟通（★）

会计师事务所质量管理体系能够流畅、有效地运行，有赖于会计师事务所与项目组，以及各项目组之间能够有效地进行双向沟通，传递相关、可靠的信息。

一、相关质量目标

会计师事务所应当设定下列质量目标，以支持质量管理体系的设计、实施和运行，确保相关方能够及时获取、生成和利用与质量管理体系有关的信息，并及时在会计师事务所内部或与外部各方沟通信息：

1．会计师事务所的信息系统能够识别、获取、处理和维护来自内部或外部的相关、可靠的信息，为质量管理体系提供支持。

2．会计师事务所的组织文化认同并强调会计师事务所人员与会计师事务所之间，以及这些人员彼此之间交换信息的责任。

3．会计师事务所内部以及各项目组之间能够交换相关、可靠的信息，这种信息交换包括以下方面:

（1）会计师事务所向相关人员和项目组传递信息，传递的性质、时间安排和范围足以使其理解和履行与执行业务或质量管理体系各项活动相关的责任；

（2）会计师事务所人员和项目组在执行业务或质量管理体系各项活动的过程中向会计师事务所传递信息。

4．会计师事务所向外部各方传递相关、可靠的信息，这种信息传递包括以下方面：

（1）会计师事务所向其所在的网络、网络中的其他事务所，或者向服务提供商（如有）传递信息；

（2）会计师事务所根据相关法律法规或职业准则的规定向外部利益相关方传递信息，或为了帮助外部各利益相关方了解质量管理体系而向其传递信息。

二、与信息与沟通相关的政策和程序

会计师事务所应当针对下列方面制定政策和程序：

1．会计师事务所在执行上市实体财务报表审计业务时，应当与治理层沟通质量管理体系是如何为持续高质量地执行业务提供支撑的；

2．会计师事务所在何种情况下向外部各方沟通与质量管理体系相关的信息是适当的；

3．会计师事务所按照上述第1项和第2项的规定进行外部沟通时应当沟通哪些信息以及沟通的性质、时间安排、范围和适当形式。

知识点9 监控和整改程序（★）

通过实施监控和整改程序，会计师事务所能够对质量管理体系的运行情况进行定期和持续监控，如果会计师事务所发现质量管理体系存在缺陷，应当评价该缺陷的严重程度和广泛性，考虑设计和采取整改措施。

一、相关质量目标

会计师事务所应当建立在全所范围内统一的监控和整改程序，并开展实质性监控，以实现下列质量目标：

1. 就质量管理体系的设计、实施和运行情况提供相关、可靠、及时的信息；
2. 采取适当的行动以应对识别出的质量管理体系的缺陷，以使该缺陷能够及时得到整改。

二、监控活动

会计师事务所应当设计和实施监控活动，既包括定期实施的监控活动，又包括持续实施的监控活动。

在确定监控活动的性质、时间安排和范围时，会计师事务所应当考虑下列方面：

1. 对相关质量风险的评估结果以及得出该评估结果的理由；
2. 针对质量风险的评估结果设计和采取的应对措施；
3. 会计师事务所的风险评估程序以及监控和整改程序的设计；
4. 质量管理体系发生的变化；
5. 以前实施监控活动的结果，包括以前实施的监控活动是否仍然与评价质量管理体系相关，以及为应对以前识别出的缺陷所采取的整改措施是否有效；
6. 其他相关信息。

会计师事务所的监控活动应当包括从会计师事务所已经完成的项目中周期性地选择部分项目进行检查。在每个周期内，对每个项目合伙人，至少选择一项已完成的项目进行检查。对承接上市实体审计业务的每个项目合伙人，检查周期最长不得超过三年。

会计师事务所执行监控活动的人员应当符合以下要求：

1. 具备有效执行监控活动所必需的胜任能力、时间和权威性；
2. 具有客观性，项目组成员和项目质量复核人员不得参与对其项目的监控活动。

三、会计师事务所质量管理体系的缺陷

会计师事务所质量管理体系的缺陷，是指会计师事务所质量管理体系的设计、实施或运行无法合理保证实现其目标。当存在下列情况之一时，表明会计师事务所质量管理体系存在缺陷：

1. 未能设定某些质量目标，而这些质量目标对实现质量管理体系的目标是必要的；

2. 未能识别或恰当评估一项或多项质量风险；

3. 未能恰当设计和采取应对措施，或者应对措施未能有效发挥作用，导致一项应对措施或者多项应对措施的组合未能将相关质量风险发生的可能性降低至可接受的低水平；

4. 质量管理体系的某些方面缺失，或者某些方面未能得到恰当的设计、实施或有效运行。

在实施监控的过程中，会计师事务所应当评价发现的情况，以确定是否存在缺陷，包括监控和整

改程序中存在的缺陷。

针对识别出的缺陷，会计师事务所应当通过下列方法评价缺陷的严重程度和广泛性：

1. 调查缺陷的根本原因；

2. 评价这些缺陷单独或累积起来对质量管理体系的影响。

四、整改措施

会计师事务所应当根据对根本原因的调查结果，设计和采取整改措施，以应对识别出的缺陷。

对监控和整改程序的运行承担责任的人员应当评价整改措施是否得到恰当的设计，以应对识别出的缺陷及其根本原因，并确定这些措施是否已得到实施。该人员还应当评价针对以前识别出的缺陷采取的整改措施是否有效。如果评价表明整改措施并未得到恰当的设计和执行，或未达到预期效果，则该人员应当采取适当措施以确保对这些整改措施已作出必要调整以使其能够达到预期效果。

如果监控发现某项业务在执行过程中遗漏了应当实施的程序，或者出具的报告可能不适当，会计师事务所应当采取以下应对措施：

1. 采取适当行动，以遵守适用的法律法规和职业准则的规定；

2. 当认为出具的报告不适当时，考虑其影响并采取适当的行动，包括考虑是否需要征询法律意见。

对监控和整改程序的运行承担责任的人员，应当及时与会计师事务所主要负责人以及对质量管理体系的运行承担责任的人员沟通下列事项：

1. 已执行的监控活动；

2. 识别出的缺陷，包括缺陷的严重程度和广泛性；

3. 针对识别出的缺陷采取的整改措施。

会计师事务所应当就上述事项与项目组以及在质量管理体系中承担相关责任的其他人员沟通，以使项目组和这些人员能够根据其职责迅速采取恰当行动。

针对缺陷的性质和影响程度，会计师事务所应当对相关人员进行问责。这种问责应当与相关责任人员的考核、晋升和薪酬挂钩。对执业中存在重大缺陷的项目合伙人，会计师事务所应当对其是否具备从事相关业务的职业道德水平和专业胜任能力作出评价。

会计师事务所应当就监控的实施情况，发现的缺陷，评价、补救和改进措施、问责等形成监控报告，并针对存在的缺陷，及时修订完善质量管理体系。

知识点10 评价质量管理体系（★）

一、对质量管理体系的评价

会计师事务所主要负责人应当代表会计师事务所对质量管理体系进行评价。这种评价应当以某一时点为基准，并且应当至少每年一次。

作为评价的结果，主要负责人可能得出下列结论中的一项：

1. 质量管理体系能够向会计师事务所合理保证该体系的目标得以实现；

2. 质量管理体系的设计、实施和运行存在严重但不具有广泛影响的缺陷，除与这些缺陷相关的事项外，质量管理体系能够向会计师事务所合理保证该体系的目标得以实现；

3．质量管理体系不能向会计师事务所合理保证该体系的目标得以实现。

如果得出上述第2项或第3项结论，会计师事务所应当采取下列措施：

1．迅速采取适当行动；

2．与各项目组以及在质量管理体系中承担相关责任的其他人员就与其责任相关的事进行沟通；

3．按照会计师事务所的政策和程序与外部各方沟通。

二、对相关人员的业绩评价

会计师事务所应当定期对下列人员进行业绩评价：

1．主要责任人；

2．对质量管理体系承担运行责任的人员；

3．对质量管理体系特定方面承担运行责任的人员。

在进行业绩评价时，会计师事务所应当考虑对质量管理体系的评价结果。

知识点11 对质量管理体系的记录（★）

一、记录的目的

会计师事务所应当对质量管理体系进行记录，以实现下列目的：

1．为会计师事务所人员对质量管理体系的一致理解提供支持，包括理解其在质量管理体系和业务执行中的角色和责任；

2．为质量管理体系的持续实施和运行提供支持；

3．为应对措施的设计、实施和运行提供证据，以支持主要负责人对质量管理体系进行评价。

二、记录的内容

会计师事务所应当就下列方面形成工作记录：

1．主要负责人和对质量管理体系承担运行责任的人员各自的身份；

2．会计师事务所的质量目标和质量风险；

3．对应对措施的描述以及这些措施是如何应对质量风险的；

4．实施的监控和整改程序，具体包括：

（1）已执行监控活动的证据；

（2）对监控发现的情况、识别出的缺陷、缺陷的根本原因作出的评价；

（3）为应对识别出的缺陷而采取的整改措施，以及对这些整改措施在设计和执行方面的评价；

（4）与监控和整改程序相关的沟通。

5．主要负责人对质量管理体系作出的评价及其依据。

三、记录的保存期限

会计师事务所应当规定质量管理体系工作记录的保存期限，该期限应当涵盖足够长的期间，以使会计师事务所能够监控质量管理体系的设计、实施和运行情况。如果法律法规要求更长的期限，应当遵守法律法规的要求。

第二节 项目质量复核

微信扫一扫
习题免费练

知识点1 项目质量复核人员的委派和资质要求（★★★）

一、项目质量复核人员的委派

会计师事务所应当在全所范围内（包括分所或分部）统一委派项目质量复核人员，并确保负责实施委派工作的人员具有必要的胜任能力和权威性。

二、项目质量复核人员的资质要求

由于项目质量复核人员应当独立于执行业务的项目组，因此，项目合伙人和项目组其他成员不得成为本项目的项目质量复核人员。除此之外，项目质量复核人员还应当同时符合下列要求：

1．具备适当的胜任能力，包括充足的时间和适当的权威性以实施项目质量复核。项目质量复核人员的胜任能力应当至少与项目合伙人相当。

2．遵守相关职业道德要求，并在实施项目质量复核时保持独立、客观、公正。

3．遵守与项目质量复核人员任职资质要求相关的法律法规（如有）。

为了确保项目质量复核人员的权威性和客观性，会计师事务所应当委派合伙人或类似职位的人员，或者会计师事务所外部的人员担任项目质量复核人员。

在为某一具体项目委派项目质量复核人员时，会计师事务所应当充分考虑拟委派人员的胜任能力和客观性。实务中，拟委派项目质量复核人员的客观性可能受到以下情况的影响：

1．项目之间交叉实施项目量复核。例如，同一年度内，由A项目的项目合伙人对B项目实施项目质量复核，同时由B项目的项目合伙人对A项目实施项目质量复核。除非出现特殊情况，如具有适当胜任能力和权威性的人员不足，否则，会计师事务所应当尽量避免在同一年度内交叉实施项目质量复核。

2．某一项目的前任项目合伙人被委任为该项目的项目质量复核人员。例如，甲注册会计师于2020年度担任某项目的项目合伙人，如果其在2021年度被委派担任同一项目的项目质量复核人员，将可能对其客观性产生不利影响。因此，会计师事务所应当规定一段冷却期，要求在冷却期结束之前，前任项目合伙人不得担任该项目的项目质量复核人员。这段冷却期至少应当为两年。

三、为项目质量复核提供协助的人员的资质要求

在实施项目质量复核的过程中，项目质量复核人员通常需要相关人员提供协助。同样，为了确保协助人员的客观性，项目合伙人和项目组其他成员也不得为本项目的项目质量复核提供协助。除此之外，为项目质量复核提供协助的人员还应当同时满足下列条件：

1．具备适当的胜任能力，包括充足的时间，以履行对其分配的职责；

2．遵守相关法律法规的规定（如有）和相关职业道德要求。

尽管在实施项目质量复核的过程中可以利用相关人员提供协助，项目质量复核人员仍然应当对项目质量复核的实施承担总体责任，并负责确定对协助人员进行指导、监督和复核的性质、时间安排和范围。

四、项目质量复核人员不再符合任职资质要求的情况

会计师事务所应当对项目质量复核人员符合资质要求的情况进行实时监控，以及时识别出项目质量复核人员不再符合任职资质要求的情况，并采取适当措施，包括委任一位新的项目质量复核人员。

当项目质量复核人员意识到其不再符合任职资质要求时，应当通知会计师事务所适当人员，并采取下列措施：

1. 如果项目质量复核尚未开始，不再承担项目质量复核责任；

2. 如果项目质量复核已经开始实施，立即停止实施项目质量复核。

知识点2 项目质量复核的实施（★★★）

一、复核程序

在实施项目质量复核时，项目质量复核人员应当实施下列程序：

1. 阅读并了解相关信息，这些信息包括：

（1）与项目组就项目和客户的性质和具体情况进行沟通获取的信息；

（2）与会计师事务所就监控和整改程序进行沟通获取的信息，特别是针对可能与项目组的重大判断相关或影响该重大判断的领域识别出的缺陷进行的沟通。

2. 与项目合伙人及项目组其他成员讨论重大事项，以及在项目计划、实施和报告时作出的重大判断。

3. 基于实施上述第1项和第2项程序获取的信息，选取部分与项目组作出的重大判断相关的业务工作底稿进行复核，并评价下列方面：

（1）作出这些重大判断的依据，包括项目组对职业怀疑的运用（如适用）；

（2）业务工作底稿能否支持得出的结论；

（3）得出的结论是否恰当。

4. 对于财务报表审计业务，评价项目合伙人确定独立性要求已得到遵守的依据。

5. 评价是否已就疑难问题或争议事项、涉及意见分歧的事项进行适当咨询，并评价咨询得出的结论。

6. 对于财务报表审计业务，评价项目合伙人得出下列结论的依据：

（1）项目合伙人对整个审计过程的参与程度是充分且适当的；

（2）项目合伙人能够确定作出的重大判断和得出的结论适合项目的性质和具体的情况。

7. 针对下列方面实施复核：

（1）针对财务报表审计业务，复核被审计单位财务报表和审计报告，以及审计报告中对关键审计事项的描述（如适用）；

（2）针对财务报表审阅业务，复核被审阅财务报表或财务信息，以及拟出具的审阅报告；

（3）针对财务报表审计和审阅以外的其他鉴证业务或相关服务业务，复核业务报告和鉴证对象信息（如适用）。

二、与项目质量复核相关的政策和程序

针对项目质量复核的实施，会计师事务所应当制定与下列方面相关的政策和程序:

1. 项目复核人员有责任在项目的适当时点实施复核程序，为客观评价项目组作出的重大判断和据此得出的结论奠定适当基础；

2. 项目合伙人与项目质量复核相关的责任，包括禁止项目合伙人在收到项目质量复核人员就已完成项目质量复核发出的通知之前签署业务报告；

3. 对项目质量复核人员的客观性产生不利影响的情形，以及在这些情形下需要采取的适当行动。

三、项目质量复核的完成

如果项目质量复核人员怀疑项目组作出的重大判断或据此得出的结论不恰当，应当告知项目合伙人。如果这一怀疑不能得到满意的解决，项目质量复核人员应当通知会计师事务所适当人员项目质量复核无法完成。

如果项目质量复核人员确定项目质量复核已经完成，应当签字确认并通知项目合伙人。

知识点3 与项目质量复核有关的工作底稿（★★★）

项目质量复核人员应当负责就项目质量复核的实施情况形成工作底稿。对项目质量复核形成的工作底稿应当足以使未曾接触该项目的、有经验的执业人员了解项目质量复核人员以及对项目质量复核提供协助的人员（如有）所执行程序的性质、时间安排和范围，以及在实施复核的过程中得出的结论。

项目质量复核工作底稿应当包括下列方面的内容:

1. 项目质量复核人员及协助人员的姓名；
2. 已复核的业务工作底稿的识别特征；
3. 项目质量复核人员确定项目质量复核已经完成的依据；
4. 项目质量复核人员就无法完成项目质量复核或项目质量复核已完成所发出的通知；
5. 完成项目质量复核的日期。

第三节 对财务报表审计实施的质量管理

微信扫一扫
习题免费练

知识点提示

本节将在会计师事务所质量管理体系的框架下，进一步探讨在财务报表审计业务中，会计师事务所如何实施质量管理，特别是审计项目合伙人在其中应当承担的角色和责任。

知识点1 审计项目合伙人管理和实现审计质量的领导责任（★★★）

审计项目合伙人，是指会计师事务所中负责某项审计项目及其执行，并代表会计师事务所在出具的审计报告上签字的合伙人。

审计项目合伙人应当对管理和实现审计项目的高质量承担总体责任，这种责任包括为审计项目组营造一个良好的环境，强调会计师事务所对诚信和高质量的重视，明确对审计项目组成员的行为期望。审计项目合伙人应当向审计项目组强调以下执业理念：

1．审计项目组所有成员都有责任为在项目层面管理和实现业务的高质量作出贡献；

2．审计项目组的职业价值观、职业道德和职业态度至关重要；

3．在审计项目组内部进行开放、顺畅、深入的沟通非常重要，这种沟通应当能够使每位审计项目组成员都能够提出自己的质疑，而不怕遭受报复；

4．审计项目组成员在整个审计项目中保持职业怀疑非常重要。

审计项目合伙人应当充分、适当地参与整个审计过程，从而能够根据审计项目的性质和具体情况，确定审计项目组作出的重大判断和据此得出的结论是否适当。

实务中，审计项目合伙人可以将设计或实施某些审计程序、执行某些审计工作或采取某些行动的任务分配给审计项目组其他成员，但审计项目合伙人仍然应当通过指导、监督这些审计项目组成员并复核其工作，对管理和实现审计项目的高质量承担总体责任。

在签署审计报告前，审计项目合伙人应当确定其已经对管理和实现审计项目的高质量承担责任。审计项目合伙人应当确定下列事项：

1．审计项目合伙人已经充分、适当地参与了审计项目的全过程，能够确定审计项目组作出的重大判断和据此得出的结论是适当的；

2．考虑了审计项目的性质和具体情况、发生的任何变化，以及会计师事务所与之相关的政策和程序。

知识点2 相关职业道德要求（★★）

审计项目合伙人应当了解与本审计项目相关的职业道德要求，包括独立性要求。

审计项目合伙人应当负责确保审计项目组其他成员了解与本审计项目相关的职业道德要求，以及会计师事务所相关的政策和程序，这些政策和程序可能包括以下方面：

1．识别、评估和应对对遵守相关职业道德要求（包括独立性要求）的不利影响；

2．可能导致违反相关职业道德要求（包括独立性要求）的情形，以及当审计项目组成员意识到这种违反时应当承担的责任；

3．当审计项目组成员意识到被审计单位存在违反法律法规的迹象时应当承担的责任。

审计项目合伙人应当通过观察和必要的询问，在整个审计过程中对审计项目组成员违反相关职业道德要求或会计师事务所相关政策和程序的情形保持警觉。如果审计项目合伙人注意到某些事项可能对遵守相关职业道德要求产生不利影响，应当对照会计师事务所的政策和程序，利用来自会计师事务所、审计项目组或其他来源的相关信息，对这些不利影响作出评价，并采取适当行动。如果某些事项表明相关职业道德要求未得到遵守，审计项目合伙人应当在咨询会计师事务所相关人员后，立即采取适当行动。

在签署审计报告之前，审计项目合伙人应当负责确定相关职业道德要求（包括独立性要求）已经得到遵守。

知识点3 客户关系和审计业务的接受与保持（★★★）

审计项目合伙人应当确定会计师事务所就客户关系和审计业务的接受与保持制定的政策和程序已得到遵守，并且得出的相关结论是适当的。

如果审计项目组在接受或保持某项客户关系或审计业务后获知了某些信息，并且，如果这些信息在接受或保持之前获知，可能会导致会计师事务所拒绝接受或保持该客户关系或审计业务，则审计项目合伙人应当立即与会计师事务所沟通该信息，以使会计师事务所和审计项目合伙人能够立即采取必要的行动。

知识点4 业务资源（★）

审计项目合伙人应当结合会计师事务所的政策和程序、审计项目的性质和具体情况，以及在执行审计项目过程中可能发生的任何变化，确定充分、适当的资源已被及时分配给审计项目组用于执行审计项目，或审计项目组能够及时获取这些资源。如果审计项目合伙人确定所分配的资源或审计项目组能够获取的资源对于审计项目的性质和具体情况来说是不充分、不适当的，审计项目合伙人应当采取适当的行动，包括与适当的人员沟通，以向审计项目组分配或提供额外的资源或替代性资源。

审计项目合伙人应当负责根据审计项目的性质和具体情况，适当使用向审计项目组分配或提供的资源。

审计项目合伙人应当确保审计项目组成员以及审计项目组成员以外提供直接协助的外部专家或内部审计人员作为一个集体，拥有适当的胜任能力，包括充足的时间执行审计项目。审计项目合伙人应当在考虑审计项目的性质和具体情况的基础上，制定合理的时间预算，以保证审计项目合伙人和审计项目组其他成员投入充分时间参与审计项目。

知识点5 业务执行（★★★）

一、对项目组成员的指导、监督和复核

审计项目合伙人应当负责对审计项目组成员进行指导、监督并复核其工作，并确定指导、监督和复核的性质、时间安排和范围符合下列要求：

1. 按照适用的法律法规和职业准则的规定，以及会计师事务所的政策和程序进行计划和执行；

2. 符合审计项目的性质和具体情况，并与会计师事务所向审计项目组分配或提供的资源相匹配。

二、复核审计工作底稿相关文件

审计项目合伙人应当在审计过程中的适当时点复核审计工作底稿，包括与下列方面相关的工作

底稿：

1. 重大事项；

2. 重大判断，包括与在审计中遇到的困难或有争议事项相关的判断，以及得出的结论；

3. 根据审计项目合伙人的职业判断，与审计项目合伙人的职责有关的其他事项。

三、咨询

审计项目组在执行审计项目的过程中时常会遇到各种各样的疑难问题或者争议事项。当这些问题和事项不能在审计项目组内部得到解决时，有必要向审计项目组之外的适当人员咨询。针对审计项目中需要咨询的事项，审计项目合伙人应当承担下列责任：

1. 对审计项目组就下列事项进行咨询承担责任：

（1）困难或有争议的事项，以及会计师事务所政策和程序要求咨询的事项；

（2）审计项目合伙人根据职业判断认为需要咨询的其他事项。

2. 确定审计项目组成员已在审计过程中就相关事项进行了适当咨询，咨询可能在审计项目组内部进行，或者在审计项目组与会计师事务所内部或外部的其他适当人员之间进行。

3. 确定已与被咨询者就咨询的性质、范围以及形成的结论达成一致意见。

4. 确定咨询形成的结论已得到执行。

四、项目质量复核

针对需要实施项目质量复核的审计项目，审计项目合伙人应当承担下列责任：

1. 确定会计师事务所已委派项目质量复核人员；

2. 配合项目质量复核人员的工作，并要求审计项目组其他成员配合项目质量复核人员的工作；

3. 与项目质量复核人员讨论在审计中遇到的重大事项和重大判断，包括在项目质量复核过程中识别出的重大事项和重大判断；

4. 只有在项目质量复核完成后，才签署审计报告。

五、意见分歧

审计项目组内部、审计项目组与项目质量复核人员之间（如适用），或者审计项目组与在会计师事务所质量管理体系内执行相关活动的人员（包括提供咨询的人员）之间可能出现意见分歧，审计项目组应当遵守会计师事务所处理及解决意见分歧的政策和程序。

针对意见分歧，审计项目合伙人应当承担下列责任：

1. 对按照会计师事务所的政策和程序处理和解决意见分歧承担责任；

2. 确定咨询得出的结论已经记录并得到执行；

3. 在所有意见分歧得到解决之前，不得签署审计报告。

知识点6 监控与整改（★★）

针对监控与整改，审计项目合伙人应当对下列方面承担责任：

1. 了解从会计师事务所的监控和整改程序获取的信息，这些信息可能是由会计师事务所提供的，也可能来自网络和网络事务所的监控和整改程序（如适用）；

2．确定上述第1项提及的信息与审计项目的相关性及其对审计项目的影响，并采取适当行动；

3．在整个审计过程中，对可能与会计师事务所的监控和整改程序相关的信息保持警觉，并将此类信息通报给对监控和整改程序负责的人员。

知识点7 审计工作底稿（★★）

针对财务报表审计的质量管理，注册会计师应当在审计工作底稿中记录下列事项：

1．针对相关职业道德要求（包括独立性要求）、客户关系和审计业务的接受与保持等方面识别出的事项、与相关人员进行的讨论，以及讨论得出的结论；

2．在审计过程中进行咨询的性质、范围、得出的结论，以及这些结论是如何得到执行的；

3．如果审计项目需要实施项目质量复核，则应当记录项目质量复核已经在审计报告日或之前完成。

第八编 职业道德

第二十二章　职业道德基本原则和概念框架

本章思维导图

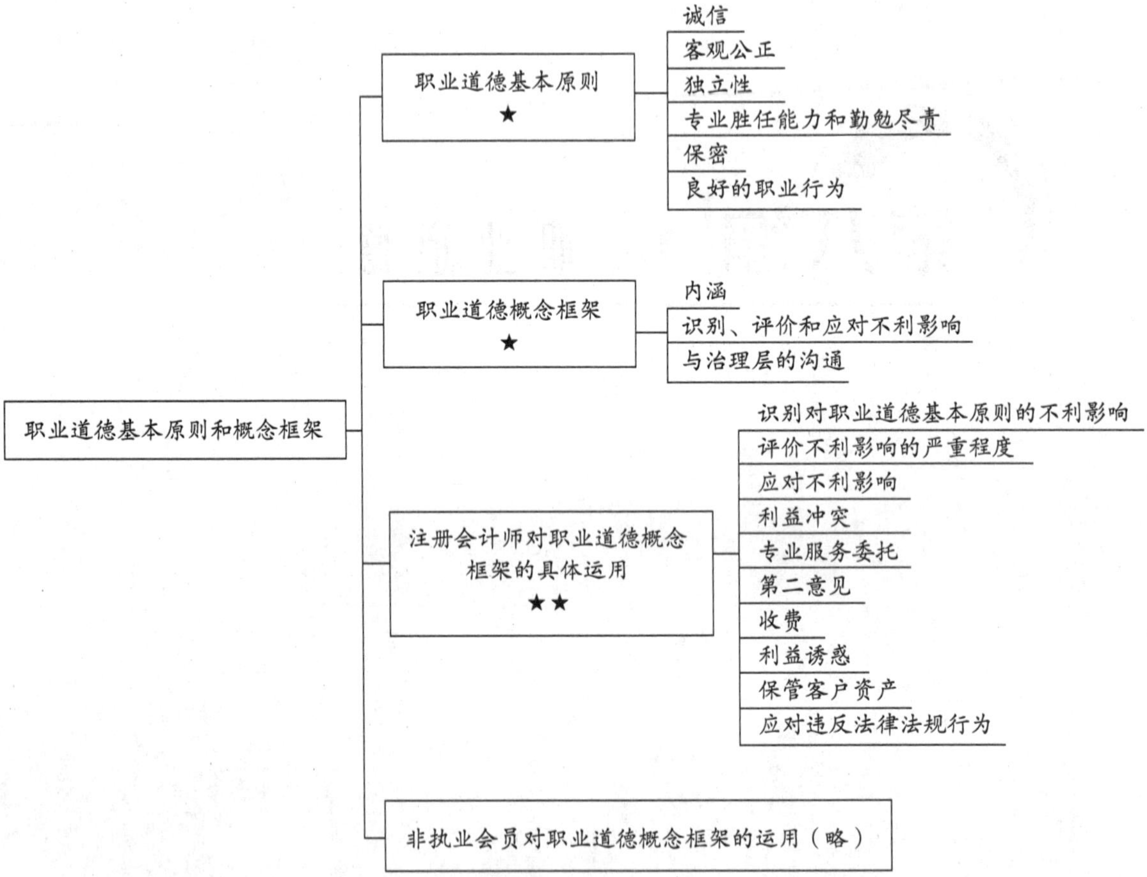

本章知识点精讲

第一节 职业道德基本原则

微信扫一扫
习题免费练

知识点提示

职业道德六大基本原则包括：诚信、客观公正、独立性、专业胜任能力和勤勉尽责、保密、良好的职业行为。请大家在理解的基础上掌握。

知识点 职业道德基本原则（★）

一、诚信

诚信，是指诚实、守信。

诚信原则要求会员应当在所有的职业活动中保持正直、诚实可信。

会员如果认为业务报告、申报资料、沟通函件或其他方面的信息存在下列问题，不得与这些有问题的信息发生关联（即不得与以下三类信息发生牵连）：

1. 含有虚假记载、误导性陈述；

2. 含有缺乏充分根据的陈述或信息；

3. 存在遗漏或含糊其辞的信息，而这种遗漏或含糊其辞可能产生误导。

二、客观公正

客观公正原则要求会员应当公正处事、实事求是，不得由于偏见、利益冲突或他人的不当影响而损害自己的职业判断。

三、独立性

独立性，是指不受外来力量控制、支配，按照一定之规行事。

独立性原则通常是对注册会计师而不是非执业会员提出的要求。在执行鉴证业务时，注册会计师必须保持独立性。

1. 独立性包括实质上的独立性和形式上的独立性。

（1）实质上的独立性是一种内心状态，要求注册会计师在提出结论时不受有损于职业判断的因素影响，能够诚实公正行事，并保持客观和职业怀疑态度。

（2）形式上的独立性是一种外在表现，要求注册会计师避免出现重大的事实和情况，使得一个理性且掌握充分信息的第三方在权衡这些事实和情况后，很可能推定会计师事务所或项目团队成员的诚信、客观或职业怀疑态度已经受到损害。

2. 独立性原则总体要求。

（1）注册会计师执行审计和审阅业务、其他鉴证业务时，应当从实质上和形式上保持独立性，不得因任何利害关系影响其客观公正。

（2）会计师事务所在承办审计和审阅业务以及其他鉴证业务时，应当从整体层面和具体业务层面采取措施，以保持会计师事务所和项目团队的独立性。

四、专业胜任能力和勤勉尽责

专业胜任能力和勤勉尽责原则要求会员通过教育、培训和执业实践获取和保持专业胜任能力。

专业胜任能力包括两个独立阶段：

1. 专业胜任能力的获取；

2. 专业胜任能力的保持。

勤勉尽责，要求会员遵守法律法规、相关职业准则的要求并保持应有的职业怀疑，认真、全面、及时地完成工作任务。同时，会员应当采取适当措施以确保在其授权下从事专业服务的人员得到应有的培训和督导。在适当时，会员应当使客户、工作单位和专业服务的其他使用者了解专业服务的固有局限。

五、保密原则

保密原则要求会员对职业活动中获知的涉密信息保密。

根据该原则，会员应当遵守下列要求：

1. 警觉无意中泄密的可能性，包括在社会交往中无意中泄密的可能性，特别要警觉无意中向关系密切的商业伙伴或近亲属泄密的可能性，近亲属是指配偶、父母、子女、兄弟姐妹、祖父母、外祖父母、孙子女、外孙子女；

2. 对所在会计师事务所、工作单位内部的涉密信息保密；

3. 对职业活动中获知的涉及国家安全的信息保密；

4. 对拟承接的客户、拟受雇的工作单位向其披露的涉密信息保密；

5. 在未经客户、工作单位授权的情况下，不得向会计师事务所、工作单位以外的第三方披露其所获知的涉密信息，除非法律法规或职业准则规定会员在这种情况下有权利或义务进行披露；

6. 不得利用因职业关系而获知的涉密信息为自己或第三方谋取利益；

7. 不得在职业关系结束后利用或披露因该职业关系获知的涉密信息；

8. 采取适当措施，确保下级员工以及为会员提供建议和帮助的人员履行保密义务。

会员在下列情况下可以披露涉密信息：

1. 法律法规允许披露，并且取得客户或工作单位的授权；

2. 根据法律法规的要求，为法律诉讼、仲裁准备文件或提供证据，以及向有关监管机构报告发现的违法行为；

3. 法律法规允许的情况下，在法律诉讼、仲裁中维护自己的合法权益；

4. 接受注册会计师协会或监管机构的执业质量检查，答复其询问和调查；

5. 法律法规、执业准则和职业道德规范规定的其他情形。

六、良好的职业行为

会员应当遵守相关法规，避免发生任何可能损害职业声誉的行为。

会员在向公众传递信息以及推介自己和工作时，应当客观、真实、得体，不得损害职业形象。

会员应当诚实、实事求是，不得有下列行为：

1. 夸大宣传提供的服务、拥有的资质或获得的经验；

2. 贬低或无根据地比较他人的工作。

第二节　职业道德概念框架

微信扫一扫
习题免费练

知识点提示

对职业道德基本原则产生不利影响的因素包括自身利益、自我评价、过度推介、密切关系、外在压力。每一种不利影响的具体情形需要进行记忆，这对以后学习职业道德概念框架的具体运用是非常有帮助的。

知识点1　职业道德概念框架的内涵（★）

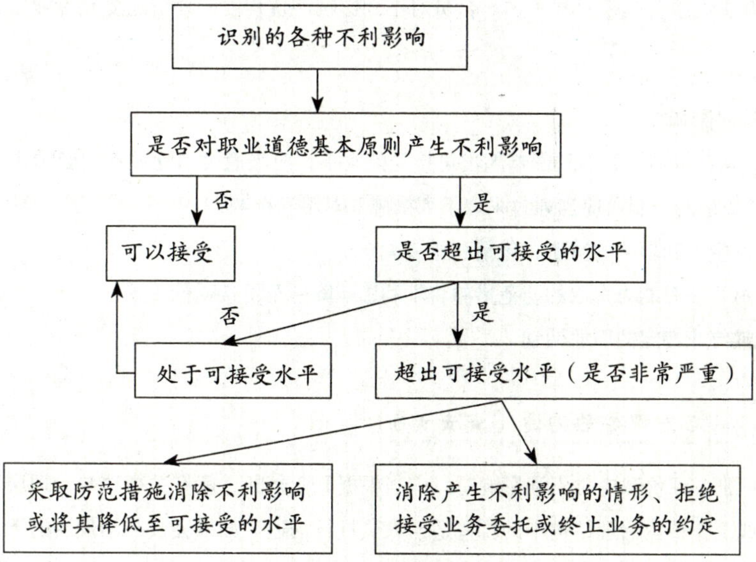

图 22-1　识别对职业道德基本原则的不利影响

知识点2　识别、评价和应对不利影响（★★★）

一、识别对职业道德基本原则的不利影响

可能对职业道德基本原则产生不利影响的因素包括自身利益、自我评价、过度推介、密切关系和外在压力。

1. 因自身利益产生的不利影响，是指由于某项经济利益或其他利益可能不当影响会员的判断或行为，而对职业道德基本原则产生的不利影响。

2. 因自我评价产生的不利影响，是指会员在执行当前业务的过程中，其判断需要依赖其本人

（或所在会计师事务所或工作单位的其他人员）以往执行业务时作出的判断或得出的结论，而该会员可能不恰当地评价这些以往的判断或结论，从而对职业道德基本原则产生的不利影响。

3．因过度推介产生的不利影响，是指会员倾向客户或工作单位的立场，导致该会员的客观公正原则受到损害而产生的不利影响。

4．因密切关系产生的不利影响，是指会员由于与客户或工作单位存在长期或密切的关系，导致过于偏向他们的利益或过于认可他们的工作，从而对职业道德基本原则产生的不利影响。

5．因外在压力产生的不利影响，是指会员迫于实际存在的或可感知到的压力，导致无法客观行事而对职业道德基本原则产生的不利影响。

二、评价不利影响的严重程度

如果识别出对职业道德基本原则的不利影响，会员应当评价该不利影响的严重程度是否处于可接受的水平。可接受的水平，是指会员针对识别出的不利影响实施理性且掌握充分信息的第三方测试之后，很可能得出其行为并未违反职业道德基本原则的结论时，该不利影响的严重程度所处的水平。在评价不利影响的严重程度时，会员应当从性质和数量两个方面予以考虑，如果存在多项不利影响，应当将多项不利影响组合起来一并考虑。会员对不利影响严重程度的评价还受到专业服务性质和范围的影响。

三、应对不利影响

如果会员确定识别出的不利影响超出可接受的水平，应当通过消除该不利影响或将其降低至可接受的水平来予以应对。会员应当通过采取下列措施应对不利影响：

1．消除产生不利影响的情形，包括利益或关系；

2．采取可行并有能力采取的防范措施将不利影响降低至可接受的水平；

3．拒绝或终止特定的职业活动。

知识点3 与治理层的沟通（★★★）

会员在识别、评价和应对不利影响时，应当根据职业判断，就有关事项与治理层进行沟通，应当确定与客户或工作单位治理结构中的哪些适当人员进行沟通。如果会员与治理层的下设组织（如审计委员会）或个人沟通，应当确定是否还需要与治理层整体进行沟通，以使治理层所有成员充分知情。

在确定具体沟通对象时，会员可能需要考虑下列事项：

1．具体情况的性质和重要程度；

2．拟沟通的事项。

如果会员与同时承担管理层职责和治理层职责的人员沟通，应当确保这种沟通能够向所有负有治理责任的人员充分传递应予沟通的内容。在某些情况下，治理层全部成员均参与管理。例如，在一家小企业中，仅有的一名业主管理该企业，并且没有其他人负有治理责任。在这些情况下，如果与同时承担管理层职责和治理层职责的人员沟通，可认为会员已满足与治理层沟通的要求。

第三节　注册会计师对职业道德概念框架的具体运用

知识点1　识别对职业道德基本原则的不利影响（★）

微信扫一扫
习题免费练

一、因自身利益产生不利影响的情形

举例说明，因自身利益产生不利影响的情形主要包括：

1. 注册会计师在客户中拥有直接经济利益；

2. 会计师事务所的收入过分依赖某一客户；

3. 会计师事务所以较低的报价获得新业务，而该报价过低，可能导致注册会计师难以按照适用的职业准则要求执行业务；

4. 注册会计师与客户之间存在密切的商业关系；

5. 注册会计师能够接触到涉密信息，而该涉密信息可能被用于谋取个人私利；

6. 注册会计师在评价所在会计师事务所以往提供的专业服务时，发现了重大错误。

二、因自我评价产生不利影响的情形

举例说明，因自我评价产生不利影响的情形主要包括：

1. 注册会计师在对客户提供财务系统的设计或实施服务后，又对系统的运行有效性出具鉴证报告；

2. 注册会计师为客户编制用于生成有关记录的原始数据，而这些记录是鉴证业务的对象。

三、因过度推介产生不利影响的情形

举例说明，因过度推介产生不利影响的情形主要包括：

1. 注册会计师推介客户的产品、股份或其他利益；

2. 当客户与第三方发生诉讼或纠纷时，注册会计师为该客户辩护；

3. 注册会计师站在客户的立场上影响某项法律法规的制定。

四、因密切关系产生不利影响的情形

举例说明，因密切关系产生不利影响的情形主要包括：

1. 审计项目团队成员的近亲属担任审计客户的董事或高级管理人；

2. 鉴证客户的董事、高级管理人员，或所处职位能够对鉴证对象施加重大影响的员工，最近曾担任注册会计师所在会计师事务所的项目合伙人；

3. 审计项目团队成员与审计客户之间存在长期业务关系。

近亲属包括主要近亲属和其他近亲属。主要近亲属是指配偶、父母或子女；其他近亲属是指兄弟姐妹、祖父母、外祖父母、孙子女、外孙子女。

审计项目团队成员是指所有审计项目组成员和会计师事务所中能够直接影响审计业务结果的其他人员，以及网络事务所中能够直接影响审计业务结果的所有人员。

五、因外在压力导致不利影响的情形

举例说明，因外在压力导致不利影响的情形主要包括：

1. 注册会计师因对专业事项持有不同意见而受到客户解除业务关系或被会计师事务所解雇的威胁；

2. 由于客户对所沟通的事项更具有专长，注册会计师面临服从该客户判断的压力；

3. 注册会计师被告知，除非其同意审计客户某项不恰当的会计处理，否则计划中的晋升将受到影响；

4. 注册会计师接受了客户赠予的重要礼品，并被威胁将公开其收受礼品的事情。

知识点2 利益冲突（★）

表 22-1 利益冲突的相关内容

项目	内容
1. 识别可能产生利益冲突的情形	（1）向某一客户提供交易咨询服务，该客户拟收购注册会计师的某一审计客户，而注册会计师已在审计过程中获知了可能与该交易相关的涉密信息； （2）同时为两家客户提供建议，而这两家客户是收购同一家公司的竞争对手，并且注册会计师的建议可能涉及双方相互竞争的立场； （3）在同一项交易中同时向买卖双方提供服务； （4）同时为两方提供某项资产的估值服务，而这两方针对该资产处于对立状态； （5）针对同一事项同时代表两个客户，而这两个客户正处于法律纠纷中； （6）针对某项许可证协议，就应收的特许权使用费为许可证授予方出具鉴证报告，并同时向被许可方就应付金额提供建议； （7）建议客户投资一家企业，而注册会计师的主要近亲属在该企业拥有经济利益； （8）建议客户买入一项产品或服务，但同时与该产品或服务的潜在卖方订立佣金协议。
2. 评价利益冲突严重程度	注册会计师应当评价利益冲突产生不利影响的严重程度，并在必要时采取防范措施消除不利影响或将其降低至可接受的水平。

（续上表）

项目	内容
3. 防范措施	在评价因利益冲突产生的不利影响的严重程度时，注册会计师需要考虑是否存在相关保密措施。当为针对某一特定事项存在利益冲突的双方或多方提供专业服务时，这些保密措施能够防止未经授权而披露涉密信息。这些措施可能包括： （1）会计师事务所内部为特殊的职能部门或岗位设置单独的工作空间，作为防止泄露客户涉密信息的屏障； （2）限制访问客户文档的政策和程序； （3）会计师事务所合伙人和员工签署的保密协议； （4）使用物理方式和电子方式对涉密信息采取隔离措施； （5）专门且明确的培训和沟通。 举例来说，下列防范措施可能能够应对利益冲突产生的不利影响： （1）由不同的项目组分别提供服务，并且这些项目已被明确要求遵守涉及保密性的政策和程序； （2）由未参与提供服务或不受利益冲突影响的适当人员复核已执行的工作，以评估关键判断和结论是否适当。

知识点3 第二意见（★）

表 22-2 第二意见的相关内容

项目	内容
1. 应客户要求提供第二次意见的含义	“应客户要求提供第二次意见”是指在某客户运用会计准则对特定交易和事项进行处理，且已由现任或前任注册会计师发表意见的情况下，如果注册会计师应客户的要求提供第二次意见，可能对职业道德基本原则产生不利影响 。
2. 评价可能产生的不利影响	如果第二次意见不是以现任或前任注册会计师所获得的相同事实为基础，或依据的证据不充分，可能因自身利益对专业胜任能力和勤勉尽责原则产生不利影响。评价因自身利益产生不利影响的严重程度时，应当考虑被要求提供第二意见的具体情形以及在运用职业判断时能够获得的所有事实和假设等相关因素。

（续上表）

项目	内容
3. 防范措施	（1）征得客户同意与现任或前任注册会计师沟通； （2）在与客户沟通中说明注册会计师发表专业意见的局限性； （3）向现任或前任注册会计师提供第二意见的副本。
4. 考虑是否提供第二意见	如果要求提供第二意见的实体不允许与现任或前任注册会计师沟通，注册会计师应当决定是否提供第二意见。

【例1–多选题】如果被审计单位要求注册会计师提供第二意见，为了防范对职业道德的威胁，应采取的措施有（　　）。

A. 征得客户同意，与现任注册会计师进行沟通

B. 与客户以书面方式预先约定确定报酬的基础

C. 在与客户的沟通函件中阐述注册会计师意见的局限性

D. 向现任注册会计师提供第二意见的复印件

【答案】ACD

学堂点拨

选项B属于或有收费的防范措施。

知识点4 收费（★★）

表 22–3 收费的相关内容

可能产生不利影响的情形	评价内容和防范措施	
1. 收费报价过低产生的不利影响	评价不利影响时考虑的因素	在承接业务时，如果收费报价过低，以致难以按照职业准则和职业道德规范的要求执行业务，从而可能因自身利益对专业胜任能力和勤勉尽责原则产生不利影响。
	防范措施	（1）在提供专业服务时，遵守执业准则和职业道德规范的要求，使工作质量不受损害； （2）使客户了解专业服务的范围和收费基础。

（续上表）

可能产生不利影响的情形	评价内容和防范措施	
2．或有收费产生的不利影响	评价不利影响时考虑的因素	（1）业务的性质（法律法规允许的业务除外）； （2）可能的收费金额区间； （3）确定收费的基础； （4）向报告的预期使用者披露注册会计师所执行的工作以及收费的基础； （5）会计师事务所的质量管理政策和程序； （6）是否由独立第三方复核交易和提供服务的结果； （7）收费水平是否已由独立第三方（如监管部门）作出规定。
	防范措施	（1）由未参与提供非鉴证服务的适当复核人员复核注册会计师已执行的工作； （2）预先就收费的基础与客户达成书面协议。
3．收取介绍费和佣金产生的不利影响	评价不利影响时考虑的因素	注册会计师收取与客户相关的介绍费或佣金，将因自身利益对客观公正、专业胜任能力和勤勉尽责产生非常严重的不利影响。
	防范措施	没有防范措施能够消除不利影响或将其降低至可接受的水平。
4．支付业务介绍费和佣金产生的不利影响	评价不利影响时考虑的因素	注册会计师为获得客户而支付业务介绍费，将因自身利益对客观公正、专业胜任能力和勤勉尽责原则产生非常严重的不利影响。
	防范措施	没有防范措施能够消除不利影响或将其降低至可接受的水平。

以下例题中，分别指出各事项是否违反中国注册会计师职业道德守则有关独立性的规定，并简要说明理由。

【例2-2010-简答题】

签订审计业务约定书时，ABC会计师事务所根据有关部门的要求，与甲公司商定按六折收取审计费用。据此，审计项目组计划相应缩小审计范围，并就此事与甲公司治理层达成一致意见。

【答案】违反。ABC会计师事务所因减少审计收费而不恰当地缩小审计范围，影响审计质量。

【例3-2013-简答题】

审计业务约定书约定，审计费用为200万元，甲公司应当在ABC会计师事务所出具审计报告后10日内支付70%审计费用，成功上市后10日内支付其余30%审计费用。

【答案】违反。付款安排表明30%审计费用实质是或有收费。

【例4-2012-简答题】

审计业务约定书约定，甲公司如上市成功，将另行奖励ABC会计师事务所，奖励金额按发行股票融资额的0.1%计算。

【答案】违反。提供审计服务不得采用或有收费，否则因自身利益严重影响独立性。

【例5-2012-简答题】

甲公司与ABC会计师事务所签订协议，由甲公司向其客户推荐ABC会计师事务所的服务。每次推荐成功后，由ABC会计师事务所向甲公司支付少量的业务介绍费。

【答案】违反。会计师事务所不得向审计客户（甲公司）支付业务介绍费。

知识点5 利益诱惑（包括礼品和款待）（★★）

一、一般规定

利益诱惑是指影响其他人员行为的物质、事件或行为，但利益诱惑并不一定具有不当影响该人员行为的意图。利益诱惑范围广泛，小到正常礼节性的交往，大到可能违反法律法规的行为。利益诱惑可能采取多种形式，例如：

1. 礼品；
2. 款待；
3. 娱乐活动；
4. 捐助；
5. 意图建立友好关系；
6. 工作岗位或其他商业机会；
7. 特殊待遇、权利或优先权。

注册会计师提供或接受利益诱惑，可能因自身利益、密切关系或外在压力对职业道德基本原则产生不利影响，尤其可能对诚信、客观公正、良好职业行为原则产生不利影响。注册会计师应当运用职业道德概念框架识别、评价和应对此类不利影响。

二、意图不当影响行为的利益诱惑

注册会计师不得提供或接受，或者授意他人提供或接受任何意图不当影响接受方或其他人员行为的利益诱惑，无论这种利益诱惑是存在不当影响行为的意图，还是注册会计师认为理性且掌握充分信息的第三方很可能会视为存在不当影响行为的意图。

在确定是否存在或被认为存在不当影响行为的意图时，注册会计师需要运用职业判断。注册会计师需要考虑下列因素：

1. 利益诱惑的性质、频繁程度、价值和累积影响；
2. 提供利益诱惑的时间，这一因素需要结合该利益诱惑可能影响的行动或决策来考虑；
3. 利益诱惑是否符合具体情形下的惯例或习俗；
4. 利益诱惑是否从属于专业服务，例如，提供或接受与商务会议有关的午餐；

5. 所提供的利益诱惑是仅限于个别接受方还是可以提供给更为广泛的群体，更为广泛的群体可能来自会计师事务所内部或外部，如其他客户或供应商；

6. 提供或接受利益诱惑的人员在会计师事务所或客户中担任的角色和职位；

7. 注册会计师是否知悉或有理由相信接受该利益诱惑将违反客户的政策和程序；

8. 提供利益诱惑的透明程度；

9. 该利益诱惑是否由接受方要求或索取；

10. 利益诱惑提供方以往的行为或声誉。

如果注册会计师知悉被提供的利益诱惑存在或被认为存在不当影响行为的意图，即使注册会计师拒绝接受利益诱惑，仍可能对职业道德基本原则产生不利影响。

举例来说，下列防范措施可能能够应对上述不利影响：

1. 就该利益诱惑的情况告知会计师事务所的高级管理层或客户治理层；

2. 调整或终止与客户之间的业务关系。

注册会计师应当对其近亲属向现有或潜在客户提供利益诱惑或者接受利益诱惑的情况保持警觉。如果注册会计师知悉其近亲属提供或接受某项利益诱惑，并认为该利益诱惑存在不当影响注册会计师或客户行为的意图，或者理性且掌握充分信息的第三方很可能会认为存在此类意图，则注册会计师应当建议该近亲属拒绝接受或不得提供此类利益诱惑。

三、无不当影响行为意图的利益诱惑

如果注册会计师认为某项利益诱惑不存在不当影响接受方或其他人员行为的意图，应当运用职业道德概念框架识别、评价和应对可能因该利益诱惑产生的不利影响。即使注册会计师认为某项利益诱惑无不当影响行为的意图，提供或接受此类利益诱惑仍可能对职业道德基本原则产生不利影响。在评价因提供或接受此类利益诱惑产生的不利影响的严重程度时，注册会计师需要考虑与上述在确定是否存在或被认为存在不当影响行为的意图时相同的因素。

举例来说，下列防范措施可能能够消除因提供或接受此类利益诱惑产生的不利影响：

1. 拒绝接受或不提供利益诱惑；

2. 将向客户提供专业服务的责任移交给其他人员，前提是注册会计师没有理由相信该人员在提供专业服务时可能会受到不利影响。

举例来说，下列防范措施可能能够将提供或接受此类利益诱惑的不利影响降低至可接受的水平：

1. 就提供或接受利益诱惑的事情，与会计师事务所或客户的高级管理层保持信息对称；

2. 在由会计师事务所高级管理层或其他负责会计师事务所职业道德合规性的人员监控的，或者由客户维护的记录中登记该利益诱惑；

3. 针对提供利益诱惑的客户，由未参与提供专业服务的适当复核人员复核注册会计师已执行的工作或作出的决策；

4. 在接受利益诱惑之后将其捐赠给慈善机构，并向会计师事务所高级管理层或提供利益诱惑的人员适当披露该项捐赠；

5. 支付与所接受利益诱惑（如款待）同等价值的价款；

6. 在收到利益诱惑（如礼品）后尽快将其返还给提供者。

知识点6 保管客户资产（★）

除非法律法规允许或要求，并且满足相关条件，注册会计师不得提供保管客户资金或其他资产的服务。保管客户资产可能因自身利益或其他原因而对客观公正、良好职业行为原则产生不利影响。

注册会计师如果保管客户资金或其他资产，应当符合下列要求：

1. 遵守所有与保管资产和履行报告义务相关的法律法规；
2. 将客户资金或其他资产与其个人或会计师事务所的资产分开；
3. 仅按照预定用途使用客户资金或其他资产；
4. 随时准备向相关人员报告资产状况及产生的收入、红利或利得。

在承接某项业务时，对于可能涉及保管客户资金或其他资产，注册会计师应当询问资产的来源，并考虑应履行的相关法定义务。如果客户资金或其他资产来源于非法活动（如洗钱），注册会计师不得提供保管资产服务，并应当运用职业道德概念框架应对此类违反法律法规行为。

知识点7 应对违反法律法规行为（★★）

违反法律法规行为包括客户、客户的治理层和管理层，以及为客户工作或在客户指令下工作的人员有意或无意作出的与现行法律法规不符的疏漏或违法行为。

举例来说，主要涉及下列方面的法律法规：

1. 舞弊、腐败和贿赂；
2. 国家安全、洗钱和犯罪所得；
3. 证券市场和交易；
4. 银行业务、其他金融产品和服务；
5. 信息安全；
6. 税务、社会保障；
7. 环境保护；
8. 公共健康与安全。

注册会计师在向客户提供专业服务的过程中，可能遇到、知悉或怀疑客户存在违反法法规或涉嫌违反法律法规的行为。当注册会计师知悉或怀疑存在这种违反或涉嫌违反法律法规的行为时，可能因自身利益或外在压力对诚信和良好职业行为原则产生不利影响。注册会计师应当运用职业道德概念框架识别、评价和应对此类不利影响。在应对违反法律法规或涉嫌违反法律法规行为时，注册会计师的目标是：

1. 遵循诚信和良好职业行为原则；
2. 通过提醒客户的管理层或治理层（如适用），使其能够纠正违反法律法规或涉嫌违反法律法规行为或减轻其可能造成的后果，或者阻止尚未发生的违反法律法规行为；
3. 采取有助于维护公众利益的进一步措施。

如果注册会计师知悉违反法律法规或涉嫌违反法律法规行为，应当及时采取行动。

为确保及时采取行动，注册会计师应当同时考虑下列事项：

1．该行为的性质；

2．该行为可能对客户、投资者、债权人、员工或社会公众利益造成的损害。

在了解和应对违反法律法规或涉嫌违反法律法规行为时，注册会计师需要运用专业知识、技能和职业判断。注册会计师可以在遵循保密原则的前提下，向会计师事务所、网络事务所或专业机构的其他人员或者法律顾问进行咨询。

如果注册会计师识别出或怀疑存在已经发生或可能发生的违反法律法规行为，应当与适当级别的管理层和治理层沟通。这种沟通也可能能够促使管理层或治理层对该事项展开调查。注册会计师应当根据管理层和治理层的应对，确定是否需要出于维护公众利益的目的而采取进一步行动。注册会计师可以采取的进一步行动包括：

1．向适当机构报告该事项，即使法律法规没有要求进行报告；

2．在法律法规允许的情况下，解除业务约定。

第二十三章　审计业务对独立性的要求

本章思维导图

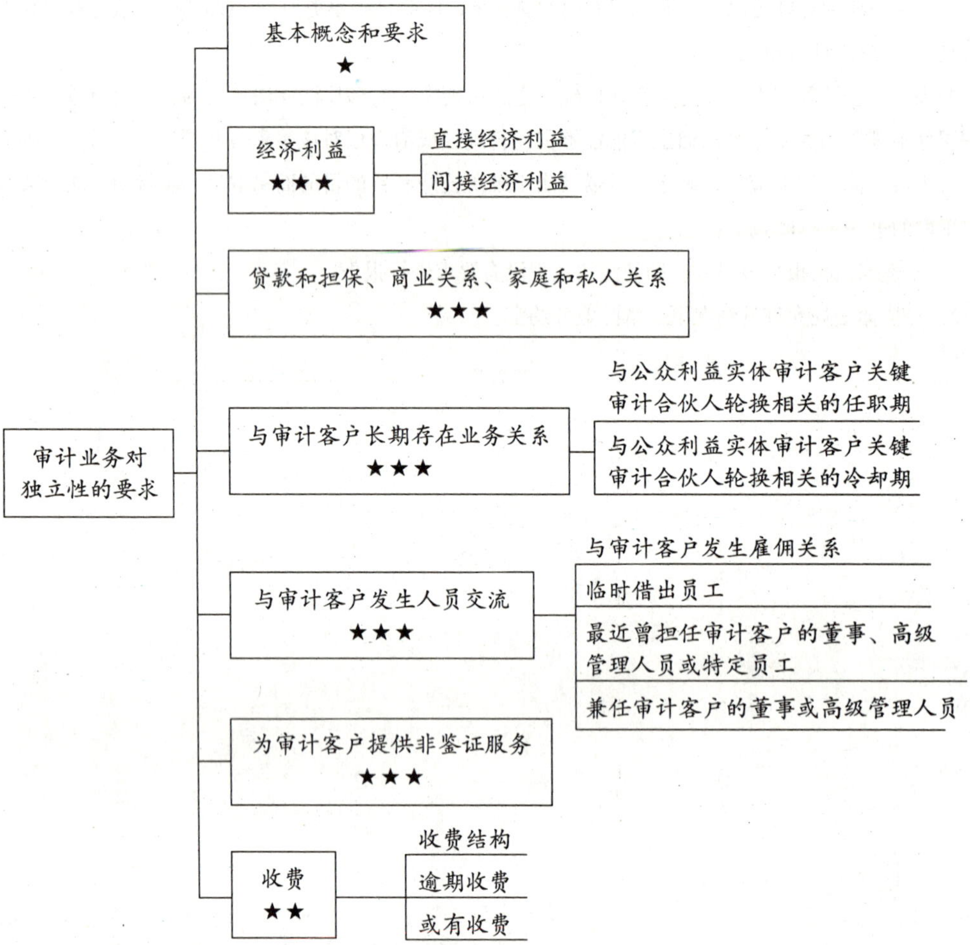

本章知识点精讲

第一节　审计业务对独立性的要求——相关概念

微信扫一扫
习题免费练

知识点提示

区分网络事务所和非网络事务所是一个考试的重点，因此属于网络事务所和非网络事务所的情形需要理解掌握。

注册会计师应当在业务期间和财务报表涵盖的期间独立于审计客户。业务期间自审计项目组开始执行审计业务之日起，至出具审计报告之日止。对于连续审计，业务期间结束日应以其中一方通知解除业务关系或出具最终审计报告二者时间孰晚为准。

知识点1 独立性的概念（★）

独立性包括实质上的独立性和形式上的独立性。

1. 实质上的独立性是一种内心状态，使得注册会计师在提出结论时不受损害职业判断的因素影响，诚信行事，遵循客观公正原则，保持职业怀疑。

2. 形式上的独立性是一种外在表现，使得一个理性且掌握充分信息的第三方，在权衡所有相关事实和情况后，认为会计师事务所或审计项目团队成员没有损害诚信原则、客观公正原则或职业怀疑。

知识点2 网络与网络事务所（★★）

表 23-1 网络与网络事务所的相关情形及判断

情形	网络事务所的判断
1. 定义	网络是指由多个实体组成，旨在通过合作实现下列一个或多个目的的联合体： （1）共享收益、分担成本。 （2）共享所有权、控制权或管理权。 （3）执行统一的质量管理政策和程序。 （4）执行同一经营战略。 （5）使用同一品牌。 （6）共享重要的专业资源。
2. 属于网络事务所的情形	（1）如果一个联合体旨在通过合作，在各实体之间共享收益或分担成本，应被视为网络。 （2）如果一个联合体旨在通过合作，在各实体之间共享所有权、控制权或管理权，应被视为网络。 （3）如果一个联合体旨在通过合作，在各实体之间共享统一的质量管理政策和程序，应被视为网络。 （4）如果一个联合体旨在通过合作，在各实体之间共享同一经营战略，应被视为网络。 （5）如果一个联合体旨在通过合作，在各实体之间使用同一品牌，应被视为网络。 （6）如果一个联合体旨在通过合作，在各实体之间共享重要的专业资源，应被视为网络。

（续上表）

情形	网络事务所的判断
3．不属于网络事务所的情形	（1）如果联合体之间分担的成本不重要，或分担的成本仅限于与开发审计方法、编制审计手册或提供培训课程有关的成本，则不应当被视为网络。 （2）如果会计师事务所与某一实体以联合方式提供服务或研发产品，虽然构成联合体，但不形成网络。 （3）如果一个实体与其他实体仅以联合方式应邀提供专业服务，虽然构成联合体，但不形成网络。 （4）如果某一会计师事务所不属于某一网络，也不使用同一品牌作为会计师事务所名称的一部分，在文具或宣传材料上提及本所是某一会计师事务所联合体的成员，不构成网络。 （5）如果会计师事务所转让某一部分，虽然该部分不再与其有关联，但转让协议可能规定允许该部分在一定期间内继续使用其名称或名称中的要素，则不属于以合作为目的的联合体，因此不构成网络。

【例1-多选题】下列会计师事务所中，应确定为A会计师事务所的网络事务所的有（　　）。

A．基于合作，甲会计师事务所的主任会计师是A会计师事务所的主要出资人之一，共享所有权、控制权或管理权

B．乙会计师事务所与A会计师事务所共同聘请某专家讲授培训课程，并共同分担培训费用

C．丙会计师事务所与A会计师事务所联合接受B公司的委托，为B公司设计内部控制

D．基于合作，丁会计师事务所使用A会计师事务的名称和标识

【答案】AD

学堂点拨

不应被视为网络的情况：

（1）分担的成本不重要；（2）分担的成本仅仅限于与制定审计方法、审计手册或培训课程有关的成本；（3）会计师事务所与某一不相关的实体以联合方式提供服务或研发产品。

知识点3 公众利益实体（★）

公众利益实体包括：

1．上市公司；

2．法律法规界定的公众利益实体；

3．按照上市公司审计独立性的要求接受审计的实体，如某些大型非上市金融企业；

4．债券在法律法规认可的证券交易所报价或挂牌，或在法律法规认可的证券交易所或其他类似机构的监管下进行交易的实体；

5．拥有数量众多且分布广泛的利益相关者的实体。

知识点4 关联实体（★）

关联实体是指与客户存在下列任一关系的实体：

1. 能够对客户施加直接或间接控制的实体，并且客户对该实体重要；

2. 在客户内拥有直接经济利益的实体，并且该实体对客户具有重大影响，在客户内的利益对该实体重要；

3. 受到客户直接或间接控制的实体；

4. 客户（或受到客户直接或间接控制的实体）拥有其直接经济利益的实体，并且客户能够对该实体施加重大影响，在实体内的经济利益对客户（或受到客户直接或间接控制的实体）重要；

5. 与客户处于同一控制下的实体（即“姐妹实体”），并且该姐妹实体和客户对其控制方均重要。

学堂点睛

如果认为客户存在的关系或情形涉及其他关联实体，且与评价会计师事务所独立性相关，审计项目组在识别、评价对独立性的不利影响以及采取防范措施时，应当将其他关联实体包括在内（第5种情况）。

在审计客户是上市公司的情况下，本部分所称审计客户包括该客户的所有关联实体。在审计客户不是上市公司的情况下，本部分所称审计客户仅包括该客户直接或间接控制的关联实体（第3种情况）。

知识点5 与治理层的沟通（★）

治理层，是指对实体的战略方向以及管理层履行的经营管理责任负有监督责任的个人或机构（例如，公司受托人）。治理层的责任包括对财务报告过程的监督。

注册会计师应当根据职业判断，定期就可能影响独立性的关系和其他事项与治理层沟通。上述沟通使治理层能够：

1. 考虑会计师事务所在识别和评价对独立性的不利影响时作出的判断是否正确；

2. 考虑会计师事务所为消除不利影响或将其降低至可接受的水平所采取的防范措施是否适当；

3. 确定是否有必要采取适当的措施。

对于因外在压力和密切关系产生的不利影响，这种沟通尤其有效。

知识点6 工作记录（★）

工作记录提供了证据，用以证明注册会计师在就遵循独立性要求方面形成结论时作出的判断。注册会计师应当记录遵守独立性要求的情况，包括记录形成的结论，以及为形成结论而讨论的主要内容。

如果需要采取防范措施将某种不利影响降低至可接受的水平，注册会计师应当记录该不利影响的性质，以及将其降低至可接受的水平所采取的防范措施。

如果通过对某种不利影响进行重要性分析，注册会计师确定不利影响未超出可接受的水平，注册会计师应当记录不利影响的性质以及得出上述结论的理由。

工作记录可以提供证据证明会计师事务所在遵守独立性要求时作出的职业判断。然而，缺少工作记录并非判定会计师事务所是否已考虑特定事项或是否保持了独立性的决定性因素。

知识点7 保持独立性的期间（★★★）

注册会计师应当在业务期间和财务报表涵盖的期间独立于审计客户。

业务期间自审计项目组开始执行审计业务之日起，至出具审计报告之日止。对于连续审计，业务期间结束日应以其中一方通知解除业务关系或出具最终审计报告二者时间孰晚为准。

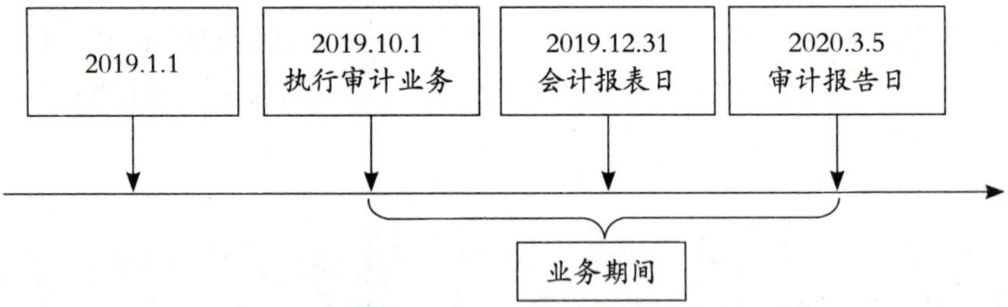

图 23-1 业务期间各环节的相关时间节点

【例2-单选题】假设ABC会计师事务所于2019年12月1日开始接受委托，承接对X公司2019年度财务报表进行审计，审计业务约定书约定的审计报告不能晚于2020年3月5日。假设ABC会计师事务所于2020年3月5日提交了审计报告，则审计业务期间的起点和终点表述正确的是（ ）。

A．2019年12月1日至2020年3月5日

B．2019年12月31日至2020年3月5日

C．2020年1月1日至2020年3月5日

D．2019年1月1日至2020年3月5日

【答案】A

学堂点拨

审计业务期间自审计项目组开始执行审计业务之日起，至出具审计报告之日止。

【例3-单选题】ABC会计师事务所于2015年12月1日开始接受委托，截至2019年底，已经连续5年对X股份有限公司财务报表进行了审计。双方于2020年3月8日约定对2019年度的财务报表出具审计报告，并且决定在2020年9月15日后双方终止一切业务。ABC会计师事务所在审计X公司时应保持独立性的期间是（ ）。

A．2015年12月1日至2020年3月8日

B．2015年1月1日至2020年3月8日

C．2015年1月1日至2020年9月15日

D．2015年12月1日至2020年9月15日

【答案】C

学堂点拨

业务期间自审计项目组开始执行审计业务之日起，至出具审计报告之日止。如果审计业务具有连续性，业务期间结束日应以其中一方通知解除业务关系或出具最终审计报告两者时间孰晚为准。注册会计师应当在业务期间和财务报表涵盖的期间独立于审计客户。

如果一个实体在拟审计财务报表涵盖期间之内或之后成为审计客户，会计师事务所应当确定下列因素是否会对独立性产生威胁：

1．在财务报表涵盖期间之内或之后、接受审计业务委托之前存在的与审计客户的经济利益或商业关系；

2. 以往向审计客户提供的服务。

如果在财务报表涵盖的期间或之后，在审计项目组开始执行审计业务之前，会计师事务所向审计客户提供了非鉴证业务，并且该非鉴证业务在审计期间不允许提供，会计师事务所应当评价提供的非鉴证服务对独立性产生的不利影响。如果不利影响超出可接受的水平，会计师事务所只有在采取防范措施消除不利影响或将其降低至可接受的水平的情况下，才能接受审计业务。

防范措施主要包括：

1. 不允许提供非鉴证服务的人员担任审计项目团队成员；

2. 必要时由适当复核人员复核审计和非鉴证工作；

3. 由其他会计师事务所评价非鉴证服务的结果，或重新执行非鉴证服务，使得其他会计师事务所能够对该非鉴证服务承担责任。

第二节 审计业务对独立性的要求——具体情形

知识点提示

对独立性影响的具体情形是考试的重点，每年必考一道6分简答题，所以请大家一定结合辅导书逐条理解掌握。先学会识别对独立性产生不利影响的具体情形，再掌握对应的应对措施。

知识点1 经济利益（★★★）

微信扫一扫
习题免费练

一、经济利益的种类

经济利益包括直接经济利益和间接经济利益。

（一）直接经济利益

直接经济利益，是指下列经济利益：

1. 个人或实体直接拥有并控制的经济利益（包括授权他人管理的经济利益）；

2. 个人或实体通过集合投资工具、信托、实体或合伙组织、或第三方而拥有的经济利益，并且有能力控制这些投资工具，或影响其投资决策。一些常见的直接经济利益包括证券或其他参与权，诸如包括股票、债券、认沽权、认购权、期权、权证和卖空权等。

（二）间接经济利益

间接经济利益，是指个人或实体通过集合投资工具、信托、实体或合伙组织、或第三方而实质拥有的经济利益，但没有能力控制这些投资工具，或影响其投资决策。比如基金。

二、对独立性产生不利影响的情形和防范措施

（一）在审计客户中拥有经济利益

表 23-2　在审计客户中拥有经济利益的情形和影响

<table>
<tr><th>涉及对独立性产生不利影响的主体</th><th>经济利益情形</th><th>评价不利影响程度</th><th>防范措施</th></tr>
<tr><td>A．事务所
B．审计项目团队成员
C．审计项目团队成员的主要近亲属</td><td rowspan="2">1．A、B、C、D在审计客户中拥有直接经济利益或重大间接经济利益</td><td>因自身利益产生非常严重的不利影响</td><td>（1）没有防范措施能够将其降低至可接受的水平；
（2）事务所、审计项目团队成员或其主要近亲属不得在审计客户中拥有直接经济利益或重大间接经济利益。</td></tr>
<tr><td>D．审计项目团队成员的其他近亲属</td><td>因自身利益产生非常严重的不利影响</td><td>（1）其他近亲属尽快处置全部经济利益，或处置全部直接经济利益并处置足够数量的间接经济利益，以使剩余经济利益不再重大；
（2）由审计项目团队以外的注册会计师复核该成员已执行的工作；
（3）将该成员调离审计项目团队。</td></tr>
<tr><td>A．项目合伙人
B．所在分部的其他合伙人
C．项目合伙人的主要近亲属
D．所在分部的其他合伙人的主要近亲属</td><td>2．当其他合伙人与执行审计业务的项目合伙人同处一个分部时，如果A、B、C、D在审计客户中拥有直接经济利益或重大间接经济利益</td><td>因自身利益产生非常严重的不利影响</td><td>（1）没有防范措施能够将其降低至可接受的水平；
（2）其他合伙人或其主要近亲属不得在审计客户中拥有直接经济利益或重大间接经济利益。</td></tr>
<tr><td>A．为审计客户提供非审计服务的其他合伙人
B．为审计客户提供非审计服务的管理人员
C．为审计客户提供非审计服务的其他合伙人的主要近亲属
D．为审计客户提供非审计服务的管理人员的主要近亲属</td><td>3．在审计客户中拥有直接经济利益或重大间接经济利益</td><td>因自身利益产生非常严重的不利影响</td><td>（1）没有防范措施能够将其降低至可接受的水平；
（2）为审计客户提供非审计服务的其他合伙人、管理人员或其主要近亲属不得在审计客户中拥有直接经济利益或重大间接经济利益。</td></tr>
</table>

（续上表）

涉及对独立性产生不利影响的主体	经济利益情形	评价不利影响程度	防范措施
执行审计业务的项目合伙人、所在分部的其他合伙人、向审计客户提供非审计服务的合伙人或管理人员的主要近亲属	4．在审计客户中拥有经济利益	因自身利益产生不利影响	主要近亲属作为审计客户的员工有权（例如，通过退休金或股票期权计划）取得该经济利益，并且在必要时能够采取防范措施消除不利影响或将其降低至可接受的水平，则不被视为损害独立性。但是，如果其主要近亲属拥有或取得处置该经济利益的权利，则应当尽快处置或放弃该经济利益。
A．事务所 B．审计项目团队成员 C．审计项目团队成员的主要近亲属	5.通过继承、馈赠或因合并从审计客户获得直接经济利益或重大间接经济利益	因自身利益产生不利影响	立即处置全部经济利益，或处置全部直接经济利益并处置足够数量的间接经济利益，以使剩余经济利益不再重大。
审计项目团队成员	6．如果审计项目团队成员通过会计师事务所的退休金计划在审计客户中拥有直接经济利益或重大间接经济利益	因自身利益产生不利影响	注册会计师应当评价不利影响的严重程度，并在必要时采取防范措施消除不利影响或将其降低至可接受的水平。

（二）在控制审计客户的实体中拥有经济利益

表 23-3　在控制审计客户的实体中拥有经济利益的情形和影响

涉及对独立性产生不利影响的主体	经济利益情形	评价不利影响程度	防范措施
A．事务所 B．审计项目团队成员 C．审计项目团队成员的主要近亲属	当一个实体在审计客户中拥有控制性的权益，并且审计客户对该实体重要时，而A、B、C在该实体中拥有直接经济利益或重大间接经济利益（审计客户的关联实体就是可以视为审计客户的一部分，所以这种情况是上述（一）中第一种情况的延伸） 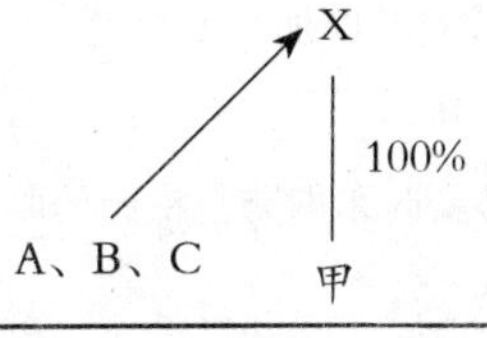	因自身利益产生非常严重的不利影响	（1）没有防范措施能够将其降低至可接受的水平； （2）事务所、审计项目团队成员或其主要近亲属不得在该实体中拥有直接经济利益或重大间接经济利益。

（三）作为受托管理人拥有经济利益

如果上述（一）中各方作为受托管理人在审计客户中拥有直接经济利益或重大间接经济利益，除非同时满足下列条件，否则不得在审计客户中拥有直接经济利益或重大间接经济利益：

1. 受托管理人、审计项目团队成员、两者的主要近亲属，会计师事务所均不是受托财产的受益人；

2. 通过信托而在审计客户中拥有的经济利益对于该项信托而言并不重大；

3. 该项信托不能对审计客户施加重大影响；

4. 受托管理人、审计项目团队成员、两者的主要近亲属，会计师事务所对涉及审计客户经济利益的投资决策没有重大影响。

（四）与审计客户拥有共同经济利益

如果会计师事务所、审计项目团队成员或其主要近亲属在某一实体拥有经济利益，并且审计客户也在该实体拥有经济利益，除非满足下列条件之一，否则会计师事务所、审计项目团队成员及其主要近亲属不得在该实体中拥有经济利益：

1. 经济利益对会计师事务所、审计项目团队成员及其主要近亲属，以及审计客户均不重要；

2. 审计客户无法对该实体施加重大影响。

拥有此类经济利益的人员，在成为审计项目团队成员之前，该人员或其主要近亲属应当处置全部经济利益，或处置足够数量的经济利益，使剩余经济利益不再重大。

（五）无意中获取的经济利益

如果会计师事务所、审计项目团队成员或其主要近亲属、员工或其主要近亲属通过继承、馈赠或因企业合并或类似情况，从审计客户获得直接经济利益或重大间接经济利益，而根据职业道德守则的规定不允许拥有此类经济利益，应当采取下列措施：

1. 如果会计师事务所、审计项目团队成员或其主要近亲属获得经济利益，应当立即处置全部经济利益，或处置全部直接经济利益并处置足够数量的间接经济利益，以使剩余经济利益不再重大；

2. 如果审计项目团队以外的人员或其主要近亲属获得经济利益，应当在合理期限内尽快处置全部经济利益，或处置全部直接经济利益并处置足够数量的间接经济利益，以使剩余经济利益不再重大。在完成处置该经济利益前，会计师事务所应当在必要时采取防范措施以消除不利影响。

（六）其他情况下的经济利益

1. 与审计客户的利益相关者同时在某一实体拥有经济利益。

会计师事务所、审计项目团队成员或其主要近亲属在某一实体拥有经济利益，并且知悉审计客户的董事、高级管理人员或具有控制权的所有者也在该实体拥有经济利益，可能因自身利益、密切关系或外在压力产生不利影响。不利影响存在与否及其严重程度主要取决于下列因素：

（1）该成员在审计项目团队中的角色；

（2）实体的所有权是由少数人持有还是多数人持有；

（3）经济利益是否使得投资者能够控制该实体，或对其施加重大影响；

（4）经济利益的重要程度。

注册会计师应当评价不利影响的严重程度，并在必要时采取防范措施消除不利影响或将其降低至可接受的水平。

举例来说，防范措施可能包括：

（1）将拥有该经济利益的审计项目团队成员调离审计项目团队，可能能够消除不利影响；

（2）由审计项目团队以外的注册会计师复核该成员已执行的工作，可能能够将不利影响降低至可接受的水平。

2. 对审计项目团队成员其他近亲属拥有经济利益的要求。

如果审计项目团队某一成员的其他近亲属在审计客户中拥有直接经济利益或重大间接经济利益，将因自身利益产生非常严重的不利影响。不利影响的严重程度主要取决于下列因素：

（1）审计项目团队成员与其他近亲属之间的关系；

（2）经济利益是直接的还是间接的；

（3）经济利益对其他近亲属的重要程度。

会计师事务所应当评价不利影响的严重程度，并在必要时采取防范措施消除不利影响或将其降低至可接受的水平。

举例来说，下列防范措施可能能够消除不利影响：

（1）其他近亲属尽快处置全部经济利益，或处置全部直接经济利益并处置足够数量的间接经济利益，以使剩余经济利益不再重大；

（2）将该成员调离审计项目团队。

由审计项目团队以外的适当复核人员复核该审计项目团队成员已执行的工作，可能能够将不利影响降低至可接受的水平。

3. 对其他人员拥有经济利益的要求。

如果审计项目团队成员知悉下列其他人员在审计客户中拥有经济利益，也可能因自身利益对独立性产生不利影响：

（1）除上述（一）中提及的人员外，会计师事务所合伙人、专业人员，两者的主要近亲属；

（2）与审计项目团队成员存在密切私人关系的人员。

不利影响存在与否及其严重程度主要取决于下列因素：

（1）会计师事务所的组织结构、经营模式和沟通机制；

（2）相关人员与审计项目团队成员之间的关系。

注册会计师应当评价不利影响的严重程度，并在必要时采取防范措施消除不利影响或将其降低至可接受的水平。

举例来说，防范措施可能包括：

（1）将存在密切私人关系的审计项目团队成员调离审计项目团队，以消除不利影响；

（2）不允许该审计项目团队成员参与有关审计业务的任何重大决策，以将不利影响降低至可接受的水平；

（3）由审计项目团队以外的适当复核人员复核该审计项目团队成员已执行的工作，以将不利影响降低至可接受的水平。

4. 会计师事务所的退休金计划。

如果会计师事务所通过退休金计划，在审计客户中拥有直接经济利益或重大间接经济利益，可能因自身利益产生不利影响。注册会计师应当评价不利影响的严重程度，并在必要时采取防范措施消除不利影响或将其降低至可接受的水平。

以下例题中，分别指出各事项是否违反中国注册会计师职业道德守则有关独立性的规定，并简要说明理由。

【例1-2019-简答题】上市公司甲公司是ABC会计师事务所的常年审计客户，与上市公司乙公司为同一母公司的重要子公司，乙公司不是该事务所的审计客户。XYZ公司和ABC会计师事务所处于同一网络。甲公司审计项目组在2018年度财务报表审计中遇到下列事项：

审计项目组成员D的妻子于2018年5月在网贷平台上购买了互联网金融产品10万元。根据其与网贷平台及资金使用方签署的三方协议，该资金用于补充甲公司某不重要子公司的短期流动资金。

【答案】违反。审计项目组成员的主要近亲属不得在审计客户中拥有重大间接经济利益，否则将因自身利益产生非常严重的不利影响。

【例2-2015-简答题】A注册会计师自2012年度起担任甲公司财务报表审计项目合伙人，其妻子在甲公司2013年年度报告公告后购买了甲公司股票3000股，在2014年度审计工作开始前卖出了这些股票。

【答案】违反。因针对甲公司的审计业务具有连续性，2013年度审计报告出具后至2014年度审计工作开始前期间仍属于业务期间，A注册会计师的妻子在该期间持有甲公司的股票，因自身利益对独立性产生严重不利影响。

【例3-2011-简答题】上市公司甲公司系ABC会计师事务所的常年审计客户。2010年4月1日，ABC会计师事务所与甲公司续签了2010年度财务报表审计业务约定书。

B注册会计师系ABC会计师事务所的合伙人，与A注册会计师同处一个业务部门。2010年3月1日，B注册会计师购买了甲公司股票5000股，每股10元，由于尚未出售该股票，ABC会计师事务所未委派B注册会计师担任甲公司审计项目组成员。

【答案】违反。B注册会计师作为合伙人，与A注册会计师同处一个业务部门，在A注册会计师的审计客户中拥有直接经济利益，会因自身利益对独立性产生不利影响。

【例4-2013-简答题】XYZ咨询公司的合伙人C的父亲持有甲银行少量股票。截至2012年12月31日，这些股票市值为6000元。合伙人C自2011年起为甲银行下属某分行提供企业所得税申报服务，但在服务过程中不承担管理层职责。

【答案】违反。为甲银行的关联实体提供非审计服务的合伙人C及其主要近亲属不得在甲银行中拥有任何直接经济利益，否则将因自身利益对独立性产生严重不利影响。

【例5-2017-简答题】甲公司是上市公司乙公司的重要子公司。A注册会计师的妻子于2016年9月7日购买乙公司股票1000股，次日卖出。乙公司不是ABC会计师事务所的审计客户。

【答案】违反。审计项目组成员的主要近亲属在审计客户中拥有控制权并且审计客户对其重要的实体中拥有经济利益。

【例6-2019-简答题】上市公司甲是ABC会计师事务所的常年审计客户，XYZ公司和ABC会计事务所处于同一网络。审计项目组在甲公司2018年财务报表审计中遇到下列事项：

项目组成员B注册会计师的父亲在丙公司拥有重大经济利益，丙公司是甲公司的不重要联营企业，丙公司不是ABC事务所的客户。

【答案】违反。审计项目组成员及主要近亲属在某一实体拥有重大经济利益，审计客户中也在该实体拥有经济利益，会因自身利益影响独立性。

【例7-2014-简答题】上市公司甲公司系ABC会计师事务所的常年审计客户，从事房地产开发业务。

2013年10月，甲公司收购了乙公司25%的股权，乙公司成为甲公司的重要联营公司。审计项目组经理A注册会计师在收购生效日前一周得知其妻子持有乙公司发行的价值1万元的企业债，承诺将在收购生效日后一个月内出售该债券。

【答案】违反。收购日后乙公司成为甲公司的关联实体，A注册会计师及其主要近亲属不得在乙公司拥有直接经济利益，应在收购生效日前处置该直接经济利益，得知持有该直接经济利益后立即处置该利益，否则将因自身利益对独立性产生严重不利影响。

【例8-2013-简答题】甲银行是A股上市公司，系ABC会计师事务所的常年审计客户。XYZ咨询公司是ABC会计师事务所的网络事务所。

甲银行持有上市公司丁公司3%的股份，对丁公司不具有重大影响。该投资对甲银行也不重大。甲银行2012年度审计项目经理D注册会计师于2012年11月购买500股丁公司股票。截至2012年12月31日，这些股票市值为3000元。

【答案】不违反。虽然D注册会计师与甲银行均拥有丁公司的股票，但因其持有的经济利益并不重大，且甲银行不能对丁公司施加重大影响，上述投资不被视为损害独立性。

知识点2 贷款和担保（★★★）

一、从银行或类似金融机构等审计客户取得贷款或获得贷款担保

会计师事务所、审计项目团队成员或其主要近亲属不得从银行或类似金融机构等审计客户取得贷款，或获得贷款担保，除非该贷款或担保是按照正常的程序、条款和条件进行的。此类贷款的例子包括按揭贷款、银行透支、汽车贷款和信用卡等。

即使会计师事务所从银行或类似金融机构等审计客户按照正常的程序、条款和条件取得贷款，如果该贷款对审计客户或取得贷款的会计师事务所是重要的，也可能因自身利益对独立性产生不利影响。会计师事务所应当评价不利影响的严重程度，并在必要时采取防范措施消除不利影响或将其降低至可接受的水平。

举例来说，防范措施可能包括由网络中未参与执行审计业务并且未从该贷款中获益的会计师事务所复核已执行的工作。

二、从不属于银行或类似金融机构等审计客户取得贷款或由其提供担保

会计师事务所、审计项目团队成员或其主要近亲属从不属于银行或类似金融机构的审计客户取得贷款，或由此类审计客户提供贷款担保，将因自身利益产生非常严重的不利影响，导致没有防范措施能够将其降低至可接受的水平。会计师事务所、审计项目团队成员或其主要近亲属不得从不属于银行或类似金融机构的审计客户取得贷款，或由此类审计客户提供贷款担保。

三、向审计客户提供贷款或为其提供担保

会计师事务所、审计项目团队成员或其主要近亲属向审计客户提供贷款或为其提供担保，将因自身利益产生非常严重的不利影响，导致没有防范措施能够将其降低至可接受的水平。会计师事务所、审计项目团队成员或其主要近亲属不得向审计客户提供贷款或担保。

四、在审计客户开立存款或经纪账户

会计师事务所、审计项目团队成员或其主要近亲属不得在银行或类似金融机构等审计客户开立存款或经纪账户，除非该存款或经纪账户是按照正常的商业条件开立的。

以下例题中，分别指出各事项是否违反中国注册会计师职业道德守则有关独立性的规定，并简要说明理由。

【例9-2018-简答题】上市公司甲银行是ABC会计师事务所的常年审计客户。XYZ公司和ABC会计师事务所处于同一网络。审计项目组在甲银行2017年度财务报表审计中遇到下列事项：

2017年12月，ABC会计师事务所按正常的贷款程序、条款和条件从甲银行获得短期贷款500万元，用于支付员工年终奖金。该笔贷款对ABC会计师事务所不重大。

【答案】不违反。ABC会计师事务所按正常的贷款程序、条款和条件从甲银行取得贷款，不会对独立性产生不利影响。

【例10-2017-简答题】ABC会计师事务所委派A注册会计师担任非上市银行甲银行2016年度财务报表审计项目合伙人。ABC会计师事务所和XYZ公司处于同一网络。审计项目组在审计中遇到下列事项：

2016年7月，审计项目组成员C按照正常的程序、条款和条件从甲银行取得购房贷款500万元。该贷款对C而言重大。

【答案】违反。审计项目成员从银行或类似金融机构等审计客户取得贷款，或由审计客户提供贷款担保，金额重大则会对独立性产生不利影响。

【例11-2013-简答题】甲银行是A股上市公司，系ABC会计师事务所的常年审计客户。XYZ咨询公司是ABC会计师事务所的网络事务所。

A注册会计师担任甲银行2012年度财务报表审计项目合伙人。其于2012年10月按正常商业条件在甲银行开立账户，并购买10000元甲银行公开发行的三个月期非保本浮动收益型人民币理财产品。该理财产品主要投资于各类债券基金。

【答案】不违反。A注册会计师按正常商业条件在甲银行开立账户并购买甲银行的产品，且交易金额不大。该理财产品投资的各类债券基金也属于不重大的间接经济利益。因此，上述事项不会对独立性产生不利影响。

知识点3 商业关系（★★★）

一、一般规定

会计师事务所、审计项目团队成员或其主要近亲属与审计客户或其高级管理人员之间，由于商务关系或共同的经济利益而存在密切的商业关系，可能因自身利益或外在压力对独立性产生不利影响。

举例来说，这些商业关系可能包括：

1．与客户或其控股股东、董事、高级管理人员或其他为该客户执行高级管理活动的人员共同开办企业；

2．按照协议，将会计师事务所的产品或服务与客户的产品或服务结合在一起，并以双方名义捆绑销售。例如，某会计师事务所通过与一家投资银行共同组成服务团队的形式，向潜在客户提供审计、公司财务顾问等一揽子专业服务。上述关系一般被视为商业关系。当该投资银行同时为该会计师事务所的审计客户时，会计师事务所不得介入此类商业关系。

3．按照协议，会计师事务所销售或推广客户的产品或服务，或者客户销售或推广会计师事务所的产品或服务。

会计师事务所、审计项目团队成员不得与审计客户或其高级管理人员建立密切的商业关系。如果会计师事务所存在此类商业关系，应当予以终止。如果此类商业关系涉及审计项目团队成员，会计师事务所应当将该成员调离审计项目团队。

如果审计项目团队成员的主要近亲属与审计客户或其高级管理人员存在此类商业关系，注册会计师应当评价不利影响的严重程度，并在必要时采取防范措施消除不利影响或将其降低至可接受的水平。

二、与审计客户或其利益相关者一同在某股东人数有限的实体中拥有利益

如果审计客户或其董事、高级管理人员，或上述各方作为投资者的任何组合，在某股东人数有限的实体中拥有经济利益，会计师事务所、审计项目团队成员或其主要近亲属不得拥有会涉及该实体经济利益的商业关系，除非同时满足下列条件：

1．这种商业关系对于会计师事务所、审计项目团队成员或其主要近亲属以及审计客户均不重要；

2．该经济利益对上述投资者或投资组合并不重大；

3．该经济利益不能使上述投资者或投资组合控制该实体。

三、从审计客购买商品或服务

会计师事务所、审计项目团队成员或其主要近亲属从审计客户购买商品或服务，如果按照正常的商业程序公平交易，通常不会对独立性产生不利影响。如果交易性质特殊或金额较大，可能因自身利益产生不利影响。会计师事务所应当评价不利影响的严重程度，并在必要时采取防范措施消除不利影响或将其降低至可接受的水平。

举例来说，可能能够消除此类不利影响的防范措施包括：

1．取消交易或降低交易规模；

2．将相关审计项目团队成员调离审计项目团队。

以下例题中，分别指出各事项是否违反中国注册会计师职业道德守则有关独立性的规定，并简要说明理由。

【例12-2018-简答题】上市公司甲银行是ABC会计师事务所的常年审计客户。XYZ公司和ABC会计师事务所处于同一网络。审计项目组在甲银行2017年度财务报表审计中遇到下列事项：

甲银行和XYZ公司的合作协议约定，在甲银行牵头的债务重组项目中，XYZ公司向甲银行推介潜在重组方，甲银行优先推荐XYZ公司为重组项目提供税务咨询服务。

【答案】违反。XYZ公司与审计客户存在不被允许的商业关系，会因自身利益或外在压力对独立性产生严重的不利影响。

【例13-2017-简答题】ABC会计师事务所委派A注册会计师担任非上市银行甲银行2016年度财务报表审计项目合伙人。ABC会计师事务所和XYZ公司处于同一网络。

丙公司是甲银行的子公司。2016年8月，XYZ公司和丙公司共同举办了企业外汇风险管理研讨会。在会上，双方联合推介了丙公司开发的外汇管理软件和风险管理咨询服务。

【答案】违反。会计师事务所的网络所推广客户的产品或服务，会计师事务所不得介入此类商业关系。

【例14-2015-简答题】甲公司的子公司丁公司提供信息系统咨询服务，与XYZ公司组成联合服务团队，向目标客户推广营业税改增值税相关咨询和信息系统咨询一揽子服务。

【答案】违反。XYZ公司和丁公司以双方的名义捆绑提供服务，因自身利益、外在压力对独立性产生严重不利影响/上述关系属于守则禁止的商业关系。

【例15-2014-简答题】上市公司甲公司系ABC会计师事务所的常年审计客户，从事房地产开发业务。XYZ公司是ABC会计师事务所的网络事务所。

甲公司的子公司丁公司从事咨询业务。2013年2月，丁公司与XYZ公司合资成立了一家咨询公司。

【答案】违反。此类关系属于职业道德守则禁止的商业关系，将因自身利益或外在压力对独立性产生严重不利影响。

【例16-2019-简答题】甲公司新研发电动自行车，2018年12月在ABC事务所年会上，为其员工提供享受低于其他客户的优惠购买政策。

【答案】违反。享受低于正常客户购买价格的优惠政策，未按照正常商业程序进行公平交易，可能对独立性产生不利影响。

【例17-2014-简答题】2013年12月，审计项目组成员B注册会计师通过银行按揭，按照市场价格500万元购买了甲公司出售的公寓房一套。

【答案】违反。该交易金额对B注册会计师而言较大，可能因自身利益对独立性产生不利影响。

【例18-2012-简答题】经甲公司总经理批准，审计项目组成员可以按成本价购买甲公司的产品，每人限购2000元。

【答案】违反。该交易不属于公平交易，会因自身利益对独立性产生不利影响。

知识点4 家庭和私人关系（★★★）

如果审计项目团队成员与审计客户的董事、高级管理人员，或某类员工（取决于该员工在审计客户中担任的角色）存在家庭和私人关系，可能因自身利益、密切关系或外在压力对独立性产生不利影响。不利影响存在与否及其严重程度主要取决于该成员在审计项目团队中的角色、其家庭成员或相关人员在客户中的职位以及关系的密切程度等。

一、审计项目团队成员的主要近亲属

1. 如果审计项目团队成员的主要近亲属是审计客户的董事、高级管理人员或担任能够对被审计财务报表或会计记录的编制施加重大影响的职位的员工（以下简称“特定员工”），或者在业务期间

或财务报表涵盖的期间曾担任上述职务，将对独立性产生非常严重的不利影响，导致没有防范措施能够消除该不利影响或将其降低至可接受的水平。拥有此类关系的人员不得成为审计项目团队成员。

2. 如果审计项目团队成员的主要近亲属在审计客户中所处职位能够对客户的财务状况、经营成果和现金流量施加重大影响，将可能因自身利益、密切关系或外在压力对独立性产生不利影响。

不利影响存在与否及其严重程度主要取决于下列因素：

（1）主要近亲属在客户中的职位；

（2）该成员在审计项目团队中的角色。

会计师事务所应当评价不利影响的严重程度，并在必要时采取防范措施消除不利影响或将其降低至可接受的水平。

举例来说，防范措施可能包括：

1. 将该成员调离审计项目团队，可能能够消除不利影响；

2. 合理安排审计项目团队成员的职责，使该成员的工作不涉及其主要近亲属的职责范围，可能能够将不利影响降低至可接受的水平。

二、审计项目团队成员的其他近亲属

如果审计项目团队成员的其他近亲属是审计客户的董事、高级管理人员或特定员工，将因自身利益、密切关系或外在压力对独立性产生不利影响。不利影响的严重程度主要取决于下列因素：

1. 审计项目团队成员与其他近亲属的关系；

2. 其他近亲属在客户中的职位；

3. 该成员在审计项目团队中的角色。

会计师事务所应当评价不利影响的严重程度，并在必要时采取防范措施消除不利影响或将其降低至可接受的水平。

举例来说，防范措施可能包括：

1. 将该成员调离审计项目团队，可能能够消除不利影响；

2. 合理安排审计项目团队成员的职责，使该成员的工作不涉及其他近亲属的职责范围。

三、审计项目团队成员的其他密切关系

如果审计项目团队成员与审计客户的员工存在密切关系，并且该员工是审计客户的董事、高级管理人员或特定员工，即使该员工不是审计项目团队成员的近亲属，也将对独立性产生不利影响。拥有此类关系的审计项目团队成员应当按照会计师事务所的政策和程序进行咨询。不利影响的严重程度主要取决于下列因素：

1. 该员工与审计项目团队成员的关系；

2. 该员工在客户中的职位；

3. 该成员在审计项目团队中的角色。

会计师事务所应当评价不利影响的严重程度，并在必要时采取防范措施消除不利影响或将其降低至可接受的水平。

举例来说，防范措施可能包括：

1. 将该成员调离审计项目团队，可能能够消除不利影响；

2. 合理安排该成员的职责，使其工作不涉及与之存在密切关系的员工的职责范围，可能能够将不利影响降低至可接受的水平。

四、审计项目团队成员以外人员的家庭和私人关系

会计师事务所中审计项目团队以外的合伙人或员工，与审计客户的董事、高级管理人员或特定员工之间存在家庭或私人关系，可能因自身利益、密切关系或外在压力产生不利影响。会计师事务所合伙人或员工在知悉此类关系后，应当按照会计师事务所的政策和程序进行咨询。不利影响存在与否及其严重程度主要取决于下列因素：

1. 该合伙人或员工与审计客户的董事、高级管理人员或特定员工之间的关系；
2. 该合伙人或员工与审计项目团队之间的相互影响；
3. 该合伙人或员工在会计师事务所中的角色；
4. 董事、高级管理人员或特定员工在审计客户中的职位。

会计师事务所应当评价不利影响的严重程度，并在必要时采取防范措施消除不利影响或将其降低至可接受的水平。

举例来说，防范措施可能包括：

1. 合理安排该合伙人或员工的职责，以减少对审计项目团队可能产生的影响；
2. 由审计项目团队以外的注册会计师复核已执行的相关审计工作。

以下例题中，分别指出各事项是否违反中国注册会计师职业道德守则有关独立性的规定，并简要说明理由。

【例19-2018-简答题】上市公司甲银行是ABC会计师事务所的常年审计客户。XYZ公司和ABC会计师事务所处于同一网络。审计项目组在甲银行2017年度财务报表审计中遇到下列事项：

审计项目组成员B的父亲曾任甲银行负责信贷的副行长，于2017年5月退休。B于2017年7月1日加入甲银行审计项目组。

【答案】违反。审计项目组成员B的父亲曾担任审计客户的高级管理人员，会因自身利益、密切关系或外在压力产生不利影响。

【例20-2012-简答题】上市公司甲公司系ABC会计师事务所的常年审计客户。审计项目组在对甲公司2011年度财务报表审计中遇到下列事项：

审计项目组成员C为新员工，其妻子曾担任甲公司财务经理，于2011年3月离职。

【答案】违反。审计项目组成员C的妻子曾在2011年财务报表审计涵盖期间担任能对财务报表的编制施加重大影响的职务，会因密切关系对独立性产生严重不利影响。

知识点5 与审计客户发生雇佣关系（★★）

如果审计客户的董事、高级管理人员或特定员工，曾经是审计项目团队的成员或会计师事务所的合伙人，可能因密切关系或外在压力产生不利影响。

1. 审计项目团队前任成员或前任合伙人担任审计客户的重要职位且与事务所保持重要联系。

如果审计项目团队前任成员或会计师事务所前任合伙人加入审计客户，担任董事、高级管理人员

或特定员工，会计师事务所应当确保上述人员与会计师事务所之间不再保持重要交往。如果会计师事务所与该类人员仍保持重要交往，除非同时满足下列条件，否则将产生非常严重的不利影响，导致没有防范措施能够消除不利影响或将其降低至可接受的水平：

（1）该人员无权从会计师事务所获取报酬或福利，除非报酬或福利是按照预先确定的固定金额支付的；

（2）应付该人员的金额（如有）对会计师事务所不重要；

（3）该人员未继续参与，并且在外界看来未参与会计师事务所的经营活动或职业活动。

即使同时满足上述条件，仍可能因密切关系或外在压力对独立性产生不利影响。

2. 前任合伙人加入的某一实体成为审计客户。

如果会计师事务所前任合伙人加入某一实体并担任董事、高级管理人员或特定员工，而该实体随后成为会计师事务所的审计客户，则可能因密切关系或外在压力对独立性产生不利影响。

不利影响存在与否及其严重程度主要取决于下列因素：

（1）该人员在审计客户中担任的职位；

（2）该人员将与审计项目团队交往的程度；

（3）该人员离开审计项目团队或会计师事务所合伙人职位的时间长短；

（4）该人员以前在审计项目团队、会计师事务所中的角色，例如，该人员是否负责与客户管理层和治理层保持定期联系。

会计师事务所应当评价不利影响的严重程度，并在必要时采取防范措施消除不利影响或将其降低至可接受的水平。

举例来说，防范措施可能包括：

（1）修改审计计划；

（2）向审计项目团队分派与该人员相比经验更加丰富的人员；

（3）由适当复核人员复核前任审计项目团队成员已执行的工作。

3. 审计项目团队某成员拟加入审计客户。

如果审计项目团队某一成员参与审计业务，当知道自己在未来某一时间将要或有可能加入审计客户时，将因自身利益产生不利影响。会计师事务所应当制定政策和程序，要求审计项目团队成员在与审计客户协商受雇于该客户时，向会计师事务所报告。在接到报告后，会计师事务所应当评价不利影响的严重程度，并在必要时采取防范措施消除不利影响或将其降低至可接受的水平。

举例来说，防范措施可能包括：

（1）将该成员调离审计项目团队，可能能够消除不利影响；

（2）由审计项目团队以外的适当复核人员复核该成员在审计项目团队中作出的重大判断，可能能够将其不利影响降低至可接受的水平。

知识点6 前任或现任合伙人加入属于公众利益实体的审计客户（★★）

一、关键审合伙人加入审计客户担任重要职位

关键审计合伙人是指项目合伙人、项目质量复核人员，以及审计项目组中负责对财务报表审计所

涉及的重大事项作出关键决策或判断的其他审计合伙人。其他审计合伙人还可能包括负责审计重要子公司或分支机构的合伙人。

如果某一关键审计合伙人加入属于公众利益实体的审计客户，担任董事、高级管理人员或特定员工，除非该合伙人不再担任该公众利益实体的关键审计合伙人后，该公众利益实体发布的已审计财务报表涵盖期间不少于12个月，并且该合伙人未参与该财务报表的审计，否则独立性将视为受到损害。例如，如图23-2，假设会计师事务所审计一家以公历年为会计年度的上市公司的2009年度的财务报表。如果某审计项目组的前任关键审计合伙人曾为该客户2009年度审计工作执行任务，且该客户发布已审计2010年度财务报表的日期是2011年3月31日，此人最早可以加入该客户并担任董事、高级管理人员或特定员工的时间是在2011年4月1日。

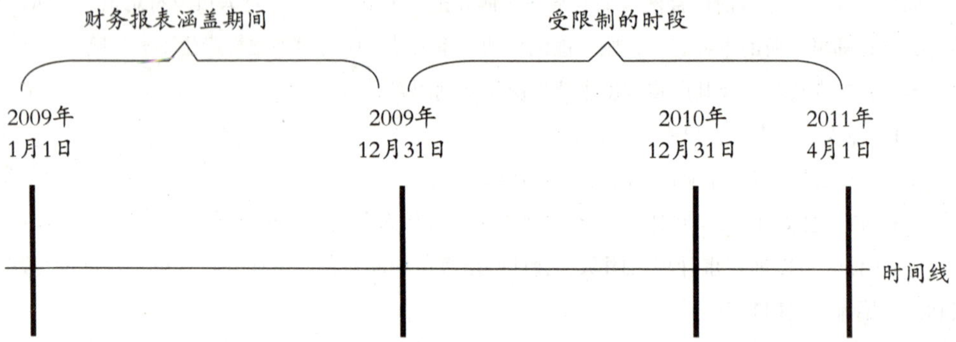

图23-2 受限制的时段示例

二、前任高级合伙人加入审计客户担任重要职位

如果会计师事务所前任高级合伙人（或管理合伙人，或同等职位的人员）加入属于公众利益实体的审计客户，担任董事、高级管理人员或特定员工，除非该高级合伙人不再担任该职位已超过12个月，否则独立性将被视为受到损害。

三、因企业合并原因导致前任成员加入审计客户担任重要职位

如果由于企业合并的原因，会计师事务所前任关键审计合伙人或前任高级合伙人担任属于公众利益实体的审计客户的董事、高级管理人员或特定员工，在同时满足下列条件时，不被视为独立性受到损害：

1. 当该人员接受该职务时，并未预料到会发生企业合并；

2. 该人员在会计师事务所中应得的报酬或福利都已全额支付，除非报酬或福利是按照预先确定的固定金额支付的，并且应付该人员的金额对会计师事务所不重要；

3. 该人员未继续参与，或在外界看来未参与会计师事务所的经营活动或职业活动；

4. 已就该人员在审计客户中的职位与治理层讨论。

以下例题中，分别指出各事项是否违反中国注册会计师职业道德守则有关独立性的规定，并简要说明理由。

【例21-2013-简答题】甲银行是A股上市公司，系ABC会计师事务所的常年审计客户。

B注册会计师曾担任甲银行2011年度财务报表审计项目经理，并签署该年度审计报告。B注册会计师于2012年4月30日辞职，于2012年末加入甲银行下属某分行担任财务负责人。

【答案】违反。作为甲银行2011年度审计报告签字注册会计师，B注册会计师适用职业道德守则对项目合伙人/审计关键合伙人的规定。其离职加入甲银行下属分行担任财务负责人的时间，早于甲银行发布2012年已审财务报表之日，尚在“冷却期”内，因此将因密切关系或外在压力对独立性产生严重不利影响。

【例22-2015-简答题】上市公司甲公司是ABC会计师事务所的常年审计客户。审计项目组在甲公司2014年度财务报表审计中遇到下列事项：

C注册会计师曾是ABC会计师事务所的管理合伙人，于2014年1月退休后担任甲公司董事。

【答案】违反。C注册会计师作为高级合伙人在离职后12个月内加入甲公司任董事，因外在压力对独立性产生严重不利影响。

知识点7 临时借出员工（★）

如果会计师事务所向审计客户借出员工，可能因自我评价、过度推介或密切关系产生不利影响。除非同时满足下列条件，否则会计师事务所不得向审计客户借出员工：

1. 仅在短期内向客户借出员工；

2. 借出的员工不参与注册会计师职业道德守则禁止提供的非鉴证服务；

3. 该员工不承担审计客户的管理层职责，且审计客户负责指导和监督该员工的活动。

会计师事务所应当评价借出员工产生不利影响的严重程度，并在必要时采取防范措施消除不利影响或将其降低至可接受的水平。

举例来说，防范措施可能包括：

1. 对借出员工的工作进行额外复核，可能能够应对因自我评价产生的不利影响；

2. 合理安排审计项目团队成员的职责，使借出员工不对其在借调期间执行的工作进行审计，可能能够应对因自我评价产生的不利影响；

3. 不安排借出员工作为审计项目团队成员，可能能够应对因密切关系或过度推介产生的不利影响。

【例23-2012-简答题】上市公司甲公司是ABC会计师事务所的常年审计客户。

甲公司在海外有一家规模很小的分公司，其财务经理突然离职。在新聘财务经理上任前，由ABC会计师事务所的海外网络事务所借调一名审计部经理临时负责其财务经理工作，借调时间为一周。

指出上述事项是否违反中国注册会计师职业道德守则有关独立性的规定，并简要说明理由。

【答案】违反。财务经理涉及管理层职责，短期借调员工不得承担甲公司的管理层职责，否则会因自我评价对独立性产生不利影响。

知识点8 最近曾担任审计客户的董事、高级管理人员或特定员工（★★★）

表 23-4 曾担任审计客户的董事、高级管理人员或特定员工的影响和防范措施

涵盖的期间	评价不利影响的因素	防范措施
1. 审计项目团队成员在财务报表涵盖的期间内曾担任审计客户的董事、高级管理人员或特定员工	因自身利益、自我评价或密切关系产生非常严重的不利影响。	没有防范措施能够将其降低至可接受的水平，事务所不得将此类人员分派到审计项目团队。
2. 审计项目团队成员在财务报表涵盖的期间以前曾担任审计客户的董事、高级管理人员或特定员工	（1）该成员在客户中曾担任的职务； （2）该成员离开客户的时间长短； （3）该成员在审计项目组中的角色。	由其他注册会计师复核该成员已执行的工作等。

以下例题中，分别指出各事项是否违反中国注册会计师职业道德守则有关独立性的规定，并简要说明理由。

【例24-2019-简答题】上市公司甲是ABC会计师事务所的常年审计客户，XYZ公司和ABC会计事务所处于同一网络。审计项目组在甲公司2018年财务报表审计中遇到下列事项：

项目组成员C曾是甲公司的成本会计，2018年5月离职，2018年10月加入项目组负责审计固定资产。

【答案】违反。项目组成员C在财务报表涵盖期间曾担任审计客户的特定员工，将产生非常严重的不利影响。

【例25-2011-简答题】上市公司甲公司系ABC会计师事务所的常年审计客户。2010年4月1日，ABC会计师事务所与甲公司续签了2010年度财务报表审计业务约定书。

甲公司审计项目组成员D曾在甲公司人力资源部负责员工培训工作，于2010年2月10日离开甲公司，加入ABC会计师事务所。

【答案】不违反。尽管审计项目组成员D在财务报表涵盖期间曾在审计客户工作，但只负责员工培训工作，不对甲公司财务状况、经营成果和现金流量产生重大影响。

【例26-2016-简答题】ABC会计师事务所委派A注册会计师担任上市公司甲公司2015年度财务报表审计项目合伙人。审计项目组在审计中遇到下列事项：

审计项目组成员C曾任甲公司重要子公司的出纳，2014年10月加入ABC会计师事务所，2015年9月加入甲公司审计项目组参与审计固定资产项目。

【答案】不违反。审计项目组成员C在财务报表涵盖期间之前加入事务所，且其在审计项目组中的工作，不涉及评价其就职于甲公司的子公司时所做的工作/出纳工作，因此，不会对独立性产生不利影响。

知识点9 兼任审计客户的董事或高级管理人员（★★）

表 23-5 兼任审计客户的董事或高级管理人员的影响

在事务所的职务	兼任审计客户的职务	评价不利影响
合伙人或员工	1. 兼任审计客户的董事或高级管理人员	因自我评价和自身利益产生非常严重的不利影响，导致没有防范措施能够将其降低至可接受的水平；事务所的合伙人或员工不得兼任审计客户的董事或高级管理人员。
	2. 兼任审计客户的公司秘书	因自我评价和过度推介产生非常严重的不利影响，导致没有防范措施能够将其降低至可接受的水平；事务所的合伙人或员工不得兼任审计客户的公司秘书。
员工	3. 提供日常性和行政事务性的服务以支持公司秘书职能，或提供与公司秘书行政事项有关的建议，由于所有相关决策均由审计客户管理层作出，通常不会损害独立性	

【例27-2011-简答题】2010年9月15日，甲公司收购了乙公司80%的股权，乙公司成为其控股子公司。A注册会计师自2009年1月1日起担任乙公司的独立董事，任期5年。

指出上述事项是否违反中国注册会计师职业道德守则有关独立性的规定，并简要说明理由。

【答案】违反。项目合伙人A注册会计师在财务报表涵盖期间内担任审计客户关联公司的独立董事，会因自身利益、自我评价、密切关系对独立性产生不利影响。

知识点10 与审计客户长期存在业务关系（★★★）

一、与公众利益实体审计客户关键审计合伙人轮换相关的任职期

如果审计客户属于公众利益实体，会计师事务所任何人员担任下列一项或多项职务的累计时间不得超过五年：

1. 项目合伙人；
2. 项目质量复核人员；
3. 其他属于关键审计合伙人的职务。

任期结束后，该人员应当遵守有关冷却期的规定。

此外，在任期内，如果某人员继担任项目合伙人之后立即或短时间内担任项目质量复核人员，可能因自我评价对客观公正原则产生不利影响，该人员不得在两年内担任该审计业务的项目质量复核

人员。

注册会计师担任上述职务的时间应当累计计算，除非该人员不再担任这些职务的期间达到最短时间要求，否则累计期间不得清零并重新计算。最短时间要求应当是一个连续的期间，至少等于该人员所适用的冷却期。该人员担任的职务不同，冷却期的长度也不同，具体来说，某人员适用的冷却期应当根据该人员不再担任相应职务前所担任的职务来确定。例如，如果某人员担任某个审计客户的项目合伙人三年，之后被调离该审计项目组两年，则该人员最多只能继续担任该审计业务的关键审计合伙人两年（即五年减去累计的三年）。在此之后，该人员必须遵守有关冷却期的规定。

二、与公众利益实体审计客户关键审计合伙人轮换相关的冷却期

任期结束后，该人员应当遵守下列冷却期的规定:

1. 如果某人员担任项目合伙人或其他签字注册会计师累计达到五年，冷却期应当为连续五年；
2. 如果某人员担任项目质量复核人员累计达到五年，冷却期应当为连续三年；
3. 如果某人员担任其他关键审计合伙人累计达到五年，冷却期应当为连续两年。

如果某人员相继担任多项关键审计合伙人职责，冷却期应当按照以下规定:

1. 担任项目合伙人累计达到三年或以上，冷却期应当为连续五年；
2. 担任项目质量复核人员累计达到三年或以上，冷却期应为连续三年；
3. 担任项目合伙人和项目质量复核人员累计达到三年或以上，但累计担任项目合伙人未达到三年，冷却期应当为连续三年；
4. 担任多项关键审计合伙人职责，并且不符合上述各项情况，冷却期应当为连续两年。

关键审计合伙人在不同情况下的轮换时间汇总如下：

表 23-6　适用于一般情况下已为公众利益实体的审计客户

关键审计合伙人	任职期	冷却期	任职期特殊情况
项目合伙人	5年	5年	6年
项目质量复核人员	5年	3年	6年
其他关键审计合伙人	5年	2年	6年

表 23-7　适用于客户成为公众利益实体后的轮换时间

在审计客户成为公众利益实体前的服务年限（X年）	成为公众利益实体后继续提供服务的年限	冷却期		
		项目合伙人	项目质量复核人员	其他关键审计合伙人
X≤3年	（5-X）年	5年	3年	2年
X≥4年	2年	5年	3年	2年
如客户是首次公开发行证券	2年	5年	3年	2年

以下例题中，分别指出各事项是否违反中国注册会计师职业道德守则有关独立性的规定，并简要说明理由。

【例28-2019-简答题】上市公司甲公司是ABC会计师事务所的常年审计客户，与上市公司乙公司为同一母公司的重要子公司，乙公司不是该事务所的审计客户。XYZ公司和ABC会计师事务所处于同一网络。甲公司审计项目组在2018年度财务报表审计中遇到下列事项：

B注册会计师曾作为审计经理签署了甲公司2013年度至2017年度审计报告，之后调离甲公司审计项目组，加入事务所质量管理部，负责复核所有上市公司审计客户的财务报表。

【答案】违反。关键审计合伙人在五年的冷却期内不得为该客户的审计业务实施项目质量复核，否则将因密切关系和自身利益对独立性产生不利影响。

【例29-2017-简答题】ABC会计师事务所委派A注册会计师担任非上市银行甲银行2016年度财务报表审计项目合伙人。ABC会计师事务所和XYZ公司处于同一网络。审计项目组在审计中遇到下列事项：

A注册会计师2009年度至2011年度担任甲银行审计项目经理，并签署了审计报告，2013年度和2014年度担任甲银行审计项目合伙人，2012年度和2015年度未参与审计，也未以任何方式影响审计结果。

【答案】违反。银行属于公众利益实体，A注册会计师作为关键审计合伙人任职时间不得超过五年，冷却期应为五年。

【例30-2012-简答题】上市公司甲公司系ABC会计师事务所的常年审计客户。

A注册会计师在2006年度至2010年度期间担任甲公司财务报表审计项目经理，并签署了2009年度和2010年度甲公司审计报告。2011年度，A注册会计师新晋升为合伙人，担任甲公司2011年度财务报表审计项目合伙人。

【答案】不违反。担任甲公司关键审计合伙人没有超过五年，不违反有关独立性要求。

【例31-2012-简答题】上市公司甲公司系ABC会计师事务所的常年审计客户。

ABC会计师事务所委派A注册会计师担任甲公司2010年度财务报表审计项目合伙人。A注册会计师曾担任甲公司2004年度至2008年度财务报表审计项目合伙人，但未担任甲公司2009年度财务报表审计项目合伙人。

【答案】违反。A注册会计师连续五年担任甲公司审计项目合伙人，虽然被轮换，但轮换期间未满五年，会因密切关系对独立性产生不利影响。

知识点11 承担管理层职责（★★）

会计师事务所承担审计客户的管理层职责，将因自身利益、自我评价、密切关系、过度推介对独立性产生非常严重的不利影响，导致没有防范措施能够将其降低至可接受的水平。会计师事务所不得承担审计客户的管理层职责。审计客户的管理层职责涉及控制和领导该客户的各项工作，包括针对人力资源、财务资源、技术资源、有形或无形资源的取得、配置和控制作出重大决策。会计师事务所应当根据具体情况确定某项活动是否属于管理层职责。下列活动通常被视为管理层职责：

1. 制定政策和战略方针；
2. 招聘或解雇员工；
3. 指导员工与工作有关的行动并对其行动负责；

4. 对交易进行授权；

5. 控制或管理银行账户或投资；

6. 确定采纳会计师事务所或其他第三方提出的建议；

7. 代表管理层向治理层报告；

8. 负责按照适用的财务报告编制基础编制财务报表；

9. 负责设计、执行、监督和维护内部控制。

知识点12 会计和记账服务（★★）

会计师事务所向审计客户提供会计和记账服务，可能因自我评价对独立性产生不利影响。会计和记账服务主要包括编制会计记录和财务报表（包括财务报表附注）、记录交易、工资服务等服务。

一、编制财务报表是管理层的职责

按照适用的财务报告编制基础编制财务报表是管理层的职责，这种职责包括但不限于:

1. 设计、执行和维护必要的内部控制，以使财务报表不存在由于舞弊或错误导致的重大错报；

2. 评估被审计单位的持续经营能力和运用持续经营假设是否适当，并披露与持续经营相关的事项（如适用）；

3. 确定会计政策并运用该政策确定会计处理方法，并作出恰当的会计估计；

4. 编制或更改会计分录，确定或批准交易的账户分类；

5. 编制或更改以电子形式或其他形式存在的、用以证明交易发生的相关凭证或数据。

二、不对独立性产生不利影响的活动

1. 沟通审计相关的事项。

在审计过程中，会计师事务所与审计客户管理层可能就下列事项进行沟通：

（1）对会计准则或会计政策，以及财务报表披露要求的运用；

（2）财务报告内部控制的有效性，以及资产、负债计量方法的适当性；

（3）审计调整建议。

这些活动通常被视为审计过程的正常组成部分，只要审计客户负责就会计记录及财务报表的编制作出决策，通常不对独立性产生不利影响。

2. 提供会计咨询服务。

审计客户可能要求会计师事务所在下列方而提供技术支持或建议等会计咨询服务：

（1）解决账户调节问题；

（2）分析和收集监管机构要求提供的信息；

（3）为会计准则转换（如为了遵守集团会计政策从企业会计准则转换为国际财务报告准则）提供咨询服务；

（4）协助了解相关会计准则、原则和解释，分享领先的行业最佳实践。

如果会计师事务所不承担审计客户的管理层职责，通常不会对独立性产生不利影响。

3. 日常性或机械性的会计和记账服务。

日常性或机械性的会计和记账服务通常不需要很多职业判断。这类服务的例子包括：

（1）根据来源于客户的数据编制工资计算表或工资报告，供客户批准并支付；

（2）在客户已确定或批准账户分类的前提下，以原始凭证（如水电费单据）或原始数据为基础，记录易于确定其金额并且重复发生的交易；

（3）根据客户确定的折旧政策、预计使用寿命和净残值计算固定资产折旧；

（4）将客户已记录的交易过入总分类账；

（5）将客户批准的分录过入试算平衡表；

（6）根据客户批准的试算平衡表中的信息编制财务报表，根据客户批准的记录编制相关财务报表附注。

4. 向不属于公众利益实体的审计客户提供会计和记账服务。

除非同时满足下列条件，否则会计师事务所不得向不属于公众利益实体的审计客户提供会计和记账服务，包括编制被审计财务报表（包括财务报表附注）或构成财务报表基础的财务信息：

（1）该服务是日常性或机械性的；

（2）会计师事务所能够采取防范措施应对因提供此类服务产生的超出可接受水平的不利影响。

举例来说，防范措施可能包括：

（1）由审计项目团队以外的专业人员提供此类服务；

（2）由未参与提供此类服务的适当复核人员复核已执行的审计工作或所提供的此类服务。

5. 向公众利益实体的审计客户提供会计和记账服务。

会计师事务所不得向属于公众利益实体的审计客户提供会计和记账服务，包括编制被审计财务报表（包括财务报表附注）或构成财务报表基础的财务信息。

在同时满足下列条件的情况下，会计师事务所可以向属于公众利益实体的审计客户的分支机构或关联实体提供会计和记账服务：

（1）该服务是日常性或机械性的；

（2）提供服务的人员不是审计项目团队成员；

（3）接受该服务的分支机构或关联实体从整体上对被审计财务报表不具有重要性，或者该服务所涉及的事项从整体上对该分支机构或关联实体的财务报表不具有重要性。

知识点13 行政事务性服务（★★）

行政事务性服务包括协助客户执行正常经营过程中的日常性或机械性任务。此类服务通常不需要很多职业判断，且属于文书性质的工作。行政事务性服务的例子包括：

1. 文字处理服务；

2. 编制行政或法定表格供客户审批；

3. 按照客户的指示将该表格提交给各级监管机构；

4. 跟踪法定报备日期，并告知审计客户该日期。

向审计客户提供上述行政事务性服务通常不会对独立性产生不利影响。

知识点14 评估服务（★★★）

评估包括对未来发展趋势提出相关假设，运用适当的方法和技术，以确定资产、负债或企业整体的价值或价值区间。

一、影响独立性的因素及防范措施

向审计客户提供评估服务可能因自我评价或过度推介对独立性产生不利影响。不利影响存在与否及其严重程度主要取决于下列因素：

1. 评估报告的用途和目的；
2. 是否对外公布评估报告；
3. 在确定和批准评估方法以及其他重大判断事项时，客户的参与程度；
4. 在运用标准或既定的方法进行评估时，评估事项的固有主观程度；
5. 评估结果是否对财务报表产生重大影响；
6. 评估相关的财务报表披露的范围和明晰程度；
7. 对能引起评估金额发生重大波动的未来事项的依赖程度。

会计师事务所应当评价不利影响的严重程度，并在必要时采取防范措施消除不利影响或将其降低至可接受的水平。

举例来说，防范措施可能包括：

1. 由审计项目团队以外的专业人员提供评估服务，可能能够应对因自我评价或过度推介产生的不利影响；

2. 由未参与评估服务的适当复核人员复核所执行的审计工作或提供的服务，可能能够应对因自我评价产生的不利影响。

二、对独立性不产生不利影响的评估业务

如果审计客户要求会计师事务所提供评估服务，以帮助其履行纳税申报义务或满足税务筹划目的，并且评估的结果不对财务报表产生直接影响，且间接影响并不重大，或者评估服务经税务机关或类似监管机构外部复核，则通常不对独立性产生不利影响。

三、对独立性产生不利影响的评估业务

如果评估结果涉及高度的主观性，且评估服务对被审计财务报表具有重大影响，会计师事务所不得向审计客户提供这种评估服务。

在审计客户属于公众利益实体的情况下，如果评估结果单独或累积起来对被审计财务报表具有重大影响，则会计师事务所不得向该审计客户提供这种评估服务。在执行集团审计时，它指该集团的合并财务报表。在执行单一实体审计时，它指该单一实体的财务报表。

知识点15 税务服务（★★★）

一、税务服务种类

税务服务通常包括下列种类：

1. 编制纳税申报表；

2. 为进行会计处理计算税额；

3. 税务筹划和其他税务咨询服务；

4. 与评估有关的税务服务；

5. 协助解决税务纠纷。

二、决定不利影响严重程度的因素

会计师事务所向审计客户提供某些税务服务，可能因自我评价或过度推介产生不利影响。不利影响存在与否及其严重程度主要取决于下列因素：

1. 业务的具体特征；

2. 客户员工的税务专业水平；

3. 税务机关评价和管理有争议税务问题的方式，以及会计师事务所在该过程中的角色；

4. 税收法律法规的复杂程度，以及应用时需要进行判断的程度。

知识点16 内部审计服务（★★）

一、内部审计活动

内部审计的固标和工作范围因被审计单位的规模、组织结构、治理层和管理层需求的不同而存在很大差异。内部审计活动通常包括：

1. 监督内部控制，包括对控制进行复核，对其运行情况进行监控，并提供改进建议。

2. 通过下列方式检查财务信息和经营信息：

（1）复核用以确认、计量、分类和列报财务信息和经营信息的方法；

（2）对个别项目实施专项调查。专项调查包括对交易、账户余额和程序实施细节测试。

3. 评价被审计单位的经营活动，包括非财务活动的经济性、效率和效果。

4. 评价对法律法规、其他外部要求以及管理层政策、指令和其他内部规定的遵守情况。

二、涉及承担管理层职责的内部审计服务

如果会计师事务所人员在为审计客户提供内部审计服务时承担管理层职责，将产生非常严重的不利影响，导致没有防范措施能够将其降低至可接受的水平。会计师事务所人员在向审计客户提供内部审计服务时不得承担管理层职责。涉及承担管理层职责的内部审计服务主要包括：

1. 制定内部审计政策或内部审计活动的战略方针；

2. 指导该客户内部审计员工的工作并对其负责；

3. 决定应执行来源于内部审计活动的建议；

4. 代表管理层向治理层报告内部审计活动的结果；

5. 执行构成内部控制组成部分的程序；

6. 负责设计、执行、监督和维护内部控制；

7. 实施企业内部控制评价工作，包括对内部控制的设计与运行情况的全面评估；

8. 提供内部审计外包服务，包括全部内部审计外包服务和重要内部审计外包服务，并且负责确定内部审计工作的范围。

知识点17 信息技术系统服务（★★）

信息技术系统可用于积累原始数据，构成与财务报告相关的内部控制的组成部分，或生成影响会计记录或者财务报表的信息。信息技术系统也可能与审计客户的会计记录、财务报告内部控制及财务报表无关。会计师事务所提供信息技术系统服务是否因自我评价产生不利影响，取决于服务和信息技术系统的性质。

一、不对独立性产生不利影响的信息技术系统服务

如果会计师事务所人员不承担管理层职责，则提供下列信息技术系统服务不被视为对独立性产生不利影响：

1. 设计或操作与财务报告内部控制无关的信息技术系统；
2. 设计或操作信息技术系统，其生成的信息不构成会计记录或财务报表的重要组成部分；
3. 实施由第三方开发的会计或财务信息报告软件；
4. 对由其他服务提供商或审计客户自行设计并实施的系统进行评价和提出建议。

二、向审计客户提供信息技术系统服务

如果向审计客户提供信息技术系统服务，会计师事务所应当确保同时满足下列条件：

1. 审计客户认可其对建立和监督内部控制的责任；
2. 审计客户委派具有胜任能力的员工（最好是高级管理人员）负责作出有关系统设计和操作的所有管理决策；
3. 审计客户作出与系统设计和实施过程有关的所有管理决策；
4. 审计客户评价系统设计和实施的适当性及结果；
5. 审计客户对系统运行以及系统使用或生成的数据负责。

会计师事务所向审计客户提供信息技术系统服务，可能因自我评价产生不利影响。不利影响存在与否及其严重程度主要取决于下列因素：

1. 该服务的性质；
2. 信息技术系统的性质及其对客户会计记录或财务报表的影响程度；
3. 审计中对特定信息技术系统的依赖程度。

举例来说，由审计项目团队以外的专业人员提供该服务，可能能够应对因自我评价产生的不利影响。

三、向属于公众利益实体的审计客户提供有关信息技术系统服务

如果存在下列情形之一时，会计师事务所不得向属于公众利益实体的审计客户提供或设计与实施信息技术系统相关的服务：

1. 信息技术系统构成财务报告内部控制的重要组成部分；
2. 信息技术系统生成的信息对会计记录或被审计财务报表影响重大。

知识点18 诉讼支持服务（★★）

诉讼支持服务可能包括下列活动：

1. 担任证人，包括专家证人；

2. 计算诉讼或其他法律纠纷涉及的估计损失或其他应收、应付的金额；

3. 协助管理和检索文件。

会计师事务所向审计客户提供诉讼支持服务，可能因自我评价或过度推介产生不利影响。不利影响存在与否及其严重程度主要取决于下列事项：

1. 提供服务所处的法律和监管环境，例如，法院是否会选择或委任专家证人；

2. 服务的性质和特征；

3. 服务的结果是否对会计师事务所将发表意见的财务报表产生重大影响。

举例来说，由审计项目团队以外的专业人员提供此类服务，可能能够应对因自我评价或过度推介产生的不利影响。

如果会计师事务所向审计客户提供诉讼支持服务涉及对损失或其他金额的估计，并且这些损失或其他金额影响被审计财务报表，会计师事务所应当遵守关于评估服务的规定。

知识点19 法律服务（★★）

一、法律服务的内容

法律服务主要包括为客户提供法律咨询、担任首席法律顾问、担任辩护人等服务。法律服务通常是指必须由符合下列条件之一的人员提供的服务：

1. 已取得执行法律业务所需要的专业资格；

2. 已通过执行法律业务所要求的培训。

二、法律咨询服务

法律咨询服务可能包含多种类型，包括为审计客户提供与公司事务或商业有关的法律服务，例如：

1. 合同支持服务；

2. 为审计客户执行一项交易提供支持；

3. 合并与收购；

4. 向客户内部法律部门提供帮助；

5. 法律尽职调查及重组。

会计师事务所向审计客户提供法律咨询服务，可能因自我评价或过度推介对独立性产生不利影响。不利影响存在与否及其严重程度主要取决于下列因素：

1. 特定事项对审计客户财务报表的重要程度；

2. 法律事项的复杂程度以及提供该服务所需判断的程度。

举例来说，防范措施可能包括：

1. 由审计项目团队以外的专业人员提供该服务，可能能够应对因自我评价或过度推介产生的不利影响；

2. 由未参与提供法律服务的适当复核人员复核所执行的审计工作或提供的服务，可能能够应对因自我评价产生的不利影响。

三、担任审计客户的首席法律顾问

首席法律顾问通常是一个高级管理职位，对公司法律事务承担广泛责任。会计师事务所的合伙人或员工担任审计客户首席法律顾问，将对独立性产生非常严重的不利影响，导致没有防范措施能够将其降低至可接受的水平。会计师事务所人员不得担任审计客户的首席法律顾问。

四、担任审计客户的辩护人

在审计客户解决纠纷或进行法律诉讼时，如果会计师事务所人员担任辩护人，并且纠纷或法律诉讼所涉金额对被审计财务报表有重大影响，将产生非常严重的不利影响，导致没有防范措施能够将其降低至可接受的水平。会计师事务所不得为审计客户提供此类服务。

在审计客户解决纠纷或应对法律诉讼时，如果会计师事务所人员担任辩护人，并且纠纷或法律诉讼所涉金额对被审计财务报表无重大影响，采取下列防范措施可能能够应对因自我评价产生的不利影响：

1. 由审计项目团队以外的专业人员提供该服务；

2. 由未参与提供法律服务的适当复核人员复核所执行的审计工作或提供的服务。

知识点20 招聘服务（★★）

招聘服务可能包括下列方面：

1. 制定岗位描述；

2. 制定识别和选择潜在候选人的流程；

3. 寻找或筛选候选人；

4. 通过下列方式筛选潜在的候选人：

（1）审核候选人的专业资格或胜任能力并确定其是否适合该职位；

（2）对职位候选人实施背景调查；

（3）面试、选择合适的候选人并就候选人的胜任能力提供建议。

5. 确定雇佣条款并协商如工资、工时及其他报酬等具体条件。

向审计客户提供招聘服务，可能因自身利益、密切关系或外在压力对独立性产生不利影响。不利影响存在与否及其严重程度主要取决于下列事项：

1. 会计师事务所人员所提供协助的性质；

2. 拟招聘人员的职位；

3. 候选人和提供咨询意见或服务的会计师事务所之间可能存在的利益冲突或关系。

举例来说，由审计项目团队以外的专业人员提供该服务，可能能够消除因自身利益、密切关系或外在压力产生的不利影响。

任何情况下，会计师事务所都不得承担管理层职责，聘用决策应当由客户负责作出。当向审计客户提供下列招聘服务时，只要会计师事务所人员不承担管理层职责，通常不会对独立性产生不利影响：

1. 对多名候选人的专业资格进行审核，并就其是否适合该职位提供咨询意见；

2. 对候选人进行面试，并对候选人在财务会计、行政管理或内部控制等职位上的胜任能力提供咨询意见。

当向审计客户提供招聘服务时，为避免承担管理层职责，会计师事务所应当确保同时满足下列条件：

1. 客户委派具有胜任能力的员工（最好是高级管理人员），负责作出有关聘用该职位候选人的所有管理决策；

2. 客户就聘用程序作出所有管理决策，包括：

（1）确定准候选人是否合适并选择适合该职位的候选人；

（2）确定雇佣条款并协商如工资、工时及其他报酬等具体条件。

在向审计客户提供招聘服务时，会计师事务所不得代表客户与应聘者进行谈判。如果属于审计客户拟招聘董事、高级管理人员，或所处职位能够对客户会计记录或被审计财务报表的编制施加重大影响的高级管理人员，会计师事务所不得提供下列招聘服务：

1. 寻找或筛选候选人；

2. 对候选人实施背景调查。

知识点21 公司财务服务（★★）

一、公司财务服务内容

公司财务服务主要包括下列活动：

1. 协助审计客户制定公司战略；

2. 为审计客户并购识别可能的目标；

3. 对资产处置交易提供建议；

4. 协助实施融资交易；

5. 对合理安排资本结构提供建议；

6. 对直接影响被审计财务报表金额的资本结构或融资安排提供建议。

二、公司财务服务的不利影响及防范措施

会计师事务所提供财务服务，可能因自我评价或过度推介对独立性产生不利影响。不利影响存在与否及其严重程度主要取决于下列因素：

1. 在确定如何恰当处理财务建议对财务报表产生的影响时，涉及的主观程度；

2. 财务建议的结果对在财务报表中记录的金额的直接影响程度，以及记录的金额对财务报表整体影响的重大程度；

3. 财务建议的有效性是否取决于某一特定会计处理或财务报表列报，并且根据适用的会计准则，对该会计处理或列报的适当性存有疑问。

举例来说，防范措施可能包括：

1. 由审计项目团队以外的专业人员提供该服务，可能能够应对因自我评价或过度推介产生的不利影响；

2. 由未参与提供财务服务的适当复核人员复核已执行的审计工作或提供的服务，可能能够应对因自我评价产生的不利影响。

三、不得提供财务服务的情形

会计师事务所不得提供涉及推荐、交易或承销审计客户股票的公司财务服务。如果财务建议的有效性取决于某一特定会计处理或财务报表列报，并且同时存在下列情形，会计师事务所不得提供此类财务建议：

1. 根据相关财务报告编制基础，审计项目团队对相关会计处理或列报的适当性存有疑问；

2. 公司财务建议的结果将对被审计财务报表产生重大影响。

知识点22 收费（★★）

表 23-8　不同收费情形的影响和防范措施

收费的情形	评价不利影响的因素	防范措施
1. 从某一审计客户收取的全部费用占会计师事务所收费总额比重很大	1. 会计师事务所的业务类型及收入结构； 2. 会计师事务所成立时间的长短； 3. 该客户从性质和金额上对会计师事务所是否重要。	1. 扩大会计师事务所的客户群，从而降低对该客户的依赖程度； 2. 实施外部质量复核； 3. 就关键的审计判断向第三方咨询
2. 从某一审计客户收取的全部费用占某一合伙人或分部收费总额比重很大	1. 该客户在性质上或金额上对该合伙人或分部是否重要； 2. 该合伙人或该分部合伙人的报酬对来源于该客户的收费的依赖程度。	1. 扩大该合伙人或分部的客户群，从而降低对来源于该客户收费的依赖程度； 2. 由审计项目团队以外的适当复核人员复核已执行的工作。

（续上表）

收费的情形	评价不利影响的因素	防范措施
3．从属于公众利益实体的某一审计客户收取的全部费用比重较大	如果会计师事务所连续两年从某一属于公众利益实体的审计客户及其关联实体收取的全部费用，占其从所有客户收取的全部费用的比重超过15%，将产生重大不利影响。	1．在对第二年度财务报表发表审计意见之前，由其他会计师事务所对该业务再次实施项目质量复核，或由其他专业机构实施相当于项目质量复核的复核； 2．在对第二年度财务报表发表审计意见之后、对第三年度财务报表发表审计意见之前，由其他会计师事务所对第二年度的审计工作再次实施项目质量复核，或由其他专业机构实施相当于项目质量复核的复核。
4．逾期收费	如果审计客户长期未支付应付的审计费用，尤其是大部分费用在下一年度出具审计报告之前仍未支付，可能因自身利益产生不利影响。	举例来说，防范措施可能包括： 1．收取逾期的部分款项； 2．由未参与执行审计业务的适当复核人员复核已执行的工作。 如果相当部分的费用长期逾期，会计师事务所应当确定： 1．逾期收费是否可能被视同向客户提供贷款； 2．会计师事务所是否继续接受委托或继续执行审计业务。
5．或有收费	会计师事务所在提供审计服务时，将因自身利益产生非常严重的不利影响，导致没有防范措施能够将其降低至可接受的水平。	会计师事务所不得采取直接或间接形式取得或有收费。